Springer-Lehrbuch

Springer
*Berlin
Heidelberg
New York
Hongkong
London
Mailand
Paris
Tokio*

Joachim Weimann

Wirtschaftspolitik

Allokation und kollektive Entscheidung

Dritte, überarbeitete Auflage
mit 59 Abbildungen

 Springer

Professor Dr. Joachim Weimann
Otto-von-Guericke-Universität Magdeburg
Fakultät für Wirtschaftswissenschaft
Universitätsplatz 2
39106 Magdeburg
e-mail: Joachim.Weimann@wirtschafts-w.uni-magdeburg.de

ISBN 3-540-01273-7   3. Auflage
Springer-Verlag Berlin Heidelberg New York

ISBN 3-540-67994-4   2. Auflage   Springer-Verlag Berlin Heidelberg New York

Bibliografische Information Der Deutschen Bibliothek
Die Deutsche Bibliothek verzeichnet diese Publikation in der Deutschen Nationalbibliografie;
detaillierte bibliografische Daten sind im Internet über *http://dnb.ddb.de* abrufbar.

Dieses Werk ist urheberrechtlich geschützt. Die dadurch begründeten Rechte, insbesondere
die der Übersetzung, des Nachdrucks, des Vortrags, der Entnahme von Abbildungen und
Tabellen, der Funksendung, der Mikroverfilmung oder der Vervielfältigung auf anderen Wegen und der Speicherung in Datenverarbeitungsanlagen, bleiben, auch bei nur auszugsweiser Verwertung, vorbehalten. Eine Vervielfältigung dieses Werkes oder von Teilen dieses
Werkes ist auch im Einzelfall nur in den Grenzen der gesetzlichen Bestimmungen des Urheberrechtsgesetzes der Bundesrepublik Deutschland vom 9. September 1965 in der jeweils
geltenden Fassung zulässig. Sie ist grundsätzlich vergütungspflichtig. Zuwiderhandlungen
unterliegen den Strafbestimmungen des Urheberrechtsgesetzes.

Springer-Verlag Berlin Heidelberg New York
ein Unternehmen der BertelsmannSpringer Science + Business Media GmbH

http://www.springer.de

© Springer-Verlag Berlin Heidelberg 1996, 2001, 2004
Printed in Germany

Die Wiedergabe von Gebrauchsnamen, Handelsnamen, Warenbezeichnungen usw. in diesem
Werk berechtigt auch ohne besondere Kennzeichnung nicht zu der Annahme, dass solche
Namen im Sinne der Warenzeichen- und Markenschutz-Gesetzgebung als frei zu betrachten
wären und daher von jedermann benutzt werden dürften.

Umschlaggestaltung: design & production GmbH, Heidelberg

SPIN 10924501   42/3130 – 5 4 3 2 1 0 – Gedruckt auf säurefreiem Papier

Barbara gewidmet

VORWORT ZUR DRITTEN AUFLAGE

Die dritte Auflage der „Wirtschaftspolitik" erscheint in wirtschaftlich turbulenten Zeiten. Im Jahr 2003 sind die staatlichen Finanzen in eine ernste Krise geraten, Deutschland bewegt sich am Rande einer Rezession, die sozialen Sicherungssysteme sind schwer angeschlagen und der Arbeitsmarkt weist eine Rekordarbeitslosigkeit auf. Es ist von der „Deutschen Krankheit" die Rede. Zumindest an einer Stelle haben diese aktuellen Entwicklungen Spuren in diesem Buch hinterlassen. Im Kapitel 6, bei der Diskussion der Wirkung von Mindestpreisen, wurde ein neuer Anwendungsfall aufgenommen: der Arbeitsmarkt. Darüber hinaus sind wieder einige Sidesteps hinzugekommen, einige wurden überarbeitet und aktualisiert. Bestehende Fehler wurden eliminiert und vermutlich ein paar neue produziert und wo nötig wurden Daten auf den letzten Stand gebracht.

Bei all dem haben mir geholfen: HARALD SIMONS, THOMAS FRANKE und BODO STURM. Ihnen möchte ich dafür herzlich danken.

J. Weimann   **Magdeburg im Mai 2003**

VORWORT ZUR ZWEITEN AUFLAGE

Gestern vernahm ich im Radio die Meldung, dass die Frankfurter Allgemeine Zeitung beschlossen hat zu der alten Rechtschreibung zurückzukehren und dass intensiv darüber diskutiert wird, die Rechtschreibreform zurückzuziehen. Zu spät!! Jetzt habe ich bereits die neuen Regeln (!?) verwendet. Das wäre nicht möglich gewesen ohne die Unterstützung von JEANNETTE BROSIG, der ich für ihre geduldigen Versuche, mir die Kommasetzung nach dem erweiterten Infinitiv beizubringen, herzlich danke. Dass sie dabei letztlich gescheitert ist, ist ganz sicher nicht ihre Schuld.

Zum Glück besteht der Unterschied zwischen der ersten und zweiten Auflage nicht nur in der Anwendung neuer Rechtschreibregeln. Die zweite Auflage ist durchgesehen und verbessert worden. Fehler konnten beseitigt werden und neue Gedanken fanden Aufnahme. Viele Verbesserungen verdanke ich den sehr konstruktiven Vorschlägen und Anregungen von FRIEDRICH BREYER und HARTMUT KLIMT, denen ich herzlich dafür danke. Es sind einige Sidesteps hinzugekommen und andere sind erweitert bzw. aktualisiert worden. Außerdem gab mir die Neuauflage Gelegenheit, das fehlende 9. Kapitel hinzuzufügen, das sich mit Delegationsproblemen auseinander setzt. Ansonsten ist die Struktur des Buches erhalten geblieben. Viele ermutigende Kommentare von Studierenden und Kollegen haben mir gezeigt, dass das Buch Anklang gefunden hat und offenbar die richtige Mischung aus Theorie, Praxis und Unterhaltung bietet. Das Lesen von Lehrbüchern sollte – bis zu einem gewissen Grade – auch Spaß machen. Von dieser Überzeugung habe ich mich auch bei der Arbeit an der zweiten Auflage leiten lassen.

J. Weimann   **Magdeburg im Juli 2000**

Vorwort und „Users Manual"

Das vorliegende Buch ist für das wirtschaftswissenschaftliche Grundstudium konzipiert. Das bedeutet nicht, daß es ausschließlich Basiswissen vermittelt. Die Grundidee, die Inhalt, Struktur und Aufbau des Buches bestimmt, besteht vielmehr darin, dem Leser einerseits eine möglichst konsistente Sicht der Dinge zu präsentieren, gleichzeitig aber auch ein Gefühl zu vermitteln für die Vielfältigkeit und Heterogenität des Stoffes. In gewisser Hinsicht wird damit ein Spagat versucht, den zu vollenden auch vom Leser ein gewisses Maß an Flexibilität verlangt. Erleichtert wird diese Übung durch die Aufteilung des Textes in einen Normaltext und eine Reihe von SIDESTEPS. In diesen Sidesteps finden sich die unterschiedlichsten Dinge. Um eine Vorstellung von ihrer Bandbreite zu bekommen, sollte der Leser die Sidesteps 6 und 19 miteinander vergleichen.

Die Verwendung der Sidesteps ermöglicht es, parallel zur Entwicklung der Hauptargumentationslinie, zweierlei zu leisten. Erstens kann exemplarisch gezeigt werden, was es heißt, wirtschaftspolitische Aussagen theoretisch zu fundieren. Zu diesem Zweck werden einige formale Beweise geführt, die, zumindest partiell, das Fundament freilegen, auf dem die wissenschaftliche Wirtschaftspolitik errichtet ist. Zweitens ist es möglich, den Leser mit einigen der Ecken und Kanten zu konfrontieren, die die wirtschaftswissenschaftliche Sicht der Dinge bei aller Konsistenz aufweist. Andererseits kann sich der Leser diese Teile aber auch sparen, indem er sich auf den Normaltext beschränkt, der ihm eine geschlossene Darstellung der allokationstheoretisch fundierten Wirtschaftspolitik bietet. Die Kontrollfragen am Ende jedes Kapitel helfen dabei, zu überprüfen, ob das zuvor Gelesene nicht nur passiv aufgenommen wurde, sondern gewissermaßen in den aktiven ökonomischen Sprachschatz vorgedrungen ist. Wem die Ausführungen im Normaltext nicht weit genug gehen, für den ist ein kommentiertes Literaturverzeichnis nach jedem Kapitel angefügt. Alle genannten Titel finden sich noch einmal in der Literaturübersicht am Ende des Buches.

Die wichtigste Aufgabe dieses Buches besteht darin, dem Leser eine geschlossene und in sich stimmige Vorstellung davon zu vermitteln, was rationale Wirtschaftspolitik ist. Die Beschränkung auf den Bereich der Allokation erleichtert dieses Vorhaben.

Wirtschaftspolitik ist ein faszinierender Erkenntnisgegenstand. Sollte es gelungen sein, dies zu vermitteln, haben dazu meine Mitarbeiter AXEL OCKENFELS und CARSTEN VOGT mit kritischen und konstruktiven Anmerkungen einen nicht unerheblichen Beitrag geleistet. Mein Dank gilt auch BETTINA VAUPEL für die Aufbereitung umfangreichen Datenmaterials und für wichtige Ideen zu einzelnen Sidesteps. HANS-WERNER KUSKA und THOMAS ABEL habe ich für hilfreiche Anregungen zu danken, sowie ALEXANDER KRONE für konzentriertes Korrekturlesen. Selbstverständlich gehen alle verbliebenen Fehler und Unzulänglichkeiten allein zu meinen Lasten.

Joachim Weimann   **Magdeburg im Dezember 1995**

Inhaltsverzeichnis

Prolog · 1

1 Die Strategie dieses Buches · 3

1.1 Theorie und Politik · 3
1.2 Die Grundposition · 7
1.3 Das weitere Programm: Ein Überblick · 25
Kontrollfragen · 28

2 Methodische Grundlagen · 29

2.1 Wahrheit, Werturteil und Kritischer Rationalismus · 29
2.2 Wirtschaftstheorie versus -politik · 36
    2.2.1 Methode und Ziele „reiner" Theorie · 36
    2.2.2 Modelltheorie · 38
    2.2.3 „Reine" und „angewandte" Theorie · 55
    2.2.4 Experimentelle Methodik · 57
Kontrollfragen · 67
Literatur zu Kapitel 1 und 2 · 69

3 Wohlfahrtstheoretische Grundlagen · 73

3.1 Überblick · 73
3.2 Die Bewertung sozialer Zustände · 74
3.3 Zur Charakterisierung von Effizienz · 92
    3.3.1 Effiziente Produktion und Konsum privater und öffentlicher Güter · 93
    3.3.2 Private Güter: Märkte und Preise · 97
Kontrollfragen · 113
Literatur zu Kapitel 3 · 113

4 MARKTVERSAGEN UND GEFANGENEN-DILEMMA 115

4.1 DILEMMATA 115
4.2 ÖFFENTLICHE GÜTER UND EXTERNE EFFEKTE 127
4.3 ASYMMETRISCHE INFORMATION UND NATÜRLICHE MONOPOLE 145
    4.3.1 ASYMMETRISCHE INFORMATION 145
    4.3.2 NATÜRLICHE MONOPOLE 149
    KONTROLLFRAGEN 152
    LITERATUR ZU KAPITEL 4 153

5 KOLLEKTIVE ENTSCHEIDUNGEN 155

5.1 EINSTIMMIGKEITSREGEL UND PARETO-EFFIZIENZ 157
5.2 MEHRHEITSREGELN 166
5.3 ZYKLISCHE MEHRHEITEN: DAS CONDORCET-PARADOXON 171
5.4 EIN GANZER ZOO VON WAHLVERFAHREN 181
5.5 DER AXIOMATISCHE ZUGANG: DAS ARROW-PARADOXON 194
    5.5.1 DAS THEOREM 194
    5.5.2 DER WOHLWOLLENDE DIKTATOR 200
    5.5.3 ALTERNATIVEN ZUR DIKTATUR 205
5.6 EINGIPFELIGE PRÄFERENZEN: DAS MEDIANERGEBNIS IM EINDIMENSIONALEN FALL 212
5.7 DER MEHRDIMENSIONALE FALL 217
KONTROLLFRAGEN 222
LITERATUR ZU KAPITEL 5 224

6 MARKT UND WETTBEWERB 227

6.1 DIE EFFIZIENZEIGENSCHAFTEN VON WETTBEWERBSMÄRKTEN 228
6.2 EIGENTUMSRECHTE 238
6.3 MARKTMACHT 253

6.3.1 MONOPOLPREISBILDUNG	254
6.3.2 KOSTENINEFFIZIENZ UND RENT-SEEKING	258
6.3.3 TECHNISCHER FORTSCHRITT UND PATENTWETTLAUF	263
6.4 WETTBEWERBSPOLITIK	**271**
6.4.1 LEITLINIEN	271
6.4.2 DAS GESETZ GEGEN WETTBEWERBSBESCHRÄNKUNGEN (GWB)	275
6.5 ADMINISTRIERTE MÄRKTE	**282**
6.5.1 VERTEILUNG UND MERITORIK	282
6.5.2 MINDEST- UND HÖCHSTPREISE	285
KONTROLLFRAGEN	**306**
LITERATUR ZU KAPITEL 6	**307**
7 DIE REGULIERUNG NATÜRLICHER MONOPOLE	**311**
7.1 DAS 1X1 DER INDUSTRIEÖKONOMIK	**311**
7.1.1 BERTRAND-MODELL	312
7.1.2 COURNOT-MODELL	314
7.1.3 STACKELBERG	318
7.2 DAS NATÜRLICHE MONOPOL	**322**
7.2.1 DIE „KLASSISCHE" SICHT: FALLENDE DURCHSCHNITTSKOSTEN	322
7.2.2 SUBADDITIVE KOSTENSTRUKTUR	325
7.2.3 WETTBEWERB UM DEN MARKT 1: DEMSETZ-WETTBEWERB	332
7.2.4 WETTBEWERB UM DEN MARKT 2: DIE THEORIE BESTREITBARER MÄRKTE	333
7.2.5 DIE ANNAHMEN DER THEORIE BESTREITBARER MÄRKTE	337
7.2.6 MONOPOLISTISCHE KONKURRENZ	343
7.2.7 SCHLUSSFOLGERUNGEN FÜR DEN REGULIERUNGSBEDARF	346
7.3 REGULIERUNGSSTRATEGIEN	**347**
7.3.1 PREISDISKRIMINIERUNG	348
7.4 REGULIERUNGSPRAXIS BEI UNVOLLSTÄNDIGER INFORMATION	**351**
7.4.1 PREISREGULIERUNG	352

7.4.2 Alternative Regulierungsverfahren	354
7.4.3 Regulierung durch Monopolgarantie	360
7.4.4 Deregulierung	363
Kontrollfragen	**367**
Literatur zu Kapitel 7	**368**

8 EXTERNE EFFEKTE, CLUBGÜTER UND DAS ALLMENDE-PROBLEM 371

8.1 Externe Effekte	**372**
8.1.1 Effizienzschädigende Eigenschaften externer Effekte	372
8.1.2 Das Coase-Theorem	376
8.2 Clubgüter und Allmende	**381**
8.2.1 Die Autobahn als Beispiel für ein Clubgut	381
8.2.2 Das Allmendeproblem	387
Kontrollfragen	**398**
Literatur zu Kapitel 8	**399**

9 DELEGATIONSPROBLEME IN REPRÄSENTATIVEN DEMOKRATIEN 401

9.1 Das Wahlparadoxon	**402**
9.2 Parteienverhalten	**414**
9.3 Interessengruppen und Bürokratien	**419**
Literatur zu Kapitel 9	**426**

LITERATURVERZEICHNIS **429**

STICHWORTVERZEICHNIS **441**

Verzeichnis der Sidesteps

SIDESTEP 1:	EINE DYNAMISIERUNG	22
SIDESTEP 2:	EFFIZIENZ UND ETHIK	24
SIDESTEP 3:	PHLOGISTONTHEORIE	33
SIDESTEP 4:	EGOISTISCHE UND ALTRUISTISCHE DIKTATOREN	41
SIDESTEP 5:	WIE HALTE ICH ES MIT DER RATIONALITÄT	45
SIDESTEP 6:	BLOß NICHT ENTTÄUSCHT WERDEN	46
SIDESTEP 7:	DA WAR NOCH DIE GESCHICHTE VON DEN	53
SIDESTEP 8:	ZWEI ZIEGEN UND EIN AUTO	62
SIDESTEP 9:	ERC AND FRIENDS	63
SIDESTEP 10:	MAGNA CARTA FÜR FIFI	85
SIDESTEP 11:	VON RAUCHERN UND NICHTRAUCHERN	91
SIDESTEP 12:	ES IST ALLES RELATIV	98
SIDESTEP 13:	SIE KONNTEN ZUSAMMEN NICHT KOMMEN	119
SIDESTEP 14:	DIE STRATEGISCHE FUNKTION VON EMOTIONEN	121
SIDESTEP 15:	DAS „GANG OF FOUR MODEL"	125
SIDESTEP 16:	WEHRPFLICHT ODER „FREIWILLIGE VOR"?	130
SIDESTEP 17:	KOOPERATIVE TYPEN	141
SIDESTEP 18:	OZONALARM	144
SIDESTEP 19:	WAS IST EIN GUT WERT, DAS NIEMAND GEBRAUCHT?	162
SIDESTEP 20:	DEMOKRATIE IM TIERREICH	170
SIDESTEP 21:	THE FATAL VOTE	192
SIDESTEP 22:	EIN BEWEIS DES ARROW-THEOREMS	199
SIDESTEP 23:	DAS ARROW-THEOREM UND DER RUF NACH DEM STARKEN MANN	203
SIDESTEP 24:	HOTELLINGS INTERPRETATION	216
SIDESTEP 25:	KONSUMENTENRENTE UND VARIATIONSMAßE: EIN AUSFLUG IN DIE KONSUMTHEORIE	234
SIDESTEP 26:	DAS RECHT AUF EINEN PREIS?	242

SIDESTEP 27:	DER ZERRISSENE GELDSCHEIN	243
SIDESTEP 28:	DIE 100.000 MARK SHOW	247
SIDESTEP 29:	EIGENTUMSRECHTE IN DEN NEUEN BUNDESLÄNDERN	250
SIDESTEP 30:	TULLOCKS SUMPF	261
SIDESTEP 31:	EINE BELOHNUNG FÜR DEN BEWEIS DER FERMATSCHEN VERMUTUNG	266
SIDESTEP 32:	DAIMLER BENZ UND MBB	276
SIDESTEP 33:	DER WOHNUNGSMARKT	289
SIDESTEP 34:	DER AGRARMARKT	296
SIDESTEP 35:	COURNOT ODER BERTRAND?	318
SIDESTEP 36:	DAS LOUIS-SCHMELING PARADOX	330
SIDESTEP 37:	TAKAYAMAS BEWEIS DES AVERCH-JOHNSON-EFFEKTS	355
SIDESTEP 38:	EIN BÄRENBEISPIEL	379
SIDESTEP 39:	DAS MODELL VON ARNOTT, DE PALMA UND LINDSEY	382
SIDESTEP 40:	DIE SPIELTHEORIE ZUM ALLMENDEPROBLEM	387
SIDESTEP 41:	LEERE MEERE	389
SIDESTEP 42:	EIN FISCHEREIKRIEG	390
SIDESTEP 43:	KOMMUNIKATION, KOOPERATION UND GROSSE GRUPPEN	396
SIDESTEP 44:	PARTEIINTERNE VIELFALT?	410

Abbildungsverzeichnis

ABB. 1: NUTZENRAUM 75
ABB. 2: PARETO-EFFIZIENTE ZUSTÄNDE 77
ABB. 3: BESSERMENGE 79
ABB. 4: EDGEWORTHBOX 80
ABB. 5: LINSE 80
ABB. 6: HAUSHALTSOPTIMUM 100
ABB. 7: HAUSHALTSOPTIMA IN DER EDGEWORTHBOX 101
ABB. 8: ISAAC UND WALKER 1988 138
ABB. 9: TYPEN IM FREIFAHREREXPERIMENT 141
ABB. 10: DORTMUND VS. USA 142
ABB. 11: TYPES AND PATTERNS 143
ABB. 12: EINSTIMMIGKEIT UND PARETO-EFFIZIENZ 158
ABB. 13: EIN BEISPIEL FÜR EINE KOLLEKTIVE ENTSCHEIDUNG. 159
ABB. 14: EIN BEISPIEL FÜR EINE KOLLEKTIVE ENTSCHEIDUNG: STUDENTISCHE KERNARBEITSZEIT 160
ABB. 15: EXTERNE KOSTEN UND KOSTEN DER ENTSCHEIDUNGSFINDUNG 168
ABB. 16: DER KOSTENVORTEIL DER 50%-REGEL 169
ABB. 17: VERTEILUNG MIT DER MEHRHEITSREGEL 172
ABB. 18: MEHRGIPFELIGE PRÄFERENZEN 175
ABB. 19: EINGIPFELIGE PRÄFERENZEN 176
ABB. 20: EINGIPFELIGE PRÄFERENZEN, MEDIANMODELL 213
ABB. 21: MEDIANMODELL: STRATEGISCHE MÖGLICHKEITEN DES WAHLLEITERS 214
ABB. 22: INDIFFERENZKURVEN IM ZWEIDIMENSIONALEN ENTSCHEIDUNGSRAUM 218
ABB. 23: PARETOMENGE ZWEIER WÄHLER 218
ABB. 24: PARETOMENGE DREIER WÄHLER UND ZYKLISCHE MEHRHEITEN 219

ABB. 25:	MEDIANWÄHLER IM ZWEIDIMENSIONALEN FALL BEI 2 WÄHLERN	220
ABB. 26:	MEDIANWÄHLER IM ZWEIDIMENSIONALEN FALL BEI 5 WÄHLERN	220
ABB. 27:	SYMMETRIEEIGENSCHAFT IM MEHRDIMENSIONALEN FALL	221
ABB. 28:	KONSUMENTENRENTE	230
ABB. 29:	SOZIALER ÜBERSCHUSS	231
ABB. 30:	GRENZKOSTENPREISE UND SOZIALER ÜBERSCHUSS	232
ABB. 31:	KOMPENSIERENDE UND ÄQUIVALENTE VARIATION	238
ABB. 32:	WOHLFAHRTSVERLUST BEI MONOPOLISTISCHER PREISBILDUNG	256
ABB. 33:	PROZESSINNOVATION	268
ABB. 34:	PROZESSINNOVATION DURCH EIN MONOPOL	268
ABB. 35:	DRASTISCHE INNOVATION	269
ABB. 36:	HÖCHSTPREIS	286
ABB. 37:	SUBVENTIONEN BEI HÖCHSTPREISPOLITIK	288
ABB. 38:	UNERWÜNSCHTE MIETER	292
ABB. 39:	MINDESTPREISE	294
ABB. 40:	ANPASSUNGSREAKTIONEN BEI MINDESTPREISEN	296
ABB. 41:	MILCH UND GETREIDEPRODUKTION	298
ABB. 42:	INZIDENZ AGRARPOLITISCHER MASSNAHMEN	300
ABB. 43:	ABEITSLOSE IN DEUTSCHLAND	301
ABB. 44:	DIE ARMUTSFALLE	303
ABB. 45:	QUALIFIKATIONSSPEZIFISCHE ARBEITSLOSIGKEIT	304
ABB. 46:	COURNOT-NASH-GLEICHGEWICHT	316
ABB. 47:	GEWINNFUNKTION DES MONOPOLISTEN IM STACKELBERG-MODELL	320
ABB. 48:	STACKELBERG-GLEICHGEWICHT BEI POSITIVEN EINTRITTSKOSTEN	320
ABB. 49:	NATÜRLICHES MONOPOL BEI FALLENDEN DURCHSCHNITTSKOSTEN	323
ABB. 50:	WOHLFAHRTSVERLUSTE BEIM NATÜRLICHEN MONOPOL	324

ABB. 51:	SUBADDITIVE KOSTENSTRUKTUR	327
ABB. 52:	WETTBEWERB VERSUS NATÜRLICHES MONOPOL	327
ABB. 53:	NATÜRLICHES MONOPOL BEI MINDESTKAPAZITÄT	329
ABB. 54:	DIE WIRKUNG VON SUNK COSTS BEI FALLENDEN DURCHSCHNITTSKOSTEN	339
ABB. 55:	MONOPOLISTISCHE KONKURRENZ	344
ABB. 56:	REGULIERUNG NATÜRLICHER MONOPOLE	347
ABB. 57:	PREISDISKRIMINIERUNG	349
ABB. 58	NASH-GLEICHGEWICHTIGE ABFAHRTSSTRUKTUR IM MODELL VON ARNOTT ET AL.	385
ABB. 59:	NASH-GLEICHGEWICHT DES ALLMENDEMODELLS	389

Prolog

„Es kann sich ja ein jeder,
    der nicht an vorgefaßten Meinungen leidet,
      sich vielmehr ohne jede unangebrachte Leidenschaft mit
      den Versuchen richtig bekannt macht und
      sie mit der gerechten Waage der Wahrheit wägt,
durch die
      dabei erworbene reichere Erfahrung und
      das vollständigere Wissen von solchen eingewurzelten
      und nicht recht begriffenen Auffassungen
freimachen.

Wo nämlich das Zeugnis der Dinge selbst vorliegt, bedarf es keiner Worte,
wer aber handgreifliche und sichere Erfahrungstatsachen bestreitet, mit dem soll man nicht streiten oder sich groß in einen Kampf einlassen.
Bitte sehr, mag er doch bei seiner Meinung verbleiben und wie die Maulwürfe der Finsternis nachjagen."

Otto von Guericke

Experimenta Nova Magdeburgica, Amstelodami 1672.

1 Die Strategie dieses Buches

1.1 Theorie und Politik

Am Beginn eines volkswirtschaftlichen Studiums stellt sich Studenten regelmäßig ein nur schwer zu lösendes Problem. Sie müssen sich einerseits Klarheit darüber verschaffen, worin der Unterschied zwischen Wirtschaftstheorie und Wirtschaftspolitik besteht, und andererseits darüber, wie diese beiden offenbar unterschiedlichen Teile der Volkswirtschaftslehre wieder zusammengebracht werden können. Naturgemäß sind während der ersten Semester die Kenntnisse der Inhalte nur unvollkommen, und das macht diese Aufgabe schwierig. Folge davon ist vielfach, dass es mangels Gelegenheit zu keiner Klärung des Verhältnisses von Theorie und Politik kommt, und das ist bedauerlich.

Es ist vor allem deshalb bedauerlich, weil dadurch Missverständnisse entstehen können, die bei der Anwendung dessen, was man sich als Student mehr oder weniger mühsam erarbeitet, vermeidbare Schwierigkeiten erzeugen. Wir werden uns später aus diesem Grund noch relativ eingehend mit dem Verhältnis von Wirtschaftstheorie und -politik befassen, aber bereits hier seien einige wichtige Vorbemerkungen gemacht.

Mitunter wird an Stammtischen oder vergleichbaren Expertenrunden die These vertreten, dass es eben einen fundamentalen Unterschied zwischen Theorie und Praxis gäbe. Der Tenor dieser Auffassung ist dabei fast immer, dass die Dinge, um die es gerade geht (ob es sich dabei um hohe Politik, ökonomische Probleme oder die Formkrise der örtlichen Fußballmannschaft handelt, ist nicht entscheidend), in der Theorie zwar einfach und überschaubar seien, aber der Theoretiker mache sich ja überhaupt kein Bild davon, wie es in der Praxis aussieht. Selbstverständlich wähnen sich die Vertreter solcher Thesen auf der Seite der Praktiker. Ganz ähnlich mag manchem der Unterschied zwischen Wirtschaftstheorie und Wirtschaftspolitik erscheinen. Der Theoretiker hat gut reden, wenn er ein idealtypisches Modell konstruiert. Unter idealen Bedingungen, wie sie vielfach in ökonomischen Modellen herrschen, ist es scheinbar leicht, Ursache und Wirkung genau zu identifizieren und komplizierte Kausalzusammenhänge zu überblicken. Der Wirtschaftspolitiker dagegen, der den realen Politiker beraten will, der ihm sagen möchte, wie eine rationale Wirtschaftspolitik aussieht, der muss natürlich alle die Unzulänglichkeiten und Probleme berücksichtigen, die in der Realität auftreten können, die im Modell des Wirtschaftstheoretikers aber per Annahme ausgeschlossen wurden. Folgt daraus, dass Theorie und Politik nur wenig miteinander zu tun haben?

Eine solche Sicht der Dinge wäre höchst problematisch und vor allem zutiefst unwissenschaftlich. Um dies zu erkennen, muss man sich lediglich fragen, ob es eigentlich möglich ist, wirtschaftspolitische Empfehlungen auszusprechen, *ohne* dabei eine Theorie zu benutzen. Man kann sich leicht klarmachen, dass das nicht möglich ist. Jeder Praktiker wendet Theorie an, ob er will oder nicht, und vor allem, ob er es nun weiß oder nicht. In vielen Fällen sind sich die sogenannten Praktiker der Tatsache, dass sie zugleich auch angewandte Theoretiker sind, nicht bewusst. Jemand, der in einer beliebigen Situation A die Empfehlung ausspricht: „Wenn die Handlung B durchgeführt wird, erreicht man Ziel C", weil er die Erfahrung gemacht hat, dass B in der Situation A immer funktioniert hat, wendet eine Theorie an.[1] Allerdings handelt es sich um eine sehr einfache Theorie, die ausschließlich aus der Hypothese besteht, dass es einen bestimmten, immer gültigen Zusammenhang zwischen A, B und C gibt.

Wie bereits gesagt: *Dass* der Praktiker Theorie anwendet ist unabhängig davon, ob er sich dessen bewusst ist. Manchmal ist es allerdings besser, er weiß, *dass* er Theorie anwendet, und vor allem *welche* Theorie er anwendet. Denn nur dann ist er beispielsweise in der Lage zu überprüfen, ob die Theorie, die er verwendet, auf die Situation passt, in der er sich gerade befindet. Nun mag es für viele praktische Situationen des täglichen Lebens sehr wohl sinnvoll sein, sich auf einfache Faustregeln, Gewohnheiten oder Intuitionen zu verlassen. Würde man ständig darüber nachsinnen, welche Theorie man gerade gebraucht, ob sie angemessen ist und welche Alternativen zur Verfügung stehen, wäre der damit verbundene Aufwand um ein Vielfaches höher als der Ertrag, der mit einer solchermaßen kritischen Reflexion erzielt werden könnte. Gänzlich anders verhält es sich, wenn *Wissenschaftler* den Versuch unternehmen, Praktikern Ratschläge zu erteilen.

Was unterscheidet eine wissenschaftliche Empfehlung von einer Aussage, die am Stammtisch fällt oder in der Tageszeitung steht? Genauer gefragt, was macht eine Aussage zu einer *wissenschaftlichen* Aussage? Diese Frage ist nicht ganz einfach zu beantworten und vor allem ist sie nicht mit wenigen Worten zu beantworten. Wir werden uns deshalb später etwas mehr Zeit dazu nehmen. An dieser Stelle sei nur soviel vorweggenommen: Eine notwendige Bedingung für die Wissenschaftlichkeit einer Aussage ist ihre intersubjektive Überprüfbarkeit.[2] Damit ist noch nicht allzu viel gesagt, denn es bleibt dabei unklar, was „Überprüfbarkeit" bedeutet. Ein mathematischer Satz ist ganz sicher überprüfbar, man muss lediglich den Beweis auf seine Richtigkeit überprüfen. Aber ist das gemeint? Wohl kaum, denn es geht bei wissenschaftlichen Aussagen doch in aller Regel um *empirische* Behauptungen, um Behauptungen über die reale Welt. Wann aber ist eine solche Aussage überprüfbar und wann nicht? Wir werden die Antwort auf diese Frage etwas vertagen und statt dessen zunächst ein weiteres Kriterium für die Wissenschaftlichkeit einer Aussage benennen. Es fordert, dass wissenschaftliche Aussagen entweder *wertfrei* in dem Sinne sind, dass sie keine „soll-sein-Sätze" enthalten, oder aber Wertungen eindeutig als solche zu erkennen geben und damit eine

---

[1] Man beachte, dass man A, B und C mit beliebigen Inhalten aus Politik, Sport, Wirtschaft etc. füllen kann.

[2] Eine solche ist gegeben, wenn das Prüfergebnis unabhängig davon ist, *wer* die Prüfung durchführt.

rationale Diskussion möglich machen. Damit wird auch klar, warum die Überprüfbarkeit wissenschaftlicher Sätze eine so wesentliche Bedeutung hat. Wertungen sind nicht überprüfbar, man kann nicht entscheiden, ob eine Wertung „richtig" oder „falsch" ist – man kann ihr bestenfalls zustimmen oder sie ablehnen.

Wenn die Überprüfbarkeit von Aussagen und ihre Wertfreiheit notwendige Bedingungen für Wissenschaftlichkeit sind, dann ist klar, dass wissenschaftliche Empfehlungen die Theorien, auf denen sie basieren, nicht im Dunkeln lassen dürfen. Nur wenn die theoretische Basis erkennbar ist, kann deutlich werden, welche Wertungen unter Umständen hinter einer Aussage stecken, und nur wenn die Theorie sichtbar ist, kann überprüft werden, ob sie angemessen ist.

Ein sehr einfaches Beispiel mag diesen Punkt verdeutlichen. In der politischen Öffentlichkeit – und manchmal auch unter Wissenschaftlern – ist vielfach von der Kostenexplosion im Gesundheitswesen die Rede. Fast immer ist mit der Bezeichnung „Kostenexplosion" gemeint, dass die Kosten höher sind als sie *sein sollten*. Mit anderen Worten, die Aussage, dass es zu einer Kostenexplosion im Gesundheitswesen gekommen ist, beinhaltet eine Wertung. Wie sieht diese Wertung aus? Um das sagen zu können, müsste derjenige, der die Aussage trifft, offen legen, welche Theorie er benutzt hat um festzustellen, dass die Ausgaben zu hoch sind. Eine mögliche Theorie könnte darin bestehen, dass jemand behauptet, die Ausgaben für Gesundheit sollten einen bestimmten Anteil am Sozialprodukt nicht überschreiten. Aber das ist schon wieder eine Wertung und es gilt nun zu begründen, warum die Ausgaben für Gesundheit *nicht* beliebig steigen dürfen. Schließlich könnte es doch sein, dass Gesundheit ein *superiores* Gut ist, ja ein Luxusgut, das mit steigendem Einkommen überproportional nachgefragt wird. Dann wäre die sogenannte Kostenexplosion nichts anderes als der Ausdruck einer gestiegenen Nachfrage nach Gesundheitsgütern – und was ist schlecht daran, wenn die Nachfrage nach einem Gut steigt? Man sieht, es ist nicht ganz einfach, die Wertungen, die hinter einer so alltäglichen Aussage stecken, wirklich zu erkennen. Notwendig dazu ist eine möglichst konsistente theoretische Fundierung, die die Wertbasis der Theorie explizit ausweist.

Die ökonomische Theorie, genauer gesagt die neoklassische Allokationstheorie, die diesem Buch zugrunde liegt, kann eine solche Fundierung leisten. Beispielsweise ist sie in der Lage zu begründen, warum es in den meisten staatlich regulierten Gesundheitssystemen zu Ineffizienzen kommt. Ineffizienz bedeutet, dass für die Produktion der Gesundheitsgüter mehr knappe Ressourcen eingesetzt werden, als notwendig wäre. Solche Ineffizienzen als schlecht zu bezeichnen, ist natürlich ebenfalls ein Werturteil. Aber die Wohlfahrtsökonomie legt diese Wertung offen zutage, indem sie sich zum *methodologischen Individualismus* bekennt und das *Pareto-Kriterium* als Maß zur Beurteilung sozialer Zustände benutzt.[3] Auf diese Weise wird eine rationale Diskussion möglich, denn nunmehr lassen sich wertende Urteile – über die sich letztlich nicht diskutieren lässt, die auch nicht

---

[3] Beide Begriffe (methodologischer Individualismus und Pareto-Kriterium) werden im folgenden ausführlich erläutert.

„geklärt" werden können – und Aussagen über die Realität trennen und letztere auf ihre Richtigkeit hin überprüfen.

Das Beispiel sollte verdeutlichen, dass Aussagen oder Empfehlungen, die gemacht werden, ohne dass ihr theoretischer Hintergrund klar wird (oder gar demjenigen, der sie macht, klar ist) niemals den Anspruch auf Wissenschaftlichkeit erfüllen können. Wenn dem so ist, dann bedeutet dies für eine wissenschaftlich betriebene Wirtschaftspolitik, dass sie immer auch *angewandte Wirtschaftstheorie* sein muss.

Für den Studierenden, der sich bisher nur mit Wirtschaftstheorie befasst hat, mag diese Aussage dennoch überraschend sein, denn er könnte sich fragen, wie man die teilweise sehr abstrakten Theorien der Wirtschaftswissenschaften auf praktische Fragestellungen anwenden will. Es mag stimmen, dass Wirtschaftspolitik angewandte Theorie sein sollte, aber wie will man *diese* Theorie anwenden? Kennzeichnend für die moderne ökonomische Theorie ist die Verwendung von Modellen und vielfach ist nicht nur für Studenten kaum erkennbar, in welcher Weise ein Modell benutzt werden kann, um daran etwas über die Realität zu lernen. Dazu kommt, dass es *die* ökonomische Theorie nicht gibt – jedenfalls ist im Einzelfall oft schwer auszumachen, was denn die letztlich relevante Theorie ist. Diese Schwierigkeit ist angesichts der Tatsache, dass es nach wie vor unterschiedliche Schulen innerhalb der wissenschaftlichen Gemeinschaft gibt, durchaus verständlich. Sie wird umso verständlicher, wenn man berücksichtigt, dass es selbst innerhalb der einzelnen Schulen – und insbesondere auch innerhalb des neoklassischen Theoriegebäudes – eine Vielzahl von methodischen Varianten und Spielarten gibt. Statische und dynamische Modelle, Partialanalysen und allgemeine Gleichgewichtsmodelle, Spieltheorie, experimentelle Wirtschaftsforschung, komparative Statik und Ungleichgewichtstheorie sind nur einige wenige Stichworte, die unterschiedliche Analysemethoden beschreiben. Aber nicht nur das erschwert den Überblick. Dazu kommt die mitunter verwirrende Vielzahl von sich teilweise überlappenden Untersuchungsgegenständen und Themen der Theorie: Mikro- und Makrotheorie, Mikrofundierung der Makrotheorie, Wohlfahrtsökonomie, neue Wohlfahrtsökonomie, Fiscal Economics, Industrial Organization usw.

Aus all dem folgt, dass man dann, wenn man die wissenschaftliche Behandlung der Wirtschaftspolitik als angewandte Wirtschaftstheorie versteht, nicht darum herumkommt anzugeben, welche Theorie man anzuwenden gedenkt und welche Methodik dabei benutzt werden soll. Beides zusammen ergibt eine durchaus spezielle Sicht der Dinge, eine bestimmte Perspektive, aus der heraus die Welt gesehen wird. Dabei muss selbstverständlich konzediert werden, dass die Sicht, zu der man sich entschließt, keineswegs in Anspruch nehmen kann, die „richtige" oder gar die „beste" Sichtweise zu sein. Man wird sogar noch einen Schritt weiter gehen müssen. In diesem Buch wird ein Konzept entwickelt und konsequent angewendet, das den unschätzbaren Vorteil besitzt, uns mit einer konsistenten und stimmigen Sicht der Dinge zu versorgen. Das ändert jedoch nichts daran, dass dieses Konzept unvollkommen ist und in Teilen sogar offensichtlich bei der Beschreibung von Realität versagt. Wo es versagt und warum es dennoch das richtige Konzept ist, wird im Folgenden immer wieder Gegenstand der Diskussion sein, in deren Verlauf auch klar werden dürfte, dass die Wahl, die es zu treffen gilt, zu einem guten Teil auch eine Frage des Geschmacks und der persönlichen Neigung ist – mithin ein Werturteil. Weil dem so ist, muss dieses Urteil offen gelegt werden, denn nur dann – so haben wir eben gelernt – kann dieses Lehrbuch für sich beanspruchen, wissenschaftlich zu sein. Da genau dieser Anspruch erhoben wird, gilt es im Folgenden die grundlegenden Positionen, von denen aus argumentiert werden wird, zu charakterisieren – um der Forderung nach Wissenschaftlichkeit zu entsprechen und um auf das vorzubereiten, was danach kommt.

1.2 DIE GRUNDPOSITION

Was ist eigentlich mit dem Begriff „Wirtschaftspolitik" gemeint? Die Frage mag auf den ersten Blick überflüssig erscheinen, denn jeder hat natürlich eine mehr oder weniger klare Vorstellung davon, was Wirtschaftspolitik eigentlich ist. Schließlich gibt es in jeder Regierung einen Minister, der sich für eben diese Wirtschaftspolitik zuständig zeichnet. Dieser Minister hat einen bestimmten Kompetenzbereich, der alles das umfasst, was wir allgemein als Wirtschaftspolitik bezeichnen. Selbst wenn man einmal davon absieht, dass der Wirtschaftsminister in Deutschland zwar ein wichtiges Amt, aber kaum Kompetenzen besitzt, ist diese Vorstellung von Wirtschaftspolitik sicherlich viel zu eng. Es gehört wesentlich mehr dazu und wir werden uns an geeigneter Stelle ansehen, was alles zum Bereich der Wirtschaftspolitik zu zählen ist. Im Augenblick geht es weniger um die Eingrenzung des Ressorts als vielmehr um eine sehr prinzipielle Frage, nämlich die nach dem allgemeinen Charakteristikum von Politik schlechthin und damit auch von Wirtschaftspolitik.

Warum bedarf es der Politik? Was geschieht eigentlich, wenn Politiker Entscheidungen treffen? Diese Fragen liegen nahe, dennoch stellt man sie sich in der Regel nicht, denn sie beziehen sich auf Dinge, von denen wir gewohnt sind, sie als Selbstverständlichkeiten hinzunehmen ohne sie zu hinterfragen. Für die wissenschaftliche Behandlung eines Gegenstandes erweist es sich jedoch oft als ausgesprochen notwendig, auch die Dinge einer gründlichen Klärung zu unterziehen, die uns in unserem Alltagsverständnis als selbstverständlich erscheinen.

Bevor der Versuch unternommen werden kann, die oben gestellten Fragen zu beantworten, müssen wir einen Begriff einführen, der noch häufig gebraucht werden wird: Wir werden *politische* Entscheidungen als *kollektive* Entscheidungen charakterisieren und darunter Entscheidungen verstehen, die von den Mitgliedern einer Gruppe (des Kollektivs) nach einer ex ante festgelegten *Regel* getroffen werden und für alle Gruppenmitglieder Bindungswirkung besitzen. Wichtig ist dabei, *dass* eine solche Regel existiert, nicht wie sie gestaltet ist.[4]

---

[4] Das bedeutet nicht, dass die Frage, *wie* Regeln zu gestalten sind, keine Bedeutung besitzt. Im Gegenteil, sie ist so bedeutsam, dass sie noch Gegenstand ausführlicher Betrach-

Der so definierte Begriff der kollektiven Entscheidung macht nur in Demokratien Sinn, weil Diktaturen sich im Allgemeinen dadurch auszeichnen, dass die Interessen des Kollektivs mit denen des Diktators gleichgesetzt werden – mit der Folge, dass alle das Kollektiv betreffenden Entscheidungen nicht kollektiv, sondern individuell im Sinne der persönlichen Präferenzen des Diktators getroffen werden. Allein in einer Demokratie stellt sich überhaupt die Notwendigkeit, kollektiv zu entscheiden. Politische Entscheidungen, die innerhalb eines demokratischen Systems gefällt werden, sind folglich gewissermaßen per definitionem kollektive Entscheidungen.

Der politische Prozess – und damit auch die Wirtschaftspolitik – lässt sich deshalb als eine spezielle Ausprägung der Regel begreifen, nach der kollektive Entscheidungen getroffen werden. Die parlamentarische Demokratie ist nichts anderes als eine bestimmte Form der kollektiven Entscheidungsfindung, nämlich die Delegation der Entscheidung auf demokratisch gewählte Politiker. Damit ist nun allerdings noch nicht viel mehr als eine Trivialität gesagt. Die eigentlich zentralen Fragen sind keineswegs beantwortet:

> *Warum und in welchen Fällen ist es überhaupt notwendig, kollektiv zu entscheiden? Wann also soll ein Politiker – oder allgemeiner der Staat – tätig werden und wann nicht? Sind kollektive Entscheidungen immer möglich? Welche Anforderungen sollte man an die Regeln stellen, nach denen solche Entscheidungen fallen? Worin besteht das Ziel kollektiven Handelns und in welcher Beziehung steht es zu den Zielen individuellen Handelns?*

Um diese Fragen beantworten zu können, mag es hilfreich sein, wenn wir uns zunächst überlegen, wie eigentlich die Alternative aussieht. Was wäre zu erwarten, wenn wir keinerlei kollektive Entscheidungen treffen würden? Gehen wir drei Schritte zurück und überlegen uns, wie ein Zustand ohne Staat aussehen würde. Ein Zustand ohne Staat, ohne herrschaftliche Gewalt ist eine Anarchie – ein Zustand, in dem alle Menschen ihr Zusammenleben tagtäglich neu organisieren müssen und jeder für sich selbst und gegen alle anderen kämpft. Man braucht nicht viel Phantasie um zu sehen, dass es für die Mitglieder einer solchen Gesellschaft von Vorteil wäre, wenn sie über ein Minimum staatlicher Gewalt verfügten. Einen Staat zu akzeptieren, eine übergeordnete Instanz anzuerkennen heißt aber nichts anderes als auf einen Teil seiner individuellen Freiheitsrechte zu verzichten. Dieser Verzicht ergibt jedoch nur dann einen Sinn, wenn sich ihm alle Individuen einer Gesellschaft anschließen; es muss also schon in einem sehr frühen Stadium des menschlichen Zusammenlebens eine kollektive Entscheidung getroffen werden.

---

tungen sein wird. Lediglich für die hier verwendete Definition von kollektiven Entscheidungen kommt es nur auf die *Existenz* und nicht auf den *Inhalt* einer Regel an.

Die genaue Begründung dafür, warum es aus der Sicht eines rationalen Individuums sinnvoll ist, freiwillig auf individuelle Freiheitsrechte zu verzichten und sich einem staatlichen Gewaltmonopol zu unterwerfen, ist allerdings staatsphilosophisch nicht ganz einfach. Sie geht letztlich auf THOMAS HOBBES (1588 – 1679) zurück und stellt darauf ab, dass es in einer rechtlosen Gesellschaft, in einer Situation, in der es insbesondere nicht möglich ist, Eigentumsrechte zu definieren und durchzusetzen, zu einem Zustand kommt, den letztlich niemand bevorzugt, nämlich zu einem ständigen Kampf jedes gegen jeden. HOBBES nennt die Anarchie einen Dschungel, aus dem sich die Menschen nur befreien können, wenn sie bereit sind, ihre Freiheit einem Herrscher zu übereignen, dem sie sich zu ihrem eigenen Wohl unterordnen.

Wir werden an anderer Stelle noch einmal auf das Argument von HOBBES zurückkommen. Für den Augenblick genügt es festzustellen, dass ein Minimum an staatlicher Gewalt unverzichtbar erscheint und damit kollektive Entscheidungen in einem entsprechenden Umfang kaum zu umgehen sein dürften. Was müsste ein solcher Minimalstaat leisten? Um den unangenehmen Folgen eines anarchistischen Zustandes zu entgehen, würde es ausreichen, ein System zu schaffen, das die Durchsetzung individueller Eigentumsrechte sichert. Dazu wäre es erforderlich, ein Rechtssystem zu implementieren und das Gewaltmonopol des Staates in Form einer Polizei und einer Armee zu sichern. Erstere dient der Durchsetzung der inneren, letztere der äußeren Sicherheit, beides garantiert die Existenz von Eigentumsrechten.[5]

Was ist gewonnen, wenn Eigentumsrechte durch einen Minimalstaat geschützt werden? Aus ökonomischer Sicht ist damit die zentrale Voraussetzung dafür geschaffen, dass Märkte entstehen können, denn nunmehr ist es möglich, Güter zu tauschen. Es kann zu arbeitsteiliger Produktion kommen, weil die Möglichkeit des Tausches die Menschen von der Notwendigkeit enthebt, alles selbst herzustellen, was sie zum Leben brauchen. Wenn der Minimalstaat zusätzlich auch noch eine Währung hervorbringt, die Tauschvorgänge bei geringeren Transaktionskosten zulässt, dann kann die Entwicklung weitergehen. Arbeitsteilung und gesicherte Eigentumsrechte werden technischen Fortschritt induzieren; es kommt zu Wirtschaftswachstum und zu allgemeinen Wohlfahrtssteigerungen. Wir wissen über die Wirkungen, die Wettbewerbsmärkte haben, noch einiges mehr. Beispielsweise, dass sie in der Lage sind, das ökonomische Kardinalproblem, die Knappheit der Ressourcen, in der bestmöglichen Weise zu lösen. Wir werden zu diesen Eigenschaften eines Systems freier Wettbewerbsmärkte noch einiges sagen, aber es sei bereits hier bemerkt, dass ein solches System *im Prinzip* geeignet ist, eine best-

---

[5] Weitergehende Rechte, etwa grundlegende Menschenrechte, müssen nicht geschützt werden, um die Anarchie zu umgehen. Die Richtigkeit dieser Feststellung wird durch die Geschichte belegt. Die Menschenrechte wurden erst in den letzten zweihundert Jahren nach und nach Gegenstand gesetzlicher Regelungen. Dennoch kann man nicht behaupten, dass zuvor nur Anarchien existiert hätten.

mögliche Organisation des ökonomischen Systems einer Gesellschaft zu gewährleisten. Wenn dem so ist, wenn Märkte ein so vorzugswürdiges Ordnungselement sind, wozu brauchen wir dann noch kollektive Entscheidungen, die über die Schaffung und Aufrechterhaltung des Minimalstaates hinausgehen? Nur ein kleiner Bruchteil der kollektiven Entscheidungen, die in modernen Gesellschaften getroffen werden, beziehen sich auf Dinge, die notwendig sind, um ein Marktsystem zu stützen. Was ist mit all den anderen Entscheidungen, mit der Vielzahl von Staatseingriffen und Staatsaktivitäten, die wir täglich beobachten? Um es vorwegzunehmen: Längst nicht alle dieser Aktivitäten lassen sich aus ökonomischer Sicht rechtfertigen. Dennoch gibt es gute Gründe dafür, dass in vielen Fällen Politik betrieben wird, dass *kollektive* Entscheidungen gefasst werden. Diese Fälle von denen unterscheiden zu lernen, in denen staatliches Handeln aus Sicht der Ökonomik bestenfalls sinnlos, meistens aber schädlich ist, ist das erste Lernziel, das dieses Buch anstrebt. Wenn wir in der Lage sind anzugeben, wo, an welcher Stelle staatliches Handeln angezeigt ist und wo nicht, haben wir die erste Voraussetzung für eine wissenschaftliche Politikberatung erfüllt. Und das ist das eigentliche Ziel, das dieses Buch verfolgt: Es besteht darin, ein Bild von dem zu entwerfen, was aus der Sicht der ökonomischen Wissenschaft *rationale Wirtschaftspolitik* wäre, um auf diese Weise eine theoretisch fundierte, wissenschaftliche Basis für die Beratung des Politikers zu gewinnen.

Mit dem Verweis auf „Rationalität" ist gewissermaßen ein Leitbild für die Politikberatung geschaffen.[6] Stillschweigend vorausgesetzt wird dabei, dass es Zweck der wissenschaftlichen Beschäftigung mit Wirtschaftspolitik ist, *Politikberatung* zu betreiben. Diesen Zweck zu wählen ist keine Selbstverständlichkeit, aber zweifellos ist Politikberatung ein naheliegendes Ziel wissenschaftlicher Beschäftigung mit ökonomischen Fragen. Wenn aber Rationalität zu einem zentralen Begriff in diesem Zusammenhang wird, dann bedarf dieser Begriff näherer Erläuterung. Rational ist eine Handlung dann, wenn sie konsistent ist in Bezug auf ein *gegebenes Ziel*. Das aber bedeutet, dass sich die Rationalität einer Handlung, und damit auch die Rationalität von Wirtschaftspolitik, nur beurteilen lässt, wenn das *Ziel* der Handlung bekannt ist. Die angesprochene nähere Erläuterung muss sich also auf das Ziel beziehen, dem wirtschaftspolitisches Handeln dient oder dienen soll.

Es ist nicht möglich, eine solche Zielvorgabe zu diskutieren, *ohne* (erneut) direkten Bezug auf Werturteile zu nehmen. Handlungsziele, seien sie nun individueller oder kollektiver Natur, lassen sich nur bis zu einem bestimmten Punkt rationalisieren. Irgendwann wird es zu einer Wertung kommen müssen, die nicht mehr der rationalen „Letztbegründung" zugänglich ist. Wir haben bereits betont, dass es in

---

[6] Dieses Leitbild ist selbstverständlich nicht wertfrei. Man kann sich sehr wohl auch andere Politikziele vorstellen. Beispielsweise könnte man fordern, dass Politik berechenbar (im Sinne von voraussagbar) sein solle, oder man könnte verlangen, dass sich die Politik irgendwelchen Metazielen (beispielsweise religiöser Natur) unterordnet.

solchen Situationen darauf ankommt, die Werturteile, die nun einmal unverzichtbar sind, offen zu legen, sie nicht als wertfrei auszugeben oder hinter scheinbaren Sachzwängen zu verbergen. Nur so lässt sich das Werturteil von dem rationalen Argument trennen und nur so lassen sich die Voraussetzungen für eine rationale Diskussion schaffen. Gefragt ist damit nach den *grundlegenden Werturteilen der Ökonomik*. Aber ist das eine sinnvolle Frage? Gibt es so etwas wie eine gemeinsame Wertbasis der Ökonomen?

Die ökonomische Disziplin verfügt zwar nicht über eine herrschende Lehre, die von *allen* Wissenschaftlern gleichermaßen akzeptiert und angewandt wird, aber dennoch ist die wissenschaftliche Gemeinschaft relativ homogen. Natürlich existieren nach wie vor unterschiedliche Schulen und Denkstile. Besonders deutlich wird dies innerhalb der Makroökonomik, wo noch immer eine Unterscheidung zwischen Neoklassikern und Keynesianern möglich ist. Allerdings: Bei genauerem Hinsehen sind die Unterschiede bei weitem geringer als es auf den ersten Blick scheint. Innerhalb der modernen Mikroökonomik – die von vielen als das eigentliche Feld der ökonomischen Theorie angesehen wird – hat sich weitgehend eine Methodik durchgesetzt, die stark neoklassisch orientiert ist, ohne dass man deshalb die Mikroökonomik mit der neoklassischen Theorie gleichsetzen könnte.[7]

Über alle dennoch bestehenden Unterschiede hinweg gibt es fundamentale Gemeinsamkeiten der ökonomischen Theorien. Die zweifellos wichtigste ist das Bekenntnis zum *methodologischen Individualismus*. Diese Gemeinsamkeit ist deshalb so wichtig, weil es sich dabei um ein Bekenntnis zu einem Werturteil handelt und damit um einen zentralen Bestandteil der oben angesprochenen Wertbasis. Im Zentrum des methodologischen Individualismus steht die dem Liberalismus verpflichtete Auffassung, dass das Individuum Mittelpunkt und einziger Bezugspunkt der ökonomischen Theorie ist. Das ökonomische Weltbild ist vollständig *anthropozentrisch*. Allein der Mensch und die ihm zuteil werdende Wohlfahrt ist das Maß aller Dinge. Es existiert kein Wert an sich, jeder Gegenstand wird erst dann wertvoll, wenn er Menschen Nutzen stiftet.

Diese grundlegende *philosophische* Position der Ökonomik ist natürlich nicht unumstritten und sie ist in manchen Fällen Gegenstand größerer Missverständnisse. Dennoch wird sie von (fast) allen Ökonomen geteilt.[8] Eine – allerdings nicht mehr in der gleichen Weise konsensfähige – Erweiterung des methodologischen Individualismus besteht darin, dass wissenschaftliche Sätze, die innerhalb ökonomischer Theorien abgeleitet werden, einer expliziten entscheidungstheoretischen

---

[7] Man kann es vor allem deshalb nicht, weil der Gegensatz „neoklassisch" „nichtneoklassisch" wenig sinnvoll ist. Beispielsweise wäre es unsinnig davon zu sprechen, die Spieltheorie oder die experimentelle Wirtschaftsforschung seien „neoklassisch". Dennoch wird beides von Ökonomen, die sich erklärtermaßen als Neoklassiker verstehen, akzeptiert und als Methode verwendet. Man sieht, dass es mitunter nicht sinnvoll ist, unbedingt klassifizieren zu wollen.

[8] Eine prominente Ausnahme ist A.K. SEN (1981). Vgl. seine Auseinandersetzung mit NG (1981) über diese Frage.

Fundierung bedürfen. Damit ist das Folgende gemeint: Wenn Ökonomen eine Regelmäßigkeit behaupten, d.h. einen Satz ableiten, der einen kausalen Zusammenhang bezüglich ökonomischer Phänomene zum Inhalt hat, dann muss diese Kausalität als das Resultat individueller Entscheidungen nachgewiesen werden.

Hinter dieser Forderung stehen zwei wichtige Einschätzungen (keine Werturteile). Die erste besteht darin, dass es so etwas wie ein kollektives Gehirn nicht gibt. Bei Sätzen der Art „die Gesellschaft neigt dazu...", „die Unternehmer streben nach..." oder „die Gewerkschaften wollen immer...", fällt es Ökonomen regelmäßig sehr schwer daran zu glauben, dass es so etwas wie „die Unternehmer" oder „die Gewerkschaften" als Einheiten, *die Entscheidungen treffen*, gibt. Entscheidungen treffen in jedem Fall Individuen! Wenn man also wissen möchte, wie sich Unternehmen, Gewerkschaften oder gar die Gesellschaft als solche „verhalten", dann muss man sich Klarheit darüber verschaffen, wie sich der einzelne Unternehmer oder der Manager, wie sich das einzelne Gewerkschaftsmitglied oder der Gewerkschaftsfunktionär verhalten wird. Man muss nach den Motiven dieser Individuen fragen und sich überlegen, wie sie sich unter den jeweils herrschenden Restriktionen entscheiden werden und welche Konsequenzen ihre Entscheidung hat.

Die zweite Einschätzung, die mit der Forderung nach einer entscheidungstheoretischen Fundierung einhergeht, besteht darin, dass die meisten Erscheinungen, mit denen sich die ökonomische Wissenschaft befasst, tatsächlich das Resultat von individuellen Entscheidungen sind und nicht Dinge, die zwangsläufig, unabänderlich, quasi naturgesetzlich zustande kommen. In unserer Alltagswelt erscheinen uns viele Dinge unvermeidbar. Der Mensch *muss* arbeiten, und zwar in der Regel von Acht bis Fünf, man *muss* Steuern zahlen usw. In der Tat ist vieles aus Sicht des Individuums mit erheblichem Zwang versehen. Aus Sicht des Ökonomen ändert dies aber nichts daran, dass das Arbeitsangebot eine *Entscheidung* ist, die der Einzelne fällt. Tarifverträge, die die Arbeitszeit regeln, werden von Menschen gemacht und die dabei ablaufenden Verhandlungen lassen sich als ein Prozess begreifen, der keineswegs zwangsläufig ist, sondern bei dem bewusste Entscheidungen eine erhebliche Rolle spielen. Natürlich wird der Einzelne *gezwungen* Steuern zu zahlen, aber nur dann, wenn er den Tatbestand erfüllt, an den das Steuergesetz die Steuerpflicht geknüpft hat – und dies zu tun steht dem Einzelnen frei.[9] Tatsächlich gibt es nur sehr wenige Situationen, in denen keinerlei Freiheitsgrad mehr existiert. Der Mensch *muss* sterben, aber selbst die Lebensdauer ist nicht unabhängig von individuellen Entscheidungen, denn niemand wird gezwungen, gesund oder ungesund zu leben, sich Risiken auszusetzen oder Sicherheit zu suchen.

Die entscheidungstheoretische Fundierung ökonomischer Aussagen wird von vielen als der bedeutendste Vorteil angesehen, den die Ökonomik gegenüber denjenigen Sozialwissenschaften besitzt, die auf ein solches Instrument verzichten. In der Tat ist die Mikroökonomik – in deren Rahmen diese Fundierung geleistet wird

---

[9] Der Leser vergleiche beispielhaft seine eigene Steuererklärung mit der von Boris Becker oder Michael Schumacher.

– ein mächtiges Analyseinstrument. Paradoxerweise ist die Stärke der Ökonomik aber zugleich auch ihre größte Schwäche. Sie ist es deswegen, weil die Entscheidungstheorie eine Grundvoraussetzung benutzt, die in hohem Maße kritikwürdig erscheint. Sie geht nämlich von strikter Rationalität der Akteure aus. Diese Voraussetzung ist in vielerlei Hinsicht notwendig, sinnvoll und erkenntnisfördernd – aber im empirischen Sinne ist sie letztlich falsch. Das entscheidungstheoretische Modell versagt in vielen Fällen, wenn es versucht, reales Verhalten zu *beschreiben*. Menschen sind nicht immer rational im Sinne der Mikroökonomik und sie sind schon gar nicht hyperrational, wie es die Spieltheorie unterstellt. Die Belege für diese Behauptung stammen vor allem aus der intensiven experimentellen Arbeit, die Ökonomen in den letzten 30 Jahren geleistet haben. Die neoklassische Entscheidungstheorie und die ökonomische Theorie, die auf ihr errichtet wurde, sind deshalb in dem Sinne *normativ*, als sie zeigen, was rational *wäre*. Diese normative Bedeutung hat die ökonomische Theorie in jedem Fall und es ist diese Eigenschaft, die sie für unsere Zwecke geeignet macht. Ob sie auch eine empirische Bedeutung besitzt, d.h. ob sie in der Lage ist, *reale* Verhaltensweisen zu beschreiben, ist eine Frage, die in jedem Einzelfall beantwortet werden muss.

Die Verwendung ökonomischer Theorie – jedenfalls der Theorie, über die wir zur Zeit verfügen können – ist vor diesem Hintergrund eine etwas zwiespältige Angelegenheit. Schließlich benutzen wir eine Theorie, die von einer Grundvoraussetzung ausgeht, die einer kritischen Überprüfung vielfach nicht standhält. Dieser Zwiespalt ist nicht zu leugnen. Dennoch ist die theoretische Fundierung notwendig und sinnvoll. Sie ist es jedenfalls dann, wenn man erstens die Theorie tatsächlich als ein normatives Instrument begreift, also als ein Instrument, das uns beibringen kann, was rationale Politik sein könnte, und wenn zweitens die Schwächen und Defizite der Entscheidungstheorie als *positive* Theorie akzeptiert und beachtet werden. Genau so wollen wir im Folgenden verfahren: Wir werden uns mit Entscheidungen *rationaler* Individuen befassen, um zu normativ verwertbaren Aussagen zu gelangen, und wir werden gleichzeitig immer wieder auf die Probleme hinweisen, die sich aus der Differenz zwischen normativer Entscheidungstheorie und beobachtbarem Verhalten ergeben.

Mit der entscheidungslogischen Fundierung auf der Basis der Rationalitätsannahme eng verbunden ist die Frage, auf die es uns augenblicklich besonders ankommt, nämlich die Frage nach den Handlungs*zielen*. Sind sie bekannt und unterstellen wir Rationalität der Akteure, dann – und nur dann – lassen sich Aussagen über „rationales Verhalten" ableiten. Was also ist das Ziel wirtschaftlichen Handelns?

Das ökonomische Kardinalproblem, auf dessen Lösung wirtschaftliches Handeln gerichtet ist, ist das *Knappheitsproblem*. Die Menge der Güter und Ressourcen, die uns Menschen zur Verfügung stehen, ist nun einmal begrenzt und sie reicht nicht aus, um alle Bedürfnisse zu befriedigen. Was immer wir tun, die Endlichkeit der Mittel begleitet uns, ganz gleich welches Ziel wir verfolgen. Was aber ist das Ziel in einer Knappheitssituation? Für das einzelne Individuum beantwortet die ökonomische Disziplin diese Frage in einer Weise, die vielfach auf Unverständnis stößt und ebenso oft missverstanden wird. Sie behauptet nämlich, das Ziel menschlichen Strebens sei es, den individuellen Nutzen zu maximieren. Eines der Missverständnisse besteht darin, dass man Ökonomen vorwirft, sie machten damit eine Tautologie zur Grundlage ihrer Analyse, denn um nichts anderes handele es sich bei der Nutzenmaximierungshypothese.[10] Wenn es allein bei der Aussage „Menschen maximieren ihren Nutzen" bliebe, wäre diese Kritik berechtigt. Was nutzenmaximierend ist, kann nur entschieden werden, wenn klar ist, was Nutzen schafft! Würde dies nicht geklärt, so ließen sich tatsächlich nur inhaltsleere Sätze ableiten.

Die notwendige inhaltliche Auffüllung der Nutzenmaximierungshypothese geschieht in der Regel durch die Angabe einer Nutzenfunktion. Diese Funktion ist nun nicht etwa ein Abbild der psychischen Befindlichkeit der Individuen. Vielmehr soll mit ihr lediglich ein funktionaler Zusammenhang zwischen der Nutzenempfindung von Individuen und dem Konsum von Gütern (in einem weiten Sinne) abgebildet werden. Wenn wir also eine Funktion $U(x)$ als Nutzenfunktion bezeichnen und x dabei ein Bündel marktfähiger Güter ist, dann ist damit nicht gesagt, dass Menschen nicht beispielsweise auch durch intangible Güter Nutzen erfahren können. Worauf es ankommt, ist allein die Aussage, dass ein Zusammenhang zwischen dem Konsum von Gütern und dem Nutzen besteht, den der Konsument erfährt. Entscheidend ist dabei natürlich, wie dieser Zusammenhang aussieht, welche Annahmen wir hinsichtlich der funktionalen Form von $U(x)$ und den Argumenten dieser Funktion treffen.

An dieser Stelle begegnet uns ein grundlegendes Werturteil, das in unmittelbarem Zusammenhang mit der Entscheidung zugunsten des Individuums als Zentrum der Theorie steht und das integraler Bestandteil des Konzepts des methodologischen Individualismus ist. Es besagt, dass niemand berechtigt sein kann zu bestimmen, was einem anderen nützlich ist. Dem Einzelnen muss überlassen bleiben zu benennen oder zu entscheiden, was ihm welchen Nutzen stiftet. Dieses Prinzip, oder besser dieses Werturteil, kommt in dem Begriff der *Konsumentensouveränität* zum Ausdruck, mit dem nicht weniger gesagt ist, als dass es der Konsument ist, der bestimmt, was für ihn gut ist und was nicht. Die Konsumentensouveränität ist nicht nur Ausdruck der individualistischen Grundlage der Ökonomik, sondern auch der Tatsache, dass diese Grundlage zutiefst subjektivistisch ist.

Sind wir aber damit nicht in einem Dilemma? Wenn nur das Individuum weiß, was ihm nützt, wie soll dann der Wissenschaftler in der Lage sein, Annahmen über die Nutzenfunktion zu machen? Verstößt nicht jede Annahme gegen das Gebot der Konsumentensouveränität, weil durch sie der Wissenschaftler sagt, was dem Individuum nützt? In der Tat handelt es sich um ein Dilemma, allerdings um eines, aus

---

[10] Unter einer Tautologie versteht man eine Aussage, die insofern inhaltsleer ist, als sie *immer* zutrifft. Beispielsweise ist die folgende bäuerliche Wettervorhersage eine Tautologie: „Wenn der Hahn kräht auf dem Mist, ändert sich das Wetter oder es bleibt wie es ist." Eine solche Aussage besitzt keinerlei Informationsgehalt und ist in diesem Sinne inhaltsleer.

dem es Auswege gibt. Prinzipiell kann man sich zwei Lösungen des Problems vorstellen. Die erste besteht darin, dass man Annahmen über individuelle Präferenzen empirisch stützt. Das bedeutet, dass man versucht herauszubekommen, welche Präferenzen die Menschen tatsächlich haben und dann die in Form empirischer Hypothesen gewonnenen Aussagen benutzt, um die notwendige inhaltliche Auffüllung der Nutzenmaximierungshypothese vorzunehmen. Bei diesem Verfahren würde der Wissenschaftler lediglich beobachten, welche Präferenzen existieren und nicht in die Konsumentensouveränität eingreifen. Diese Lösungsmöglichkeit ist in der Vergangenheit so gut wie nie benutzt worden, und zwar aus folgendem Grund. Wenn man auf diese Weise Theorien ableitet, dann steht die Anwendbarkeit der Theorie immer unter dem Vorbehalt, dass die Menschen tatsächlich über die postulierten Präferenzen verfügen und es wäre jeweils empirisch zu prüfen, ob dieser Vorbehalt erfüllt ist. Wenn man bedenkt, dass Theorien nicht zuletzt den Sinn haben, Gestaltungshinweise zu liefern und damit gewissermaßen in die Zukunft zu weisen, wird klar, warum dies von vielen als Nachteil empfunden wird.

Auf der anderen Seite kann man nicht ausschließen, dass Menschen, wenn sie Entscheidungen treffen, bestimmte Regelmäßigkeiten zeigen, die mit Hilfe eines Rationalmodells nicht eingefangen werden können. Wenn es solche „Grundsätze" des Verhaltens gibt, dann sollte es möglich sein, diese empirisch aufzuspüren und in eine allgemeine Theorie zu integrieren. Genau dieser Versuch wird in der letzten Zeit verstärkt unternommen und erste Erfolge zeichnen sich ab. Allerdings handelt es sich dabei um eine sehr junge Entwicklung, die bisher noch keine Auswirkung auf den wirtschaftswissenschaftlichen Alltag hat. Die empirischen Beobachtungen, die die Grundlage für diese neue Theorierichtung bilden, stammen aus experimentellen Untersuchungen. Wir werden uns im nächsten Kapitel mit der Methodik ökonomischer Experimente befassen und in dem Sidestep „ERC and Friends" wird auf die neueren Theorien zum menschlichen Entscheidungsverhalten eingegangen.

Die zweite Möglichkeit und zugleich die Lösung des Problems, derer sich die ökonomische Wissenschaft in der Regel bedient, besteht darin, Annahmen über individuelle Präferenzen so allgemein wie möglich zu machen. Die Strategie ist die folgende: Gesucht sind Theorien, die Kausalzusammenhänge aufzeigen, die für möglichst viele individuelle Präferenzprofile gelten. Im Idealfall trifft deshalb eine ökonomische Theorie nur sehr schwache Annahmen bezüglich der Nutzenfunktionen. Im Falle der allgemeinen Gleichgewichtstheorie gilt beispielsweise, dass sich zentrale Sätze bereits dann beweisen lassen, wenn nur sehr wenige einschränkende Annahmen an die Nutzenfunktion gestellt werden.[11] Der Vorteil sehr allgemeiner Annahmen ist offensichtlich. Je weniger Konstellationen individueller Präferenzen von der Theorie ausgeschlossen werden, desto größer ist ihr Anwendungsbereich.

---

[11] Es ist beispielsweise nicht notwendig, dass der Grenznutzen abnimmt. Das berühmte Gossensche Gesetz, das ja in Wahrheit kein Gesetz ist, sondern eine empirisch oftmals widerlegte Behauptung, muss nicht erfüllt sein. Vgl. dazu die im §3 angegebene Literatur zur allgemeinen Gleichgewichtstheorie.

Jede speziellere Annahme ist zugleich eine Annahme, die die Gültigkeit einer Theorie einschränkt. Wenn eine Theorie „allgemein" gilt, dann können wir hoffen, dass die Anwendungsbedingungen der Theorie auch in der Zukunft erfüllt sein werden.

Wir sind nunmehr in der Lage eine gewisse Vorstellung davon zu entwickeln, wann die Handlung eines Individuums rational ist. Gegeben eine Präferenzordnung, die einigen (möglichst allgemeinen) Voraussetzungen genügt, lässt sich bestimmen, welche Entscheidungen konsistent sind im Hinblick auf das Ziel der Maximierung des individuellen Nutzens. Wir haben damit eine Intuition dafür gewonnen, was *individuelle Rationalität* sein kann. Zwei wichtige Aspekte dieser Intuition seien noch einmal wiederholt:

[1] Wir brauchen keine *genaue* Angabe darüber, was für den Einzelnen nützlich ist. Die individuellen Präferenzen können höchst unterschiedlich sein, solange sie einige, sehr allgemeine Bedingungen erfüllen, sind wir in der Lage, individuelle Rationalität zu identifizieren.

[2] Individuelle Rationalität ist ein normatives Konzept, d.h. die entsprechende Annahme impliziert nicht eine empirische Behauptung über tatsächliches Verhalten. Menschen verhalten sich keineswegs *immer* rational im Sinne der Entscheidungstheorie.

Mit dem methodologischen Individualismus ist *ein Kern* der ökonomischen Wissenschaft benannt. Aber mit diesem Konzept und den in ihm enthaltenen Werturteilen kommen wir nicht aus. Wir sind bisher lediglich in der Lage anzugeben, wann sich das einzelne Individuum rational verhält, aber damit dürfte es kaum möglich sein zu entscheiden, wann Wirtschaftspolitik rational ist. Der Grund ist, dass uns das Konzept individueller Rationalität nicht weiterhilft, wenn wir Zustände beurteilen wollen, bei denen mehr als ein Individuum existiert und sich Konflikte zwischen den Zielen dieser Individuen ergeben. Wie sollen wir solche Situationen behandeln, wann ist eine Situation für eine Gruppe oder für eine Gesellschaft rational? Was wir brauchen, ist ein Konzept der *kollektiven Rationalität*. Damit ist nicht gemeint, dass das Kollektiv sich plötzlich rational verhält. Wir haben oben bereits darauf hingewiesen, dass sich niemals *das Kollektiv* irgendwie verhält, dass es immer die einzelnen Mitglieder einer Gruppe sind, die darüber entscheiden, was die Gruppe als ganzes tut.

Wenn wir also ein Kriterium suchen, mit dessen Hilfe entschieden werden kann, wann sich die Mitglieder einer Gruppe in einem rationalen Zustand befinden, dann müssen wir dabei die individuellen Ziele berücksichtigen, und das bedeutet, dass wir den Maßgaben des methodologischen Individualismus auch in diesem Punkt folgen müssen. Zu einem Problem wird die Beurteilung alternativer Zustände dann, wenn es Konflikte zwischen den einzelnen Mitgliedern gibt. Andernfalls könnten wir ja einfach die individuelle Nutzenmaximierung als Maßstab verwenden. Wenn es aber einen Konflikt dergestalt gibt, dass sich die Möglichkeiten der Gruppenmitglieder gegenseitig begrenzen, etwa weil die Ressourcen, die zur Bedürfnisbefriedigung zur Verfügung stehen, begrenzt sind und ein Verwendungskonflikt entsteht, wie sollen dann alternative Konfliktlösungen bewertet werden? Müsste dazu nicht eine Bewertung individueller Nutzen durchgeführt werden, eine Abwägung der widerstrebenden Interessen, die gegen die Maxime der Konsumentensouveränität verstößt? Es gibt ein Maß zur Bewertung von Zuständen, in denen sich eine Gruppe befinden kann, das uns solche Vergleiche oft erspart, und das ist das *Pareto-Kriterium*.

Das Pareto-Kriterium besagt, dass eine Situation dann *kollektiv rational* bzw. *effizient* ist, wenn es nicht mehr möglich ist, eines der Gruppenmitglieder besser zu stellen, ohne nicht gleichzeitig mindestens ein anderes schlechter zu stellen. Man kann es auch anders formulieren: Pareto-Effizienz ist dann erreicht, wenn es keine andere Situation mehr gibt, die von allen nicht abgelehnt und von mindestens einem strikt bevorzugt wird.[12]

Für die ökonomische Disziplin ist der Begriff der Effizienz – und in diesem Zusammenhang der Begriff der Pareto-Effizienz – von entscheidender Bedeutung. Wir haben bereits darauf hingewiesen, dass das zentrale ökonomische Problem das Knappheitsproblem ist. Dieses Problem stellt sich dem Einzelnen, dessen Mittel nicht ausreichen, alle seine Bedürfnisse zu stillen, aber es stellt sich vor allem der Gesellschaft, denn die insgesamt verfügbaren Ressourcen reichen bei weitem nicht, alle Ansprüche zu befriedigen, die in einer Gesellschaft erhoben werden. Es stellt sich die Frage, welchen Beitrag Ökonomen zur Lösung des Knappheitsproblems leisten können. Eines dürfte klar sein: Die Möglichkeit, die Knappheit zu beseitigen, besteht nicht. Die Vorstellung, die Lösung des Knappheitsproblems bestünde in der Abschaffung der Knappheit, ist falsch. Die Ressourcen bleiben begrenzt, mit ihrer Endlichkeit müssen wir uns abfinden, mit der Knappheit werden wir leben müssen. Wenn wir aber die Knappheit nicht besiegen können, was sollen wir dann tun? Vor allem, was können wir als methodologische Individualisten tun? Wir können dafür sorgen, dass es zu keiner Verschwendung kommt. In einer durch Knappheiten geprägten Situation ist die Forderung, keine Ressourcen zu verschwenden, nicht nur naheliegend, sie ist dringend geboten. Effizienz, auch Pareto-Effizienz, ist aber nichts anderes als *Abwesenheit von Verschwendung*. Wenn wir fordern, gesellschaftliche Zustände sollen Pareto-effizient sein, so fordern wir damit, dass man Verschwendung nicht zulassen soll.

Pareto-Effizienz muss primär verstanden werden als allokative Effizienz. Unter der *Allokation* von Gütern und Ressourcen versteht man ihre Aufteilung auf unterschiedliche Verwendungsformen bei gegebener Anfangsverteilung. Ressourcen und Güter werden für Produktion und Konsum verwendet und allokative Effizienz fordert, dass Ressourcen dort eingesetzt werden, wo sie die größte Produktivität entfalten können, und Güter dort konsumiert werden, wo sie den größten Nutzen stiften. Pareto-Effizienz verlangt, dass der Kuchen, der unter Einsatz gegebener Anfangsausstattungen „gebacken wird", möglichst groß ausfällt. Sie sagt

---

[12] In Kapitel 3 wird eine präzise Definition von Pareto-Effizienz eingeführt.

nichts darüber, wie dieser Kuchen verteilt werden soll.[13] Insofern scheint die Forderung nach Pareto-Effizienz gering zu sein, denn sie vermeidet offenbar jeden Konflikt. Dass effiziente Zustände ineffizienten vorzuziehen sind, wird jedermann einleuchten, und die Herstellung von Effizienz kann per definitionem niemandem schaden. Definieren wir deshalb nicht das eigentliche Problem weg, wenn wir das Pareto-Kriterium verwenden? Oben wurde doch gerade argumentiert, dass der Problemkern in den Konflikten besteht, die angesichts knapper Ressourcen unvermeidbar sind! In der Tat „löst" das Pareto-Kriterium nicht alle möglichen Verwertungskonflikte. Aber es liefert eine Art Minimalkonsens und definiert eine elementare Anforderung die an *jede* Lösung von Verwendungskonflikten zu stellen ist. Es wird sich sehr schnell zeigen, dass selbst diese konfliktfreie Zone der minimalen kollektiven Vernunft nicht ohne Probleme ist und dass die Herstellung effizienter Allokationen eine äußerst schwierige Aufgabe darstellt.

Mitunter wird das Pareto-Konzept als Referenzpunkt rationaler Wirtschaftspolitik mit Hinweis auf die folgende Schwierigkeit abgelehnt. In den seltensten Fällen wird der Übergang von einer ineffizienten zu einer effizienten Situation durch einstimmigen Beschluss herbeizuführen sein. Die Regel ist eher, dass von konkreten wirtschaftspolitischen Maßnahmen die einen profitieren und andere Nachteile erleiden. Ursache dafür ist, dass wirtschaftspolitisches Handeln fast immer Auswirkungen auf die Verteilung hat – auch dann, wenn es ausschließlich auf allokative Ziele gerichtet ist. Würde man deshalb wirtschaftspolitisches Handeln unter den Vorbehalt einstimmiger Zustimmung stellen, wäre solches Handeln kaum noch möglich.

Was ist von diesem Einwand zu halten? Zunächst bedeutet die Tatsache, dass Veränderungen des Status quo fast immer dazu führen, dass einzelne Akteure schlechtergestellt werden, noch nicht, dass man daraus die Konsequenz ziehen muss, das Pareto-Kriterium sei als Maß für kollektive Rationalität ungeeignet. Die neuere Wohlfahrtsökonomie zieht beispielsweise den genau gegenteiligen Schluss, indem sie die Position vertritt, dass staatliches Handeln tatsächlich nur in den (seltenen) Fällen gerechtfertigt werden kann, in denen eine echte Pareto-Verbesserung nachgewiesen wird. Diese Position ist durchaus konsequent, denn sie beharrt auf den Grundlagen des methodologischen Individualismus und wendet dessen Postulate durchgängig an.[14] Es stellt sich allerdings die Frage, ob ein solcher Purismus sonderlich sinnvoll ist. Ein rein pragmatisches Argument dagegen

---

[13] Die Verteilungsneutralität des Pareto-Kriteriums wird sofort anhand folgender Überlegung deutlich: Man stelle sich vor, ein fester Geldbetrag X solle unter einer festen Anzahl von Personen aufgeteilt werden. *Jede* gewählte Verteilung ist Pareto-effizient, denn sie könnte nur geändert werden, wenn wenigstens einem etwas genommen wird. Das bedeutet, dass wir mit Hilfe des Pareto-Kriteriums nicht zwischen verschiedenen Verteilungen von X unterscheiden können.

[14] Für eine Darstellung der Position der Neueren Wohlfahrtsökonomik vgl. PAQUÉ (1986).

ist der Einwand, dass Ökonomen auf der Grundlage der neuen Wohlfahrtsökonomie lediglich zu der Aussage fähig wären, dass sicherlich 90% der beobachtbaren Staatstätigkeit wohlfahrtsökonomisch nicht zu rechtfertigen sind. Die damit verbundene Unfähigkeit, tatsächlich Politikberatung praktizieren zu können, lässt wohl viele Ökonomen vor einem allzu ausgeprägten methodischen Purismus zurückschrecken.

Bleibt als Alternative nur die Ablehnung des Pareto-Kriteriums? Um es vorweg zu nehmen: Im Rahmen dieses Buches wird dieser Schluss nicht gezogen, sondern die Effizienzforderung wird als *zentral* für die ökonomische Disziplin und als Leitschnur für die wissenschaftliche Beratung der Politik angesehen. Bevor diese Entscheidung begründet wird, seien einige Bemerkungen zu Begründungsversuchen gemacht, die mitunter in der Literatur im Zusammenhang mit der Frage der Relevanz des Pareto-Kriteriums diskutiert werden.

Ein – dogmengeschichtlich gesehen vergleichsweise alter – Versuch, das Pareto-Kriterium auch in solchen Fällen anwenden zu können, in denen einzelne Individuen Nachteile erfahren, geht auf KALDOR (1939) und HICKS (1939) zurück. Beide Autoren schlugen vor, Kompensationszahlungen mit in die Betrachtung einzubeziehen. Demnach liegt eine Pareto-Verbesserung immer dann vor, wenn es möglich ist, diejenigen, die durch eine Maßnahme schlechter gestellt werden, aus den Nutzenzuwächsen der „Gewinner" mindestens zu kompensieren. Werden solche Kompensationszahlungen tatsächlich geleistet, so kann man wiederum mit Einstimmigkeit rechnen und das Pareto-Kriterium kann problemlos angewendet werden. Aber natürlich ist der Vorschlag von KALDOR und HICKS vor allem in solchen Fällen interessant, in denen es nur zu hypothetischen Kompensationszahlungen kommt. Unglücklicherweise entstehen ausgerechnet in diesem Fall Probleme. Es ist nämlich nicht mehr gesichert, dass die Anwendung eines Kompensationskriteriums zu einer transitiven Ordnung der einzelnen Zustände führt. Nehmen wir an, es stünden drei alternative politische Maßnahmen A, B, C zur Auswahl, dann kann, wie beispielsweise SCITOVSKY (1941) oder BOADWAY (1974) gezeigt haben, das Kompensationskriterium dazu führen, dass A dem Zustand B vorgezogen wird und B C, dass aber gleichzeitig C besser als A bewertet wird. Diese Eigenschaft hat Kompensationskriterien gewissermaßen in Verruf gebracht, obwohl sie im Einzelfall nach wie vor anwendbar sind.

Ein zweiter Versuch, das wohlfahrtsökonomische Kalkül für die Wirtschaftspolitik nutzbar zu machen, ist die Entwicklung und Analyse sogenannter individualistischer Wohlfahrtsmaße.[15] Um zu verdeutlichen, was damit gemeint ist, sei folgende Notation eingeführt. Es sei W_i die Wohlfahrt des i-ten Individuums (i = 1,...,n) und ΔW_i sei die Änderung der Wohlfahrt, die infolge irgendeiner politischen Maßnahme eintritt. Offensichtlich verlangt das Pareto-Kriterium, die Maßnahme nur dann zu ergreifen, wenn $\Delta W_i \geq 0$ für alle i gilt. Wenn es nun aber möglich sein sollte, die einzelnen ΔW_i monetär zu bewerten, dann macht es Sinn, das folgende Wohlfahrtsmaß zu betrachten:

---

[15] Einen ausgezeichneten Überblick über solche Maße bieten AHLHEIM UND ROSE (1992).

$$\Delta W = \sum_{i=1}^{n} g_i \Delta W_i$$

Dabei sind die g_i Parameter, mit denen die Wohlfahrtsänderungen der einzelnen Individuen unterschiedlich gewichtet werden können, und W_i sind individuelle Wohlfahrtsmaße. Deren Bestimmung ist nichts anderes als der Versuch, aus beobachtbarem Verhalten von Individuen – insbesondere Nachfrageverhalten – auf den monetären Wert von Wohlfahrtsveränderungen zu schließen. Sollten solche Maße abgeleitet werden können, dann wäre damit die Möglichkeit geschaffen, die Gewinne und Verluste der einzelnen Individuen anzugeben. Die Gewichtung (in Form der g_i) bliebe dann demjenigen überlassen, der zu entscheiden hat, ob die zu beurteilende Maßnahme ergriffen werden soll oder nicht.

Wir werden uns an anderer Stelle mit solchen Maßen noch genauer auseinander setzen, weil sie insbesondere für die Beurteilung einzelner Projekte oder staatlicher Maßnahmen von einigem Wert sind. Wir werden dabei sehen, dass es tatsächlich Wohlfahrtsmaße gibt, die eine monetäre Bewertung individueller Nutzengewinne und -verluste erlauben – jedenfalls solange es sich um die Bewertung des Nutzens aus marktfähigen Gütern handelt.[16]

Wie bereits gesagt, wir werden das Pareto-Kriterium benutzen, um kollektive Rationalität zu identifizieren. Aber wir werden dies nicht deshalb tun, weil wir auf Kompensationsansätze à la KALDOR/HICKS zurückgreifen, um die Anwendungsmöglichkeiten des Pareto-Kriteriums zu erweitern, und auch nicht primär deshalb, weil wir individuelle Wohlfahrtsmaße benutzen. Der Grund ist vielmehr, dass wir wissenschaftliche Politikberatung aus einer strikten *ex ante Sicht* betreiben werden. Dahinter steckt folgende Überlegung. Es kann nicht Aufgabe des Wissenschaftlers sein, das Tagesgeschäft des Politikers zu betreiben. Für den Wissenschaftler muss es vielmehr darum gehen, Strukturen zu analysieren, und das heißt im ökonomischen Kontext, dass *Institutionen* analysiert werden müssen.

Unter einer Institution versteht man alle die Dinge, die den Handlungsrahmen und den Entscheidungsspielraum der Individuen bestimmen. Ein Wettbewerbsmarkt ist beispielsweise eine solche Institution. Der einzelne Akteur an einem solchen Markt ist den Regeln unterworfen, die diese Institution setzt. So hat der einzelne Anbieter keinen Preissetzungsspielraum und auch der einzelne Nachfrager hat keinen Einfluss auf den Marktpreis. Aufgabe der Wissenschaft ist es, Institutionen auf ihre Tauglichkeit zur Entschärfung des Knappheitsproblems hin zu überprüfen, und das bedeutet, dass sie daraufhin zu untersuchen sind, ob sie *Effizienz* erzeugen.

---

[16] Damit ist nicht das Marshallsche Konsumentenrenten-Konzept gemeint, sondern die Kompensierende und die Äquivalente Variation nach SAMUELSON und HICKS. Vgl. auch hierzu AHLHEIM UND ROSE (1992). Es sei an dieser Stelle nicht verschwiegen, dass zwischen Kompensation im Sinne von KALDOR und HICKS und der kompensierenden Variation eine äußerst enge Beziehung besteht (vgl. dazu auch den Sidestep in Kapitel 6).

Diese Analyse erfolgt *ex ante*, d.h. sie schließt institutionelle Arrangements ein, die in der Realität (noch) nicht existieren. Zusammengefasst widmet sich die wirtschaftswissenschaftliche Analyse damit der folgenden Aufgabe: Stelle fest, welche *Struktur*, welches *institutionelle Arrangement* am besten geeignet ist, mit Knappheiten umzugehen, d.h. Verschwendung zu vermeiden bzw. Effizienz herzustellen. Das Ergebnis dieser Analyse ist eine *kollektiv rationale Lösung* des gesellschaftlichen Knappheitsproblems, an der reale Lösungen, d.h. existierende Institutionen, abgeglichen werden können.

Auf diese Art und Weise kommt es zu einer Entzerrung unterschiedlicher Problemaspekte. Die Frage, wie eine rationale Lösung des Knappheitsproblems aussieht, wird gedanklich von der Frage getrennt, was geschieht, wenn wir eine solche Lösung realisieren wollen. Zugleich wird damit das Allokationsproblem von der Verteilungsfrage getrennt. Indem wir effiziente Zustände charakterisieren, indem wir angeben, unter welchen Bedingungen der Kuchen seine maximale Größe annimmt, können wir zugleich klarmachen, welche Veränderungen in der Einkommensverteilung die Herstellung solcher effizienten Strukturen bedingt. Durch diese Trennung wird die Verteilungsfrage nicht gelöst, aber sie wird als ein Verteilungsproblem sichtbar und kann als solches diskutiert werden.[17]

Um diesen Punkt noch etwas klarer zu machen, sei ein einfaches Beispiel genannt. Jeder Student der Wirtschaftswissenschaft lernt in der mikroökonomischen Vorlesung, dass ein Wettbewerbsmarkt gegenüber einem Monopol erhebliche Vorteile aufweist. Insbesondere erzeugt der Wettbewerbsmarkt ein effizientes Ergebnis, denn wir wissen, dass der soziale Überschuss, der sich bei Grenzkostenpreisen einstellt, maximal ist. Der Monopolist profitiert allerdings davon, dass er dem Wettbewerb nicht ausgesetzt ist. Er realisiert eine Monopolrente, die die Anbieter auf einem Wettbewerbsmarkt nicht erzielen können. Das aber bedeutet, dass der Übergang von einer monopolistischen Marktverfassung zu einem Wettbewerbsmarkt nicht *alle* besser stellen würde, denn der Monopolist wird dabei verlieren. Streng genommen ist damit das Pareto-Kriterium nicht anwendbar, aber es ist offensichtlich, dass es dennoch sinnvoll ist, die effizienzschädigenden Eigenschaften eines Monopols aufzuzeigen. Nur dann kann die Reform monopolistischer Strukturen in Kenntnis sowohl der allokativen als auch der distributiven Effekte eines Monopols diskutiert werden.

---

[17] Die Unterscheidung von Allokation und Verteilung ist von großer Bedeutung. Da allerdings beides in einer interdependenten Beziehung zueinander steht, ist die Abgrenzung mitunter sehr schwierig. Wir werden in Kapitel 3 den Versuch unternehmen, eine begrifflich saubere Trennung durchzuführen. In der neueren finanzwissenschaftlichen Literatur hat sich im übrigen die strikte Unterscheidung von Allokations*abteilung* und Distributions*abteilung* als unterschiedliche Bereiche staatlichen Handelns eingebürgert. Diese Einteilung in verschiedene Abteilungen geht auf MUSGRAVE zurück. Vgl. MUSGRAVE, MUSGRAVE, KULLMER (1988).

Aber nicht nur der Übergang von einer ineffizienten zu einer effizienten Situation kann zur Diskussion stehen. Im folgenden Sidestep 1 wird ein anderer Fall angesprochen.

Sidestep 1: Eine Dynamisierung

In den letzten Jahren ist die Frage intensiv diskutiert worden, wie das Alterssicherungssystem gestaltet werden soll. Zwei mögliche institutionelle Arrangements stehen zur Auswahl: das *Umlageverfahren* und das *Kapitaldeckungsverfahren*. Bei ersterem werden die Beitragszahlungen der gegenwärtig Erwerbstätigen dazu benutzt, die Renten der gegenwärtig „Alten" zu bezahlen. Die Beiträge werden also zwischen den Generationen „umgelegt". Beim Kapitaldeckungsverfahren wird dagegen die Rente aus den angesparten Beiträgen des jeweiligen Rentners finanziert, d.h. dieses Verfahren funktioniert in etwa so wie eine private Lebensversicherung. Es sei an dieser Stelle nicht auf die Einzelheiten der Analyse eingegangen, wichtig ist nur Folgendes.

Wir müssen zunächst den Effizienzbegriff auf den dynamischen Kontext aufeinanderfolgender (bzw. sich überlappender) Generationen übertragen. *Dynamisch effizient* ist ein institutionelles Arrangement demnach dann, wenn es nicht möglich ist, eine Generation besser zu stellen, ohne nicht gleichzeitig eine andere Generation zu verschlechtern. Dieser Forderung werden beide Alterssicherungssysteme gerecht, d.h. beide sind dynamisch effizient. Dennoch gibt es gute Gründe dafür, das Kapitaldeckungsverfahren als das bessere Verfahren anzusehen. Das trifft insbesondere auf diejenigen zu, die noch nicht das Rentenalter erreicht haben. In einer dynamisch effizienten Welt gilt nämlich, dass der Zins nicht permanent unter die Wachstumsrate der Volkswirtschaft fallen kann. Das aber bedeutet, dass ein Beitragszahler eine höhere Rente erzielen könnte, wenn er seine Beiträge am Kapitalmarkt anlegen würde, anstatt sie in die gesetzliche Rentenversicherung einzuzahlen. Darüber hinaus gibt es weitere Gründe, die das Kapitaldeckungsverfahren überlegen erscheinen lassen, auf die wir hier allerdings nicht näher eingehen können.

Wie gesagt, das Kapitaldeckungsverfahren ist ebenso wie das Umlageverfahren dynamisch effizient. Das bedeutet aber nicht, dass wir diese rationale Lösung auch ohne weiteres einführen können. In Deutschland ist nämlich bereits das Umlageverfahren installiert und man kann zeigen, dass es in der Regel nicht möglich ist, von einem Umlageverfahren zu einem Kapitaldeckungsverfahren überzugehen, ohne nicht mindestens eine Generation schlechter zu stellen. Es liegt auf der Hand, dass eine entsprechende Reform die Rentner in hohem Maße treffen würde, denn sie haben zwar Beiträge geleistet, würden aber bei einem Übergang zum Kapitaldeckungsverfahren leer ausgehen.

Was ist mit diesen Überlegungen gewonnen? Zunächst kann das Übergangsproblem als solches erkannt und analysiert werden, d.h. man kann den Versuch unternehmen, den Übergang so zu gestalten, dass Wohlfahrtsverluste einer Generation vermieden werden. Ist dies nicht möglich, kann man die Frage stellen und diskutieren, ob es sinnvoll ist, an einer Struktur festzuhalten, die *viele* (nämlich die zukünftigen Generationen) schlechter stellt und von der vergleichsweise wenige (die gegenwärtigen Rentner) profitieren, oder ob nicht die langfristig realisierbaren Vorteile *vieler* höher zu bewerten sind als die Kosten *weniger*. Nur wenn bekannt ist, wie effiziente Strukturen aussehen, können alle diese Fragen überhaupt erst sinnvoll gestellt werden und nur dann wird beispielsweise deutlich, dass es bei der Diskussion um das Alterssicherungssystem um ein Problem *intergenerationeller Umverteilung* geht.

Wenn wir die Frage des Übergangs, der Reform bestehender Institutionen diskutieren, dann verlassen wir die „konfliktfreie Zone", die wir mit dem Pareto-Kriterium geschaffen haben. Solange wir uns auf das Effizienzproblem konzentrieren, gehen wir jeder Auseinandersetzung aus dem Weg, erklären wir gewissermaßen die Harmonie, die Einstimmigkeit zum Programm. Wenn wir jedoch entweder versuchen, die Gewinne und Verluste einer Reform abzuwägen, oder wenn wir versuchen, eine Auswahl unter verschiedenen Pareto-effizienten Situationen zu treffen, dann müssen wir uns der Verteilungsfrage zuwenden, und damit einem Problem, das konfliktfrei nicht zu lösen ist. Die Frage, wie kollektive Entscheidungen im *Konfliktfall* zu treffen sind, ist weitaus schwieriger zu beantworten als die Frage, wann Effizienz erreicht ist. Dennoch kommen wir um die Behandlung dieser Frage nicht herum, denn der Konfliktfall ist der Regelfall. Wenn wir dies tun, dann werden wir uns letztlich fragen müssen, welchen Beitrag eine der Wertfreiheit und dem methodologischen Individualismus verpflichtete Wissenschaft eigentlich zur Klärung von Verteilungsfragen, oder allgemeiner von kollektiven Konflikten, leisten kann.

Wir sind damit an einem Punkt angelangt, an dem wir das notwendige Rüstzeug zusammen haben, um die Perspektive zu beschreiben, aus der heraus wir Wirtschaftspolitik betrachten wollen. Es geht nach wie vor um die Frage, wann, unter welchen Bedingungen kollektive Entscheidungen, die über die eines Minimalstaates hinausgehen, notwendig sind bzw. aus wissenschaftlicher Sicht begründbar erscheinen. Wir können diese Frage nun in einer sehr allgemeinen Weise beantworten und diese Antwort wird uns als Leitlinie dienen.

Der Gegensatz, um den es geht, ist der zwischen individuellen *dezentral* getroffenen und kollektiv, zentral getroffenen Entscheidungen. Wann sind letztere vorzuziehen? Offensichtlich kommt es auf das Verhältnis von individueller und kollektiver Rationalität an. Wenn dezentrale Entscheidungen rationaler Individuen zu einer kollektiv rationalen Situation führen, d.h. zu einer Situation, in der allokative Effizienz besteht, dann besteht *kein Anlass für kollektive Entscheidungen*. Er besteht deshalb nicht, weil bereits dezentrale Entscheidungen Verschwendung ausschließen, kollektives staatliches Handeln damit keinen Vorteil realisieren kann, immer jedoch die Gefahr mit sich bringt, Ineffizienz zu erzeugen oder die Konsumentensouveränität zu verletzen. Im Umkehrschluss ist kollektives Handeln im Sinne eines Eingriffs in dezentrale Allokationsmechanismen nur dann geboten, wenn individuell rationales Verhalten zu kollektiv nicht rationalen Resultaten führt, wenn souveräne Konsumenten nicht in der Lage sind Effizienz zu sichern.

Zusammenfassend lässt sich damit rationale Wirtschaftspolitik, soweit sie die Allokation knapper Ressourcen betrifft, folgendermaßen charakterisieren:

> *Als rationale Wirtschaftspolitik sei der Versuch bezeichnet, individuell rationalem Verhalten dort, wo es zu kollektiver Rationalität führt, zum Durchbruch zu verhelfen und dort, wo keine Harmonie zwischen individueller und kollektiver Rationalität herrscht, kollektive Rationalität herzustellen. Die dazu notwendige Analyse institutioneller Arrangements erfolgt aus einer strikten ex ante Sicht.*

Die Gleichsetzung von kollektiver Rationalität und Pareto-Effizienz ist nicht selbstverständlich und sie muss auf die Beurteilung der Allokationsabteilung beschränkt werden, denn sie erlaubt nicht die rationale Lösung von Verteilungskonflikten. Die Analyse kollektiver Entscheidungen im Konfliktfall spitzt sich letztlich auf die Frage zu, welchen Beitrag eine auf den methodologischen Individualismus verpflichtete Wissenschaft bei der Auswahl unter effizienten Zuständen leisten kann.

Sidestep 2: Effizienz und Ethik

Man kann den methodologischen Individualismus und die Forderung nach Effizienz mit Fug und Recht als die philosophische Grundlage der neoklassischen Ökonomik bezeichnen. In ihr vereinigt sich das Wertegefüge des Liberalismus mit dem Bekenntnis zu einem Wissenschaftsverständnis, das sich eng an den kritischen Rationalismus Popperscher Prägung (siehe Kapitel 2) anlehnt. Vor diesem Hintergrund drängt sich geradezu die Frage auf, in welchem Verhältnis diese Wertbasis zur Philosophie steht bzw. spezieller zur Ethik. Schließlich wollen beide „Konzepte" soziale Zustände beurteilen: Die Ökonomik bezeichnet die *effiziente* Allokation knapper Ressourcen als einen „guten" Zustand. Die Ethik ist – verkürzt gesagt – die Lehre vom „guten Handeln", der Versuch Regeln zu finden, die die Identifizierung guten Handelns erlauben. Wie schneiden die Regeln, derer sich die Ökonomik bedient, also beispielsweise das Pareto-Kriterium, in der Beurteilung der Ethiker ab? Ist ökonomisches Handeln, d.h. auf Effizienz gerichtetes Handeln, ethisch?

Lange Zeit war das Verhältnis von Ethik und Ökonomik eher angespannt. Die Sicht der Welt, wie sie Ökonomen zu eigen ist, hat sich den Moralphilosophen leider lange Zeit verschlossen. Es ist das Verdienst einiger jüngerer Arbeiten (vgl. beispielsweise HOMANN, 1988), auch innerhalb der Ethik klargestellt zu haben, dass der Verzicht auf Verschwendung als moralische Forderung ein erhebliches Gewicht hat und dass Effizienz aus diesem Grund tatsächlich eine *ethische* Kategorie ist. Ein Beispiel mag dies verdeutlichen. Angesichts endlicher Ressourcenvorräte ist die Sorge um die Versorgung zukünftiger Generationen berechtigt und aus ihr erwächst die von vielen erhobene Forderung nach einer *nachhaltigen* Bewirtschaftung der Weltressourcen. Die Aufforderung, heute so zu handeln, dass auch die nach uns kommenden noch ähnliche Lebensbedingungen vorfinden wie wir selbst sie haben, hat ein erhebliches moralisches Gewicht. Aber eine notwendige Bedingung für Nachhaltigkeit (in diesem Sinne) ist nun einmal, dass wir heute auf jede Form der Verschwendung verzichten, also nach Effizienz streben. Intergenerative Verteilungsnorm und Effizienzforderung sind deshalb nicht zu trennen.

Trotz dieses versöhnlichen Aspekts ist das Verhältnis von Ökonomik und Ethik nicht ungetrübt. Ethisches Verhalten verlangt nämlich, „(...)die Verfolgung des eigenen Vorteils zugunsten der Vorteile anderer zurückzustellen, (...)" HOMANN (1988), S. 215. Genau an dieser Stelle zeigen die Ethiker mitunter mit dem Finger auf die „unmoralischen" Ökonomen, denn diese – so ihre vorschnelle Einschätzung – predigen den Egoismus. Dass dies so nicht stimmt und dass es selbst dann, wenn es stimmen würde, auch noch Versöhnungsmöglichkeiten gibt, wird im weiteren Verlauf dieses Buches deutlich werden.

1.3 DAS WEITERE PROGRAMM: EIN ÜBERBLICK

Das Programm, das wir bewältigen müssen, wenn wir unserer Charakterisierung rationaler Wirtschaftspolitik gerecht werden wollen, ist einigermaßen umfangreich und stellt nicht geringe Ansprüche. Die wichtigsten „Verfahrensabschnitte" werden dabei die folgenden sein.

Zunächst müssen wir etwas genauer klären, was methodisch zu leisten ist, wenn wir Wissenschaftlichkeit sicherstellen wollen. Wir müssen klären, was eine wissenschaftliche Methode ausmacht. Vor allem aber müssen wir die Methodik genauer betrachten, mit der ökonomische Theorien entwickelt werden, denn nur wenn wir diese Methodik verstehen, können wir Theorie richtig anwenden und so Wirtschaftspolitik als angewandte Wirtschaftstheorie betreiben.

Wenn wir uns über die Methode klar geworden sind, gilt es einen Überblick darüber zu gewinnen, wann ein Widerspruch zwischen individuell rationalem Verhalten und kollektiver Rationalität entsteht. Damit klären wir zugleich die potentiellen Fälle, in denen kollektive Entscheidungen – und das heißt Wirtschaftspolitik – angezeigt sein *können*. Wir werden dies zunächst in einer sehr allgemeinen Weise tun, indem wir die grundlegende Struktur solcher Situationen aufzeigen. Lediglich um die Relevanz dieser Struktur zu verdeutlichen, werden wir an dieser Stelle einige Beispiele betrachten. Im Vordergrund stehen zunächst grundlegende Einsichten und weniger konkrete Wirtschaftspolitiken.

Ein zentraler Aspekt der Strategie dieses Buches wird darin bestehen, dass in ihm nicht nur die *Notwendigkeit* kollektiver Entscheidungen aufgezeigt werden soll, sondern die *Entscheidung* selbst zum Gegenstand der Erörterung werden wird. Dies geschieht in zweierlei Hinsicht. Zunächst werden wir die bereits angesprochene Frage nach kollektiv rationalen Entscheidungen im Konfliktfall stellen. Es dürfte bereits klargeworden sein, dass es dabei notwendig ist, über das Pareto-Kriterium als Maß für kollektive Rationalität hinauszugehen. Im Mittelpunkt des Interesses wird die Analyse der Regeln stehen, nach denen kollektive Entscheidungen getroffen werden können. Wir werden sowohl nach den Eigenschaften von Regeln fragen als auch prüfen, ob es möglich ist, auf der Grundlage des methodologischen Individualismus „ideale" Regeln zu finden. Obwohl die Behandlung dieser Problematik eine relativ abstrakte Argumentationsweise erforderlich machen wird, ist die Analyse kollektiver Entscheidungen von erheblicher praktischer Relevanz, und zwar nicht nur in bezug auf politische Entscheidungen. Kollektive Entscheidungen werden in nahezu allen Bereichen des gesellschaftlichen Lebens getroffen und es ist ganz sicher von Vorteil, wenn man die Fallstricke kennt, die dabei ausliegen.

Am Ende dieser Betrachtung werden wir eine gewisse Vorstellung davon haben, *warum* kollektive Entscheidungen notwendig sind, und wir werden um die *Probleme* wissen, mit denen solche Entscheidungen nun einmal verbunden sind. Ausgestattet mit diesem Problembewusstsein wird es im nächsten Schritt darum gehen, sich die einzelnen Fälle, in denen kollektive Entscheidungen zu fällen sind, etwas genauer anzusehen. Im wesentlichen wird die dabei angestellte Betrachtung im Bereich der normativen Theorie bleiben, d.h. wir werden Problemfelder dadurch charakterisieren, dass wir die grundlegende Struktur modellhaft darstellen, allerdings nicht ohne die praktische/politische Relevanz dieser Probleme durch den Verweis auf entsprechende Beispiele zu belegen.

Zum Abschluss werden wir uns auf die positive Analyse konzentrieren und zunächst den Ort, an dem kollektive Entscheidungen in der Regel fallen, unter die Lupe nehmen: den politischen Raum. Bei der Analyse der grundsätzlichen Möglichkeiten einer kollektiven Entscheidung werden wir davon ausgehen, dass derjenige, der diese Entscheidung herbeiführt, nichts anderes im Sinn hat, als eine Lösung im Interesse des Kollektivs zu finden. Wenn wir jedoch an die real existierende Politik denken, dann ist dies sicherlich eine äußerst unrealistische Annahme. Sobald wir uns über die prinzipiellen Möglichkeiten einer rationalen kollektiven Entscheidungsfindung Klarheit verschafft haben, werden wir daher im Rahmen einer positiven Analyse diese Annahme aufgeben und versuchen, politische Entscheidungsprozesse unter der realistischen Voraussetzung zu analysieren, dass Politiker eigene Interessen verfolgen, dass sie keineswegs permanent und ausschließlich kollektive Rationalität im Auge haben. Die Wirtschaftstheorie stellt in Form der "Neuen Politischen Ökonomie" das dazu notwendige theoretische Werkzeug zur Verfügung.

Dieser sehr grobe Überblick dürfte deutlich machen, wo die Schwerpunkte dieses Buches liegen. Der Untertitel verrät es bereits: Es geht um das Problem einer effizienten *Allokation* und es geht um die Frage, wann zur Herstellung einer solchen *kollektive Entscheidungen* notwendig sind. Und es geht außerdem um die Frage, wie solche Entscheidungen – so sie denn nötig sind – herbeigeführt werden können. Man kann nicht sagen, dass dieses Programm einen geringen Umfang hat. Im Gegenteil, an vielen Stellen werden wir es aus Platzgründen bei einer relativ kurzen Darstellung belassen müssen. Dennoch sind bei dieser Schwerpunktsetzung einige durchaus wichtige Bereiche der Wirtschaftspolitik (fast) vollständig ausgeklammert. So werden wir uns mit Fragen der *Einkommensverteilung* nur am Rande befassen – nämlich immer dann, wenn ein unmittelbarer Bezug zum Allokationsproblem besteht. Wir werden den gesamten Bereich der Stabilitäts- und Wachstumspolitik nicht behandeln und der Begriff Geldpolitik taucht auch nicht auf.

Wirtschaftspolitik ist ein zu umfassendes Gebiet, als dass alle relevanten Bereiche in einem Lehrbuch von verantwortbarem Umfang Platz finden könnten. Deshalb ist eine Einschränkung notwendig. Dass sie in der genannten Form erfolgt, hat mehrere Gründe. Erstens ist die Frage nach der allokativen Effizienz und den Möglichkeiten und Grenzen kollektiver Entscheidungen von grundlegender, geradezu elementarer Bedeutung für die gesamte Wirtschaftspolitik und insofern das geeignete Thema für eine Einführung. Zweitens versorgt uns die neoklassische Theorie mit einem geschlossenen und konsistenten Theoriegebäude, das sich auf die hier angesprochenen Fragen anwenden lässt. Der Leser wird (hoffentlich) merken, dass es möglich ist, das Allokationsproblem mit einem Instrumentarium zu behandeln, das eine *geschlossene* Darstellung erlaubt. Selbiges gilt weder für das Verteilungsproblem, noch für den gesamten Bereich der makroökonomischen Wirtschaftspolitik (also Konjunktur- und Wachstumspolitik). Dazu kommt, dass insbesondere das letztgenannte Feld durch ausgeprägte Meinungsverschiedenheiten innerhalb der wissenschaftlichen Gemeinschaft geprägt ist. Der Widerspruch zwischen „Interventionisten" und „Nicht-Interventionisten" existiert in der Makroökonomik wie in alten Zeiten und welche wirtschaftspolitischen Implikationen sich aus der Wachstumstheorie (auch der neuen „endogenen" Wachstumstheorie) ergeben, ist heftig umstritten. Insofern tut man dem Autor dieses Lehrbuches durchaus nicht unrecht, wenn man ihm eine gewisse Risikoaversion unterstellt. Solange man sich auf Fragen der Allokation beschränkt, hält man sich aus vielen Auseinandersetzungen heraus. Diese Zurückhaltung ist kein Ausdruck von Konfliktscheu, sie dient vielmehr dem Ziel, ein Lehrbuch zu schreiben, das es dem Leser erlaubt, die komplexe und komplizierte Welt der Wirtschaftspolitik ein wenig besser zu durchschauen.[18] Die Hilfestellung, die ihm dazu geboten wird, ist eine Methode, die es erlaubt, Probleme auf eine bestimmte Art zu strukturieren und analytisch zu be-

---

[18] Allerdings dürfte der geneigte Leser bereits gemerkt haben, dass es ihm dabei nicht ganz so einfach gemacht wird. Es werden auch weiterhin immer wieder die Grenzen und Widersprüche der hier präsentierten Sichtweise angesprochen. Dies mag manchmal verwirrend sein und Irritationen auslösen, aber es wäre unredlich, über die nun einmal nicht zu leugnende Unvollkommenheit der bis heute existierenden ökonomischen Erkenntnis hinwegzugehen.

handeln. Um einer überzogenen Erwartung vorzubeugen, sei allerdings betont, dass es keine Methode gibt, mit der sich zweifelsfrei entscheiden ließe, was die *richtige* Wirtschaftspolitik ist. Eine solche kann nicht existieren, denn Politik ist viel zu sehr auch die Auseinandersetzung mit *Werturteilen*, die sich rationaler Diskussion entziehen, als dass es *die* richtige Politik geben könnte. Aber an vielen Stellen in der wirtschaftspolitischen Diskussion unserer Tage lässt sich der rationale Diskurs viel weiter treiben als es in der Regel geschieht. Wenn mit den folgenden Ausführungen erreicht wird, dass der Leser an diesem Diskurs teilnehmen kann, dann ist viel erreicht.

Kontrollfragen:

1) Was macht eine Aussage zu einer wissenschaftlichen Aussage? Worin unterscheidet sie sich von nicht-wissenschaftlichen?

2) Begründen Sie, warum Wirtschaftspolitik, wenn sie *wissenschaftlich* betrieben werden soll, angewandte Theorie sein *muss*.

3) Diskutieren Sie die Aussage, dass Politik – und zwar in einem allgemeinen Sinne – aus kollektiven Entscheidungen besteht.

4) Welche Rolle spielt der Rationalitätsbegriff im Zusammenhang mit der wissenschaftlichen Auseinandersetzung mit wirtschaftspolitischen Themen?

5) Was verstehen Sie unter „individueller Rationalität"? Glauben Sie, dass Menschen sich tatsächlich rational verhalten?

6) Was könnte damit gemeint sein, dass die Rationalitätsvoraussetzung im normativen Zusammenhang unverzichtbar ist?

7) Was ist mit dem Begriff „Anthropozentrik" gemeint? Stellen Sie einen Zusammenhang zum methodologischen Individualismus her.

8) Was verstehen Sie unter kollektiver Rationalität? In welcher Beziehung steht sie zur individuellen Rationalität? Erläutern Sie beide Fragen anhand der Definition des Pareto-Kriteriums.

9) Worin besteht das Knappheitsproblem? Nennen Sie Beispiele. Welchen Beitrag kann die Ökonomik zur Lösung von Knappheitsproblemen leisten?

10) Definieren Sie den Begriff „rationale Wirtschaftspolitik". Ist die hier gegebene Definition eindeutig oder kann man sich auch andere vorstellen?

11) Was wäre ein minimaler Staat im Sinne Hobbes? Was unterscheidet ihn von einer Anarchie?

2 Methodische Grundlagen

2.1 Wahrheit, Werturteil und Kritischer Rationalismus

Historisch gesehen standen lange Zeit zwei Fragen im Mittelpunkt der methodologischen Diskussion. Die erste und historisch ältere Frage ist die nach dem richtigen Weg zur Entdeckung von „Wahrheit"; die zweite betrifft den richtigen Umgang mit Werturteilen. Wenden wir uns zunächst der ersten Frage zu.

Lange Zeit wurde Wissenschaft für ein Unternehmen gehalten, dessen Aufgabe darin bestand, *wahre Zusammenhänge* zu entdecken und zu erklären. Man muss bedenken, dass dabei der Erkenntnisgegenstand vor allem die Natur war und die Wissenschaften, die um die „richtige" Methode rangen, waren folglich die Naturwissenschaften. Die grundlegende Idee bestand lange Zeit darin, dass es so etwas gibt wie eine wahre Verfassung der Welt, ein vorgegebenes Erkenntnisfeld, das es zu beackern gilt. Die einzige offene Frage schien der Weg zu sein, auf dem man zur Wahrheit gelangen konnte.

Bei näherem Hinsehen erwies sich die Sache allerdings als wesentlich schwieriger als zunächst vermutet. Es stellte sich nämlich nicht nur das Problem, den richtigen Weg zur „Wahrheit" zu finden, viel schwieriger war erkennen zu können, *dass* etwas wahr ist. Dabei geht es nicht um singuläre Beobachtungen. Wenn man einen Stein in die Luft wirft und beobachtet, dass er zu Boden fällt, so ist die Aussage „der Stein fiel auf die Erde zurück" sicherlich „wahr", vorausgesetzt, es besteht Einigkeit darüber, was mit den Begriffen „Erde" und „fallen" gemeint ist. Der Wissenschaft geht es aber nicht um die korrekte „Beschreibung" singulärer Ereignisse, sondern um die Ableitung „allgemeiner Theorien". Eine Theorie, die den Fall des Steines prognostiziert, müsste eine Aussage enthalten, die besagt, dass Steine immer auf die Erde fallen. Nun ist es ein Leichtes, eine solche „Theorie" aufzustellen, aber wie begründet man, dass diese Theorie wahr ist?

Die klassischen Empiristen bestanden darauf, dass es die Beobachtung der Realität sei, die einerseits zur Wahrheit führt und andererseits Wahrheit begründet. Das Problem ist nur: Auch aus noch so vielen Einzelbeobachtungen kann logisch nicht auf ein allgemeines Gesetz geschlossen werden: Auch wenn jemand Hunderte von weißen Schwänen beobachtet hat, kann er nicht behaupten, dass der Satz „alle Schwäne sind weiß" wahr ist. Das aber bedeutet, dass mit Hilfe der empirischen Beobachtung vielleicht Regelmäßigkeiten entdeckt werden können, aber ganz sicher keine wahren Theorien.

Die Gegenposition zum klassischen Empirismus wurde von den klassischen Rationalisten eingenommen, zu denen beispielsweise Leibniz und Kant zählen. Während die Empiristen induktiv vorgingen, also von der Beobachtung der einzelnen Erscheinungen auf das allgemeine Gesetz schlossen, verfolgten die Rationalisten einen deduktiven Weg, indem sie allein mit den Mitteln der Vernunft, ohne Bezug auf empirische Beobachtungen, allgemeine Gesetzmäßigkeiten zu erkennen versuchten.[19] Nun ist es relativ einfach, allein durch den Gebrauch von Logik „wahre" Aussagen zu erzeugen. Die Mathematik macht nichts anderes: Der erste Hauptsatz der Integralrechnung ist innerhalb des Axiomensystems, in dem er abgeleitet wird, sicherlich wahr, aber ist damit eine allgemeine Gesetzmäßigkeit der realen Welt entdeckt?[20]

Wir wollen die Auseinandersetzung zwischen Induktivisten und Rationalisten nicht im Einzelnen nachzeichnen, sondern die Darstellung dadurch abkürzen, dass wir das Ergebnis der diesbezüglichen methodologischen Debatte betrachten. Es besteht letztlich in der Methodologie des Kritischen Rationalismus, die maßgeblich von KARL POPPER geprägt worden ist. Im Kern besteht die Lösung des Problems der Wahrheitsfindung und des Wahrheitsbeweises darin, dass auf beides verzichtet wird. POPPER hat vielmehr klargemacht, dass es im strengen Sinne „wahre" Theorien nicht geben kann. Theorien können niemals den Anspruch erheben verifiziert zu sein, sie können lediglich als „vorläufig nicht widerlegt" gelten. Der Kritische Rationalismus unterscheidet sorgfältig zwischen dem *Begründungszusammenhang* einer Theorie und dem *Entdeckungszusammenhang*. Dabei ist letzterer relativ uninteressant. Wie, auf welchem Wege ein Wissenschaftler zu einer Theorie gelangt, ist mehr oder weniger unerheblich. Ob nun die Beobachtung der Realität den Anstoß gibt oder die reine Vernunft, ist für den Wert einer Theorie nicht entscheidend. Wichtig ist allein der Begründungszusammenhang und der besteht in der Konfrontation der Theorie mit der Realität.

Wir können uns diesen Zusammenhang an einem einfachen Beispiel klarmachen: Wenn jemand die Theorie vertritt, dass alle Schwäne weiß sind, so ist es nicht interessant zu erfahren, wie er auf diese These kommt. Entscheidend ist allein, dass es sich um eine Theorie handelt, die prinzipiell überprüfbar ist. Die Beobachtung eines weißen Schwans ist dann keine Verifikation der Theorie, sondern lediglich der gescheiterte Versuch einer Falsifikation. Sobald jemand einen schwarzen Schwan entdeckt, ist die Theorie jedoch ein für allemal falsifiziert. Folgt man der Methodologie des Kritischen Rationalismus, so müssen Theorien ständig der Konfrontation mit der Realität ausgesetzt werden und sie sind in dem Augenblick zu verwerfen, in dem ein singuläres Ereignis eintritt, das im Widerspruch zur theoretischen Prognose steht. Wissenschaftlichkeit definiert sich damit ausschließlich durch die Widerlegbarkeit der behaupteten Gesetzesaussagen.

---

[19] Deduktiv bedeutet in diesem Zusammenhang soviel wie „vom Allgemeinen zum Speziellen"; also von der allgemeinen Gesetzesaussage zur speziellen Prognose über singuläre Ereignisse.

[20] Genau genommen muss selbst die mathematische Logik mit Vorsicht genossen werden. KURT GÖDEL hat in den dreißiger Jahren mit seinen Unmöglichkeitssätzen den Glauben an eine vollständig widerspruchsfreie Axiomatik zutiefst erschüttert. Sein zweiter Unmöglichkeitssatz besagt, dass es kein konstruktives Verfahren gibt, mit dem bewiesen werden kann, dass die axiomatische Theorie widerspruchsfrei ist.

Auf den ersten Blick erscheint die Argumentation des Kritischen Rationalismus überzeugend. Die logische Unmöglichkeit eines Wahrheitsbeweises zwingt uns letztlich zu einem Verzicht auf den Nachweis der „Wahrheit" als Kennzeichen der Wissenschaftlichkeit. Aber bei genauerem Hinsehen zeigt auch das Programm des Kritischen Rationalismus einige Schwächen. Ein ernstzunehmendes Problem besteht darin, dass die Grundposition, die besagt, dass es keine wahren Theorien gibt, es sehr schwer macht, wissenschaftlichen Fortschritt auszumachen. Wenn wir nur die Wahl haben zwischen nicht wahren Theorien, welche sollen wir dann vorziehen, wie definiert sich dann Erkenntnisfortschritt? Ein zweites Problem besteht in der Art und Weise, in der Theorien überprüft werden können. Implizit geht der Kritische Rationalismus von der Voraussetzung aus, dass eine objektive, d.h. von der Theorie unabhängige Beobachtung singulärer Erscheinungen möglich ist. Wir wissen aber, dass jede Beobachtung bereits theoriegeleitet ist, dass es Objektivität in einem strengen Sinne nicht gibt. Ein Weiteres kommt hinzu. Vielfach sind Theorien nicht in der Form konstruiert, dass sie deterministische Aussagen über die Realität enthalten, sondern sie machen Aussagen über Wahrscheinlichkeiten, mit denen bestimmte Ereignisse eintreten. Nun kann man aber Wahrscheinlichkeiten nicht beobachten, jedenfalls nicht direkt. Wie also soll die Falsifikation einer solchen Theorie erfolgen? Und schließlich: Wäre es nicht fahrlässig, auf eine Theorie zu verzichten, die eine Vielzahl von richtigen Prognosen erlaubt hat, nur weil sie ein einziges Mal widerlegt worden ist? Nehmen wir wiederum das Schwanenbeispiel: Die Theorie, dass alle Schwäne weiß sind, liefert in den allermeisten Fällen eine sehr genaue Prognose. Wenn sie nur deshalb fallen gelassen wird, weil ein einziges Mal ein schwarzer Schwan gesichtet wurde, dann verliert man ein durchaus brauchbares Prognoseinstrument, mit dem die Farbe eines Schwanes mit hoher Wahrscheinlichkeit richtig prognostiziert werden kann.

In Anbetracht der genannten Schwierigkeiten hat man POPPER vorgehalten, er vertrete einen naiven Falsifikationismus. Dennoch: Die Grundposition, dass Theorien sich der Realität stellen müssen, um wissenschaftlich sein zu können, wurde beibehalten, allerdings in abgeschwächter Form. Insbesondere LAKATOS hat den naiven Falsifikationismus durch ein Konzept der Forschungsprogramme ersetzt. Der wesentliche Punkt dabei ist, dass Theorien als Bestandteile komplexer Forschungsprogramme gesehen werden, die nicht bereits dadurch obsolet werden, dass es zu einzelnen falsifizierenden Beobachtungen kommt. Forschungsprogramme sind erst dann in der Gefahr zu scheitern, wenn sich solche Ereignisse häufen.

Aber auch hier stellen sich ähnliche Probleme wie bei POPPER. Wann ist eine Falsifikation denn nun ausreichend, wie lange kann man an einem Forschungsprogramm festhalten? Wir wollen auch hier wieder abkürzen und die Diskussion nicht ausdehnen, sondern wiederum die nächste Stufe der methodologischen Entwicklung als „Lösung" des Problems vorstellen. Sie besteht in der Arbeit von THOMAS S. KUHN, der eine in gewisser Hinsicht radikale Position einnimmt. KUHN unternimmt gar nicht erst den Versuch, Wissenschaftlichkeit zu definieren, sondern geht davon aus, wie Wissenschaft in der Praxis funktioniert. Und er entwickelt dabei ein Bild der Wissenschaft, das jeden Anhänger des Kritischen Rationalismus erschüttern muss. Stark vereinfacht läuft Wissenschaft gemäß der Idee KUHNS nach folgendem Schema ab.

Zunächst, in einer vorwissenschaftlichen Phase, existiert eine Vielzahl von verschiedenen Schulen und Denkrichtungen, die sich mehr oder weniger heftig bekämpfen. Im Laufe der Zeit übernimmt eine der Schulen eine Führungsrolle und nach und nach wird sie zur herrschenden Lehre. Sie kann dies nur, wenn sie über eine Theorie verfügt, die es dem einzelnen Forscher erlaubt, seine Forschungsaufgaben als Rätsel zu begreifen, d.h. als Fragestellungen, die mit Gewissheit eine Lösung besitzen. Diese Gewissheit schützt den Wissenschaftler davor, falsche Fragen zu stellen. Erweist sich eine Theorie als in diesem Sinne brauchbar, entsteht ein sogenanntes Paradigma, ein Theoriegebäude, dessen Kern nicht mehr hinterfragt wird. Die paradigmatische Theorie wird nicht der Konfrontation mit der Realität ausgesetzt, es wird nicht der Versuch unternommen, sie zu falsifizieren. Die Mitglieder der wissenschaftlichen Gemeinschaft nehmen sie gewissermaßen kritiklos hin und benutzen sie als Werkzeug. Ihre Tätigkeit besteht darin, durch das Lösen immer neuer Rätsel das Paradigma weiter auszubauen, das Theoriegebäude zu vervollständigen.

Diesen Zustand nennt Kuhn „Normale Wissenschaft" und er macht klar, dass diese Form der wissenschaftlichen Betätigung von hohem Wert ist. Nur dadurch, dass sich die Wissenschaftler auf einer „gesicherten" Basis bewegen können, dass sie sich nicht in Grundsatzdebatten verstricken und sich dem mühsamen Geschäft der Falsifikationsversuche aussetzen müssen, können sie eine Intensität und Tiefe der Analyse erreichen, wie wir sie beispielsweise in den Naturwissenschaften heute beobachten. Aber irgendwann ist es mit der Ruhe des Normalwissenschaftlers vorbei. Während der normalen Phase wirken sich falsifizierende Beobachtungen nicht allzu sehr aus. Vielfach wird der Versuch unternommen, die Theorie in einer Weise zu erweitern, die dazu führt, dass die Beobachtung wieder im Einklang mit ihr steht, d.h. die Falsifikation aufgehoben wird. Ist dies nicht möglich, so wird das falsifizierende Ereignis schlicht ignoriert, nicht zur Kenntnis genommen. Eine dramatische Änderung tritt nur dann ein, wenn zwei wesentliche Dinge zusammenkommen. Erstens, es müssen hartnäckige, gravierende „Anomalien" vorliegen. Eine solche Anomalie ist eine Beobachtung, die im Widerspruch zu einer zentralen Aussage der paradigmatischen Theorie steht und die sich standhaft jedem Versuch der Erklärung innerhalb dieser Theorie widersetzt. Zweitens, es muss ein Gegenkandidat zum herrschenden Paradigma existieren, eine konkurrierende Theorie, die einerseits in der Lage ist, alles das zu erklären, was auch die bestehende Theorie erklärt und die zusätzlich die Anomalie beseitigt.

Nun ist es allerdings keineswegs so, dass mit dem Auftauchen der neuen Theorie automatisch ein Wechsel des Paradigmas eintritt. Vielmehr, so KUHN, vollzieht sich der Paradigmenwechsel im Zuge einer wissenschaftlichen Revolution, in deren Verlauf mit harten Bandagen gekämpft wird. KUHN geht dabei soweit zu behaupten, dass der Konflikt zwischen den Anhängern des alten und des neuen Paradigmas nur biologisch zu lösen sei, nämlich dadurch, dass die Verfechter der alten Theorie aussterben.

Dieses Bild von Wissenschaft ist mit den Vorstellungen des Kritischen Rationalismus kaum zu vereinbaren. Anstatt seine Theorie immer wieder zu überprüfen, sie immer wieder mit der Realität zu konfrontieren, ist der Normalwissenschaftler darum bemüht, ja keinen Zweifel an der Richtigkeit des von ihm akzeptierten Paradigmas aufkommen zu lassen, ja, es mit allen Mitteln gegen Falsifikationsversuche zu schützen. Das aus Sicht der Kritischen Rationalisten Verwerfliche an dieser Beschreibung des Wissenschaftsprozesses ist die Tatsache, dass KUHN diese Form der wissenschaftlichen Betätigung rechtfertigt, es also nicht bei einer bloßen Beschreibung des real existierenden Wissenschaftsbetriebes belässt.

Sidestep 3: Phlogistontheorie

Es gibt eine ganze Reihe von Beispielen für die Existenz von Paradigmen und praktizierter „Normalwissenschaft" im Sinne Kuhns. Ein besonders eindringliches liefert die frühe Chemie.

Im 17. Jahrhundert wurde insbesondere von G.E. Stahl eine Lehre entwickelt, die zu beschreiben versuchte, was bei der Verbrennung chemischer Stoffe vor sich geht. Der Kern dieser Theorie bestand in der Auffassung, dass alle brennbaren Stoffe ein sogenanntes „Prinzip" namens Phlogiston enthalten, das bei der Verbrennung freigesetzt wird. Metalle bestehen nach dieser Lehre aus Phlogiston und dem sogenannten Phlegma – den Bestandteilen, die nach der Verbrennung zurückbleiben.
Die Vorstellung, dass bei der Verbrennung ein Stoff freigesetzt wird, schien durch die Beobachtung der Natur gestützt zu werden. Schließlich bleibt nur ein Häufchen Asche übrig, wenn man Holz am Lagerfeuer verbrennt, und jeder kann sehen, dass eine Kerze durch den Verbrennungsvorgang vollständig aufgezehrt wird. Wahrscheinlich waren es diese „offensichtlichen Belege", die der Phlogistontheorie dazu verhalfen, über eine lange Zeit hinweg ein Paradigma der Chemie zu bilden. Daran änderten auch einige Beobachtungen nichts, die in offensichtlichem Widerspruch zur Theorie standen. Beispielsweise stellte man fest, dass bestimmte Metalle an Gewicht zunehmen, wenn man sie erhitzt, und folglich kaum einen Stoff freisetzen konnten. Es dauerte bis zur Entdeckung des Sauerstoffs und der Entwicklung der Oxidationstheorie durch A.L. Lavoisier (1774-83), bis klar wurde, dass bei der Verbrennung keineswegs Stoffe freigesetzt, sondern vielmehr aufgenommen werden. Die Oxidationstheorie löste eine wissenschaftliche Revolution aus, die aber nichts daran änderte, dass viele Chemiker der „alten Schule" bis an ihr Ende an die Existenz des Phlogistons glaubten.

Man kann sich vorstellen, dass es zu heftigen Auseinandersetzungen zwischen den Anhängern KUHNS und den Kritischen Rationalisten gekommen ist. Wollte man die gegenwärtige Situation beschreiben, also angeben, nach welcher Methodologie die Wissenschaften heute tatsächlich funktionieren, so müsste man wohl zugestehen, dass alle Erfahrungswissenschaften, also die, die sich mit der Erklärung realer Phänomene befassen, im Prinzip zu den Grundsätzen des Kritischen Rationalismus stehen, in der Praxis aber deutliche Züge der normalen Wissenschaft aufweisen – und dies mit durchaus beachtlichem Erfolg.

Die methodologische Diskussion, die wir bisher nachgezeichnet haben, betraf fast ausschließlich die Naturwissenschaften. Eine eigenständige Methodologie der Sozialwissenschaften ist auch heute erst in Ansätzen erkennbar. Aber es gab ein Spezialproblem, mit dem sich insbesondere die Sozialwissenschaften beschäftigen mussten und das auch gegenwärtig noch in der Diskussion ist, nämlich die berühmte Werturteilsfrage.

Auf den ersten Blick scheint es bei dem Werturteilsproblem lediglich um die einfache Frage zu gehen, ob Wissenschaftler zu normativen, wertenden Aussagen berechtigt sind oder nicht. Die Verfechter einer wertfreien Wissenschaft, deren Hauptvertreter kein geringerer als MAX WEBER war, berufen sich im Wesentlichen auf die Tatsache, dass aus einem „ist-Satz" logisch kein „soll-sein-Satz" abgeleitet werden kann. Wenn Wissenschaftlichkeit unter anderem durch die intersubjektive Überprüfbarkeit der abgeleiteten Sätze definiert ist, dann kann es innerhalb eines solchen Wissenschaftsverständnisses keinen Raum für Werturteile geben. Dieses Argument hat der Wertfreiheit als methodischem Prinzip letztlich zum Durchbruch verholfen. Nicht zuletzt unter dem Einfluss von POPPER und anderen Kritischen Rationalisten entstand ein Wissenschaftsverständnis, in dessen Zentrum die Falsifizierbarkeitsforderung an Theorien stand. Falsifizierbar können jedoch nur empirische Aussagen sein, nicht normative, wertende Aussagen.

Aber auch im Zusammenhang mit dem Werturteilsproblem erweisen sich die Dinge bei genauerem Hinsehen als komplizierter als sie zunächst scheinen. Die Diskussion darüber, ob Wissenschaftler normative Aussagen machen dürfen oder nicht, unterstellt zumindest implizit, dass es eine scharfe Trennungslinie zwischen normativen und positiv theoretischen Aussagen gibt. Nun ist es tatsächlich so, dass sich in vielen Fällen normative Statements als solche identifizieren lassen. Beispielsweise ist die Forderung, dass man die Einkommensteuer abschaffen oder das Tragen von roten Pullovern verbieten soll, eindeutig wertend und ebenso eindeutig nicht wissenschaftlich. Aber wie ist es zum Beispiel mit der Entscheidung für eine bestimmte wissenschaftliche Methode, etwa der Entscheidung zugunsten des Falsifikationismus? Ganz sicher ist die Methodenwahl in gewissem Umfang bereits eine normative Entscheidung. Das aber bedeutet: Streng genommen ist die Befürwortung der Wertfreiheit bereits ein Verstoß gegen das Wertfreiheitspostulat.

Nun mag man diese Argumentation als spitzfindig abtun, aber sie zeigt, dass der Umgang mit Werturteilen nicht so einfach ist. Es stellt sich weiterhin die Frage, ob das Wertfreiheitspostulat auch die wissenschaftliche Auseinandersetzung, die *Analyse* von wertenden Aussagen, verbietet. Und schließlich ist zu fragen, ob denn überhaupt eine wertfreie Wissenschaft möglich ist: Wenn jede Beobachtung bereits theoriegeleitet ist, dann impliziert doch die Tatsache, dass jeder Beobachtung eine Wahl zugunsten einer Beobachtungstheorie vorausgehen muss, dass damit auch eine normative Entscheidung (die Wahl der Theorie) verknüpft ist.

2.1 Wahrheit, Werturteil, Kritischer Rationalismus 35

Die, insbesondere in Deutschland geführte, Debatte um den richtigen Umgang mit Werturteilen hatte zur Folge, dass eine wesentlich differenziertere Sichtweise des Problems entstand. Diese äußert sich zunächst darin, dass Werturteile als Erscheinungen begriffen werden, die auf drei Ebenen eine Rolle spielen. Die erste Ebene ist die der Wertbasis. Damit sind die Werturteile gemeint, die die Grundlage der sozialwissenschaftlichen Forschung betreffen, also z. B. die Entscheidung zugunsten einer bestimmten Methode. Die zweite Ebene betrifft die Auseinandersetzung mit Werturteilen, d.h. hier sind Werturteile Gegenstand und nicht Ergebnis der wissenschaftlichen Analyse. Die dritte Ebene ist die wertende Aussage des Wissenschaftlers, der eine „soll sein" Erklärung abgibt.

Die Art und Weise, in der auf diesen drei Ebenen mit Werturteilen umgegangen wird, ist insbesondere von HANS ALBERT maßgeblich beeinflusst worden. Kurz gefasst lautet das Ergebnis: Das eigentliche Werturteilsproblem stellt sich nur auf der dritten Stufe. Die Wertbasis ist Bestandteil des Entdeckungszusammenhangs – und damit die Privatsache des Forschers – und die Auseinandersetzung mit Werturteilen, die andere fällen, ist mit den Prinzipien des Kritischen Rationalismus durchaus verträglich. Auch das eigentliche Werturteilsproblem, das sich auf der letzten Stufe stellt, ist durch die Methodologie POPPERS letztlich gelöst, denn die Falsifikationsforderung schließt normative Aussagen gewissermaßen per definitionem aus dem Bereich dessen aus, was noch wissenschaftlich genannt werden kann.

Damit scheint die Sache geklärt zu sein. Wir dürfen uns als Wissenschaftler mit Werturteilen befassen, wir dürfen auch „wertend" entscheiden, wie wir bei unserer Arbeit vorgehen wollen, aber wir dürfen keine Wertungen in Bezug auf unseren Erkenntnisgegenstand vornehmen; Werturteile haben auf der Objektebene nichts verloren. Aber wiederum zeigt sich, dass die Dinge komplizierter sind, insbesondere dann, wenn wir die wissenschaftliche Praxis der Ökonomen betrachten. Grundlage der von ALBERT geprägten Sicht ist die Annahme, dass die Ökonomik eine empirische Wissenschaft ist, deren vornehmliche Aufgabe darin besteht, falsifizierbare Sätze abzuleiten. Wenn wir uns jedoch die Art und Weise, in der innerhalb der Wirtschaftswissenschaften die Theoriebildung erfolgt, etwas genauer ansehen, dann stellen wir fest, dass zentrale Theoriebestandteile empirisch nicht überprüfbar sind. Die Wirtschaftstheorie ist in weiten Teilen keine empirische Theorie.

Ein wesentliches Merkmal, vor allem der neoklassischen Theorie und hier wiederum insbesondere der allgemeinen Gleichgewichtstheorie, ist der Gebrauch von Modellen, die aus a prioristischen Annahmen[21] abgeleitet werden. Solche Modelle können grundsätzlich nicht an der Realität scheitern, denn aufgrund ihrer restriktiven Annahmen sind sie gar nicht erst überprüfbar. Unter den in der allge-

---

[21] A prioristisch bedeutet in diesem Zusammenhang, dass es sich um Annahmen handelt, die a priori gesetzt werden, ohne dass eine eigenständige Begründung erfolgt und insbesondere ohne dass ihre Gültigkeit einer expliziten *empirischen* Überprüfung unterzogen würde.

meinen Gleichgewichtstheorie gemachten Voraussetzungen ist die Theorie wahr, kann nicht durch die Realität widerlegt werden. Wir werden uns im nächsten Abschnitt mit der Frage auseinander setzen, welchen Sinn solche – zumindest auf den ersten Blick – nicht-empirischen Theorien haben, welchen Beitrag sie zu unserem Verständnis von Ökonomien leisten können. An dieser Stelle interessiert ein anderer Punkt im Zusammenhang mit nicht-empirischen Theorien. Wenn solche Theorien von a prioristischen, also nicht empirisch gestützten Voraussetzungen ausgehen (beispielsweise über die Art und Weise, in der Menschen Entscheidungen treffen), dann liegt der Verdacht nahe, dass die Wahl der Modellannahmen ein Werturteil einschließt. Das aber bedeutet, dass sich bei der Verwendung nicht-empirischer Theorien die Werturteilsfrage neu stellt. Wie man mit ihr umgehen kann, werden wir an anderer Stelle näher behandeln. Zunächst ist es wichtiger, von der Betrachtung allgemeiner methodologischer Fragen zu den eher spezifisch wirtschaftswissenschaftlichen Grundlagen zu kommen.

2.2 WIRTSCHAFTSTHEORIE VERSUS -POLITIK

Volkswirtschaften sind höchst komplexe Gebilde. Um verstehen zu können, wie sie funktionieren, benötigt man Instrumente, die es erlauben, das Wesentliche vom Unwesentlichen zu trennen und die Strukturen schaffen, die die analytische Behandlung dieses komplexen Gegenstandes ermöglichen. Es ist Aufgabe der ökonomischen Theorie, diese Instrumente bereitzustellen. Um sie für die Wirtschaftspolitik in der Art und Weise nutzen zu können, wie wir es eingangs beschrieben haben, muss man wissen, wie in der Theorie Komplexität reduziert und Strukturen geschaffen werden. Sehen wir uns deshalb zunächst an, wie die „reine" Theorie strukturiert ist.

2.2.1 Methode und Ziele „reiner" Theorie

Vereinfacht ausgedrückt, ist eine Theorie nichts anderes als ein geschlossenes System, das es erlaubt „Wenn – Dann – Aussagen" zu machen. Ein Beispiel aus der Konsumtheorie macht dies deutlich: *Wenn* der Preis eines Gutes steigt, *dann* geht die Nachfrage nach diesem Gut zurück. Mitunter bezeichnet man solche Aussagen auch als „Gesetze". Zu jeder Theorie – nicht nur zur ökonomischen – gehört jedoch mehr als nur die „Wenn – Dann – Beziehung". Theorien bzw. die in ihnen abgeleiteten „Sätze" enthalten immer auch Angaben darüber, unter welchen Bedingungen die behauptete Gesetzmäßigkeit gilt. Man nennt diese Bedingungen Antezedens-Bedingungen oder einfach nur Antezedens.

Man kann die Funktionsweise reiner Theorie auch formal ausdrücken: Angenommen, wir beobachten ein bestimmtes Ereignis, nämlich dass die Nachfrage nach einem Gut zurückgeht, und wir wollen diese Beobachtung mit Hilfe einer Theorie erklären. Formal ergibt sich dann eine deduktiv nomologische Erklärung[22] der Beobachtung E (dem Explanandum) aus der Konjugation des Gesetzes G (Nachfragereaktion auf Preisveränderung) mit dem Antezedens A:

$$G \times A \rightarrow E$$

Worauf es ankommt, ist vor allem, dass klar ist, dass das Gesetz G nur dann eine Erklärung für unsere Beobachtung liefert, wenn die Antezedens-Bedingungen auch tatsächlich erfüllt sind. In unserem Beispiel bestehen diese Bedingungen vor allem in der sogenannten Ceteris-paribus-Klausel, die in diesem Fall besagt, dass sich allein der Preis des Gutes ändert, alles andere aber konstant bleibt. D.h. die Gesetzmäßigkeit, dass mit steigendem Preis die Nachfrage zurückgeht und mit sinkendem Preis steigt, gilt nur dann, wenn die Preise der übrigen Güter, das Einkommen der Konsumenten und die Konsumentenpräferenzen gleich bleiben. Alle ökonomischen Theorien (und wie gesagt, nicht nur diese) haben diese Grundstruktur und sehr oft ist die Ceteris-paribus-Klausel Bestandteil des Antezedens.

Das Problem, das viele Studenten mit solchen Theorien haben, besteht darin, dass auf den ersten Blick nicht klar ist, was man damit soll, denn es ist doch offensichtlich, dass die Ceteris-paribus-Bedingung in der Realität fast nie erfüllt ist. Was aber nützt eine Theorie, die nur unter unrealistischen Bedingungen gilt? Um zu verstehen, dass es durchaus Sinn macht, reine Theorie zu betreiben, muss man sich klarmachen, dass eine Theorie, die auf einschränkende, abstrahierende Annahmen verzichtet, keine Theorie ist, sondern ein Abbild der Realität im Maßstab 1:1 – und eine solche Theorie ist in etwa so hilfreich wie eine Landkarte im gleichen Maßstab. Man muss offenbar systematisch von der Realität abweichen, wenn man Theorien entwickeln will, die es erlauben, Strukturen und Zusammenhänge durchschaubar zu machen. Dabei sind es die Antezedens-Bedingungen, die gewissermaßen die Distanz zwischen Theorie und Realität angeben. An dieser Stelle wird deutlich, warum es notwendig ist, ausformulierte, „reine" Theorien zu haben: Nur wenn wir über solche Theorien verfügen, können wir das Antezedens identifizieren und kommen erst dadurch in die Lage, die Anwendbarkeit und die Angemessenheit einer Theorie zu prüfen.

Dennoch: Wenn Theorien sinnvoll sind, dann – so könnte man meinen – sollte man sich doch bitte darum bemühen, *möglichst realistische* Theorien zu bilden, und die Ceteris-paribus-Klausel ist nun einmal nicht realistisch. Das stimmt, aber man muss sich fragen, ob es Alternativen gibt. Im Idealfall benutzt eine Theorie alle die Variablen als endogene, erklärende Größen, die tatsächlich einen Einfluss auf den zu erklärenden Sachverhalt besitzen – und nicht mehr. Bei sehr komplexen Phänomenen kann es jedoch von Vorteil sein, dass man die einzelnen Einflussgrö-

---

[22] Nomologisch bedeutet in diesem Zusammenhang soviel wie „gesetzmäßig". Eine deduktiv nomologische Erklärung ist damit nichts anderes als eine Erklärung, bei der ein beobachtbares Ereignis auf eine allgemeine Gesetzmäßigkeit zurückgeführt wird.

ßen gewissermaßen isoliert betrachtet, um so ihren jeweiligen Einfluss überhaupt erst ermitteln zu können.

Benutzen wir dazu wiederum das Beispiel der Marktnachfrage. Wir beobachten, dass die Nachfrage nach einem Gut zurückgeht. Wir sehen weiterhin: der Preis ist gestiegen und das Einkommen ist ebenfalls gestiegen. Wir können in dieser Situation nicht sagen, was nun für den Nachfragerückgang ursächlich war, weil wir die beiden Einflussgrößen nicht auseinander zerren können. Wir können uns aber überlegen, welcher Einfluss von einem steigenden Preis – ceteris paribus – ausgeht, und dann, welchen Einfluss steigendes Einkommen hat. Nur auf diese Art und Weise ist es beispielsweise möglich sich klarzumachen, dass es verschiedene Effekte gibt, die auf die Marktnachfrage wirken, nämlich den Einkommens- und den Substitutionseffekt. Mit anderen Worten: Wenn wir Theorien über die Realität erstellen wollen, müssen wir a) abstrahieren und b) u.U. einzelne Zusammenhänge zuerst isoliert betrachten.

Fassen wir kurz zusammen:

▶ Theorien bestehen aus der Behauptung eines Kausalzusammenhangs und der Angabe, unter welchen Bedingungen dieser gilt.

▶ Jede Erklärung ist in einem gewissen Sinne theoretisch begründet.

▶ Um die Anwendbarkeit von Theorien beurteilen zu können, muss man die Bedingungen kennen, unter denen die theoretische Aussage gilt.

▶ Wissenschaftliche Aussagen zeichnen sich durch ihre Überprüfbarkeit aus. Deshalb bedürfen sie einer expliziten theoretischen Fundierung, aus der die Antezedens-Bedingungen klar hervorgehen.

▶ Die Entwicklung solcher Theorien setzt voraus, dass man abstrahiert und Einflussfaktoren isoliert.

Bei unseren bisherigen Überlegungen sind wir implizit von der Vorstellung ausgegangen, dass die reine Theorie das Ziel verfolgt, letztlich Aussagen über die reale Welt abzuleiten, also empirische Theorien zu entwickeln. Wie ist in diesem Zusammenhang die Aussage zu verstehen, dass Wirtschaftstheorie auch nicht-empirisch sein kann? Um auf diese Frage antworten zu können, müssen wir uns zunächst etwas genauer mit der Art und Weise der Theoriebildung befassen.

2.2.2 Modelltheorie

Das wichtigste methodische Werkzeug der Wirtschaftstheorie ist nach wie vor das Modell. Wie entsteht ein Modell? Das Prinzip ist relativ einfach. Ausgangspunkt ist immer die Angabe von bestimmten Annahmen. Sie kennen das: „Wir nehmen an, in unserer Ökonomie existiere ein Gut und zwei Individuen." Sehen wir uns etwas näher an, um was für Annahmen es sich dabei handelt.

In der Regel dienen die Annahmen eines Modells der Klärung der folgenden Fragen: Welche *Akteure* werden betrachtet; wie wird das *Verhalten* dieser Akteure modelliert und welche *Institutionen* bestimmen die Handlungsspielräume der Akteure.

Bei den *Akteuren* handelt es sich in den meisten ökonomischen Modellen um Haushalte bzw. Konsumenten und Unternehmen. Obwohl der methodologische Individualismus das Verhalten einzelner Individuen thematisiert, werden in vielen Modellen Haushalte, und das heißt u. U. Familien, sowie Unternehmen so behandelt, als seien es Einzelpersonen. Selbstverständlich ist dies eine grobe Vereinfachung, insbesondere im Hinblick auf die Unternehmung. Der Entscheidungsprozess innerhalb der Unternehmung wird in den wenigsten Fällen explizit untersucht, vielmehr stellt man sich vereinfachend eine Personengesellschaft vor, in der nur ein einziges Individuum das Sagen hat. Allerdings heißt das nicht, dass die Wirtschaftstheorie die Bedeutung „innerbetrieblicher" Abläufe verkennen würde. Im Gegenteil, es existiert ein mittlerweile sehr ausdifferenzierter Theoriezweig, der sich ausschließlich mit der „Theorie der Firma" befasst. Wenn dennoch vielfach von einem personifizierten Unternehmensbild ausgegangen wird, so deshalb, weil es sich um eine sinnvolle Vereinfachung handelt – in den meisten Fällen ist es nicht notwendig, die innerbetrieblichen Verhältnisse mit zu modellieren. Gleiches gilt für den Haushalt. Auch hier ist es sinnvoll, so zu tun, als handele ein Haushalt so, „als ob" er nur aus einer Person bestünde. Nur bei der Beantwortung ganz bestimmter Fragestellungen erweist sich diese Vereinfachung als nicht zweckmäßig.

In einer Reihe von Theorien, die für uns von besonderem Interesse sein werden, wird noch ein weiterer Akteur betrachtet: der *Staat*. Die Art und Weise, in der dies geschieht, kann dabei sehr unterschiedlich sein, je nachdem welche Fragestellung mit dem Modell behandelt werden soll. Insbesondere unterscheiden sich die Modellierungen bezüglich der *Verhaltensannahmen*, die hinsichtlich staatlicher Akteure getroffen werden; womit wir bei der zweiten Gruppe von Annahmen wären.

Verhaltensannahmen betreffen die *Motive* der Akteure, das *Ziel* ihres Handelns. Welches Motiv dem staatlichen Akteur unterstellt wird, hängt davon ab, welche Frage beantwortet werden soll.[23] Will man beispielsweise wissen, welche grundsätzlichen Möglichkeiten der Staat besitzt, so macht es Sinn, von der Vorstellung eines strikt rationalen Planers auszugehen, dessen einziges Ziel darin besteht, dem Gemeinwohl zu dienen. Selbstverständlich ist diese Vorstellung eine Fiktion, denn ein solcher *wohlwollender Diktator* existiert natürlich nicht. Dennoch ist es sinnvoll, eine Analyse auf der Grundlage dieser Fiktion anzustellen.

---

[23] An dieser Formulierung wird noch einmal der a prioristische Charakter der Verhaltensannahmen deutlich. Motive werden *gesetzt*, d.h. es geht nicht darum, die Motive zu bestimmen, die *tatsächlich* existieren.

Mit ihrer Hilfe lässt sich beispielsweise die Frage beantworten, ob der Staat unter idealen Bedingungen in der Lage wäre, wohlfahrtssteigernd tätig zu werden. Stellt sich dabei heraus, dass es selbst einem idealen Staat, der ausschließlich im Interesse der Gemeinschaft handelt, nicht möglich wäre, die Wohlfahrt der Bürger zu steigern, dann ist damit gezeigt, dass Staatseingriffe nicht gerechtfertigt werden können – und dies ohne dass man auf ein Versagen des Politikers oder der staatlichen Institution verweisen müsste. Die Vorstellung eines „weisen Diktators" dient damit vor allem dem Ziel, die *Grenzen* staatlicher Möglichkeiten auszukundschaften. Mit ihr ist in keinster Weise die Befürwortung einer bestimmten Regierungsform gemeint.[24]

Ganz anders verhält es sich in dem Fall, in dem der Versuch unternommen wird, den politischen Sektor selbst zum Gegenstand der Untersuchung zu machen. In diesem Fall wird dem Politiker das Motiv unterstellt, das typischerweise in ökonomischen Modellen Verwendung findet: Nutzenmaximierung, und zwar der eigene Nutzen und nicht der der Wähler. Dabei wird nicht etwa angenommen, der Politiker ziehe aus seinem Dienst an der Sache Nutzen, sondern es wird unterstellt, dass er nach Macht, Einfluss und Prestige strebt. Mit anderen Worten: Die „Neue Politische Ökonomie" sieht Politiker als ganz normale Menschen.

Der normale Mensch in einem ökonomischen Modell – das ist in aller Regel der Konsument. Ihm egoistisches Eigennutzstreben als beherrschendes Handlungsmotiv zu unterstellen, ist in der ökonomischen Theorie durchaus üblich. Der *homo oeconomicus* ist aber nicht nur durch seine Eigennützigkeit charakterisiert, sondern stärker noch durch die strikte Rationalität, mit der er seine Entscheidungen trifft. Bleiben wir allerdings noch einen Augenblick bei dem Egoismus als zentralem Motiv. Um einem Missverständnis in diesem Zusammenhang vorzubeugen. Der homo oeconomicus ist keineswegs immer und notwendigerweise ein Egoist. Ein rationaler, ökonomisch handelnder Mensch kann auch sehr wohl ein Altruist sein, also ein Mensch, dessen Nutzen von dem Wohlergehen anderer abhängt. Die Unterstellung altruistischer Motive wird vielfach in ökonomischen Modellen praktiziert. Beispielsweise dreht sich die intensive Debatte über die sogenannte „Ricardianische Äquivalenzthese"[25] um die Frage, ob Menschen ein altruistisches Vererbungsmotiv besitzen oder nicht. Dennoch hat es sich als ausgesprochen sinnvoll erwiesen, zumindest dann, wenn man Verhalten auf Märkten theoretisch abbilden will, zu unterstellen, die Marktteilnehmer verhielten sich so, *als ob* sie egoistische Interessen verfolgten. In bestimmten Situationen, insbeson-

---

[24] Dieser Hinweis ist – angesichts der liberalen Grundhaltung und des Bekenntnisses zum methodologischen Individualismus – eigentlich überflüssig. Wenn er dennoch angefügt wird, dann deshalb, um jedes mögliche und in der Vergangenheit faktisch existente Missverständnis in diesem Zusammenhang zu vermeiden.

[25] Vereinfacht ausgedrückt behauptet diese These (die ursprünglich auf RICARDO zurückgeht), dass es irrelevant sei, ob der Staat seine Ausgaben durch Steuern oder durch Staatsschulden deckt.

dere wenn es um die Analyse anonymer Markttransaktionen geht, führt diese Annahme zu sehr zuverlässigen Prognosen.

Sidestep 4: Egoistische und altruistische Diktatoren

Die Frage, ob sich Menschen allein von egoistischen Motiven leiten lassen, hat vor allem die experimentell arbeitenden Ökonomen intensiv beschäftigt. Es gibt diesbezüglich einige sehr eindrucksvolle Experimente, die aber letztlich zu einem etwas uneinheitlichen Bild führen.

Eine besonders beliebte Aufgabe, vor die Experimentatoren Versuchspersonen stellen, um etwas über deren Egoismus zu erfahren, besteht darin, einen Geldbetrag (der möglichst nicht zu klein gewählt sein sollte) zwischen zwei Personen aufzuteilen. Das dabei angewendete Prozedere kann durchaus unterschiedlich sein. In sogenannten „Ultimatum-Spielen" macht zunächst Spieler 1 einen Vorschlag, wie der Betrag aufgeteilt werden soll. Akzeptiert Spieler 2 diesen Vorschlag, so wird das Geld dem Vorschlag entsprechend aufgeteilt. Akzeptiert 2 den Vorschlag nicht, bekommen beide Spieler nichts. Es ist klar, dass der erste, der einen Vorschlag machen kann, einen klaren Vorteil hat. Er muss lediglich dafür sorgen, dass der Betrag, der für 2 verbleibt, hinreichend groß ist um sicherzustellen, dass 2 nicht ablehnt. In einer Vielzahl von Experimenten ist jedoch immer wieder beobachtet worden, dass dieser Vorteil in der Mehrzahl der Fälle nicht genutzt wird, sondern eine 50 – 50 Aufteilung vorgeschlagen wurde. Die faire Lösung hat für viele offenbar eine stärkere Attraktivität als die Verfolgung des eigenen Vorteils.[26] Ebenso erstaunlich ist, dass viele Spieler in der Rolle des Zweitziehenden bereit sind, Aufteilungen, bei denen ihnen weniger als die Hälfte angeboten wird, abzulehnen. Sie nehmen teilweise erhebliche Kosten in Kauf, um den Erstziehenden für sein ‚unfaires' Verhalten zu bestrafen.

Eine Steigerung erfährt diese Form der Versuchsanordnung bei sogenannten Diktator-Spielen. Hier hat der zweite Spieler keine Möglichkeit zu entscheiden, ob er die von 1 vorgenommene Aufteilung akzeptieren will oder nicht. Vielmehr bestimmt 1, wie der Betrag aufzuteilen ist. In vielen Versuchen wurden solche Spiele in folgender Form durchgeführt: Spieler 1 betritt einen Raum, in dem auf einem Tisch der Betrag x liegt. Er (oder sie) nimmt sich da-

---

[26] Ein frühes Ultimatum-Experiment haben GÜTH ET AL. (1982) durchgeführt. Einen guten Überblick bieten OCHS UND ROTH (1989). Es ist nicht ganz unproblematisch, die 50:50 Lösung in einem Ultimatum-Spiel in der Weise zu interpretieren, dass der erste Spieler das Bedürfnis hat „fair" zu sein. Ein 50:50 Vorschlag muss nicht auf altruistische Motive zurückgeführt werden. Es kann sehr wohl sein, dass dahinter strategische Motive stecken (beispielsweise weil man annimmt, dass der zweite Spieler jeden Vorschlag ablehnen wird, bei dem er weniger als die Hälfte bekommt).

von soviel er (sie) will und verlässt den Raum wieder, ohne dem zweiten Spieler zu begegnen und in der Sicherheit, dass dieser seine (ihre) Identität nicht erfahren wird. Spieler 2 geht danach in den Raum und nimmt den Rest des Geldes (so ein solcher noch da ist).[27]
Erstaunlicherweise ist auch bei Diktator-Spielen die faire Aufteilung ein häufig beobachtetes Ergebnis. Die Diktatoren verzichten auf die Hälfte des Geldes, obwohl sie nicht wissen, wem diese Hälfte zukommt, und obwohl sie von niemandem Dank für dieses Geschenk erwarten können. Sind Menschen also faire Spieler? Und keine Egoisten?
Die folgende Beobachtung von Kagel, Kim und Moser (1995) sollte zu denken geben. Bei ihrem Experiment wurde das Ultimatum-Spiel mit asymmetrischer Information gespielt. Es galt, Spielmarken auf zwei Spieler zu verteilen, die allerdings für die Spieler nicht den gleichen Wert besaßen. Spieler 1 (der eine Aufteilung vorschlagen konnte) bekam 30 Cent pro Marke und Spieler 2 (der über die Annahme des Vorschlags entscheiden konnte) lediglich 10 Cent. Nur Spieler 1 wusste von dieser ungleichen Bewertung. Eine faire Aufteilung hätte verlangt, dass Spieler 1 dem Spieler 2 75% der Marken anbietet. Allerdings: wenn er nur 50% vorschlägt, dann sieht dies für Spieler 2 aus wie ein fairer Vorschlag. Was ist wichtiger: Fair sein oder fair erscheinen? Die Resultate von Kagel et al. legen nahe, dass letzteres der Fall zu sein scheint, denn anstatt der 25-75 Aufteilung wurde die 50-50 Aufteilung beobachtet.

Sind Menschen also doch Egoisten? Ganz so ist es sicherlich nicht, denn inzwischen gibt es eine ganze Reihe von Experimenten, bei denen „faires" Verhalten festzustellen war. Ein gutes Beispiel liefert ein Solidaritätsexperiment, das von Selten und Ockenfels (1996) durchgeführt wurde. In einer anonymen Anordnung wurde folgendes Spiel gespielt: Die Versuchspersonen nahmen in Dreiergruppen an einer Lotterie teil. Jeder Spieler gewann mit einer bestimmten Wahrscheinlichkeit 10,- DM. Vor der Durchführung der Lotterie mussten die Versuchspersonen angeben, ob sie bereit seien, von ihrem Gewinn etwas abzugeben, wenn einer oder beide Mitspieler Pech gehabt hatten und bei der Lotterie leer ausgingen. Wohlgemerkt: Die Versuchspersonen wussten nicht, mit wem sie spielen, und sie konnten sicher sein, dass niemand beobachten konnte, wie sie sich verhielten. Das Ergebnis des Experiments: Die Mehrheit der Gewinner zeigte sich solidarisch und verzichtete auf einen Teil ihres Gewinns zugunsten der Verlierer.
Die Beobachtungen, die im Solidaritätsspiel, aber auch im Diktator- und im Ultimatum-Spiel gemacht wurden, haben alle eines gemeinsam: sie stehen im Widerspruch zu der Annahme, dass sich Menschen rational verhalten und versuchen ihre Auszahlung im Experiment zu maximieren. Insofern sind sie erklärungsbedürftig. Was tun die Versuchsteilnehmer? Welches Ziel verfolgen sie? Wir werden im Sidestep [9] zeigen, dass es durchaus Möglichkeiten gibt,

---

[27] Vgl. beispielhaft FORSYTHE ET AL. (1991).

das Verhalten in den genannten Experimenten zu rationalisieren, indem bestimmte Handlungsmotive unterstellt werden.

Die Annahme egoistischer Motive der Menschen ist ungeachtet der im Sidestep erwähnten Befunde in vielen ökonomisch relevanten Fällen dennoch unproblematisch: Käufer und Verkäufer auf anonymen Märkten werden beispielsweise sicherlich versuchen, möglichst niedrige bzw. hohe Preise zu erzielen; in Wettbewerbssituationen zeigt sich auch im Experiment, dass eigennütziges Verhalten gezeigt und akzeptiert wird usw.

Aber warum sollte es gerechtfertigt sein, den Akteuren in ökonomischen Modellen zu unterstellen, sie verhielten sich vollkommen rational? Sagt uns nicht die alltägliche Lebenserfahrung, dass Menschen sich vielfach irrational verhalten? Überfordert die Theorie die Menschen nicht, wenn unterstellt wird, dass sie permanent optimieren und immer die unter den gegebenen Umständen beste Wahl treffen? Die experimentelle und die psychologische Literatur unterstützt diese Erfahrung. Menschen sind sehr schnell überfordert, wenn es gilt rational zu entscheiden. Das zeigt sich ganz besonders deutlich, wenn es sich um Situationen handelt, in denen Unsicherheit eine Rolle spielt. Menschen neigen dazu, bei risikobehafteten Entscheidungen einfache Heuristiken als Verhaltensregeln anzuwenden, die oftmals zu systematischen Verzerrungen bezüglich einer rationalen Entscheidung führen.[28] Aber auch in deterministischen Kontexten sind die Menschen oft schnell mit ihrem Latein am Ende. Beispielsweise sind Menschen geradezu lausige dynamische Optimierer, und zwar auch dann, wenn das Optimierungsproblem nicht die Spur von Unsicherheit aufweist. FEHR UND ZYCH (1995) haben dies eindrucksvoll in einem Experiment zum dynamischen Konsumverhalten nachgewiesen. In der Literatur existiert mittlerweile eine Vielzahl von Belegen dafür, dass das neoklassische Entscheidungsmodell keine überzeugende Beschreibung dessen liefern kann, was geschieht, wenn Menschen Entscheidungen treffen.[29] Vielfach werden die entsprechenden empirischen und experimentellen Befunde als „Anomalien" bezeichnet. Man erinnere sich an die Idee KUHNS: Die normale Wissenschaft gerät in Schwierigkeiten, wenn sie mit hartnäckigen Anomalien konfrontiert wird *und* wenn eine alternative Theorie zur Verfügung steht, die diese Anomalie beseitigen kann. In Bezug auf die neoklassische Theorie existieren hartnäckige Widersprüche zwischen Theorie und empirischer (experimenteller) Beobachtung, und zwar in einer Weise, die die Frage aufwirft, ob nicht eher *rationales*

---

[28] Vgl. dazu das Standardwerk von KAHNEMAN, SLOVIC UND TVERSKY (1982).

[29] Zu eingeschränkt rationalem Verhalten vgl. TIETZ ET AL. (1988), SELTEN (1990). Der in diesem Zusammenhang klassische Literaturverweis ist SIMON (1955). Ebenfalls klassische Verweise in bezug auf Anomalien und Paradoxien sind ALLAIS (1953) und ELLSBERG (1961). Einen guten Überblick über Paradoxien und Anomalien bei Verhalten unter Unsicherheit liefern HEY (1991) und THALER (1987).

Verhalten *anormal* ist. Dennoch kann der neoklassische Normalwissenschaftler, der nach wie vor an der Rationalitätsannahme festhält, noch relativ ruhig schlafen, denn die zweite Bedingung, die erfüllt sein müsste, um das neoklassische Paradigma ernsthaft in Gefahr zu bringen, ist nicht erfüllt: Es existiert bis heute kein geeigneter Gegenkandidat, keine Theorie, die es „besser macht" als die neoklassische.

Aber bedeutet das, dass wir die neoklassische Theorie nur deshalb hier benutzen, weil sich bisher noch nichts Besseres gefunden hat? Eine solche Einschätzung würde die Bedeutung und den Wert der neoklassischen Theorie grob unterschätzen. Trotz der Vorbehalte und Einschränkungen hinsichtlich der *deskriptiven* Fähigkeiten der Entscheidungstheorie gibt es eine ganze Reihe von Gründen, die es sinnvoll erscheinen lassen, in bestimmten Kontexten an der Rationalitätsannahme *festzuhalten*. So ist es tatsächlich mit der Rationalität des Menschen nicht so weit her, wie in ökonomischen Modellen zumeist unterstellt wird, aber kann man andererseits erwarten, dass Menschen *dauerhaft* Fehler begehen, dass sie Optimierungsmöglichkeiten, die ihnen offen stehen, dauerhaft nicht nutzen werden, wenn es sich um *wichtige, ökonomisch relevante Dinge* dreht? Und selbst wenn dem Einzelnen die Irrationalität seines Handelns verborgen bleibt, kann man sich vorstellen, dass sich dauerhaft *keine* Institutionen (z.B. in Form von Unternehmen) bilden werden, die der Gewinn, der durch eine rationale Entscheidung erzielt werden kann, zu Hilfsangeboten motiviert?[30] Es fällt schwer daran zu glauben, und das macht es leichter die Rationalitätsannahme zu akzeptieren. Noch etwas leichter fällt es in dem Kontext, in dem wir uns überwiegend bewegen werden. Wir begründen kollektives Handeln damit, dass individuell rationales Verhalten zu Ineffizienzen führt. Man stelle sich vor, wir würden in diesem Zusammenhang von der Rationalitätsannahme abweichen. Die notwendige Folge wäre, dass staatliches Handeln mit dem Hinweis auf *fehlende Rationalität der Bürger* begründet werden könnte. Man kann sich sehr leicht klarmachen, dass dies mit grundlegenden Prämissen demokratischer Staatsformen nicht vereinbar ist. Wie sollte ein demokratisch gewählter Politiker denen, die ihn gewählt haben, die Fähigkeit zu selbstbestimmtem, rationalem Handeln absprechen können (und dürfen)?[31] Dazu kommt, dass es die Aufgabe des wissenschaftlichen Politikberaters sein muss, dem Politiker zumindest die Möglichkeit für eine rationale Lösung des Allokationsproblems zu verschaffen. Wenn der Politiker nicht von der beschränkten Ratio der Bürger ausgehen darf, dann darf es der Wissenschaftler, wenn er Institutionen auf ihre Tauglichkeit hin untersucht, erst recht nicht.

---

[30] Für solche Institutionen lassen sich zahlreiche Beispiele finden. Von der Lohnsteuerberatung über den Anwaltsberuf bis zur Verbraucherzentrale.

[31] Dies beantwortet im Übrigen die Kontrollfrage 6) im vorangegangenen Kapitel.

2.2 Wirtschaftstheorie versus -politik 45

> **Sidestep 5: Wie halte ich es mit der Rationalität?**
>
> Der richtige Umgang mit der Rationalitätsannahme ist nicht einfach und doch kann man einen Weg finden, der viele Probleme ausräumt. Die folgende Begebenheit hat sich auf der Jahrestagung des Vereins für Socialpolitik im Jahre 1999 in Mainz zugetragen. REINHARD SELTEN, einziger deutscher Nobelpreisträger für Ökonomie, hielt auf dieser Tagung die sogenannte von Thünen - Vorlesung. Der Vorsitzende des Vereins für Socialpolitik, HANS WERNER SINN, stellte den Referenten in seiner Begrüßung vor und betonte dabei, dass SELTEN den Nobelpreis für Arbeiten auf dem Gebiet der Spieltheorie erhalten hat, die maßgeblich dazu beigetragen haben das Konzept vollständig rationalen Verhaltens zu perfektionieren. Gleichzeitig hat sich SELTEN aber intensiv mit Modellen eingeschränkt rationalen Verhaltens und mit der experimentellen Forschung befasst. SINN charakterisierte diese Forschungsstrategie scherzhaft als schizophren, weil sie einmal strikte Rationalität voraussetzt und einmal Rationalverhalten als unzutreffende Voraussetzung ablehnt.
>
> In seinem Vortrag ging SELTEN auf den „Schizophrenievorwurf" ein, und zwar mit den Worten: „Ich bin nicht schizophren, ich bin lediglich ein *methodischer Dualist.*" Die Begründung für diesen Dualismus lieferte er gleich mit: Menschen sind nicht vollständig rationale Wesen und deshalb ist es sinnvoll, sich mit Modellen zu befassen, die versuchen, eingeschränkt rationales Handeln abzubilden. Gleichzeitig aber streben Menschen danach rational zu sein, d.h. Rationalität ist vielfach das Ziel menschlichen Lernens. Deshalb macht es auch Sinn zu betrachten, wie denn vollständig rationales Verhalten aussehen würde. Man kann als Wissenschaftler gleichzeitig die Rationalitätsannahme auf die Spitze treiben und sie als empirisch gehaltvolle Annahme ablehnen, ohne dabei in einen Widerspruch zu geraten.

Für die Rationalitätsannahme sprechen noch zwei weitere Gründe. Der erste ist ausschließlich pragmatisch. Solange der Schluss vom Motiv auf die Handlung nur mit einer Theorie möglich ist, die Rationalität unterstellt, müssen wir diese Theorie benutzen. Wenn wir nicht unterstellen würden, dass Menschen sich rational verhalten, dann wäre es gegenwärtig nicht möglich, von ihren Motiven auf ihr Handeln zu schließen. Deshalb sind Theorien über menschliches Verhalten, die Verhaltensprognosen einschließen (nichts anderes sind ökonomische Theorien), bisher nur unter der Voraussetzung rationalen Handelns möglich. Man beachte, dass dabei unter Rationalität ausschließlich *Konsistenz* des Handelns verstanden wird. Insofern kann sich auch der unter einer Wahnvorstellung leidende Geisteskranke durchaus rational verhalten.

Sidestep 6: Bloß nicht enttäuscht werden

Man sollte nicht dem Irrtum verfallen anzunehmen, dass es zur Rationalitätsannahme überhaupt keine Alternative gibt. Es existiert sogar eine ganze Reihe von Ansätzen, die partiell durchaus überlegen sind. Ein Beispiel mag als Beleg gelten:
Man stelle sich folgendes Experiment vor. Einer Reihe von Versuchspersonen werden zwei Lotterien angeboten und sie müssen eine davon auswählen, die dann mit einem Würfel ausgespielt wird. Die folgende Tabelle zeigt die DM-Beträge, die bei den Würfelwerten 1 – 6 bei den beiden Lotterien ausgezahlt werden:

Würfelwert	1	2	3	4	5	6
Lotterie 1	10	20	30	40	50	60
Lotterie 2	20	30	40	50	60	10

Man sieht sofort, dass die Lotterie 2 lediglich eine Permutation von 1 ist, d.h. dass beide Lotterien unter „statistischen" Aspekten vollkommen identisch sind. Beide haben den gleichen Erwartungswert und beide weisen das exakt gleiche Risiko auf. Insofern liefert die neoklassische Entscheidungstheorie auch keinen Hinweis darauf, welche der Lotterien vorzuziehen ist. Rationale Individuen müssten zwischen den beiden Alternativen eigentlich indifferent sein, d.h. bei genügend großer Zahl von Befragungen müssten etwa 50% für beide Lotterien beobachtet werden. Tatsächlich hat sich im Experiment jedoch gezeigt, dass 80% der Versuchspersonen Lotterie 2 wählen (vgl. PATERSON UND DIEKMANN 1988). Eine Erklärung für diese Bevorzugung ist wie gesagt mit Hilfe der neoklassischen Entscheidungstheorie nicht möglich – wohl aber mit einem Konkurrenten, der sogenannten *Regrettheorie*. Diese Theorie (vgl. LOOMES UND SUGDEN 1982) nimmt an, dass Menschen Entscheidungen unter Unsicherheit so treffen, dass sie möglichst selten enttäuscht werden. Lotterie 2 schneidet in fünf von sechs Fällen „besser" ab als Lotterie 1, d.h. in fünf Fällen ist der Entscheider ex post froh, sich für Lotterie 2 entschieden zu haben und nur in einem Fall würde er diese Entscheidung bedauern. Wer Enttäuschungen minimieren will, sollte deshalb tatsächlich Lotterie 2 wählen.

Die Bevorzugung von Lotterie 2 ist aus der Sicht der Standardtheorie eine Art *Anomalie*, d.h. eine Beobachtung, die sich nicht reibungslos in das Theoriegebäude einordnen lässt. Die Regrettheorie beseitigt diese Anomalie dadurch, dass sie an der Voraussetzung rationalen Verhaltens festhält, aber annimmt, dass die Menschen ein bestimmtes *Motiv* besitzen (Vermeidung von Enttäuschungen). Diese Methode, durch Veränderungen der Annahmen über das Motiv menschlichen Handelns Anomalien zu beseitigen, ist in der jüngsten

Zeit recht erfolgreich angewendet worden. Wir werden darauf im Sidestep [9] zurückkommen.

Der zweite Grund für die Bedeutung der Rationalitätsannahme ist im Zusammenhang mit der ex ante Betrachtung zu sehen, die für die Wirtschaftstheorie typisch ist. Wenn wir die Funktionsweise und die Ergebnisse von institutionellen Arrangements ex ante analysieren und dabei das Modell des homo oeconomicus benutzen, dann unterziehen wir die betrachtete Institution gewissermaßen einem Test. Wir überprüfen, wie sich die Institution bewährt, wenn wir vom „worst case" ausgehen, nämlich von seelenlosen, hyperrationalen und ausschließlich egoistischen Menschen, eben von homines oeconomici. Wenn die Institution diesen Test besteht, d.h. wenn sich zeigt, dass sie selbst im „schlimmsten Falle" Effizienz erzeugt, dann können wir getrost davon ausgehen, dass sie sich auch in der Realität bewähren wird. KARL HOMANN hat für diese Vorgehensweise einmal den Begriff „*HO-Test*" (**h**omo **o**economicus) geprägt, dem Institutionen zu unterziehen sind.

Soweit allgemein zur Annahme rationalen Verhaltens und eigennütziger Motive von Individuen. Die zentrale Verhaltensannahme für *Unternehmen* ist die Gewinnmaximierung. Auch hinter dieser Voraussetzung steht letztlich die Vorstellung eines homo oeconomicus als Eigentümer der Unternehmung. Ob es sich dabei um eine Personengesellschaft handelt oder um eine AG, ist gleichgültig, in beiden Fällen ist es eine durchaus plausible Annahme, dass Unternehmenseigner das Ziel haben, das Einkommen, das sie durch das Unternehmen erzielen können, zu maximieren. Aber es gibt neben dieser Plausibilität noch ein weitaus stärkeres Argument dafür, warum die Gewinnmaximierung eine sinnvolle Verhaltensannahme ist. Unternehmen befinden sich in der Regel in einem sehr speziellen institutionellen Zusammenhang. Sie sind auf Märkten tätig und sie befinden sich dabei im Wettbewerb mit anderen Unternehmen. Dieser Wettbewerb findet nicht nur auf dem jeweiligen Absatzmarkt statt, auf dem das Unternehmen sein Produkt anbietet, sondern auch auf den Beschaffungsmärkten. Auf allen diesen Märkten führt der Wettbewerb dazu, dass langfristig nur die Unternehmen am Markt bleiben können, die ihre Leistungen zu minimalen Kosten erbringen, also bei der Leistungserstellung permanent optimieren – und von der Kostenminimierung bis zur Gewinnmaximierung ist es nur noch ein kurzer Weg.[32] Und auf diesem Weg hilft uns die Beobachtung, dass das Verhalten von realen Unternehmen dann am besten erklärt werden kann, wenn ihnen unterstellt wird, sie verhielten sich, „als ob" sie den Gewinn maximieren wollten. Die Prognoseerfolge der Gewinnmaximierungsannahme lassen es gerechtfertigt erscheinen, bei der Modellierung von Entscheidungen, die Unternehmen treffen, von dieser Voraussetzung auszugehen.

Da es sich um eine „als ob" Annahme handelt, ist damit nicht gesagt, dass Unternehmen tatsächlich und immer nur ihren Gewinn maximieren wollen. Es kann

---

[32] Kostenminimierung ist nicht identisch mit Gewinnmaximierung, aber Gewinnmaximierung impliziert Kostenminimierung.

durchaus sein, dass sie zumindest kurzfristig andere Ziele verfolgen (Umsatzmaximierung, Marktanteilsmaximierung usw.). Das ändert nichts an der Tatsache, dass ihr Verhalten nach wie vor durch die Annahme langfristiger Gewinnmaximierung erklärt werden kann. Es wäre in der Tat begründungsbedürftig, warum ein Unternehmen beispielsweise langfristig einen hohen Marktanteil anstreben sollte, wenn es dabei *nicht* das Ziel verfolgen würde, den hohen Marktanteil in entsprechend hohe Gewinne umzumünzen.

Abweichungen vom Gewinnmaximierungsziel machen allerdings dann Sinn, wenn sie in der internen Verfassung der Unternehmung begründet sind. Beispielsweise ist keineswegs gesichert, dass die Manager in einem Unternehmen das gleiche Interesse an der Gewinnmaximierung haben wie die Eigentümer. Einen unmittelbaren Vorteil hat der Manager unter Umständen gar nicht, wenn ihm die Gewinnmaximierung gelingt. Vielleicht wäre es für ihn eine rationale Strategie, den Gewinn regelmäßig zu steigern, ohne jeweils den maximalen Gewinn zu erzielen? Die Tatsache, dass die Eigentümer eines Unternehmens in der Regel nicht identisch sind mit denen, die das Unternehmen leiten, kann offensichtlich zu erheblichen Problemen führen. Innerhalb der ökonomischen Theorie hat dieses Problem einen griffigen Namen: *Principal-Agent-Problematik*. Im Kern besteht das Problem darin, dass ein Prinzipal (in unserem Fall der Eigentümer der Unternehmung) versucht, einen Agenten (hier der Manager) dazu zu bringen, genau das zu tun, was der Prinzipal will. Zum Problem wird dieser Versuch, weil der Prinzipal in aller Regel nicht genau *beobachten kann,* was der Agent tut. Der Manager besitzt gegenüber dem Unternehmenseigner einen erheblichen Informationsvorsprung – und den kann er nutzen.

Das Principal-Agent-Problem ist von einiger Bedeutung, und zwar keineswegs nur im Zusammenhang mit dem Verhalten von Unternehmen. Dennoch werden wir uns ihm allenfalls in Nebensätzen widmen. Um nämlich die für uns wichtigen Verhaltensweisen von Unternehmen beschreiben und prognostizieren zu können, wird sich die Gewinnmaximierungsannahme, die von dem Principal-Agent-Problem abstrahiert, als vollkommen ausreichend erweisen.

Neben den Akteuren und deren Motiven betrifft der dritte Bereich von Annahmen die schon mehrfach angesprochenen *Institutionen.* Wir haben bereits darauf hingewiesen, dass der Institutionen-Begriff hier in einem sehr umfassenden Sinne gebraucht wird. Es werden darunter alle die Dinge verstanden, die für die Handlungsmöglichkeiten des einzelnen Akteurs von Bedeutung sind. Um etwas klarer zu machen, was damit gemeint ist, bietet sich eine Analogie an. Stellen wir uns das Geschehen, das wir mit einem Modell abbilden wollen, einfach als ein Spiel vor (man denke an Schach oder besser noch an Monopoly). Die Annahmen, die wir bisher besprochen haben, klären, wer an diesem Spiel beteiligt ist, wer also Spieler ist, und sie legen fest, welches Ziel die Spieler verfolgen. Beispielsweise haben die Schachspieler das Ziel, den Gegner matt zu setzen, bei Monopoly gilt es, das Vermögen zu maximieren.

Was offensichtlich noch fehlt, sind die *Spielregeln,* die Angaben darüber, welche Spielzüge den einzelnen Spielern offen stehen. In einem ökonomischen Modell haben Institutionen die Funktion, diese Regeln des Spiels festzulegen. Das institutionelle Arrangement beim Schachspiel besteht darin, dass beispielsweise der König immer nur ein Feld weit rücken darf (Ausnahmen bestätigen die Regel: Bei der Rochade darf er mehr als ein Feld überwinden). Für die Analyse individueller Entscheidungen ist dabei von besonderer Bedeutung, dass die Angabe der Regeln auch etwas darüber sagt, was den anderen Spielern erlaubt ist. Für den Schachspieler ist es von erheblicher Bedeutung zu wissen, zu welchen Zügen der gegnerische König in der Lage ist; nur so kann er eine optimale Strategie (einen optimalen Zug) ermitteln. Genau das Gleiche gilt im ökonomischen Modell. Die Institution einer bestimmten Marktform, die in einem Modell unterstellt wird, sagt dem einzelnen Akteur nicht nur, wie er sich selbst verhalten kann, sie legt auch die „Strategiemengen" der anderen Spieler fest und schafft dadurch erst die Voraussetzung für ein dem homo oeconomicus angemessenes Optimierungskalkül.

Wir werden noch sehen, dass diese Interpretation von Institutionen eine sehr wichtige Rolle in der ökonomischen Analyse spielt. Institutionen als Spielregeln aufzufassen, gibt uns die Möglichkeit, einen unmittelbaren Zusammenhang zwischen Institution und individuellem Verhalten herzustellen. Nunmehr wird es tatsächlich möglich, Institutionen dem HO-Test zu unterziehen, denn wenn die Regeln des Spiels vollständig angegeben sind und wenn wir wie üblich unterstellen, dass sich die Spieler rational verhalten, dann sind wir in der Lage, Prognosen darüber abzuleiten, wie sich Spieler in einem speziellen institutionellen Arrangement verhalten werden.

Die Analogie zu den Regeln eines Gesellschaftsspiels lässt sich noch in einer anderen Hinsicht ausnutzen. Sie gibt uns Gelegenheit, noch einmal den Vorzug der ex ante-Betrachtung zu betonen. Ex ante-Sicht bedeutet, dass wir *Regeln* analysieren und nicht spezielle Spielsituationen. Dass dies ein sinnvolles Verfahren ist, wird jeder Skat-Spieler bestätigen, der erfahren hat, wie unerfreulich es ist, wenn die Regel des Spiels nicht ex ante geklärt worden sind (zählt der Grand nun 20 oder 24 Punkte?). Wird die Frage, welche Regel zur Anwendung kommt, erst im Spiel gestellt, ist sie ungleich schwerer zu beantworten als vor dem Spiel. Solange die Spieler noch nicht in das Spiel involviert sind, solange sie aus einer bestimmten Regel noch keinen Vorteil für sich ableiten können, ist es einfach, sich auf sinnvolle Regeln zu verständigen. Im Spiel bedeutet jede Regeländerung, dass der eine Spieler Nachteile, der andere Vorteile erfährt, und das erschwert die Entscheidung über die optimale Regel erheblich.

Institutionen mit den Regeln eines Spiels zu vergleichen, ist keine zufällig gewählte Methode. Die Art von Spielregeln, die hier beschrieben wurde, wird im Rahmen *spieltheoretischer Modelle* verwendet, um Prognosen über das Verhalten rationaler Individuen abzuleiten. Wir werden des Öfteren auf solche Modelle und die spieltheoretische Methode zurückgreifen. Wir werden dies nicht nur deshalb tun, weil die Spieltheorie mittlerweile ein nicht mehr wegzudenkender Bestandteil der ökonomischen Theorie geworden ist, sondern vor allem deshalb, weil insbesondere die nicht-kooperative Spieltheorie das Analyseinstrument schlechthin ist, wenn es um die Untersuchung von Konfliktsituationen geht – und dass Konflikte eine wesentliche Rolle innerhalb der Wirtschaftspolitik spielen, darauf wurde ja schon hingewiesen.

Die Bedeutung von Regeln wird auch dann besonders deutlich, wenn wir an die wirtschaftspolitische Umsetzung der Erkenntnisse denken, die mit Hilfe von Modellen gesammelt werden können. Wirtschaftspolitik lässt sich schließlich begreifen als das Setzen und Verändern von Regeln. Die realen Akteure spielen zwar kein Gesellschaftsspiel, aber sie sind genau wie der Schachspieler einem bestimmten Regelwerk unterworfen, das ihre eigenen Handlungsmöglichkeiten und die der anderen Akteure begrenzt. Ein zentraler Planer kann nur dadurch „Politik" betreiben, dass er an diesem Regelwerk Veränderungen vornimmt. Um Prognosen über die Wirkung von Wirtschaftspolitik abgeben zu können, benötigt man Verfahren, mit denen der Zusammenhang zwischen Regel und individuellem Verhalten aufgedeckt werden kann – und ein solches Verfahren ist die Modelltheorie.

Um die Struktur ökonomischer Modelle vollständig zu charakterisieren, fehlt noch ein Element. Wir haben bisher nur etwas darüber gesagt, wie wir das Verhalten des einzelnen Spielers oder Akteurs modellieren. Wir begreifen es als einen permanenten Prozess der Optimierung unter Nebenbedingungen. Menschen haben Ziele und die verfolgen sie mit der Einschränkung, dass sie in der Wahl ihrer Mittel nicht frei sind. Der Konsument versucht seinen Nutzen zu maximieren, aber er hat nur ein begrenztes Budget zur Verfügung; das Unternehmen strebt einen maximalen Gewinn oder minimale Kosten an, aber ihm steht nur eine bestimmte Technologie zur Verfügung usw. Optimierung unter Nebenbedingungen – das ist die folgerichtige Methode zur Analyse individuellen Verhaltens. Aber wie gelangt man zu einer Prognose darüber, was insgesamt geschieht? Die Handlungsmöglichkeiten der einzelnen Akteure sind ja nicht unabhängig voneinander! Denken wir noch einmal an das Gesellschaftsspiel. Die Frage, welcher Zug für Schachspieler A der beste ist, hängt natürlich davon ab, welchen Zug sein Gegner B zuvor durchgeführt hat. Genauso verhält es sich im ökonomischen Modell. Die Handlungsmöglichkeiten der Nachfrager hängen davon ab, was die Anbieter tun. Scheidet beispielsweise ein Anbieter aus dem Markt aus, so verändert dies selbstverständlich die Handlungsspielräume der Nachfrager. Umgekehrt hängen natürlich auch die Entscheidungen der Anbieter von den Plänen der Nachfrager ab. Wie können wir in einem solchen Geflecht von interdependenten Beziehungen eine Aussage über den „Spielausgang" machen?

Der entscheidende Begriff in diesem Zusammenhang ist der des *Gleichgewichts*. Gleichgewichte besitzen in der ökonomischen Theorie eine außerordentlich große Bedeutung. Mitunter wird dieser Begriff allerdings missverstanden, indem er unzulässigerweise mit dem Marktgleichgewicht, dem Ausgleich von Angebot und Nachfrage identifiziert wird. Natürlich ist auch ein Marktgleichgewicht ein Gleichgewicht, aber es können eben auch Situationen gleichgewichtig sein, in denen Angebot und Nachfrage nicht identisch sind. Der entscheidende Punkt ist, dass Gleichgewichte als Ruhelagen zu begreifen sind, d.h. als Situationen, in denen keine Veränderungen mehr erwartet werden müssen. Es sei an dieser Stelle eine (sehr unpräzise) Definition eines prominenten spieltheoretischen Gleichgewichtskonzeptes angegeben, an dem dieser Punkt besonders deutlich wird. Stellen wir uns dazu wiederum ein Gesellschaftsspiel vor. Jeder Spieler hat die Wahl zwischen einer Anzahl möglicher Züge $z_1...z_n$. Nehmen wir an, es gibt zwei Spieler und es sei z_1 der Zug, den der Spieler 1 wählt, und z_2 der des Spielers 2. Ein sogenanntes *Nash-Gleichgewicht* liegt dann vor, wenn eine Kombination von Zügen (z_1^*, z_2^*) existiert, für die gilt, dass, gegeben der Zug des jeweils anderen, keiner der beiden Spieler die Möglichkeit hat, seine Situation durch Wahl eines anderen Zuges zu verbessern.[33]

Ruhelage bedeutet in diesem Kontext also, dass keiner der Akteure einen Anlass hat, sein Verhalten zu verändern. Insofern ist ein Gleichgewicht so etwas wie der endgültige Zustand, der sich in einem Modell bei gegebenen Spielregeln einstellt. Die Frage, warum es Sinn macht, ausgerechnet Gleichgewichte zu betrachten, lässt sich am besten durch die Gegenfrage beantworten: Welchen Sinn sollte es machen, nicht-gleichgewichtige Situationen als theoretische Prognose abzugeben, wenn wir doch wissen, dass in einem solchen Ungleichgewicht die Dinge gewissermaßen noch im Fluss sind? Das Nash-Gleichgewicht, das in der Spieltheorie überragende Bedeutung besitzt, ist nur ein Beispiel für ein Konzept, mit dessen Hilfe sich Ruhelagen identifizieren und letztlich auch charakterisieren lassen. Es wurde an dieser Stelle nicht nur deshalb als Beispiel benutzt, weil es ein sehr verbreitetes und wichtiges Konzept ist, sondern auch weil an ihm deutlich wird, dass Gleichgewichte nicht *per se* vorzugswürdig sind. Zwar sind gleichgewichtige Zustände in der Tat vielfach erstrebenswert, aber es ist in jedem einzelnen Fall, in dem man ein Gleichgewicht betrachtet, zu prüfen, welche Eigenschaften es aufweist. Nur weil keine Veränderungen mehr zu erwarten sind, ist eine Situation nicht automatisch „gut" oder „effizient".

Fassen wir an dieser Stelle zusammen.

▶ Bei der Konstruktion eines ökonomischen Modells benötigt man zunächst *Annahmen*, die den Modellrahmen definieren. Diese betreffen:

▶ die *Akteure*, d.h. diejenigen, die in irgendeiner Form *Entscheidungen* treffen,

▶ die *Motive* dieser Akteure und

▶ die *Institutionen*, die die Regeln fixieren, denen die Akteure zu folgen haben.

▶ Sind diese Annahmen getroffen, benötigt man ein *Gleichgewichtskonzept*, d.h. eine Vorstellung davon, unter welchen Bedingungen innerhalb des Modells eine Ruhelage erreicht ist.

---

[33] Diese Definition eines Nash-Gleichgewichts ist wie gesagt sehr unpräzise. Wir werden später eine exaktere Definition nachreichen.

Wenn nun alle diese Vorbedingungen erfüllt sind, dann kann die eigentliche Modellanalyse beginnen und die besteht darin, dass aus den Modellannahmen logische Schlussfolgerungen abgeleitet, deduziert werden. Vielfach geschieht dies mit Hilfe mathematischer Methoden. Für die neoklassische Wirtschaftstheorie ist die Verwendung von Mathematik durchaus typisch und es ist nicht zuletzt diese spezielle Form der Analyse, die den Umgang mit dieser Theorie mitunter erschwert. Angesichts des teilweise erheblichen formalen Aufwands, der in vielen Modellen getrieben wird, stellt sich natürlich die Frage, ob es nicht einfacher gehen könnte, ob die Mathematik wirklich notwendig ist, wenn man Theorie betreiben will. Um diese Frage beantworten zu können, muss man sich zunächst klarmachen, welchen Sinn eigentlich die formale Analyse hat. Der wichtigste Zweck, der mit ihr verfolgt wird, ist der Nachweis der *Konsistenz* von theoretischen Aussagen. Die Verwendung der Mathematik erlaubt es eben, die Gültigkeit von „wenn – dann" Aussagen innerhalb des Modells zu *beweisen*. Der Beweis eines „Satzes" ist aber nichts anderes als der *Nachweis*, dass die Satzaussagen tatsächlich aus den Annahmen des Modells folgen.

Welchen Sinn macht ein solcher Konsistenznachweis? Unter methodischen Aspekten ist er tatsächlich von größtem Wert. Könnte er nicht geführt werden, so hätten wir praktisch keine Möglichkeit, eine wissenschaftliche Theorie von beliebigen Stammtischkommentaren zu unterscheiden. Eine explizit formulierte Theorie will das erklären, was wir in der Realität beobachten, d.h. sie will die Kausalitäten aufzeigen, die zu dem beobachteten Phänomen führen. Der wissenschaftliche Weg zu einer solchen Erklärung besteht darin, dass zunächst innerhalb eines Modells der Nachweis zu führen ist, dass ein bestimmter Ursache-Wirkungs-Zusammenhang existiert, der die gesuchte Erklärung leistet. Erst in einem zweiten Schritt muss dann überprüft werden, ob dieser im Modell abgebildete Zusammenhang in der Realität auch tatsächlich vorliegt, d.h. es muss geprüft werden, ob das Modell zur Erklärung herangezogen werden kann oder nicht. Vorbedingung dafür ist jedoch der Nachweis der Konsistenz *innerhalb* des Modells – und dazu braucht man vielfach die Mathematik.

Dass sie dazu tatsächlich benötigt wird, sieht man immer wieder daran, dass viele Zusammenhänge bzw. Erklärungen realer Phänomene, die auf den ersten und vielleicht auch auf den zweiten Blick plausibel erscheinen, die Konsistenzprüfung innerhalb eines formalen Modells nicht bestehen. Es stellt sich eben häufig genug heraus, dass die Dinge viel komplizierter sind, als man zunächst dachte, und vor allem, dass die Wirkungszusammenhänge viel zu kompliziert sind, als dass man sie ohne den Gebrauch formaler Methoden noch durchschauen könnte. Natürlich kommt es auf der anderen Seite auch häufig vor, dass mit großem formalen Aufwand Dinge bewiesen werden, die exakt der unmittelbaren Intuition entsprechen, so dass der Eindruck entsteht, es würde das Selbstverständliche nachgewiesen. Obwohl solche Modelle zu den eher uninteressanteren gehören, sind sie dennoch nicht sinnlos – schließen sie doch aus, dass sich die Intuition, wie in vielen anderen Fällen, irrt.

2.2 Wirtschaftstheorie versus -politik

> **Sidestep 7: Da war noch die Geschichte von den ...**
>
> beiden Ballonfahrern, die sich verirrten. Um herauszubekommen, wo sie sich befanden, beschlossen sie, jemanden zu fragen. Sie sanken also in Rufweite herab und riefen einen Spaziergänger an: „Wo sind wir?" Der Angesprochene versank ob dieser Frage in tiefes Nachdenken. Die Ballonfahrer wurden langsam ungeduldig, denn schließlich ist es nicht ganz einfach, einen Fesselballon in einer bestimmten Position zu halten. Als sie vom Wind immer weiter weggetrieben wurden, riefen sie noch einmal ihre Frage: „Wo sind wir?" Und siehe da, im letzten Moment fiel dem Spaziergänger die Antwort ein: Er deutete genau auf den Ballon und rief: „Da!".
> Nachdem sich die beiden Ballonfahrer von ihrer Verwunderung erholt und auch den aufgekommenen Ärger verarbeitet hatten, sagte einer von ihnen: „Ich bin sicher, dass der Spaziergänger ein Mathematiker war." „Warum?" fragte sein Mitfahrer. „Ganz einfach. Erstens, der Mann hat lange nachgedacht. Und zweitens – die Antwort war *richtig*."
>
> Eine andere Anekdote, die sich ebenfalls mit der Art und Weise befasst, wie Mathematiker denken, habe ich in dem sehr lesenswerten Buch von SIMON SINGH „Fermats letzter Satz" gefunden. Sie geht auf IAN STEWART zurück:
>
> Ein Astronom, ein Physiker und ein Mathematiker machten einst Ferien in Schottland. Vom Zugfenster aus sahen sie inmitten einer Wiese ein schwarzes Schaf stehen. „Wie interessant", bemerkte der Astronom, „alle schottischen Schafe sind schwarz." Darauf antwortete der Physiker: "Nein, nein! *Einige* schottische Schafe sind schwarz!" Der Mathematiker rollte seine Augen flehentlich zum Himmel und verkündete dann: „In Schottland gibt es mindestens eine Wiese mit mindestens einem Schaf, das *mindestens auf einer Seite schwarz ist!"* (S. 163).

Bei all dem ist es notwendig, sich immer der Tatsache bewusst zu sein, dass alle Erklärungen, die ein Modell leisten kann, nur innerhalb des Modells Gültigkeit beanspruchen können. Ein Modell ist nichts anderes als ein für sich genommen abgeschlossener Raum, dessen Begrenzungen durch die Modellannahmen definiert werden. Der Zusammenhang zwischen Modell und Realität ist dabei zunächst eher undeutlich, eher unklar und auch nicht sonderlich wichtig. Er rückt erst dann in den Mittelpunkt des Interesses, wenn das Modell benutzt werden soll, Realität zu erklären.

Auf einen einfachen Nenner gebracht, lässt sich die modelltheoretische Methode folgendermaßen beschreiben: Die reale Welt ist viel zu kompliziert, als dass man in ihr Gesetzmäßigkeiten oder Kausalzusammenhänge ohne weiteres erkennen könnte. Darum bauen wir uns zunächst eine eigene, einfachere *Modellwelt*, innerhalb derer wir in der Lage sind, logische Schlussfolgerungen zu ziehen. Verfügen wir über ein solches Modell, können wir versuchen, mit dem Modell Realität zu erklären. Misslingt dieser Versuch, weil wesentliche Einflüsse, die in der Realität wirksam sind, im Modell nicht berücksichtigt wurden, besteht die Möglichkeit, das Modell immer näher an die Realität heranzubringen, indem immer mehr Aspekte integriert werden. Dieses Vorgehen bezeichnet man als das *Prinzip der abnehmenden Abstraktion*.

Es bleibt allerdings dabei: Auch wenn der Abstraktionsgrad von Modellen abnimmt, die durch sie gewinnbaren Aussagen sind in ihrer Gültigkeit immer auf den Modellrahmen beschränkt. Modelle können immer nur Ausschnitte der realen Welt beleuchten, die Teile nämlich, in denen die Modellvoraussetzungen in der Realität erfüllt sind und deshalb der Erklärungsversuch gelingt. Skeptiker haben diese Tatsache zum Anlass genommen, den Wirtschaftswissenschaftler mit einem Menschen zu vergleichen, der seinen Hausschlüssel verloren hat – ihn jedoch nicht dort sucht, wo er ihn verloren hat, sondern unter der Straßenlaterne, denn dort kann er etwas sehen. Die Laterne, das ist das Modell, das einen Teil der realen Welt ausleuchtet, und nur dort tummeln sich die Ökonomen. Das, was im Dunkeln liegt, scheint sie nicht zu interessieren.

DAVID KREPS hat dem folgendes Bild entgegengehalten: Modelle sind nicht so sehr Laternen, es sind vielmehr Taschenlampen. Wir können nicht das ganze Feld mit ihnen ausleuchten, es bleibt in der Tat vieles (das meiste) im Dunkeln. Diejenigen allerdings, die aufgrund der begrenzten Erkenntnismöglichkeiten, die die Modelltheorie bietet, dieses Instrument als unbrauchbar ablehnen, verhalten sich wie jemand, der im Dunkeln seine Taschenlampe wegwirft, weil sie die Nacht nicht in den Tag verwandelt.

Die Relevanz ökonomischer Modelle ist vor allem aufgrund ihres teilweise sehr hohen Abstraktionsgrades nicht immer erkennbar und nach dem bisher Gesagten ist das nicht einmal verwunderlich. Aber selbst wenn man die Funktionsweise der Modelltheorie durchschaut hat, wenn man weiß, dass sie nicht a priori dem Zweck dient, Realität zu beschreiben, selbst dann ist mitunter die Sinnhaftigkeit vieler Modelle nicht erkennbar. Dafür gibt es zwei Gründe. Der erste ist, dass es gute und schlechte Theorie gibt. Letztere verbirgt ihre Sinnhaftigkeit mitunter sehr erfolgreich. Der zweite Grund ist, dass vielfach das Prinzip der abnehmenden Abstraktion bewusst nicht angewendet wird, d.h. es bleibt bei einem Abstraktionsniveau, das eine unmittelbare Anwendung der Theorie unmöglich macht. Wir haben es bereits angedeutet: Ein beträchtlicher Teil der neoklassischen Theorie ist nicht empirisch, d.h. versucht *nicht*, im üblichen Sinne Realität zu beschreiben.

Welchen Sinn hat eine solche Theorie? Ist es nicht Ziel jeder realwissenschaftlichen Disziplin, letztendlich den Versuch zu unternehmen, die Wirklichkeit zu verstehen? Wird dieser Anspruch nicht aufgegeben, wenn Ökonomen Modelle entwickeln, von denen sie wissen, dass sie systematisch von der Realität abweichen? Und was soll eine Wirtschaftspolitik, die sich als angewandte Theorie versteht, mit solchen Theorien? Paradoxerweise ist es gerade ein Modell, das ganz sicher nicht die Realität abbildet, das für die Wirtschaftspolitik besondere Bedeutung besitzt. Um diese Bedeutung zu verstehen und um zu verstehen, welchen Sinn nicht-empirische Modelle haben können, müssen wir uns etwas eingehender mit der Frage befassen, wie Theorie angewendet werden kann, wenn wir Wirtschaftspolitik betreiben.

2.2.3 „Reine" und „angewandte" Theorie

Theorie anzuwenden ist kein leichtes Unterfangen – erst recht nicht, wenn es sich um eine so formale Theorie handelt wie die neoklassische. Selbstverständlich muss man zunächst einmal die Theorie *verstehen*, bevor man sie anwenden kann, aber das ist nicht das eigentliche Problem. Man muss sich vor allem darüber im Klaren sein, wie man mit theoretischen Aussagen, mit Modellen umzugehen hat, wenn man sie „anwenden" will. Der naheliegendste Fehler, den man dabei begehen kann, besteht darin, einfach davon auszugehen, dass das Modell die Realität beschreibt und man es deshalb unmittelbar benutzen kann, um aus ihm Empfehlungen für die Gestaltung der Realität abzuleiten. Die wenigsten Modelle werden entworfen, um damit ein exaktes Abbild der Realität zu schaffen. Der „reine" Theoretiker argumentiert immer im Kontext eines Modells, d.h. in dem Raum, der durch die Modellbedingungen geschaffen wird. Man muss sich dieser Kontextabhängigkeit modelltheoretischer Aussagen immer bewusst sein, wenn man nicht fahrlässig mit theoretischen Aussagen umgehen will.

Um ein Modell in einer *direkten* Weise sinnvoll einzusetzen, muss zunächst geprüft werden, ob die im Modell formulierten Anwendungsbedingungen in der Realität auch tatsächlich erfüllt sind. Im Idealfall ist das Modell so konstruiert, dass es genau die Einflussfaktoren, die für den zu erklärenden Gegenstand entscheidend sind, auch tatsächlich berücksichtigt – und nur diese. In diesem idealen Fall lassen sich Aussagen über die Realität gewinnen und insbesondere lassen sich Prognosen über zukünftige Zustände aufstellen.

Eine solchermaßen unmittelbare Anwendung von Theorie ist relativ unproblematisch, ihre Sinnhaftigkeit ist leicht einzusehen. Was aber ist mit den Modellen, die systematisch von der Realität abweichen und deshalb nicht unmittelbar angewendet werden können? Ein bekannter amerikanischer Ökonom hat einmal auf den Einwand, dass die Realität aber doch ganz anders sei als sein Modell, geantwortet: „Umso schlimmer für die Realität." In dieser etwas flapsigen Antwort eines offenbar genervten Theoretikers steckt die Antwort auf unsere Frage. In vielen Fällen – und ganz besonders im Falle der allgemeinen Gleichgewichtstheorie – sind Modelle nichts anderes als ein *kontrafaktischer Gegenentwurf zur Realität*. Hinter dieser kompliziert klingenden Formulierung verbirgt sich die Einsicht, dass wir oft erst dadurch zu verwertbaren Aussagen über die Realität gelangen, dass wir sie an einer „idealen" Welt abgleichen. Die allgemeine Gleichgewichtstheorie – als der zentrale Bezugspunkt der Neoklassik – liefert uns ein solches Idealbild, einen Referenzpunkt. In welchem Sinne diese Modellwelt ein „Ideal" beschreibt, dazu wird noch einiges zu sagen sein. Für den Moment wollen wir einfach davon ausgehen, dass der theoretisch beschreibbare Zustand eines allgemeinen Gleichgewichts bestimmte Eigenschaften hat, die man als ideal bezeichnen kann.

Was haben wir von einem solchen Ideal? Wozu können wir es benutzen? Auch der hartgesottenste Neoklassiker wird niemals behaupten, dass dieses Ideal mit der Realität übereinstimmt, ja nicht einmal, dass es je zur Realität werden könnte. Dennoch leistet die Theorie wertvolle Dienste. Durch sie sind wir nämlich in der Lage anzugeben, unter welchen Bedingungen ein idealer Zustand eintritt, und das wiederum ermöglicht es, die Realität daraufhin zu überprüfen, ob diese Bedingungen erfüllt sind, bzw. festzustellen, wo sie nicht erfüllt werden. Ist dies getan, besteht der nächste Schritt darin zu untersuchen, was geschieht, wenn die Bedingungen des allgemeinen Gleichgewichts verletzt sind. Ist auch unter nicht idealen Bedingungen ein idealer Zustand noch erreichbar? Wie können wir die Abweichung vom Ideal minimieren? Alle diese Fragen lassen sich nur dann fundiert behandeln, wenn wir über einen theoretischen Referenzpunkt verfügen, an dem wir die Tauglichkeit unterschiedlicher Maßnahmen abschätzen können.

Vereinfacht und sehr verkürzt ausgedrückt können wir den Unterschied zwischen reiner und angewandter Theorie folgendermaßen charakterisieren: Die reine Theorie bemüht sich um die Entwicklung von Idealwelten, ohne dabei Rücksicht auf die realen Bedingungen zu nehmen. Allenfalls untersucht sie die Frage, wie weit die Bedingungen, unter denen allgemeine Gleichgewichte existieren, „aufgeweicht" werden können. Die angewandte Theorie dagegen gleicht die Realität am Modell ab und bemüht sich, daraus Schlüsse für die praktische Politik zu ziehen. Solche Schlussfolgerungen haben letztendlich immer das gleiche Ziel. Sie sollen uns helfen, die politischen Maßnahmen, die gesellschaftlichen Institutionen zu finden, die uns am nächsten an das theoretische Ideal heranführen. Modelle werden dabei einerseits als Mittel zur Beschreibung realer Gegebenheiten verwendet, andererseits aber auch, um überhaupt in den Besitz einer *kontrafaktischen Idealisierung* zu gelangen.

Im Zusammenhang mit der Anwendung von Modellen wird deutlich, dass die Modelltheorie keineswegs wertfreie Wissenschaft ist. Insbesondere bei der Ableitung von Idealwelten ist die dabei auftretende Werturteilsproblematik evident. Dass der Zustand eines allgemeinen Gleichgewichts auf allen Märkten ein idealer Zustand im Hinblick auf die Allokation ist, folgt nur dann, wenn wir bereit sind, einige Werturteile zu akzeptieren. Beispielsweise müssen wir die Art und Weise anerkennen, in der menschliches Verhalten modelliert wird. Wir müssen außerdem anerkennen, dass das Pareto-Kriterium ein geeignetes Maß zur Bewertung gesellschaftlicher Zustände ist. Bei all diesen Dingen, darauf haben wir bereits hingewiesen, handelt es sich um Werturteile, und das bedeutet, dass die Konstruktion nicht-empirischer Theorien dazu führt, dass die Wertbasis erheblich erweitert wird. Allerdings haben formale Modelle den erheblichen Vorteil, dass sie die Wertbasis unmittelbar ausweisen und so eine Diskussion der grundlegenden Annahmen ermöglichen.

Zum Abschluss der Behandlung methodischer Grundlagen sei noch auf ein spezielles Problem eingegangen, das sich im Zusammenhang mit formalen ökonomischen Modellen stellt. Wir haben die modelltheoretische Vorgehensweise als zweistufig charakterisiert. Die erste Stufe betrifft die eigentliche Modellbildung, die gewissermaßen auf dem Reißbrett erfolgt und noch keinen direkten Kontakt mit der Realität erfordert. Der zweite Schritt besteht darin zu überprüfen, ob das Modell in der Lage ist die realen Beobachtungen zu erklären. Die empirische Prüfung ist Bestandteil des Theoriebildungsprozesses und sie ist es auch dann, wenn es sich um Modelle handelt, die Idealwelten beschreiben. Eine Idealwelt, die auf Annahmen beruht, die in der Realität nicht wiederzufinden sind, dürfte kaum einen geeigneten Referenzpunkt abgeben. Die Überprüfung von Modellen ist deshalb ein Problem, das sich für fast alle ökonomischen Theorieansätze stellt. Da es folglich von einiger Wichtigkeit ist, sollten wir ihm Beachtung schenken. Wenn wir uns im nächsten Abschnitt mit der *experimentellen* Überprüfung von Modellen befassen, so tragen wir damit einerseits der Bedeutung des Überprüfungsproblems Rechnung und führen gleichzeitig eine Methodik ein, die in den letzten Jahren immer mehr an Gewicht gewonnen hat und die mittlerweile einen festen Platz im Instrumentenkasten ökonomischer Forschung einnimmt. Darüber hinaus wird sich zeigen, dass Experimente nicht nur bei der Überprüfung von Theorien wertvolle Dienste leisten, sondern auch für die Theoriebildung von Bedeutung sind und durchaus eigenständige Erklärungsleistungen erbringen können. Die folgende, verhältnismäßig ausführliche Behandlung der experimentellen Methodik ist u. a. deshalb angebracht, weil an verschiedenen Stellen in diesem Buch Experimente zur Verdeutlichung grundlegender Zusammenhänge herangezogen werden (und bereits wurden). Um diese Teile der Argumentation würdigen und einordnen zu können, muss man die Grundzüge der entsprechenden Methode kennen.

2.2.4 Experimentelle Methodik

> „For those economists who believe that economic theory is important, but that it should be subjected to empirical test, there are two main ways to obtain the data that are needed for such tests. The conventional way in economics is to lie in bed and hope that someone else will collect the data for you. The alternative way is to collect it yourself. The latter way can be done in an uncontrolled or a controlled manner. The second of these is the experimental way." John D. Hey (1991), S. 1

Lange Zeit galt die Ökonomik, im Unterschied zu den Naturwissenschaften, als eine prinzipiell *nicht-experimentelle Disziplin* – und zwar nicht nur in der Anschauung des breiten Publikums, sondern auch der Ökonomen selbst. An dieser Einschätzung haben auch die ersten experimentellen Arbeiten Anfang der 60er Jahre zunächst wenig ändern können. Seit dieser Zeit verzeichnet die experimentelle Methode allerdings eine wachsende Akzeptanz unter Ökonomen und ist mittlerweile in vielen Bereichen der wissenschaftlichen Gemeinschaft als fester Bestandteil des methodischen Instrumentariums etabliert – ohne dass Experimente deshalb bereits zu einer „alltäglichen" Analysemethode geworden sind.

Ökonomische Experimente stehen in einem sehr engen verwandtschaftlichen Verhältnis zu psychologischen Experimenten. Die Ähnlichkeit der von beiden Disziplinen angewendeten Methoden sollte jedoch nicht darüber hinwegtäuschen, dass es zwischen ihnen einige entscheidende Unterschiede gibt. Ökonomische Experimente besitzen bestimmte, spezifische Elemente, die in einem engen Zusammenhang mit der Art und Weise stehen, in der Ökonomen gewohnt sind Theorien zu bilden und Erklärungen beobachtbarer Phänomene zu gewinnen.

Im Idealfall haben ökonomische Experimente *primär* die Aufgabe Theorien zu testen. Dies ist insofern ein idealer Fall, als er voraussetzt, dass eine empirisch überprüfbare Theorie existiert. Die Tatsache, dass dies nicht immer der Fall ist, hat dazu beigetragen, dass Experimente auch noch zu anderen Zwecken benutzt werden als zur „bloßen" Theorieüberprüfung. In einigen Fällen haben Experimente durchaus so etwas wie „theoriebildende" Funktion.

Betrachten wir jedoch zunächst den Idealfall. Warum sollte eine *experimentelle* Überprüfung von Theorien sinnvoll sein? Die Vorteile des Laborversuchs werden besonders deutlich, wenn wir ihn mit der üblichen Praxis vergleichen, dem ökonometrischen „Feldversuch". Was geschieht, wenn wir eine Theorie mit den üblichen ökonometrischen Methoden zu überprüfen versuchen? Um diese Frage zu beantworten, muss man sich zunächst die Struktur der zu testenden Theorie ansehen. Üblicherweise besteht sie aus den bereits bekannten beiden Teilen: den Annahmen, die die Anwendungsbedingungen der Theorie spezifizieren, und den Schlüssen, die mit Mitteln der Logik aus eben diesen Annahmen gezogen werden können. Wäre da nicht der Anspruch auf empirische Relevanz, es gäbe keinen Grund, eine solche Theorie zu testen. Wenn derjenige, der sie entwickelte, richtig gerechnet hat, wenn er die Logik richtig gebraucht hat, dann ist die Theorie in dem Sinne richtig, als die Schlüsse, die gezogen werden, tatsächlich aus den Voraussetzungen folgen. Wenn nur das gezeigt werden soll, erübrigt sich jede weitere Überprüfung. Wenn jedoch die Theorie eine in der Realität wiederfindbare Kausalität aufdecken soll, wenn sie also nicht die Funktion eines idealtypischen Referenzpunktes hat, sondern einen empirischen Anspruch erhebt, dann ist der Test unverzichtbar.

Was aber wird getestet? Genau genommen werden beide Teile der Theorie überprüft, sowohl die Annahmen als auch die Schlussfolgerungen. Was die Annahmen angeht, so ist dabei der folgende Punkt von erheblicher Bedeutung. Die Annahmen eines Modells definieren unter anderem die modellexogenen und endogenen Parameter und damit gewissermaßen die Umgebung, in die die Theorie eingebettet ist. Von zentraler Bedeutung ist in diesem Zusammenhang die bereits erwähnte Ceteris-paribus-Klausel, die besagt, dass lediglich Veränderungen der endogenen Parameter betrachtet werden und alles andere als konstant angesehen wird. Diese Klausel ist für die modellhafte Abbildung unverzichtbar und sie enthält eine entscheidende Hypothese bezüglich der realen Welt. Mit ihr wird behauptet, dass alles das, was durch sie aus dem Blickfeld des Modells gerät, auch tatsächlich keinen Einfluss auf das zu erklärende reale Phänomen besitzt. Die Ceteris-paribus-Annahme ist geradezu der Scheideweg zwischen Modell und Realität. Bei der Konfrontation des Modells mit empirischen Daten wird dieser Scheideweg überschritten, denn es ist klar, dass sich die Umgebung, in der die *Daten* erhoben wurden, insofern von der im Modell geschaffenen Umgebung unterscheidet, als in ihr die Ceteris-paribus-Annahme nicht gilt.

Wir wissen, dass ein Modell niemals eine exakte Abbildung der Realität sein kann, sondern allenfalls eine Annäherung. Aus diesem Grund wird das Modell bei einer ökonometrischen Überprüfung um eine stochastische Variable erweitert, gewissermaßen um einen stochastischen Apparat, der alle nicht systematischen

Einflüsse erfassen soll, die im Modell unberücksichtigt bleiben, in der Realität aber Einfluss auf die abhängigen Variablen ausüben.

Fassen wir zusammen, so bleibt festzuhalten, dass im Rahmen eines ökonometrischen Tests keineswegs nur ein Kausalzusammenhang überprüft wird. Es werden vielmehr ganz verschiedene Dinge gleichzeitig getestet: Ist die Ceterisparibus-Klausel richtig angewendet? Stimmen die Hypothesen bezüglich der Handlungsmotive? Herrschen in der Realität die Spielregeln, die im Modell unterstellt werden? Stimmen die Annahmen über den stochastischen Teil der Schätzgleichungen? Alle diese Fragen sollen mit Hilfe des jeweiligen Schätzverfahrens beantwortet werden, und zwar ausschließlich dadurch, dass angegeben wird, wie gut das Modell die Daten zu erklären vermag. Reicht diese eine Antwort für die Beantwortung der vielen Fragen?

Experimentelle Ökonomen sind in dieser Hinsicht sehr skeptisch. *Vernon Smith (1989)* beispielsweise glaubt, dass weder falsifizierende noch bestätigende Testergebnisse besonderen Aussagewert besitzen. Im ersten Fall ist nicht klar, welcher der verschiedenen Teile der Theorie das Scheitern verursacht hat, und im zweiten Fall kann nicht ausgeschlossen werden, dass mehrere Fehler sich in ihrer Wirkung aufgehoben haben, so dass im Ergebnis die Daten durch das falsche Modell richtig erklärt werden.

Der entscheidende Vorteil, den Experimente an dieser Stelle geltend machen können, besteht darin, dass sie die Möglichkeit eröffnen, die Gültigkeit der Annahmen, die im Modell getroffen wurden, *zu kontrollieren*. Im Labor lassen sich exakt die Bedingungen schaffen, die in der Theorie als gültig unterstellt wurden. Insbesondere ist es unter Laborbedingungen möglich, die Ceteris-paribus-Klausel zu erfüllen. Das hat zur Folge, dass die verschiedenen Theorieelemente voneinander getrennt werden können und so einer jeweils separaten Überprüfung zugänglich werden. Insbesondere ermöglicht dies eine zweistufige Überprüfung von Theorien: Wenn sie sich unter Ceteris-paribus-Bedingungen im Labor bewähren, so können die Annahmen bezüglich der endogenen Modellparameter und die Verhaltenshypothesen als bestätigt gelten. In einem zweiten Schritt kann dann der „Scheideweg" überschritten werden, d.h. die Überprüfung der Ceteris-paribus-Klausel erfolgen, indem das Modell mit der Realität konfrontiert wird.

Um deutlich zu machen, wie ökonomische Experimente funktionieren, sei ein konkretes Beispiel betrachtet. Stellen Sie sich vor, Sie nehmen an einem Experiment teil. Der Experimentator kommuniziert mit Ihnen und Ihren „Mitspielern" über ein Computernetz, d.h. Sie haben weder zu ihm noch zu den anderen Teilnehmern an dem Experiment direkten Kontakt. Vor Beginn des Versuchs wurden Ihnen, wie allen anderen auch, 20,- DM ausgezahlt. Alle Spieler erhalten nun außerdem eine bestimmte Anzahl von identischen „Aktien" und dazu die folgende Information: Das Experiment wird über 15 Runden gespielt. In jeder Runde wird eine Dividendenzahlung auf die Aktien fällig. Die Höhe dieser Dividende ist entweder 20, 8, 4 oder 0 DM und wird jeweils zufällig bestimmt, wobei alle vier Werte mit der gleichen Wahrscheinlichkeit gezogen werden können. Die erwartete Dividende beträgt damit 8,- DM (= 1/4 20 + 1/4 8 + 1/4 4 + 0). Sie haben die Möglichkeit, mit Ihren Mitspielern zu handeln, d.h. Sie können Aktien kaufen oder verkaufen. Die dazu notwendigen Verhandlungen führen Sie über den Computer, d.h. wenn Sie kaufen wollen, geben Sie ein Gebot ab, und wenn Sie verkaufen wollen, dann äußern Sie einen Preis, den Sie für ihre Aktien haben wollen. Passen Angebot und Preisforderung zusammen, kommt es zu einem Handel. Jeder Spieler weiß, dass nach 15 Runden die Aktien keinen Wert mehr haben werden.

Was soll mit einem solchen Experiment geprüft werden? Eine theoretische Prognose über das Verhalten des Einzelnen ist natürlich nicht möglich, denn ob er als Käufer oder Verkäufer auftreten wird, hängt insbesondere von seiner Risikopräferenz ab. Aber eines dürfte klar sein. Bei rationalem Verhalten der Akteure müsste der Preis für die Aktien im Spielverlauf fallen, denn je mehr Runden gespielt sind, desto geringer sind die noch ausstehenden Dividenden. So kann beispielsweise in Runde 10 eine Aktie noch maximal 5 mal eine Dividende von 20,- DM bringen und im Mittel wird sie in den verbleibenden Runden 40,- DM bringen. Ein risikoneutraler Spieler wird deshalb in Runde 10 nur maximal 40,- DM für eine Aktie ausgeben, in Runde 11 nur noch 32,- DM usw.

VERNON SMITH hat eine Vielzahl solcher Experimente durchgeführt und dabei immer wieder die folgende erstaunliche Beobachtung gemacht: Der Preis der Aktie fiel nicht monoton, sondern er stieg vielfach im Spielverlauf an, blieb oft sehr lange auf hohem Niveau, um dann, oft erst in der letzten Runde, stark zu fallen. Es gibt einen einprägsamen Namen für dieses Muster eines spekulativ ansteigenden Preises mit anschließendem Crash: man spricht in solchen Fällen von *Bubbles*. Das erstaunliche an den Experimenten von SMITH war, dass es zu solchen Preisverläufen kam, obwohl alle Spieler die gleiche Information besaßen. Es gab keine „Insider", alle waren über die zu erwartenden Dividenden informiert und alle wussten, dass alle informiert waren. Dennoch kam es zu Preisen, die in keinem vernünftigen Zusammenhang mit dem Wert der Aktien standen.

Eine weitere wichtige Beobachtung, die SMITH in diesem Zusammenhang machte, bestand darin, dass die Bubbles verschwanden, wenn man den Spielern Gelegenheit gab, das Spiel mehrfach zu spielen. Etwa ab dem dritten oder vierten Spiel ließen sich Preisverläufe beobachten, die mit der theoretischen Prognose übereinstimmten, d.h. der Preis fiel monoton und lag etwa in der Nähe der Summe der erwarteten Dividendenzahlungen der noch ausstehenden Runden. Das ist eine Beobachtung, die in Markt-Experimenten oft gemacht worden ist: Rationales Verhalten und die Bildung rationaler Erwartungen brauchen Zeit, wollen gelernt sein.

Das Beispiel dürfte deutlich gemacht haben, wie die Ceteris-paribus-Klausel im Experiment kontrolliert werden kann und welche Bedeutung dies im Hinblick auf die Überprüfung von Theorien hat. Nehmen wir einmal an, die theoretische Prognose lautet, dass sich rationale Akteure dann, wenn sie sich nur hinsichtlich ihrer Einstellung zum Risiko unterscheiden, in einer Weise verhalten, die zu Preisen in der Nähe des Erwartungswertes der verbleibenden Dividenden führt. Wenn dies die Prognose ist, dann bedeutet das zugleich, dass Bubbles, die man in der *Realität* regelmäßig beobachten kann (nicht im Experiment, sondern an realen Aktienmärkten) auf Phänomene zurückzuführen sein müssen, die im Bereich der Ceteris-paribus-Klausel liegen. Beispielsweise könnte man Informationsasymmetrien als einen Grund für solche Bubbles vermuten. In der Realität ist jedoch eine Situation, in der die Annahme erfüllt ist, dass alle die gleiche Information haben, nicht herstellbar und deshalb wissen wir nicht, ob die Theorie richtig liegt, wenn sie für diesen Fall keine Bubbles prognostiziert. Das Experiment ist dagegen in der Lage, eine Situation zu schaffen, in der sich lediglich der Erwartungswert der verbleibenden Dividenden ändert, ansonsten aber alles gleich bleibt, die Ceteris-paribus-Annahme also erfüllt ist und gesichert ist, dass alle Spieler die gleiche Information haben. Die Tatsache, dass auch unter diesen Bedingungen Bubbles auftreten, macht deutlich, dass Voraussetzungen, die im Modell solche Bubbles verhindern, im Experiment nicht erfüllt waren. Die Beobachtung, dass erfahrene Spieler sich so verhalten, wie es die Theorie prognostiziert, deutet darauf hin, dass es sich dabei um Voraussetzungen bezüglich der Rationalität der Spieler handelt.

Die Schlussfolgerung in diesem konkreten Fall ist damit: Wenn alle Akteure über die gleiche Information verfügen und wenn die Akteure *erfahren sind*, dann werden – ceteris paribus – Bubbles ausbleiben. Lässt sich dies in der Realität nicht beobachten, d.h. können auch erfahrene, gut informierte Akteure Bubbles nicht vermeiden, so deutet das darauf hin, dass die Ceteris-paribus-Klausel nicht richtig angewendet wurde, dass mit ihr Einflüsse ausgeschaltet wurden, die in der Realität systematisch wirksam sind und die Preisbildung in einer bestimmten Weise verzerren.

Experimente werden vielfach als „zu einfach" oder „zu artifiziell" kritisiert. Der Einwand besteht darin, dass man bestreitet, dass es möglich sein kann, mit Hilfe von Laboruntersuchungen Schlüsse bezüglich realen Verhaltens zu ziehen. Dabei werden zwei Dinge übersehen: Solange sich Experimente damit befassen, Theorien zu überprüfen, kann sie der Vorwurf der zu großen Einfachheit nicht treffen. Dieser Vorwurf müsste dann nämlich gegen die Theorie gerichtet werden, die zu simpel strukturiert ist, denn das Experiment versucht, Theorien möglichst im Maßstab 1:1 abzubilden. Das zweite Missverständnis besteht darin, dass in Experimenten der Versuch gesehen wird, Realität im Labor zu *simulieren*. Wollte man dies versuchen, so wäre in der Tat Skepsis angezeigt. Aber es handelt sich bei ökonomischen Experimenten grundsätzlich nicht um Simulationen, nicht um den Versuch, irgendetwas nachzustellen. Vielmehr geht es darum, *reale Situationen kontrolliert zu schaffen*. Den Versuchspersonen in einem Experiment soll nicht Realität vorgegaukelt werden, es wird nicht so getan „als ob", sondern die Spieler werden in *reale Situationen* versetzt, in denen sie es mit *realen Mitspielern* zu tun haben, in denen sie *reale Entscheidungen* treffen, in denen es um *reales Geld* geht. Dies alles geschieht in einer vom Experimentator kontrollierten Umgebung und es ist diese Kontrolle, die den Laborversuch von dem unterscheidet, was gemeinhin als „reale Welt" bezeichnet wird. Mit der gleichen Argumentation lässt sich dem Vorwurf begegnen, Experimente seien ohne Aussagewert, weil sie die Versuchspersonen in eine künstliche Situation versetzen, die nichts mit realen Entscheidungen gemein habe. Wenn die im Labor geschaffene Situation zwar derjenigen entspricht, die die Theorie thematisiert, aber dennoch keinen Bezug zu realen Phänomenen aufweist, dann kann das nur heißen, dass die Theorie, die es zu überprüfen gilt, die Ceteris-paribus-Klausel falsch benutzt, dass sie wichtige Einflussfaktoren aus der Betrachtung ausschließt.[34]

Wir haben bisher den „Idealfall" betrachtet, in dem Experimente benutzt werden, um eine Theorie zu überprüfen. Wie bereits angedeutet, haben Experimente mitunter auch eine theoriebildende Funktion. Der vielleicht wichtigste Bereich, in dem Experimente benutzt werden, um unmittelbar die Theoriebildung voranzutreiben, betrifft Theorien eingeschränkt rationalen Verhaltens unter Unsicherheit. Es ist schon überaus schwierig, sich darüber klar zu werden, was eigentlich rationales Verhalten unter Unsicherheit ist. In einer deterministischen Welt ist es recht leicht zu entscheiden, wann wir uns konsistent in Bezug auf ein angestrebtes Ziel verhalten. Befinden wir uns jedoch in einer unsicheren Welt, dann ist plötzlich keineswegs mehr offensichtlich, was Rationalität ausmacht. Die ökonomische Theorie löst dieses Problem durch die Verwendung einer bestimmten Axiomatik, der sogenannten *von Neumann-Morgenstern*-Axiomatik. Im Ergebnis läuft dieses Axiomensystem darauf hinaus, dass man sich darauf beschränken kann, die Erwartungsnutzenmaximierung analog zur Nutzenmaximierung im deterministischen Fall zu verwenden. Das Problem ist nur, dass sich Menschen in Experimenten nicht gemäß dieser Axiomatik verhalten. Offenbar maximieren sie nicht ihren Erwartungsnutzen, sondern machen etwas anderes – und Experimente scheinen ein geeignetes Instrument zu sein um herauszufinden, was sie eigentlich tun. Der interessierte Leser findet eine sehr gute Übersicht über den Stand der Theorie bei MACHINA (1989). HEY (1991) berichtet sehr anschaulich über die diesbezüglich durchgeführten Experimente.

Sidestep 8: Zwei Ziegen und ein Auto

Wie schwer sich Menschen tun, wenn sie mit Wahrscheinlichkeiten umgehen müssen, haben vor einiger Zeit amerikanische Wissenschaftler eindrucksvoll gezeigt. Es ging um folgendes Problem:
In einer amerikanischen Fernsehshow namens „Let's make a deal" besteht die letzte Spielrunde darin, dass ein Kandidat eine von drei Türen wählen muss. Hinter einer der Türen verbirgt sich ein Auto – das man gewinnen kann, wenn man die richtige Tür wählt –, hinter den anderen beiden eine Ziege, deren Meckern das einzige ist, was man nach Hause mitnimmt, wenn man unglücklicherweise die falsche Tür geöffnet hat. Nachdem sich der Kandidat für eine Tür entschieden hat, öffnet der Showmaster eine der beiden anderen, und zwar eine, hinter der sich eine Ziege befindet. Danach hat der Kandidat die Möglichkeit, seine Entscheidung zu revidieren, d.h. er kann entweder bei seiner ersten Wahl bleiben oder zu der zweiten noch verschlossenen Tür wechseln.
Frage: Soll man wechseln oder nicht?

---

[34] Zu einer Auseinandersetzung mit einer Reihe weiterer, ähnlich gelagerter Vorwürfe gegen die experimentelle Methode vgl. HEY (1991), S. 11 ff.

Die in den USA sehr bekannte Kolumnistin MARILYN VOS SAVANT hatte eine Antwort auf diese Frage. Sie behauptete in ihrer landesweit gelesenen Kolumne „Frag Marilyn", dass es sich lohnt, die Tür zu wechseln. Daraufhin brach eine Flut von Zuschriften auf sie ein – vor allem von Fachwissenschaftlern (insbesondere Mathematikern) die sich über sie lustig machten. Sie sei „der Auslöser für gehörige Lachsalven in der gesamten mathematischen Fakultät gewesen" oder einfach „selbst die Ziege". So oder ähnlich galant äußerte sich die mathematische Fachwelt. Zu früh, wie sich herausstellte. Man kann nämlich zeigen, dass Frau VOS SAVANT recht hat: Man erhöht durch einen Wechsel der Tür seine Gewinnwahrscheinlichkeit! Die Begründung ist gar nicht so kompliziert – wenn man sie kennt. Vielleicht hätten die Mathematiker, die Frau VOS SAVANT so unfein angingen, bedenken sollen, dass sie nicht nur Kolumnistin ist, sondern zugleich auch einen IQ von 228 besitzt – den höchsten, der je gemessen wurde. Der Leser wird hiermit aufgefordert, das Dreitürenproblem selbst zu lösen. Falls er dabei scheitert, befindet er sich in guter Gesellschaft. Zur Not steht die Lösung im SPIEGEL Nr. 34, 1991 auf Seite 212 oder ist vom Autor erhältlich.

Unabhängig von dem Aspekt der Unsicherheit stehen allgemeine verhaltenstheoretische Fragestellungen schon seit langem auf der Tagesordnung experimenteller Ökonomen. Letztlich geht es darum, mit Hilfe von Experimenten Anhaltspunkte zu finden, von denen aus man zu einer Verhaltens- und Entscheidungstheorie gelangen kann, die eine bessere Beschreibung realer Verhaltensweisen erlaubt. Menschen verhalten sich in der Realität nur *eingeschränkt rational* und gesucht ist eine Theorie, die dieses Verhalten beschreibt und Verhaltensprognosen erlaubt. Wir sind von einer solchen Theorie auch heute noch weit entfernt und wahrscheinlich ist das Ziel, eine *umfassende* Verhaltenstheorie zu entwickeln, ähnlich ambitioniert wie es das Ziel wäre, alle Krankheiten heilen zu wollen. Zur Beurteilung der experimentellen Arbeit auf diesem Feld sei nur noch angemerkt, dass Experimente ein Instrument sind, das im *Entdeckungszusammenhang* zur Anwendung kommt. Man kann mit Experimenten keine allgemeinen Theorien aufstellen, aber man kann durch sie Ideen gewinnen, die dann vielleicht zu einer Theorie führen.

Sidestep 9: ERC and friends

Im Zusammenhang mit der Frage, ob sich Menschen rational und eigennützig verhalten, hatten wir bereits einige experimentelle Beobachtungen erwähnt, die im Widerspruch zu dieser Verhaltensannahme stehen (vgl. Sidestep 4). Menschen zeigen „faires" Verhalten im Ultimatum-Spiel, sie leisten positive Abgaben im Diktator-Spiel und sind solidarisch mit den Verlierern im Solidaritätsspiel. Grundsätzlich gibt es zwei Möglichkeiten, diese Beobachtungen zu erklären, denn die Verhaltensannahme, zu der sie im Widerspruch stehen, setzt sich aus zwei Teilen zusammen: Der Annahme, dass Menschen sich *rational* verhalten, und der Annahme, dass sie eigennützig sind, d.h. ausschließlich das

Motiv haben, die eigene Auszahlung zu maximieren. Die Experimente, die zu den Widersprüchen führen, sind ausgesprochen einfach. Es ist deshalb kaum anzunehmen, dass die Spieler Schwierigkeiten haben, das Spiel zu verstehen und die für sie beste Entscheidung zu treffen. Es liegt vielmehr nahe, dass es die Motive sind, bei denen eine Erklärung für die Beobachtungen zu suchen ist.[35]

Allerdings ist es nicht ganz einfach, „passende" Motive für das beobachtete Verhalten zu finden. So hilft es beispielsweise nicht, den Spielern einfach altruistische Motive zu unterstellen. Altruisten sollten zum Beispiel im Diktatorspiel immer etwas abgeben und sie sollten auch mal mehr als die Hälfte abgeben. Es wird aber so gut wie nie mehr als die Hälfte abgegeben und viele Spieler verhalten sich durchaus eigennützig. Die größte Schwierigkeit besteht darin, motivationale Annahmen zu finden, die möglichst viele Beobachtungen erklären helfen, also in unterschiedlichen Situationen und Spielen Erklärungskraft für das Verhalten vieler Spieler besitzen.

Schon sehr lange wird vermutet, dass *Fairness* ein sehr wichtiges Motiv ist. Menschen, so die Hypothese, haben das Bedürfnis fair zu sein und sie wollen ihrerseits fair behandelt werden. Diese Idee ist erstmals von RABIN (1993) in einem formalen, spieltheoretischen Modell abgebildet worden. RABIN schlägt ein Konzept vor, in dem sogenannte Fairness-Gleichgewichte formuliert werden, die nichts anderes sind als Nash-Gleichgewichte, die unter der Annahme abgeleitet werden, dass Menschen sich dann fair verhalten, wenn sie erwarten, dass sich andere auch fair benehmen, und dann „unfair" sind, wenn sie „unfreundliches" Verhalten erwarten. In einem Fairness-Gleichgewicht verhalten sich die Spieler – entsprechend ihren Erwartungen über das Verhalten des Gegenübers – fair oder unfair und alle Erwartungen (auch die höherer Ordnung, d.h. die Erwartung über die Erwartung des anderen Spielers) werden erfüllt.

Die Theorie RABINS kann tatsächlich einige spezielle Beobachtungen „erklären". Insbesondere ist mit ihr kooperatives Verhalten in einem Gefangenen-Dilemma[36] erklärbar. Auf der anderen Seite ist das Fairness-Konzept nicht in der Lage eine ganze Reihe von experimentellen Befunden zu organisieren. Das Verhalten im Diktator-Spiel ist beispielsweise nicht mit Hilfe eines Fairness-Gleichgewichtes zu erklären. Ein weiterer Punkt verdient besondere Beachtung. In der Theorie RABINS ist für das Verhalten eines Spielers die *Intention* des Gegenspielers von entscheidender Bedeutung. Wenn es die *Absicht* des anderen Spielers ist, fair zu sein, dann wird ihm fair begegnet und nur dann. Ob Intentionen tatsächlich eine wichtige Rolle spielen, ist umstritten. Das Experiment von BOLTON ET AL. (1998) zeigt jedenfalls, dass dies keineswegs der Fall sein muss.

---

[35] Es gibt allerdings auch Versuche, das Verhalten in bestimmten einfachen Spielen zumindest teilweise dadurch zu erklären, dass Spieler Fehler machen. Vgl. dazu ANDERSON ET AL. (1998).

[36] Zum Gefangenen-Dilemma vgl. die Ausführungen in Kapitel 4.

Was man sich wünschen würde, wäre deshalb eine Theorie, die ohne Intentionen auskommt und die nicht nur auf einzelne Beobachtungen passt, sondern möglichst viele Befunde organisieren kann. In den Arbeiten von FEHR UND SCHMIDT (1999) und BOLTON UND OCKENFELS (2000), die unabhängig voneinander entstanden sind, aber sehr ähnliche Ansätze verfolgen, wird genau dies geleistet.

Zur Verdeutlichung des Grundgedankens dieser Arbeiten wollen wir uns auf die ERC-Theorie von BOLTON UND OCKENFELS konzentrieren, weil sie die etwas allgemeinere der beiden Theorien ist. ERC steht für: **E**quity, **R**eciprocity and **C**ompetition. Die grundlegende Idee von ERC besteht darin, dass Menschen sowohl an der eigenen Auszahlung interessiert sind und sich deshalb teilweise rein eigennützig verhalten, gleichzeitig aber auch eine Präferenz für bestimmte Verteilungen der Auszahlungen unter den Spielern besitzen, wobei sie der fairen Lösung besonderes Gewicht geben. Zwischen diesen beiden Motiven besteht natürlich ein Trade-off. In einem Ultimatum-Spiel beispielsweise kann der erstziehende Spieler seine eigene Auszahlung erhöhen, wenn er anstatt 50:50 den Vorschlag 60:40 unterbreitet. Indem er dadurch seine absolute Auszahlung steigert, entfernt er sich aber von der unter Fairness-Gesichtspunkten präferierten Lösung, bei der beide Spieler den gleichen Anteil am Kuchen erhalten. Wie sich ein konkreter Spieler in einem Ultimatum-Spiel verhält, ist abhängig davon, wie er diesen Trade-off löst, d.h. wie er die eigene absolute Auszahlung und die relative Auszahlung gewichtet. Man beachte, dass diese Gewichtung vollkommen unabhängig von den Intentionen der anderen Spieler ist!

Eine weitere, wichtige Annahme der ERC-Theorie ist, dass verschiedene Menschen ihre eigene und die relative Auszahlung sehr unterschiedlich gewichten. In Experimenten hat sich immer wieder gezeigt, dass das Verhalten der einzelnen Spieler sehr heterogen ist. Es gibt „faire" Typen, die z.B. im Diktator-Spiel die Hälfte abgeben, und es gibt eigennützige, die alles für sich behalten. ERC trägt diesem Umstand Rechnung, indem alle möglichen Verhaltensweisen zugelassen werden.

Das wirklich erstaunliche an der ERC-Theorie ist, dass sie tatsächlich in der Lage ist, eine sehr große Zahl von experimentellen Befunden zu organisieren, die sich bisher einer einheitlichen Erklärung versperrt haben. Das Diktator-Spiel und das Ultimatum-Spiel gehören ebenso dazu wie das Gefangenen-Dilemma und eine Anzahl weiterer Spiele, die hier nicht explizit erwähnt wurden. Eine ausführliche Darstellung des Modells und eine große Zahl von Anwendungen findet der interessierte Leser bei OCKENFELS (1999). Selbstverständlich hat die Erklärungskraft von ERC ihre Grenzen, aber das ändert nichts daran, dass durch diese Theorie eine Vielzahl von „Anomalien" beseitigt werden konnte. ERC-Spieler sind rational, aber nicht nur eigennützig. Dieses Bild harmoniert mit dem, was Menschen tatsächlich tun, deutlich besser als die Vorstellung eines strikt eigennützigen homo oeconomicus.

Welche methodischen Folgerungen ergeben sich aus den bisher beschriebenen Funktionen ökonomischer Experimente? Es seien hier nur zwei genannt, die insofern eine wichtige Rolle spielen, als sie ökonomische von einem großen Teil psychologischer Experimente abgrenzen.[37]

Beide Folgerungen leiten sich aus den Überlegungen ab, die im Zusammenhang mit dem experimentellen Test von Theorien angestellt wurden. Erstens, im Experiment müssen den Spielern die Anreize gegeben werden, die in der zugrunde liegenden Theorie als wirksam angesehen werden. Das heißt konkret, dass sich ökonomische Experimente monetärer Anreize bedienen müssen, denn die ökonomische Theorie geht davon aus, dass es materielle Anreize sind, die verhaltenssteuernd wirken. Aus diesem Grund wird in ökonomischen Experimenten immer um Geld gespielt, und zwar zum echtes Geld. Zweitens, die Spieler müssen auch tatsächlich in die Entscheidungssituation versetzt werden, die im Experiment erzeugt werden soll. Das wiederum setzt voraus, dass die Spieler sicher sein müssen, dass die Regeln, die ihnen als gültig mitgeteilt werden, auch wirklich gelten. Das ist wiederum nur dann zu erwarten, wenn in ökonomischen Experimenten Versuchspersonen nicht hinters Licht geführt werden, wenn im Experiment grundsätzlich genau das geschieht, was der Experimentator den Spielern mitteilt. Die Glaubwürdigkeit des Experimentators ist von erheblicher Bedeutung. Ist sie nicht mehr gegeben, d.h. gehen die Versuchsteilnehmer davon aus, dass das, was der Experimentator sagt, nicht den tatsächlichen Gegebenheiten entspricht, dann wäre keine Kontrolle mehr über die Bedingungen gegeben, unter denen die Entscheidungen der Spieler fallen – und damit wäre die zentrale Eigenschaft experimenteller Untersuchungen verloren gegangen.

Wir sind damit am Ende unserer methodischen und konzeptionellen Vorüberlegungen angelangt. Sie sind recht ausführlich geraten, und das nicht ohne Grund. Es wurde bereits angedeutet, dass es innerhalb der ökonomischen Wissenschaft durchaus unterschiedliche Auffassungen bezüglich dieser Fragen gibt. Der Gebrauch von formalen Modellen ist beispielsweise eine Methode, die nicht von allen Ökonomen verwendet wird – insbesondere im Bereich der Wirtschaftspolitik. Da mehrere methodische Zugänge zur Wahl stehen, muss eine Entscheidung getroffen werden und die galt es zu begründen. Die Konsequenzen dieser Entscheidung bestehen natürlich auch darin, dass bestimmte Leistungen, die andere Zugänge zur Wirtschaftspolitik ermöglichen, im Rahmen dieses Buches nicht erbracht werden können. Beispielsweise wird sich die Darstellung historischer Entwicklungen realer Institutionen auf ein Minimum beschränken und die Beschreibung aktueller institutioneller Gegebenheiten wird nur soweit ins Detail gehen, wie es notwendig ist, um die grundlegenden ökonomischen Strukturen und Fragestellungen aufdecken zu können.

---

[37] Für eine ausführliche Darstellung methodischer Details sei wiederum auf HEY (1991) verwiesen.

Die grundlegende Position, die hier vertreten wird, besteht in der Forderung nach einer theoretischen Fundierung wirtschaftspolitischer Empfehlungen. Gegen diese Forderung wird mitunter ins Feld geführt, dass die Theorie zu große Erklärungslücken aufweise, dass sie (noch) nicht in der Lage sei, das ökonomische Geschehen vollständig und in jeder Hinsicht befriedigend zu erklären. Dieser Einwand ist insofern berechtigt, als es in der Tat noch vieles gibt, was sich bisher einer befriedigenden Erklärung erfolgreich widersetzt, und die Wirtschaftstheorie noch so manchen weißen Fleck auf ihrer Landkarte aufweist. Das stärkste Argument gegen den daraus abgeleiteten Einwand besteht in der unangenehmen Frage nach der Alternative. Die theoretische Fundierung abzulehnen, weil die Theorie Lücken besitzt, hieße, das Kind mit dem Bade auszuschütten. Die Alternative wäre eine theorielose Wirtschaftspolitik – und damit eine Wirtschaftspolitik, die Mühe haben dürfte, ihre Wissenschaftlichkeit nachzuweisen. Die hier gewählte Methodik wird dazu führen, dass mitunter eingestanden werden muss, dass bestimmte Fragen nicht beantwortet werden können. In einigen Fällen wird keine Wahl bleiben, als bedauernd die Achseln zu zucken. Aber ist ein solches Eingeständnis nicht redlich und dann geboten, wenn wir nicht in der Lage sind, ein Phänomen tatsächlich zu *erklären*?

In den nächsten Abschnitten werden wir das Programm, das hier entwickelt wurde, in die Tat umsetzen. Den Anfang machen dabei einige sehr grundsätzliche Überlegungen zu der Frage, wie wir gesellschaftliche Situationen, Zustände eigentlich bewerten können. Vieles von dem, was bisher nur angedeutet werden konnte, wird dabei etwas klarer werden.

Kontrollfragen

Kapitel 2.1

1) Warum lassen sich aus der Beobachtungen singulärer Ereignisse keine Schlüsse auf allgemeine Gesetzmäßigkeiten ableiten?

2) Angenommen, eine Theorie wird experimentell überprüft, würden Sie diesen Vorgang dem Entdeckungs- oder dem Begründungszusammenhang zuordnen?

3) Erläutern Sie die Grundidee des Kritischen Rationalismus. Was ist an der Lehre POPPERS rationalistisch, warum *Kritischer* Rationalismus?

4) Erläutern Sie den Begriff des Paradigmas im Sinne KUHNS. Können Sie ein ökonomisches Paradigma ausmachen? Kennen Sie ein Beispiel für eine „wissenschaftliche Revolution" in einer beliebigen Wissenschaft? In der Ökonomik?

5) Warum kann man aus ist-Sätzen keine soll-sein-Sätze ableiten?

6) Bedeutet Wertfreiheit der Wissenschaft automatisch, dass ein Wissenschaftler *keinerlei* wertende Aussagen machen darf?

7) In welchem Sinne führt die Konstruktion nicht-empirischer Modelle zu einer Erweiterung des Werturteilsproblems?

Kapitel 2.2

1) Erläutern Sie den Begriff „Ceteris-paribus-Klausel".

2) Können Sie sich eine wirtschaftswissenschaftliche Theorie vorstellen, die vollständig auf die Ceteris-paribus-Klausel verzichtet?

3) Nennen Sie typische Akteure einer ökonomischen Theorie. Was ist damit gemeint, wenn verlangt wird, dass deren Verhalten „entscheidungstheoretisch fundiert" werden soll?

4) Erläutern Sie, warum die Aussage „Menschen maximieren ihren Nutzen" tautologisch ist.

5) Angenommen, der Fakultätsrat einer wirtschaftswissenschaftlichen Fakultät steht vor der Aufgabe, eine neue Prüfungsordnung zu entwerfen. Inwiefern ist es gerechtfertigt, diese als eine „Institution" zu bezeichnen?

6) Wie könnte ein HO-Test in Bezug auf eine Prüfungsordnung aussehen?

7) Was versteht man unter „ex ante Sicht"? Warum ist diese bei der Analyse von Regeln sinnvoll?

8) Der Elfmeterschütze hat die Wahl nach rechts oder nach links zu schießen und der Torwart hat die Wahl in eine von beiden Ecken zu springen. Angenommen, beide Spieler können sich über die Strategieentscheidung verständigen, existierte in diesem Spiel ein Nash-Gleichgewicht?

9) Erläutern Sie die Aussage: „Der Gebrauch mathematischer Modelle gestattet einen eindeutigen Konsistenznachweis bei der Ableitung von wenn-dann-Aussagen innerhalb ökonomischer Modelle".

10) Erläutern Sie den Begriff der abnehmenden Abstraktion. Kennen Sie aus Ihrem bisherigen Studium ein Beispiel für diesen Prozess?

11) Charakterisieren Sie das Verhältnis von „reiner" und „angewandter" Theorie. Was können Sie sich in diesem Zusammenhang unter einem *kontrafaktischen Gegenentwurf zur Realität* vorstellen?

12) Jeder Kinogänger kennt vermutlich das folgende psychologische Experiment: Eine Versuchsperson A soll eine zweite Versuchsperson B (die in Wahrheit ein Mitarbeiter des Experimentators ist) hinsichtlich ihrer Lernfähigkeit testen. Dazu muss B Aufgaben lösen. Macht B einen Fehler, muss A ihn mit einem Stromstoß bestrafen. Die Stärke des Stromschlags wird immer weiter gesteigert, bis in lebensbedrohende Bereiche. Tatsächlich fließt kein Strom und B simuliert lediglich, aber A handelt in dem Glauben reale Stromstöße auszuteilen. Was halten Sie von

einer solchen Versuchsanordnung? Glauben Sie, dass die Resultate dieses Experimentes (das tatsächlich durchgeführt wurde und bei dem Versuchspersonen bereit waren, erhebliche Strafen auszuteilen, nachdem der Experimentator sie dazu nachdrücklich aufforderte), verlässlich sind? Welche Kritik ließe sich am Versuchsaufbau (unabhängig von der ethischen Frage, ob solche Versuche zulässig sind) bemängeln?

13) Ökonomische Experimentatoren legen großen Wert darauf festzustellen, dass sie keine Simulation realer Situationen durchführen. Was tun sie dann?

LITERATUR ZU KAPITEL 1 UND 2

Zu Sidestep 2:

HOMANN, K., Die Rolle ökonomischer Überlegungen in der Grundlegung der Ethik, in: Hesse, H. (Hrsg.): Wirtschaftswissenschaft und Ethik, Berlin 1988, S. 215-240.

Sidestep 6:

SINGH, S., Fermats letzter Satz, München, 2000.

Bei den grundlegenden Arbeiten zum Kompensationskriterium handelt es sich um:

HICKS, J.R., 1939, Capital and Value, London.

KALDOR, N., 1939, Welfare Propositions and Interpersonal Comparison of Utility, Economic Journal, XLIX, 549-552.

Zur Kritik am Kompensationskriterium:

SCITOVSKY, T., 1941, A Note an Welfare Propositions in Economics, Review of Economic Studies, 9, 77-88.

BOADWAY, R.W., 1974, The Welfare Foundations of Cost-Benefit-Analysis, The Economic Journal, 84, 541-556.

Einen Überblick über individuelle Wohlfahrtsmaße liefern:

AHLHEIM, M., ROSE, M., 1992, Messung individueller Wohlfahrt, 2. Aufl., Heidelberg et al., 1992.

Eine sehr konsequente Auslegung der Neuen Wohlfahrtstheorie findet sich in:

PAQUÉ, K.-H., 1986, Philantropie und Steuerpolitik, Tübingen.

Die Auseinandersetzung um das anthropozentrische Weltbild der Ökonomik wude eingeleitet durch:

SEN, A.K., 1979, Personal Utilities and Public Judgements: or Whats Wrong with Welfare Economics?, The Economic Journal, 89, 537-558.

Die Entgegnung darauf:

NG, Y.-K., 1981, Welfarism: A Defense against Sen's Attack. The Economic Journal, 91, 527-530.

Die Antwort Sen's:

SEN, A.K., 1981, A Reply to „Welfarism, a Defense against Sen's Attack", The Economic Journal, 91, 531-535.

Zur Definition von Allokations- und Distributionsabteilung siehe:

MUSGRAVE, R.A., MUSGRAVE, P.B., KULLMER, L., 1988, die öffentlichen Finanzen in Theorie und Praxis, Bd. 1-3, 4. Auflage, Tübingen.

Grundlegende methodologische Arbeiten, die auch für die Sozialwissenschaften von einiger Bedeutung sind:

KUHN, T.S., 1967, Die Struktur wissenschaftlicher Revolutionen, Frankfurt.

LAKATOS, I., 1974, Falsifikation und die Methodologie wissenschaftlicher Forschungsprogramme, in: LAKATOS, I., MUSGRAVE, A. (Hrsg.), Kritik und Erkenntnisfortschritt, Braunschweig.

POPPER, R.K., 1976, Die Logik der Forschung, 6. Aufl., Tübingen.

Speziell zur Werturteilsproblematik:

ALBERT, H., 1972, Wertfreiheit als methodisches Prinzip, Zur Frage der Notwendigkeit einer normativen Sozialwissenschaft, in: TOPITSCH, E. (HRSG.), Logik der Sozialwissenschaften, 8. Aufl., Köln, Berlin, 181-210.

Einen Überblick über methodische Probleme der Wirtschaftswissenschaften liefern:

BLAUG, M., 1980, The Methodology of Economics, Cambridge.

WEIMANN, J., 1987, Normgesteuerte ökonomische Theorien, Frankfurt, New York.

Einen ausgezeichneten Überblick über die experimentelle Methodik sowie über den experimentellen Stand der Theorie rationalen Verhaltens unter Unsicherheit liefert:

HEY, J.D., 1991, Experiments in Economics, Cambridge.

Eines der ersten Experimente zur Preisbildung auf Spot-Märkten:

SMITH, V.L., 1962, An Experimental Study of Competitive Markets Behavior, Journal of Political Economy, 70, 111-137.

Ders., 1989, Theory, Experiments and Economics, Journal of Economic Perspectives, 3, 151-169.

Zum Stand der Theorie bei der Modellierung von Entscheidungen unter Unsicherheit:

MACHINA, M.J., 1989, Choice and Uncertainty: Problems solved and unsolved, in: HEY, J.D., Current Issues in Microeconomics, Cambridge.

KAHNEMAN, D., SLOVIC, P., TVERSKY, A., 1982, Judgement under Uncertainty: Heuristics and Biases, Cambridge.

Ultimatum und Diktator-Spiele:

FORSYTHE, R., KENNAN, J., SOPHER, B., 1991, An Experimental Analysis of Strikes in Bargaining Games with One-Sided Private Information, American Economic Review, 81, 253-278.

GÜTH, W., SCHMITTBERGER, R., SCHWARZE, B., 1982, An Experimental Analysis of Ultimate Bargaining, Journal of Economic Behavior and Organization, 3, 367-388.

HOFFMAN, E., MCCABE, K., SHACHAT, K., SMITH, V., 1991, Preferences, Property Rights, and Anonymity in Bargaining Games, Department of Economics, University of Arizona.

KAGEL, J., KIM, CH., MOSER, D., 1995, Fairness in Ultimatum Games with Asymmetric Information and Asymmetric Payoffs, erscheint in: Games and Economic Behavior.

OCHS, J., ROTH A.E., 1989, An Experimental Study of Sequential Bargaining, American Economic Review, 79, 355-384.

ROTH, A.E., Bargaining Experiments, in: Handbook of Experimental Economics, KAGEL, J. H., ROTH, A. E., (eds.), Princeton, 1995, 253-348.

Zur Frage eingeschränkt rationalen Verhaltens und sogenannter Anomalien:

ALLAIS, M., 1953, Le Comportement de L`homme Rationel Devant le Risque. Critique des Postulates et Axiomes de Lècole Americaine, Econometrrica 21, 503-546.

ELLSBERG, D., 1961, Risk, Ambiguity, and the Savage Axioms, Quarterly Journal of Economics, 75, 643-669.

FEHR, E., ZYCH, P.K., 1995, Die Macht der Versuchung: Irrationaler Überkonsum in einem Suchtexperiment, Universität Wien, Mimeo

SELTEN R., 1990, Bounded Rationality, Journal of Institutional and Theoretical Economics, 146, 649-658.

SELTEN, R., OCKENFELS, A., 1996, An Experimental Solidarity Game", Diskussionspapier, Universität Magdeburg 1/1996

SIMON, H. A., 1955, A Behavioral Model of Rational Choice, Quarterly Journal of Economics, 69, 99-118.

THALER, R., 1987, The Psychology of Choice and the Assumptions of Economics, in: ROTH, A. (ed.): Laboratory Experimentation in Economics, Cambridge: University Press, 42-98.

TIETZ R., ALBERS W., SELTEN R., (Hrsg.), 1988, Bounded rational Behaviour in Experimental Games and Markets, Berlin et al.

Die Regrettheorie wurde unter anderem entwickelt von:

LOOMES, G., SUGDEN, R., 1982, Regret Theory: An Alternative Theory of Rational Choice under Uncertainty. Economic Journal, 92, 805-824.

Das in Sidestep 5 beschriebene Experiment:

PATERSON, I., DIEKMANN, A., 1988, A Paradox in Decision Theory and some Experimental Results: The Relative Nature of Decision, Theory and Decision, 25, 107-116.

Die im Sidestep 8 erwähnte Literatur:

ANDERSON, S. P., J. K. GOEREE, C. A. HOLT, 1998, A theoretical analysis of altruism and decision errors in public good games; *Journal of Public Economics*, Vol. 70: 297-323.

BOLTON, G. E., A. OCKENFELS, 2000, ERC: A Theory of Equity, Reciprocity and Competition, *American Economic Review*, 90, 166-93.

BOLTON, G.E., J. BRANDTS, A. OCKENFELS, 1998, Measuring motivations for the reciprocal responses observed in a simple dilemma game, *Experimental Economics* 1, pp. 207-219.

FEHR, E., K. SCHMIDT, 1999, A Theory of Fairness, Competition, and Cooperation, Quarterly-Journal-of-Economics; 114, 817-68..

OCKENFELS, A., 1999, Fairness, Reziprozität und Eigennutz - Ökonomische Theorie und experimentelle Evidenz. Tübingen: Mohr Siebeck, 1999.

RABIN, M., 1993, Incorporating Fairness into Game Theory and Economics, *American Economic Review*, 83, 1281-1302.

3 WOHLFAHRTSTHEORETISCHE GRUNDLAGEN

3.1 ÜBERBLICK

Bei der Auseinandersetzung mit der Perspektive, die wir in dieser Vorlesung einnehmen werden, sind wir zu dem Schluss gekommen, dass es letztlich um die Beurteilung institutioneller Arrangements geht. Wir haben auch bereits angedeutet, welcher Maßstab uns dabei leiten soll, mit welchem Kriterium wir unterschiedliche Arrangements beurteilen wollen: Mit Hilfe des Pareto-Kriteriums sind wir in der Lage, gesellschaftliche Situationen hinsichtlich ihrer *kollektiven Rationalität* zu beurteilen, und das wiederum ist die notwendige Voraussetzung dafür, Situationen zu identifizieren, in denen individuell rationales Verhalten zu kollektiv nicht erwünschten Resultaten führt und deshalb kollektive Entscheidungen notwendig werden. Bevor wir daran gehen können, dieses Programm umzusetzen, müssen wir allerdings den Effizienzbegriff erheblich präziser fassen, als wir dies bisher getan haben. Schließlich bildet dieser Begriff die theoretische Grundlage, auf der wir uns im folgenden bewegen werden, und es wurde bereits verschiedentlich darauf hingewiesen, dass Wissenschaftlichkeit die präzise Angabe der theoretischen Basis voraussetzt.

In groben Zügen lässt sich das weitere Vorgehen folgendermaßen skizzieren: Zunächst werden soziale Zustände in einem sehr allgemeinen Sinne definiert und dabei grundlegende Konzepte der Wohlfahrtstheorie diskutiert. Im nächsten Schritt wird es insofern konkreter, als der Tausch von Gütern im Mittelpunkt der Betrachtung stehen wird. Tausch und Produktion sind die klassischen Mittel, mit denen sich Knappheitssituationen entschärfen lassen, insofern liegt es nahe, Effizienz innerhalb des Tausch- und des Produktionssektors zu charakterisieren. Dabei steht zunächst noch eine ausschließlich subjektivistische Sicht im Vordergrund, d.h. wir werden Tauschvorgänge ausschließlich aus der Sicht der Tauschpartner betrachten. Erst im nächsten Schritt werden wir zu einer Betrachtung übergehen, die der eines externen Beobachters entspricht, eines nicht unmittelbar am Tauschvorgang beteiligten „wohlwollenden Diktators". In diesem Zusammenhang wird die soziale Wohlfahrtsfunktion eingeführt werden und es gilt den Zusammenhang zwischen Wohlfahrtsfunktion und Pareto-Effizienz zu verdeutlichen.

Es wird nicht auf den ersten Blick erkennbar sein, warum wir die bis dahin betriebene Charakterisierung effizienter Situationen für eine wissenschaftliche Politikberatung brauchen, denn die wohlfahrtstheoretische Betrachtungsweise erscheint auf den ersten Blick überaus abstrakt und für die Beurteilung realer Politiken vollkommen ungeeignet. Der Zusammenhang zwischen Wohlfahrtsökonomie und rationaler Politikberatung kann auch erst dann deutlich werden, wenn wir in einem letzten Schritt die Wohlfahrtseigenschaften von Marktsystemen betrachten.

Erst diese Betrachtung wird uns den Referenzpunkt liefern, den wir für die weitere Analyse benötigen. Unmittelbar für die Politikberatung verwertbar ist aber auch diese Referenzbetrachtung noch nicht, denn wir bewegen uns bei ihr immer noch in einer Idealwelt, die modellhaft der Realität gegenübersteht und für die Ableitung unmittelbarer Politikanweisungen denkbar ungeeignet ist. Die „Politikrelevanz" der Wohlfahrtstheorie wird erst noch zu belegen sein. Aber dieser Beleg muss leider auf nachfolgende Kapitel verschoben werden. Dem Leser wird damit zugemutet, Stoff zu verarbeiten, dessen Relevanz und Bedeutung er noch nicht einschätzen kann. Dies mag unbefriedigend sein, aber man kann es auch als eine der Herausforderungen begreifen, die das Studium der Volkswirtschaftslehre für den Studenten bereithält.

3.2 Die Bewertung sozialer Zustände

Die größere Präzision, die in diesem Kapitel angestrebt wird, erreicht man am einfachsten, indem man sich einer etwas formaleren Sprache bedient. Dabei sei zur Beruhigung derer, die mit mathematischen Feinheiten so ihre Probleme haben, gesagt, dass sich der formale Aufwand sehr in Grenzen halten wird und tatsächlich nur als eine Art sprachlicher Vereinfachung zu sehen ist.[38]

Stellen wir uns zunächst einmal vor, die Gesellschaft, deren „Zustand" es zu beurteilen gilt, habe genau I Bewohner, die mit dem Index $i = 1,...,I$ gekennzeichnet werden. In einem ersten sehr allgemeinen Schritt stellen wir uns vor, dass jedes der I Individuen in eine vorgegebene Anzahl von „Zuständen" geraten kann, die ebenfalls durch ein Symbol gekennzeichnet werden können. Sei x_i der Zustand, in dem sich Individuum i befindet, wobei wir an dieser Stelle noch völlig offen lassen, wodurch dieser Zustand bestimmt ist. Beispielsweise könnte x_i die Menge Himbeereis bezeichnen, über die ein Individuum verfügt, oder die Anzahl der Stunden, die vor dem Fernseher verbracht werden, oder was sonst auch immer. $x \in X$ sei nun ein Vektor $(x_1,...,x_I)$, der einen bestimmten sozialen Zustand beschreibt. X ist die Menge aller Zustände, die überhaupt erreichbar sind. Sollte x_i also wirklich die Himbeereismenge messen, so bezeichnet X alle die sozialen Zustände, in denen die Summe aller x_i die insgesamt verfügbare Menge Himbeereis nicht übersteigt.[39]

---

[38] Die folgende Darstellung findet sich in ähnlicher Form in zahlreichen Lehrbüchern zur Wohlfahrtsökonomie. Die hier gewählte Form ist an KREPS (1990) angelehnt.

[39] Formal ist damit

$$X = \left\{ x \left| \sum_{i=1}^{I} x_i \leq H \right. \right\}$$ gemeint, wobei H die insgesamt verfügbare Eismenge ist.

3.2 Bewertung sozialer Zustände

Das Ziel besteht letztlich darin, unterschiedliche soziale Zustände vergleichen zu können, d.h. es soll möglich sein, eine Ordnungsrelation zwischen zwei Zuständen x und x' anzugeben. Entweder ist x' dem Zustand x strikt vorzuziehen ($x \prec x'$) oder x dem Zustand x' ($x \succ x'$) oder beide Zustände sind gleich gut zu bewerten ($x \sim x'$). Diese Entscheidung wird natürlich auch jedes Individuum treffen wollen (und im Zweifelsfalle auch können), d.h. die Mitglieder unserer Modellgesellschaft werden über eine *Präferenzordnung* über die verschiedenen Zustände verfügen. Sei $V_i(x): X \to R$ eine Darstellung dieser Präferenz derart, dass präferierten Zuständen eine größere reelle Zahl zugeordnet wird. $V_i(x)$ heißt *individuelle Nutzenfunktion.* Dann ist $V(x) = (V_1(x), V_2(x), ..., V_I(x))$ eine Darstellung des sozialen Zustands x im sogenannten Nutzenraum und V(X) ist die Menge aller erreichbaren *Nutzen*kombinationen.

Dieser Punkt ist wichtig. Wann immer soziale Zustände untersucht werden, stehen prinzipiell zwei Möglichkeiten offen. Die Situation, in der sich die „Gesellschaft" befindet, kann durch die Ausstattung mit Gütern (in einem sehr allgemeinen Sinne) beschrieben werden oder durch die Kombination individuellen *Nutzens* V(x), den die Individuen aus dem Konsum dieser Güter ziehen. Im ersten Fall bilden wir den gesellschaftlichen Zustand im Güterraum, im zweiten Fall im Nutzenraum ab. Es ist angesichts der Wertprämissen des methodologischen Individualismus nicht sonderlich überraschend, dass im Allgemeinen die Abbildung im Nutzenraum als die eigentlich entscheidende angesehen wird. Die Bewertung der Individuen wird selbstverständlich davon abhängen, welchen Nutzen die Individuen in der jeweiligen gesellschaftlichen Situation verspüren. Allerdings ist es andererseits so, dass vielfach ein bestimmter Zusammenhang zwischen Güterversorgung und Nutzen unterstellt wird, der es erlaubt, vom Güterraum unmittelbar auf den Nutzenraum zu schließen. Die Abbildung der möglichen sozialen Zustände im Nutzenraum lässt sich für den Fall I = 2 graphisch veranschaulichen:

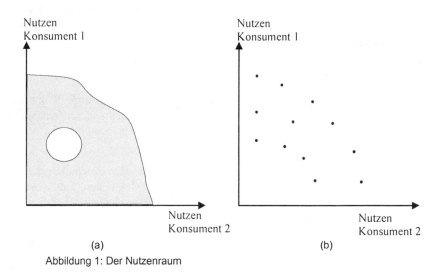

Abbildung 1: Der Nutzenraum

1a und 1b zeigen Beispiele für die Abbildung des für die beiden Individuen unter gegebenen Bedingungen erreichbaren Nutzenraums. Es kann sich dabei um eine Fläche handeln (Abbildung 1a) oder um diskrete Punkte (Abbildung 1b). Man muss sich an dieser Stelle einen wichtigen Zusammenhang klarmachen. Die Darstellung des Nutzenraums setzt natürlich voraus, dass die individuellen Präferenzen auf eine bestimmte Weise abgebildet werden, denn nur so kann ja die Übertragung von dem Güter- in den Nutzenraum funktionieren. Ändern wir diese Abbildung, d.h. ändern wir $V_i(x): X \rightarrow R$, dann würde sich auch die Darstellung des Nutzenraums ändern. Dies ist deshalb ein wichtiger Punkt, weil Präferenzordnungen auf unterschiedliche Weise ordinal abgebildet werden können und damit entsprechend viele Abbildungen in den Nutzenraum möglich sind. Die folgenden Überlegungen werden sich deshalb auf eine *gegebene* Abbildung der individuellen Präferenzen beziehen. Was geschieht, wenn wir diese Voraussetzung aufgeben, wird noch ausführlich zu behandeln sein.

Gehen wir von einer gegebenen individuellen Bewertung der verschiedenen sozialen Zustände aus, dann ist es leicht möglich, den Begriff der Pareto-Effizienz einzuführen. Beginnen wir mit dem Vergleich zweier unterschiedlicher sozialer Zustände:

Definition 1:

> Der Zustand x ist im Vergleich zu dem Zustand y Pareto-superior, wenn für alle Konsumenten i = 1,...,I, $V_i(x) \geq V_i(y)$ und $V_i(x) > V_i(y)$ für mindestens ein Individuum erfüllt ist.

Diese erste Definition erlaubt es, eine partielle Ordnung unter den einzelnen Zuständen herzustellen. Wenn wir alle möglichen Paare von sozialen Zuständen miteinander vergleichen, dann können wir zwei Gruppen unterscheiden: solche Zustände, für die sich Pareto-superiore Situationen finden lassen, und solche Zustände, für die das nicht mehr möglich ist. Das führt uns unmittelbar zur Definition von Pareto-Effizienz:

Definition 2

> Gegeben sei die Menge aller erreichbaren sozialen Zustände X. $x \in X$ ist Pareto-effizient oder Pareto-optimal, wenn es keinen anderen Zustand x` $\in X$ gibt, der Pareto-superior zu x ist.

Es ist relativ einfach, die Menge aller Pareto-effizienten Zustände graphisch anhand der in Abbildung 1 gewählten Beispiele zu verdeutlichen, indem wir die sogenannte *Nutzenmöglichkeits-* oder *Pareto-Grenze* einzeichnen:

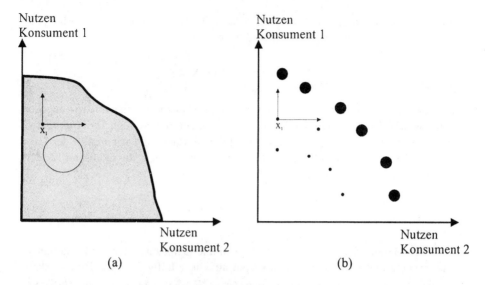

Abbildung 2: Pareto-effiziente Zustände

Der Punkt x_1 in beiden Zeichnungen ist offensichtlich nicht Pareto-optimal, denn alle zulässigen Allokationen, die rechts oberhalb von x_1 liegen, sind offensichtlich Pareto-superior zu x_1. Dies gilt nicht für die Punkte, die auf der fett eingezeichneten Pareto-Grenze (linke Zeichnung) liegen, und dies gilt auch nicht für die vergrößert eingezeichneten Punkte in der rechten Zeichnung. Für sie gilt, dass es keine alternativ erreichbare Allokation gibt, die mindestens eines der beiden Individuen besserstellt, ohne das andere zu verschlechtern.

Der nächste Schritt besteht darin, dass wir etwas konkreter werden und uns für spezielle Zustände entscheiden, die es zu bewerten gilt. Zu diesem Zweck sei mit z_i das *Güterbündel* bezeichnet, über das der i-te Konsument verfügen kann. Wir wollen zunächst die durchaus nicht selbstverständliche Annahme treffen, dass die individuelle Bewertung des sozialen Zustands ausschließlich von der *eigenen* Versorgung abhängt, d.h. $V_i(x_i) = U_i(z_i)$, wobei U_i eine Nutzenfunktion ist, die ausschließlich vom privaten Konsum abhängt.

Es wurde eingangs bereits erwähnt, dass Nutzenfunktionen nicht als eine Art psychologische Gesamtschau der Individuen zu begreifen sind, sondern lediglich einen Versuch darstellen, den Zusammenhang zwischen dem Konsum von Gütern und dem Nutzen, den ein Individuum daraus erfährt, abzubilden. Letztendlich ist dies ebenso ein abstraktes Modell, wie die gesamte Wohlfahrtstheorie, in die unsere Betrachtung einzubetten ist. Nutzenfunktionen sollen dabei helfen, die Entscheidungen, die rationale Individuen permanent treffen, systematisch zu beschreiben. Natürlich verfügen reale Menschen nicht über eine solche Funktion, aber das ändert nichts daran, dass man die Frage, wie sich denn ein rationaler Mensch verhalten würde, sehr einfach unter Verwendung von Nutzenfunktionen modellhaft beschreiben und analysieren kann.

Kehren wir zur Frage der Bewertung zurück. Die K-dimensionalen Güterbündel z_i definieren den zu bewertenden Zustand, wobei

$$x = (z_1,...,z_I) \in X = Z^I.$$

Damit die Betrachtung von Güterbündeln Sinn macht, müssen wir angeben, über welche Güterausstattung die Gesellschaft eigentlich verfügt. Die *Anfangsausstattung* sei a $\in$ Z. Gegeben diese Anfangsausstattung sind wir nun in der Lage, alle die Zuteilungen von Gütern auf Individuen anzugeben, die in unserer Modellgesellschaft erreichbar sind:

$$\overline{Z} = \left\{ x = (z_1,...,z_I) \in Z^I \mid z_1 + z_2 + ... + z_I \leq a \right\}$$

Die Menge $\overline{Z}$ gibt die *zulässigen* (weil überhaupt realisierbaren) Zuteilungen der insgesamt verfügbaren Gütermengen auf die I Individuen an. Eine konkrete Zuteilung (mithin ein Element aus der Menge $\overline{Z}$) bezeichnet man als *Allokation*. Was können wir über die Güte der vielen möglichen Allokationen sagen? Wir betrachten die Bewertungsfrage nach wie vor aus der Sicht der beteiligten Individuen. Es liegt daher nahe, erst einmal eine Bewertung durch diese Individuen vornehmen zu lassen. Die Mikroökonomie gibt uns das notwendige Handwerkszeug dafür an die Hand und wenn wir uns auf zweidimensionale Güterbündel beschränken, können wir das notwendige Instrumentarium auch graphisch veranschaulichen. Es besteht im Wesentlichen aus einer Darstellung individueller Nutzenfunktionen durch eine Schar von Indifferenzkurven, die unter üblichen Annahmen konvex zum Ursprung sind. Die folgende Abbildung 3 zeigt nicht nur einige Indifferenzkurven, sondern auch die Anfangsausstattung a_B. B steht in diesem Fall für den Konsumenten *Bill*. Wir können es uns leisten, Namen in unserer Modellökonomie zu vergeben, denn wir beschränken nicht nur die Anzahl der Güter auf zwei, sondern auch die Anzahl der Individuen. Neben Bill bevölkert *Hillary* unser Modell. Konzentrieren wir uns aber zunächst auf Bills Situation, die in Abbildung 3 dargestellt ist.

Eine Indifferenzkurve ist nichts anderes als der geometrische Ort gleichen Nutzens, d.h. die Kurve B_3 gibt beispielsweise alle die Kombinationen von Gut 1 und 2 an, die den gleichen Nutzen stiften, wie er im Punkt a_B realisiert wird. Entsprechend sind alle Punkte auf B_2 äquivalent. Das Nutzenniveau *auf* einer Indifferenzkurve ist überall gleich, aber zwischen den Kurven differieren die Nutzenniveaus, und zwar ist das Niveau um so höher, je weiter wir uns in nordöstlicher Richtung vom Ursprung entfernen. Demzufolge ist die schattierte Fläche in Abbildung 3 der Ort aller Kombinationen von Gut 1 und 2, die Bill seiner Anfangsausstattung vorziehen würde (der gezackte nordöstliche Rand dieser Fläche soll andeuten, dass es in dieser Richtung keine Begrenzung der Menge gibt).

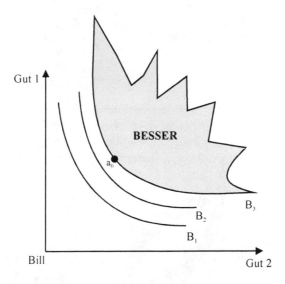

Abbildung 3: Bessermenge

Eine völlig analoge Darstellung könnten wir nun für Hillary vornehmen, indem wir auch ihre „Bessermenge" charakterisieren, d.h. die Güterkombinationen, die sie gegenüber der Anfangsausstattung besserstellen. Anstatt dies zu tun, sei jedoch direkt zu einer Darstellung übergegangen, bei der die Situation beider Konsumenten in einer Graphik abgebildet werden kann, zur *Edgeworthbox*. Um die Edgeworthbox zu konstruieren, wird die Indifferenzkurvendarstellung der Nutzenfunktion Hillarys (auf deren explizite Angabe wir verzichtet haben) gewissermaßen auf den Kopf gestellt und mit der von Bill verschränkt. Die Seitenlängen der Edgeworthbox entsprechen den insgesamt verfügbaren Mengen der beiden Güter. Jeder Punkt in der Box bezeichnet deshalb eine zulässige Allokation, bei der der gesamte Gütervorrat auf die beiden Konsumenten verteilt wird. In Abbildung 4 ist die Anfangsausstattung der beiden Konsumenten eingetragen und die beiden Indifferenzkurven, die durch diesen Punkt verlaufen. Diese beiden Kurven bilden eine Linse (die schattierte Fläche in Abbildung 4), und diese Linse ist nichts anderes als die Schnittmenge der Bessermengen der beiden Konsumenten. Anders formuliert: Jede Allokation innerhalb der Linse stellt beide Konsumenten besser als die Anfangsausstattung.

Lassen sich in der Edgeworthbox Pareto-effiziente Allokationen identifizieren? Angesichts unserer bisherigen Überlegungen müsste klar sein, dass als Kandidaten für Pareto-effiziente Allokationen (bei der in Abbildung 4 gegebenen Anfangsausstattung) ausschließlich Punkte innerhalb der Linse in Frage kommen. (Um sicher zu sein, dass das Konzept der Pareto-Effizienz verstanden worden ist, sollte sich der Leser die Begründung selbst überlegen). Aber ganz sicher sind nicht alle Allokationen innerhalb der Linse Pareto-effizient. Es ist möglich, Pareto-effiziente Allokationen noch sehr viel genauer zu charakterisieren. Zu diesem Zweck betrachten wir in Abbildung 5 eine Ausschnittsvergrößerung der Abbildung 4, in der die Linse vergrößert dargestellt ist.

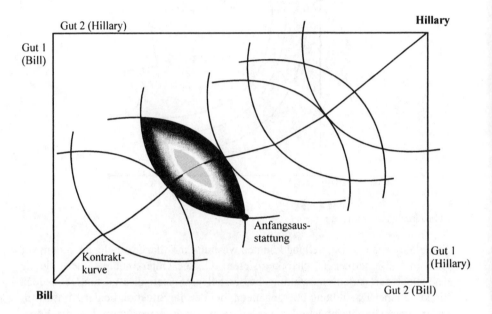

Abbildung 4: Edgeworthbox

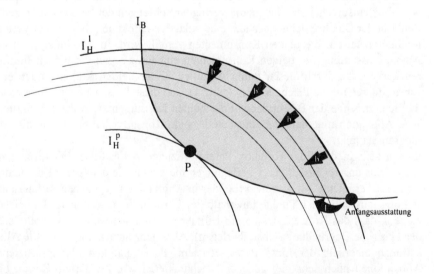

Abbildung 5: Linse

I_H und I_B sind Indifferenzkurven von Hillary und Bill. In der Ausgangssituation verfügen beide über die Gütermengen, die ihnen in Form der Anfangsausstattung zugeteilt wurden (im Augenblick ist unerheblich, wie diese Zuteilung erfolgte). Verändern wir nun die Güterzuteilung, indem wir in Pfeilrichtung (Pfeil 1) entlang der Indifferenzkurve Bills wandern. Bill wird bei dieser Reallokation nicht schlechter gestellt als in der Anfangssituation, denn entlang I_B ist sein Nutzen immer auf dem gleichen Niveau. Hillary stellt sich dabei allerdings deutlich besser. Ausgehend von dem Nutzenniveau I_H^1 sind alle Reallokationen in Richtung der b-Pfeile eine Verbesserung, denn offenbar gelangt Hillary auf Indifferenzkurven mit höherem Nutzenniveau. Das bedeutet, dass wir entlang I_B Pareto-Verbesserungen erreichen können, weil wir Hillarys Position verbessern, ohne die von Bill zu verschlechtern. Allerdings geht dies nur solange, bis der Punkt P erreicht ist, in dem sich I_B und eine Indifferenzkurve Hillarys berühren. Würden wir über diesen Punkt hinausgehen, so wäre damit eine Schlechterstellung Hillarys verbunden. Sind wir einmal in P, so ist eine Parteo-Verbesserung offensichtlich nicht mehr möglich, denn gleichgültig in welche Richtung wir von diesem Punkt abweichen, entweder Hillary oder Bill oder beide werden dadurch schlechter gestellt.

Pareto-Effizienz ist dann erreicht, wenn die Indifferenzkurven der beiden Individuen in einem gemeinsamen Punkt gleiche Steigung aufweisen. Das ist natürlich nicht nur in Punkt P der Fall. In Abbildung 4 ist die Menge aller Punkte, in denen die Indifferenzkurven die gleiche Steigung besitzen, eingezeichnet: es ist die sogenannte *Kontraktkurve*. Jeder Punkt auf ihr ist Pareto-effizient und sie entspricht der Pareto-Grenze, die wir in Abbildung 2 eingeführt haben, d.h. sie liefert uns eine Abbildung effizienter Situationen im Nutzenraum.

Bis hierher haben wir die Bewertung sozialer Zustände vollständig den beteiligten Individuen überlassen. Die einzige Einschränkung, mit der das Bewertungsverfahren von „außen" versehen wurde, bestand darin, dass wir von einer festen Abbildung der individuellen Präferenzen ausgegangen sind. Würden wir die Art und Weise, in der der Nutzen von Bill und Hillary *numerisch repräsentiert* wird, verändern, bliebe die Bedingung für Pareto-Effizienz *unverändert*! Ganz gleich, wie der Nutzen repräsentiert wird, Effizienz verlangt in jedem Fall, dass die Indifferenzkurven gleiche Steigung aufweisen. Diese Invarianz der Effizienz charakterisierenden Eigenschaft ist sehr bedeutsam, denn es wird sich zeigen, dass es darauf ankommt, Effizienz in einem allgemeinen Sinne zu charakterisieren.

Was ist damit erreicht? Wir sind nunmehr in der Lage, aus einer sehr großen Menge möglicher gesellschaftlicher Zustände diejenigen auszuwählen, die insofern kollektiv rational sind, als sie dem Kriterium der Pareto-Effizienz genügen. Allerdings zeigt Abbildung 4 sehr deutlich, dass die Menge effizienter Allokationen noch immer recht groß ist, und sie zeigt weiterhin, dass es nicht möglich ist, mit Hilfe des Pareto-Kriteriums eine Entscheidung unter effizienten Allokationen zu treffen. Die Situation, in der Hillary alles und Bill nichts besitzt, ist ebenso Pareto-effizient wie der umgekehrte Fall, in dem Bill alles hat. Welche der effizienten Allokationen letztlich zu wählen ist, darüber könnten wir nur dann eine Aussage machen, wenn wir über die Anfangsverteilung der Güter urteilten. Eine solche Beurteilung ist dann, wenn konkrete Politik betrieben wird, letztlich unumgänglich, aber *wir* werden sie nicht versuchen, sondern uns in Bescheidenheit üben. Unser Ziel ist ausschließlich die Charakterisierung effizienter Zustände. Man sollte dieses Ziel nicht gering schätzen, denn eines ist klar: Ganz gleich, welche Verteilung realisiert wird, wie auch immer die Verteilungsfrage gelöst wird, es bleibt dabei, dass Verschwendung vermieden werden muss – und jede Allokation, die nicht auf der Kontraktkurve liegt, wäre mit Verschwendung verbunden.

Die Charakterisierung von Effizienz mit Hilfe der Kontraktkurve ist allerdings im Hinblick auf die Politikberatung ein ziemlich ungeeignetes Instrument. Vorläufig haben wir nicht mehr als eine sehr abstrakte und allgemeine Vorstellung davon, was kollektiv rational sein könnte. Die nun folgende Einführung der sozialen Wohlfahrtsfunktion (SWF) wird daran noch nicht allzuviel ändern, denn es dürfte nicht sofort erkennbar sein, wie Wohlfahrtsfunktionen zum Zwecke der Politikberatung eingesetzt werden können. Es wird sich allerdings schnell zeigen, dass die Beschäftigung mit sozialen Wohlfahrtsfunktionen unumgänglich ist, wenn wir weiterhin an den eingangs formulierten methodischen Grundsätzen festhalten wollen.

Ausgangspunkt der weiteren Überlegungen ist die Einsicht, dass die Bewertung gesellschaftlicher Zustände vielfach nicht von den Individuen vorgenommen wird, die sich in dem zu bewertenden Zustand befinden, sondern von außen. Wenn Gesellschaften nicht sich selbst überlassen bleiben, wenn ein Staat existiert, der über den Minimalstaat hinausgeht, dann finden notwendigerweise solche Bewertungen statt. Stellen wir uns zunächst einmal vor, die Bewertung werde von einem „wohlwollenden Diktator" vorgenommen, dessen „Wohlwollen" sich darin ausdrückt, dass er allein den Nutzen der Individuen als Bewertungsmaßstab verwendet und nicht seinen eigenen Vorteil. Es sei bereits an dieser Stelle bemerkt, dass der wohlwollende Diktator eine auffällige Ähnlichkeit mit dem politikberatenden Wissenschaftler besitzt. Im Idealfall beurteilt der Ökonom soziale Zustände, ohne eigene Interessen dabei zu verfolgen.

Das Urteil eines Planers über die verschiedenen gesellschaftlichen Zustände $x \in X$ ist im Prinzip von der gleichen Struktur wie das der einzelnen Individuen. Insofern liegt es nahe, zu unterstellen, dass auch der Planer eine Präferenzordnung über diese Zustände besitzt, die durch eine Funktion $V^*: X \to R$ numerisch repräsentiert werden kann. Es ist sinnvoll, die Existenz einer solchen Funktion zu unterstellen, denn durch sie lassen sich die Entscheidungen des wohlwollenden Diktators (und die des politikberatenden Ökonomen) *rationalisieren*. Anders ausgedrückt: Wenn wir unterstellen, dass sich der soziale Planer rational verhält, dann unterstellen wir zugleich, dass er Entscheidungen trifft, die konsistent sind im Hinblick auf eine Präferenzordnung über die alternativen gesellschaftlichen Zustände. Die entscheidende Frage ist natürlich, wie diese Präferenzordnung aussieht bzw. welche Gestalt V^* hat. Um darauf eine Antwort geben zu können, müssen wir zunächst etwas präziser fassen, was unter dem Wohlwollen des Diktators zu verstehen ist. Dies geschieht in Form von zwei Axiomen oder Annahmen bezüglich V^*:

Axiom 1:

> Wenn x strikt Pareto-superior zu $\hat{x}$ ist, d.h. wenn $V_i(x) > V_i(\hat{x})$ für alle i = 1,.., I, dann ist auch $V^*(x) > V^*(\hat{x})$.

Wenn alle Gesellschaftsmitglieder den Zustand x höher bewerten als den Zustand $\hat{x}$, dann, so lautet die Forderung, soll auch der soziale Planer x besser bewerten als $\hat{x}$. Der Hintergrund für dieses Axiom dürfte klar sein. Würde ein Planer dieses Axiom verletzen, so würde er damit sein eigenes Interesse zur Bewertung heranziehen und den eindeutigen Willen der Gesellschaftsmitglieder missachten – von „Wohlwollen" könnte dann kaum noch die Rede sein. Das zweite Axiom lässt sich in der gleichen Weise begründen:

Axiom 2:

> Wenn $V_i(x) = V_i(\hat{x})$ für alle i, dann soll auch $V^*(x) = V^*(\hat{x})$ sein.

Wenn sich die Gesellschaftsmitglieder darin einig sind, dass zwei Zustände gleich zu bewerten sind, dann soll auch der Planer indifferent zwischen diesen Zuständen sein. Beide Axiome sind gewissermaßen „selbstverständlich". Zumindest dürfte es schwer fallen zu begründen, warum ein sozialer Planer ihnen nicht folgen sollte. Die Konsequenzen, die sich aus der Akzeptanz dieser Axiome ergeben, sind durchaus schwerwiegend. Sie manifestieren sich in dem folgenden Satz, dessen Beweis beispielsweise bei KREPS (S. 159) nachgelesen werden kann:

Satz 1:

> Für gegebene individuelle Präferenzen V_i gilt:
>
> Wenn die Präferenz des sozialen Planers durch eine Funktion $V^*: X \rightarrow R$ abgebildet werden soll und wenn die Axiome 1 und 2 erfüllt sind, dann hat V^* folgende Gestalt:
>
> $V^*(x) = W(V_1(x),...,V_I(x))$.
>
> Dabei ist $W: R^I \rightarrow R$ eine strikt wachsende Funktion der V_i.

Die Bedeutung dieses Satzes besteht darin, dass jeder, der soziale Zustände von „außen" bewertet (und damit eine Präferenz über diese Zustände besitzt) und der die Axiome 1 und 2 beachtet, zumindest implizit eine Funktion W(V(x)), d.h. eine sogenannte *soziale Wohlfahrtsfunktion* benutzt. Das gilt für den Planer ebenso wie für den Politikberater – und damit wird die Beschäftigung mit Wohlfahrtsfunktionen unumgänglich. Sie wird es vor allem deshalb, weil die Bewertung sozialer Zustände natürlich davon abhängt, welche konkrete Gestalt die Funktion W hat. Die entscheidende Frage ist deshalb, ob wir etwas darüber sagen können, wie W auszusehen hat, ohne die Wertbasis zu erweitern, ohne zusätzliche Werturteile fällen zu müssen.

Bisher kennen wir erst zwei Eigenschaften der sozialen Wohlfahrtsfunktion: Sie hängt ausschließlich von den individuellen Präferenzen ab (und entspricht damit dem anthropozentrischen Weltbild der Ökonomen) und sie ist eine wachsende Funktion in den individuellen Nutzen. Um diese Charakterisierung zu erhalten, haben wir lediglich die Werturteile benutzt, die notwendig sind, um zum Pareto-Kriterium zu gelangen. Es kann daher nicht überraschen, dass wir mit einer Wohlfahrtsfunktion in allgemeiner Form auch nicht mehr erreichen können als mit dem Pareto-Kriterium. Der folgende Satz präzisiert diese Aussage:

Satz 2:

> Wird die Wahl eines gesellschaftlichen Zustands $x \in X$ durch die Maximierung einer sozialen Wohlfahrtsfunktion $W(V_1(x),...,V_i(x))$ getroffen, dann wird der ausgewählte soziale Zustand immer Pareto-effizient sein.

Ganz gleich, wie wir $W(\cdot)$ auch wählen, Maximierung dieser Funktion führt immer zu einem Pareto-effizienten Zustand. Da wir noch nichts über die Gestalt von $W(\cdot)$ wissen, bleiben damit alle Pareto-effizienten Allokationen (die gesamte Pareto-Grenze) Kandidaten für den gesellschaftlich vorzugswürdigen Zustand. Allein durch die Formulierung einer allgemeinen SWF ist also noch nicht viel gewonnen. Wir sind nach wie vor in der Lage Effizienz zu charakterisieren, aber nicht in der Lage eine Wahl *zwischen effizienten Zuständen* zu treffen. Um das tun zu können, müssen wir $W(\cdot)$ eine konkrete Gestalt geben. Bevor wir die damit verbundene Problematik diskutieren, seien einige prominente Beispiele für Wohlfahrtsfunktionen angegeben:

$$W = \sum_{i=1}^{I} V_i \quad \textit{Utilitaristische Wohlfahrtsfunktion}$$

Kennzeichen der utilitaristischen SWF ist die Gleichbehandlung aller Gesellschaftsmitglieder. Gleichgültig an welcher Stelle ein Nutzenzuwachs erfolgt, er wird immer gleich gewichtet, denn der Utilitarismus macht keinen Unterschied zwischen den Individuen.

$$W = \sum_{i=1}^{I} \alpha_i V_i \quad \textit{Wohlfahrtsfunktion vom Typ Bergson/Samuelson}$$

Im Unterschied zur utilitaristischen SWF sind bei der Bergson-Funktion die einzelnen Nutzen der Individuen mit Gewichten versehen. Offensichtlich ist die utilitaristische SWF ein Spezialfall der Bergsonschen. Die Gewichte α_i erlauben es, zwischen den Individuen zu diskriminieren. Beispielsweise könnte eine egalitaristisch orientierte SWF dadurch geschaffen werden, dass den Individuen mit geringem Einkommen ein höheres Gewicht gegeben wird als den reichen Gesellschaftsmitgliedern. Die Diskriminierung kann aber auch ganz anders aussehen. Der Nutzen junger Menschen kann anders bewertet werden als der alter, Kranke sind von Gesunden unterscheidbar oder man könnte auf die Idee kommen, den Nutzen derer, die eine Körpergröße von weniger als 180 cm aufweisen, höher zu bewerten als den der „großen Menschen".

$$W = \min\{V_i, i = 1,..,I\} \quad \textit{Rawlssche Wohlfahrtsfunktion}$$

Bei diesem letzten Beispiel hat lediglich das am schlechtesten gestellte Individuum ein positives Gewicht, alle anderen spielen für die Bewertung keine Rolle. Ein Planer, der im Sinne von RAWLS verfährt, muss deshalb solche sozialen Zustände auswählen, in denen die Position des Individuums mit minimalem Nutzen verbessert wird. Genau genommen handelt es sich im Falle RAWLS allerdings nicht um eine soziale Wohlfahrtsfunktion in dem Sinne, wie wir sie hier eingeführt haben, denn offensichtlich ist $W(\cdot)$ keine wachsende Funktion in jedem der V_i.

Sidestep 10: Magna Carta für Fifi?

Das anthropozentrische Weltbild der Ökonomen, das nicht zuletzt darin zum Ausdruck kommt, dass als Argument sozialer Wohlfahrtsfunktionen ausschließlich menschlicher Nutzen vorkommt, ist in der öffentlichen Diskussion längst nicht allseits akzeptiert. Insbesondere sogenannte Tierrechtsideologen (nicht zu verwechseln mit Tier*schützern*) bestreiten die besondere Stellung des Menschen. In dem im folgenden in Auszügen wiedergegebenen Artikel (erschienen in der ZEIT Nr. 6 vom 3.2.1995) setzt sich MICHAEL MIERSCH mit diesem Phänomen auseinander.

„Kämpferische Tierfreunde zertrümmern Versuchslabors, lassen Zootiere frei und sägen Jägern den Hochsitz an. Dem englischen Landwirtschaftsminister Waldegrave schickten sie kürzlich zwei Briefbomben. Bereits 1990 wurde bei einem Anschlag auf Mitarbeiter eines Tierversuchslabors in Bristol ein Baby schwer verletzt...

... Das FBI versucht seit Jahren vergeblich, die Anführer der Animal Liberation Front zu erwischen, denen Dutzende von Terroranschlägen vorgeworfen werden.
Nur ein Häuflein Fanatiker ist in solchen militanten Zirkeln organisiert, doch die Tierrechtsbewegung gewinnt immer mehr Sympathisanten unter braven Bürgern, die schon mit dem Werfen eines Pflastersteines überfordert wären. Achtzig Prozent der US-Amerikaner sind der Meinung, Tiere sollten Rechte erhalten. Bereits 2,5 Millionen Briten leben vegetarisch. Die meisten, weil sie das Töten von Tieren grundsätzlich ablehnen. In Deutschland drucken Großverlage wie Rowohlt und Goldmann die Werke von Peter Singer, Tom Regan und Helmut F. Kaplan, drei führenden Ideologen der Bewegung. Vor einigen

Monaten eröffnete PETA (People for Ethical Treatment of Animals), die mit fast 400 000 Mitgliedern und einem Jahresetat von über dreizehn Millionen Mark größte amerikanische Tierrechtsorganisation, ein erstes Büro in Hamburg. *Emma*, die renommierte Frauenzeitschrift, schloss sich 1994 der Strömung an und veröffentlichte unter anderem einen Artikel, in dem Metzger und Lustmörder auf eine Stufe gestellt wurden.
Tierrechtsideologie ist ein völlig eigenständiges Gedankengebäude, das sich scharf vom Tierschutz abgrenzt. Naturschützer sorgen sich um Ökosysteme, Lebensgemeinschaften und Arten, Tierrechtler jedoch ausschließlich um individuelle Geschöpfe. Ob eine Tierart häufig oder bedroht ist, hat für sie keine Bedeutung. Ihr amerikanischer Vordenker Tom Regan verteufelt ökologisches Naturverständnis sogar als „Umweltfaschismus". Auf den Einwand eines Naturschützers, manche Tierarten wie beispielsweise Rehe müßten aus ökologischen Gründen vermindert werden, antwortete der Salzburger Tierrechtsphilosoph Helmut F. Kaplan zynisch: Auch das Umbringen von Menschen ist ökologisch unbedenklich (...)
(...) Für Tierrechtler ist die Grausamkeit nur der Nebeneffekt einer grundsätzlich unberechtigten menschlichen Vorherrschaft. Denn sie sind davon überzeugt, daß unsere Mitgeschöpfe – wie wir Menschen – Recht auf Leben und individuelle Freiheit besitzen. „Tierrechtler machen zwischen Menschen und Tieren keinen Unterschied. Sie sehen auch keinen Grund, warum der Mensch besondere Rechte haben sollte", sagt Ingrid Newkirk, Chefin von PETA in den Vereinigten Staaten (...).
(...) PETA-Sprecher lehnen es sogar ab, Honig zu konsumieren, weil damit Bienen ausgebeutet würden (...)
(...) Die Grundzüge dieses Weltbildes gehen auf den englischen Philosophen Jeremy Bentham zurück, der im 18. und 19. Jahrhundert lebte. Bentham verkündete, es sei unwichtig, ob Tiere denken oder sprechen können. Entscheidend sei ihre Eigenschaft, Leiden und Schmerzen zu empfinden. Diese Leidensfähigkeit, darin sind sich die Wissenschaftler einig, besitzen zumindest alle höheren Tiere. Davon ausgehend, argumentiert der australische Philosoph Peter Singer: Die Fähigkeit eines Lebewesens, Gut und Böse zu unterscheiden, dürfe kein Maßstab für seine rechtliche Gleichbehandlung sein. Denn kleine Kinder oder geistig Schwerbehinderte besäßen ebenso wenig moralisches Urteilsvermögen wie Tiere. Trotzdem gehörten sie zur Gemeinschaft der Gleichen. Jeder erwachsene Hund sei jedoch höher entwickelt als ein neugeborenes Baby. Ihn verbinde also mehr mit einem entscheidungsfähigen Erwachsenen als ein Baby, welches nur das menschliche Antlitz teile. Ergo müßten wir die Grundrechte, die wir unseren unmündigen Mitmenschen zubilligen, auf Hunde und andere Lebewesen ausdehnen (...).
(...) Die Tierrechtler haben als Zielobjekte ihres Engagements die Tiere entdeckt, denen sie unsere moralischen Normen überstülpen wollen. Damit kehren sie den Vulgärdarwinismus der Nazis um, der die Gesetze der Natur – Recht des Stärkeren, Kampf ums Dasein, Selektion – auf den Menschen übertragen wollte. Beide Weltbilder haben eines gemeinsam – sie vermischen zwei völlig gegensätzliche Bereiche: *die menschliche Gemeinschaft mit ihren Möglichkeiten, ethische Entscheidungen zu treffen, und die Natur, die auf Effizienz angelegt ist und dabei keine moralischen Skrupel kennt* (...).
Menschen verursachen nur einen Bruchteil des alltäglichen Massensterbens von Lebewesen. Viele Arten sind geradezu darauf ausgerichtet, mit ihren Geburtenraten tausendfachen Tod in Kauf zu nehmen. Ein Feldhase beispielsweise kann im Zoo zwölf Jahre alt werden. Seine durchschnittliche Lebenser-

wartung - ohne Jägerei - liegt jedoch bei etwas über einem Jahr, denn 62 Prozent der Jungtiere sterben bereits in den ersten zwölf Monaten (...).
Auch wenn alle Menschen Vegetarier wären, der Futtermittelanbau wegfiele, müßten weiterhin im großen Maßstab Getreide und Gemüse gepflanzt werden. Jeder bestellte Acker, jede Plantage war jedoch einmal Wildnis und damit Lebensraum für Tiere. Das Dilemma des „Töten, um zu überleben", fängt nicht erst im Schlachthof an. „In letzter Konsequenz ist die Tierrechtsidee nicht praktikabel", folgert daher Baird Callicot.
Obwohl echte Tierrechtler nicht nur auf Fleisch, sondern auch auf Milch, Eier, Wolle, Leder und tiergetestete Arzneien verzichten, sitzen sie in der moralischen Klemme. Der Kautschuk, aus dem ihre Schuhe hergestellt werden, stammt aus Plantagen. Dafür wurden Regenwälder gerodet, und mit diesen verschwand eine artenreiche Tierwelt. Wo Baumwolle für Kleidung geerntet wird, waren früher Savannen, über die große Huftierherden zogen. Selbst die Bücher der Tierrechtsphilosophen sind blutbefleckt. Schließlich ist Papier ein Holzprodukt. Die Bäume, die dafür gefällt wurden, beherbergten Vögel, Käfer und Kleinsäuger.
Von einer weiteren moralischen Verstrickung hat die britische Firma Bridge End Factory zumindest die Heimtierhalter unter den Tierrechtlern erlöst. Sie bietet vegetarisches Hundefutter an, damit die domestizierten Wolfsnachfahren das strikte Fleischverbot ihrer Herrchen einhalten können.
Schwer zu sagen, wie die Hunde entschieden hätten, wenn sie den von Peter Singer geforderten Schutz der individuellen Freiheit wirklich genießen würden. Die wohlwollende Bevormundung der vegetarischen Hundehalter ist jedoch typisch für die Bewegung insgesamt. Denn Tierrechtler sein heißt, für Mandanten einzutreten, die keinen eigenen Willen bekunden. Krisenfester kann man sein Edelmut nicht investieren. In der jüngeren Geschichte waren unterdrückte Menschen oft undankbar gegenüber ihren Rettern. Arbeiter haben sich im Kapitalismus häuslich eingerichtet. Die Völker der Dritten Welt träumen von Hongkong statt von Havanna, und selbstbewußte junge Frauen halten Männerhass für eine Marotte aus Omas feministischem Nähkästchen.
Alle diese Enttäuschungen bleiben den neuen Freiheitshelden erspart. Sie haben sich den Traum aller Funktionäre erfüllt: eine Basis, die ihren Vertretern nie das Vertrauen entzieht."

Es sei noch einmal auf den kursiv gesetzten Satz hingewiesen, der ganz im Sinne der ökonomischen Perspektive ist. Selbstverständlich kann man Tieren Rechte zusprechen und deren Einhaltung verlangen. Aber es können nur *Menschen* sein, die diese Rechte zuerkennen, durchsetzen oder verletzen. Selbst wenn jemand behauptet, Tiere hätten ein Lebensrecht *an sich,* also unabhängig von uns Menschen, so ist es eben dennoch ein *Mensch,* der dieses behauptet, und dieser Mensch kann für seine so geäußerte *Präferenz* nicht mehr Verbindlichkeit reklamieren wie jemand, der das Recht auf das tägliche Schnitzel ausruft. Beide könnten lediglich versuchen, soviel Zustimmung wie möglich für ihre jeweilige „Ethik" zu gewinnen.

Insgesamt dürfte es zweckmäßig sein, die weitere Betrachtung auf die Bergsonsche SWF zu beschränken, denn fast jede SWF lässt sich durch geeignete Wahl der Gewichte α_i erzeugen. Kehren wir zurück zu unserer Frage: Ist es mit Hilfe einer SWF möglich, ohne die Wertbasis erweitern zu müssen, Pareto-effiziente

Zustände gewissermaßen auszusortieren, d.h. lässt sich eine Bergsonsche SWF dazu verwenden, eine Wahl unter effizienten Zuständen zu treffen? Die Antwort auf diese Frage ist in einem gewissen Sinne enttäuschend. Cum grano salis gilt nämlich, dass dann, wenn $x \in X$ Pareto-effizient ist, x auch eine geeignet gewählte SWF von Bergson Typ maximiert. Das bedeutet, dass es für jede Pareto-effiziente Situation x möglich ist, Gewichte α_i zu finden, für die gilt, dass die soziale Wohlfahrt in der Situation x maximal ist.

Dieses Resultat ist insofern enttäuschend, als wir damit über das Pareto-Kriterium nicht hinauskommen, d.h. wir sind nicht in der Lage, zwischen effizienten Situationen zu wählen. Wenn wir eine soziale Wohlfahrtsfunktion für eine solche Wahl verwenden wollten, dann müssten wir uns für konkrete Gewichte entscheiden – und das ist ohne eine Erweiterung der Wertbasis, ohne die Hinzuziehung weiterer Werturteile nicht möglich.

Welchen Wert sollen Wohlfahrtsfunktionen dann noch haben? Wenn wir über das Pareto-Kriterium nicht hinauskommen, reicht es dann nicht, die Nutzenmöglichkeitsgrenze (die Kontraktkurve) zu charakterisieren? Wenn man diese Frage in dieser Weise stellt, dann klingt es so, als sei die Charakterisierung effizienter Situationen *zu wenig*, als bedürfte es insbesondere im Hinblick auf die Politikberatung mehr als nur das. Dieser Eindruck ist jedoch falsch. Wir werden sehen, dass uns die Charakterisierung von Effizienz bei dem Versuch, rationale Politikberatung zu betreiben, ein gutes Stück weit bringen wird. Dennoch werden wir über die bloße Anwendung des Pareto-Kriteriums hinausgehen. Grundsätzlich stehen zwei Strategien offen, die es erlauben, soziale Wohlfahrtsfunktionen sinnvoll zu nutzen: eine normative und eine positive.

Die normative Wohlfahrtsökonomie konzediert, dass es unmöglich ist, eine Wohlfahrtsfunktion, die zwischen effizienten Zuständen unterscheidet, wertfrei abzuleiten. Die Schlussfolgerung daraus lautet jedoch nicht notwendig, dass damit das Geschäft des Wissenschaftlers beendet ist. Man erinnere sich daran, dass uns Satz 1 gelehrt hat, dass jeder, der soziale Zustände bewertet, zumindest implizit eine soziale Wohlfahrtsfunktion benutzt. Das aber bedeutet, dass die Wertungen, die einer solchen Funktion zugrunde liegen, transparent gemacht werden müssen, wenn wir den Anspruch der Wissenschaftlichkeit aufrecht erhalten wollen. Man könnte es auch anders formulieren: Wenn wir bei der Bewertung sozialer Zustände nicht um Werturteile herumkommen, dann sollten diese Urteile zumindest offen ausgewiesen werden. Das ist der Hintergrund für die zahlreichen Versuche einer *axiomatischen Fundierung* von sozialen Wohlfahrtsfunktionen. Der axiomatische Zugang scheint in idealer Weise geeignet, die Wertungen, die in eine Wohlfahrtsfunktion eingehen, zu offenbaren. Die Methode, die dabei angewendet wird, ist vergleichsweise unkompliziert. Man stellt ganz einfach die Frage, welche *minimalen* Anforderungen an eine Wohlfahrtsfunktion gestellt werden müssen, damit diese nur von einem bestimmten Typ erfüllt werden können. Dieses Prinzip sei an einem Beispiel verdeutlicht.

Wir werden vier Axiome formulieren, die nur von einer bestimmten Wohlfahrtsfunktion gleichzeitig erfüllt werden können:

Axiom U1:

> Die SWF soll ausschließlich von den Nutzenniveaus der i = 1,...,I Gesellschaftsmitglieder abhängen.

Diese Forderung wird mitunter auch als „Welfarism" bezeichnet. Sie entspricht den Grundsätzen des methodologischen Individualismus und der Anthropozentrik des ökonomischen Denkens – dem Leser dürfte sie nunmehr schon vertraut sein. Auch das zweite Axiom kennen wir bereits:

Axiom U2:

> Strikte Pareto-Effizienz: Pareto-superiore Situationen sind stets höher zu bewerten als inferiore.

Das dritte Axiom ist neu:

Axiom U3:

> Der durch einen Nutzenzuwachs eines Individuums ausgelöste Wohlfahrtsgewinn soll unabhängig davon sein, welches Individuum diesen Zuwachs erfährt, d.h.:
>
> $$\frac{\partial W}{\partial V_i} = \frac{\partial W}{\partial V_j} \quad \text{für alle } i \neq j \,;\, i,j = 1,...,I$$

Das dritte Axiom fordert Anonymität: Die Identität der Individuen soll keine Rolle bei der Bewertung spielen.

Das letzte Axiom bedarf einer Vorbemerkung. Innerhalb der ökonomischen Theorie sind wir es gewohnt, mit einem ordinalen Nutzenkonzept auszukommen. In aller Regel betrachten wir Präferenzrelationen, bei denen es lediglich darauf ankommt, ob etwas „besser" oder „schlechter" ist, aber nicht um wieviel etwas besser oder schlechter ist. Ordinalität schließt die intersubjektive Vergleichbarkeit von Nutzen aus, denn um Nutzenvergleiche anstellen zu können, bedürfte es eines gemeinsamen Maßstabes, mithin eines kardinalen Konzepts. Das vierte Axiom fordert eine Abkehr von dieser Gepflogenheit:

Axiom U4:

> Nutzen ist kardinal messbar und Nutzenzuwächse sind intersubjektiv vergleichbar.

Wir wollen an dieser Stelle die einzelnen Axiome nicht näher diskutieren, sondern uns zunächst ansehen, welche soziale Wohlfahrtsfunktion ihnen gerecht wird:

Satz 3:

> Bei Gültigkeit der Axiome U1 bis U4 ist die SWF notwendig utilitaristisch.

Dass hinter der utilitaristischen Wohlfahrtsfunktion die Forderung nach Anonymität steckt, dürfte nicht sonderlich überraschen, denn schließlich fordert die utilitaristische Wohlfahrtsfunktion ja gerade, keinen Unterschied zwischen den Individuen zu machen. Dass allerdings Kardinalität gefordert werden muss, um eine utilitaristische Wohlfahrtsfunktion als die einzige ausweisen zu können, die dem Axiomensystem genügt, dürfte kaum offensichtlich gewesen sein. Die Forderung nach Kardinalität unterscheidet sich in grundlegender Weise von den anderen Axiomen. Kardinalität kann man nicht als Eigenschaft einer sozialen Wohlfahrtsfunktion „fordern", so wie man fordern kann, dass nur effiziente Zustände gewählt werden sollen. Kardinalität im Sinne von Vergleichbarkeit ist erfüllt oder nicht erfüllt; es handelt sich um eine Eigenschaft der Objektebene und kann daher genau genommen nicht Gegenstand einer axiomatischen Forderung sein.

Die eigentliche Bedeutung der Kardinalitätsforderung wird auch erst in einem anderen Zusammenhang deutlich werden. Es gibt nämlich neben dem axiomatischen Zugang noch eine zweite Methodik, mit der über die „Rationalität" verschiedener Wohlfahrtsfunktionen diskutiert werden kann. Wir werden uns mit dieser Methode weiter unten noch auseinandersetzen.

Unser Interesse an der normativen Wohlfahrtstheorie wird noch ein wenig weiter gehen. Wir werden uns nicht nur mit Wohlfahrtsfunktionen vom Bergson-Typ auseinandersetzen, sondern wir müssen noch einen entscheidenden Schritt darüber hinaus machen. Es wurde immer wieder darauf hingewiesen, dass die Aussagen über soziale Wohlfahrtsfunktionen nur für gegebene, feste Präferenzen der Individuen gelten. Wie die individuellen Präferenzen numerisch repräsentiert werden, das hat uns bisher nicht näher interessieren müssen. Was aber geschieht, wenn wir gesellschaftliche Zustände beurteilen wollen, ohne von gegebenen Präferenzen auszugehen, wenn die Beliebigkeit individueller Präferenzen und ihre Veränderung zugelassen wird? Dieser allgemeinere Fall ist selbstverständlich von erheblicher Bedeutung und er wird uns entsprechend intensiv beschäftigen.

Wie bereits angedeutet, wird die zweite Forschungsstrategie, bei der Wohlfahrtsfunktionen eine wichtige Rolle spielen, im Bereich der positiv theoretischen Analyse verwendet. Im Gegensatz zum normativen Ansatz geht es bei ihr darum, beobachtbares Handeln – beispielsweise von Politikern – zu beschreiben und zu analysieren. Aufgabe dieser Analyse ist es nicht zuletzt, die Werturteile, die politischem Handeln zugrunde liegen, aufzudecken. Was wäre dazu besser geeignet als eine Wohlfahrtsfunktion von Bergson-Typ! Die Forschungsstrategie besteht darin, planerisches Handeln mit Hilfe einer geeigneten soziale Wohlfahrtsfunktion zu *rationalisieren*. Eine solche Analyse kann deutlich machen, welche Gewichtungen, welche Werturteile notwendig sind, um eine konkrete politische Maßnahme als rationale Handlungsalternative auszuweisen. Damit ist keineswegs unterstellt, dass

Politiker bei ihren Entscheidungen eine soziale Wohlfahrtsfunktion benutzen. Die wenigsten Politiker dürften auch nur eine vage Vorstellung davon haben, was das ist. Es wird vielmehr gezeigt, dass der Planer so handelt, *als ob* er eine bestimmte soziale Wohlfahrtsfunktion maximiert.

Sidestep 11: Von Rauchern und Nichtrauchern

Was steckt eigentlich hinter der politischen Bevorzugung oder Benachteiligung bestimmter Konsumgüter? Warum wird beispielsweise der Tabakkonsum hoch besteuert, das Theater aber subventioniert? Warum zahlt man Branntweinsteuer, wenn man sich einen Cognac leistet, aber nur den halben Mehrwertsteuersatz, wenn man eine Flasche Milch kauft? Natürlich stecken Werturteile hinter diesen Politiken, aber wie genau sehen diese aus?

RICHTER UND WEIMANN (1991) sind dieser Frage für den speziellen Fall der Tabakbesteuerung einmal nachgegangen und haben dabei genau die Methode benutzt, die gerade beschrieben wurde. Die konkrete Fragestellung der Untersuchung lautete: Angenommen, wir tun so, *als ob* der soziale Planer eine Wohlfahrtsfunktion maximieren würde, wie müsste diese Funktion aussehen, damit als Politik eine Besteuerung von Tabak herauskommt? Indem gezeigt wird, welche Wohlfahrtsfunktion maximiert wird, wenn man Tabak besteuert, legt man Werturteile frei. Nicht etwa die Werturteile, die derjenige Finanzminister, der die Tabaksteuer eingeführt hat, *tatsächlich* besaß. Aber Werturteile, die notwendig zu einer Tabakbesteuerung führen, wenn sich der Finanzminister (gegeben die Werturteile) *rational* verhält.

Es sei hier nicht auf die Einzelheiten des Modells eingegangen, sondern nur das Resultat wiedergegeben. Die entscheidende Wertung, die zu einer Tabakbesteuerung führt, besteht darin, dass der *soziale Einkommensgrenznutzen* (die Bewertung der marginalen Einkommensmark durch den Planer) eines Nichtrauchers höher eingeschätzt wird als der eines Rauchers. Man könnte eine SWF, in der unterschiedliche Einkommensgrenznutzen unterstellt sind, natürlich auch dadurch maximieren, dass man Einkommen von den Rauchern zu den Nichtrauchern solange umverteilt, bis Gleichheit der Grenznutzen hergestellt ist. Wenn dies aber nicht möglich ist, weil ein solcher Lump-Sum-Transfer aus technischen oder informationellen Gründen ausgeschlossen werden muss (wie sollte der Planer Raucher und Nichtraucher fälschungssicher unterscheiden?), dann ist die Besteuerung des Tabaks tatsächlich die einzige Möglichkeit, die soziale Wohlfahrt zu maximieren.

Der Finanzminister, der Tabak besteuert, verhält sich damit so, *als ob* er der Meinung wäre, dass eine zusätzliche Mark Einkommen bei einem Nichtraucher einen höheren Nutzenzuwachs stiftet als bei einem Menschen, der sich ausschließlich dadurch von dem Nichtraucher unterscheidet, dass er Tabak konsumiert.

Die positive Analyse bleibt zunächst noch im Hintergrund. Sie wird erst dann folgen, wenn wir die normative Grundlage der Politikberatung vollständig dargelegt haben. Es wird sich allerdings zeigen, dass eine strikte Trennung zwischen positiver und normativer Analyse kaum durchzuhalten sein wird. Die enge Verwandtschaft beider Theorieorientierungen zeigt sich bereits bei dem nächsten Punkt, den es zu behandeln gilt, bei der Charakterisierung effizienter Situationen.

Wir haben bisher die Pareto-Grenze als den Ort kennengelernt, an dem die „vorzugswürdigen" gesellschaftlichen Zustände liegen. Die SWF vom Bergson-Typ erlaubt uns zwar nicht, einen dieser Zustände als das *Optimum Optimorum* auszuwählen, aber sie erlaubt uns, gewissermaßen an der Pareto-Grenze entlang zu wandern. Je nachdem, wie wir die Gewichte der SWF wählen, erhalten wir einen anderen effizienten Punkt. Die dabei interessante Frage lautet: Lassen sich auf diese Weise weitere Eigenschaften Pareto-effizienter Zustände ausfindig machen, können wir Effizienz noch näher charakterisieren als bisher?

3.3 Zur Charakterisierung von Effizienz

Bei der Behandlung der Edgeworthbox hatte sich gezeigt, dass Pareto-effiziente Allokationen in den Punkten gegeben waren, in denen die Indifferenzkurven der beiden Individuen tangential zueinander waren. Im Grunde genommen ist dies bereits eine sehr weitgehende Charakterisierung, aber wir wollen sie dennoch ausbauen, indem wir zwei neue Elemente in unsere Problemstellung mit aufnehmen.

Bisher waren wir davon ausgegangen, dass die Individuen in unserer Modellökonomie (man denke an Bill und Hillary) über eine gegebene Menge der Güter verfügen, die es effizient zu allozieren gilt. Effizienz wird ausschließlich durch den Tausch dieser Anfangsausstattungen erreicht. Nun gibt es aber nicht nur den Tausch als Mittel um Knappheitsprobleme zu entschärfen. Mindestens genauso wichtig ist die *Produktion* von Gütern. Dieser Aspekt lässt sich auf recht einfache Weise in das Modell integrieren, indem wir ein Gut einführen, das nicht konsumiert werden kann, das aber in jedes andere Gut transformierbar ist. Die Knappheit wird dadurch keineswegs aufgehoben, denn auch dieses „Inputgut" ist nur in begrenzter Menge vorhanden. Es stellt sich aber nun ein weiteres Effizienzproblem: Es muss nicht nur entschieden werden, wie zu *tauschen* ist, sondern auch darüber, welche Gütermengen zu *produzieren* sind, will man eine insgesamt Pareto-effiziente Situation erreichen.

Der zweite Aspekt, der neu eingeführt werden soll, betrifft die Güter, die in der Ökonomie vorhanden sind. Bisher wurden ausschließlich sogenannte *private* Güter betrachtet. Das Kennzeichen solcher Güter besteht darin, dass sie *rival* konsumiert werden und dass *Konsumausschluss* möglich ist. Himbeereis ist beispielsweise ein rein privates Gut. Ein Eis kann nur einmal konsumiert werden, d.h. jeder Eiskonsum reduziert die insgesamt verfügbare Menge und das bedeutet, dass die Konsumenten um das Gut *rivalisieren*. Außerdem ist Konsumausschluss relativ leicht herbeizuführen. Nur derjenige, der bereit ist, an der Eisdiele den entsprechenden Preis zu bezahlen, kommt in den Genuss des Gutes, alle anderen sind vom Konsum *ausgeschlossen*.

Im Unterschied zu einem privaten Gut besteht bei einem *rein öffentlichen Gut* keine Rivalität und Konsumausschluss findet nicht statt. Es ist wichtig, sich klarzumachen, dass in der ökonomischen Terminologie ein Gut nicht dadurch zu einem öffentlichen Gut wird, dass es vom Staat (der sogenannten öffentlichen Hand) angeboten wird. *Wer* ein solches Gut anbietet, ist für die „Klassifizierung" in private und öffentliche Güter unwichtig.

In einem Zwei-Personen-Modell ist es relativ einfach, ein Beispiel für ein öffentliches Gut zu konstruieren. Stellen wir uns vor, Hillary käme auf die Idee, das Haus, in dem sie mit Bill lebt, mit einem neuen Anstrich zu versehen. An die Stelle des langweiligen Weiß kommt ein zartes Lila. Dieser Hausanstrich wäre innerhalb unserer Zwei-Personen-Ökonomie ein öffentliches Gut: Dadurch, dass Hillary das lila Haus betrachtet, verringert sie die Konsummöglichkeiten Bills nicht und es dürfte kaum damit zu rechnen sein, dass Bill vom Konsum der neuen Farbe ausgeschlossen werden kann, vermutlich könnte er sich noch nicht einmal ausschließen, selbst wenn er es wollte! Wenn wir an reale, große Ökonomien denken, wird es schon etwas schwieriger, Beispiele für *reine* öffentliche Güter zu finden. Das Standard-Lehrbuch-Beispiel ist die Landesverteidigung.[40] Dennoch werden öffentliche Güter im Rahmen dieser Vorlesung noch eine bedeutende Rolle spielen.

3.3.1 Effiziente Produktion und Konsum privater und öffentlicher Güter

Wir werden die Bedingungen, die für eine Pareto-effiziente Allokation erfüllt sein müssen und die damit Effizienz *charakterisieren*, in einem Modell ableiten, das im Wesentlichen dem bisher verwendeten entspricht. Die Menge des öffentlichen Gutes, das die I Konsumenten (i = 1,..,I) in identischer Menge konsumieren, sei y. Neben dem öffentlichen Gut existieren K-1 private Güter und z_i sei der Konsum des Individuums i dieser Güter:

$$z_i = (z_{i2},...,z_{iK}) \text{ und}$$

$$z = (z_1,...,z_I) \in R^{I(K-1)}$$

ist der Vektor der privaten Konsummengen der I Individuen. Neben den K Konsumgütern steht eine begrenzte Menge a des Inputgutes zur Verfügung. Die Transformation dieses Gutes in Konsumgüter (öffentlich wie privat) wird durch die

---

[40] Der Leser möge sich klarmachen, dass in Bezug auf die Landesverteidigung tatsächlich weder Rivalität noch Konsumausschluß gegeben sind.

Funktion F beschrieben, d.h. F(y, z) gibt die Menge des Inputgutes an, die notwendig ist, um y Einheiten des öffentlichen Gutes und die privaten Güter z zu produzieren.

An dieser Stelle kommt nun die soziale Wohlfahrtsfunktion zum Einsatz. Unter üblichen Annahmen bezüglich der Transformation F und der Präferenzen der Individuen ist gesichert, dass die Maximierung einer SWF vom Bergson-Typ zu einer Pareto-effizienten Allokation führt.[41] Wenn eine effiziente Organisation der Tausch- und der Produktionssphäre charakterisiert werden soll, dann reicht es deshalb aus, die Bedingungen anzugeben, die erfüllt sein müssen, damit die Bergsonsche soziale Wohlfahrtsfunktion ein Maximum annimmt. Dabei müssen allerdings die bestehenden Knappheiten berücksichtigt werden, d.h. es gilt zu beachten, dass die Produktionsmöglichkeiten begrenzt sind. Formal erhalten wir damit folgendes Optimierungsproblem:

$$\left. \begin{array}{l} \max \sum_{i=1}^{I} \alpha_i U_i(y, z_i) \\ \\ \text{unter den Nebenbedingungen} \\ \\ F(y, z) = a \\ \sum_i z_i^k = z^k \end{array} \right\} (BM)$$

Das Standard-Lösungsverfahren für solche Probleme ist die Methode von Lagrange.[42] Differenzieren der Lagrangefunktion und Nullsetzen der ersten Ableitungen führt zu folgenden notwendigen Bedingungen für eine Lösung von (BM):

$$\sum_{i=1}^{I} \alpha_i \frac{\partial U_i}{\partial y} = \lambda \frac{\partial F}{\partial y} \tag{3-1}$$

$$\alpha_i \frac{\partial U_i}{\partial z_{iK}} = \lambda \frac{\partial F}{\partial z_K} \qquad \forall\, i = 1, \dots, I \tag{3-2}$$

---

[41] Es wird bewusst darauf verzichtet, die notwendigen Bedingungen dafür präzise anzugeben, denn der formale Aufwand soll so gering wie nur möglich bleiben. Der interessierte Leser sei diesbezüglich auf mikroökonomische Lehrbücher wie KREPS (1992) oder VARIAN (1994) verwiesen.

[42] Die Nebenbedingung ist in Form einer Gleichung angegeben, deshalb können wir die Lagrange-Methode anwenden. Es dürfte klar sein, dass eine Situation, in der *nicht* alle Ressourcen eingesetzt werden (und damit die Nebenbedingungen in (BM) nicht bindend wäre) wohl kaum eine Pareto-effiziente Allokation sein dürfte.

$$\alpha_i \frac{\partial U_i}{\partial z_{i\tilde{K}}} = \lambda \frac{\partial F}{\partial z_{\tilde{K}}} \qquad \forall \ i = 1,\ldots, I \qquad (3\text{-}3)$$

Gleichung (3-2) und (3-3) erhält man durch differenzieren der Lagrangefunktion nach dem Konsum der Güter K und $\tilde{K}$ für alle I Individuen. Division von (3-2) durch (3-3) führt zu:

$$\frac{\dfrac{\partial U_i}{\partial z_{iK}}}{\dfrac{\partial U_i}{\partial z_{i\tilde{K}}}} = \frac{\dfrac{\partial F}{\partial z_K}}{\dfrac{\partial F}{\partial z_{\tilde{K}}}} \qquad \text{für alle } i = 1,\ldots, I \qquad (3\text{-}4)$$

Auf der linken Seite von (3-4) steht die *Grenzrate der Substitution (GRS)* zwischen den Gütern K und $\tilde{K}$. Die ökonomische Interpretation dieser Rate ist am einfachsten dann nachzuvollziehen, wenn man sich klarmacht, dass die GRS zugleich die Steigung der Indifferenzkurve zwischen den Gütern K und $\tilde{K}$ angibt. Das bedeutet, dass die GRS etwas darüber sagt, in welchem Verhältnis die Güter ausgetauscht werden können, wenn der Nutzen aus dem Konsum beider Güter konstant bleiben soll. Anders ausgedrückt: Die GRS gibt an, auf wieviel Konsum des Gutes $\tilde{K}$ der Konsument für eine Einheit des Gutes K zu verzichten bereit ist. Insofern gibt uns das Verhältnis der Grenznutzen auf der linken Seite von (3-4) den Wert des Gutes K in Einheiten des Grenznutzens aus $\tilde{K}$ an.

Auf der rechten Seite von (3-4) steht die *Grenzrate der Transformation (GRT)*. Es ist klar, dass eine Einheit des Inputfaktors immer nur zur Produktion *eines* Gutes eingesetzt werden kann. Das bedeutet, wenn mehr von dem Gut K produziert werden soll, dann muss dafür von $\tilde{K}$ *weniger* produziert werden. Dieses Austauschverhältnis gibt uns die GRT an. Anders formuliert: Die GRT bezeichnet die *Grenzkosten* der Produktion von Gut K, ausgedrückt in Einheiten des Gutes $\tilde{K}$, auf die bei der Produktion von K verzichtet werden muss.

Insgesamt liefert uns (3-4) damit eine ausgesprochen intuitive Bedingung für die optimale Produktion des Gutes K: Die Menge ist so zu wählen, dass die Kosten einer weiteren Einheit (gemessen in dem Verzicht auf andere Güter) gerade so hoch sind wie der Nutzen, den eine solche weitere Einheit bei den Konsumenten stiften würde. Diese Bedingung ist leicht einzusehen, denn wäre sie verletzt, so wäre es offensichtlich möglich, den Gesamtnutzen dadurch zu steigern, dass die Produktion von K zugunsten von $\tilde{K}$ eingeschränkt wird, weil der zusätzliche Nutzen aus $\tilde{K}$ größer wäre als der aus K.

Gleichung (3-4) sagt uns aber nicht nur etwas darüber, wie die Produktion der privaten Güter zu gestalten ist. Sie verrät uns auch etwas über den Tauschsektor unserer Ökonomie. Da die rechte Seite von (3-4) unabhängig von i ist, muss die Grenzrate der Substitution offenbar für alle Individuen im Optimum dem Wert der GRT entsprechen und das heißt, dass sie für alle Individuen gleich sein muss:

$$\frac{\dfrac{\partial U_i}{\partial z_{iK}}}{\dfrac{\partial U_i}{\partial z_{i\tilde{K}}}} = \frac{\dfrac{\partial U_j}{\partial z_{jK}}}{\dfrac{\partial U_j}{\partial z_{j\tilde{K}}}} \qquad i,j = 1,\ldots,L \qquad (3\text{-}5)$$

Auch diese Bedingung ist leicht einzusehen. Bei der Analyse Pareto-effizienter Allokationen in der Edgeworthbox hatten wir herausgefunden, dass eine notwendige Bedingung für Effizienz darin besteht, dass die Indifferenzkurven tangential sind – was nichts anderes bedeutet, als dass die Tangentensteigungen gleich sein müssen. Die GRS ist aber nichts anderes als die Steigung der Indifferenzkurve (bzw. deren Tangente) und damit ist (3-5) nichts anderes als die analytische Formulierung der Bedingung, die wir bereits innerhalb der Edgeworthbox abgeleitet haben.

Es lässt sich aber auch ohne den Verweis auf die Edgeworthbox leicht einsehen, warum die Gleichheit der Grenzraten der Substitution eine Effizienzbedingung ist. Nehmen wir an, diese Bedingung sei verletzt, und zwar sei $GRS^i > GRS^j$. In diesem Fall ist der Grenznutzen aus Gut K bei Konsument i relativ größer als bei Konsument j und der Grenznutzen aus $\tilde{K}$ entsprechend bei j größer als bei i. Das aber bedeutet, dass durch einen Tausch, bei dem i etwas von dem Gut K und j etwas von dem Gut $\tilde{K}$ erhält, *beide bessergestellt* werden können. Dies ist erst dann nicht mehr der Fall, wenn sich die Grenzraten angeglichen haben und damit ist die Gleichheit der Grenzraten eine Bedingung für Effizienz.

Soweit die Effizienzbedingung für die privaten Güter. Wie steht es mit dem öffentlichen Gut y? Um eine der Gleichung (3-4) entsprechende Bedingung für y abzuleiten, lösen wir zunächst (3-2) nach α_i auf:

$$\alpha_i = \lambda \frac{\dfrac{\partial F}{\partial z_K}}{\dfrac{\partial U_i}{\partial z_{iK}}}.$$

Einsetzen in (3-1) und Division durch $\lambda \partial F / \partial z_K$ führt zu:

$$\sum_{i=1}^{I} \frac{\dfrac{\partial U_i}{\partial y}}{\dfrac{\partial U_i}{\partial z_{iK}}} = \frac{\dfrac{\partial F}{\partial y}}{\dfrac{\partial F}{\partial z_K}} \qquad (3\text{-}6)$$

Auf den ersten Blick gleichen sich die Bedingungen (3-4) und (3-6). So steht in beiden Fällen auf der rechten Seite die Grenzrate der Transformation. Im Unterschied zu (3-4) steht auf der linken Seite von (3-6) jedoch die *Summe* der Grenzraten der Substitution aller Individuen. Wir können daher (3-6) nicht analog zu (3-4) interpretieren. Insbesondere können wir nicht schlussfolgern, dass die GRS aller Individuen im Optimum gleich sein muss. Das ist auch nicht verwunderlich, denn da keine Rivalität im Konsum des öffentlichen Gutes besteht und Konsumausschluss nicht praktiziert wird, konsumieren alle Individuen die gleiche Menge y. Da aber nicht alle aus dem Konsum des öffentlichen Gutes den gleichen Nutzen ziehen, wäre es reiner Zufall, wenn im Optimum die Grenzraten der Substitution gleich wären. Die Bedingung (3-6) trägt diesem Umstand Rechnung. Eine zusätzliche Einheit des öffentlichen Gutes wird nicht von einem Individuum konsumiert, sondern von allen gleichzeitig. Also ist die Ausdehnung der Produktion solange effizienzsteigernd, wie der Nutzen der insgesamt durch den zusätzlichen Konsum erzielt wird (gemessen in Einheiten des privaten Gutes K: $\sum_{i=1}^{I} GRS^i$) größer ist als die Kosten (ebenfalls gemessen in Einheiten des privaten Gutes: GRT). Die Bedingung (3-6) trägt im übrigen den Namen ihres „Entdeckers", es handelt sich um die *Samuelson-Bedingung*.

3.3.2 Private Güter: Märkte und Preise

Wann haben Sie zum letzten Mal beim Einkaufen über ihre Grenzrate der Substitution nachgedacht? So gestellt dürfte die Frage bestenfalls Heiterkeit auslösen, schlimmstenfalls zu der Schlussfolgerung verleiten, dass die oben abgeleitete Charakterisierung von Effizienz mit der Realität nichts zu tun hat. Ein solches Urteil wäre voreilig. Selbstverständlich denkt kein Mensch an seine Grenzrate der Substitution, wenn er Geld ausgibt. Insofern ist das Modell, mit dem wir im letzten Abschnitt individuelles Verhalten abgebildet haben, keine „originalgetreue" Abbildung dessen, was in der Realität geschieht. Aber wer würde nicht von sich behaupten, dass er sich rational verhält? Und wer ist nicht in der Lage, Präferenzen anzugeben, die er für die verschiedenen Güter hat? Und schließlich: Versuchen wir nicht alle, uns in dem Sinne „vernünftig" zu verhalten, dass wir nicht gegen unser eigenes Interesse, gegen unsere Präferenzen handeln?! In dem oben angewendeten Modell ist dieser Gedanke konsequent zu Ende gedacht, und das führt zu einer Charakterisierung von individuellem Verhalten, die zwar idealtypisch ist, die aber genau das Verhalten abbildet, um das sich Menschen in aller Regel bemühen: Rationalverhalten. Dass Menschen bei diesem Bemühen in der Realität häufig scheitern, ist unbestritten, aber im Moment geht es darum, wie „erfolgreiches" Rationalverhalten aussieht.

Im Hinblick auf das Verhalten von Konsumenten beim Tausch privater Güter kann man sogar sagen, dass es sehr wahrscheinlich ist, dass Menschen sehr erfolgreich sind. Letztlich beschreibt das Haushaltsmodell, das wir die ganze Zeit benutzt haben, nichts anderes, als dass Menschen sich das „Beste" auswählen, was sie sich leisten können. Wer möchte von sich behaupten, dass er etwas anderes täte, wenn er Einkaufen geht?!

Sidestep 12: Es ist alles relativ...

Bei der Charakterisierung rationalen Verhaltens sind wir davon ausgegangen, dass Menschen über unbegrenzte kognitive Fähigkeiten verfügen. Diese Form der Idealisierung ist in einem normativen Kontext durchaus begründbar. Aber wenn wir genau sein wollen, dann ist es nicht die einzige Idealisierung, die wir bisher vorgenommen haben. Beim Hinschreiben der SWF haben wir eine zweite benutzt. Wir sind nämlich davon ausgegangen, dass die Nutzen der einzelnen Individuen *unabhängig* voneinander sind.

Gegen diese Annahme lassen sich zwei Einwände vorbringen. Den ersten kennen wir bereits und er ist insgesamt nicht besonders schwerwiegend. Er besteht darin, dass Menschen altruistisch sein können, dass beispielsweise der Nutzen von Eltern auch davon abhängt, wie hoch der Nutzen der Kinder ist. Der zweite Einwand ist allgemeiner und er ist folgenschwerer: Er behauptet, dass für das Wohlbefinden der Individuen nicht nur ihre eigene absolute Versorgung mit Gütern entscheidend ist, sondern vor allem die *relative Position*, die sie in der Einkommens- bzw. Nutzenhierarchie einnehmen.

In einer nur auf das Einkommen bezogenen Variante wurde dieser Einwand bereits 1949 von DUESENBERRY formuliert. Angesichts demonstrativen Konsums und der hohen Bedeutung von Statussymbolen schlussfolgert DUESENBERRY: „In view of these considerations it seems quite possible that after some minimum income is reached, the frequency and strenght of impulses to increase expenditures for one individual depend entirely on the ratio of his expenditures to the expenditures of those with whom he associates." (1949, S. 32).

Die Konsequenzen einer solchen Hypothese sind erheblich. Zwei Beispiele mögen dies verdeutlichen. Man stelle sich vor, dass die Einkommen aller Bürger eines Landes mit dem Faktor $x > 1$ multipliziert werden (bei festen Preisen), also alle über Nacht reicher werden. Wenn die „relative Einkommenshypothese" zutrifft, dann würde sich dadurch am *Sparverhalten* der Menschen nichts ändern. Wenn nämlich ihre Ausgaben nur von der relativen Position abhängen, dann gibt es keinen Anlass, die Sparquote zu ändern, denn an der relativen Position hat sich nichts geändert. Eine solche Schlussfolgerung steht natürlich im Gegensatz etwa zur Keynesianischen Konsumfunktion, die bekanntlich die Sparquote vom *absoluten* Einkommen abhängig macht.

Das zweite Beispiel nennt DUESENBERRY selbst: „(...) it is harder for a family to reduce its expenditure from a high level than for a family to refrain from making high expenditures in the first place." (1949, S. 85) Die übliche, neoklassische Formulierung, wie sie in der SWF zum Ausdruck kommt, kann ein solches Phänomen ebensowenig abbilden, wie man mit ihr vereinbaren kann, dass alle um den Faktor x reicher werden, ohne dass sich dadurch die Wohlfahrt erhöht.

Die Konsequenzen der relativen Einkommenshypothese sind allerdings bis heute nicht geklärt. KOSOBUD (1991) fasst diese Defizite folgendermaßen zusammen:

„Whether the limitations in the theoretical development – relatively few testable implications; difficulties in exploring the meaning of the budget constraint; the incorporation of explanations in an optimal way – can be overcome, constitute open questions." (S. 136)
Vor diesem Hintergrund ist es durchaus verständlich, dass die relative Einkommenshypothese in der heutigen Zeit keine Rolle in der wissenschaftlichen Diskussion spielt. Mitunter aber kann man sich des Eindrucks nicht erwehren, als würde damit eine nicht unerhebliche Unterlassungssünde begangen. Der aufmerksame Beobachter des Prozesses der Deutschen Wiedervereinigung kann eigentlich nur zu dem Schluss kommen, dass für das subjektive Wohlbefinden der Menschen ihre relative Position von ausschlaggebender Bedeutung ist. Die materielle Versorgung fast aller Bürger der ehemaligen DDR ist nach der Wiedervereinigung deutlich verbessert worden. Dennoch fühlen sich viele Menschen als Verlierer und sind mit ihrer Situation unzufrieden. Eine Reaktion, die verständlich wird, wenn man sieht, dass die ostdeutschen Mitbürger in der gesamtdeutschen Wohlfahrtshierarchie am Ende stehen. Obwohl sich die absolute Versorgung verbessert hat, ist die relative Position schlechter geworden.
Es sei in diesem Zusammenhang an den Sidestep [9] (S. 63) erinnert, in dem neuere, modifizierte Varianten der relativen Einkommenshypothese vorgestellt werden. Sie unterscheiden sich von der These Duesenberrys dadurch, dass sie den Nutzen nicht nur von der relativen Position abhängig machen, sondern auch von der absoluten, wobei zwischen beiden ein Trade off besteht. Die Arbeiten von BOLTON/OCKENFELS und FEHR/SCHMIDT sind bisher nur benutzt worden, um experimentelle Beobachtungen besser verstehen zu können. Inwieweit sie auch geeignet sind, beobachtbares Konsumverhalten besser zu verstehen, muss abgewartet werden.

Wir müssen uns natürlich fragen, was mit der Effizienzcharakterisierung, die wir bisher geleistet haben, gewonnen ist. Das Ziel ist immer noch die Bewertung gesellschaftlicher Zustände und es muss gefragt werden, ob wir diesem Ziel im letzten Abschnitt näher gekommen sind. Auf den ersten Blick nicht, denn es ist offensichtlich, dass es kaum möglich sein wird, die Effizienzbedingungen (4) bis (6) (man spricht mitunter auch von den *Marginalbedingungen*) zur Überprüfung realer Situationen zu verwenden. Der Grund ist leicht einsehbar: Die Grenzrate der Substitution ist beispielsweise eine vollständig subjektive Größe, die nicht ohne weiteres beobachtbar ist. Allein aus diesem Grund wäre eine Überprüfung der Bedingung (5) in realen Situationen kaum möglich.

Um die Marginalbedingungen sinnvoll verwenden zu können, müssen wir noch einen wesentlichen Schritt weiter gehen. Rekapitulieren wir kurz, welche Situation wir bisher abgebildet haben, um zu Effizienzcharakterisierungen zu gelangen. Wir haben uns vorgestellt, dass die Menschen in einer Ökonomie über einen festen Bestand an Inputs verfügen und dass sie in der Lage sind, die Güter, die sie damit herstellen, untereinander zu tauschen. Ein ganz wesentlicher Aspekt fehlt. Die Tauschvorgänge sind bisher noch nicht explizit beschrieben worden und insbesondere existieren noch keine *Märkte* und keine *Preise* in der Modellökonomie.

Aus Gründen der Vereinfachung wollen wir zu unserer reinen Tauschökonomie zurückkehren, d.h. die Güter sind in festen Mengen vorhanden und müssen nicht erst produziert werden. Außerdem existieren nur K private Güter. Stellen wir uns vor, dass es für diese Güter Märkte gibt und dass für jedes Gut ein Preis p_j (j = 1,..,K) existiert, zu dem jeder Konsument das Gut kaufen oder verkaufen kann. Die I Konsumenten verfügen je über eine Anfangsausstattung

$$z_i^0 = (z_{i1}^0, z_{i2}^0, \ldots, z_{iK}^0).$$

Die Existenz von Preisen erlaubt es uns, den Wert dieser Anfangsausstattung anzugeben:

$$\sum_{j=1}^{K} p_j z_{ij}^0 = Y_i.$$

Y_i ist nichts anderes als das Einkommen, über das der Konsument i verfügt. (Man mache sich klar, dass i sein Güterbündel jederzeit zu den Preisen p_i verkaufen kann.) Bei der Verwendung dieses Einkommens wird ein rationales Individuum die Gütermengen, die es erwirbt, so wählen, dass sein Nutzen daraus maximal wird:

$$\left.\begin{array}{l} \max U_i(z_{i1},\ldots,z_{iK}) \quad \text{u.d.N.} \\ \sum_{j=1}^{K} p_j z_{ij} \leq Y_i. \end{array}\right\} \quad \text{(KM)}$$

Aus der mikroökonomischen Vorlesung dürfte die graphische Lösung dieses Optimierungsproblems wohlbekannt sein:

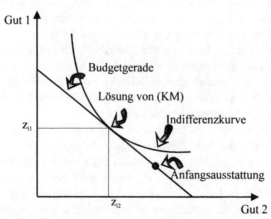

Abbildung 6: Haushaltsoptimum

Die Budgetgerade ist der geometrische Ort der Güterkombinationen, die bei gegebenen Preisen mit dem Einkommen Y_i gerade noch erworben werden können. Auf dieser Geraden wird der Punkt gewählt, mit dem die Isoquante mit dem höchstmöglichen Nutzenniveau erreicht wird. In Abbildung 6 ist dies der Punkt (z_{i1}, z_{i2}), in dem die Budgetgerade Tangente an einer Indifferenzkurve ist. Dieser Punkt kennzeichnet „das Beste" was sich der Haushalt (bei gegebenen Preisen und Einkommen) leisten kann!

Die Lösung zu (KM) beschreibt individuell rationales Verhalten. Die spannende Frage ist, ob dieses Verhalten zu kollektiv rationalen Resultaten führt! Um dies zu untersuchen, sei wiederum die Edgeworthbox bemüht. Die Abbildungen 7a und 7b zeigen jeweils eine solche Box, die gegenüber unseren bisherigen Darstellungen um eine Budgetgerade erweitert wurde, d.h. wir gehen nunmehr davon aus, dass Preise existieren und sich Bill und Hillary jeweils rational an diese Preise anpassen.

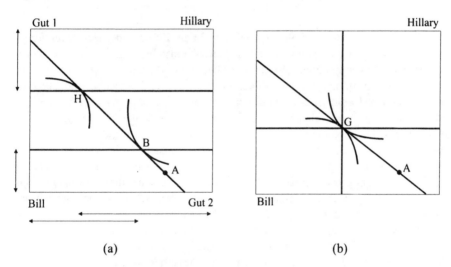

Abbildung 7: Haushaltsoptima in der Edgeworthbox

In beiden Fällen bezeichnet A die Anfangsausstattung der beiden Konsumenten. In 7a sind die Preise dergestalt, dass die resultierenden individuellen Nachfragemengen offensichtlich nicht miteinander kompatibel sind. Während für Gut 2 die Summe der Nachfragemengen größer ist als die Anfangsausstattung, wird Gut 1 nicht vollständig auf die beiden Konsumenten aufgeteilt. Die Nachfragepläne von Bill (B) und Hillary (H) sind damit nicht vollständig realisierbar. Anders verhält es sich bei den Preisen, die in 7b unterstellt sind. In diesem Fall sind die individuellen Nachfragepläne (G) miteinander vereinbar. Von beiden Gütern werden insgesamt gerade die Mengen nachgefragt, die auch vorhanden sind bzw. die angeboten werden, d.h. die Märkte werden bei diesen Preisen *geräumt*.

Abbildung 7b zeigt eine Situation, die offensichtlich einige sehr begrüßenswerte Eigenschaften besitzt. Nicht umsonst trägt dieser Zustand einen berühmten

Namen: Es handelt sich um ein *Walras-Gleichgewicht*. Ein solches Gleichgewicht ist durch zwei Dinge charakterisiert, die beide bereits angesprochen wurden und die in der folgenden Definition präzisiert sind:

Definition 3:

> Ein allgemeines Gleichgewicht (Walras-Gleichgewicht) ist gegeben durch einen Preisvektor $p = (p_1,...,p_K)$ und individuelle Güterbündel z_i für alle I Individuen, so dass
>
> 1) z_i bei den Preisen p das Problem (KM) für alle i löst und
>
> 2) alle Märkte geräumt sind, d.h.
>
> $$\sum_{i=1}^{I} z_i \leq \sum_{i=1}^{I} z_i^0$$

Offensichtlich ist ein Walras-Gleichgewicht ein Zustand, der sich dann *dezentral*, d.h. ohne Eingriff eines zentralen Planers, einstellt, wenn die Preise so gewählt sind, dass individuell rationales Verhalten zu Markträumung führt. Nun ist es relativ leicht, in eine Edgeworthbox eine entsprechend passende Budgetgerade einzuzeichnen. Damit ist aber natürlich nicht bewiesen, dass es solche Gleichgewichte auch in Ökonomien mit mehr als zwei Konsumenten und mehr als zwei Gütern gibt. Die allgemeine Gleichgewichtstheorie hat nicht nur diesen Existenzbeweis erbracht, sie ist auch in der Lage, die Existenz von Walras-Gleichgewichten in sehr komplexen Situationen nachzuweisen. Die hier aus didaktischen Gründen gewählte sehr einfache Darstellung soll nicht darüber hinwegtäuschen, dass die Gleichgewichtstheorie von höchster Komplexität und Kompliziertheit ist. Ihre Resultate rechtfertigen jedoch den erheblichen formalen Aufwand, den die Gleichgewichtstheoretiker treiben müssen. Mittlerweile ist nachgewiesen, dass allgemeine Gleichgewichte auch in dynamischen Kontexten existieren können, und zwar unter sehr allgemeinen Bedingungen. Die große Bedeutung, die solchen Existenzbeweisen zukommt, erschließt sich erst dann, wenn man eine zentrale Eigenschaft des Walras-Gleichgewichts kennt, die so wichtig ist, dass sie in Form des sogenannten *ersten Hauptsatzes der Wohlfahrtsökonomie* in die Literatur Eingang gefunden hat.

Erster Hauptsatz der Wohlfahrtsökonomie:

> Walras-Gleichgewichte sind stets Pareto-effizient.

Der Nachweis, dass ein Preissystem existiert, das zu einem allgemeinen Gleichgewicht führt, beinhaltet damit zugleich die Aussage, dass ein solches

Gleichgewicht eine *First-best Lösung* des gesellschaftlichen Kardinalproblems, des Knappheitsproblems schafft. Anders ausgedrückt: Der erste Hauptsatz sichert uns zu, dass unter bestimmten Bedingungen ein System von Märkten, auf denen die dezentral getroffenen, individuell rationalen Entscheidungen allein durch den Preismechanismus koordiniert werden, dann, wenn diese Märkte im Preisgleichgewicht sind, eine Pareto-effiziente Allokation knapper Ressourcen erzeugt.

Damit sind wir unserem Ziel, gesellschaftliche Situationen zu beurteilen, ein beträchtliches Stück nähergekommen. Wir können uns nämlich ab jetzt die Überprüfung von Marginalbedingungen sparen. Wir brauchen lediglich zu prüfen, ob die Bedingungen eines allgemeinen Gleichgewichtes vorliegen, um entscheiden zu können, ob die Allokation, die wir beobachten, effizient ist oder nicht. Das bedeutet allerdings nicht, dass wir uns darauf beschränken können, zu prüfen, ob die Allokation durch *einen Markt* erfolgt. Zwar ist es nicht zuletzt der erste Hauptsatz, der die Vorliebe der Ökonomen für den Allokationsmechanismus Markt begründet, aber das bedeutet nicht, dass die bloße Existenz von Märkten bereits Effizienz sichert. Es wäre höchst voreilig den ersten Hauptsatz in dieser Weise zu interpretieren.

Der erste Hauptsatz ist gewissermaßen das Paradebeispiel für einen theoretisch entwickelten Referenzpunkt, an dem sich Realität abgleichen lässt. Indem man Effizienz unter „idealen" Bedingungen charakterisiert, lernt man eine Menge darüber, wann in der Realität mit Ineffizienzen gerechnet werden muss und wie man diesen begegnen kann. Um diesen Punkt klarer zu machen, müssen wir uns vor allem die Bedingungen ansehen, unter denen der Hauptsatz Gültigkeit besitzt, bzw. die Einschränkungen, mit denen seine Gültigkeit versehen werden muss. Im Wesentlichen lassen sich drei verschiedene Bereiche unterscheiden, die sich durch drei zentrale Fragen charakterisieren lassen: Wie funktioniert der Markt, funktioniert der Markt in jedem Fall und wie verteilt der Markt?

1.   Wie funktioniert der Markt?

Weder der erste Hauptsatz noch die allgemeine Gleichgewichtstheorie sagen etwas darüber, wie eigentlich ein Marktgleichgewicht zustande kommt. Die Existenzsätze verraten uns, dass ein System relativer Preise existiert, bei dem dezentrale Entscheidungen zu Markträumung führen, aber wie dieses Preissystem gefunden werden kann bzw. wie *der Markt* es findet, darüber erfahren wir nichts. Um diese Lücke zu schließen, bieten sich zwei mögliche Strategien an. Man kann entweder zu sehr unrealistischen Hilfskonstruktionen greifen, oder versuchen, Preisbildungsprozesse explizit zu modellieren.

Die wahrscheinlich populärste Hilfskonstruktion, mit der das Zustandekommen eines Gleichgewichtspreises erklärt wird, besteht in der Vorstellung eines *Walrasianischen Auktionators*, dessen Aufgabe darin besteht, einen Preisvektor p auszurufen und zu prüfen, ob sich bei diesen Preisen Markträumung einstellt. Diese Überprüfung erfolgt, indem alle Konsumenten dem Auktionator mitteilen, welche Mengen sie zu den von ihm vorgeschlagenen Preisen kaufen und verkaufen wollen. Kommt es zu keinem Marktgleichgewicht bei p, versucht es der Auktionator mit einem alternativen Preissystem $\bar{p}$. Die Frage, nach welcher Regel er von p zu $\bar{p}$ gelangt, ist nicht uninteressant, aber für das Verständnis realer Märkte vollkommen unerheblich, denn reale Ökonomien verfügen nun einmal nicht über einen Auktionator, der in der Lage ist, markträumende Preise festzusetzen.

Will man die unrealistische Annahme eines Auktionators vermeiden und ist man auch nicht bereit zu der Vorstellung Zuflucht zu nehmen, dass es einen zentralen Planer gibt, der alle Nachfrage- und Angebotspläne der Konsumenten kennt und daher in der Lage ist die Gleichgewichtspreise zu berechnen, dann muss man den Preisbildungsprozess wohl oder übel explizit modellieren. Das ist alles andere als ein einfaches Unterfangen und die diesbezügliche Literatur (die einen erheblichen Umfang aufweist) ist vielfach nicht eben leicht zu verstehen. Es sind verschiedene Wege beschritten worden, um zu zeigen, wie Preisbildungsprozesse ablaufen. Ein sehr intuitiver Zugang besteht darin, die Preisbildung im Rahmen einer Auktion zu untersuchen. Die sogenannte *Double Oral Auction* ist ein gutes Beispiel dafür, wie man individuelles Verhalten in einem Markt analytisch behandeln kann. Bei dieser Auktionsform sind die Marktteilnehmer in der Lage jederzeit Kauf- und Verkaufsabsichten kundzutun. Ein Käufer kann beispielsweise verlauten lassen, dass er bereit ist, eine Einheit des Gutes zu einem bestimmten Preis zu kaufen, und ein Anbieter kann ein Gebot abgeben, indem er einen Preis nennt, zu dem er bereit ist zu verkaufen. Anbieter und Nachfrager sind jederzeit in der Lage, ein solches Gebot anzunehmen und dadurch einen Handel abzuschließen. Die analytisch zu beantwortende Frage ist, wie sich rationale Individuen bei einer solchen Auktion verhalten werden und ob ihr Verhalten zur Herausbildung von Gleichgewichtspreisen führt.

Die Antworten, die insbesondere die Spieltheorie auf solche Fragen gefunden hat, sind durchaus geeignet die Vorstellung zu stützen, dass Marktsysteme in der Lage sind Gleichgewichtspreise zu erzeugen. Allerdings: Die Anforderungen, die in den entsprechenden Modellen an die Konsumenten gestellt werden, sind hoch. Die Akteure müssen schon hyperrational sein, um die Gleichgewichtsstrategien zu entdecken, die zu markträumenden Preisen führen.[43] Angesichts dieser Anforderungen ist es natürlich durchaus fraglich, ob damit gerechnet werden kann, dass reale Märkte zu Walrasianischen Gleichgewichtspreisen finden.

Ob reale Menschen prinzipiell in der Lage sind, Gleichgewichtspreise zu generieren, ist eine Fragestellung, die für eine experimentelle Überprüfung geradezu prädestiniert ist. Es kann daher nicht verwundern, dass bereits vor 40 Jahren VERNON SMITH (1962) damit begann Experimente durchzuführen, in denen Märkte im Labor erzeugt wurden. Seit diesen Anfängen hat es zahlreiche ähnliche Versuche gegeben, die immer wieder das gleiche Ergebnis zeigten: Auf den im Labor geschaffenen Märkten wurde regelmäßig nach kurzer Zeit bereits zu Gleichgewichtspreisen gehandelt. Obwohl die Spieler sicherlich nicht die Rationalitätsanforderungen erfüllten, die die Theorie stellt, waren sie in der Lage, den Gleichgewichtspreis

---

[43] Für einen Überblick über die einschlägige Literatur vgl. KREPS Kap. 6 oder HEY (1991) Kap. 12. Vgl. weiterhin EATWELL ET AL. (1989).

in kurzer Zeit ausfindig zu machen.[44] Wenn Walras-Gleichgewichte nicht entstehen – so lautet die Botschaft der experimentellen Ökonomen – so muss das nicht daran liegen, dass es für reale Akteure zu schwierig ist Gleichgewichtspreise zu finden.

2.   Funktionieren Märkte in jedem Fall?

Dies ist mit Sicherheit die wichtigste der drei Fragen, die hier gestellt werden. Sie betrifft die bereits angesprochenen *Voraussetzungen* des ersten Hauptsatzes der Wohlfahrtsökonomie. Viele dieser Voraussetzungen sind implizit getroffen und nicht ohne weiteres erkennbar. Das heißt nicht, dass die Wohlfahrtsökonomik den Versuch unternehmen würde, die Einschränkungen, mit denen ihr erster Hauptsatz zu versehen ist, zu verschleiern. Im Gegenteil: Mit der *Marktversagenstheorie* existiert ein Ansatz, mit dem ausschließlich Fälle analysiert werden, in denen der Hauptsatz nicht gilt. Warum sind diese Fälle so wichtig?

Um diese Frage zu beantworten, muss man sich zunächst klarmachen, was der erste Hauptsatz für eine rationale Wirtschaftspolitik bedeutet. Im Prinzip beschreibt dieser Satz Situationen, in denen keinerlei politischer Handlungsbedarf existiert, weil der Preismechanismus bereits in der Lage ist, das Knappheitsproblem in bestmöglicher Weise zu bewältigen. Wenn der erste Hauptsatz gilt, wenn Märkte funktionieren, dann gibt es für Politiker kaum noch etwas zu tun, bzw. dann *sollte* es für Politiker kaum noch etwas zu tun geben. Zumindest lässt sich staatliches Handeln in diesen Fällen aus allokationstheoretischer Sicht *nicht rechtfertigen*.[45]

Wir können diese Implikation auch mit Hilfe der Begriffe formulieren, die wir benutzt haben, um die Funktion von Politik allgemein zu beschreiben: Wenn die Voraussetzungen des ersten Hauptsatzes erfüllt sind, dann führt *individuell rationales Verhalten* zu einem *kollektiv rationalen* Resultat, und das bedeutet, dass in diesen Fällen die Notwendigkeit kollektiven Handelns nicht besteht. Aber besitzen Märkte immer diese Eigenschaft? Koordinieren sie die individuellen Handlungen immer in der Weise, dass ein Pareto-effizientes Allokationsergebnis resultiert? Die Antwort ist Nein. Es existiert eine ganze Reihe von Tatbeständen, bei deren Vorliegen die Effizienzeigenschaft der Marktallokation zerstört wird. Wir wollen an dieser Stelle einen solchen Tatbestand, der zu *Marktversagen* führt, exemplarisch behandeln. Im nachfolgenden Kapitel werden wir uns dann ausführlich mit dem Marktversagensphänomen befassen. Der Grund für die erhebliche Beachtung, die wir diesem Punkt schenken, dürfte nunmehr klar sein: Allein in den Fällen, in

---

[44] Es würde an dieser Stelle zu weit führen, auf diese Experimente im einzelnen einzugehen. Dem Leser sei aber die Lektüre insbesondere der Arbeiten von SMITH (1962), FORSYTHE et al. (1982) und PLOTT (1989) empfohlen. Einen guten Überblick liefern DAVIS UND HOLT (1993). Man kann aus diesen Arbeiten eine Menge über die Funktionsweise von Märkten lernen.

[45] Selbstverständlich ist die Möglichkeit einer Verteilungspolitik davon nicht berührt.

denen Marktversagen diagnostiziert werden kann, lässt sich staatliches Handeln – und damit wirtschaftspolitisches Handeln – aus ökonomischer Sicht begründen. Dabei wird sich schon sehr bald zeigen, dass die Diagnose eines Marktversagens lediglich eine *notwendige*, keinesfalls jedoch eine *hinreichende* Bedingung für die Berechtigung staatlichen Handelns ist.

Wir haben bei der Charakterisierung von effizienten Allokationen im Abschnitt 3.3.1 nicht nur den Fall privater Güter behandelt, sondern auch die Samuelson-Bedingung für die effiziente Allokation öffentlicher Güter abgeleitet. Kann auch im Falle eines öffentlichen Gutes damit gerechnet werden, dass individuell rationales Verhalten zu einer kollektiv rationalen Situation führt? Um diese Frage beantworten zu können, müssen wir klären, ob ein rein öffentliches Gut von einer großen Gruppe rational handelnder Individuen dezentral, d.h. ohne die Hilfe eines Planers, bereitgestellt werden kann. Als Beispiel sei die Landesverteidigung gewählt (die wie erwähnt fast immer als Lehrbuchbeispiel herhalten muss).

Angenommen, der für die Verteidigung getriebene Aufwand ließe sich eindimensional durch den Geldbetrag X messen, der für die Armee bereitgestellt wird. X werde ausschließlich durch freiwillige Beiträge x_i der I Bewohner eines Landes aufgebracht, d.h. $X = \sum_{i=1}^{I} x_i$. Das Gut Landesverteidigung besteht natürlich nicht aus der Menge X, denn niemand ist an dem Konsum einer bestimmten Menge von Panzern und Soldaten interessiert, sondern an der durch die Armee geschaffenen Sicherheit. Sei S = F(X) die mit Hilfe von X produzierbare Sicherheit. Man kann sich leicht klarmachen, dass der Beitrag, den der einzelne Bürger zum Gesamtaufwand X leistet, einen nur vernachlässigbar geringen Effekt auf F(X) haben dürfte.[46] Dies kommt in der Produktionsfunktion für das öffentliche Gut zum Ausdruck:

$$S = F(X) = \frac{1}{I} \sum_{i=1}^{I} x_i$$

Der Nutzen eines Individuums hänge, bei gegebenem Verhalten aller anderen Individuen, außer von der konsumierten Sicherheit F(X) nur noch von dem Konsum eines privaten Gutes z ab: U = U(F(X), z), wobei der Preis für das Privatgut auf 1 normiert sei. Bei gegebenem Einkommen a löst der repräsentative Konsument folgendes Problem:

---

[46] Der Leser stelle sich vor, er würde sein gesamtes Lebenseinkommen der Bundeswehr übereignen. Würde dies zu einer spürbaren Erhöhung der Sicherheit führen, in der sich der Leser dann wähnen darf?

$$\left.\begin{array}{l}\max \quad U(F(X),z) \\ \text{u.d.N.} \\ z+x_i \leq a\end{array}\right\} \qquad \text{(RM)}$$

Die notwendigen Bedingungen für eine Lösung von (RM) sind:

$$\frac{\partial U}{\partial z} = \lambda$$

$$\frac{\partial U}{\partial x_i} = \lambda = \frac{1}{I}\frac{\partial U}{\partial S}$$

Das aber bedeutet, dass der Grenznutzen aus privatem Konsum $\partial U/\partial z$ im Optimum genauso groß sein muss wie das 1/I-fache des Grenznutzens aus Sicherheit. Nutzenmaximierendes (rationales!) Verhalten des repräsentativen Individuums setzt voraus, dass das Einkommen in entsprechender Weise auf die beiden Verwendungsmöglichkeiten verteilt wird. Bei einer großen Gruppe ist 1/I sehr klein, d.h. der Grenznutzen einer Einkommenseinheit (einer Mark), die für Verteidigung ausgegeben wird, dürfte im Optimum verschwindend gering sein. Das aber bedeutet, dass das Individuum keinen Beitrag zur Landesverteidigung leisten wird, denn es wird sich wohl immer eine private Konsummöglichkeit finden, die einen höheren Grenznutzen erzeugt als der Beitrag zur Verteidigung. Das Problem (RM) besitzt damit keine *innere* Lösung, sondern lediglich eine sogenannte *Randlösung*: Im Optimum ist $x_i = 0$.

Wir haben diese Überlegung für ein repräsentatives Individuum angestellt. Das bedeutet, dass sie identisch für *alle* Individuen gilt, sofern diese Nutzen aus den beiden Gütern ziehen und sich rational verhalten. Das wiederum hat zur Folge, dass bei individuell rationalem Verhalten auf der Basis dezentraler Entscheidungen das Gut Landesverteidigung nicht erstellt werden kann. Dass es für den (die) einzelne(n) nicht rational ist, einen Beitrag zur Erstellung des öffentlichen Gutes zu leisten, liegt an dessen spezifischen Eigenschaften. Der einzelne wird auch dann verteidigt, wenn er nichts für Verteidigung ausgibt, denn er kann vom Konsum dieses Gutes nicht ausgeschlossen werden. Da seine Konsummenge außerdem unabhängig davon ist, welchen Beitrag er leistet, würde ein positiver Beitrag x lediglich Kosten verursachen und keinerlei Nutzen erbringen. Warum sollte ein rationales Individuum auf privaten Konsum verzichten, wenn dadurch weder ihm selbst noch anderen ein Vorteil entsteht? [47]

Das Unangenehme an diesen Überlegungen ist, dass sie auch dann gelten, wenn alle Individuen eine Situation vorziehen würden, in der eine durch Beiträge

---

[47] Auch für andere hat der Beitrag, den der einzelne leistet, keine spürbare Wirkung.

aller finanzierte Landesverteidigung existiert. Eine solche Präferenz steht keineswegs im Widerspruch zu der Überlegung, dass es individuell nicht rational ist, sich an der Finanzierung zu beteiligen. Stellen wir uns vor, ein Individuum stünde vor der Wahl zwischen zwei Alternativen:

a) Es wird keine Armee aufgestellt oder
b) es wird eine Armee aufgestellt und die Kosten werden gleichmäßig auf alle Bürger verteilt.

Es ist durchaus vorstellbar, dass bei einer Abstimmung zwischen diesen beiden Alternativen alle Bürger für b) stimmen würden,[48] was nichts anderes bedeutet, als dass die Situation a) Pareto-inferior ist! Diese Überlegung zeigt, dass es im Falle öffentlicher Güter nicht zu der Harmonie zwischen individueller und kollektiver Rationalität kommt, die im Falle privater Güter existiert. Im Gegenteil: Bei öffentlichen Gütern besteht ein direkter Widerspruch zwischen individuellem Rationalverhalten und Pareto-Effizienz. Um eine effiziente Situation herzustellen, müsste der einzelne auf die individuelle Vorteilsnahme verzichten, die in der Option besteht, das Gut auch dann konsumieren zu können, wenn kein eigener Beitrag zu seiner Produktion geleistet wird. Die Akteure – und zwar alle Akteure – müssten darauf verzichten, die *Freifahrermöglichkeit* zu nutzen, die ihnen im Falle öffentlicher Güter offen steht. Ein in diesem Sinne *kooperatives Verhalten* steht allerdings im Widerspruch zu der Voraussetzung individueller Rationalität. Sollten die Individuen nicht bereit sein, freiwillig auf individuell rationale Vorteilsnahme zu verzichten, um so Effizienz zu erreichen, so bleibt nur noch eine Möglichkeit, diesen Widerspruch zu überwinden – durch eine *kollektive Entscheidung*! Eine solche könnte beispielsweise darin bestehen, die Bürger vor die Wahl zwischen die beiden Alternativen a) und b) zu stellen und gleichzeitig dafür zu sorgen, dass die getroffene Entscheidung auch durchgesetzt wird. Zu beidem dürfte nur ein mit Macht ausgestatteter Staat in der Lage sein.

Im Falle öffentlicher Güter führt das dezentrale Allokationsinstrument „Markt" offensichtlich nicht zu einer effizienten Verwendung der gesellschaftlichen Ressourcen, denn es kann nicht damit gerechnet werden, dass rationale Individuen als zahlungswillige Nachfrager solcher Güter am Markt auftreten. Der erste Hauptsatz der Wohlfahrtsökonomie gilt für öffentliche Güter nicht, bei ihrer Bereitstellung kommt es zu einem Marktversagen.

Der Markt funktioniert also keineswegs immer. Vielmehr ist seine Funktionsfähigkeit unter eine ganze Anzahl von Vorbedingungen gestellt. Sind diese nicht erfüllt, so entstehen prinzipielle Eingriffsbereiche für staatliche Wirtschaftspolitik.

---

[48] Man beachte, dass eine solche Abstimmung etwas vollkommen anderes ist als die Entscheidung darüber, freiwillig einen Beitrag zur Erstellung des Gutes zu leisten. Die Möglichkeit, Landesverteidigung zu konsumieren, ohne einen Beitrag zu leisten, ist bei der Abstimmung über die beiden Alternativen nicht gegeben.

Für die Politikberatung folgt aus dieser Einsicht die Notwendigkeit, zwei Fragen zu beantworten:

1) Um welche Voraussetzungen handelt es sich und wann muss damit gerechnet werden, dass Märkte ihre Allokationsaufgabe nicht erfüllen?

2) Wenn ein Marktversagen diagnostiziert werden kann, was folgt daraus für die Wirtschaftspolitik? Impliziert Marktversagen notwendigerweise staatliches Handeln? Ist der Staat immer in der Lage, Marktversagen zu heilen, d.h. Effizienz herzustellen?

3. Wie verteilt der Markt?

Bisher haben wir uns vornehmlich mit der *Allokation* befasst, d.h. mit der Frage, wie Güter und Ressourcen auf alternative Konsum- und Produktionsmöglichkeiten aufgeteilt werden sollen. Man erinnere sich an die Edgeworthbox: Es ging um die Frage, wie durch den Tausch von Gütern der vorhandene Gütervorrat so verwendet werden kann, dass der Nutzen daraus maximal wird. Zwei Dinge dürften dabei aufgefallen sein: Erstens die Tatsache, dass wir immer von einer gegebenen Anfangsausstattung der Konsumenten ausgegangen sind, die bisher nicht weiter hinterfragt wurde, und zweitens, dass wir niemals eine einzelne Allokation als *die* effiziente gekennzeichnet haben, sondern die Effizienzcharakterisierung immer auf eine mehr oder weniger große Menge von Allokationen zutraf. Dem aufmerksamen Leser wird noch etwas anderes aufgefallen sein, nämlich der Zusammenhang zwischen den beiden genannten Punkten. Die Menge der Allokationen, die innerhalb der Edgeworthbox Pareto-effizient sein können, entspricht *zunächst* der Kontraktkurve. Die Einschränkung „zunächst" bezieht sich dabei auf die Anfangsausstattung: Sobald sie festgelegt ist, kommt nur noch das Stück der Kontraktkurve in Frage, das innerhalb der „Linse" (vgl. die Abbildungen 4 und 5) liegt, die die Allokationen markiert, die beide Individuen besserstellt als die Anfangsausstattung. Heißt das nicht, dass man allein durch entsprechende Wahl der Anfangsausstattung jeden beliebigen Punkt auf der Kontraktkurve erreichen können müßte? Genau das ist der Fall. Genaueres sagt uns der zweite Hauptsatz der Wohlfahrtsökonomie:

Zweiter Hauptsatz der Wohlfahrtsökonomie:

> Jede zulässige Pareto-effiziente Allokation $z^* = (z_1^*,...,z_I^*)$ kann durch passende Wahl der Anfangsausstattung $z^0 = (z_1^0,...,z_I^0)$ dezentral erzeugt werden.

Wir haben die Verteilungsfrage bisher weitgehend unbeachtet gelassen und das aus gutem Grund. Eine ausschließlich an der allokativen Effizienz orientierte

Analyse hat einen erheblichen Vorteil: Um sie durchführen zu können, muss man sich lediglich darauf einigen, dass Verschwendung knapper Ressourcen vermieden werden soll. Ein solcher *Minimalkonsens* dürfte leicht herzustellen sein. Bei der Diskussion von Verteilungsfragen sieht es dagegen ganz anders aus. Um eine Entscheidung über die *richtige* Verteilung machen zu können, müssen Gerechtigkeitsfragen beantwortet werden – was mit minimalem Aufwand an Werturteilen kaum noch zu leisten sein wird und wobei erst recht nicht mit einem Konsens gerechnet werden kann.

Der zweite Hauptsatz scheint uns nun aus der Klemme zu helfen: Wenn man ihn genau liest, behauptet er nicht weniger, als dass es möglich ist, die Frage der allokativen Effizienz von der Frage der richtigen oder gerechten Verteilung zu trennen. Die Charakterisierung von Effizienz, die wir bisher geleistet haben, wäre damit gewissermaßen verteilungsunabhängig und das würde der Effizienzanalyse weitreichende Gültigkeit verleihen: Wie auch immer die Verteilungsfrage gelöst wird, welche Verteilung der Anfangsausstattungen sich auch immer einstellt, an den Bedingungen für Effizienz ändert sich nichts, es bleibt in jedem Fall bei den Empfehlungen, die wir im Sinne einer rationalen Wirtschaftspolitik aus unserer reinen Effizienzanalyse ableiten können. Etwas anders formuliert: Die Effizienzforderung verlangt, dass Güter und Ressourcen so eingesetzt werden sollen, dass der „Kuchen" so groß wie eben möglich wird. Der zweite Hauptsatz behauptet, dass die Größe des Kuchens unabhängig davon ist, wie er unter denen verteilt wird, die ihn gebacken haben.

Leider sind die Dinge nicht ganz so einfach, wie der zweite Hauptsatz uns glauben machen will. In ihm ist nämlich ausgerechnet der Zusammenhang zwischen Größe und Verteilung des Kuchens nicht berücksichtigt. Dass ein solcher Zusammenhang besteht, ist geradezu trivial: Man stelle sich eine Situation vor, in der die Verteilungsfrage in der Weise beantwortet wird, dass durch Umverteilungsmaßnahmen des Staates jeder Bürger das gleiche Einkommen erhält. Welchen Effekt hätte eine solche Politik? Sie würde dazu führen, dass wohl kaum noch jemand bereit wäre, Arbeitsleid auf sich zu nehmen, denn es bestünde keinerlei Anreiz mehr dazu. Die Folge ist klar: Der Kuchen, den es zu gleichen Teilen zu verteilen gäbe, würde immer kleiner und kleiner. Der Kuchen wäre ein rein öffentliches Gut und wir haben erst eben festgestellt, dass die dezentrale Bereitstellung öffentlicher Güter durch freiwillige Beiträge (hier in Form von Arbeitsleistung) auf enge Grenzen stößt.

Es wäre fahrlässig den Zusammenhang zwischen Effizienz und Verteilung nicht zu beachten, dennoch erweist es sich als sinnvoll, die Trennung der beiden Aspekte aufrecht zu erhalten. Verteilungsfragen lassen sich nicht ohne Rückgriff auf Werturteile lösen und das bedeutet, dass sie wissenschaftlich letztlich nicht zu entscheiden sind. Dazu kommt, dass zwar ein Zusammenhang zwischen Allokation und Verteilung besteht, dies jedoch nichts daran ändert, dass die Bedingungen für eine effiziente Allokation bei jeder Verteilung erfüllt sein müssen. Auch dann, wenn sich beispielsweise eine Gesellschaft darauf einigt, alle mit dem gleichen Einkommen auszustatten, ist es nach wie vor sinnvoll, die Allokation privater Güter Märkten zu überlassen. Die Gleichverteilung der Einkommen dürfte Effizienzverluste zur Folge haben, aber das ändert nichts daran, dass wenigstens der „zu kleine" Kuchen effizient alloziert werden sollte. Wir können diese Einsicht in Form eines Rates formulieren, den wir im Verlauf dieses Buches noch häufiger an die Adresse des Wirtschaftspolitikers geben werden: Wenn Verteilungspolitik betrieben werden soll, wenn aus Gerechtigkeitsgründen Ressourcen umverteilt werden sollen, dann möge dies durch Veränderungen der *Anfangsausstattungen* geschehen. Dieser Rat ist auf den ersten Blick unverständlich, denn wie sollte sonst umverteilt werden? Ein Blick auf den wirtschaftspolitischen Alltag zeigt allerdings, dass vielfach Verteilungsziele nicht durch die Gestaltung der Anfangsausstattungen angestrebt werden, sondern durch die Manipulation von Preisen. Beispielhaft sei etwa die Subventionierung des Bergbaus oder der Landwirtschaft genannt, die im Wesentlichen durch das Ziel bestimmt sind, bestimmten Gruppen Einkommen zukommen zu lassen, also zu ihren Gunsten umzuverteilen. Die Gründe dafür, warum dies oft in Form von Preismanipulationen geschieht und nicht durch direkte Einkommenstransfers, werden noch zu erörtern sein. Die Folgen einer solchen Politik sind aber bereits jetzt erkennbar: Preismanipulationen führen zu (teilweise massiven) Effizienzverlusten, die zusätzlich zu den Verlusten auftreten, die unter Umständen durch die Umverteilung der Anfangsausstattungen ausgelöst werden (und die als notwendiger Preis für eine „gerechte" Verteilung angesehen werden könnten). Das Verteilungsziel wird auf diese Weise zu teuer bezahlt, die Effizienzverluste weit über das unumgängliche Maß hinaus vergrößert.

Was können wir über diesen Rat hinaus zur Verteilungsfrage sagen, ohne den Boden der Wissenschaftlichkeit zu verlassen? Um das Problem noch etwas deutlicher zu machen, sei noch einmal zur Wohlfahrtsfunktion zurückgekehrt. Anhand der SWF vom Bergson-Typ wird deutlich, worin der Unterschied zwischen Allokation und Verteilung besteht. Bei der Verteilungsfrage geht es letztlich um die Gewichte α_i, die festzulegen nur unter Rückgriff auf Werturteile möglich ist. Die Allokationsfrage betrifft die Effizienzbedingungen, die für jede Wahl der Verteilungsgewichte erfüllt sein müssen, also entlang der gesamten Pareto-Grenze. Damit ist klar, dass das, was wir bereits im Zusammenhang mit der Diskussion über die „richtige" Wohlfahrtsfunktion gesagt haben, auf das Verteilungsproblem übertragen werden kann. Ein wesentlicher Beitrag, den Ökonomen hier leisten können, besteht darin, dass die grundlegenden Werturteile, die mit der Wahl einer Wohlfahrtsfunktion oder einer Verteilungsnorm verbunden sind, explizert werden. Ein möglicher Zugang ist dabei die bereits angesprochene axiomatische Analyse, bei der geklärt wird, welche „letzten Werturteile" zu einer konkreten Verteilungsforderung führen.

Darüber hinaus stellen sich im Zusammenhang mit Verteilungsfragen vor allem Aufgaben im positiv-theoretischen Bereich. So gilt es insbesondere, den Zusammenhang zwischen Verteilung und Allokation deutlich zu machen. Nur dann, wenn klar ist, mit welchen Effizienzverlusten eine bestimmte Verteilungspolitik bezahlt werden muss, kann man hoffen, eine Einigung über Verteilungsfragen herbeiführen zu können. Insofern ist eine entsprechende Analyse ein Beitrag zur Vorbereitung gesellschaftlicher Entscheidungen.

Ebenfalls entscheidungsvorbereitenden Charakter hat die positiv-theoretische Analyse von Verteilungswirkungen unterschiedlicher gesellschaftlicher Institutionen. Beispielsweise gilt es zu klären, welche Verteilungswirkungen staatliches Handeln, etwa in Form von Besteuerung, hat und wie der Markt als das zentrale Allokationsinstrument verteilt. Beide Analysen sind notwendige Voraussetzungen dafür, dass die Wirtschaftspolitik in die Lage versetzt wird, Verteilungsziele eindeutig zu identifizieren, ihre „Kosten" abzuschätzen und die bestmöglichen Instrumente zu ihrer Realisierung zu entwickeln.

Eine letzte Frage im Zusammenhang mit dem Verteilungsproblem ist nicht eindeutig zu beantworten. Sie lautet: Können und sollen Ökonomen einen Beitrag leisten bei der rein normativen Debatte um die Frage, was eine *gerechte* Verteilung ist? Die diesbezüglichen Auffassungen sind unterschiedlich. Zweifellos besteht ein Zusammenhang zwischen ethischen Fragen und dem ökonomischen Denken und es könnte sich als wertvoll erweisen, letzteres bei der ethischen Analyse einzusetzen. Um die Schwierigkeiten, die sich im Zusammenhang mit der Entscheidung über Gerechtigkeitsfragen stellen, wenigstens anzudeuten, sei nur auf ein Problem hingewiesen. Wenn wir über die Gerechtigkeit einer Verteilung sprechen, was meinen wir damit? Geht es um die Art und Weise, in der die Verteilung hergestellt wird, um den Mechanismus der die Einkommensverteilung bewirkt, oder geht es allein um das Verteilungsergebnis? Beide Varianten werden diskutiert und für beide lassen sich durchaus gewichtige Argumente anführen.

Obwohl damit auch die Verteilungsfrage erhebliche ökonomische Relevanz besitzt, bleibt es dabei, dass die Effizienzfrage eindeutig im Vordergrund steht. Aus diesem Grund werden wir uns ihr im folgenden näher widmen, indem wir zunächst Situationen charakterisieren, in denen man sich um die Effizienz der Allokation Sorgen machen muss. Wir werden dabei in der folgenden Weise vorgehen. Im Kapitel 4 wird es darum gehen, eine gemeinsame Eigenschaft verschiedener Marktversagensfälle herauszuarbeiten. Um welche Fälle es sich dabei handelt, wann also von einem Marktversagen auszugehen ist, werden wir in diesem Kapital nur sehr knapp und überblicksartig behandeln. Wichtiger ist im Moment noch die zugrundeliegende Struktur des Marktversagensphänomens. Wenn wir diese aufgedeckt haben, werden wir sehr genau wissen, warum kollektive Entscheidungen notwendig sind. Es wird dann Zeit, sich darüber Gedanken zu machen, *wie* kollektiv entschieden werden kann, welche Möglichkeiten, Probleme und Grenzen sich dabei auftun. Dies wird Gegenstand des Kapitels 5 sein. Erst dann werden wir uns den einzelnen Marktversagensfällen ausführlich widmen und uns dabei konkreten Politiken zuwenden.

Kontrollfragen

1) Grenzen Sie die Begriffe „Konsumraum" und Nutzenraum" gegeneinander ab.

2) Was unterscheidet einen Pareto-superioren Zustand von einem Pareto-effizienten?

3) Was halten Sie von dem Einwand, dass die wohlfahrtstheoretische Fundierung der Wirtschaftspolitik unsinnig sei, weil kein realer Politiker eine soziale Wohlfahrtsfunktion besitze (vermutlich nicht einmal die leiseste Ahnung davon hat, was das sein soll)?

4) Angenommen, Sie müssten 100 DM auf vier Personen aufteilen. Wie müssten Sie vorgehen, wenn Sie eine utilitaristische Wohlfahrtsfunktion (den Nutzen der vier Leute) maximieren wollen? Welche Verteilung resultiert bei einer Rawlschen SWF, wenn Sie voraussetzen, dass die vier Personen identische Nutzenfunktionen besitzen?

5) Warum besitzt der erste Hauptsatz der Wohlfahrtsökonomie so überragende Bedeutung? Was bedeutet er für die Beurteilung von Wettbewerbsmärkten?

6) Liefert der zweite Hauptsatz der Wohlfahrtsökonomie eine eindeutige Verteilungsnorm?

LITERATUR ZU KAPITEL 3

Lehrbücher, in denen die wichtigsten mikroökonomischen Zusammenhänge sehr kompetent dargestellt werden:

KREPS, D.M., A Course in Microeconomic Theory, New York 1992.

VARIAN H., Mikroökonomie, 3. Aufl. München 1994.

Zur positiven Analyse mittels Wohlfahrtsfunktionen:

RICHTER W.F., WEIMANN, J., Meritorik, Verteilung und sozialer Grenznutzen vom Einkommen, Jahrbuch für Sozialwissenschaft, 42, 1991, 118 - 130.

Grundlegend für die allgemeine Gleichgewichtstheorie sind die Arbeiten von ARROW und von DEBREU:

ARROW, K., AND HAHN F., General Competitive Theory, San Francisco 1971.

DEBREU, D, Theory of Value, New Haven 1959.

Der gegenwärtige Stand der allgemeinen Gleichgewichtstheorie findet sich bei

ALIPRANTIS, C., BROWN D., BURKINSHAW, O., Existence and Optimality of Competitive Equilibria, Berlin et al., 1989.

Allerdings sei der Leser vor der zuletztgenannten Quelle gewarnt: Ihre Lektüre empfiehlt sich nur für mathematisch sehr gut gerüstete Leser.

Zur experimentellen Untersuchung von Märkten:

DAVIS, D.D., HOLT, CH. A., Experimental Economics, Princeton, 1993.

EATWELL, J., MILGATE, M., NEWMAN, P., (eds.), The New Palgrave: Allocation, Information and Markets, Macmillan, 1989.

FORSYTHE, R., PALFREY, T.R., PLOTT, C.R., Asset Valuation in an experimental Market, Econometrica, 50, 1982, 537- 567.

PLOTT, C.R., An Update Review of Industrial Organizations of Experimental Methods, in: SCHMALENSEE, R., WILLIG, R.D. (eds.), Handbook of Industrial Organization, Elsevier, Vol. II, 1989, 1111-1176.

SMITH, V. L., An Experimental Study of Competitive Market Behavior, Journal of Political Economy, 70, 1962, 111-137.

Zur relativen Einkomenshypothese:

DUESENBERRY, J.S., Income, Savings and the Theory of Consumer Behavior, Cambridge Mass, 1949.

KOSOBUD, R.S., Relative Income Hypotheses, in: Eatwell, J., Milgate, M., Newman, P. (eds.) The New Palgrave, Vol. 4, London et al., 1991, S. 134-136.

4 MARKTVERSAGEN UND GEFANGENEN-DILEMMA

4.1 DILEMMATA

Wir haben in den vorangegangenen Abschnitten einerseits Effizienz charakterisiert und andererseits gezeigt, dass dezentrale Entscheidungen, die von rationalen Individuen getroffen werden, tatsächlich geeignet sein können, Effizienz herzustellen. Die Notwendigkeit kollektiver Entscheidungen, also die Notwendigkeit einer Korrektur individueller Rationalität, wurde dabei ebenfalls angedeutet, und zwar im Fall der Allokation öffentlicher Güter. Neben der öffentlichen-Gut-Problematik lassen sich noch einige weitere Fälle angeben, in denen der Markt als dezentrales Allokationsinstrument systematisch versagt. Bevor wir diese Sammlung von Standardfällen des Marktversagens angeben, werden wir den Versuch unternehmen, die gemeinsame Ursache für den Widerspruch zwischen individueller und kollektiver Rationalität, die sich in allen Marktversagensfällen wiederfinden lässt, mit Hilfe eines sehr einfachen Modells zu beschreiben. Es handelt sich dabei um ein spieltheoretisches Modell, nämlich um das berühmte Gefangenen-Dilemma.

Um das folgende Modell verstehen zu können, bedarf es einiger Vorbemerkungen eher technischer Art. Wir haben bereits einige Anmerkungen zur Spieltheorie gemacht, die es nunmehr zu präzisieren gilt. Ziel der Theorie der Spiele ist es, reale Situationen, in denen sich Individuen durch ihre jeweiligen Entscheidungen wechselseitig beeinflussen, dadurch abzubilden, dass die möglichen Handlungsspielräume der beteiligten Akteure explizit formuliert werden. Dies geschieht, indem Situationen als „Spiel" formuliert werden und das bedeutet, dass sie durch die Angabe von *Spielregeln* beschrieben werden können. Die Situation, in der sich ein Schachspieler während eines Spiels befindet, ist exakt beschreibbar. Man muss dazu lediglich angeben, welche Regeln gültig sind, welche Züge der Gegner bisher ausgeführt hat und welche Gegenzüge der Spieler selbst durchführte. Wenn es möglich ist, Entscheidungssituationen durch Spielregeln exakt zu beschreiben, dann, so die Hoffnung der Spieltheoretiker, müsste es auch möglich sein, Prognosen darüber abzuleiten, welches Verhalten rationale Spieler zeigen werden. Die Kunst der Spieltheorie besteht darin, *die* Regeln zu finden, die eine reale Situation möglichst genau beschreiben. Präzise formuliert enthalten die Spielregeln folgende Angaben:

Als erstes gilt es anzugeben, wer mitspielt, wer Spieler ist. Die Eingrenzung ist relativ leicht durchzuführen: Spieler sind alle die Akteure, die Entscheidungen treffen. Die nächste Regel legt fest, welche *Aktionen* die Spieler wählen können. In Analogie zum Schach kann man sich darunter die Züge vorstellen, die im Spiel zugelassen sind. Angenommen, an einem Spiel sind n Spieler beteiligt und A_i sei die Menge der Aktionen, die dem i-ten Spieler (i = 1,...,n) zur Verfügung steht, und $a_i^j \in A_i$ sei eine bestimmte Aktion aus dieser Menge. Dann ist $a = (a_1^j,...,a_n^j)$ eine *Aktionenkombination* der n Spieler. Wenn die Spieler sich für eine bestimmte Aktion entscheiden, dann werden sie das nicht willkürlich tun, sondern dabei nach einem bestimmten Plan verfahren. Einen solchen Plan bezeichnet man als *Strategie* und vollkommen analog zur Aktionenkombination, lässt sich die Strategiekombination $s = (s_1^j,...,s_n^j)$ notieren. Dabei sind die s_i^j Elemente aus den individuellen Strategiemengen S_i, die angeben, welche Strategien einem Spieler zur Verfügung stehen. Der Unterschied zwischen Aktionen und Strategien ist der folgende: Eine Strategie s_i^j sagt dem Spieler i, welche Aktion er in Abhängigkeit von den Aktionen der anderen Spieler ausführen soll.[49] Die Strategie ist der Plan, die Aktion ist die Ausführung des Plans. Um die Spielregeln zu komplettieren, bedarf es schließlich noch einer Angabe darüber, was es in dem Spiel zu gewinnen gibt. Dies geschieht in Form einer sogenannten Payoff-Funktion: Die Funktion $\pi_i(s_1,...,s_i,...,s_n)$ ordnet jeder der möglichen Strategiekombinationen eine Auszahlung zu, die der Spieler i erhält, wenn genau diese Strategiekombination von allen Spielern gewählt wird.

Um nun etwas über den Spielausgang sagen zu können, reicht es nicht aus, nur die Spielregeln anzugeben. Wir benötigen darüber hinaus eine Charakterisierung dessen, was wir als *Lösung* des Spiels ansehen wollen. Wann ist ein Spiel beendet, wodurch ist der Spielausgang bestimmt? Von zentraler Bedeutung ist in diesem Zusammenhang der Begriff des Gleichgewichts. Wir haben ihn an anderer Stelle bereits eingeführt und dabei darauf verwiesen, dass es sich bei einem Gleichgewicht um eine Ruhelage handelt, um eine Situation, in der mit keiner Verhaltensänderung mehr zu rechnen ist. Wir haben auch ein sehr wichtiges Gleichgewichtskonzept bereits genannt, das *Nash-Gleichgewicht*, und wir sind nunmehr in der Lage, dieses Konzept etwas präziser anzugeben. Sei $\pi_i = (s_i, s_{-i})$[50], die Auszahlung, die Spieler i erhält, wenn er Strategie s_i wählt und alle anderen die Strategien s_{-i} spielen.

Definition 4:

> Eine Strategiekombination s^* ist ein Nash-Gleichgewicht, wenn für alle i = 1,...,n Spieler gilt:
> $$\pi_i(s_i^*, s_{-i}^*) \geq \pi_i(s_i', s_{-i}^*) \quad \text{für alle } s_i'.$$

---

[49] Um die Notation zu vereinfachen wird im Folgenden auf den Index j verzichtet. s_i steht dann für eine Strategie des Spielers i.

[50] Mit s_{-i} sind die Strategien der Spieler *außer i* bezeichnet.

Ein Nash-Gleichgewicht liegt damit dann vor, wenn es eine Strategiekombination gibt, für die gilt, dass keiner der Spieler seine Auszahlung durch Wechsel der Strategie erhöhen kann, gegeben, dass die Strategien der Mitspieler unverändert bleiben. Man muss sich klarmachen, dass in einer solchen Situation in der Tat keiner der Spieler mehr einen Anreiz hat, sein Verhalten zu ändern. Ein Nash-Gleichgewicht beschreibt deshalb tatsächlich eine Ruhelage des Spiels. In vielen Fällen ist diese Ruhelage allerdings nicht eindeutig. Ein großes Problem spieltheoretischer Analysen ist häufig die Existenz vieler Gleichgewichte. Es ist eine sehr schwierige Frage, wie zwischen verschiedenen Gleichgewichten gewählt werden kann, d.h. wie man zu einer Verhaltensprognose gelangt, wenn mehrere Gleichgewichte existieren. Allerdings handelt es sich dabei um eine Frage, um die wir uns hier nicht sonderlich kümmern müssen, denn das spezielle Spiel, das wir im Folgenden betrachten, hat nur ein Gleichgewicht.[51]

Der Name „Gefangenen-Dilemma" lässt bereits darauf schließen, dass es sich um ein Modell handelt, zu dem es eine „Geschichte" zu erzählen gibt. Diese Geschichte hat allerdings ausschließlich didaktische Funktion, sie lässt insbesondere nicht erkennen, warum das Gefangenen-Dilemma geeignet sein sollte, uns etwas über Marktversagen zu lehren. Dennoch werden wir die Geschichte zunächst erzählen und an ihr die grundlegende Struktur des Gefangenen-Dilemmas deutlich machen, um erst danach die Anwendung auf verschiedenen Marktversagensfälle herzuleiten.

Versetzen wir uns für einen Augenblick in ein Land, in dem die hierzulande so umstrittene Kronzeugenregelung vollständig und ohne jede Einschränkung Gesetz ist. In diesem Land spielt sich nun folgende Geschichte ab: Ein Staatsanwalt hat es mit zwei Gefangenen zu tun, die einer gemeinsam begangenen Tat angeklagt sind. Das Problem ist nur, dass der Staatsanwalt ihnen diese Tat nicht beweisen kann. Beide Gefangenen sind in getrennten Zellen untergebracht und haben keinerlei Möglichkeit sich abzustimmen. Außerdem sei angenommen, dass die Gefangenen das Ziel haben, möglichst kurze Zeit im Gefängnis zu verbringen, dass sie sich vollkommen rational verhalten und dass beide wissen, dass der andere sich rational verhält.[52] Unter diesen Voraussetzungen unterbreitet der Staatsanwalt nun beiden Gefangenen folgendes Angebot:

---

[51] Selbstverständlich sind diese Ausführungen zur spieltheoretischen Methode äußerst knapp und auf das Notwendigste beschränkt. Am Ende dieses Abschnitts werden Literaturhinweise gegeben, die dem Leser, der sich einen genaueren Einblick verschaffen will, Gelegenheit dazu geben.

[52] Genauer: Die Rationalität der Spieler ist „Common Knowledge", d.h. Spieler 1 weiß, dass Spieler 2 rational ist, und Spieler 2 weiß, dass Spieler 1 weiß, dass Spieler 2 rational ist, und Spieler 1 weiß, dass Spieler 2 weiß, dass Spieler 1 weiß, dass Spieler 2 rational ist, usw. usw.

„Wenn du gestehst, dass ihr die Tat begangen habt, und der andere gesteht nicht, dann kommst du frei und der andere muss für 6 Jahre ins Gefängnis. Gesteht ihr beide, bekommen beide 5 Jahre, gestehen beide nicht, so werden beide wegen eines geringfügigen Vergehens, das man ihnen nachweisen kann, zu je einem Jahr verurteilt."

Man kann nun die Entscheidung, vor der die beiden Gefangenen stehen, als ein Spiel modellieren, und zwar als ein Spiel, das in Form einer 2x2 Spielmatrix notiert werden kann. Dies ist möglich, weil es nur zwei Spieler gibt, mit je zwei möglichen Strategien {gestehen (g) und nicht gestehen (n)}. Damit gibt es vier mögliche Strategiekombinationen, deren Auszahlungen in folgender Matrix notiert sind:

	Spieler 1 gesteht (g)	Spieler 1 gesteht nicht (n)
Spieler 2 gesteht (g)	5 , 5	0 , 6
Spieler 2 gesteht nicht (n)	6 , 0	1 , 1

Auszahlungen: Spieler 2, Spieler 1

Wie werden sich rationale Spieler in einer solchen Situation verhalten? Die Prognose, die wir mit Hilfe des Nash-Konzepts erhalten, ist eindeutig und sie lässt sich folgendermaßen plausibel machen: Versetzen wir uns in die Situation des Spielers 1. Er wird folgende Überlegung anstellen: Angenommen, Spieler 2 gesteht nicht, dann ist es für mich beste Strategie zu gestehen, denn dann komme ich frei. Angenommen, Spieler 2 gesteht, dann ist es ebenfalls beste Strategie, zu gestehen, denn dadurch verkürze ich die Strafe um immerhin ein Jahr.

Spieler 1 braucht sich damit keinerlei Gedanken darüber zu machen, wie sich Spieler 2 tatsächlich verhalten wird, denn ganz gleich für welche Strategie sich der zweite Gefangene auch entscheidet, gestehen ist immer die beste Antwort, die Spieler 1 geben kann. Die Strategie „gestehen" ist damit für ihn eine sogenannte *dominante Strategie*, weil sie von rationalen Spielern immer gewählt wird, unabhängig vom Verhalten des Mitspielers. Die gleiche Überlegung gilt natürlich für Spieler 2. Auch für ihn ist es *dominante Strategie* zu gestehen. Das Gefangenen-Dilemma besitzt damit nur ein einziges Nash-Gleichgewicht, und zwar ein Gleichgewicht in dominanten Strategien: s* = {gestehen, gestehen}.

Der Staatsanwalt kann zufrieden sein: Beide Gefangene wandern für 5 Jahre hinter Gitter. Die Gefangenen können darüber kaum sehr erfreut sein, denn sie müssen 5 Jahre absitzen, obwohl eine Strategiekombination existiert, die *beide besser stellt* (und damit Pareto-superior ist): Würden beide „dichthalten", kämen sie mit einem blauen Auge davon. Das *Dilemma*, in dem sie sich befinden, besteht darin, dass diese *kollektiv rationale* Lösung bei *individuell rationalem Verhalten nicht erreichbar ist*. Dem Leser dürfte an dieser Stelle bereits der Zusammenhang zwischen dem Gefangenen-Dilemma und einem Marktversagen deutlich werden: Hier wie dort kommt es zu einem Widerspruch zwischen individueller und kollektiver Rationalität. Die Gemeinsamkeit geht noch weiter, aber bevor wir uns diesem Punkt widmen, gilt es noch etwas genauer zu begründen, warum die Gefangenen ihrem Dilemma nicht entkommen können.

Warum „*kooperieren*" die Gefangenen nicht, indem sie zusammenhalten und beide nicht gestehen? Notwendige Voraussetzung dafür wäre eine stillschweigende Übereinkunft (eine offene Absprache ist ausgeschlossen), bei der beide die Verpflichtung eingehen, die kooperative Strategie (n) zu spielen. Eine solche Verpflichtung, ein solches Versprechen ist jedoch nicht *glaubwürdig*! Der Verzicht darauf, durch Wahl der Strategie (g) die eigene Situation zu verbessern, wäre eine individuell nicht-rationale Handlungsweise, wenn wir davon ausgehen, dass die Spieler ausschließlich das Ziel verfolgen, die Anzahl der Gefängnisjahre zu minimieren. Das bedeutet: Um dem Dilemma zu entkommen, müssten sich rationale Spieler zu einer nicht-rationalen Handlung verpflichten. Es ist offensichtlich, dass dies nicht möglich ist bzw. jedes „Commitment" zu kooperativem Verhalten zu einem unmittelbaren Widerspruch zu den Voraussetzungen des Modells und dabei insbesondere zu der Annahme, dass die Rationalität der Spieler Common Knowledge sei, führt. Die Gefangenen sind bei rationalem Verhalten nicht in der Lage, dieses „Commitment-Problem" zu lösen.

Sidestep 13: Sie konnten zusammen nicht kommen

Mit der Common Knowledge Eigenschaft einer Information ist es so eine Sache, wie das folgende Beispiel zeigt:

Zu einer Zeit, in der Nachrichten ausschließlich durch reitende Boten übermittelt werden konnten, begab es sich, dass zwei Teile des königlichen Heeres voneinander durch einen Bergrücken getrennt lagerten und auf die entscheidende Schlacht warteten. Der Feldherr, der sich im nördlichen Lager befand, beschloss, am nächsten Tage, genau zur Mittagszeit den entscheidenden Angriff zu wagen. Entscheidend für das Gelingen des Planes war, dass die beiden Heeresteile zur gleichen Zeit angriffen. Es galt also Lager Nord und Lager Süd zu koordinieren. Also schickte der Feldherr einen Reiter nach Süden, um dort den Angriffstermin mitzuteilen. Um sicher zu sein, dass der Bote das Feindesland lebend durchqueren konnte, trug er ihm auf, nach Überbringung der Botschaft seinerseits einen Boten zu beauftragen, der dem Nordlager mitteilen sollte, dass die Nachricht angekommen sei.

Nachdem der Bote fort war, kam der Feldherr allerdings ins Grübeln: Angenommen, beide Boten schaffen den gefährlichen Weg und kommen heil an, ist dann sicher, dass beide Heeresteile zur gleichen Zeit angreifen? Wohl kaum, denn das südliche Lager weiß dann zwar, wann das nördliche angreift und das nördliche weiß, dass das südliche das weiß, aber das südliche weiß *nicht* ob, das nördliche weiß, dass das südliche weiß. Ohne dieses Wissen wird es kaum angreifen! Also muss der Feldherr noch einmal einen Boten gen Süden schicken! Aber wie soll er sicher sein, dass dieser angekommen ist? Dazu bedarf es wiederum einer Nachricht von Süden nach Norden und um sicher zu sein, dass diese angekommen ist, muss ein Bote nach Süden reiten, der wiederum einen zurückschickt, der ....
Der Angriff kam nicht zustande.

Ließe sich das Problem der Gefangenen dadurch beseitigen, dass man sie miteinander sprechen lässt? Nicht unbedingt. Solange durch den Kontakt der beiden die Werte in der Auszahlungsmatrix nicht verändert werden und solange es nicht möglich ist, die Strategiemengen der Spieler durch „Verhandlungen" zu verändern, wird es bei dem Dilemma bleiben. Um zu einer Lösung zu kommen, müssten die Spieler in der Lage sein, die Regeln des Spiels in geeigneter Weise zu verändern. Unter den Regeln des Gefangenen-Dilemmas gibt es kein Entrinnen, ist die kooperative Lösung nicht erreichbar. Der Ausweg besteht in einer Änderung des Regelwerkes, die dergestalt ist, dass es den Gefangenen möglich wird, *bindende Verträge* abzuschließen. Stellen wir uns vor, diese Möglichkeit bestünde, dann könnte folgendes Spiel gespielt werden:

Spieler 1 schlägt Spieler 2 einen Vertrag vor, der festlegt, welche Strategie beide spielen. Spieler 2 hat danach die Möglichkeit, diesen Vertrag anzunehmen oder abzulehnen. Lehnt er ihn ab, wird das oben beschriebene Spiel gespielt – mit dem bekannten Ausgang. Nimmt Spieler 2 den Vertrag an, so spielen beide die vertraglich vereinbarten Strategien. Die wesentliche Regeländerung besteht also darin, dass die Spieler a) Verhandlungen führen können und b) irgendeine Institution existiert, die die Erfüllung eines von beiden vereinbarten Vertrages sicherstellt. Unter diesen Regeln kommt es tatsächlich zu der kooperativen Lösung: Spieler 1 weiß, dass Spieler 2 nur einen Vertrag annehmen wird, der ihn besser stellt als die nicht-kooperative Lösung des Gefangenen-Dilemmas. Außerdem wird er natürlich nur einen Vertrag vorschlagen, der ihn selbst auch besser stellt. Beide Bedingungen werden nur von dem Vertrag erfüllt, in dem beide sich zur kooperativen Strategie verpflichten. Also wird Spieler 1 diesen Vertrag vorschlagen und Spieler 2 wird ihn akzeptieren.[53] Man beachte, dass ein solcher Vertrag nicht „self-enforcing" ist, d.h., dass es nicht im Interesse des einzelnen Spielers liegt, ihn einzuhalten. Sollte Spieler 1 im Vertrauen auf den Vertrag eine kooperative Vorleistung erbringen (nicht gestehen), dann ist es für Spieler 2 rational, den Vertrag

---

[53] Die Strategiekombination (n, n) ist in der Tat ein Nash-Gleichgewicht des hier skizzierten Spiels.

zu brechen. Um einen solchen Vertrag durchzusetzen, bedarf es deshalb einer institutionellen Vorkehrung (die notfalls auch in Form eines Gewissens internalisiert werden kann).

Im Zusammenhang mit der „Story", die wir benutzt haben, um das Gefangenen-Dilemma einzuführen, ist die Existenz von Regeln, die das Dilemma ausschalten, gar nicht so abwegig, wie es auf den ersten Blick scheint. Zwar wird selbstverständlich kein Staatsanwalt zulassen, dass Angeklagte bindende Absprachen treffen. Aber dessen bedarf es nicht unbedingt. Die berühmte Ganovenehre oder das Schweigegesetz der Mafia (die Omerta) haben die gleiche Funktion. Sie machen explizite Verhandlungen überflüssig, indem sie die Auszahlungen, mit denen sich ein geständiger Angeklagter konfrontiert sieht, in einer Weise ändern, die dazu führt, dass es nicht mehr dominante Strategie ist zu gestehen. Auch die Auszahlungen sind Bestandteil der Spielregeln und insofern ist die Omerta nichts anderes als eine Regeländerung, mit der das Gefangenen-Dilemma ausgeschaltet wird.

Die Story des Gefangenen-Dilemmas hat nur sehr wenig mit Ökonomie zu tun. Die „Botschaft", die uns dabei vermittelt wird, ist jedoch von fundamentaler ökonomischer Bedeutung. Das Gefangenen-Dilemma gibt gewissermaßen ein „paradigmatisches Beispiel" für Situationen, in denen individuell rationales Verhalten zu einem kollektiv nicht-rationalem Resultat führt. Es ist deshalb von so besonderer Bedeutung, weil es klarmacht, wo die tiefere Ursache für solche Konstellationen liegt. Sie besteht in dem nicht zu lösenden Commitment-Problem. Im Gefangenen-Dilemma können sich beide besser stellen, wenn *beide* auf individuelle Vorteilsnahme verzichten. Für beide zusammen, also für das Kollektiv, ist der Verzicht rational, aber für jeden einzelnen ist er es nicht und weil er individuell nicht rational ist, bleibt eine Verpflichtung zu solchem Verzicht unglaubwürdig. Die Lösung, auf die jede Regeländerung hinausläuft, besteht darin, eine kollektive Entscheidung herbeizuführen, d.h. eine Entscheidung, bei der das Verhalten beider gleichzeitig festgelegt wird.[54]

Sidestep 14: Die strategische Funktion von Emotionen

Es existieren in unserem Alltagsleben viele Situationen, in denen sich Gefangenen-Dilemma ähnliche Strukturen zeigen. Wie oft sind wir darauf angewiesen, dass sich unsere Lebens- oder Geschäftspartner, Mitarbeiter, Vorgesetzte oder Freunde kooperativ verhalten, d.h. Freifahreroptionen, die sich ihnen bieten, nicht ausnutzen. Und genauso oft sind wir selbst in Situationen, in denen

---

[54] Der Leser mache sich klar, dass die oben skizzierte Vertragslösung in genau diesem Sinne funktioniert: Durch einen Vertrag wird das Verhalten beider Spieler zum Gegenstand *einer* Entscheidung. Insofern ist der Vertragsinhalt nichts anderes als eine *kollektive Entscheidung*.

wir vor der Wahl stehen, entweder auf einen eigenen Vorteil zu verzichten oder auf Kosten irgend eines anderen einen Vorteil zu erzielen.
Die allgemeine Lebenserfahrung sagt uns, dass es zahlreiche Fälle gibt, in denen Kooperation klappt, in denen die Beteiligten in einer Gefangenen-Dilemma Situation wechselseitig darauf verzichten den anderen auszubeuten. Solch kooperatives Verhalten schafft – obwohl vielfach individuell nicht rational – erhebliche Vorteile. Man braucht dazu nur die Payoffs des Gefangenen-Dilemma-Spiels anzusehen. Wie kann solche Kooperation entstehen? Wann kommt sie zustande und wann nicht? Warum sind Menschen in manchen Situationen zu Kooperation fähig und in anderen nicht? Diese Fragen sind Gegenstand eines Forschungsprogramms, dem sich gegenwärtig eine große Zahl von Wissenschaftler verschiedener Disziplinen widmen. Endgültige Antworten gibt es noch nicht, aber es sind bisher einige sehr interessante Hypothesen entwickelt worden. Eine davon stammt von Robert Frank (1988).

Ausgangspunkt der Überlegungen Franks ist die Tatsache, dass menschliches Verhalten nicht allein durch die Ratio bestimmt sein kann. Wir Menschen verfügen über einen ausdifferenzierten emotionalen Apparat, über ein vielschichtiges und komplexes Gefühlsleben, das – wer wollte das bestreiten – unser Verhalten mitbestimmt. Wie kann es sein, dass sich ein solcher Apparat im Verlauf der Evolution entwickelt hat? Sollte es am Ende ein Vorteil sein, wenn man Dinge emotional angeht und sich nicht allein von der Ratio leiten lässt? Die zentrale These Franks besteht darin, dass es letztlich Emotionen sind, die Kooperation ermöglichen. Die Wirkung emotionalen Verhaltens lässt sich an einem einfachen Beispiel verdeutlichen.
Man stelle sich eine Situation vor, in der jemand die Möglichkeit hat, einem anderen die Geldbörse mit 100,- DM darin wegzunehmen. Nehmen wir weiterhin an, dass es 500,- DM kosten würde, den Dieb dingfest zu machen und zu bestrafen. Ein rationales Kalkül verbietet in einem solchen Fall die Strafverfolgung. Die Drohung, den Dieb zu verfolgen, wäre nicht glaubwürdig. Anders dagegen, wenn der Geldbörsenbesitzer glaubhaft signalisieren kann, dass er ein rachsüchtiger Mensch ist. Kann er dem potentiellen Dieb klarmachen, dass er ihn auf jeden Fall verfolgen wird, koste es was es wolle, weil es ihm einen außerordentlichen Nutzen verschafft, den Dieb bestrafen zu können, so wird dies Wirkung zeigen. Auf einen kurzen Nenner gebracht: der emotionale, rachsüchtige Mensch behält sein Geld, der allein „kopfgesteuerte" rationale Mensch verliert es. Der Besitz einer starken Emotion hat sich ausgezahlt.

Ganz ähnlich verhält es sich in Fällen, in denen Kooperationsvorteile realisiert werden können. Kooperationsfähigkeit kann beispielsweise entstehen, weil Menschen einen Nutzen daraus ziehen, „ehrlich", „verlässlich" oder „treu" zu sein. Wenn sie über solche Gefühle verfügen, wenn sie Befriedigung empfinden, weil sie auf Ausbeutung des Gegenüber verzichtet haben, dann sind sie potentielle Kandidaten für eine erfolgreiche Kooperation. Das Problem ist nur: Wie können sich kooperationsfähige Menschen zusammenfinden? Sind sie nicht geradezu dafür prädestiniert, von denjenigen ausgebeutet zu werden, die keinerlei Skrupel haben, sich unkooperativ zu verhalten? Der entscheidende Punkt ist, dass Emotionen uns auch in die Lage versetzen, Signale über unsere „innere Verfassung" zu senden, die es möglich machen, Kooperationsfähigkeit bis zu einem gewissen Grade fälschungssicher zu signalisieren. Selbstverständlich geling dies nicht immer und in vielen Fällen kommt es zur Ausbeutung kooperativer Zeitgenossen. Aber dennoch: Unser emotionales System verhilft den kooperativen Typen dazu, dass sie genug Kooperationsvorteile sammeln können, um sich gegen die nicht-kooperativen zumindest zu behaupten. So erklärt Frank warum es möglich sein konnte, dass sich kooperatives Verhalten im Evolutionsprozess durchsetzte und die emotionalen Voraussetzungen dazu zu der genetischen Grundausstattung vieler Menschen gehört.

Damit dürfte die Bedeutung, die das Gefangenen-Dilemma für die Marktversagenstheorie besitzt – und damit für die Frage rationaler Wirtschaftspolitik –, klar sein. Mit ihm lässt sich die Grundstruktur der Situationen aufzeigen, in denen es zu dem Widerspruch zwischen kollektiver und individueller Rationalität kommt, die wir als grundlegend für die Legitimation wirtschaftspolitischen Handelns identifiziert haben, und zugleich zeigt es uns, dass in solchen Situationen kollektive Entscheidungen notwendig sind. Angesichts dessen bleibt eigentlich nur noch eines zu tun: Wir müssen uns darüber Klarheit verschaffen, ob es in ökonomisch relevanten Zusammenhängen zu Situationen kommen kann, in denen ein Dilemma wie das der Gefangenen entsteht.

Bevor wir dies tun, sei allerdings eine Verallgemeinerung des Gefangenen-Dilemmas vorgestellt, die im Weiteren eine wichtige Rolle spielt: das n-Personen-Gefangenen-Dilemma.[55] Wir werden diese Verallgemeinerung in einer bestimmten Form einführen, nämlich indem wir ein Experiment beschreiben, bei dem die Teilnehmer mit einem NGD konfrontiert werden. Stellen Sie sich vor, Sie seien an folgendem Experiment beteiligt:

Der Experimentator teilt Ihnen mit, dass Sie zusammen mit vier weiteren Spielern das Experiment durchführen werden. Sie haben keinerlei Kontakt zu diesen Mitspielern, Sie kennen ihre Identität nicht und Sie wissen, dass die Mitspieler Ihren Namen ebenfalls nie erfahren werden. Sie handeln also in völliger Anonymität und ohne jede Möglichkeit der Verhaltensabstimmung. Jeder der Spieler erhält 10 Spielmarken, die er auf zwei verschiedene Anlagen aufteilen kann: Für jede Marke, die in die erste Anlage (die sogenannte *private Anlage*) investiert wird, erhält der Spieler vom Experimentator 0,50 DM. Für jede Marke, die in die zweite, die *öffentliche Anlage*, investiert wird, erhält jeder der fünf Spieler 0,25 DM, und zwar unabhängig davon, ob er selbst etwas in die öffentliche Anlage investierte oder nicht. Sei b_i der Beitrag, den Spieler i in die öffentliche Anlage leistet, und

---

[55] Im Folgenden wird Gefangenen-Dilemma mit GD und die n-Personen Variante mit NGD abgekürzt.

b_{-i} sei die Summe der Beiträge aller anderen (außer i). Die Auszahlungsfunktion von Spieler i ist dann:

$$\pi_i = (10 - b_i) \, 0{,}5 + 0{,}25 \sum_{j=1}^{5} b_j$$
$$= 5 - 0{,}25 b_i + 0{,}25 b_{-i} \quad .$$

Man muss nicht Mathematik studiert haben, um zu sehen, dass π_i maximal wird, wenn b_i den Wert Null annimmt. Da dies unabhängig davon gilt, welche Beiträge die anderen in die öffentliche Anlage leisten, ist $b_i = 0$ *dominante* Strategie in diesem Spiel. Wenn aber alle Spieler diese Strategie wählen und ihre Marken vollständig in die private Anlage stecken, dann realisiert jeder 5,-DM. Wären jedoch alle Spieler so „unvernünftig" und würden alle 10 Marken in die öffentliche Anlage investieren, so bekäme jeder eine Auszahlung von 50 x 0,25 DM = 12,50 DM – also mehr als das Doppelte. Wie man sieht, befinden sich die Versuchsteilnehmer in einem Dilemma: Es gibt eine eindeutig *beste* Strategie ($b_i = 0$), aber wenn alle diese Strategie wählen, stellen sie sich erheblich schlechter als bei kooperativem Verhalten.

Zwei Dinge sollten dem Leser aufgefallen sein: erstens, dass es sich in der Tat um eine Verallgemeinerung des GD handelt, und zweitens, dass die öffentliche Anlage eine sehr große Ähnlichkeit mit dem aufweist, was wir im Abschnitt 3.3.1 als *öffentliches Gut* bezeichnet haben. Dieser Umstand deutet bereits darauf hin, dass es tatsächlich einen engen Zusammenhang zwischen den hier präsentierten Dilemma-Strukturen und Marktversagensphänomenen gibt. Bevor wir uns diesem Zusammenhang näher widmen, sei das NGD noch um einen weiteren Schritt verallgemeinert.

Bisher wurde das Spiel nur in einem Durchgang gespielt, d.h. die Versuchsteilnehmer hatten nur einmal die Gelegenheit, ihre Marken auf die beiden Anlageformen zu verteilen. Was geschieht, wenn wir das Spiel wiederholt durchführen, beispielsweise indem wir den Spielern mitteilen, dass sie 10 Mal jeweils 10 Marken investieren können. Ändert sich damit etwas? Die Hoffnung, dass man das GD dadurch beseitigen kann, dass man es wiederholt spielt, hat sowohl die Spieltheoretiker als auch die experimentellen Ökonomen eine ganze Zeit umgetrieben. Der interessierte Leser sei auf die Literaturhinweise am Ende des Abschnitts verwiesen. Für unser einfaches NGD-Spiel ist es vergleichsweise leicht anzugeben, welche Wirkung die Spielwiederholung hat. Wichtig ist in diesem Zusammenhang, dass die Spieler wissen, wie oft das Spiel wiederholt wird, denn dadurch gibt es ein definitiv *letztes* Spiel. Wir werden gleich sehen, dass dies von Bedeutung ist. Zunächst führt die Spielwiederholung dazu, dass es kein Gleichgewicht in dominanten Strategien mehr gibt. Dennoch gibt es eine eindeutige Lösung, denn es existiert nur ein einziges Nash-Gleichgewicht,[56] das als Lösung in

---

[56] Diese Aussage ist nicht ganz exakt. Genau genommen müsste es heißen „es existiert nur ein teilspielperfektes Nash-Gleichgewicht". Es würde an dieser Stelle aber zu weit

Frage kommt. Diesem Gleichgewicht kommt man gewissermaßen durch einen Trick auf die Spur. Man beginnt die Analyse des Spiels mit der *letzten* Runde. Da alle Spieler wissen, dass die 10te Runde die definitiv letzte Runde ist, unterscheidet sich die Schlussrunde nicht von dem „one shot game" ohne Wiederholung: In der letzten Runde ist $b_i = 0$ wiederum dominante Strategie. Ein rationaler Spieler wird dies natürlich antizipieren, d.h. in der neunten Runde wird er wissen, dass in der letzten Runde niemand mehr kooperiert, und zwar ganz gleich, wie die neunte Runde ausgeht. Der einzelne Spieler hat in der neunten Runde also keinerlei Möglichkeit, das Verhalten der anderen Spieler (in der nächsten Runde) zu beeinflussen. Insbesondere ist jegliche Form von Drohung in der vorletzten Runde wirkungslos (eine solche Drohung könnte darin bestehen, dass nicht-kooperatives Verhalten der Mitspieler dadurch bestraft wird, dass man selbst die Kooperation einstellt). In der neunten Runde ist es Common Knowledge, dass es dominante Strategie ist, in der nächsten Runde zu defektieren (also keinen Beitrag in die öffentliche Anlage zu leisten). Das aber bedeutet, dass es auch in der neunten Runde keinen Grund gibt, Beiträge zu leisten. Diese Überlegung gilt für alle Spieler und alle Spieler wissen, dass sie für alle Spieler gilt. Also wissen die Spieler auch schon in der achten Runde, dass in den letzten beiden Runden auf keinen Fall kooperiert werden wird. Der Leser wird ahnen, wie die Argumentation weitergeht: Durch *Rückwärtsinduktion* kann die jeweils gleiche Argumentation auf alle Runden angewendet werden und es zeigt sich, dass die einzige (individuell) rationale Strategie darin besteht, in allen Runden nicht zu kooperieren.

> **Sidestep 15: Das „Gang of Four Model"**
>
> Die Spieltheorie prognostiziert auch für endlich wiederholte GD-Spiele, dass Kooperation nicht zustandekommt. Diese Prognose ist einigermaßen misslich, denn sie ist offensichtlich falsch: Wir beobachten in der Realität vielfach, dass es zu Kooperation kommt und – wie wir noch genauer sehen werden – auch im Experiment lässt sich kooperatives Verhalten nachweisen. Was also tun? Soll man einfach eingestehen, dass die Spieltheorie in diesem Fall keinerlei prognostischen Wert besitzt? Vielen Spieltheoretikern fällt dieser Schritt nach wie vor schwer. Es kann daher nicht verwundern, dass es durchaus Versuche gegeben hat, mit spieltheoretischen Mitteln und vor allem unter weitestgehenster Beibehaltung der Annahme rationalen Verhaltens der Spieler, Kooperation im wiederholten GD-Spiel als gleichgewichtige Strategie nachzuweisen. Erfolgreich – jedenfalls auf den ersten Blick – war dabei eine „Viererbande" bestehend aus KREPS, MILGROM, WILSON UND ROBERTS. 1982 veröffentlichten die vier ein Modell, das als „Gang of four model" in die Literatur eingegangen ist und das Kooperation als rationale Strategie zumindest für die ersten

führen, wenn wir auf die verschiedenen Verfeinerungen des Nash-Konzept eingehen würden.

> Stufen eines wiederholten GD-Spiel ausweist. Erreicht wurde dies durch einen kleinen Trick:
> Anstatt anzunehmen, dass die Rationalität beider Spieler Common knowledge ist, wird vorausgesetzt, dass einer der beiden Spieler mit einer kleinen Wahrscheinlichkeit nicht rational spielt, sondern eine sogenannte *Tit For Tat-Strategie (TFT)* verfolgt. Diese sieht vor, in der ersten Runde zu kooperieren und danach immer genau das zu tun, was der Gegenspieler in der Vorrunde getan hat. Kooperiert der andere, kooperiert der TFT-Spieler auch, defektiert der Gegenüber, stellt auch der TFT-Spieler seine Kooperation ein. Unter dieser Voraussetzung ist es in der Tat eine gleichgewichtige Strategie für beide Spieler, in den ersten Runden zu kooperieren. Dies gilt auch dann, wenn die Wahrscheinlichkeit für einen TFT-Spieler sehr gering ist. Es zahlt sich dann nämlich für beide Spieler aus, *so zu tun*, als ob ein TFT-Spieler dabei wäre.
>
> Auf den ersten Blick zeigen die vier damit, dass es reicht, eine ganz kleine Prise Nichtrationalität in's Spiel zu bringen, um Kooperation erzeugen zu können. Aber leider ist dieser Versuch nicht so erfolgreich, wie es auf den ersten Blick scheint. Damit die Sache klappt, muss nämlich eine ganz bestimmte Form von Irrationalität wohldosiert ins Spiel gebracht werden. Man kann nämlich zeigen, dass das Modell nur dann funktioniert, wenn TFT-Verhalten unterstellt wird. Bei allen anderen Abweichungen von der ursprünglichen Rationalitätsannahme kommt es nicht zu Kooperation.
>
> Die Viererbande hat daher die Spieltheorie nicht aus der Klemme führen können. Sie kann nach wie vor nicht erklären, warum es in endlich wiederholten Spielen zu Kooperation kommt und erst recht nicht, warum selbst in „one shot games" Kooperation beobachtet werden kann.

Wir können das unangenehme Ergebnis des GD nicht dadurch vermeiden, dass wir das Spiel einfach mehrmals spielen. Die Hoffnung, dass die Spieler auf diese Weise zu kooperativem Verhalten finden können, ist leider trügerisch. Es bleibt dabei, dass rationale Spieler auch bei wiederholten GD-Spielen nicht in der Lage sind, kollektiv rationale Resultate zu erzielen. *Freifahrer-* oder *Schwarzfahrerverhalten,* das darin besteht, *selbst* keinen Beitrag zur Erstellung des öffentlichen Gutes zu leisten, sehr wohl aber das zu konsumieren, was *andere* erzeugt haben, bleibt die beste Strategie für ein rationales Individuum. Der Leser mag an dieser Stelle einwenden, dass dies eine Prognose ist, die unter der Prämisse vollkommen rationalen, und zwar eigennützig rationalen Verhaltens abgeleitet wurde und man in der Realität wohl kaum davon ausgehen kann, dass Menschen sich strikt rational und strikt eigennützig verhalten. Wir werden allerdings noch sehen, dass sich die theoretische Prognose vollständiger Abwesenheit von Kooperation in dieser Schärfe zwar nicht bestätigen lässt, dass sie aber eine Tendenz beschreibt, die sich sowohl in der Realität als auch im Experiment durchaus wiederfindet.

4.2 Öffentliche Güter und Externe Effekte

Im Abschnitt 3.3.1 haben wir öffentliche Güter durch die Abwesenheit von Konsumrivalität und durch fehlenden Konsumausschluss charakterisiert. Außerdem haben wir die Samuelson-Bedingung für eine effiziente Allokation öffentlicher Güter hergeleitet. Effizienz ist dann erreicht, wenn die Summe der Grenzraten der Substitution gleich der Grenzrate der Transformation ist. Wir können diese Bedingung auch etwas anders formulieren: Die Summe der individuellen Zahlungsbereitschaften muss gleich den Grenzkosten sein.

Es ist unmittelbar einsichtig, dass die Samuelson-Bedingung bei dezentraler Allokation nicht erfüllt werden wird. Das eben betrachtete NGD macht es uns leicht, den Grund dafür einzusehen. Die öffentliche Anlage, die in unserem Experiment benutzt wurde, besitzt die Eigenschaften eines öffentlichen Gutes: Niemand kann von den Erträgen dieser Anlage ausgeschlossen werden und dadurch, dass ein Spieler eine Auszahlung aus der öffentlichen Anlage erhält, verringern sich die Auszahlungen der anderen Spieler nicht. Unsere Überlegungen haben gezeigt, dass es aus der Sicht des einzelnen Individuums dominante Strategie ist, keinen Beitrag zur Erstellung dieses Gutes zu leisten. Das liegt natürlich nicht zuletzt an der Produktionsfunktion. Sie ist dergestalt, dass der Ertrag, den ein Spieler erhält, wenn er in die öffentliche Anlage einzahlt – also einen Beitrag zur Erstellung des öffentlichen Gutes leistet –, immer geringer ist als der Ertrag, der bei privater Verwendung der Spielmarke erreicht werden kann. Solange dies der Fall ist, bleibt es bei der Dilemma-Struktur,[57] und es spricht einiges dafür, dass diese spezielle Eigenschaft der Produktionsfunktion kennzeichnend ist für die meisten realen öffentliche-Gut-Probleme.

Damit bleibt nur der Schluss, dass Individuen, die versuchen, bei dezentralen Entscheidungen ein öffentliches Gut zu produzieren, in ein unauflösbares Dilemma geraten. Solange sie zu einer *kollektiven* Entscheidung *nicht fähig* sind, solange werden sie nicht in der Lage sein, das Gut bereitzustellen. Andersherum: Nur durch kollektive Entscheidungen (durch staatliches Handeln) lassen sich öffentliche Güter in einem effizienten Umfang bereitstellen. Diese Schlussfolgerung gilt jedenfalls dann, wenn das Modell, das wir benutzt haben, um die Dilemma-Struktur zu beschreiben, die Realität abbildet, d.h. wenn Menschen sich in einer GD-Situation tatsächlich individuell rational verhalten. Diese Frage bleibt zu prüfen und die Tatsache, dass wir die Verallgemeinerung des GD in Form einer experi-

---

[57] Man kann sich natürlich auch Fälle denken, in denen der Nutzen, den ein Beitrag in die öffentliche Anlage stiftet, groß genug ist, um einen Beitrag zu rechtfertigen. Man kann allerdings zeigen, dass es auch in diesen Fällen nicht zu einer effizienten Bereitstellung öffentlicher Güter kommt. Am Ende des Abschnitts wird auf die relevante Literatur hingewiesen, zu der einschränkend angemerkt sei, dass sie ein Modell thematisiert, das nach Meinung vieler Ökonomen die mit öffentlichen Gütern verbundene Problematik nicht angemessen abbildet.

mentellen Anordnung eingeführt haben, deutet bereits darauf hin, dass man Experimente dazu benutzen kann, um dies zu tun. Bevor wir uns allerdings mit den Ergebnissen der einschlägigen experimentellen Arbeiten befassen, sollten wir uns darüber Aufschluss verschaffen, ob sich die nähere Beschäftigung mit der Problematik öffentlicher Güter überhaupt lohnt, d.h. ob es sich dabei um ein in der Realität wiederfindbares, relevantes Problem handelt oder eher um einen pathologischen Fall, der bestenfalls von akademischem Interesse ist.

Mitunter findet man die Auffassung, dass *reine* öffentliche Güter in der Realität so gut wie nie vorkommen und deshalb das öffentliche-Gut-Problem keine besondere Bedeutung besitzt. Wenn man sich auf den extremen „reinen" Fall beschränkt, in dem *keinerlei Rivalität* im Konsum besteht und Konsumausschluss *vollkommen unmöglich* ist, so besaß diese Einschätzung lange Zeit eine gewisse Berechtigung. In Standardlehrbüchern tauchte als Beispiel für rein öffentliche Güter neben der Landesverteidigung immer wieder der Leuchtturm auf – ein Beispiel, das in der Tat nicht geeignet ist, eine überragende Relevanz der öffentliche-Gut-Problematik zu belegen. In der Zwischenzeit fällt es allerdings erheblich leichter, eingängige Beispiele für (fast) reine öffentliche Güter zu finden. Die natürliche Umwelt liefert einen reichen Fundus an Beispielen. Das prominenteste: die Erdatmosphäre bzw. die in ihr herrschenden klimatischen Bedingungen. Niemand kann vom Konsum des Klimas, der Luft oder der Ozonschicht ausgeschlossen werden und dadurch, dass die Bewohner einer bestimmten Stadt von der Ozonschicht vor UV-Strahlen geschützt werden, reduziert sich der Schutz für andere Einwohner unseres Landes ebensowenig wie der anderer Menschen auf dieser Erde. Solange das Klima und die Verfassung der Erdatmosphäre eine ausschließliche Angelegenheit der Natur war, stellte der öffentliche-Gut-Charakter dieser Umweltgüter kein Problem dar. Aber wir wissen inzwischen, dass die Menschen die klimatischen Bedingungen nachhaltig beeinflussen und das bedeutet, dass beispielsweise die Qualität der Ozonschicht ein Gut ist, das es durch den Einsatz knapper Ressourcen zu produzieren gilt.[58]

Der Umweltbereich liefert nicht nur einen Beleg für die Existenz rein öffentlicher Güter, er macht auch die Dilemma-Struktur deutlich, in der sich Individuen befinden, wenn sie solche Güter bereitstellen wollen. Beispielsweise ist es aus der Sicht des einzelnen Autofahrers eben nicht rational, seinen Wagen deshalb stehen zu lassen, weil dadurch die Emission von Treibhausgasen reduziert wird. Durch einen solchen Verzicht würden dem einzelnen nur Kosten entstehen, für die Qualität der Umwelt wäre er völlig bedeutungslos. Das aber heißt: Es ist individuell rational, *keinen* Beitrag zur Sicherung der Umweltqualität zu leisten, auch wenn alle Menschen einen Zustand vorziehen würden, in dem eine höhere Umweltqualität herrscht und jeder einen Beitrag zur Sicherung dieser Qualität leistet.

---

[58] Natürlich nicht in dem Sinne, dass Ressourcen zur Produktion der Ozonschicht eingesetzt werden. Vielmehr müssen knappe Ressourcen darauf verwendet werden, die Zerstörung der Ozonschicht zu vermeiden.

Aber es ist bei weitem nicht nur der Umweltsektor, in dem uns öffentliche Güter begegnen oder zumindest Güter, die deutlich den Charakter von Kollektivgütern[59] zeigen, obwohl es bei ihrem Konsum zu Rivalitäten kommen kann und Konsumausschluss technisch möglich erscheint. Neben der äußeren Sicherheit (Stichwort Landesverteidigung) stellt auch die innere Sicherheit einen Bereich dar, in dem es zu Kollektivgutproblemen kommen kann. Dabei muss man nicht einmal an die „klassischen" Bereiche der inneren Sicherheit wie etwa das Gewaltmonopol des Staates (dessen Durchsetzung und Aufrechterhaltung ganz sicher ein öffentliches Gut ist) oder die Sicherung einer unabhängigen Rechtsprechung denken. Weniger offensichtliche Beispiele finden sich bei der langfristigen Sicherung der Versorgung mit existentiellen Gütern. Herausragende Beispiele sind die Versorgung mit Energie und mit landwirtschaftlichen Produkten. Die Herstellung einer langfristigen Versorgungssicherheit in beiden Bereichen ist ein öffentliches Gut: Niemand kann von der „Sicherheit" ausgeschlossen werden, die dadurch entsteht, dass auch in Zukunft eine Versorgung mit heimischen Ressourcen in Krisenzeiten möglich ist, und bezüglich dieser Sicherheit besteht keine Rivalität im Konsum. Aber wird ein einzelner Konsument bereit sein, einen Beitrag zur Produktion dieser Güter zu leisten? Dies würde voraussetzen, dass man freiwillig einen höheren Preis für heimische Kohle und inländische Lebensmittel zu zahlen bereit ist. Nur so ist nämlich bei ausschließlich dezentraler Entscheidung eine langfristige Sicherung der inländischen Produktion möglich. Entscheiden sich die Konsumenten beim Einkauf für die Produkte, die zu Weltmarktpreisen von ausländischen Anbietern angeboten werden, sind weder die inländische Landwirtschaft noch der Bergbau überlebensfähig.

Tatsächlich wird in der politischen Diskussion die staatliche Sicherung der Landwirtschaft und des Bergbaus mit diesem Argument gerechtfertigt. Wir werden an geeigneter Stelle die Frage prüfen, ob diese Begründung ausreicht, und es sei vorweggenommen, dass sie einer genaueren Prüfung nicht standhalten wird. An dieser Stelle kommt es nur darauf an zu erkennen, dass „Versorgungssicherheit" ein öffentliches Gut ist, bei dessen privater Bereitstellung es zu einem Marktversagen kommen würde, das in seiner Struktur dem NGD entspricht.

Ganz ähnlich verhält es sich mit solchen Gütern, die im weitesten Sinne etwas mit dem Aussehen der Landschaft zu tun haben. Die Gliederung der Landschaft durch Ackerbau, die Landschaftspflege, der Denkmalschutz oder die Bebauung von Grundstücken mit Gebäuden, die einen ästhetischen Wert besitzen – alles dies schafft Güter, die Züge von Kollektivgütern aufweisen, weil niemand von dem Konsum dieser Ästhetik ausgeschlossen werden kann und sich die Konsummöglichkeiten anderer nicht dadurch reduzieren, dass jemand eine Landschaft betrachtet.

Ein weiteres wichtiges Beispiel für ein öffentliches Gut ist die *Grundlagenforschung*. Der Leser kann sich leicht klarmachen, dass es sich dabei nicht um ein

---

[59] Der Begriff „Kollektivgut" wird vielfach synonym für den des öffentlichen Gutes gebraucht.

rein öffentliches Gut handelt, denn ein Forscher, der eine grundlegende Entdeckung macht, hat grundsätzlich die Möglichkeit, seine Erkenntnis für sich zu behalten und damit „Konsumausschluss" herbeizuführen. Wenn jedoch die Ergebnisse seiner Arbeit erst einmal veröffentlicht sind, dann sind sie für jeden zugänglich und – besonders wichtig – es besteht keinerlei Rivalität bezüglich der Information. Grundlagenforschung zeichnet sich im allgemeinen dadurch aus, dass sie nicht unmittelbar verwertbar ist, d.h. grundlegende Erkenntnisse führen nur in sehr seltenen Fällen unmittelbar zu neuen Produkten oder Produktionsverfahren. Das hat zur Folge, dass diese Forschung keinerlei Erträge abwirft, die privat angeeignet werden können. Es entsteht „nur" ein öffentliches Gut, von dem die Gesellschaft, vielleicht sogar die Menschheit als ganzes profitieren kann, nicht jedoch der einzelne Investor. Aus diesem Grunde wird es bei rationalem Verhalten der Investoren und dezentraler Entscheidung nicht zur Grundlagenforschung kommen.

Öffentliche Güter und damit verbundene GD-Situationen verbergen sich aber auch an Stellen, an denen man sie kaum vermutet. So lässt sich beispielsweise das Doping-Problem im Spitzensport als ein NGD charakterisieren oder anders ausgedrückt: „Sauberkeit" im Sport hat den Charakter eines Kollektivgutes. Apropos Sauberkeit: Auch der Zustand von öffentlichen Plätzen, Parks oder Stränden ist ein öffentliches Gut. Zwar besteht hinsichtlich der unmittelbaren Nutzung dieser Flächen unter Umständen Rivalität, aber wenn wir von diesem Punkt absehen, ist die Sauberkeit des Strandes als solches ein Kollektivgut, zu dessen Bereitstellung jeder einzelne einen Beitrag leisten muss, indem er die Kosten der Entsorgung seines Abfalls trägt.

Sidestep 16: Wehrpflicht oder „Freiwillige vor"?

Die Landesverteidigung taucht in jedem ökonomischen Lehrbuch als Beispiel auf, wenn es um die Erklärung des Begriffs öffentlicher Güter geht. Trotz dieser häufigen Erwähnung wird oft übersehen, dass sich bei der Bereitstellung von Landesverteidigung auch ökonomische Probleme stellen, die nicht primär auf den öffentlichen Gut Charakter zurückzuführen sind. Der folgende Artikel aus der SÜDDEUTSCHEN ZEITUNG vom 23.05.1995 gibt darüber Auskunft:

„Ökonomen sagen, die heutige Struktur der Bundeswehr verschwende Ressourcen, der Schaden für die Volkswirtschaft sei immens. Der Staat solle endlich kalkulieren, wie teuer die Zwangsrekrutierung wirklich ist. Denn der Preis geht über allgemeine Steuern hinaus: Mancher muß mehr bezahlen. Jeder Rekrut verzichtet unfreiwillig auf das Mehreinkommen, daß er während seiner Dienstzeit erzielen könnte. Diese Differenz bezeichnet Herbert Giersch, der frühere Präsident des Instituts für Weltwirtschaft in Kiel, als „Naturalabgabe" - eine Sondersteuer, die nicht jeder tragen muß. Zum einen nämlich sind nur Männer wehrpflichtig, zum anderen werden nicht alle Wehrpflichtigen eingezogen. Aloys Prinz, Professor für Wirtschaftspolitik an der Johannes Gutenberg-Universität in Mainz, sagt sogar: „Bei einem Anteil Nichtdienender in Hö-

he von 30 Prozent kann man nicht mehr von einer allgemeinen Wehrpflicht sprechen."
Aber das Problem betrifft nicht allein den Wehrpflichtigen. Der niedrige Sold, den die Armee für die Arbeitskraft zahlt, führt - ganz nach ökonomischem Lehrbuch - zu einer zu hohen Nachfrage: Ein Streitkräfteplaner fragt mit seinem Budget mehr billige Wehrpflichtige nach, als er dies täte, wenn er den arbeitsmarktgerechten Preis zu entrichten hätte. Der Preismechanismus, der automatisch für die effiziente Verwendung von Ressourcen sorgt, funktioniert nicht mehr. Wolf Schäfer, Professor für Volkswirtschaftslehre an der Universität der Bundeswehr in Hamburg: „Knappe Ressourcen werden verschwendet – im Fall der Wehrpflicht die menschliche Arbeitskraft."
Darüber hinaus schöpfe die Armee die Potentiale einer wehrpflichtigen Arbeitskraft in der Regel nicht aus. Ein angehender Akademiker beispielsweise könnte seine Dienstzeit genauso in Bildung investieren - und stünde dem Arbeitsmarkt mit seiner hohen Qualifikation früher und insgesamt der Volkswirtschaft länger zur Verfügung. Die allgemeine Dienstpflicht, die auch für Frauen gelten soll, vervielfachte diese Kosten. Der Mainzer Professor Prinz: „Sie würde zu weiteren Verschlechterungen führen, weil noch mehr Personen betroffen wären."
Wirtschaftswissenschaftler befürworten aus diesen ökonomischen Gründen die Umwandlung der Bundeswehr in eine Streitkraft Freiwilliger. Die wären darüber hinaus, so das Ergebnis eines Gutachtens des Wissenschaftlichen Dienstes des Bundestages, motivierter und engagierter. Zudem wären sie billiger, weil sie länger in ihrer Funktion blieben. Derzeit hat ein Freiwilliger den gleichen Einsatzwert wie zwei Wehrpflichtige, so ein Arbeitspapier des Sozialwissenschaftlichen Instituts der Bundeswehr (Sowi) in Straußberg. Der technische Fortschritt in den Streitkräften könnte das Verhältnis zugunsten der Freiwilligen noch steigern. „Künftig wird es auch im Militär mehr Arbeitsteiligkeit und Spezialistentum geben", sagt der Sowi-Wissenschaftler Paul Klein. „Wehrpflichtige können keine Patriot-Raketen abfeuern."
Doch der politische Widerstand gegen die Freiwilligenarmee ist groß. Der Hamburger Professor Schäfer mahnt mit dem Hinweis auf die sozialistischen Planwirtschaften, in der Diskussion nun endlich volkswirtschaftliche Überlegungen zu berücksichtigen: "Eine Gesellschaft, die das ökonomische Effizienzziel vernachlässigt, wird bestraft."

Ein Bereich, in dem sich mit wachsender Dringlichkeit Kollektivgutprobleme stellen, eröffnet sich uns dann, wenn wir den Begriff des öffentlichen Gutes etwas erweitern. Das zuletzt angeführte Beispiel des öffentlichen Badestrandes ist bereits diesem Bereich zuzuordnen, denn genau genommen ist der Badestrand kein (rein) öffentliches Gut, sondern ein sogenanntes *Clubgut*. Bei Clubgütern ist der Konsumausschluss prinzipiell möglich – es wäre zumindest theoretisch denkbar, dass man den Strand einzäunt und den Zutritt von der Zahlung eines Preises abhängig macht. Die wichtigste Eigenschaft von Clubgütern besteht darin, dass es mit wachsender Inanspruchnahme zu immer stärkerer Konsumrivalität kommt. Das Strandbeispiel ist gut geeignet, diesen Punkt zu demonstrieren: Solange nur wenige Sonnenfreunde ihre Freizeit am Strand verbringen, schränken sie sich in ihren Konsummöglichkeiten nicht sonderlich ein. Werden es mehr, dann werden die begehrtesten Plätze (an der Sonne oder im Schatten, je nach Witterung) belegt sein und neu hinzukommende Konsumenten sind in ihren Konsummöglichkeiten bereits sehr stark eingeschränkt. Zugleich verringert neuer Konsum den Genuss, den das Sonnenbad für die bereits Anwesenden darstellt: Sie verursachen Lärm, verschmutzen den Strand und schränken die Bewegungsfreiheit ein. Aus der Sicht des neu hinzukommenden Nutzers ist der „Schaden", den die bereits Anwesenden erfahren, nicht entscheidungsrelevant, d.h. der Überfüllungseffekt bzw. die Überfüllungskosten, die in Form eines Nutzenverlustes bei anderen entstehen, werden von dem Einzelnen nicht berücksichtigt. Eine effiziente Nutzung von Ressourcen setzt jedoch voraus, dass *alle* Kosten und Erträge herangezogen werden und da dies bei uneingeschränkter Nutzung (solange es zu keinem Konsumausschluss kommt) nicht geschieht, kann eine ineffiziente Übernutzung die Folge sein.

Würde es sich bei Clubgütern nur um Parks oder Strände handeln, so wäre das mit ihnen verbundene Allokationsproblem sicherlich von untergeordneter wirtschaftspolitischer Bedeutung. Dem ist allerdings nicht so, denn Überfüllungsphänomene begegnen uns in vielfältiger Form. Die gegenwärtig vielleicht bedeutsamsten Beispiele für Clubgüter finden sich im Verkehrssektor. Ob man an den Luftraum denkt, an Schifffahrtslinien, den öffentlichen Personen-Nahverkehr oder an Autobahnen, in allen Fällen gewinnen Überfüllungsprobleme an Bedeutung, weil sich die Nutzung dieser Güter immer mehr den Kapazitätsgrenzen nähert. Aber nicht nur im Verkehrsbereich treffen wir auf Clubgüter. Sie begegnen uns immer dann, wenn Konsumrivalität erst durch Überfüllung entsteht: Bei Schwimmbädern, Kinos, Fußballspielen etc. sind die damit verbundenen Probleme sicherlich vernachlässigbar, bei Universitäten, Schulen und Kindergärten sind sie schon bedeutsamer.

Kennzeichnend für Clubgüter war die Tatsache, dass Konsumausschluss zwar möglich, Rivalität im Konsum aber nur bei Überfüllung auftrat. Bei einer anderen Gruppe von Gütern, bei der ebenfalls nicht damit gerechnet werden kann, dass dezentrale Allokation zu effizienten Resultaten führt, ist Rivalität unmittelbar gegeben, aber Konsumausschluss ist ohne kollektive Entscheidung nicht möglich. Es handelt sich um sogenannte *Allmende-Güter*[60]. Das Standardbeispiel für solche Güter sind Fischbestände im offenen Meer. Es ist offensichtlich, dass jeder Fisch nur einmal gefangen werden kann, mithin Rivalität besteht, und dass es ohne kollektive Entscheidungen nicht möglich ist, Fischer vom Fang auszuschließen. Welche Auswirkungen hat dies auf die Ressource „Fisch"? Es dürfte im Interesse aller Fischer liegen, dass nur soviel Fisch gefangen wird, dass die Art erhalten bleibt und auch in Zukunft der Fang noch lohnt. Bei ausschließlich individueller Entscheidung über die jeweiligen Fangmengen ist damit aber nicht zu rechnen. Im

---

[60] Unter der Allmende verstand man früher die Dorfweide, die von allen Bauern benutzt werden konnte. Es bestand also kein Konsumausschluss, aber Rivalität im Konsum.

Gegenteil, es wird ziemlich sicher zur Überfischung kommen. Wie sieht das individuelle Kalkül aus? Der einzelne Fischer steht vor der Wahl, entweder die Netze bis zum Rand zu füllen oder einen Beitrag zur Erhaltung der Art zu leisten, indem er seine Fangmenge freiwillig einschränkt. Bei dieser Wahl geht es ihm wie den Gefangenen im GD. Angenommen, die anderen Fischer schränken sich nicht ein, so dürfte die Überfischung unvermeidbar sein, selbst wenn der einzelne vollkommen auf den Fang verzichten würde. In diesem Fall wäre es beste Strategie, ebenfalls so viel wie möglich zu fangen. Sichern dagegen die anderen die Arterhaltung, so ist es erst recht lukrativ, die Netze zu füllen: Die Art bleibt trotz maximalem Fang erhalten. Ganz gleich, wie sich die anderen Fischer verhalten, es ist immer beste Antwort, und damit dominante Strategie, die Fangmenge zu maximieren. Das Resultat ist das gleiche wie im GD: Individuell rationales Verhalten führt zu einem Resultat, das *alle nicht wollen* und deshalb kollektiv nicht rational ist.

Die folgende Matrix fasst noch einmal die verschiedenen Gutsformen in Abhängigkeit von Rivalität und Konsumausschluss zusammen:

	Rivalität gegeben	**Keine Rivalität**
Konsumausschluss	Private Güter	Clubgüter
Kein Ausschluss	Allmende-Güter	Rein öffentliche Güter

Formen öffentlicher Güter

Die bisherigen Ausführungen dürften bereits gezeigt haben, dass die Problematik öffentlicher Güter von erheblicher wirtschaftspolitischer Relevanz ist – auch wenn sich öffentliche Güter in reiner Form nur sehr selten in der Realität ausmachen lassen. In einer sehr engen Beziehung zum öffentlichen Gut steht ein Phänomen, das mit dem Begriff „*externer Effekt*" bezeichnet wird, und bei dem es sich um die wohl bedeutsamste Ursache für Marktversagen handelt. Sehr allgemein formuliert versteht man unter einem externen Effekt die Beeinflussung von Produktions- oder Konsummöglichkeiten, die nicht zur Veränderung relativer Preise führen. Die Ursache dafür liegt in nicht vollständig definierten Eigentumsrechten bzw. in einem Versagen des Ausschlussprinzips. Diese Definition lässt sich anhand eines einfachen Beispiels verdeutlichen. Stellen Sie sich vor, Sie befinden sich auf dem besten Tribünenplatz eines Fußballstadions in Erwartung einer Veranstaltung, die zu sehen Ihnen großen Nutzen verschaffen soll. Neben Ihnen nimmt ein Mann Platz, der alsbald eine übelriechende Zigarre zu rauchen beginnt. Nehmen wir weiterhin an, Sie seien Nichtraucher und die zu ihnen herüberziehenden

Rauchschwaden verursachen bei Ihnen Hustenanfälle und Übelkeit. Ihr Nachbar verursacht einen externen Effekt! Er beeinflusst ihre Konsummöglichkeiten (der Spaß an der Veranstaltung wird Ihnen bald vergehen), ohne dass sich dies in irgendeiner Weise in einer Veränderung relativer Preise niederschlägt. Es gibt nämlich in aller Regel keinen Preis für Nichtraucherplätze in Fußballstadien. Gäbe es ihn, so hätten Sie die Möglichkeit, dadurch, dass Sie einen entsprechenden Preis entrichten, das Recht auf einen „rauchfreien" Tribünenplatz zu erwerben. Dieses Eigentumsrecht wäre durchsetzbar und in gewisser Weise könnten Sie dann andere Konsumenten vom Gebrauch „Ihrer Luft" als Aufnehmemedium für Schadstoffe ausschliessen.

Die Tatsache, dass es bei externen Effekten nicht zu Preisreaktionen kommt, ist entscheidend. Preise haben die Funktion, die relative Knappheit von Gütern und Ressourcen anzuzeigen. Indem sie dies tun, schaffen sie die Voraussetzung dafür, dass bei den Allokationsentscheidungen, bei Produktion und Konsum alle relevanten Kosten und Erträge berücksichtigt werden können. Externe Effekte wirken gewissermaßen am Preissystem vorbei (in diesem Sinne ist der Begriff „extern" zu verstehen) und verursachen dadurch eine Preisverzerrung. Der Zigarrenraucher neben Ihnen verursacht durch seinen Konsum Kosten, die er nicht selbst trägt, sondern auf Sie abwälzt. Müsste er diese Kosten übernehmen, etwa indem er Sie für den erlittenen Schaden kompensiert und Ihnen das Eintrittsgeld erstattet, würde er vielleicht auf den Konsum seiner Zigarre verzichten – und das wäre in diesem Fall eine effiziente Lösung, denn offensichtlich wäre Ihr Schaden (gemessen durch die Kompensationsforderung) durch den Zigarrenrauch größer als sein Nutzen aus dem Rauchgenuss (andernfalls *würde* der Raucher Sie entschädigen).

Das Beispiel sollte nicht dazu verführen, das mit externen Effekten verbundene Allokationsproblem zu unterschätzen. Um ihre Bedeutung einordnen zu können, muss man sich zunächst einmal klarmachen, dass in allen Fällen, in denen öffentliche Güter zu Allokationsproblemen führen, immer auch externe Effekte im Spiel sind. Wenn ein Individuum bereit ist, eine „Einheit Landesverteidigung" anzubieten, dann hat dies einen *positiven externen Effekt*, denn die Konsummöglichkeiten aller verändern sich dadurch, ohne dass die restlichen Bewohner des Landes einen Preis dafür entrichten müssten. Derjenige, der seinen Abfall nicht von der Liegewiese räumt, verursacht einen externen Effekt, diesmal einen *negativen*. Der Umweltsektor, anhand dessen wir bereits die Bedeutung öffentlicher Güter verdeutlicht haben, liefert auch die gravierendsten Beispiele für negative externe Effekte. Man stelle sich ein Unternehmen vor, das in einem dichtbesiedelten Gebiet ansässig ist und durch dessen Produktion die Umgebungsluft erheblich verschmutzt wird. Dies ist deshalb ein externer Effekt, weil das Preissystem auf die Inanspruchnahme der knappen Ressource „Luft" nicht reagiert. Das Unternehmen benutzt die Luft als Aufnahmemedium für Schadstoffe und reduziert dadurch die Konsummöglichkeiten der Anwohner, ohne dass es dafür einen Preis entrichten müsste und ohne dass dadurch der Preis für Luft steigen würde, um so die gestiegene Knappheit dieser Ressource anzuzeigen. Der Effekt ist offensichtlich: Das Preissystem signalisiert dem Unternehmen *fälschlicherweise*, dass Luft nicht knapp ist, dass sie zum Preis Null genutzt werden kann. Die Folge ist das, was wir als das Umweltproblem wahrnehmen: Die Atmosphäre wird weit über das effiziente Maß hinaus als Aufnahmemedium für Schadstoffe gebraucht.

Die Umweltqualität ist ein öffentliches Gut. Durch die kostenlose Inanspruchnahme von Umweltgütern reduziert sich diese Qualität, und das wiederum ist ein externer Effekt. Anders formuliert: Die *Vermeidung* negativer externer Effekte ist in diesem Fall ein öffentliches Gut. Zu externen Effekten kommt es allerdings nicht nur im Zusammenhang mit öffentlichen Gütern. In dem oben benutzen Beispiel des rauchenden Nachbarn ist kein Kollektivgutproblem enthalten, es handelt sich vielmehr um eine sogenannte „Nachbarschaftsexternalität".

Der Zusammenhang zwischen Gefangenen-Dilemma und externem Effekt ist im Falle öffentlicher Güter offenkundig. Um ihn allgemein zu verdeutlichen, sei an die Story des GD erinnert. Jeder der beiden Gefangenen verursacht durch sein Verhalten bei dem Mitgefangenen einen externen Effekt. Würden diese Effekte internalisiert, d.h. würden die Gefangenen den Schaden, den sie bei dem anderen durch ein Geständnis verursachen, bei ihrer Entscheidung berücksichtigen, so würde dies zu einer effizienten Entscheidung führen, denn dann wäre es dominante Strategie, *nicht zu gestehen*.[61]

Öffentliche Güter und externe Effekte sind bei weitem nicht die einzigen Fälle, in denen es zu einem Widerspruch zwischen individuell rationalem Verhalten und kollektiver Rationalität kommt. Aber es sind die Fälle, in denen die GD-Struktur des Problems am deutlichsten zutage tritt. Aus diesem Grund lässt sich die Frage, ob die theoretische Prognose, dass Menschen im GD nicht kooperieren, in der Realität bestätigt wird, am ehesten im Zusammenhang mit diesen beiden Marktversagensursachen behandeln. Darum werden wir zunächst etwas zur Relevanz des Freifahrerverhaltens sagen, bevor wir uns mit den weiteren Marktversagenstatbeständen befassen.

Die Theorie ist in ihrer Prognose vollkommen unzweideutig. Wenn Menschen sich in einer GD-Situation befinden, dann werden sie sich als Freifahrer betätigen, d.h. sie werden nicht zur Kooperation bereit sein. Sie sind deshalb nicht in der Lage, öffentliche Güter privat bereitzustellen, und sie werden externe Effekte, die ihr Handeln auslöst, nicht freiwillig berücksichtigen. Voraussetzung dafür ist, dass sich Menschen eigennützig, emotionslos und rational verhalten – tun sie das? Die Frage ist berechtigt, denn wer hat sich nicht schon einmal selbst uneigennützig verhalten, eine Spende geleistet, zur Erstellung eines öffentlichen Gutes beigetragen oder seinen Müll freiwillig selbst entsorgt, anstatt den Strand zu verunzieren. Und wer hat alle diese Verhaltensweisen nicht auch schon bei anderen beobachtet? Es ist durchaus nicht klar, wie bedeutsam das Freifahrerproblem eigentlich ist.

Wir haben schon darauf hingewiesen, dass es grundsätzlich zwei Möglichkeiten gibt, diese Frage zu beantworten: die empirische Untersuchung und das Ex-

---

[61] Es sei dem Leser überlassen sich klarzumachen, warum dies gilt, wenn wir voraussetzen, dass es das Ziel der Spieler im GD sei, die Anzahl der insgesamt (von beiden) im Gefängnis verbrachten Jahre zu minimieren.

periment. Eine sehr einfache Analyse von Beobachtungen, die sehr leicht zu machen sind, liefert deutliche Hinweise darauf, dass wir es in der Realität durchaus mit gravierenden Freifahrerproblemen zu tun haben. Es ist offensichtlich, dass wir mit gravierenden Umweltproblemen konfrontiert sind, und zwar insbesondere in Bezug auf die Medien Luft und Wasser, und damit auf Güter, die durchaus die Merkmale *global öffentlicher Güter* aufweisen. Eine zweite Beobachtung, die in diesem Zusammenhang von Interesse sein kann, besteht darin, dass in vielen Bereichen, in denen mit Freifahrerproblemen zu rechnen ist, staatliches Handeln beobachtet werden kann. Daraus allerdings zu schlussfolgern, dass kollektives Handeln an diesen Stellen erfolgt, *weil* Freifahrerprobleme ein Marktversagen provozieren – und damit staatliche Eingriffe rechtfertigen – wäre verfrüht. Dennoch deutet sich beispielsweise bei der Beobachtung staatlichen Handelns im Umweltbereich ein Zusammenhang zwischen GD-Struktur und der Notwendigkeit kollektiven Handelns an.

Grundsätzlich stellt sich allerdings bei der empirischen Überprüfung der Freifahrerhypothese ein gravierendes Problem. Entscheidend für diese Prognose ist die ganz spezielle Struktur der Payoffs, die für das GD charakteristisch ist. Die Auszahlungen bestehen aber nicht immer und nicht nur aus beobachtbaren, monetären Größen. Payoffs sind vielmehr in Nutzeneinheiten zu messen. Die sind aber nicht beobachtbar! Die Folge davon ist, dass vielfach nicht klar ist, ob tatsächlich ein GD vorliegt oder nicht. Es sei wiederum das Beispiel des öffentlichen Strandes strapaziert, um diesen Punkt deutlich zu machen. Wenn wir davon ausgehen, dass es für den einzelnen Kosten verursacht, seinen Müll selbst zu entsorgen, und wir weiterhin voraussetzen, dass es nur darum geht, Kosten (in Form von Anstrengungen jeglicher Art) zu minimieren, dann ist es in der Tat dominante Strategie den Abfall einfach liegen zu lassen.[62] Es kann aber sehr gut sein, dass es einem Benutzer der Liegewiese nicht nur darum geht die Entsorgungskosten zu minimieren. Beispielsweise könnte jemand einen Nutzen aus der Entsorgung seiner Coladosen ziehen – etwa weil er hofft, dadurch einen guten Eindruck bei seiner Freundin zu machen. Sollte dies der Fall sein, so liegt überhaupt keine GD-Situation vor! Das Problem ist, dass sich bei empirischen Beobachtungen solche intangiblen Auszahlungen nicht beobachten lassen und man daher nicht entscheiden kann, ob tatsächlich eine GD-Situation vorliegt oder nicht.

---

[62] Um die Logik des GD auch hier noch einmal zu verdeutlichen, sei die Argumentation wiederholt: Wenn die anderen Strandbenutzer ihren Müll beseitigen, dann ist die Verschmutzung, die durch den eigenen Müll eintritt, nicht spürbar, d.h. mindert nicht den Nutzen aus dem Strandbesuch. In diesem Fall ist es damit beste Antwort auf das Verhalten der anderen, seinen Müll liegen zu lassen, denn dadurch kann der volle Nutzen realisiert werden bei minimalem Entsorgungsaufwand. Verhalten sich die anderen genauso, d.h. räumt niemand seinen Abfall weg, dann ist es ebenfalls beste Strategie, keine Entsorgung zu betreiben, denn der Aufwand, den man auf sich nähme, hätte keinen spürbaren Einfluss auf die Sauberkeit des Strandes. Das bedeutet: Ganz gleich, wie sich die anderen verhalten, für den einzelnen ist es *immer* beste Strategie, den eigenen Müll am Strand zurückzulassen.

Vor diesem Hintergrund überrascht es nicht, dass die Überprüfung der Freifahrerhypothese vorwiegend im Zuge experimenteller Untersuchungen erfolgt ist. Es würde an dieser Stelle zu weit führen, wenn man den Versuch unternehmen würde, die diesbezügliche Literatur umfassend wiederzugeben.[63] Wir werden uns darauf beschränken die wichtigsten Beobachtungen exemplarisch zu behandeln.

Freifahrerexperimente sind sowohl von Ökonomen als auch von Psychologen in großer Zahl durchgeführt worden. Dabei sind fast alle Experimente in wiederholter Form gespielt worden. Durch Spielwiederholung sollten Lerneffekte möglich werden um auszuschließen, dass sich die Versuchspersonen *deshalb* kooperativ verhalten, weil sie ihre Freifahrermöglichkeit *nicht erkennen*. Die Standardanordnung, die im letzten Abschnitt beschrieben wurde, ist in vielfältiger Weise variiert und um verschiedene Aspekte erweitert worden. Beispielsweise wurde die Gruppengröße verändert, die Auszahlungen erhöht oder die Informationen variiert, die die Spieler nach jeder Runde erhielten.

Eines der bekannteren ökonomischen Freifahrerexperimente ist das von ISAAC UND WALKER (1988). Der Versuchsaufbau, der dabei verwendet wurde, entsprach im Wesentlichen demjenigen, der hier benutzt worden ist um das NGD einzuführen. Gespielt wurde jeweils über 10 Runden, d.h. die Spieler hatten 10-mal die Gelegenheit, ihre Spielmarken auf die beiden Anlageformen aufzuteilen. Die Anzahl der Runden war den Spielern ex ante bekannt, die Auszahlungsbedingungen ebenfalls, Anonymität der Spieler wurde garantiert. Variiert wurden zwei Parameter, nämlich die Gruppengröße und die Auszahlung der öffentlichen Anlage. Um eine „große" und eine „kleine" Gruppe zu erzeugen, wurde der Versuch in Gruppen zu 4 und zu 10 Spielern gespielt. In beiden Fällen wurde der „marginal-per-capita-return" (MPCR) der öffentlichen Anlage variiert, und zwar betrug er 0,3 oder 0,75, d.h. während die Investition einer Spielmarke in die *private* Anlage einen Ertrag von einem Cent erbrachte, erzielte eine Marke in der öffentlichen Anlage entweder 0,3 oder 0,75 Cent *für alle beteiligten Spieler*. Insgesamt resultieren damit 2x2 = 4 verschiedene Versuchsanordnungen:

Experiment	Gruppengröße	MPCR
4L	4	0,3
4H	4	0,75
10L	10	0,3
10H	10	0,75

Die folgende Abbildung zeigt die durchschnittlichen Beiträge (in % der Anfangsausstattung) der Spieler in den vier Anordnungen:

---

[63] Einen Überblick über die Literatur zu Freifahrerexperimenten findet sich bei WEIMANN (1995) oder LEDYARD (1995).

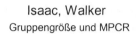
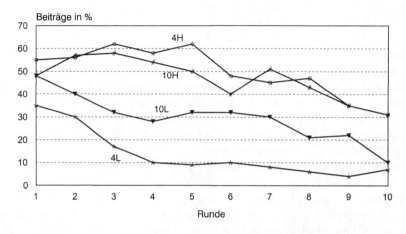

Abbildung 8: ISAAC UND WALKER 1988.

Bevor dieses Ergebnis diskutiert wird, sei darauf hingewiesen, dass die Beobachtungen von ISAAC UND WALKER als durchaus typisch für eine ganze Reihe von Freifahrerexperimenten gelten können.[64] Zunächst fällt auf, dass die strikte Freifahrerhypothese, die sich aus der formalen Analyse des NGD ergibt, nicht aufrecht erhalten werden kann. In allen Runden sind die Beiträge im Durchschnitt signifikant von Null verschieden. Dies ist insbesondere in der letzten Runde bemerkenswert, denn in der Schlussrunde befinden sich die Spieler in der gleichen Situation, in der sie sich bei nur einmaliger Durchführung des Spiels befunden hätten, und das bedeutet, dass Freifahrerverhalten in dieser Runde *dominante Strategie* ist. Offensichtlich spielen die Spieler aber diese dominante Strategie nicht, sondern leisten Beiträge zur Erstellung des öffentlichen Gutes. Andererseits ist auch klar, dass es in keiner Runde zu einer *effizienten* Lösung kommt. Im Durchschnitt wird nur etwa die Hälfte der Marken in die öffentliche Anlage investiert, und das bedeutet, dass das Ziel einer effizienten Allokation regelmäßig deutlich verfehlt wird, dass es in allen Fällen zu erheblichen Effizienzverlusten kommt. Genau dies ist für Freifahrerexperimente kennzeichnend. Wir beobachten zwar kaum striktes Freifahrerverhalten, aber Effizienz erweist sich als nahezu unerreichbar. Dabei sind die Effizienzverluste keineswegs vernachlässigbar – im Gegenteil.

Die Freifahrerhypothese ist in ihrer strikten Form damit experimentell nicht zu bestätigen. Dennoch bleibt es bei der erheblichen Relevanz des Freifahrerphäno-

---

[64] Vgl. WEIMANN (1995).

mens, denn in einer schwachen Form kann die Hypothese nicht-kooperativen Verhaltens als durchaus belegt angesehen werden: Die Teilnehmer an Freifahrerversuchen leisten deutlich geringere Beiträge zur Erstellung des öffentlichen Gutes, als notwendig wäre, um die kollektiv rationale Lösung zu realisieren.

Einige weitere Beobachtungen, die sowohl bei ISAAC UND WALKER als auch von anderen Experimentatoren gemacht wurden, dürften von Interesse sein. Bei wiederholten Versuchen ist regelmäßig zu beobachten, dass die Beiträge in die öffentliche Anlage im Spielverlauf *fallen*. In Abbildung 6 wird dieser Punkt sehr deutlich. Liegen die Beiträge anfangs teilweise deutlich über 50%, so liegen sie in der letzten Runde in allen Anordnungen darunter. Außer dem insgesamt fallenden Verlauf der Beitragskurven lässt sich eine zweite Regelmäßigkeit ausmachen, die in fast allen Experimenten beobachtet wurde: In der letzten Runde fallen die Beiträge ganz besonders deutlich ab. Dieser sogenannte „Schlussrundeneffekt" ist insofern erstaunlich, als er nicht mit dem Hinweis begründet werden kann, dass in der letzten Runde Freifahrerverhalten dominante Strategie ist. Wäre dies der (alleinige) Grund für den Abfall, so wäre zu fragen, warum rationale Spieler diesen Punkt nicht antizipieren und bereits in der vorletzten Runde ihre Beiträge reduzieren. Die Rückwärtsinduktion, mit der die Spieltheorie nachweist, dass nur ein Nash-Gleichgewicht des wiederholten GD-Spiels existiert, findet offensichtlich nicht statt.

Neben diesen Beobachtungen, die auch in anderen Experimenten gemacht wurden, zeigen die Versuche von ISAAC UND WALKER zwei Besonderheiten, die *scheinbar* eindeutig zu interpretieren sind: Während die Gruppengröße keinen besonderen Einfluss auf die Kooperationsbereitschaft zu haben scheint, ist der MPCR sehr bedeutsam, und zwar in einer durchaus intuitiven Weise: Je höher der MPCR, desto billiger ist Kooperation und um so mehr Beiträge werden in die öffentliche Anlage geleistet. Aber diese Interpretation hat sich als voreilig erwiesen, denn ISAAC, WALKER UND WILLIAMS (IWW) (1994) konnten zeigen, dass ein sehr viel komplexerer Zusammenhang zwischen Gruppengröße und MPCR besteht, als es der Versuch von 1988 vermuten ließ. Der IWW-Versuch ist in verschiedenen Hinsichten bemerkenswert. Sein Ziel bestand darin zu untersuchen, ob Experimente mit sehr großen Gruppen andere Resultate zeigen als die bisher beobachteten. Um mit großen Gruppen umgehen zu können, mussten IWW einige methodisch sehr interessante Veränderungen der üblichen Laboranordnung vornehmen. Im Wesentlichen wurden folgende Variationen der Standard-Anordnung vorgenommen:

- Außer mit den bereits bekannten Kleingruppen von 4 und 10 Spielern wurden Spiele mit 40 und 100 Teilnehmern durchgeführt.

- Damit 100 Spieler ihre Entscheidung über die Allokation der Spielmarken bekannt geben können, reicht ein einfaches Computernetz mit 10 oder 20 Plätzen nicht aus. Deshalb wurde in Form sogenannter „multi session" Anordnungen gespielt, bei denen die Spieler Gelegenheit hatten, ihre Strategieentscheidung nacheinander in den Computer einzugeben.

- Da Experimente mit großen Gruppen extrem teuer werden können, wurden die monetären Anreize teilweise durch die Möglichkeit ersetzt, extra „Credit Points" zu gewinnen.[65]
- Die Multi-Session-Anordnung ermöglichte es, Spiele über 40 und 60 Runden zu spielen.

Der IWW-Versuch zeichnet sich darüber hinaus dadurch aus, dass er mit sehr hohem Aufwand durchgeführt wurde. So wurden nicht weniger als 87 Experimente durchgeführt, an denen insgesamt 1.908 (!) Spieler teilnahmen. Die Resultate sind wegen der hohen Zahl von Wiederholungen, die in jeder einzelnen Anordnung gespielt wurden, in hohem Maße signifikant. Im Einzelnen konnten folgende Beobachtungen gemacht werden:

Die Resultate, die ISAAC UND WALKER 1988 erzielten, erwiesen sich als robust gegenüber der Einführung einer Multi-Session-Credit-Point-Anordnung (MSCP), d.h. die Wiederholung der Experimente mit 4 bzw. 10 Spielern und einem MPCR von 0,3 oder 0,75 führte zu den gleichen Resultaten wie 1988, obwohl es nun nicht mehr um Geld (sondern Credit Points) ging und obwohl die Entscheidungen nicht mehr von allen Spielern zur gleichen Zeit im Labor getroffen wurden, sondern zu unterschiedlichen Zeitpunkten mit teilweise langen Pausen dazwischen. Diese Beobachtung ist für die Resultate der Experimente mit großen Gruppen wichtig, denn sie zeigt, dass die folgenden Abweichungen gegenüber den Ergebnissen aus 1988 nicht auf die MSCP-Anordnung zurückgeführt werden können.

- Für große Gruppen (40 und 100 Teilnehmer) lässt sich *kein* signifikanter Zusammenhang zwischen dem MPCR und der durchschnittlichen Beitragshöhe erkennen. In kleinen Gruppen (4 und 10) war dagegen dieser Zusammenhang deutlich ausgeprägt (s.o.).

- Bei MPCR = 0,3 wurde in den großen Gruppen signifikant mehr in die öffentliche Anlage investiert als in den kleinen Gruppen. Die Erhöhung der Gruppenstärke hatte hier also einen beitragssteigernden (!) Effekt. Diese Beobachtung steht in unmittelbarem Widerspruch zu dem wohlbekannten Resultat OLSONS, dass große Gruppen bei der Bereitstellung öffentlicher Güter grundsätzlich zu weniger Effizienz in der Lage sind als kleine.

---

[65] Dabei handelt es sich um die im amerikanischen Universitätswesen üblichen Kreditpunkte, die für bestimmte Leistungsnachweise vergeben werden und von denen eine bestimmte Anzahl gesammelt werden muss, um zur Abschlussprüfung berechtigt zu sein. Am Rande sei erwähnt, dass Credit-Point-Systeme vor kurzem auch an deutschen Fakultäten eingeführt wurden – beispielsweise an den wirtschaftswissenschaftlichen Fakultäten der Universitäten Bonn und Magdeburg.

4.2 Öffentliche Güter und externe Effekte   141

- Im Unterschied zu dem letztgenannten Befund konnte bei einem MPCR von 0,75 *kein* signifikanter Unterschied zwischen dem Verhalten der 4er, 10er, 40er und 100er Gruppen festgestellt werden.

Interessant sind auch die Beobachtungen, die IWW bei den Versuchen machten, die über 40 bzw. 60 Runden gespielt wurden. An den grundsätzlichen Verhaltensmustern änderte sich auch bei den Langspielen nichts, d.h. die Durchschnittsbeiträge waren durchweg positiv und fielen im Spielverlauf. Der Abfall der Beiträge verlief allerdings erheblich langsamer als in den Spielen über zehn Runden. Je *kürzer* ein Spiel ist, um so *schneller* fallen die Durchschnittsbeiträge. Dieser Effekt hat zur Folge, dass sich die Verläufe der Beitragskurven in den verschiedenen Anordnungen praktisch nicht unterscheiden.

Sidestep 17: Kooperative Typen

In den allermeisten experimentellen Untersuchungen wird analysiert, wie sich die Versuchspersonen *insgesamt*, gewissermaßen im Aggregat verhalten. Vielfach findet man in den entsprechenden Veröffentlichungen deshalb vor allem Durchschnittswerte, aber keine Analyse des individuellen Verhaltens. Das ist durchaus bedauerlich, denn dadurch geht ein interessanter Aspekt verloren. Bei näherem Hinsehen zeigt sich nämlich, dass sich gerade in Freifahrerexperimenten ausgeprägte Typisierungen ausmachen lassen. In WEIMANN 1994 wurden die Versuchspersonen in Abhängigkeit von ihren Beiträgen in die öffentliche Anlage in KOOPERATIVE, FREIFAHRER und SCHWACHE FREIFAHRER eingeteilt. Die dabei verwendeten Grenzen sind natürlich vollkommen willkürlich, aber die folgende Abbildung dürfte deutlich machen, was mit dem Begriff „Typisierung" gemeint ist. Die Verhaltensunterschiede zwischen den einzelnen Typen sind sehr deutlich ausgeprägt:

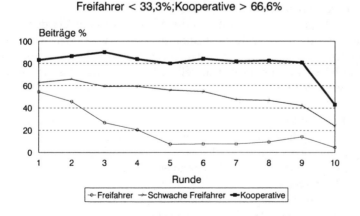

Abbildung 9: Typen im Freifahrerexperiment

Ein sehr ähnlicher Befund lässt sich auch in einem anderen Kontext finden. In WEIMANN 1994 wird eine Versuchsanordnung gewählt, die exakt derjenigen entspricht, die zuvor bereits von ANDREONI 1988 in den USA verwendet wurde. Insofern ist es zulässig, einen Vergleich anzustellen:

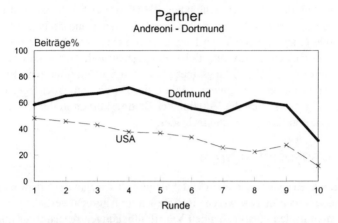

Abbildung 10: Dortmund vs. USA

Der Befund ist eindeutig, aber keineswegs seine Interpretation. Sind nun die US-Studenten, die an ANDREONIS Versuch teilnahmen, *rationaler* als die Studenten der Uni Dortmund, mit denen WEIMANN seine Versuche durchführte, oder sind die Dortmunder *kooperativer*? Wie auch immer, alles deutet darauf hin, dass es sich um unterschiedliche *Typen* handelt.

Der Vergleich zwischen amerikanischen und deutschen Studenten ist allerdings mit einer gewissen Vorsicht zu genießen. Kultur vergleichende Studien leiden nämlich unter einigen kaum zu vermeidenden methodischen Schwierigkeiten. Es handelt sich dabei um sogenannte „Framing-Effekte". Unter dem „Frame" eines Experiments versteht man die Art und Weise, in der den Versuchsteilnehmern die Entscheidungssituation präsentiert wird. Man weiß aus vergleichenden Studien, dass die Präsentation eine Rolle spielt, d.h. Versuchspersonen verhalten sich in ein und derselben Entscheidungssituation unterschiedlich, wenn diese auf verschiedene Weise präsentiert wird. Bei Versuchen in unterschiedlichen Kulturen lassen sich Unterschiede in den verwendeten Frames kaum vermeiden. Unterschiedliche Experimentatoren, verschiedene Sprachen und Währungen schaffen Unterschiede zwischen den Versuchsanordnungen, die sich kaum vermeiden lassen. Man kann deshalb nicht ausschließen, dass beobachtbare Verhaltensunterschiede auf solche Framing-Effekte zurückzuführen sind.

Die deutsche Wiedervereinigung hat eine Situation geschaffen, die eine vergleichende Studie zuließ, ohne dass es zu solchen Effekten kommen musste. Ost- und Westdeutschland hatten unmittelbar nach der Wende unterschiedliche kulturelle Bedingungen, aber eine Währung und eine Sprache. Diesen Glücksfall haben OCKENFELS UND WEIMANN (1999) ausgenutzt um eine vergleichende Studie in Magdeburg, Bonn und Bochum durchzuführen. Es ging um die Frage ob sich signifikante Verhaltensunterschiede zwischen ost- und westdeutschen Studierenden ausmachen lassen. Um auch den Experimentator-Effekt auszuschließen, wurden alle Versuche von den gleichen Personen durchgeführt. Benutzt wurden zwei unterschiedliche Versuche, das Freifahrerexperiment und das sogenannte Solidaritätsspiel, das schon in Sidestep 4 (S. 41) beschrieben wurde. Die spannende Frage war, ob sich die ostdeutschen Studierenden, die in einer sozialistischen Gesellschaft aufgewachsen sind und im Geiste der Solidarität erzogen wurden, anders verhalten als ihre westdeutschen Kommilitonen, deren Sozialisation in einer Marktwirtschaft stattgefunden hat. Die folgende Abbildung gibt für das Freifahrerexperiment eine eindeutige Antwort. Sie zeigt den prozentualen Anteil der in die öffentliche Anlage investierten Marken für die beiden untersuchten Gruppen:

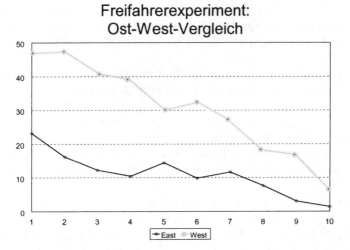

Abbildung 11: Types and Patterns

Das Ergebnis ist eindeutig und hoch signifikant. Die ostdeutschen Studenten verhielten sich deutlich weniger kooperativ als die westdeutschen. Im Solidaritätsexperiment bestätigte sich dieses Ergebnis. Auch dort leisteten die westdeutschen Gewinner deutlich höhere Abgaben als die ostdeutschen.
Es ist sehr schwierig, dieses Ergebnis zu interpretieren. Eine nähere Untersuchung zeigte z.B., dass offensichtlich in beiden Gruppen unterschiedliche Fairness-Normen existieren und dass sich – *gemessen an diesen Normen* – beide Gruppen durchaus im gleichen Maße „normkonform" verhalten haben.

Zusammenfassend können wir festhalten, dass das Freifahrerproblem im Experiment zwar nicht in der von der Theorie prognostizierten Schärfe auftritt, aber dennoch in einem Maße, das es angebracht erscheinen lässt, von der Gefahr erheblicher Ineffizienzen durch Freifahrerverhalten zu sprechen. Im Wesentlichen dürfte dieses Resultat dem entsprechen, was wir gemeinhin beobachten: Längst nicht alle Menschen lassen ihren Müll auf der Liegewiese liegen, aber es reicht um für spürbare externe Effekte zu sorgen. Die Diagnose von GD-Strukturen muss damit Anlass zur Sorge geben, denn es zeigt sich, dass private Akteure nur in eingeschränktem Maße in der Lage sind, den Widerspruch zwischen individueller und kollektiver Rationalität zu beseitigen, der in solchen Fällen auftritt.

> **Sidestep 18: Ozonalarm**
>
> Neben dem Laborexperiment ist der Feldversuch ein wichtiges Instrument zur Sammlung sozialwissenschaftlicher Erkenntnisse. Mitunter sind es dabei nicht einmal Wissenschaftler, die solche Versuche veranstalten, sondern Politiker. So geschehen, als vor einiger Zeit der Versuch unternommen wurde, Autofahrer allein durch einen Appell an ihre „Vernunft" dazu zu bewegen, bei erhöhter Ozonbelastung langsam zu fahren. Die WAZ vom 10.7.1995 meldete dazu:
>
> **„Polizei: Appelle an Autofahrer bei Ozon nutzlos – Nur bei Strafen ändern Bürger ihr Verhalten – Niedersachsen: Autofahrer rasen wie immer"**
> BONN Die Appelle an Autofahrer, angesichts der hohen Ozonbelastung der vergangenen Tage freiwillig das Tempo zu drosseln, sind nach Ansicht der Gewerkschaft der Polizei nutzlos. „Die deutsche Mentalität reagiert auf solche Appelle so gut wie nicht", sagte der Gewerkschaftschef Lutz. Die Bürger würden ihr Verhalten erst ändern, wenn sie mit Strafen zu rechnen hätten (...)"
>
> Der Leser sollte nunmehr in der Lage sein einzusehen, dass die Befolgung der Appelle weniger eine *Mentalitätsfrage* als vielmehr eine *Rationalitätsfrage* ist. Der Appell der Polizei ist nichts anderes als die Aufforderung, sich individuell nicht-rational zu verhalten. Ein *solcher* Aufruf allein ist offensichtlich nicht geeignet, um Kooperation zu erzeugen.

Bei den folgenden Marktversagensfällen liegt die GD-Struktur nicht so offen zutage wie im Falle öffentlicher Güter und externer Effekte – dennoch weisen auch sie die Grundzüge des klassischen Dilemmas zwischen individueller und kollektiver Rationalität auf.

4.3 ASYMMETRISCHE INFORMATION UND NATÜRLICHE MONOPOLE

4.3.1 Asymmetrische Information

Es dürfte vollkommen offensichtlich sein, dass die verschiedenen Akteure innerhalb einer Ökonomie niemals alle über die gleichen Informationen verfügen werden. Es wird immer Informationsdifferenzen geben. In den meisten Fällen bleiben solche Differenzen allerdings unerheblich. Kommt es zwischen Akteuren jedoch zu *systematischen* Informationsasymmetrien, so kann dies zu erheblichen Problemen führen. Um diesen Punkt erkennen zu können, sei noch einmal an das Gefangenen-Dilemma erinnert. Ein wesentlicher Aspekt des GD besteht darin, dass sich die Gefangenen simultan entscheiden müssen und keinerlei Möglichkeit der Abstimmung haben. Es wurde bereits darauf hingewiesen, dass eine mögliche Lösung des GD darin besteht, dass die beiden Gefangenen einen Vertrag schließen, der sie beide auf kooperatives Verhalten verpflichtet. Stellen wir uns vor, ein solcher Vertrag existiere, aber die Strategieentscheidungen müssten nun nicht mehr simultan getroffen werden, sondern *sequentiell*, d.h. die Gefangenen werden nacheinander vernommen.

In diesem Fall hätte der Erste ein erhebliches Problem. Wie sollte er sich darauf verlassen können, dass sich der Zweite an die Verabredung hält? Hat er erst einmal seine Vorleistung erbracht und nicht gestanden, ist der zweite in der Lage, auf seine Kosten frei zu kommen, indem er den Vertrag bricht. Man kann sich allerdings vorstellen, dass es möglich sein müsste, die Vertragseinhaltung zu *erzwingen*. Im Falle der Gefangenen ist es wahrscheinlich die „ehrenwerte Gesellschaft", die das besorgt. In Fällen des täglichen Lebens wird die Einhaltung von Verträgen durch Gerichte gesichert. Das ist auch sehr notwendig, denn bei zahllosen Gelegenheiten werden Verträge geschlossen (explizit oder implizit), bei denen eine der beteiligten Parteien in Vorleistung tritt und sich darauf verlassen muss, dass die andere nachzieht. Was aber geschieht, wenn weder derjenige, der eine Vorleistung erbringt, noch ein Gericht in der Lage ist zu überprüfen, ob die zweite Vertragspartei ihren Verpflichtungen nachgekommen ist? Dieser Fall ist keineswegs unrealistisch. Er liegt immer dann vor, wenn zwischen den Vertragsparteien eine asymmetrische Informationsverteilung herrscht. Machen wir dieses Problem an einem einfachen Beispiel deutlich.

Stellen Sie sich vor, Sie wollen einen Gebrauchtwagen kaufen. Sie haben auch schon einen bestimmten Wagen im Auge und der Verkäufer versichert Ihnen, dass er immer äußerst pfleglich mit dem Fahrzeug umgegangen sei und dass es sich um eine echte Gelegenheit handelt. Die Asymmetrie der Informationsverteilung ist offensichtlich. Der Verkäufer weiß erheblich besser über die wahre Qualität des Autos Bescheid als Sie und an dieser Asymmetrie können weder Sie noch ein Gericht etwas ändern. Wenn Sie den Wagen erst einmal gekauft haben, ist die Behauptung des Verkäufers auch dann nicht zu widerlegen, wenn der Wagen nach wenigen Kilometern seinen Geist aufgibt. Schließlich kann so etwas immer passieren, auch wenn der Verkäufer die Wahrheit gesagt hat.

Das Beispiel ist nicht zufällig gewählt. An ihm entwickelte AKERLOF bereits 1970 ein Modell, in dem er eine mögliche Folge asymmetrischer Information aufzeigte: das Phänomen *adverser Selektion*. Was geschieht auf dem Gebrauchtwagenmarkt? Da die Informationsasymmetrie nicht ohne weiteres zu beseitigen ist, sind die Käufer auf eine Schätzung der Qualitäten angewiesen. Zu einem bestimmten Zeitpunkt werden sie deshalb von der mittleren Qualität der Gebrauchtwagen ausgehen und auch nur bereit sein, einen Preis zu zahlen, der dieser Qualität entspricht. Das hat zur Folge, dass die Anbieter guter Wagen keinen Anreiz mehr haben, ihre Fahrzeuge zu verkaufen, während die Anbieter schlechter Autos von der Qualitätserwartung der Nachfrager profitieren. Dies wird zur Folge haben, dass mehr schlechte Fahrzeuge als gute angeboten werden, was zu einer Senkung der Durchschnittsqualität und nach einiger Zeit zu einer entsprechenden Erwartungsanpassung der Nachfrager führt. Im Ergebnis verdrängen die schlechten Qualitäten die guten vom Markt, und es wird nur noch mit Zitronen gehandelt.[66]

Die Informationsasymmetrie führt dazu, dass es den Tauschpartnern auf dem Gebrauchtwagenmarkt nicht möglich ist, Verträge zu schließen, deren Einhaltung zweifelsfrei überprüft werden kann. Die Folge ist die Selektion schlechter Qualitäten und in deren Folge ein Marktversagen, das darin besteht, dass Tauschvorgänge, von denen beide Partner profitieren könnten (der Handel mit guten Autos), unterbleiben.

Das Phänomen der adversen Selektion kann immer dann in Erscheinung treten, wenn systematische Informationsasymmetrien bestehen. Auf dem Gebrauchtwagenmarkt lassen sich solche Asymmetrien durchaus reduzieren und die Erfahrung zeigt, dass genau dies geschieht. Die Anbieter guter Qualitäten haben natürlich einen starken Anreiz der adversen Selektion entgegenzuwirken. Sie tun dies durch den Aufbau von Reputation oder durch die Gewährung von Garantieleistungen, die die Unsicherheit auf Seiten des Käufers abbauen helfen. Garantieversprechungen – die im Unterschied zu reinen Qualitätsbehauptungen justiziabel sind – verleihen den Aussagen des Autoverkäufers eine hohe Glaubwürdigkeit. Jemand, der weiß, dass er eine Zitrone anbietet, wird kaum bereit sein, eine Garantie zu gewähren.[67] Allerdings ist es nicht immer einfach, das Glaubwürdigkeitsproblem zu lösen. Beispielsweise ist die Behauptung eines Babynahrungsmittelherstellers, nur biologisch einwandfreie Zutaten zu verwenden, für den Käufer auch ex post nicht

---

[66] Nicht ohne Grund heißt der Artikel von AKERLOF „The Market for Lemons".

[67] Dennoch lässt sich AKERLOFS Beispiel in der Realität wiederfinden. Der Leser sei ausdrücklich vor dem Kauf eines Gebrauchtwagens auf sogenannten „Privatmärkten" gewarnt. Bei den dort angebotenen Autos handelt es sich nach Aussagen von Experten in der Tat fast ausschließlich um Zitronen. Der ökonomische Grund ist klar. Reputation spielt auf solchen Märkten keine Rolle, Garantieversprechen sind nicht möglich und so kann die adverse Selektion ungestört zur Wirkung kommen.

überprüfbar und es dürfte für den Hersteller nicht einfach sein, die Glaubwürdigkeit seiner Behauptung zu stärken. In einer solchen Situation könnte es zum Vorteil beider Marktseiten sein (und damit eine Pareto-Verbesserung), wenn eine Institution, die kein eigenes Interesse an dem Verkauf einer bestimmten Babynahrung hat – und dies auch glaubwürdig signalisieren kann – die Anbaubedingungen des Herstellers überprüft und attestiert. In einem solchen Fall ließe sich durchaus ein Staatseingriff begründen: Eine staatliche Institution könnte Information *glaubwürdig* vermitteln und damit eine Leistung erbringen, zu der die Marktteilnehmer nicht ohne weiteres in der Lage sind.

Das Problem adverser Selektion tritt in einem bestimmten, sehr wichtigen Fall systematisch auf, nämlich auf Versicherungsmärkten. Die dabei entscheidende Informationsasymmetrie kommt dadurch zustande, dass der Versicherungsnehmer in aller Regel das zu versichernde Risiko erheblich besser kennt als der Versicherungsgeber. Ein Krankenversicherer kann im Normalfall nicht beobachten, wie gesund oder ungesund ein Versicherungsnehmer lebt. Die mögliche Folge ist eine adverse Selektion der Risiken: Nur noch „schlechte Risiken" werden eine Versicherung nachfragen, für die „guten Risiken" sind die Versicherungspolicen, die am Markt gehandelt werden, uninteressant [68].

Versicherungsmärkte liefern auch die Standardbeispiele für eine weitere Auswirkung asymmetrischer Information, die in der Literatur mit dem Begriff „*moral hazard* " belegt wird.[69] Um diesen Begriff zu klären, sei folgendes Beispiel betrachtet:[70] Ein Hausbesitzer steht vor der Entscheidung, sein Haus gegen Feuer zu versichern. Das Risiko, das er dabei abdecken will, ist nicht unabhängig von seinem Verhalten. Wenn der Hausbesitzer beispielsweise die Gewohnheit hat, im Bett zu rauchen, dann steigt das Brandrisiko beträchtlich. Stellen wir uns vor, dass p die Wahrscheinlichkeit eines Hausbrandes sei, wenn der Hausbesitzer nicht im Bett raucht, und q > p die entsprechende Wahrscheinlichkeit, wenn geraucht wird. H sei der Wert des Hauses und c seien die Kosten, die entstehen, wenn Vorsichtsmaßnahmen zur Brandvermeidung ergriffen werden (in unserem Beispiel besteht c in dem Nutzenentgang, der durch den Verzicht auf die Zigarette entsteht). (q – p)H ist dann der erwartete Schaden, der durch die abendliche Zigarette verursacht wird. Ist c kleiner als dieser Schaden, so ist es aus Sicht eines risikoneutralen Hausbesitzers rational, die Zigarette nicht zu rauchen, denn die Risikoreduzierung, die er dadurch erreicht, ist wertvoller als der Nutzenverlust, den er erleidet. Nehmen wir nun an, die Versicherung könne beobachten, wie vorsichtig ihre Kunden sind.

---

[68] Der Leser sollte sich an dieser Stelle die Analogie zum Gebrauchtwagenmarkt bei AKERLOF klarmachen. Wir werden auf die Wirkung adverser Selektion in Versicherungsmärkten später noch einmal zurückkommen.

[69] Mitunter wird „moral hazard" mit „moralisches Risiko" übersetzt. Da diese Übersetzung allerdings nicht ganz glücklich ist, werden wir uns der allgemeinen Gepflogenheit anschließen und den englischen Ausdruck verwenden.

[70] Vgl. dazu COLES UND MALCOMSON (1989), S. 130 ff.

Sie würde dann den Rauchern die „faire" Prämie[71] R = qH und den Nichtrauchern N = pH anbieten. Der Hausbesitzer, für den die Kosten des Rauchverzichts geringer als (q − p)H sind, wird dann die Versicherung abschließen, die die geringere Prämie pH verlangt, und nicht rauchen.[72]

Bei einem solchen Vertrag käme es zu einer effizienten Allokation des Brandrisikos, denn es würden die Vorsichtsmaßnahmen ergriffen, deren Kosten geringer sind als die dadurch erreichbare Risikoreduktion. Aber ist mit einer solchen effizienten Lösung zu rechnen? Zumindest nicht ohne weiteres. Das Problem besteht nämlich darin, dass die Versicherung nicht beobachten kann, wie vorsichtig der Hausbesitzer ist. Wenn sie aber nicht in der Lage ist, im Brandfalle nachzuweisen, dass der Versicherungsnehmer im Bett geraucht hat, kann sie auch keinen Vertrag anbieten, der ihre Leistung unter den Vorbehalt stellt, dass der Versicherungsnehmer ein bestimmtes Sorgfaltsniveau nicht unterschreitet. Sie wird deshalb eine Versicherung anbieten, bei der diese Einschränkung nicht gemacht wird. Das hat zur Folge, dass der Versicherungsnehmer eine Vollversicherung erhält, die auch dann zahlt, wenn er unvorsichtig ist. Das aber beseitigt jeden Anreiz, sorgsam zu sein. Wenn die Versicherung den Vertrag pH anbietet, dann wird der Raucher diesen Vertrag akzeptieren und weiter seinem Laster frönen. Das hat zur Folge, dass das Versicherungsrisiko steigt und langfristig die Prämien auf qH erhöht werden. Die effiziente Lösung ist unter diesen Bedingungen nicht mehr erreichbar. Da das Verhalten des Versicherungsnehmers nicht beobachtbar ist, wäre es nicht rational, vorsichtig zu sein – und damit ist eine Selbstverpflichtung zu vorsichtigem Verhalten nicht glaubwürdig. Der effiziente Vertrag, bei dem der Versicherte einen Teil des Risikos selbst vermeidet, kommt aufgrund der asymmetrischen Information nicht zustande. Unter „moral hazard" versteht man in diesem Zusammenhang die Tatsache, dass das Verhalten des Versicherungsnehmers durch den Abschluss einer Versicherung verändert wird (Vorsicht lohnt nicht mehr), ohne dass die Versicherung dies beobachten kann.

Moral hazard führt damit zu einer ineffizienten Risikoallokation auf Versicherungsmärkten. Es sei an dieser Stelle darauf hingewiesen, dass es durchaus Möglichkeiten gibt, etwas gegen die Verhaltensänderungen zu unternehmen: Beispielsweise können die Versicherer Haftungsgrenzen oder Selbstbeteiligungen einführen, die dem Versicherungsnehmer einen Teil des Risikos auferlegen, so dass er weiterhin einen Anreiz zur Vorsorge hat. Allerdings sind solche Teilversicherun-

---

[71] Eine Versicherungsprämie ist „fair", wenn sie in Höhe des erwarteten Schadens bemessen ist. Ist dies der Fall, so haben risikoaverse Versicherungsnehmer einen Anreiz, eine Versicherung abzuschließen. Voraussetzung für ein Angebot der Versicherung ist dabei, dass sie sich risikoneutral verhält. Dazu wiederum ist sie in der Lage, weil sie einen Risikoausgleich zwischen den verschiedenen bei ihr versicherten Risiken vornehmen kann.

[72] Denn für ihn ist H − pH − c > H − qH. Die linke Seite ist die (sichere) Auszahlung, die er erhält, wenn er die Nichtraucher-Versicherung abschließt und Vorsicht walten lässt, die rechte Seite die entsprechende Auszahlung bei Abschluss der Raucherversicherung und abendlicher „Bettzigarette".

gen nicht effizient, denn sie unterscheiden sich offensichtlich von der effizienten Risikoallokation, die ohne Informationsasymmetrie zu erreichen wäre.

Sowohl das Problem adverser Selektion als auch die Schwierigkeiten, die durch moral hazard entstehen, lassen sich in einen allgemeinen Zusammenhang stellen, der mit dem Begriff der *Kontrakttheorie* umschrieben werden kann und der in einer engen Beziehung zu dem an anderer Stelle bereits angesprochenen Principal-Agent-Problem steht. Ganz allgemein geht es um Situationen, in denen ein Prinzipal einen Agenten vertraglich zu einem bestimmten Verhalten verpflichten möchte, ohne in der Lage zu sein, den Agenten zu beobachten. Ein geradezu klassisches Beispiel für eine solche Situation ist (neben dem Verhältnis von Versicherer und Versicherungsnehmer) die Beziehung zwischen Anteilseigner und Manager einer Kapitalgesellschaft. Die Eigentümer sind an der Maximierung des Einkommens interessiert, das sie aus dem Kapitalbesitz realisieren. Die Manager des Unternehmens haben u. U. ein ganz anderes Interesse: Ein möglichst großes Büro, teure Möbel usw. sind ihnen vielleicht wichtiger als ein hoher Unternehmensgewinn. Das Problem der Eigentümer: Sie können die Manager nicht permanent beobachten und müssen deshalb möglichst eine Vertragsform finden, bei der es im Interesse der Manager liegt, sich im Sinne der Anteilseigner zu verhalten.[73]

Für alle Marktversagensfälle, die auf asymmetrische Information zurückgeführt werden können, gilt, dass sich in ihnen wiederum das altbekannte Dilemma zeigt: Individuell rationales Verhalten (z.B. der Versicherungsnehmer) führt zu einer kollektiv nicht rationalen Allokation.

4.3.2 Natürliche Monopole

Ohne allzu tief in die Mikrotheorie bzw. Preistheorie einzusteigen, lässt sich eine zentrale Aussage dieser Theorie recht einfach plausibel machen. Sie besteht darin, dass es auf einem Wettbewerbsmarkt zu Grenzkostenpreisen kommt und dass diese Form der Preissetzung in einem statischen Kontext Paretoeffizient ist.[74] Der erste Teil dieses Satzes lässt sich wie folgt begründen: In einem Wettbewerbsmarkt ist der einzelne Anbieter in der Rolle eines Preisnehmers, d.h. er ist nicht in der Lage den Marktpreis zu beeinflussen. Er hat lediglich die Möglichkeit, seine Angebotsmenge x zu variieren und sich durch geeignete Wahl dieser Menge optimal an den Marktpreis p anzupassen, d.h. die Menge zu wählen, bei

---

[73] Vor dem gleichen Problem stehen die Versicherungen. Auch sie müssen eine Vertragsgestaltung mit ihren Kunden vereinbaren, bei der es im Interesse des Versicherten liegt, Vorsorgemaßnahmen zu ergreifen.

[74] Der Hinweis auf den statischen Kontext erfolgt hier, weil bei der Wohlfahrtsbewertung der Grenzkostenpreise von einem wichtigen Punkt abgesehen wird, nämlich von der dynamischen Anreizwirkung im Hinblick auf die Entwicklung des technischen Fortschritts. Allerdings ändert auch die Einbeziehung dieses dynamischen Aspekts nichts daran, dass Grenzkostenpreise bei gegebener Technik Effizienz erzeugen.

der sein Gewinn maximal wird. Eine solche optimale Anpassung ist dann erreicht, wenn der Produzent die Menge anbietet, bei der die Grenzkosten GK(x) gleich den Grenzerlösen GE(x) sind. Da die Grenzerlöse bei Preisnehmerverhalten gleich dem Preis sind, resultiert eine Angebotsmenge x_W bei der GK(x_W) = p gilt.

Um die Effizienz von Grenzkostenpreisen *exakt* zu belegen, müssten wir einen erheblichen Aufwand betreiben und uns intensiv mit individuellen Wohlfahrtsmaßen befassen. Wir wollen an dieser Stelle darauf verzichten und es bei einer eher intuitiven Begründung belassen. Wenn wir uns die Marktnachfrage als einen Zusammenhang zwischen Menge und Zahlungsbereitschaft der Konsumenten vorstellen, dann dürfte deutlich werden, dass eine Angebotsmenge, bei der die Kosten für eine weitere Gütereinheit geringer sind als die Zahlungsbereitschaft der Nachfrager für diese Gütereinheit, nicht effizient sein kann. Ebenso wenig kann es unter Effizienzaspekten sinnvoll sein, Mengen anzubieten, bei denen die Grenzkosten höher sind als die Zahlungsbereitschaft der Konsumenten. Etwas technischer formuliert: Durch Grenzkostenpreise wird der soziale Überschuss, der sich an einem Markt einstellt, maximiert.

Eine notwendige Voraussetzung für das Zustandekommen eines Wettbewerbsmarktes mit Grenzkostenpreisbildung ist, dass die Anbieter bei dieser Form der Preisbildung keine Verluste erleiden. Die Gewinnsituation der Anbieter hängt dabei natürlich von den Kosten ab, die bei der Produktion entstehen. Grenzkostenpreise führen nur dann nicht zu Verlusten, wenn die Grenzkosten nicht niedriger als die Stückkosten sind. Damit diese Bedingung erfüllt werden kann, muss die Technologie, mit deren Hilfe produziert wird, eine bestimmte Eigenschaft besitzen: Sie darf (zumindest im relevanten Bereich) keine zunehmenden Skalenerträge aufweisen. Damit ist folgendes gemeint:

Sei F(k, l) eine Produktionsfunktion, mit deren Hilfe der Zusammenhang zwischen dem Einsatz der Produktionsfaktoren k und l und dem Output abgebildet wird. Was geschieht, wenn wir den Einsatz aller Faktoren mit einem bestimmten Faktor λ multiplizieren, also den Faktoreinsatz vergrößern ($\lambda > 1$) oder verkleinern ($\lambda < 1$)? Unter der Voraussetzung, dass die Produktionsfunktion *homogen* ist, erhalten wir:

$$F(\lambda k, \lambda l) = \lambda^r F(k, l)$$

Der Exponent r gibt den Homogenitätsgrad der Produktionsfunktion an. Ist r = 1 und F(l, k) damit *linearhomogen*, so führt beispielsweise eine Verdoppelung aller Faktoreinsätze ($\lambda = 2$) zu einer Verdoppelung der Ausbringung. In diesem Fall spricht man von *konstanten Skalenerträgen*. Ist r < 1 liegen *sinkende Skalenerträge* vor und bei r > 1 haben wir es mit dem Fall *zunehmender Skalenerträge* zu tun. Auf den ersten Blick handelt es sich bei zunehmenden Skalenerträgen um eine durchaus positive Eigenschaft, denn r > 1 bedeutet, dass die Ausbringung um mehr als das Doppelte steigt, wenn die Inputs verdoppelt werden. Leider trügt dieser erste Eindruck. Zunehmende Skalenerträge haben nämlich zur Folge, dass die Durchschnittskosten mit wachsender Ausbringung permanent *sinken*. Das wieder-

4.3 Asymmetrische Information und natürliche Monopole

um ist (wie man sich sehr leicht überlegen kann) nur möglich, wenn die Grenzkosten *unter* den Durchschnittskosten liegen. Damit aber schließen sich zunehmende Skalenerträge und Grenzkostenpreisbildung aus, denn bei einem Preis in Höhe der Grenzkosten würden die Stückkosten nicht mehr gedeckt und der Anbieter würde einen Verlust erleiden. Das aber hat zur Folge, dass ein Gut, bei dessen Produktion zunehmende Skalenerträge auftreten, nicht auf einem Wettbewerbsmarkt zu Grenzkostenpreisen angeboten werden kann. Zu einem Angebot ist allein ein Monopolist in der Lage, der aufgrund seiner Marktmacht und der damit verbundenen Möglichkeit, den Marktpreis zu verändern, in der Lage ist, über Grenzkostenpreise hinauszugehen. Aus diesem Grunde spricht man im Falle abnehmender Durchschnittskosten auch von einem *natürlichen Monopol*. Wir werden uns mit der Frage, wann ein solches Monopol vorliegt und welche wirtschaftspolitischen Konsequenzen sich daraus ergeben, noch ausführlich befassen. An dieser Stelle geht es nur darum deutlich zu machen, dass fallende Durchschnittskosten dazu führen, dass Wettbewerbsmärkte ihre Fähigkeit, Effizienz herzustellen, verlieren und deshalb unter Umständen kollektives Handeln erforderlich machen. Es ist das alte Lied: Individuell rationales Verhalten eines Monopolisten würde andernfalls zu einer kollektiv nicht rationalen Allokation führen.

Die in diesem Kapitel präsentierte Aufzählung von Marktversagensfällen erhebt nicht den Anspruch auf Vollständigkeit. Beispielsweise lässt sich unfreiwillige Arbeitslosigkeit durchaus als ein Marktversagen begreifen und es gibt Hinweise darauf, dass auch Unterbeschäftigung ein Phänomen ist, bei dem GD-Strukturen eine Rolle spielen. Insgesamt dürfte der in diesem Abschnitt präsentierte Überblick dennoch gezeigt haben, wie sich Situationen identifizieren lassen, in denen kollektive Entscheidungen notwendig sein könnten, um zu kollektiv rationalen Resultaten zu gelangen. Es sei an dieser Stelle noch einmal auf das bisher praktizierte methodische Vorgehen hingewiesen. Einerseits hat uns die allgemeine Gleichgewichtstheorie mit dem ersten Hauptsatz der Wohlfahrtsökonomie einen Referenzpunkt verschafft, der uns sagt, dass Märkte *im Prinzip* geeignet sind, effiziente Allokationen herbeizuführen. Indem zugleich die Bedingungen angegeben werden, unter denen dieser Satz gilt, eröffnet sich die Möglichkeit, die Realität daraufhin zu überprüfen, ob in ihr mit effizienten Marktallokationen gerechnet werden kann. Diese Prüfung liefert uns einen Katalog von Fällen, in denen wir davon ausgehen müssen, dass bei rein individuell rationalem Verhalten Effizienz nicht erreichbar ist. Der nächste Schritt muss nun darin bestehen, die grundsätzlichen Möglichkeiten zu prüfen, die für eine *kollektive* Entscheidungsfindung offen stehen. Es wäre zu kurz gedacht, wenn wir allein aus dem Marktversagen die Überlegenheit der Politik folgern würden. Wir müssen uns erst darüber Klarheit verschaffen, wozu der Staat, wozu das Kollektiv eigentlich fähig ist.

Kontrollfragen zu Kapitel 4

1) Ein Ehepaar befindet sich in einer fatalen Situation: Sie schimpft, weil er trinkt und er trinkt, weil sie schimpft. Charakterisieren Sie die Ehekrise als ein Nash-Gleichgewicht.

2) Wie könnte die Lösung für das Eheproblem aussehen? Könnte die Mehrdeutigkeit von Gleichgewichten eine Rolle spielen?

3) Warum ist die Annahme, dass die Spieler sich rational verhalten, nicht ausreichend, um ein Gefangenen-Dilemma zu erzeugen? Genauer: Warum muss die Rationalität der Spieler „Common Knowledge" sein?

4) Suchen Sie nach Beispielen für GD-Situationen. Denken Sie dabei z.B. an Partnerschaften oder an Geschäftsbeziehungen, bei denen gegenseitiges Vertrauen notwendig ist.

5) Angenommen, Spieler 1 geht davon aus, dass sich Spieler 2 in einem GD-Spiel *nicht* rational verhält. Lässt sich unter dieser Voraussetzung das Dilemma vermeiden?

6) Diskutieren Sie das unter 5) beschriebene Problem für den Fall, dass das GD-Spiel nicht einmal, sondern mehrfach hintereinander gespielt wird.

7) Was versteht man unter Rückwärtsinduktion?

8) Glauben Sie, dass „reale" Menschen sich der Rückwärtsinduktion bedienen, wenn sie sich in Situationen befinden, die dem wiederholten GD-Spiel entsprechen?

9) Welche Konsequenz hätte es für das Rückwärtsinduktionsargument, wenn man davon ausginge, dass das GD-Spiel unendlich oft wiederholt wird?

10) Inwiefern befinden sich Spitzensportler in einem NGD, wenn sie vor der Entscheidung stehen, ob sie Doping betreiben sollen oder nicht? Kann man sich vorstellen, dass es ohne regulierende Eingriffe von Sportverbänden zu einem dopingfreien Zustand kommen kann?

11) Ist eine Vorlesung ein öffentliches Gut?

12) Ist Bildung (im weitesten Sinne) ein öffentliches Gut? Können Sie sich vorstellen, dass durch Bildungsinvestitionen externe Effekte entstehen?

13) Suchen Sie nach weiteren Beispielen für Allmende-Güter.

14) Warum ist die *empirische* Überprüfung der Freifahrerhypothese so schwierig?

15) Lassen sich die Befunde der Freifahrerexperimente mit den Prognosen der Wirtschaftstheorie in Einklang bringen?

16) Können Sie sich vorstellen, dass es bei einer privaten Pflegeversicherung zu adverser Selektion kommen kann?

17) Begründen Sie die Tatsache, dass Vollkaskoversicherungen fast immer eine Selbstbeteiligung vorsehen, mit der Möglichkeit, dass damit moral hazard vermieden werden soll.

18) Warum kann es bei Grenzkostenpreisen kaum zu nennenswerten Investitionen in Forschung und Entwicklung kommen?

19) Erläutern Sie, warum auch „Unteilbarkeiten" von Produktionsfaktoren zu fallenden Durchschnittskosten führen können.

20) Können Sie sich vorstellen, dass bei kontinuierlich fallenden Durchschnittskosten dauerhaft *mehr als ein* Unternehmen am Markt anbieten kann?

LITERATUR ZU KAPITEL 4

Einen ausgezeichneten Überblick über die Möglichkeiten, staatliches Handeln mit Hilfe des Gefangenen-Dilemmas zu begründen, liefert

INMAN, R., 1987, Markets, Government and the „New" Political Economy, in: Auerbach, A.J., Feldstein, M., (eds.), Handbook of Public Economics, Vol II, Elsevier, 647-778.

Zu den Sidesteps 11 und 12:

FRANK, R., 1988, Passions Within Reasons. The Strategic Role of the Emotions, New York, London.

KREPS, D. J., MILGROM, J., ROBERT, J., WILSON, R., 1974, Rational Cooperation in the Finitely Repeated Prisoners` Dilemma, Journal of Economic Theory, 27, 245-252.

Zur experimentellen Analyse des Freifahrerproblems:

ANDREONI, J., 1988, Why Free Ride? Strategie and Learning in Public Good Experiments, Journal of Public Economics, 37, 291-304.

ISAAC R.M., WALKER J.M., 1988, Group Size Effects in Public Goods Provision: The Voluntary Contributions Mechanism, Quarterly Journal of Economics, 179-199.

ISAAC, R. M., WALKER J. M., WILLIAMS A. W., 1994, Group Size and the Voluntary Provision of Public Goods, Journal of Public Economics, 54, 1-36.

LEDYARD, J., 1995: Public Goods: A survey of experimental research; in: Kagel, J. H., A. E. Roth (eds.): Handbook of experimental economics, Princeton, 111-194.

OCKENFELS, A., WEIMANN, J., Types and Patterns: An Experimental East-West Comparison of Cooperation and Solidarity, Journal of Public Economics, 71, 1999, 275-287.

WEIMANN, J., 1994, Individual Behaviour in a Free Riding Experiment, Journal of Public Economics, 54, 185-200.

WEIMANN, J., 1995 b, Freifahrer im Test: Ein Überblick über 20 Jahre Freifahrerexperimente, in: Ökonomie und Gesellschaft, Jahrbuch 12: Soziale Kooperation, 168-241.

Es gibt mittlerweile eine große Anzahl sehr guter Lehrbücher zur Spieltheorie, die unterschiedliche Schwierigkeitsgrade aufweisen. Einen hervorragenden Einstieg und überaus kompetenten Überblick bietet

RASMUSEN, E., 1991, Games and Information, Oxford, Reprinted.

Bezüglich des formalen Apparates sehr viel anspruchsvoller sind:

MYERSON, R. B., 1991, Game Theory: Analysis of Conflict, Cambridge.

VAN DAMME, E., 1987, Stability and Perfection of Nash Equilibria, Berlin et al.

Eine Mittellage nimmt ein deutschsprachiges Lehrbuch ein:

GÜTH, W., 1992, Spieltheorie und ökonomische Beispiele, 2. Aufl. 1999, Berlin et al.

Zu den Auswirkungen asymmetrischer Information:

AKERLOF, G.A., 1970, The Market for „Lemons": Quality Uncertainty and the Market Mechanism, Quarterly Journal of Economics, 84, 488-500.

COLES, M. MALCOMSON, J. M., 1989, Contract Theory and Incentive Compatibility, in: HEY, J.D., (ed.), Current Issues in Microeconomics, Macmillan, 127-151.

5 Kollektive Entscheidungen

> While Aristole agreed with Agathon that even God could not change the past, he did think that the future was ours to make – by basing our choices on reasoning.
>
> AMARTYA SEN 1995

Wir wissen nunmehr um die Notwendigkeit kollektiver Entscheidungen, aber wir wissen noch nichts darüber, *wie* solche Entscheidungen getroffen werden können. Individuell rationales Verhalten bedarf in bestimmten Fällen der Korrektur, aber wie soll dabei vorgegangen werden? Wir werden diese Frage in mehreren Schritten behandeln. Als erstes werden wir uns mit dem Prozedere befassen, mit dessen Hilfe kollektiv entschieden werden kann. Es dürfte auf der Hand liegen, dass eine große Zahl möglicher Verfahrensweisen existiert und unsere erste Aufgabe wird darin bestehen herauszufinden, welches Verfahren am ehesten geeignet ist, kollektive Rationalität dort durchzusetzen, wo sie im Widerspruch zu individueller Ratio steht. Den Anfang bildet dabei die Analyse eines Szenarios, das nicht unbedingt typisch für die demokratisch verfassten Staaten der entwickelten Welt ist: die direkte Demokratie.

Dieses Vorgehen bedarf der Begründung, denn mit der Analyse direkter Demokratien befassen wir uns ja schon wieder mit einem Gegenstand, der in der Realität kaum anzutreffen ist (wenn man von den überkommenen Riten eines zentraleuropäischen Bergvolkes einmal absieht). Bezogen auf die Regierungsform, in der sich die meisten demokratischen Staaten befinden, stimmt das. Aber dennoch werden kollektive Entscheidungen vielfach nach Regeln getroffen, die prinzipiell auch in einer direkten Demokratie gelten könnten. Das Wesensmerkmal direkter Demokratien besteht darin, dass bei jeder einzelnen Entscheidung, die durch die Gruppe zu treffen ist, jedes Gruppenmitglied beteiligt wird. Im Unterschied zu einer repräsentativen Demokratie kommt es nicht zu einer *Delegation* auf demokratisch legitimierte Entscheidungsträger – beispielsweise Parteien. Die Situation, dass eine Gruppe eine Entscheidung treffen muss und jedes Gruppenmitglied daran beteiligt wird, ist aber auch in repräsentativen Demokratien allgegenwärtig. Wenn im Parlament entschieden wird, dann kommt es nicht mehr zu einer vorgeschalteten Delegation, sondern dann müssen die Abgeordneten als Kollektiv eine Entscheidung treffen. Man könnte es auch folgendermaßen formulieren: Alle die Probleme, die bei direkter Entscheidung des gesamten Kollektivs anfallen, stellen sich im Prinzip *auch* in einer repräsentativen Demokratie. Letztere unterscheidet sich von der direkten Demokratie dadurch, dass die Gruppen, die direkt entscheiden müssen, kleiner sind und dass der Vorgang der Delegation von Entscheidungsbefugnissen zusätzliche Probleme aufwirft, die in direkten Demokratien nicht präsent sind.

Wir können deshalb durch die Analyse der direkten Entscheidungsfindung grundlegende Zusammenhänge lernen, die für alle demokratischen Entscheidungsprozeduren relevant sind. Stellen wir uns also eine direkte Demokratie vor, und zwar – um die Sache überschaubar zu halten – zunächst eine „kleine". Wir wollen die Besucher einer Vorlesung (inklusive des Dozenten) als ein basisdemokratisch verfasstes Kollektiv auffassen, das Entscheidungen treffen soll. Insbesondere soll die Gruppe darüber befinden, *wann* die Vorlesung stattfindet. Versetzen wir uns in diese Situation und gehen davon aus, dass uns dabei keinerlei Restriktionen hindern, d.h. wir können jeden beliebigen Wochentag und jede beliebige Uhrzeit wählen. Wir müssen uns nur für einen bestimmten Termin entscheiden (ausfallen lassen geht nicht).

An dieser Stelle muss man sich zunächst klarmachen, dass es nicht möglich ist, den Vorlesungstermin dezentral zu bestimmen, es bedarf unbedingt einer kollektiven Entscheidung. Das hängt selbstverständlich damit zusammen, dass die Vorlesung die Züge eines öffentlichen Gutes aufweist. Insbesondere besteht zwischen den Zuhörern keine Rivalität im Konsum. Die Notwendigkeit zur kollektiven Terminfestsetzung resultiert allerdings vor allem aus der Tatsache, dass es sich bei der Vorlesung erstens um ein nicht-teilbares Gut und zweitens um eine Dienstleistung handelt, bei der Produktion und Konsum unmittelbar zusammenfallen.[75]

Es bleibt also nichts anderes übrig, als eine für alle gültige Entscheidung zu treffen. Nun kann man sich leicht vorstellen, dass jeder Einzelne Präferenzen für bestimmte Termine hat. Der eine möchte lange schlafen und wünscht sich deshalb einen späten Termin, die andere ist Frühaufsteherin usw. Unser Problem besteht also darin, aus diesen verschiedenen individuellen Präferenzen eine gemeinsame, eine Gruppenpräferenz abzuleiten. Wie soll das geschehen? Nach welcher Spielregel soll die Gruppe eine kollektive Entscheidung treffen?

Klar: Wir sind alle Demokraten, also sollten wir abstimmen. Aber nach welcher Regel? Wir können zum Beispiel fordern, dass eine Entscheidung *einstimmig* getroffen werden muss. Wir können auch mit einer *Mehrheitsentscheidung* zufrieden sein, d.h. einen Termin dann akzeptieren, wenn mehr als die Hälfte ihm zustimmt. Was aber, wenn es *mehr als zwei Alternativen* gibt und keine die absolute Mehrheit erreicht? Sollen wir uns dann mit der *einfachen Mehrheit* zufrieden geben? Wo liegen die Vor- und die Nachteile der einzelnen Verfahren? Gibt es überhaupt ein „bestes" Verfahren?

Wir werden sehen, dass es ein ideales Verfahren nicht gibt. Wir werden auch sehen, dass die Frage, auf welchen Termin wir uns einigen, durchaus davon abhängen kann, *welches* Verfahren angewendet wird, und wir werden sehen, dass es sehr wohl passieren kann, dass wir nicht in der Lage sind überhaupt eine Ent-

---

[75] Man beachte: Es geht hier um die Vorlesung, nicht etwa um ein Skript, bei dem Produktion und Konsum natürlich auseinander fallen. Man könnte natürlich die Vorlesung auf Video aufzeichnen und den Studenten zugänglich machen – auch in diesem Fall wäre es nicht mehr notwendig, eine kollektive Entscheidung über den Vorlesungstermin herbeizuführen, denn dann hätte man es mit einem teilbaren Gut zu tun. Allerdings würde es sich natürlich dabei nicht mehr um eine Vorlesung im eigentlichen Sinne handeln: der „Livecharakter" der Show würde fehlen.

scheidung zu treffen, die elementaren Ansprüchen genügt, dass wir unfähig zu einer kollektiv rationalen Entscheidung sein können.

5.1 DIE EINSTIMMIGKEITSREGEL UND PARETO-EFFIZIENZ

Wenn wir von kollektiv rationalen Entscheidungen sprechen, so ist damit vor allem Pareto-Effizienz gemeint. Wir wollen uns nach wie vor nicht mit einer Situation zufrieden geben, in der ein Gruppenmitglied besser gestellt werden kann, ohne dass es bei einem anderen zu einer Verschlechterung kommt. Als wir uns über die Sinnhaftigkeit dieses Kriteriums Klarheit verschafft haben, wurde bereits verschiedentlich angedeutet, dass wir unter Umständen nicht darum herumkommen werden, den „konfliktfreien Raum" zu verlassen, der durch das Pareto-Kriterium aufgespannt ist. Wann immer wir über verschiedene „effiziente" Situationen entscheiden müssen oder wann immer wir es mit Verteilungsfragen zu tun haben werden, müssen wir uns den Konflikten stellen, denen sich ein Kollektiv in solchen Fällen nun einmal ausgesetzt sieht.

Vor diesem Hintergrund ist die Beobachtung wichtig, dass das Pareto-Kriterium in einer überaus engen Beziehung zur Einstimmigkeitsregel steht. Es ist offensichtlich, dass Entscheidungen, die einstimmig getroffen worden sind, auf jeden Fall eine Pareto-Verbesserung darstellen,[76] denn würde jemand durch die Entscheidung schlechter gestellt, so würde er ihr kaum zustimmen.

Es ist diese Eigenschaft der Einstimmigkeitsregel, die ihr eine besondere Bedeutung verleiht. Die Forderung, dass kollektive Entscheidungen nur dann getroffen werden dürfen, wenn sie einstimmig gefasst werden, maximiert den Schutz des Einzelnen vor dem Kollektiv. Bei Einstimmigkeit ist es unmöglich, dass eine Mehrheit die Minderheit ausbeutet. Es war vor allem diese Idee, die WICKSELL bereits 1896 zu der Forderung gebracht hat, dass Entscheidungen über öffentliche Güter – und insbesondere über die Verteilung der Steuerlast zu deren Finanzierung – einstimmig zu erfolgen hätten. Die Idee ist recht einfach: Wenn ein öffentliches Gut tatsächlich alle besser stellt, dann werden auch alle dem Vorschlag zustimmen dieses Gut zu produzieren und eine entsprechende Steuer zu erheben. Die Steuerlastverteilung wird dann in einer Weise erfolgen, bei der für alle die Steuerlast geringer ist als der Nutzen aus dem öffentlichen Gut, denn nur dann werden alle dem Besteuerungsplan zustimmen. Man kann diese Idee leicht graphisch veranschaulichen:

---

[76] Zumindest in einem „schwachen" Sinne, d.h. dass niemand durch die Verlegung schlechter gestellt wird.

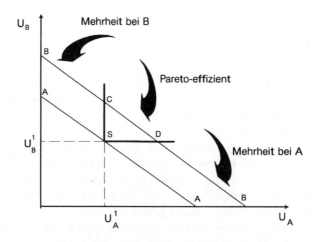

Abbildung 12: Einstimmigkeit und Pareto-Effizienz

Nehmen wir an, es gibt in einer Gesellschaft zwei Gruppen A und B. Deren Nutzen seien U_A und U_B. Nehmen wir weiterhin an, die Linie AA bezeichne die Kontraktkurve bzw. die Nutzenmöglichkeitsgrenze (vgl. Abschnitt 3.2), ohne öffentliches Gut und der Punkt S sei der Punkt auf der Kontraktkurve, an dem sich die Gesellschaft befindet. D.h. im Ausgangspunkt realisiert die Gruppe A den Nutzen U_A^1 und Gruppe B den Nutzen U_B^1. Nun kann die Gesellschaft die Produktion eines öffentlichen Gutes beschließen (z.B. die Aufstellung einer Armee). Wenn dieses Gut erstellt wird, verändert sich die Nutzenmöglichkeitsgrenze zu BB. Die Frage, welcher Punkt auf BB realisiert wird, hängt davon ab, wie die Steuerlast zur Finanzierung der Rüstungsausgaben auf die beiden Gruppen verteilt wird.

Offensichtlich sind alle Punkte im Bereich CD dergestalt, dass sich der Nutzen beider Gruppen vergrößert, d.h. CD bezeichnet den Bereich, in dem die Erstellung und Finanzierung des öffentlichen Gutes eine Pareto-Verbesserung darstellt. Ebenso offensichtlich werden daher nur Punkte in diesem Bereich bei Anwendung der Einstimmigkeitsregel mehrheitsfähig sein. Alle Vorschläge, die zu einem anderen Punkt führen, werden von einer der beiden Gruppen abgelehnt werden.

Bei einer Mehrheitsentscheidung sieht die Situation anders aus. Wenn die Mehrheit über die Steuerverteilung bestimmt, dann hängt das Ergebnis davon ab, welche Gruppe (A oder B) größer ist. Ist A in der Mehrheit, kann die Gruppe Steuerverteilungen beschließen, die zu Punkten auf DB führen und Gruppe B in ihrer Position verschlechtern. Ist B in der Mehrheit, kann BC erreicht werden und Gruppe A wird ausgebeutet. WICKSELLS Anliegen bestand darin, solche Möglichkeiten auszuschließen. Er wollte unbedingt sicherstellen, dass nur solche Beschlüsse gefasst werden, die alle Gruppen einer Gesellschaft besser stellen, also Pareto-Verbesserungen sind. Dieses Anliegen ist sicherlich ehrenhaft, denn es ist letztlich auf Gerechtigkeit, auf den Schutz vor Ausbeutung gerichtet. Aber die Sache hat gleich mehrere Haken und die werden deutlich, wenn wir zu unserem Beispiel zurückkehren und uns fragen, ob es Sinn macht zu fordern, dass der Termin für die Vorlesung einstimmig bestimmt werden soll.

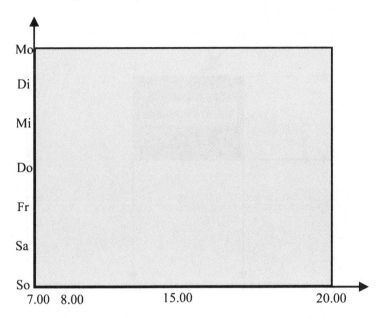

Abbildung 13: Ein Beispiel für eine kollektive Entscheidung

Die Graphik zeigt alle möglichen Termine, die für die Vorlesung in Frage kommen. Wie man sieht, gibt es nahezu unendlich viele Möglichkeiten, den Vorlesungsbeginn festzusetzen. Wenn wir auf Einstimmigkeit bestehen, so bliebe nur folgendes Verfahren: Ein beliebiger Punkt wird zur Abstimmung gebracht und dann als Termin gewählt, wenn niemand gegen diesen Punkt stimmt. Das bedeutet, dass jeder Einzelne ein Vetorecht besitzt. Jeder ist in der Lage eine bestimmte Entscheidung zu blockieren. Mit anderen Worten: Wenn es jemanden unter den Vorlesungsbesuchern gibt, für den sonntags um 7.00 Uhr der bestmögliche Termin ist, so wäre damit jede Abstimmung vergeblich, bei der ein anderer Termin zur Wahl gestellt wird, ganz gleich wie viele Stimmen ein solcher Vorschlag auch erhält. Das gleiche gilt, wenn jemand den aktuellen Termin (z.B. montags 12.00 bis 13.30) präferiert – eine Verlegung der Vorlesung wäre dann nicht möglich.

Aber nehmen wir an, ein solcher Wähler existiere nicht, d.h. jeder kann sich einen besseren Termin vorstellen als montags um 12.00. Nun wäre es unsinnig, einen beliebigen Punkt zur Abstimmung zu stellen. Man kann sich vielmehr überlegen, dass alle ähnliche Präferenzen haben werden. Beispielsweise dürfte die studentische Kernarbeitswoche von Dienstag bis Donnerstag am ehesten in Frage kommen. Außerdem sollte die Vorlesung nicht zu früh stattfinden (man will schließlich ausschlafen) und nicht zu spät (man hat ja auch noch etwas anderes vor), also etwa zwischen 12.00 und 16.00. Auf diese Weise können wir immerhin einen Bereich eingrenzen, für den gilt, dass ein Punkt aus dieser Fläche alle besser stellt als unser Ausgangspunkt.

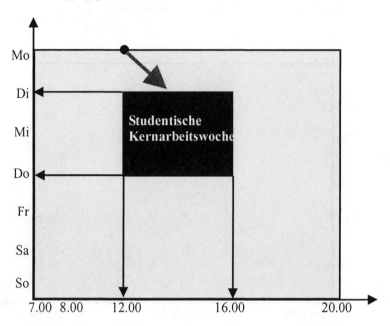

Abbildung 14: Ein Beispiel für eine kollektive Entscheidung und die Studentische Kernarbeitszeit

Allerdings wäre das ein idealer Fall. Es dürfte viel wahrscheinlicher sein, dass es bei jedem Vorschlag, der unterbreitet wird, mindestens einen gibt, der ausgerechnet zu diesem Termin schon etwas anderes vorhat und deshalb doch den Montag vorzieht. Man sieht daran bereits zwei Haken der Einstimmigkeitsregel:

[1] Selbst wenn es eine Alternative gibt, die tatsächlich alle besser stellt, und der deshalb auch alle zustimmen würden, ist es nur mit erheblichem Aufwand möglich, diese Alternative zu finden. Wir müssten immer neue Vorschläge abstimmen, bis wir – mehr oder weniger zufällig – den richtigen finden. Die Einstimmigkeitsregel verursacht hohe Kosten, denn das dafür notwendige Verfahren ist zumindest zeitaufwendig. Der erste Nachteil besteht also in den hohen Kosten der Entscheidungsfindung.

[2] Die Einstimmigkeitsregel gewährt jedem ein Vetorecht. D.h. dass eine Entscheidung auch dann von einem einzelnen blockiert werden kann, wenn sehr viele in erheblichem Maße von dieser Entscheidung profitieren wür-

den. Die Intensität der Präferenzen spielt keine Rolle; die Einstimmigkeit nimmt keine Rücksicht darauf, wie groß der Nutzenzuwachs insgesamt ist, der durch eine Änderung des Status quo erreicht werden kann. Es ist allein entscheidend, dass alle, die abstimmen, durch eine solche Änderung zumindest nicht schlechter gestellt werden. Man kann durchaus zu dem Schluss kommen, dass für viele Entscheidungen (beispielsweise wenn es um den Vorlesungstermin geht) ein solches Vetorecht nicht gerechtfertigt werden kann.

Aber nehmen wir einmal an, wir wären tatsächlich einstimmig zu dem Ergebnis gekommen, die Vorlesung auf einen anderen Termin zu legen, und zwar auf Donnerstag 10.00 Uhr. Da alle diesem Termin zugestimmt haben, muss man davon ausgehen, dass alle einen Vorteil (bzw. keinen Nachteil) von der Verlegung des Termins haben. So weit, so gut. Nun sei aber angenommen, dass die Erstellung des Gutes „Vorlesung donnerstags um 10.00 Uhr" Kosten verursacht. Beispielsweise könnte man sich vorstellen, dass ein Raum angemietet werden muss oder der Dozent eine Extrabezahlung bei Donnerstagsterminen verlangt. Nun ist klar, dass es nur dann zu einer Verlegung kommen kann, wenn die, die davon einen Vorteil haben, auch die Kosten übernehmen. Damit wird unsere Aufgabe allerdings um einiges schwieriger. Wir müssen nun nicht nur über das zu erstellende Gut einstimmig befinden, sondern auch noch darüber, wie die entstehenden Kosten zu verteilen sind.

Auf den ersten Blick könnte man meinen, dass dieses Problem lösbar sein müsste. Da jeder dem neuen Termin zugestimmt hat, wird jeder auch einen Vorteil davon haben und es müsste eine entsprechende Zahlungsbereitschaft vorhanden sein. Man kann sich doch vorstellen, dass sich jeder klarmacht, wie viel ihm die Verlegung wert ist, bis zu wie viel DM er (sie) zu zahlen bereit ist, damit es zu einer Verlegung kommt. Nun könnte natürlich der Fall eintreten, dass die Summe aller Zahlungsbereitschaften nicht ausreicht, um die Kosten zu decken. Wie man sich leicht überlegen kann wäre in einem solchen Fall die Verlegung ganz offensichtlich nicht Pareto-effizient: Würde man von Donnerstag wieder auf Montag wechseln und die dadurch gesparten Kosten an die Studenten verteilen, so könnte jeder für seinen Nutzenverlust kompensiert werden und es bliebe noch ein Restbetrag, d.h. es wäre möglich, mindestens ein Individuum besser zu stellen als in der Ausgangssituation, ohne irgendjemanden zu verschlechtern.

Nehmen wir aber an, dass die Verlegung tatsächlich eine Pareto-Verbesserung wäre, d.h. die Summe der wahren Zahlungsbereitschaften sei höher als die Kosten für die Erstellung des öffentlichen Gutes. Wir brauchen nun lediglich jeden einzelnen entsprechend seiner Zahlungsbereitschaft an den Kosten zu beteiligen, um unser Finanzierungsproblem zu lösen. Aber: Um das tun zu können, müssen wir die Zahlungsbereitschaft *kennen*! Uns bliebe nichts anderes übrig, als jeden einzelnen zu fragen, was ihm die Verlegung wert wäre. Was würde bei einer solchen Befragung herauskommen? Wohl kaum die wahren Zahlungsbereitschaften! Jeder Einzelne hat einen starken Anreiz, bei der Befragung die Unwahrheit zu sagen. Er (sie) weiß genau, dass er (sie) vom Konsum der Vorlesung nicht ausgeschlossen werden kann, auch dann nicht, wenn sie behauptet, der Vorteil des Donnerstagstermins gegenüber dem Montagstermin sei verschwindend gering und deshalb sei man nicht bereit, auch nur eine müde Mark dafür zu zahlen.

Die Position, in der sich der Einzelne bei einer solchen Befragung befindet, ist sehr stark. Eine Verteilung der Kosten kann nur erfolgen, wenn jeder dem Verteilungsschlüssel zustimmt. Das Vetorecht kann dafür benutzt werden, eine möglichst geringe Kostenbeteiligung herauszuschlagen, um so die Schwarzfahrerposition einnehmen zu können. Die Einstimmigkeitsregel schafft auf diese Weise Anreize zu *strategischem* Verhalten, und zwar zu Verhalten, dass uns direkt in eine uns schon bekannte Situation führt, nämlich in ein soziales Dilemma. Jeder einzelne fährt dann am besten, wenn er eine sehr geringe Zahlungsbereitschaft angibt, und zwar ganz gleich, was die anderen tun. Sind die anderen ehrlich, kann der, der die Unwahrheit sagt, die Vorteile des Schwarzfahrers wahrnehmen. Lügen alle anderen, kommt es ohnehin nicht zu einem Angebot des öffentlichen Gutes. Jede wahre Bekundung der Zahlungsbereitschaft hätte lediglich Kosten zur Folge, keinerlei Erträge. Es bleibt also bei dem bereits bekannten Resultat: Freifahrerverhalten (= Angabe zu geringer Zahlungsbereitschaft) ist dominante Strategie. Da dies für alle gilt, kann damit nicht erwartet werden, dass es zur Erstellung des Gutes kommt. Wie gesagt, wir waren davon ausgegangen, dass alle einen Vorteil von einer Verlegung haben und dass die Summe der Vorteile größer ist als die Kosten. Dennoch: Unter der Einstimmigkeitsregel wird es bei individuell rationalem Verhalten nicht zur Realisierung der möglichen Pareto-Verbesserung kommen.

Sidestep 19: Was ist ein Gut wert, das niemand gebraucht?

Wenn es darum geht, Präferenzen für ein öffentliches Gut zu offenbaren, existieren also erhebliche Anreize, die Unwahrheit zu sagen. Dies ist eine durchaus bedenkliche Einsicht, denn man kann sich leicht klarmachen, dass es viele Situationen gibt, in denen politische Entscheidungen nur dann „rational" getroffen werden können, wenn bekannt ist, welchen Wert bestimmte öffentliche Güter für die Menschen haben. Sollen wir die Land- und Forstwirtschaft subventionieren, weil sie Landschaftspflege betreibt und uns mit dem öffentlichen Gut „Kulturlandschaft" versorgt? Sollen wir weiter die heimische Kohle subventionieren, weil sie uns das öffentliche Gut „Versorgungssicherheit" gewährt? Diese und viele ähnliche Fragen lassen sich letztlich nur beantworten, wenn wir wissen, welchen Wert die Menschen den betroffenen Gütern zumessen.

In den letzten Jahren hat sich die Einsicht durchgesetzt, dass wir wohl wirklich nicht darum herumkommen Befragungen durchzuführen, um etwas über die Bewertung von öffentlichen Gütern zu erfahren. Besonders deutlich wird diese Notwendigkeit, wenn es darum geht, sogenannte „Non-Use-Values" zu ermitteln. Darunter versteht man den Wert, den Menschen Gütern ausschließlich deshalb zuerkennen, weil es diese Güter *gibt*. Das beste Beispiel ist die Naturlandschaft oder die seltene Tierart, die in einem fernen Land existiert, in das man mit Sicherheit niemals reisen wird. Dennoch kann allein die Existenz solcher Güter den Menschen Nutzen verschaffen. Wie anders als durch Befragung wollte man diesen ermitteln?

Unter dem Begriff „Contingent valuation" (CV) fasst man Verfahren zusammen, bei denen Menschen direkt danach befragt werden, welchen Wert sie einem öffentlichen Gut zumessen. Die Zahl der Untersuchungen, die sich solcher Methoden bedienen, ist mittlerweile Legion. CARSON (1994) zählt nicht weniger als 1.600 CV-Studien zu den unterschiedlichsten Fragestellungen. Allerdings erfüllen von diesen Studien bei weitem nicht alle die methodischen Anforderungen, die sich mittlerweile als allgemein akzeptierte Standards herauszubilden beginnen. MITCHELL UND CARSON (1989) gelten inzwischen als Standardreferenz für die Methodik einer CV-Studie. CARSON (1991) liefert einen komprimierten Überblick über verschiedene Varianten.

In den USA hat die CV-Methode seit einigen Jahren – und insbesondere im Zusammenhang mit dem Unglück der EXXON VALDEZ – erhebliche politische Bedeutung erlangt.[77] Das US-Wirtschaftsministerium, vertreten durch die *National Oceanic Atmospheric Administration* (NOAA) beauftragte 1992 eine Gruppe höchstqualifizierter Ökonomen[78] – das NOAA-Panel – mit der Begutachtung der CV-Methode. Das Gutachten, das 1993 fertig gestellt wurde, kam zu dem Schluss, dass CV-Studien sehr wohl eine Grundlage für die Bewertung öffentlicher Güter liefern können, dass sie dazu allerdings nur dann in der Lage sind, wenn sie strengen methodischen Anforderungen genügen, die das Panel in seinem Gutachten detailliert formulierte.[79] Die wichtigsten Empfehlungen des Panels sind die folgenden:[80]

- Persönliche Interviews sind Telefonbefragungen und brieflich hergestelltem Kontakt vorzuziehen.
- Als Marktmechanismus empfiehlt das Panel das Referendumsmodell, bei dem den Befragten jeweils eine Politikmaßnahme nebst Finanzierungsvorschlag präsentiert wird und dieser Vorschlag angenommen oder abgelehnt werden kann (take it or leave it). Unter anderem wird dies damit begrün-

---

[77] Dabei geht es um ein Tankerunglück, das sich 1989 vor der Küste Alaskas ereignete und bei dem eine einzigartige Naturlandschaft erheblich in Mitleidenschaft gezogen wurde. Strittig war lange Zeit vor allem die Frage, wie die Schadensersatzansprüche gegen die verantwortliche Ölgesellschaft zu beziffern sind. Vgl. zu diesem Punkt PORTNEY (1994).

[78] Angeführt wurde die Gruppe von K. ARROW und R. SOLOW, zwei Nobelpreisträgern. Weitere Mitglieder waren E. LEAMER, R. RADNER, P. PORTNEY und der Soziologe H. SCHUMAN.

[79] Diese Empfehlungen haben mittlerweile den Rang von allgemein akzeptierten Standards innerhalb der CV-Forschung erreicht.

[80] Die Zusammenstellung folgt PORTNEY (1994).

det, dass es sich bei der dadurch entstehenden binären Entscheidung um ein anreizkompatibles Verfahren handle.[81]

- Der Befragung muss eine eindeutige Schilderung der Konsequenzen vorangehen, die die in dem Referendum vorgeschlagene Maßnahme hat.
- Den Befragten muss deutlich gemacht werden, dass Zahlungen für öffentliche Güter das verfügbare Einkommen reduzieren, d.h. mit Konsumverzicht in Bezug auf private Güter einhergehen.
- Den Befragten müssen sämtliche Substitutionsmöglichkeiten für das zu bewertende öffentliche Gut aufgezeigt werden. Wenn es beispielsweise um die Erhaltung einer Naturlandschaft oder um den Schutz einer Art geht, muss klar sein, welche Substitute bereits geschützt sind oder möglicherweise geschützt werden könnten.
- Die Befragung muss kontrolliert erfolgen, d.h. es ist mit Hilfe von geeigneten Instrumenten (Zusatzfragen etc.) zu prüfen, ob die Befragten in der Lage waren, das Problem richtig einzuschätzen und ob sie ernsthaft um eine „richtige" Antwort bemüht waren.

Das Gutachten des NOAA-Panels hat Standards gesetzt, an denen in Zukunft jede CV-Studie zu messen sein wird. Das ändert jedoch nichts daran, dass die CV-Methode als solches nach wie vor heftig umstritten ist [82] – und das nach wie vor nicht gelöste Problem strategischen Verhaltens der Befragten spielt dabei eine wichtige Rolle. Die Kritiker ziehen in Zweifel, dass allein die Tatsache ausreichen soll, dass Bewertungen öffentlicher Güter *notwendig* sind, um diese spezielle Methode der Bewertung zu legitimieren. DIAMOND UND HAUSMAN 1994 formulieren es treffend im Titel ihres Beitrags, er lautet: „Contingent Valuation: Is some number better than no number?"

Die Einstimmigkeitsregel führt uns in eine Situation, in der *strategisches Verhalten* rationaler Individuen die Realisierung effizienter Entscheidungen verhindert. Ganz offensichtlich braucht man die Möglichkeit, Beiträge zur Erstellung des öffentlichen Gutes *zwangsweise* zu erheben, weil rationale Individuen freiwillig nicht bereit sein werden die entsprechenden Zahlungen zu leisten. Zwang ist aber mit der Einstimmigkeitsregel nicht zu erreichen, denn es ist ein ausschließlich auf Freiwilligkeit basierendes Entscheidungsverfahren.

---

[81] Diese Einschätzung wird von CARSON (1994) geteilt und von DIAMOND UND HAUSMAN (1994) bestritten. Die letztgenannten Autoren fragen zurecht, warum das Verhalten in einer *hypothetischen* Abstimmungssituation nicht strategisch motiviert sein soll. Insofern ist die Begründung des Panels für die Referendum-Methode nicht ganz nachvollziehbar.

[82] Eine Sammlung kritischer Stimmen findet sich in HAUSMAN (1993). Die wichtigsten Kritikpunkte sind bei DIAMOND UND HAUSMAN (1994) zusammengefasst.

5.1 Einstimmigkeit

An dieser Stelle wird ein Punkt klar, der von grundlegender Bedeutung ist. Sobald wir versuchen, ein soziales Dilemma durch kollektive Entscheidungen zu beseitigen, werden wir mit einem elementaren Informationsproblem konfrontiert. Am Beispiel der effizienten Bereitstellung eines öffentlichen Gutes wird dies in exemplarischer Deutlichkeit sichtbar. Die Existenz privater Informationen über die wahre Wertschätzung des öffentlichen Gutes verschafft dem Einzelnen einen Spielraum für strategisches Verhalten, den rationale Individuen zu ihrem Vorteil nutzen werden. Dieses Informationsproblem ist nicht ohne weiteres zu beseitigen, denn man kann nicht hoffen, an dem privaten Charakter der Information etwas ändern zu können. Niemand kann gezwungen werden, seine wahren Präferenzen zu offenbaren und eine Überprüfung individueller Angaben zur Wertschätzung von öffentlichen Gütern ist nicht möglich. Das Informationsproblem ist nur dann lösbar, wenn die wahrheitsgemäße Offenbarung der privaten Information *im Interesse* des Individuums liegt.[83] Bei der Abstimmung über die Bereitstellung öffentlicher Güter erzeugt die Einstimmigkeitsregel die gleiche Gefangenen-Dilemma-Struktur, wie sie auch für die rein dezentrale Bereitstellung öffentlicher Güter kennzeichnend ist. Die Einstimmigkeitsforderung löst deshalb nicht das grundlegende Problem, sie überträgt es vielmehr in den Raum kollektiver Entscheidungsregeln.

Die Konsequenz daraus besteht in der Notwendigkeit die Forderung nach Einstimmigkeit aufzugeben. Dieser Verzicht ist durchaus schwerwiegend, denn er bedeutet, dass auf den Nachweis der Pareto-Superiorität von kollektiven Entscheidungen verzichtet wird. Zugleich zeichnet sich ein Trade-off ab, der die weitere Diskussion mitbestimmen wird. Je weiter wir uns von der Einstimmigkeitsforderung entfernen, umso weniger Schutz gewähren wir dem Einzelnen vor dem Kollektiv. Gleichzeitig aber ermöglichen wir erst durch die Abkehr von der Einstimmigkeitsregel das Zustandekommen von kollektiven Entscheidungen – auch von Pareto-superioren Entscheidungen.

---

[83] Bei der Allokation rein privater Güter stellt sich deshalb kein Informationsproblem, weil kein Spielraum für die strategische Nutzung der privaten Information besteht. Für einen Konsumenten, der durch sein Verhalten keinen Einfluss auf den Preis nehmen kann, ist es rational, die Mengen nachzufragen, die seinen Nutzen maximieren, d.h. es existiert kein Anreiz, andere als die wahren Präferenzen zu äußern. Vgl. zu diesem Thema RICHTER UND WIEGARD 1994 und die dort angegebene Literatur.

5.2 Mehrheitsregeln

Die Einsicht, dass es notwendig ist, weniger als Einstimmigkeit zu fordern, wird auch dadurch bestärkt, dass die Einstimmigkeit neben dem Informationsproblem noch weitere Schwierigkeiten aufwirft. Beispielsweise kann man durch einstimmige Entscheidungen zwar Pareto-Verbesserungen erreichen, aber wir könnten nicht sicher sein, durch Einstimmigkeit tatsächlich Pareto-Effizienz erreicht zu haben. Das Beispiel des Vorlesungstermins macht diesen Punkt deutlich: Nehmen wir an, wir haben einen Termin gefunden (Donnerstag 10.00 Uhr), dem alle zustimmen, weil alle diesen Termin dem Montagstermin vorziehen. Pareto-effizient wäre dieser Termin nur dann, wenn es keinen anderen gibt, der wiederum für alle besser ist. Das kann aber durchaus der Fall sein. Falls beispielsweise alle einen Vorlesungsbeginn um 12.00 Uhr wünschen, wäre Donnerstag 10.00 Uhr offenbar zwar eine Pareto-Verbesserung gegenüber Montag, aber eben kein Pareto-Optimum!

Wenn wir für eine kollektive Entscheidung keine Einstimmigkeit fordern, also nicht verlangen wollen, dass alle zustimmen müssen, welche Mehrheit wollen wir dann akzeptieren? Müssen mindestens 2/3 zustimmen oder reicht die einfache Mehrheit von 50%? Wir wollen uns dieser Frage systematisch widmen, indem wir uns die Konsequenzen einer Abkehr von der Einstimmigkeit etwas näher ansehen und dabei insbesondere den bereits angesprochenen Trade-off genauer untersuchen.

Wir bleiben bei unserem Vorlesungsbeispiel und unterstellen, dass es tatsächlich Termine gibt, die von allen vorgezogen werden. Wenn wir nun von der Einstimmigkeitsforderung abweichen, so kann es passieren, dass wir durch eine nicht einstimmig gefasste Entscheidung einzelne Studenten schlechter stellen. Nehmen wir an, wir stellen einen bestimmten Termin A zur Abstimmung und vereinbaren, dass wir mit der einfachen Mehrheit entscheiden wollen, d.h. sobald mehr als 50% dem Termin zustimmen, wird er gewählt. Nehmen wir weiterhin an, 70% stimmen für Termin A. Dann bedeutet dies, dass die 30%, die sich für den alten Termin entschieden haben, durch die kollektive Entscheidung schlechter gestellt werden. Obwohl sie den Montagstermin vorziehen, werden sie nun gezwungen zum Termin A zu erscheinen. Diesen 30% werden also durch die kollektive Entscheidung Kosten aufgebürdet, und zwar Kosten, die sich bei Einstimmigkeit vermeiden ließen, denn bei Einstimmigkeit würde A abgelehnt und wir müssten solange nach einem geeigneten Termin suchen, bis wir einen gefunden hätten, der niemandem Kosten auferlegt. Wir wollen diese Kosten die „externen Kosten der Mehrheitsregel" nennen, denn die Entscheidung der Mehrheit schafft für die unterlegene Minderheit in der Tat so etwas wie einen externen Effekt. Die damit verbundenen Implikationen seien ein wenig näher betrachtet.[84]

---

[84] Wir orientieren uns bei dieser Betrachtung insbesondere an der Darstellung bei MUELLER 1989, S. 52ff.

Sei N die Anzahl der Individuen, die eine kollektive Entscheidung treffen wollen, und K die Anzahl derer, die zustimmen müssen, damit eine Alternative gewählt wird. K/N ist dann die geforderte Mehrheit. Es dürfte klar sein, dass die zu erwartenden externen Kosten einer Mehrheitsentscheidung umso größer ausfallen werden, je kleiner K/N ist. Die externen Kosten C steigen also mit fallendem K/N. Wenn K = 1 gewählt wird, also ein Termin bereits dann angenommen wird, wenn nur ein Wähler ihm zustimmt, werden die externen Kosten ihr Maximum annehmen, wenn K = N (Einstimmigkeit), dann ist C = 0.

Man beachte, dass bei dieser Betrachtung nicht alle Kosten der Entscheidungsregel berücksichtigt werden. Angenommen, wir verlangen für eine Verlegung des Vorlesungstermins eine Mehrheit von 90% und es stimmen 89% der Verlegung von A nach B zu. Die Kosten der 11%, die gegen die Verlegung gestimmt haben, werden in der Tat vollständig berücksichtigt, aber was ist mit den 89%, denen eine gewünschte Verlegung nunmehr versagt wird? Deren Kosten bleiben unberücksichtigt. Dass ihnen Kosten entstehen, macht die folgende Überlegung klar. Angenommen, der aktuelle Vorlesungstermin sei nicht A sondern B und es würde über eine Verlegung nach A abgestimmt. Dieser stimmen 11% zu und die Verlegung wird durchgeführt. Dann entstehen bei den „überstimmten" 89% natürlich Kosten – und die resultierende Situation ist identisch mit der eben geschilderten, bei der die Verlegung an dem Widerstand der 11% scheiterte.[85] Dieser „Dualität" sollte man sich bei den folgenden Ausführungen bewusst sein.

Neben den externen Kosten, die dadurch entstehen, dass mit dem Verzicht auf Einstimmigkeit auch der Schutz des Einzelnen vor dem Kollektiv reduziert wird, müssen wir noch eine zweite Kostenart bei kollektiven Entscheidungen berücksichtigen: die Kosten der *Entscheidungsfindung*. Man kann sich leicht klarmachen, dass diese Kosten (sie seien mit D bezeichnet) umso geringer ausfallen, je weniger Wähler einer Entscheidung zustimmen müssen. Wenn wir beispielsweise fordern, dass 90% einem Vorlesungstermin zustimmen müssen, dann kann es passieren, dass wir sehr oft abstimmen müssen, bis eine Entscheidung erreicht wird. Reicht dagegen eine Zustimmung von 50%, so werden wir weniger Zeit benötigen, um uns zu einigen. Die Entscheidungskosten erreichen offensichtlich ihr Minimum dann, wenn die Zustimmung eines Wählers ausreicht – dann bestimmt der Dozent einen Termin und es fallen keinerlei Abstimmungskosten an.

Ganz offensichtlich verändern sich die beiden Kostenarten C und D gegenläufig. Es existiert ein Trade-off zwischen den externen Kosten und den Kosten der Entscheidungsfindung, und zwar genau der Trade-off, den wir im vorangegangenen Abschnitt bereits angesprochen haben. Diese Tatsache können wir benutzen, um eine „optimale" Mehrheit abzuleiten, indem wir einfach das Minimum der Gesamtkosten C + D bestimmen. Auf der horizontalen Achse der folgenden Graphik ist die geforderte Anzahl der Zustimmungen K abgetragen (von 1 bis N) und

---

[85] Angesichts dieses Defizits ist die folgende Überlegung nicht als der Versuch anzusehen, eine optimale Mehrheitsregel „berechnen" zu wollen, sondern sie soll lediglich auf die Existenz unterschiedlicher Kosten aufmerksam machen.

auf der vertikalen C, D und C + D. K*/N bezeichnet die optimale Mehrheit, die sich aus dem Minimum der Gesamtkosten ergibt.

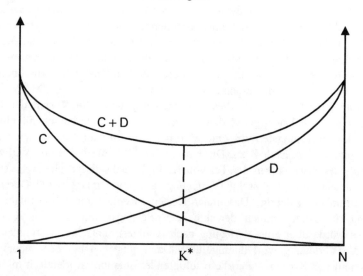

Abbildung 15: Externe Kosten und Kosten der Entscheidungsfindung

Über den genauen Verlauf von C und D lassen sich natürlich keine allgemeinen Aussagen machen, abgesehen davon, dass mit steigendem K/N C fällt und D steigt. Es dürfte allerdings klar sein, dass die externen Kosten einer Mehrheitsentscheidung tendenziell umso höher sind, je differenzierter die Präferenzen der Wähler sind und je wichtiger die anstehende Entscheidung. Beispielsweise dürften die externen Kosten einer Entscheidung über den Vorlesungstermin relativ gering sein. Erstens kann man wohl davon ausgehen, dass Studenten diesbezüglich sehr ähnliche Präferenzen haben und zweitens sind die Nutzeneinbußen, die jemand dadurch erfährt, dass die Vorlesung nicht zu dem für ihn bestmöglichen Zeitpunkt beginnt, vergleichsweise gering. Wären sie zu groß, bliebe schließlich immer noch die Möglichkeit der Vorlesung fern zu bleiben. Anders sieht es dagegen aus, wenn über die Verfassung eines Landes abgestimmt wird. Um es an einem extremen Beispiel deutlich zu machen: Ob die Todesstrafe verfassungsmäßig zugelassen wird oder nicht, ist eine Frage, die für Einzelne von höchst entscheidender Bedeutung sein wird – zumindest für diejenigen, die damit rechnen müssen, dass dieses Strafmaß für sie relevant werden könnte.

Die Kosten der Entscheidungsfindung dürften ebenfalls tendenziell umso höher ausfallen, je stärker die Präferenzen der einzelnen Wähler voneinander abweichen. Wenn man davon ausgehen kann, dass alle mehr oder weniger die gleichen Vorlieben haben, dürfte es sogar relativ leicht sein eine einstimmige Entscheidung zu treffen. Weiterhin ist es plausibel, dass die D-Kurve umso höher liegen wird, je mehr Wähler an der kollektiven Entscheidung beteiligt sind.

Diese Überlegungen zeigen, dass die optimale Mehrheit offensichtlich stark davon abhängt, worüber abgestimmt wird und wer abstimmt. Das legt die Vermutung nahe, dass wir eine entsprechende Vielzahl von Abstimmungsregeln beobachten müssten. In der Realität zeigt sich jedoch, dass die *einfache Mehrheit* die Regel ist, die in der überwiegenden Mehrzahl der Fälle zur Anwendung kommt. Warum ist das so? Welche besonderen Eigenschaften machen die einfache Mehrheit so attraktiv?

Eine recht simple Überlegung macht deutlich, dass die 50% Grenze tatsächlich eine Besonderheit im Hinblick auf die Kosten der Mehrheitsentscheidung darstellt. Stellen wir uns vor, wir wären mit weniger als 50% Zustimmung zufrieden, z. B. mit 40%. Nehmen wir weiterhin an, es stünde irgendein Gegenstand A zur Abstimmung an und es fände sich eine „Mehrheit" von 40%. In diesem Fall könnte die Ablehnung von A ebenfalls zur Abstimmung gebracht werden und auch sie könnte eine Zustimmung von über 40% erreichen. Solange wir uns unterhalb der 50% Grenze bewegen, kann es offensichtlich bei jeder Abstimmungsregel dazu kommen, dass sich widersprechende Entscheidungen angenommen werden. Man kann sich vorstellen, dass dies die Entscheidungsfindung nicht gerade erleichtert. Unterhalb der 50% Grenze werden daher die Entscheidungsfindungskosten D relativ hoch sein und sie werden genau bei 50% drastisch fallen. Die D-Kurve wird also eine Unstetigkeit bei 50% aufweisen. Dies ist in der folgenden Graphik berücksichtigt:

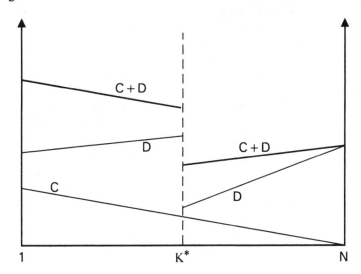

Abbildung 16: Der Kostenvorteil der 50%-Regel

Damit wird klar, dass die einfache Mehrheit in einer ganzen Klasse von Fällen eine kostenminimale Regel ist. Immer dann, wenn die Entscheidungsfindungskosten einen größeren Einfluss auf die Regelwahl haben als die externen Kosten, wird die einfache Mehrheit gewählt werden. Links von N/2 werden die Kosten durch die Möglichkeit widersprüchlicher Entscheidungen in die Höhe getrieben. Rechts davon steigen die Entscheidungsfindungskosten mit K/N. Die einfache Mehrheit ist die minimale Mehrheit, mit der widersprüchliche Entscheidungen verhindert werden können, und daraus resultiert ihre besondere Bedeutung. Nur wenn die externen Kosten C hoch genug sind, kann es sein, dass eine andere Mehrheit kostenminimal ist – aber dabei muss es sich notwendigerweise um eine Regel mit $K^* > N/2$ handeln.

Es gibt noch einen weiteren Grund für die Besonderheit der Mehrheitsregel. Es ist schlicht und ergreifend die Regel der Mehrheit! Wann immer die Wahl zwischen zwei Alternativen besteht, wird das Wahlverfahren, das der Mehrheit zum Sieg verhilft, auch von der Mehrheit unterstützt werden – und Minderheiten werden sich dagegen in der Regel nicht durchsetzen können. Der nächste Sidestep zeigt, dass dies offenbar auch im Tierreich gilt.

Sidestep 20: Demokratie im Tierreich

Nicht nur Menschen stehen häufig vor der Notwendigkeit, kollektive Entscheidungen treffen zu müssen. Auch Tiere, die in mehr oder weniger großen Gruppen zusammenleben, stehen oft vor dem gleichen Problem. Für gewöhnlich unterstellt man ihnen, dass sie sich dabei auf einen Anführer verlassen, auf den Leitwolf, den Leithirsch oder eine vergleichbare Führungspersönlichkeit. Aber man tut ihnen dabei wahrscheinlich unrecht. Ein von CONRAD UND ROPER kürzlich vorgestelltes Modell (Nature, Januar 2003, 155-157) legt sogar den Verdacht nahe, dass despotische Entscheidungsstrukturen eher die Ausnahme sein dürften und stattdessen demokratische Regeln, genauer gesagt die einfache Mehrheitsregel, die Regel. Tatsächlich lassen sich dafür eindrucksvolle Belege finden:

Wenn beispielsweise Rothirsche auf einer Weide liegen um auszuruhen, gilt es irgendwann die Entscheidung zu treffen, diese Aktivität zu beenden und weiterzuziehen. Feldstudien haben gezeigt, dass diese Entscheidung dann fällt, wenn im Mittel 62% der Hirsche aufgestanden sind. Stimmberechtigt sind dabei allerdings nur die erwachsenen Tiere. Gleiches gilt für Gorillas, bei denen die Abstimmung allerdings nicht mit den Beinen erfolgt (aufstehen als Stimmabgabe) sondern durch lautes Rufen: Die Gruppe setzt sich in Bewegung, wenn ca. 65% Laut geben. Bei Afrikanischen Elefanten haben die erwachsenen Frauen das Sagen. Die Abstimmung erfolgt dabei durch tieffrequente Laute, die für das menschliche Ohr nicht wahrnehmbar sind. Bei Pavianen – wen wundert es – sind es dagegen die erwachsenen Männchen, die die Wanderungsrichtung durch Mehrheitsbeschluss festlegen.

Das Modell von CONRAD UND ROPER vermittelt eine Idee davon, warum es für Tiere vorteilhaft ist, sich demokratisch zu entscheiden. Nehmen wir als Beispiel die ausruhenden Hirsche. Für sie gilt es, den Zeitpunkt zu bestimmen, an dem alle Tiere weiterziehen. Jedes einzelne Tier hat einen für sich optimalen Zeitpunkt zu dem das geschehen soll, aber diese Zeitpunkte sind unterschiedlich. Das Koordinationsproblem zu lösen, dass dadurch entsteht, verursacht

Kosten. Diese „Synchronisationskosten" ergeben sich aus der Summe der Abweichungen der einzelnen optimalen Aufbruchzeitpunkte von dem tatsächlich gewählten Zeitpunkt. CONRAD UND ROPER zeigen nun, dass eine Mehrheitsentscheidung immer zu geringeren Synchronisationskosten führt als die Entscheidung eines Despoten (eines Leithirsches). Geringere Kosten bedeuten einen Selektionsvorteil im Evolutionsprozess und deshalb setzen sich „demokratische" Verfahren eher durch als despotische. Dazu trägt auch bei, dass sich Despoten im Tierreich schwer tun. Um seinen Willen gegen die Mehrheit durchzusetzen, muss ein potentieller Despot einen relativ großen Aufwand betreiben. Beispielsweise müsste ein Hirsch, wenn er bestimmen will, wann aufgebrochen wird, andere daran hindern aufzustehen. Im Unterschied dazu fällt es der Mehrheit relativ leicht „Widerstand" zu leisten. In menschlichen Gesellschaften ist das erkennbar anders, denn hier können Despoten durch die Bildung von Koalitionen und die Nutzung technischen Fortschritts mit vergleichsweise geringem Aufwand eine erhebliche Repression entwickeln.

5.3 ZYKLISCHE MEHRHEITEN: DAS CONDORCET-PARADOXON

Der letzte Abschnitt hat gezeigt, dass die Mehrheitswahl in Form der *einfachen Mehrheit* offenbar eine Sonderstellung unter den möglichen Wahlverfahren einnimmt. Allerdings haben wir uns bisher auf ein kollektives Entscheidungsproblem sehr spezieller Art konzentriert. Wir sind nämlich – zumindest implizit – immer davon ausgegangen, dass es nur um die Wahl zwischen zwei Alternativen geht. Auch bei der Entscheidung über den Vorlesungstermin haben wir Vorschläge gegen den Status quo abstimmen lassen.

Der Fall einer Wahl zwischen zwei Alternativen ist in der Tat vollkommen unproblematisch. Wenn sich das Kollektiv oder das Gremium, das eine Entscheidung zu treffen hat, einmal darauf festgelegt hat, die Mehrheitsregel anzuwenden, dann liefert diese für zwei Alternativen „vernünftige" Ergebnisse. Man kann sich nur schwer vorstellen welches Verfahren – bei dem nicht die Mehrheit siegt – bessere Resultate erzeugen sollte. Ein Problem könnte lediglich dann entstehen, wenn das Gremium eine gerade Anzahl von Mitgliedern hat. In diesem Fall muss man sich ex ante auf ein Verfahren verständigen, mit dem Patt-Situationen gelöst werden können. Der Losentscheid ist eine prominente Regel zur Bewältigung solcher Probleme.

Sehr viel schwieriger wird die Sache, wenn mehr als zwei Alternativen zur Wahl stehen. In diesem Fall kommen nämlich eine ganze Reihe von Wahlverfahren in Frage und es ist ein überaus schwieriges Problem zu entscheiden, welches das beste ist. Bevor wir uns aber mit den verschiedenen Alternativen zur reinen

Mehrheitswahl auseinander setzen, wollen wir zunächst noch beim Mehrheitsprinzip bleiben.

Was verlangt dieses Prinzip bei mehr als zwei Alternativen? Soll die Alternative gewählt werden, die die meisten Stimmen erhält (Pluralitätswahl) – gleichgültig wie viele das sind? Oder soll eine paarweise Abstimmung zwischen allen Möglichkeiten durchgeführt werden, bei der die Alternative gewinnt, die alle anderen schlägt? Man sieht, bereits die Entscheidung zwischen diesen Varianten ist keineswegs leicht zu treffen. Sehen wir uns zunächst das zuletzt genannte Verfahren etwas genauer an.

Bisher haben wir das kollektive Entscheidungsproblem ausschließlich auf den Fall eines öffentlichen Gutes angewendet, dessen Herstellung eine Pareto-Verbesserung bedeutet. Zur Abstimmung stand eine Maßnahme, die potentiell so gestaltet werden konnte, dass alle Mitglieder der Gruppe davon profitieren. Nun dürfte klar sein, dass es bei der Entscheidung über öffentliche Güter immer auch um Verteilungsfragen geht, denn schließlich müssen öffentliche Güter finanziert werden und mit jeder Finanzierungsregel sind spezifische Verteilungswirkungen verbunden. Wie bewährt sich die Mehrheitsregel, wenn wir dieses Verteilungsproblem isoliert betrachten? Machen wir dazu ein einfaches Beispiel:

Drei Personen sollen einen Betrag von 100,- DM untereinander aufteilen, und zwar mit Hilfe der Mehrheitsregel. Zunächst ist klar, dass es eine sehr große Zahl von möglichen Aufteilungen gibt. Wir können die Menge der möglichen Lösungen durch folgende Graphik veranschaulichen:

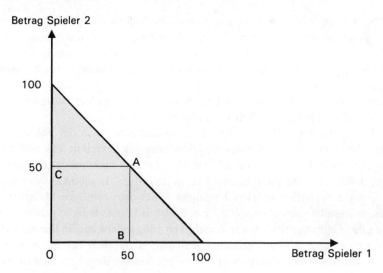

Abbildung 17: Verteilung mit der Mehrheitsregel

Auf den beiden Achsen sind die Beträge abgetragen, die die Spieler 1 und 2 erhalten. Die Linie 100-100 gibt alle Aufteilungen an, bei denen nur diese beiden den Betrag unter sich aufteilen, die Linie 0-100 bzw. 100-0 gibt Aufteilungen zwischen Spieler 1 und 3 bzw. zwischen 2 und 3 an. Jeder Punkt innerhalb des Dreiecks entspricht einer Aufteilung zwischen allen drei Spielern.

Wie wird die in diesem Nullsummenspiel [86] resultierende Aufteilung der 100,- DM aussehen? Wenn man diese Frage spieltheoretisch beantworten will, so können wir nur sagen, dass es drei gleichgewichtige Situationen gibt, nämlich die Punkte A, B und C. Der Grund ist der folgende:[87] Es ist klar, dass sich eine Koalition aus zwei Spielern bilden wird, denn zwei bilden eine Mehrheit und können daher den Betrag unter sich aufteilen. In einer solchen Zweierkoalition kann aber kein Spieler mehr als die Hälfte des Betrages erwarten. Schlägt z.B. Spieler 1 dem Spieler 2 eine Aufteilung vor, die ihm mehr als die Hälfte bringt, hat Spieler 2 einen Anreiz, sich mit dem dritten Spieler zusammenzuschließen – dort kann er nämlich die Hälfte bekommen. Spieler 2 kann durch einen Koalitionswechsel aus dem gleichen Grund nicht mehr als 50% für sich herausschlagen und deshalb ist nur die Aufteilung 50:50 ein Gleichgewicht. Allerdings: Welches der drei möglichen Gleichgewichte sich einstellen wird, darüber sagt uns die Spieltheorie nichts.

Wir können die Frage auch anders behandeln, indem wir verschiedene Aufteilungen vorgeben und diese jeweils zur Abstimmung stellen. Die folgende Tabelle gibt drei Aufteilungen an:

	Spieler 1	Spieler 2	Spieler 3
Aufteilung A	0	60	40
Aufteilung B	50	0	50
Aufteilung C	55	45	0

Lassen wir nun über die drei Alternativen abstimmen. Zunächst A gegen B. Diese Abstimmung wird B gewinnen, denn Spieler 1 und 3 schneiden bei B besser ab als bei A. Stimmen wir nun B gegen C ab. Hier wird C gewinnen, denn Spieler 1 und Spieler 2 sind mit C besser bedient. Wir erhalten also folgende Reihung der Alternativen:

$$C \succ B \succ A$$

---

[86] Unter einem Nullsummenspiel versteht man ein Spiel, bei dem die Gesamtauszahlung, die an die Spieler ausgeschüttet wird, a priori feststeht. Jeder Gewinn eines Spielers ist dann zugleich der Verlust eines anderen Spielers.

[87] Vgl. dazu LUCE, RAIFFA (1957, S. 199 – 209). Man beachte, dass die „faire" Lösung, bei der der Betrag gedrittelt wird, *kein* Gleichgewicht ist!

Wenn wir aber eine Kontrollabstimmung durchführen und C gegen A antreten lassen, zeigt sich, dass nun A gewinnt, so dass wir insgesamt folgende kollektive Rangfolge erhalten:

$$C \succ B \succ A \succ C \succ B \succ A \ldots$$

Eine solche Reihung bezeichnet man als *zyklische Mehrheit*. Wenn wir keine Kontrollabstimmung zulassen, so entscheidet offensichtlich allein die Reihenfolge, in der abgestimmt wird, darüber, welche der drei Alternativen gewinnt. Darf zum Beispiel Spieler 2 über die Reihenfolge der Abstimmungen entscheiden, wird er erst A gegen C und dann C gegen B abstimmen lassen, mit dem Ergebnis, dass A gewinnt, also die Alternative, bei der er am besten abschneidet.

Ein solches Ergebnis kann natürlich nicht befriedigen. Die Mehrheitsregel ist hier offensichtlich nicht geeignet, eine rationale Entscheidung herbeizuführen. Zyklische Mehrheiten verhindern, dass es zu einer vernünftigen [88] Aggregation der individuellen Präferenzen kommen kann. Nun liegt es nahe zu vermuten, dass zyklische Mehrheiten nur bei Verteilungsproblemen auftauchen, also nur bei Nullsummenspielen. Leider ist dies nicht der Fall, wie das folgende Beispiel zeigt:

Nehmen wir an, wiederum drei Spieler haben eine Wahl zwischen drei Alternativen zu treffen. Dabei kommt es nicht darauf an, welcher Art dieses Entscheidungsproblem ist. Wir können uns darunter die Wahl des Urlaubsortes einer dreiköpfigen Familie vorstellen, eine Entscheidung über eine unternehmensstrategische Frage, die drei Vorstandsmitglieder treffen müssen, oder die Wahl der Größe des in der Gemeinde zu bauenden Schwimmbades, die der Gemeinderat zu treffen hat. Wir wollen die drei Alternativen, die zur Wahl stehen, mit x, y und z bezeichnen und die Präferenzen, die die drei Gremienmitglieder bezüglich dieser Alternativen besitzen, seien der folgenden Tabelle entnommen:

Spieler 1	Spieler 2	Spieler 3
x	z	y
y	x	z
z	y	x

Lassen wir nun wieder über die Alternativen paarweise abstimmen. Zunächst x gegen y: x gewinnt, da Spieler 1 und 2 für diese Alternative stimmen werden. Die Abstimmung y gegen z wird y für sich entscheiden. Aber wiederum ergibt die Kontrollabstimmung z gegen x, dass z der Alternative x vorgezogen wird, so dass wir als kollektive Präferenz wiederum einen Zyklus erhalten:

---

[88] Wenn hier von „vernünftigen" oder „rationalen" Lösungen gesprochen wird, dann ist damit zunächst nur gemeint, dass die Entscheidung widerspruchsfrei sein soll. Was genau unter einer rationalen kollektiven Entscheidung zu verstehen ist, wird später genau beschrieben.

$$x \succ y \succ z \succ x \succ y \ldots$$

Auch hier entscheidet offensichtlich allein die Reihenfolge, in der die einzelnen Alternativen zur Abstimmung kommen, darüber, wie die Wahl ausgeht. Das Phänomen zyklischer Mehrheiten ist also nicht auf Verteilungsprobleme beschränkt, sondern kann uns immer dann begegnen, wenn mehr als zwei Alternativen zur Wahl stehen. Die Existenz solcher Zyklen wurde bereits 1785 von dem MARQUIS DE CONDORCET beschrieben und deshalb bezeichnet man den Fall intransitiver kollektiver Präferenzen als Condorcet-Paradoxon.

Wie ernst ist das Problem zyklischer Mehrheiten? Handelt es sich dabei um ein eher exotisches Ereignis, das uns nur in äußerst seltenen Fällen begegnet, das vielleicht nur dann auftritt, wenn die Präferenzen der Gremiumsmitglieder eine ganz und gar ungewöhnliche Gestalt haben? Dem ist leider nicht so. Wir können uns über diesen Punkt größere Klarheit verschaffen, indem wir uns eine mögliche Ursache für das Auftreten eines Zyklus ansehen. Zu diesem Zweck stellen wir die Präferenzordnungen der drei Spieler graphisch dar:

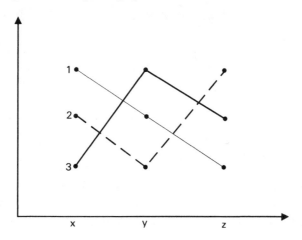

Abbildung 18: Mehrgipfelige Präferenzen

Die graphische Darstellung macht deutlich, dass sich die Präferenzordnung von Spieler zwei von denen der anderen beiden in einer bestimmten Weise unterscheidet – sie ist zweigipfelig und genau darin liegt die Ursache für das Auftreten einer zyklischen Mehrheit. DUNCAN BLACK (1948) hat den Beweis geführt, dass zyklische Mehrheiten dann nicht auftreten, wenn alle Wähler eingipfelige Präferenzen über die zur Abstimmung stehenden Alternativen besitzen.[89] Wir wollen

---

[89] Genauer gesagt reicht es, wenn eine Permutation der Alternativen existiert, für die alle Präferenzen eingipfelig sind. Eine solche existiert in Abbildung 18 nicht. Wenn wir z.B. y

diesen Beweis hier nicht nachvollziehen, aber wir können leicht zeigen, dass wir den Zyklus vermeiden können, wenn wir die Präferenz von Spieler 2 geeignet ändern:

Spieler 1	Spieler 2	Spieler 3
x	y	y
y	x	z
z	z	x

Eine solche Präferenzordnung führt zu folgender Graphik:

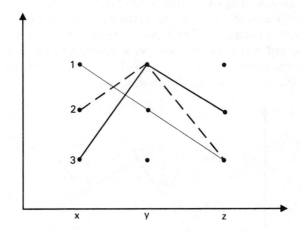

Abbildung 19: Eingipfelige Präferenzen

Wie man sieht, haben nunmehr alle drei Präferenzen nur einen Gipfel und wir können uns leicht davon überzeugen, dass wir keine zyklische Mehrheit mehr erhalten, denn paarweise Abstimmung liefert folgende kollektive Präferenzordnung:

$$y \succ x \succ z \prec y$$

Um sicher zu sein, dass uns die Mehrheitswahl bei paarweiser Abstimmung rationale kollektive Entscheidungen ermöglicht, müssen wir eine Forderung an die Präferenzen der Wähler stellen, die keineswegs selbstverständlich erfüllt werden kann. Warum sollten in den oben genannten Beispielen die Präferenzen eingipfelig sein? Dennoch: Wir werden noch sehen, dass in einem bestimmten, sehr wichtigen

---

und z auf der Abszisse vertauschen (also y ganz rechts und z in der Mitte anordnen), wird zwar die Präferenz von 2 eingipfelig, aber dafür die von 1 zweigipfelig!

Fall die Forderung nach Eingipfeligkeit nicht so unsinnig ist, wie sie auf den ersten Blick scheint.

Wir haben bisher den Begriff „Präferenzordnung" benutzt, ohne genau zu klären, was wir darunter verstehen. Dieses Versäumnis sei nunmehr nachgeholt, indem wir Bedingungen benennen, die eine Präferenzordnung sinnvollerweise erfüllen sollte. Zunächst benötigen wir dafür folgende

Definition:

> Es sei S eine Menge von Alternativen, über die ein Individuum Präferenzen der Art
> R:→ „ist mindestens so gut wie"
> P:→ „ist strikt besser als"
> I: → „Indifferenz"
> besitzt.

R, P und I geben Relationen an, die zwischen den Elementen aus S herrschen können. Wir wollen dann von einer *Präferenzordnung über S* sprechen, wenn die folgenden Axiome erfüllt sind:

[1] Reflexivität:

> Für jedes Element x aus S gilt xRx.

[2] Vollständigkeit:

> Für jedes Paar x, y von Alternativen aus S mit x ≠ y gilt entweder xRy oder yRx oder beides.

[3] Transitivität:

> Für jedes Tripel x, y, z aus S gilt: wenn xRy und yRz, dann folgt daraus xRz.

Wir haben bisher stillschweigend unterstellt, dass die Individuen über eine Präferenz verfügen, die diesen Axiomen gerecht wird, die also insbesondere die letztgenannte Forderung erfüllt. Unser Problem bestand darin, dass die kollektive Präferenz, die sich aus den individuellen Ordnungen über S mittels Mehrheitswahl ableiten ließ, intransitiv sein konnte, also Axiom [3] nicht erfüllte und damit auch keine Präferenz*ordnung* über S lieferte.

Die Axiome [1]-[3] sind nichts anderes als eine Art „Forderungskatalog", durch den angegeben wird, welche Bedingungen eine individuelle Präferenz vernünftigerweise erfüllen sollte. Genau genommen beschreiben sie das, was wir bisher als „individuell rational" bezeichnet haben. Wenn nun dieser Forderungskatalog nicht ausreicht um zyklische Mehrheiten zu verhindern, liegt es da nicht nahe, ihn in „geeigneter" Weise zu erweitern? Die Bedingung der Eingipfeligkeit ist bereits eine solche Erweiterung, d.h. erfüllen die individuellen Präferenzen außer den Axiomen [1]-[3] auch noch die Forderung eingipfelig zu sein, *dann* führt die paarweise Abstimmung nicht zu zyklischen Mehrheiten. Allerdings: Jede weitere Forderung, die wir in den Katalog aufnehmen, führt dazu, dass die Menge der zulässigen Präferenzordnungen eingeschränkt wird. Individuelle Präferenzen mit Restriktionen zu versehen ist im Kontext der ökonomischen Methodologie eine höchst problematische Angelegenheit. Solche Einschränkungen sind in einem *normativen* Sinne unzulässig. Mit welchem Recht wollte man etwa fordern, dass nur diejenigen an einer kollektiven Entscheidung teilnehmen können, deren Präferenzen eingipfelig sind? Der Versuch, das Problem zyklischer Mehrheiten durch die Erweiterung des Axiomensystems zu lösen, hat deshalb eher den Charakter einer positiven Analyse,[90] die aufzeigen soll, unter welchen Bedingungen die paarwiese Abstimmung noch zu transitiven Entscheidungen führt. Vor diesem Hintergrund ist die Frage von besonderer Bedeutung, wie die *Minimalforderung* aussieht, die dies noch leistet.[91] Die folgende Restriktion dient als ein Beispiel dafür, welcher Gestalt individuelle Präferenzen sein müssten, um zyklische Mehrheiten auszuschließen.[92]

Extremal Restriction (ER):

> Wenn für ein geordnetes Tripel (x, y, z) aus S ein Individuum i existiert, mit der Präferenzordnung xP_iyP_iz, dann muss für jedes Individuum j, das z der Alternative x vorzieht, die Präferenzordnung folgende Gestalt haben: zP_jyP_jx.

Es ist relativ leicht zu beweisen, dass dann, wenn die Präferenzen der abstimmenden Gremiumsmitglieder (ER) erfüllen (und natürlich den Axiomen [1]-[3] genügen), keine zyklischen Mehrheiten auftreten können. Der entscheidende Punkt

---

[90] Obwohl sich der axiomatische Zugang ganz und gar nicht-empirischer Methoden bedient.

[91] Vgl. zu diesem Punkt die ausgezeichnete Zusammenfassung von SEN (1987).

[92] Vgl. insbesondere SEN (1987) und die dort angegebene Literatur. Die folgenden Ausführungen finden sich in ausführlicherer Form bei MUELLER (1989), S. 74-79. Neben (ER) existiert eine Reihe weiterer Restriktionen, die den gleichen Effekt haben. So sind (bei drei Alternativen {x, y, z}) Zyklen beispielsweise dann ausgeschlossen, wenn sich alle Wähler einig sind, dass eine bestimmte Alternative *nicht* die beste oder nicht die schlechteste oder nicht die mittlere ist. Transitivität ist auch gesichert, wenn sich alle bei der Bewertung eines bestimmten Alternativenpaares einig sind. Wenn beispielsweise alle Wähler übereinstimmen, dass x mindestens so gut ist wie y, dann kommt es zu keinem Zyklus. Vgl. BERNHOLZ UND BREYER, (1994), S. 60/61.

ist, dass (ER) fordert, dass sich die individuellen Präferenzordnungen in einer gewissen Weise ähnlich sein sollen. Wenn zwei Individuen x und z unterschiedlich bewerten, dann soll sich dies darin äußern, dass sich die Reihung entweder vollkommen umkehrt oder Indifferenz herrscht. Ein Beispiel mag diesen Punkt deutlicher machen. Stellen wir uns vor, es gilt, sich über die Größe des zu bauenden Gemeindeschwimmbades zu einigen, und x stehe dabei für „groß", y für „mittel" und z für „klein". (ER) fordert nun, dass dann, wenn einer der Gemeinderäte die Alternative „groß" präferiert, die paarweise Abstimmung nur dann zu konsistenten Resultaten führt, wenn jeder, der „klein" gegenüber „groß" vorzieht, dies auch konsequent tut, d.h. die Alternative x dann an die letzte Stelle seiner Präferenzordnung setzt. Wenn im Gemeinderat nur Vertreter sitzen, die entweder ein möglichst großes oder ein möglichst kleines Schwimmbad wollen, dann gibt es mit der paarweisen Abstimmung kein Problem. Wenn jedoch ein dritter Typus auftritt, der eine ausgesprochene Präferenz für eine mittlere Lösung hat, dann können zyklische Mehrheiten auftreten.

Unsere Überlegungen zeigen, dass sowohl die Eingipfeligkeit als auch (ER) Einschränkungen der zugelassenen individuellen Präferenzordnungen darstellen, die zwar die Transitivität der kollektiven Präferenz gewährleisten, die jedoch als keineswegs selbstverständlich erfüllt angesehen werden können. Warum sollte ein Gemeinderat nicht der Meinung sein, ein mittleres Schwimmbad sei genau das richtige, und zugleich eine strikte Präferenz für die Alternative z gegenüber x haben (etwa weil er ein mittleres Bad noch für finanzierbar hält, ein großes aber nicht mehr)?

Das Problem zyklischer Mehrheiten lässt sich damit nicht auf Fälle extremer oder unsinniger Präferenzen eingrenzen. Wir müssen vielmehr zur Kenntnis nehmen, dass es sich um ein zentrales Problem der paarweisen Abstimmung handelt. Wann immer wir mehr als zwei Alternativen zur Wahl haben und mehr als zwei Personen eine kollektive Entscheidung treffen sollen, müssen wir mit dem Auftreten eines Zyklus rechnen, wenn wir paarweise abstimmen. Man muss sich in diesem Zusammenhang klarmachen, dass es dabei nicht um die Frage geht, wie im Einzelfall bei einer konkreten Abstimmung verfahren werden soll. Wir behandeln grundsätzlich die Frage, auf welches Wahlverfahren wir uns *ex ante* festlegen sollen, d.h. bevor wir wissen, worüber das Gremium abzustimmen haben wird und welche Präferenzen die Wähler wohl haben werden.

Das Entscheidungsverfahren, mit dem wir uns befassen, dient letztlich dazu, eine Bewertung gesellschaftlicher Zustände vorzunehmen, denn indem ein Kollektiv mittels Wahl entscheidet eine bestimmte Maßnahme durchzuführen, kommt es zu einer kollektiven Bewertung. Nichts anderes kommt in dem Begriff der kollektiven Präferenzordnung zum Ausdruck, den wir hier verwendet haben. Wir haben über solche Bewertungen bereits an anderer Stelle gesprochen, und zwar als wir die SWF einführten. Eine SWF vom Bergson-Typ ist schließlich nichts anderes als eine Funktion, die es uns erlaubt, eine Rangordnung unterschiedlicher sozialer Situationen herzustellen. Es stellt sich damit die Frage, in welchem Zusammenhang die SWF mit dem Problem rationaler Wahlverfahren steht. Zu diesem Zweck sollten wir uns an einen wichtigen Punkt erinnern, der bei der Behandlung der SWF mehrfach genannt wurde: Eine SWF vom Bergson-Typ ist eine reellwertige Abbildung *gegebener Präferenzordnungen*, d.h. sie wird unter der Voraussetzung abgeleitet, dass die Präferenzen der Individuen eine bestimmte Form haben und unverändert bleiben. Im Prinzip geht es bei der Analyse von Wahlverfahren um das gleiche Problem, das auch bei der SWF im Vordergrund stand, nämlich um die Bewertung sozialer Zustände. Nunmehr wird aber ein Verfahren gesucht, dass sich nicht unter der Voraussetzung *gegebener* Präferenzen bewähren muss, sondern das für *alle* möglichen Präferenzordnungen (die die Axiome [1] – [3] erfüllen) zu rationalen Resultaten führt.

Was aber ist eigentlich eine kollektiv rationale Entscheidung? Diese Frage kommt vielleicht etwas überraschend, aber genau genommen haben wir zur Zeit keine exakte Definition kollektiver Rationalität. Pareto-Effizienz kann nicht mehr gemeint sein, denn wir sind längst über die Einstimmigkeit als Regel hinaus. Implizit haben wir unterstellt, dass eine kollektiv rationale Entscheidung verlangt, (so sie existiert) den *Condorcet-Sieger* zu wählen, also die Alternative, die alle anderen im direkten Vergleich schlägt.[93] In vielen Fällen ist dies auch eine durchaus vernünftige Forderung, aber wie sieht es in der folgenden Situation aus: Angenommen, eine Gruppe von 1 Million Menschen müsste sich zwischen den Alternativen *x, y* und *z* entscheiden. 50,01% haben die Präferenz $(x \succ y \succ z)$ und 49,99% die Präferenz $(y \succ z \succ x)$. Natürlich wäre *x* der Condorcet-Sieger, aber damit wäre eine Alternative gewählt, die 49,99% auf dem letzten Platz ihrer Rangordnung haben, und die den Wählern dieser „Minorität" vielleicht großen Schaden zufügt. Andererseits existiert mit *y* eine Alternative, die in fast der Hälfte der Fälle auf dem ersten Platz und ansonsten auf dem zweiten Platz rangiert. Wenn man sich in die Lage eines Menschen versetzt, der noch nicht weiß, welche Präferenz er haben wird, und der entscheiden muss welches Wahlverfahren zu wählen ist, dann spricht vieles dafür, dass er sich für ein Verfahren entscheiden wird, das *y* und nicht den Condorcet-Sieger *x* auswählt.[94]

Wie sieht es mit der anderen Variante der Mehrheitswahl bei mehr als zwei Alternativen – der Pluralitätswahl – aus? Liefert sie ein eindeutig rationales Resultat? Die Pluralitätswahl ist vermutlich das Verfahren, das die größte Verbreitung besitzt – und zugleich die wohl schlechteste Methode, um aus einer Alternativenmenge mit mehr als zwei Elementen eines auszuwählen. Die zentrale Schwäche dieses Verfahrens besteht darin, dass es allein die Information nutzt, welches Element aus der Alternativenmenge an der ersten Stelle der individuellen Präferenzordnung steht. Damit wird sehr viel Information verschenkt. Das Ergebnis können kollektive Entscheidungen sein, die man kaum als rational bezeichnen kann. Ein

---

[93] Am Rande sei bemerkt, dass zwar gilt, dass dann, wenn kein Condorcet-Sieger existiert, ein Zyklus vorliegen muss, dass aber die Umkehrung nicht richtig ist. Wenn beispielsweise die Wahl unter vier Alternativen (*a, b, c, d*) zu treffen ist, so kann *a* durchaus alle drei Konkurrenten schlagen und dennoch bezüglich *b, c, d* ein Zyklus bestehen.

[94] Vgl. SEN (1995), S. 97.

einfaches Beispiel mag dies belegen: Angenommen, es bewerben sich drei Politiker um ein Amt. Zwei sind der politischen Mitte verpflichtet und unterscheiden sich kaum voneinander. Der Dritte befindet sich am rechten Rand des Spektrums. Angenommen, die beiden Liberalen erhalten jeweils 32% der Stimmen und der Rechte 36%. In diesem Fall würde eine Entscheidung *gegen* 64% der Wähler getroffen, wenn man die Pluralitätswahl anwendet. Wer beispielsweise die Präsidentschaftswahlen in den USA aufmerksam verfolgt, wird sich an die eine oder andere Wahl erinnern, bei der ein Kandidat gegen die Mehrheit gewonnen hat.

Zwei Dinge werden damit deutlich. Erstens: die Pluralitätswahl sichert erst recht keine Rationalität und zweitens: es wird nicht einfach sein, zweifelsfrei anzugeben, wann eine kollektive Entscheidung „rational" getroffen wird. Dazu passt eine Kritik, die vor allem von BUCHANAN (z.B. 1954) vorgetragen wurde und die im wesentlichen darauf hinausläuft, die Sinnhaftigkeit des ganzen Unternehmens in Frage zu stellen. Warum sollte „Rationalität" überhaupt ein sinnvoller Begriff im Zusammenhang mit kollektiven Entscheidungen sein? Wird damit nicht ein Maßstab, der für die individuelle Entscheidung Sinn macht, auf ein Objekt übertragen, für das er ganz und gar unpassend ist? Wir werden uns mit dieser Frage auseinandersetzen müssen. Aber bevor wir das tun können, brauchen wir noch etwas mehr Informationen über die Möglichkeiten und Grenzen, die sich bei dem Versuch auftun, kollektiv zu entscheiden. Deshalb werden wir als nächstes ganz pragmatisch vorgehen und eine Reihe von Verfahren vorstellen, die man benutzen kann, um aus mehr als zwei Alternativen eine oder mehrere auszuwählen.

5.4 EIN GANZER ZOO VON WAHLVERFAHREN [95]

> The Marquis de Condorcet believed that in an election there exists some underlying truth to be discovered – that one candidate should be the „true" winner. We suggest a more modest conclusion, but one that might stop us from looking for some Holy Grail of a voting method that meets all needs: a voting system can't find a consensus when none exists.
>
> LEVIN UND NALEBUFF 1995, S. 24.

Nur zu behaupten, dass die Dinge komplizierter werden, wenn man mehr als zwei Alternativen zur Auswahl hat, ist ein wenig untertrieben: Sie erreichen eine kaum noch zu überschauende Komplexität. Dies gilt bereits für den Fall, dass man sich darauf beschränkt, aus der Alternativenmenge *ein* Element auszuwählen. Aber vielfach ist es damit nicht getan, weil entweder mehrere Kandidaten ausge-

---

[95] Wichtige Literaturstellen zu diesem Abschnitt sind das 7. Kapitel bei MUELLER (1989) sowie das Symposium zum Thema Wahlverfahren im JOURNAL OF ECONOMIC PERSPECTIVES, Winter 1995.

wählt werden müssen oder weil man durch die Wahl eine Repräsentation der Wählermeinungen erreichen will. Wie weitreichend die Probleme in diesem Fall sind, wird klar, wenn man sich beispielsweise die simple Frage stellt, was eigentlich Repräsentation bedeutet. LEVIN UND NALEBUFF (1995) machen an einem einfachen Beispiel deutlich, dass die Antwort auf diese Frage nicht gerade offenkundig ist: Man stelle sich vor, die Präferenzen der Wähler ließen sich räumlich identifizieren und seien über das Intervall [0, 1] gleichverteilt. Es sollen drei Repräsentanten aus der Mitte der Wähler bestimmt werden. Welche Positionen sind „repräsentativ"? Die Gleichverteilung (0,25 – 0,5 – 0,75), oder die Kombination, bei der die Summe der Distanzen zwischen den Wählern und dem jeweils nächstgelegenen Repräsentanten minimiert wird (0,16 – 0,5 – 0,83)?

Die eigentliche Komplikation bei mehr als zwei Alternativen entsteht dadurch, dass man eine Vielzahl alternativer Wahlverfahren benutzen kann, die alle mehr oder weniger verschiedene Eigenschaften besitzen. In ihrem Übersichtsaufsatz stellen LEVIN UND NALEBUFF nicht weniger als 16 Verfahren vor. Die tiefere Ursache für diese Vielfalt werden wir noch genauer kennen lernen. Nur soviel sei vorweggenommen: Weil es kein ideales Verfahren gibt, bleibt nur die Wahl zwischen unvollkommenen Lösungen. Welchen *Nachteil* man dabei bereit ist in Kauf zu nehmen, ist eine Frage des persönlichen Geschmacks und des Zwecks, zu dem man ein konkretes Verfahren gebraucht. Da die Geschmäcker verschieden sind und die Zwecke wechseln, wird die große Zahl der Wahlverfahren verständlich.

Die Komplexität des Stoffes wird nicht zuletzt dadurch deutlich, dass selbst scheinbar zentrale Einsichten fast immer auch in ihr Gegenteil verkehrt werden können. So hatten wir im letzten Abschnitt festgestellt: Die Pluralitätswahl ist ein schlechtes Verfahren, weil sie ausschließlich die Information nutzt, welche Alternative auf Platz 1 der individuellen Präferenzordnungen steht. So richtig diese Einsicht ist, sie ändert nichts daran, dass die Pluralitätswahl in großen Demokratien angewendet wird und vielleicht sogar mit einem gewissen Recht. Man kann durchaus argumentieren, dass das Wahlverfahren nicht isoliert bewertet werden kann, sondern dass man berücksichtigen muss, dass das Verfahren auch die *Alternativen* mitgestaltet, die zur Abstimmung kommen. So besagt „DUVERGERS Gesetz" (1954), dass die Pluralitätswahl zu einem Zweiparteiensystem führt. Der Grund ist einfach: Jede Stimme für eine Partei oder einen Kandidaten, der keine Aussicht auf die Mehrheit der Stimmen hat, wäre verschenkt. Also wird sich alles auf die aussichtsreichen Kandidaten konzentrieren. Der Effekt ist, dass sich bei der Formierung der Alternativen bereits eine Konzentration auf die essentiellen Dinge einstellen kann. Wenn ohnehin nur eine Partei gewinnt, ist es dann nicht sinnvoll, quasi im Vorfeld die nicht mehrheitsfähigen auszusondern? Das Entscheidungsproblem des Wählers wird dadurch jedenfalls radikal vereinfacht und je nachdem, wie viel man realen Wählern zutraut (bzw. *nicht* zutraut), mag man darin einen Vorteil sehen.

Wenn man allerdings dem Wähler mehr zumuten kann als eine simplifizierte Entscheidung zwischen zwei Alternativen, dann macht es Sinn, Wahlverfahren zu verwenden, die mehr als nur den ersten Platz als Input für die Wahlentscheidung verwenden. Gehen wir also im Folgenden davon aus, dass die Wähler nicht nur das ihnen genehmste Element aus einer Alternativenmenge angeben können, sondern ein vollständiges Ranking aller Alternativen vornehmen. Was lässt sich mit dieser Information anfangen? Die folgende Diskussion verschiedener Wahlverfahren wird zeigen, dass nicht eindeutig zu entscheiden ist, wie man die Information über die individuellen Präferenzen verarbeiten soll – ja nicht einmal darüber, ob man sie wirklich vollständig nutzen soll. Beginnen wir mit dem Verfahren, das neben der reinen Pluralitätswahl die größte Verbreitung besitzt.

Stichwahl
Bei diesem Verfahren wird zunächst wie bei der Pluralitätswahl abgestimmt. Erreicht eine Alternative mehr als 50% der Stimmen, gewinnt sie sofort. Ist dies nicht der Fall, treten allein die beiden besten Alternativen zu einer erneuten Abstimmung an, die dann natürlich einen eindeutigen Sieger kürt. Dieses Verfahren hat immerhin den Vorteil, dass eine Entscheidung „gegen die Mehrheit", wie sie bei der reinen Pluralitätswahl möglich ist, ausgeschlossen werden kann. In dem oben benutzten Beispiel hätte der rechte Politiker in der Stichwahl gegen einen der beiden Liberalen keine Chance.

Allerdings berücksichtigt die Stichwahl nicht tatsächlich die gesamte Wählerpräferenz. Wenn wir das Verfahren anwenden, dann wird im ersten Schritt lediglich der erste Platz der individuellen Rangordnungen abgefragt und im nächsten Schritt die relative Ordnung zwischen den beiden verbliebenen Kandidaten. Nehmen wir an, dass aus 10 Bewerbern (a – j) einer auszuwählen ist. Nehmen wir weiterhin an, dass c und f die meisten Stimmen im ersten Wahlgang auf sich vereinen und in die Stichwahl kommen. Bei der zweiten Abstimmung kommt es nicht darauf an, ob ein Wähler c und f auf Rang 8 und 9 seiner Präferenzordnung hat oder auf 2 und 3. Es zählt ausschließlich die relative Position. Diese eingeschränkte Nutzung der verfügbaren Information hat ihren Preis. So ist die Stichwahl ebenso wenig wie die Condorcet-Wahl in der Lage, die Alternative y in dem oben benutzen Beispiel (50,05%: x, y, z – 49,95%: y, z, x) auszuwählen.

Das gerade angesprochene Beispiel wurde benutzt, um einen Fall zu konstruieren, in dem die Wahl eines Condorcet-Siegers nicht unbedingt ratsam erschien. Nun gibt es aber viele andere Fälle, in denen es sehr sinnvoll erscheint, eine Alternative, die alle anderen im direkten Vergleich schlägt, auch tatsächlich auszuwählen. MERRILL (1984) hat mit einer Simulation untersucht, mit welcher Sicherheit verschiedene Wahlverfahren den Condorcet-Sieger auswählen, wenn ein solcher existiert. Die Stichwahl schneidet dabei relativ gut ab: In immerhin 83,6% der Fälle erklärte sie den Condorcet-Sieger zum Gewinner der Wahl.

Cincinnati Regel (STV)
Dieses Wahlverfahren ist auch bekannt unter dem Namen ihres Erfinders, des Londoner Rechtsanwaltes THOMAS HARE, der das Verfahren 1857 publik machte. In der Literatur wird es vielfach unter dem Namen *Single Transferable Vote (STV)* geführt – und diesen Namen werden wir im Folgenden übernehmen.

Wenn es darum geht, aus einer Alternativenmenge nur ein Element auszuwählen, ist STV sehr einfach anzuwenden. Im ersten Schritt wird wiederum eine Pluratitätswahl durchgeführt. Erreicht ein Kandidat mehr als 50%, hat er sofort gewonnen. Ist dies nicht der Fall, wird diejenige Alternative, die die *wenigsten* Stimmen erhielt, ausgeschlossen und die Wahl wird wiederholt. Dies geschieht solange, bis eine Alternative die erforderliche Mehrheit erreicht hat. Man muss dieses Verfahren nicht in mehreren Abstimmungen durchführen. Es reicht, wenn alle Wähler ihre vollständige Präferenz über alle Alternativen angeben. Das Verfahren besteht einfach darin, dass die Stimmen für die am wenigsten auf Platz 1 genannte Alternative umverteilt werden, und zwar auf die jeweils dahinter rangierende Alternative (daher der Name, es wird immer nur eine Stimme transferiert).

STV bestimmt mit einer Wahrscheinlichkeit von 89,1% den Condorcet-Sieger zum Gewinner der Wahl, schneidet in dieser Hinsicht also noch besser ab als die Stichwahl. Allerdings sieht sich STV der gleichen Kritik ausgesetzt, die zuvor an der Stichwahl geübt wurde. Die eigentliche Stärke des von HARE vorgeschlagenen Verfahrens zeigt sich erst dann, wenn man es dazu benutzt, aus der Alternativenmenge mehr als einen Kandidaten auszuwählen. STV sichert nämlich, dass es in diesem Fall zu einer *proportionalen Repräsentanz* aller Wählerpräferenzen kommt.[96] Diese Eigenschaft verdankt STV allerdings einem etwas komplizierten Verfahren, das angewendet werden muss, will man mehr als eine Alternative auswählen.

Im ersten Schritt muss festgelegt werden, welche Stimmenzahl (Quote) eine Alternative erreichen muss, um gewählt zu werden. Sei q die geforderte Quote, N die Anzahl der Wähler und K die Anzahl der „Gewinner". Die Quote wird dann nach einem Vorschlag, den DROOP (ebenfalls ein Londoner Rechtsanwalt, Vgl. TIDEMAN (1995)) 1868 unterbreitete nach der Formel

$$q = \frac{N}{K+1} + 1$$

berechnet. q ist die Stimmenanzahl, die maximal K Alternativen auf sich vereinigen können, wenn nach dem folgenden Transferschema verfahren wird: Solange keine Alternative q erreicht, werden die Stimmen der schlechtesten Alternative auf die jeweils nächstbeste verteilt – völlig analog dem Verfahren bei nur einem Gewinner. Erreicht eine Alternative die erforderliche Quote, so wird sie damit gewählt. Sei k die Anzahl der Stimmen, die auf eine gewählte Alternative x entfällt, d.h. k > q, dann werden die „Überschussstimmen" k − q auf die jeweils nächstbesten Alternativen aller Wähler von x verteilt und mit (k − q)/k gewichtet. Auf diese Weise wird sichergestellt, dass die Anzahl der Stimmen insgesamt nicht größer als N werden kann und die Quote q auch tatsächlich nur von K Alternativen erreichbar ist.

Betrachten wir zum besseren Verständnis ein Beispiel: 100 Wähler sollen vier Elemente aus einer Alternativenmenge mit acht Elementen auswählen. q ist in diesem Fall 21. Angenommen, es existiert eine Alternative x, die bei 42 Wählern

---

[96] Vgl. zu diesem Punkt TIDEMAN (1995) und DUMMETT (1984).

auf Platz 1 steht. Die 21 Überschussstimmen von x werden dann auf die jeweils zweiten Plätze der Präferenzordnungen der 42 x-Wähler verteilt, und zwar jeweils mit dem Gewicht (42 − 21)/42 = ½. Danach wird geprüft, ob eine weitere Alternative auf 21 Stimmen kommt und deren Überschussstimmen werden anteilig zugewiesen usw. [97]

Wie bereits erwähnt, sichert dieses Verfahren die proportionale Repräsentanz der Wählerpräferenzen. Sichern heißt dabei, dass es nicht notwendig ist, dass sich die einzelnen Wählergruppen in irgendeiner Weise koordinieren. Das Verfahren sorgt vielmehr dafür, dass Minoritäten – so sie groß genug sind um einen Anspruch auf Repräsentanz zu erheben (eine 5% Minorität kann nicht repräsentiert werden, wenn z.B. drei Kandidaten aus 10 ausgewählt werden) – quasi automatisch proportional vertreten sind. Man kann dies durchaus als einen nicht unerheblichen Vorteil ansehen, erst recht, wenn man das Verfahren mit alternativen Modellen vergleicht, die ein repräsentatives Wahlergebnis anstreben. Das in Deutschland praktizierte Parteiensystem in Kombination mit dem Verhältniswahlrecht ist ein solches Modell. TIDEMAN (1995) weist durchaus zu Recht darauf hin, dass Repräsentanz bei Wahlen über Parteilisten nur zu erwarten ist, wenn die Parteien auch tatsächlich Standorte einnehmen, die eine solche Repräsentanz erlauben. Außerdem eröffnet ein Parteiensystem natürlich den Parteipolitikern einen erheblichen Spielraum, denn sie müssen sich nicht selbst – persönlich – der Wahl stellen, sondern erreichen ihre Position über Listenplätze, auf die der Wähler keinen direkten Einfluss besitzt.

Coombs-Wahl
Obwohl STV durchaus interessante Eigenschaften besitzt, findet man kaum bedeutende Anwendungen dieses Verfahrens. TIDEMAN verweist immerhin darauf, dass der Stadtrat und das lokale Schulkomitee von Cambridge Massachusetts nach diesem Verfahren gewählt wird. Ohne diese Beispiele herabwürdigen zu wollen, belegen sie aber doch wohl eher die Bedeutungslosigkeit des von HARE vorgeschlagenen Systems. Vielleicht ist ein wichtiger Grund für diese Zurückhaltung, dass es sich um ein relativ kompliziertes Verfahren handelt (was auch erklären würde, warum es ausgerechnet in *Cambridge* angewendet wird).

Vor diesem Hintergrund verdient ein Verfahren Beachtung, dass COOMBS (1964) vorgeschlagen hat. Auf den ersten Blick ist es STV sehr ähnlich, denn auch bei COOMBS werden nacheinander Kandidaten eliminiert. Aber diesmal nicht diejenigen, die am wenigsten *erste* Plätze erhalten haben, sondern die, die am *meisten letzte* Plätze erhalten haben. Auf diese Weise werden die am wenigsten beliebten Kandidaten sukzessive entfernt, bis nur noch die gewünschte Zahl von Kandidaten übrig bleibt. Dieses Verfahren hat einen erheblichen Vorteil: Ein Transferschema ist nicht notwendig, d.h. es müssen keine Stimmen auf „Nachrücker" übertragen werden. Außerdem steht ex ante fest, in wie vielen Schritten die Wahlentscheidung

---

[97] Für eine ausführliche Darstellung und Diskussion des Transferschemas vgl. TIDEMAN (1995), S. 32ff.

herbeigeführt werden wird: Wenn K Alternativen aus M Kandidaten ausgewählt werden sollen, dann sind dazu M – K Eliminationen notwendig.

Neuere Arbeiten, insbesondere von MEYERSON (1993, 1995), haben allerdings gezeigt, dass die Coombs-Wahl einen ganz erheblichen Nachteil besitzt, der den Vorteil der einfachen Handhabung bei weitem überwiegt. Man stelle sich folgende Situation vor: Fünf Kandidaten stellen sich für ein Amt zur Wahl. Vier (A-D) vertreten eine Position, die nur von 25% der Wähler geteilt wird, und der fünfte (E) nimmt eine Position ein, die von den verbleibenden 75% der Wähler gebilligt wird. Man sollte meinen, dass damit klar ist, wer die Wahl gewinnt! Aber es kann passieren, dass die Coombs-Wahl zielsicher den Kandidaten, der die Mehrheitsmeinung vertritt, als ersten aussortiert! Wenn nämlich die 75% ihre letzten Plätze gleichmäßig unter den vier ungeliebten Kandidaten verteilen, bekommt keiner mehr als 20% der letzten Plätze, während Kandidat E 25% letzte Plätze sicher hat und damit ausscheidet.[98]

Anerkennungs-Wahl (Approval Voting)
Im Unterschied zu STV und der Coombs-Wahl benötigt man für die Anerkennungs-Wahl keine komplette Präferenz über alle Alternativen. Die Wähler geben lediglich eine beliebige Untermenge der Alternativenmenge an, mit deren Elementen sie im Falle einer Wahl einverstanden sein könnten. Nehmen wir an, dass sich drei Kandidaten um ein Amt bewerben. Jeder Wähler kann dann entweder keinen oder alle drei Namen auf seinen Wahlzettel schreiben (und sich damit de facto der Wahl enthalten) oder einen oder zwei Namen notieren. Notiert er zwei Namen, so entspricht dies einer Entscheidung *gegen* den nicht genannten dritten Kandidaten, notiert er einen Namen, so ist dies eine exklusive Entscheidung *für* den Betreffenden. Gewonnen hat der Kandidat, dessen Name am häufigsten genannt wird.

Bei diesem Wahlverfahren wird nur ein relativ kleiner Teil der in den einzelnen Präferenzrelationen offenbarten Information verwertet, denn die Reihung der „anerkannten" Kandidaten spielt ebensowenig eine Rolle wie die der abgelehnten. Die Entscheidung, die der einzelne Wähler zu treffen hat, ist vergleichsweise einfach. Er muss lediglich partiell die Alternativen in eine Rangordnung bringen und entscheiden, bis zu welchem Platz er mit einer Alternative noch leben kann.

Der Vorteil der Anerkennungswahl besteht gegenüber der Pluralitätswahl vor allem darin, dass die paradoxen Ergebnisse, bei denen ein Kandidat gegen die Mehrheit gewinnt, mit ihr vermieden werden können. Außerdem ist die Anwendung des Verfahrens relativ einfach und verlangt vom Wähler keine übermäßigen Fähigkeiten. Böse Zungen behaupten, dies vor allem sei der Grund, warum das Verfahren häufig von Sportreportern benutzt wird, um beispielsweise die Sportler des Jahres oder die Mitglieder der „Hall of Fame" des US-Baseball zu bestimmen.

---

[98] Dieses Beispiel findet sich bei LEVIN UND NALEBUFF (1995). MEYERSON (1993) verallgemeinert das Argument unter Verwendung einer Konzeption, die auf COX (1990) zurückgeht.

Bevor wir uns mit einem sehr wichtigen Wahlverfahren (der Borda-Wahl) ausführlich beschäftigen, sei an dieser Stelle der eher exotische Teil des Zoos summarisch behandelt.[99]

Dass die Entwicklung von Wahlverfahren durchaus eine Angelegenheit sein kann, bei der Phantasie gefragt ist, zeigt sich u.a. daran, dass auch CHARLS DODGSON, der Autor von „Alice im Wunderland", ein Verfahren vorgeschlagen hat. Im Prinzip entsprach es der Condorcet-Wahl, aber für den Fall, dass es keinen Condorcet-Sieger geben sollte, schlug DODGSON vor, denjenigen zum Sieger zu erklären, der bei den wenigsten Inversionen individueller Rangordnungen zum Condorcet-Sieger würde. Sein berühmtes Märchen verfasste der Mathematiker DODGSON übrigens unter einem Pseudonym.

Keineswegs in den Bereich der Märchen, aber durchaus in den der komplizierten Wahlverfahren gehören viele Methoden, die im Sportbereich Anwendung finden. Die Bundesligatabelle ist beispielsweise ein Abkömmling der sogenannten COPELAND-Wahl, bei der die Anzahl der Siege bei direkten Vergleichen den Tabellenplatz angibt. Während die Bundesligatabelle noch an jedem Stammtisch verstanden wird, umgibt die Tennisweltrangliste durchaus so etwas wie eine Aura der Undurchschaubarkeit. Wahrscheinlich wissen nur die wenigsten Tennisspieler, dass sie einem sogenannten *Powerranking* unterworfen werden. Die Punktwertung, die jeder Profi erhält, ist natürlich davon abhängig, wie viele Gegner er/sie bezwingt. Zusätzlich wird aber jeder bezwungene Gegner mit der Anzahl der Gegner gewichtet, die er wiederum bezwungen hat, die wiederum eine Gewichtung entsprechend ihrer „Strecke" haben usw. Zum Glück gibt es ein mathematisch elegantes Verfahren, mit dessen Hilfe der Computer diesen ziemlich langen Prozess abkürzen kann. Benutzt wird dabei die sogenannte Paar-Vergleichsmatrix A. Ein Element dieser Matrix a_{ij} gibt an, wie oft Spieler i gegen Spieler j gewonnen hat. Um die „Scores" der Spieler zu ermitteln, muss man nun lediglich den mit dem größten positiven Eigenwert dieser Matrix verbundenen Eigenvektor berechnen.

Noch ein wenig komplizierter wird die Angelegenheit, wenn man versucht, ein Wahlverfahren zu entwickeln, das in der Lage ist, optimale Kompromisse herbeizuführen. Das tut beispielsweise YOUNG 1988. Seine Idee besteht darin, die individuellen Präferenzen als Datenpunkte aufzufassen. Das Wahlverfahren hat nun die Aufgabe, die Rangordnung unter den Kandidaten zu finden, die an diese Daten am besten angepasst ist. Man muss sich das Verfahren in etwa wie eine lineare Regression vorstellen, bei der es darum geht, eine Gerade so durch eine Punktwolke zu legen, dass die quadrierten Abweichungen minimiert werden. Das Problem dabei: Wie misst man den Abstand zwischen zwei Rangordnungen? YOUNG verwendet die Metrik, die KEMENY 1959 vorgeschlagen hat, indem er den Abstand zwischen zwei Rangordnungen als die Anzahl der Paare identifizierte, die unterschiedlich ausfallen. Beispiel: (a, b, c) und (c, a, b) weisen eine Distanz von zwei auf, denn sie unterscheiden sich in den Paaren (a, c) und (b, c). Basierend auf

---

[99] Vgl. dazu LEVIN UND NALEBUFF (1995).

dieser Metrik schlägt YOUNG eine Maximum Likelihood Methode vor, die die Rangordnung auswählt, bei der die Summe der Distanzen zwischen individuellen und kollektiver Rangordnung minimal werden.

Soweit der eher exotische Teil des Zoos. Wenden wir uns nun einem Verfahren zu, das für die weitere Diskussion von einiger Bedeutung ist.

Borda-Wahl

Die bisher vorgestellten Wahlverfahren nutzen die Information, die in den individuellen Präferenzordnungen steckt, nicht vollständig aus. Ein Zeitgenosse und Landsmann des MARQUIS DE CONDORCET, JEAN-CHARLES DE BORDA veröffentlichte 1784 (ein Jahr vor dem Erscheinen der Arbeit von CONDORCET) eine Abhandlung über das Wahlproblem, in der er ein Verfahren vorschlug, bei dem die Präferenzinformation weitgehend ausgeschöpft wird: Jeder Wähler vergibt Punkte an die einzelnen Alternativen, und zwar nach dem folgenden Schema. Die Alternative auf dem letzten Platz der individuellen Rangfolge erhält Null Punkte, die auf dem vorletzten einen Punkt, die davor zwei usw. Jede Alternative erhält also genau so viele Punkte, wie sie andere Alternativen im direkten Vergleich schlägt. Die von allen Wählern vergebenen Punkte werden addiert und es gewinnt die Alternative, die die meisten Stimmen auf sich vereinigt.

Die Borda-Wahl hat zunächst einmal den Vorteil, dass sie auch dann einen eindeutigen Sieger kürt, wenn eine zyklische Mehrheit vorliegt. Dadurch, dass die relative Position, die eine Alternative in einer Präferenzordnung einnimmt, berücksichtigt wird, vermeidet die Borda-Wahl, dass sich der Condorcet-Sieger auch dann durchsetzt, wenn es einen wichtigen Kompromisskandidaten gibt (man denke an das Beispiel auf Seite 179). Darüber hinaus vermeidet die Borda-Wahl auch das bei der Pluralitätswahl auftretende Problem einer Entscheidung gegen die Mehrheit.

Auf den ersten Blick bietet die Borda-Wahl damit eine ganze Reihe von Vorteilen und eine von YOUNG (1974) durchgeführte nähere Inspektion lässt sie sogar in einem noch besseren Licht erscheinen. Ein durchaus sinnvoller Weg, um Urteile über Wahlverfahren zu gewinnen, besteht darin, dass man Forderungen stellt, die ein solches Verfahren erfüllen soll, und dann untersucht, welches Verfahren diesen Forderungen gerecht wird. Betrachten wir die folgenden Ansprüche an ein Wahlverfahren:

Neutralität

> Das Wahlverfahren soll für alle möglichen Kandidaten oder Alternativen anwendbar sein, ohne dass die Bezeichnung der einzelnen Wahlmöglichkeiten einen Einfluss auf die Wahlentscheidung ausübt.

Neutralität fordert also im Wesentlichen, dass sich der Wahlausgang nicht dadurch ändern darf, dass den Kandidaten andere Namen oder den Alternativen andere Bezeichnungen gegeben werden – eine wirklich nahe liegende Forderung. Ähnlich verhält es sich mit der nächsten:

Anonymität

> Für den Wahlausgang ist die Identität der Wähler unerheblich. Jede Stimmabgabe hat das gleiche Gewicht.

Nehmen wir an, Wähler i präferiert x gegenüber y und Wähler j y gegenüber x. Der Wahlausgang darf dann nicht dadurch verändert werden, dass diese beiden Wähler ihre Präferenzen umkehren, d.h. das Abstimmungsergebnis soll unverändert bleiben, wenn nunmehr i y präferiert und j x. Auch diese Forderung ist nahe liegend und bezüglich ihres normativen Gehaltes unproblematisch. Auf den ersten Blick gilt dies auch für das folgende Axiom:

Ehrlichkeit

> Wird das Wahlverfahren bei einem Gremium angewendet, das nur aus einem einzigen Mitglied besteht, so soll die von diesem Individuum am meisten präferierte Alternative gewählt werden.

Das Wahlverfahren soll also in Bezug auf die Präferenzen des einzigen Wählers ehrlich sein. Bei näherer Betrachtung ist diese Forderung nicht ganz so unproblematisch, wie sie auf den ersten Blick wirkt, aber dazu später. Bevor wir die nächste Forderung formulieren können, benötigen wir zunächst folgende

Definition:

> Ein Element x aus der Alternativenmenge S ist dann und nur dann ein bestes Element von S, wenn für jedes y aus S gilt, dass xRy. Die Menge der besten Elemente von S sei die Entscheidungsmenge C(S,R).

Damit können wir folgende Forderung einführen:

Konsistenz

> N_1 und N_2 seien zwei Wählergruppen, die jeweils ein Element aus der Alternativenmenge S wählen. Seien C_1 und C_2 die von beiden Gruppen mit dem Verfahren B gewählten Entscheidungsmengen. Falls die Schnittmenge zwischen C_1 und C_2 nicht leer ist, soll die Entscheidungsmenge C, zu der eine Anwendung von B durch die Gesamtgruppe $N_1 + N_2 = N$ führt, dieser Schnittmenge entsprechen.

Nehmen wir beispielsweise für S = {x, y, z} an. Gruppe 1 kommt zu dem Ergebnis, dass die Alternativen x, y, und z gleich gut sind, d.h. die Gruppe ist indifferent zwischen diesen Alternativen. Gruppe 2 sei indifferent zwischen x und y, präferiert beides jedoch gegenüber z. Dann ist die Schnittmenge beider Entscheidungsmengen (x, y). Die Konsistenz-Forderung besagt, dass die beiden Gruppen zusammen genau diese Schnittmenge als Ergebnismenge erhalten, wenn sie gemeinsam das gleiche Verfahren anwenden, das sie zuvor getrennt benutzt haben. YOUNG 1974 hat bewiesen, dass es nur ein Wahlverfahren gibt, das alle vier Forderungen erfüllt: die Borda-Wahl.

Ist damit die Borda-Wahl das gesuchte ideale Wahlverfahren? Zumindest der MARQUIS DE CONDORCET war ganz und gar nicht dieser Meinung. Seine Veröffentlichung verstand er nämlich vor allem als eine Attacke *gegen* die Borda-Wahl[100]. Der zentrale Punkt der Kritik des Marquis kommt in dem folgenden Zitat aus einer Veröffentlichung von 1788 zum Ausdruck:[101] *„Die konventionelle Methode [die Pluralitätswahl] ist fehlerhaft, weil sie Dinge ignoriert, die beachtet werden sollten, und die neue Methode [Bordas], weil sie Dinge berücksichtigt, die besser ignoriert werden sollten."* Was ist damit gemeint? Betrachten wir eine Abstimmung, bei der eine aus drei Alternativen (A, B, C) gewählt werden soll. CONDORCET's eigenes Verfahren besteht in der paarweisen Abstimmung zwischen allen Alternativen und der Regel die Alternative zu wählen, die alle anderen besiegt (also den Condorcet-Sieger). Bei diesem Verfahren wird für die relative Position zwischen zwei Alternativen nur die Relation zwischen eben diesen Alternativen berücksichtigt! Das ist bei BORDA anders. Um zu entscheiden, ob A oder B vorzuziehen ist, kommt es nicht nur darauf an, ob A vor oder hinter B rangiert, sondern es kommt auch auf die Positionierung der dritten Alternative an. Ein Beispiel mit insgesamt 17 Wählern, deren Präferenzen in der folgenden Tabelle angegeben sind, macht diesen Punkt deutlich.

Anzahl Wähler	10	3	4
1. Rang	A	B	B
2. Rang	B	A	C
3. Rang	C	C	A

A ist der klare Condorcet-Sieger mit 10 ersten Plätzen. Bei einer Borda-Wahl würde A jedoch gegen B verlieren (23 Punkte für A, 24 für B) – was den Marquis zurecht irritierte. Die Borda-Wahl führt unter Umständen zu einem Resultat, bei dem eine Alternative *nicht* gewählt wird, obwohl sie von einer klaren Mehrheit (hier 10:7) vorgezogen wird. Der Grund für dieses paradoxe Resultat ist der Tabelle zu entnehmen. Vier von den Wählern, die B gegenüber A vorziehen, bewerten C höher als A, während alle A-Befürworter C auf dem letzten Platz ihrer Präferenz-

---

[100] Der Begriff Attacke ist dabei durchaus wörtlich zu nehmen, denn CONDORCET hatte für seinen Kollegen BORDA nicht allzuviel übrig. So spricht er in seinem Aufsatz immer nur von dem „Vorschlag eines bekannten Mathematikers", ohne den Namen Bordas nur ein einziges Mal zu erwähnen. Aus der Privatkorrespondenz des Marquis weiß man, dass er von BORDA eine überaus schlechte Meinung hatte. Er hielt ihn für einen Forscher, der sich vorwiegend mit Vorträgen und Plauderei befasste, aber nicht mit wahrer Wissenschaft (vgl. YOUNG, (1995)).

[101] Zitiert nach YOUNG (1995), S. 57, Übersetzung durch den Verfasser, Ausdrücke in Klammern von YOUNG.

ordnung haben. Das aber bedeutet: Für die Reihung von A und B ist bei der Borda-Wahl die Bewertung von C entscheidend! Dieser Punkt wird erst recht deutlich, wenn wir die Alternative C, die überhaupt keine Chance hat gewählt zu werden (sie bekommt bei der Borda-Wahl gerade mal 4 Punkte und gewinnt nur 4 von 34 direkten Vergleichen), einfach entfernen. Dann kürt die Borda-Wahl plötzlich A zum Sieger! Es ist die irrelevante Alternative C, die nach Meinung des Marquis besser ignoriert werden sollte![102]

Die Borda-Wahl hat noch eine zweite, durchaus ernst zu nehmende Schwäche. Sie eröffnet nämlich die Möglichkeit zu strategischem Verhalten. Dieser Punkt wird am ehesten deutlich, wenn wir wiederum ein Beispiel betrachten:

		Wähler		
1	2	3	4	5
x	x	x	y	y
y	y	y	z	z
z	z	z	x	x

Gegeben diese Präferenzordnungen der fünf Wähler über die drei Alternativen (x, y, z), würde bei Anwendung der Borda-Wahl y das Rennen machen. Nehmen wir nun an, dass die Wähler eine Vorstellung davon haben, wie die Präferenzen der anderen Wähler aussehen. Eine solche Annahme ist keineswegs unrealistisch. In aller Regel geht einer Abstimmung eine Diskussion voraus, in der Standpunkte und Präferenzen durchaus deutlich werden können. Die ersten drei Wähler wissen also, dass die letzten beiden der Alternative x bei der Borda-Wahl jeweils keinen Punkt geben werden und y dagegen zwei Punkte. Diese Information können sie nun ausnutzen, indem sie nicht entsprechend ihrer wahren Präferenzen abstimmen, sondern die Präferenzordnung xPzPy vorgeben. Indem sie y niedriger bepunkten, als es ihrer eigentlichen Präferenz entspricht, sorgen sie dafür, dass die von ihnen bevorzugte Alternative x gewinnt (6:4 für x).

Damit aber sind die strategischen Überlegungen noch nicht abgeschlossen: Wenn die Wähler 4 und 5 befürchten, dass sich die ersten drei strategisch verhalten werden, können sie eine Gegenstrategie entwickeln. Um zu verhindern, dass x gewinnt, könnten sie z an die erste Stelle ihrer Präferenzordnung setzen, was – bei strategischem Verhalten der ersten drei – dazu führt, dass z mit 7:6 gegen x gewinnt.[103]

---

[102] Der Begriff „irrelevante Alternative" wird uns an anderer, sehr prominenter Stelle noch einmal begegnen. Er wird hier bewusst verwendet, um deutlich zu machen, dass im Prinzip bereits CONDORCET auf einen Punkt abgestellt hat, der erst viel später von der wissenschaftlichen Diskussion richtig gewürdigt worden ist. Vgl. dazu Kapitel 5.5.

[103] Der Leser sollte sich an dieser Stelle allerdings klarmachen, dass – unter der Annahme vollständiger Information – dieses letzte Ergebnis *kein Nash-Gleichgewicht* ist!

Dieses Beispiel zeigt, dass die Borda-Wahl die Möglichkeit der Wahlmanipulation durch die bewusste Angabe falscher Präferenzen eröffnet. Aus diesem Grund ist das dritte Axiom der Ehrlichkeit nicht ganz so unschuldig, wie es zunächst erscheint. Solange alle Wähler sich tatsächlich ehrlich verhalten, ist alles in Ordnung, aber angesichts der strategischen Möglichkeiten, die die Borda-Wahl eröffnet, ist davon nicht ohne weiteres auszugehen. Allerdings muss bezüglich dieser Kritik eine Einschränkung gemacht werden. Strategisches Verhalten ist nämlich nur dann wahrscheinlich, wenn die Präferenzen der anderen Wähler tatsächlich bekannt sind. Ist dies nicht der Fall, zahlt sich strategisches Verhalten nicht aus, und zwar aus folgendem Grund: Die Angabe einer falschen Präferenzordnung schließt notwendigerweise ein, dass mindestens eine Alternative in ihrem Rang verschlechtert wird, d.h. eine geringere Punktzahl erhält, als es den wahren Präferenzen entspricht. Die Borda-Wahl weist nun aber eine Monotonieeigenschaft auf: Je weniger Punkte ein Wähler einer Alternative gibt, desto geringer sind ihre Gewinnaussichten. Das aber bedeutet, dass sich der einzelne Wähler u.U. schadet, wenn er eine falsche Präferenz angibt. Solches Verhalten ist offensichtlich nur dann angeraten, wenn sich daraus ein strategischer Vorteil ergibt, und der wiederum ist ex ante nur dann sicher zu bestimmen, wenn die Präferenzen der anderen Wähler bekannt sind. Strategisches Verhalten kann zwar bei der Borda-Wahl auftreten, aber die Wahrscheinlichkeit dafür wird umso geringer, je unsicherer das Verhalten der anderen Wähler und damit, je ungewisser der Wahlausgang ist.

Die hier vorgebrachten Kritikpunkte sind nicht auf die Borda-Wahl beschränkt. Sie treffen im Prinzip auf alle Wahlverfahren zu, die Rangziffern verwenden, und das bedeutet, dass beispielsweise auch STV oder die Anerkennungs-Wahl Anreize schaffen, Präferenzen falsch anzugeben, und dass auch bei diese Verfahren irrelevante Alternativen bedeutsam werden können. Damit zeigt sich zum guten Schluß, dass es in der Tat kein ideales Verfahren zu geben scheint. Wir können nur zwischen unvollkommenen Verfahren wählen. Mit dieser durchaus bedeutsamen Einsicht werden wir uns im folgenden Kapitel noch etwas näher und theoretisch anspruchsvoller befassen

Sidestep 21: The Fatal Vote

Am 20. Juni 1991 wurde im Bonner Bundestag eine Entscheidung von historischer Bedeutung getroffen, nämlich die Entscheidung über die zukünftige Hauptstadt des vereinten Deutschlands. Der entscheidenden Abstimmung war eine lange Phase erbitterter Diskussionen vorausgegangen und die Anhänger und Gegner der beiden potentiellen Hauptstädte Bonn und Berlin hatten alle Mittel ausgeschöpft, um ihre Position durchzusetzen. Die Tragweite der Entscheidung, die zu treffen war, ist offensichtlich. Der Umzug nach Berlin, der, wie wir alle wissen, das Ergebnis der Abstimmung war, hatte erhebliche allokative Wirkungen und führte zu einer massiven Umverteilung.

Aber nicht nur für die Bewohner von Bonn und Berlin war der 20. Juni ein besonderer Tag. In gewisser Hinsicht war er auch für die Theorie kollektiver Entscheidungen [104] von besonderer Bedeutung. Dies erkannt zu haben, ist vor allem das Verdienst von WOLFGANG LEININGER. Die Abstimmung über die Hauptstadtfrage weist einige Besonderheiten auf, die sie zu einem hervorragenden Beispiel für die Relevanz der Theorie machen, die wir bisher besprochen haben:

1) Es standen insgesamt drei Alternativen zur Auswahl, nämlich:

A: Konsensantrag Berlin/Bonn
Das Parlament residiert in Berlin, die Regierung bleibt in Bonn.

B: Vollendung der Einheit Deutschlands
Parlament und Regierung wechseln nach Berlin.

C: Bundesstaatslösung
Parlament und Regierung bleiben in Bonn.

Wir haben es also nicht mit dem unproblematischen Fall einer Entscheidung zwischen zwei Alternativen zu tun, sondern mit einem Fall, bei dem die Probleme, die wir in den letzten beiden Abschnitten behandelt haben, sehr wohl auftreten können.

2) Die Abgeordneten des Bundestages standen unter keinerlei Fraktionszwang.

3) Das Abstimmungsverfahren bestand aus insgesamt drei Wahlgängen, die jeweils mit namentlicher Abstimmung durchgeführt wurden. Das bedeutet, dass das Abstimmungsverhalten jedes Abgeordneten genau dokumentiert ist. Das ermöglicht es, die individuellen Präferenzen der Abgeordneten über die drei Alternativen abzuleiten.

LEININGER hat die Besonderheit der Situation erkannt und in seiner Arbeit *„The Fatal Vote"* (1993) die darin liegende Chance genutzt, Public Choice Theorie auf einen bedeutsamen Fall anzuwenden
Wie bereits gesagt standen drei Alternativen A, B, C zur Wahl. Das gesamte Abstimmungsverfahren bestand aus drei Abstimmungen und sah folgendermaßen aus: Bei der ersten Abstimmung wurde über A entschieden, d.h. hätten bei diesem ersten Wahlgang mehr als 50% der Abgeordneten für die Alternative A (Bonn und Berlin) gestimmt, wäre damit die Abstimmung beendet gewesen. Alternative A wurde jedoch mit 489 : 147 bei 18 Enthaltungen abgelehnt.

---

[104] Die Theorie kollektiver Entscheidungen firmiert vielfach – insbesondere im internationalen Schrifttum – unter der Bezeichnung *Public Choice Theorie*.

Bei der zweiten Abstimmung wurde über einen Antrag abgestimmt, der von den Abgeordneten CONRADI und SCHILY eingebracht wurde und der nur aus einem Satz bestand: „Der Sitz des Deutschen Bundestages und der Bundesregierung dürfen örtlich nicht voneinander getrennt werden". Dieser C/S-Antrag wurde ebenfalls abgelehnt, und zwar mit 340 : 288 Stimmen bei 29 Enthaltungen.

Die dritte, entscheidende Abstimmung war eine Entscheidung zwischen Bonn und Berlin, also zwischen Alternative B und C. Das Ergebnis war denkbar knapp: 338 Stimmen für B (Berlin), 320 für C (Bonn) bei einer Enthaltung und einer ungültigen Stimme.

Mit Hilfe der aus den drei Abstimmungen gewonnenen Informationen über die Präferenzen der Abgeordneten kann nun untersucht werden, in welcher Weise das Ergebnis von dem gewählten Wahlverfahren abhängt. Die wichtigsten Ergebnisse, zu denen LEININGER dabei gelangt, können wie folgt zusammengefasst werden:

Resultat 1:
   Die Mehrheitsregel hätte zu keiner Entscheidung geführt.

Resultat 2:
 Bei Anwendung der Pluralitätswahl wäre Alternative C gewählt worden, d.h.
   Regierung und Parlament wären in Bonn geblieben.

Resultat 3
   Berlin wäre der Condorcet-Gewinner.

Resultat 4
 Bei Anwendung der Borda-Regel (unter Hypothese 6) wäre Bonn gewählt
 worden. Die Punktzahlen der Alternativen: A: 1171; B: 1366; C: 1405

5.5 DER AXIOMATISCHE ZUGANG: DAS ARROW-PARADOXON

5.5.1 Das Theorem

Bisher sind wir bei unserer Analyse kollektiver Entscheidungsmechanismen in einer eher positiv theoretischen Weise vorgegangen, indem wir uns unterschiedliche Wahlverfahren vorgenommen und auf ihre Eigenschaften überprüft haben. Das Resultat ist wenig erbaulich, jedenfalls wenn man davon ausgeht, dass das Ziel des Unternehmens darin besteht, ein *ideales* Verfahren zu finden. Vielleicht ist es möglich einem solchen Verfahren auf die Spur zu kommen, wenn wir uns einer Methodik bedienen, die im Zusammenhang mit der Analyse sozialer Wohlfahrtsfunktionen und verschiedener Wahlverfahren bereits angesprochen wurde. Wir sollten uns auf einen Forderungskatalog verständigen, den die gesuchte ideale Aggregationsregel erfüllen soll. Im Unterschied zur Analyse von einfachen Wahlverfahren soll es dabei aber nicht allein um die Ermittlung eines Abstimmungssiegers gehen. Gesucht ist vielmehr eine Vorschrift, die uns die Ableitung einer vollständigen sozialen Präferenzordnung erlaubt. Gegenüber der Analyse in Kapitel 3, bei der wir bereits einige Überlegungen in dieser Richtung angestellt haben, soll sich die folgende Untersuchung allerdings in einem wichtigen Punkt unterscheiden.

Bei der Auseinandersetzung mit Wohlfahrtsfunktionen vom Bergson-Typ haben wir verschiedentlich darauf hingewiesen, dass alle Aussagen nur für *gegebene, feste* Präferenzen der Individuen gelten. Zwar waren diese Präferenzen beliebig, aber sie waren vorgegeben, veränderten sich nicht. Diese Voraussetzung ist in erheblichem Maße einschränkend. Wenn wir eine Regel suchen, die uns in jedem Fall die Bewertung sozialer Zustände auf der Grundlage individueller Präferenzen erlaubt, dann müssen wir zulassen, dass sich diese Präferenzen ändern dürfen, d.h. wir brauchen eine Regel, die immer funktioniert, die für jede beliebige Auswahl aus der Menge aller möglichen individuellen Präferenzen zu rationalen kollektiven Entscheidungen führt.

Die Frage, ob ein solchermaßen idealer Mechanismus existiert, ist von ARROW (1951 bzw. 1963) beantwortet worden. Das dabei entwickelte Theorem, das sogenannte *Arrow-Paradoxon*, ist von so fundamentaler Bedeutung, dass es vielfach als Grundlage der gesamten Social-Choice-Theorie betrachtet wird (vgl. SEN 1987). ARROW benutzt die bereits mehrfach angesprochene axiomatische Methodik, indem er die folgenden fünf Forderungen an eine soziale Wohlfahrtsfunktion[105] stellt:

Pareto-Effizienz (P)

> Wenn eine Alternative existiert, die von allen Individuen einer anderen Alternativen vorgezogen wird, bzw. von keinem Individuum abgelehnt wird, dann soll auch die soziale Ordnung diese Alternative bevorzugen.

Diese Forderung ist im hohen Maße einsichtig. Wenn beispielsweise alle Bundesbürger der Meinung wären, Parlament und Regierung sollten nach Berlin wechseln, dann sollte auch die soziale Bewertung der unterschiedlichen Möglichkeiten zu dem gleichen Schluss führen. Existiert mehr als eine Pareto-effiziente Situation,

---

[105] Der Leser sollte sich klarmachen, dass die SWF im Sinne von ARROW von der des Bergson-Typs in der folgenden Weise zu unterscheiden ist. Sei R_i die Präferenz eines Individuums und R die soziale Ordnung. Die von ARROW gesuchte SWF ist eine Abbildung *jedes* beliebigen n-Tupels $(R_1,..,R_n)$ auf R, während eine Bergson-SWF eine solche Abbildung für *ein* beliebiges n-Tupel liefert.

so verlangt Axiom P, dass wir bei der Entscheidung nur zwischen diesen allokativ effizienten Alternativen wählen sollen. Übertragen auf unsere graphische Analyse in Kapitel 3 besagt Axiom P, dass wir uns auf der *Utility Frontier* bewegen sollen.

Ausschluss von Diktatur (ND)

> Es soll kein Individuum existieren, dessen individuelle Präferenzordnung immer, ganz gleich wie die Präferenzen der anderen Gesellschaftsmitglieder aussehen, identisch ist mit der sozialen Ordnung.

Auch diese Forderung dürfte für die meisten Menschen unproblematisch sein. Sie besagt, dass es keinen Diktator geben darf, der in der Lage wäre, der Gesellschaft seine Präferenzordnung aufzuzwingen. ND enthält gewissermaßen die Verpflichtung zu einem demokratischen Verfahren bei kollektiven Entscheidungen.

Transitivität (T)

> Die soziale Präferenz soll eine transitive Ordnung über die Alternativen sein.

Die Sinnhaftigkeit dieser Forderung haben wir uns im Zusammenhang mit dem Condorcet-Paradoxon bereits klargemacht. Wenn die kollektive Entscheidungsregel zu Intransitivität führt, ist eine Entscheidung zwischen den einzelnen Alternativen nicht möglich bzw. hängt von der Reihenfolge ab, in der über die Alternativen befunden wird. Die Aggregationsregel könnte in einem solchen Fall ihrer Funktion Entscheidungen herbeizuführen, nicht gerecht werden. ARROW formuliert das Axiom T in einer Weise, die relativ scharfe Anforderungen an die kollektive Rationalität stellt. Er verlangt nämlich sowohl **P** als auch **I** Transitivität. Das bedeutet: aus xPy und yPz folgt xPz und aus xIy und yIz folgt xIz. ARROW überträgt damit die üblicherweise an individuelle Präferenzen gestellten Forderungen auf die kollektive Präferenz. Wir werden noch sehen, dass diese Identität der Rationalitätsforderungen durchaus eingehender Begründung bedarf.

Unrestricted Domain (UD)

> Alle möglichen individuellen Präferenzordnungen über die Alternativen sind auch zugelassen.

Diese Forderung läuft darauf hinaus, dass kein Individuum, ganz gleich wie seine Präferenzordnung aussieht, vom Prozess der sozialen Entscheidung ausgeschlossen werden darf. Auch diese Forderung ist sinnvoll, denn sie ist letztlich nichts anderes als eine unmittelbare Anwendung der Konsumentensouveränität. UD überträgt die Idee freier, souverän entscheidender Konsumenten auf den Bereich der kollektiven Entscheidung und das erscheint nur konsequent. Wenn wir UD in dem Sinne verstehen, dass die SWF immer eine Entscheidung ermöglichen soll, ganz gleich wie die individuellen Präferenzen aussehen, dann wird noch ein weiterer Aspekt dieses Axioms sichtbar. Es ist bereits ein wesentlicher Hinweis darauf, dass die SWF im Sinne ARROWS nicht für gegebene Präferenzen gelten soll, sondern für beliebige. Konkret bedeutet das, dass die gesellschaftliche Aggregation auch die Möglichkeit der Präferenzänderung berücksichtigen soll, indem sie auf einen solchen Wandel angemessen reagiert. Es stellt sich die Frage, was „angemessen" in diesem Zusammenhang heißt. Das letzte Axiom liefert die Antwort:

Unabhängigkeit von irrelevanten Alternativen (UIA)

> Die gesellschaftliche Präferenz bezüglich zweier Alternativen darf nur von den individuellen Ordnungen zwischen diesen beiden Alternativen abhängen, nicht jedoch von der Position einer dritten Alternative.

Nehmen wir an, es existieren drei Alternativen x, y, z. Axiom UIA fordert, dass die gesellschaftliche Ordnung zwischen x und y ausschließlich von den individuellen Präferenzen zwischen diesen beiden Alternativen abhängt. Das bedeutet: Wenn ein Individuum seine Einstellung gegenüber z ändert, etwa indem es z vom zweiten auf den ersten Rang seiner Präferenzordnung hebt, dabei aber die relative Position von x und y unverändert lässt, dann darf dies die soziale Entscheidung über die Beurteilung von x und y nicht verändern. Das also ist damit gemeint, wenn wir davon sprechen, dass die SWF auch auf Änderungen der Präferenzen in einer Weise reagieren soll, die wir oben als „angemessen" bezeichnet haben. Der vielzitierte MARQUIS DE CONDORCET hätte ARROW sicherlich heftig beigepflichtet, als dieser die Unabhängigkeit von irrelevanten Alternativen forderte, denn wie wir im Kapitel 5.4 gesehen haben, war dies für den Marquis ein unverzichtbarer Anspruch an kollektive Entscheidungsverfahren – und im Übrigen ein Anspruch, den das von ihm ungeliebte Borda-Verfahren *nicht* erfüllen konnte.

Im Grunde handelt es sich bei den von ARROW aufgestellten Ansprüchen um eine genauere Spezifizierung dessen, was wir bisher unter „kollektiver Rationalität" verstanden haben. Der Unterschied zwischen dem ARROWSCHEN „Rationalitätsbegriff" und der Forderung nach Pareto-Effizienz, die uns bisher als Inbegriff kollektiver Rationalität diente, besteht darin, dass wir mit Hilfe der Aggregationsregel, auf deren Fährte wir sind, zwischen verschiedenen effizienten Zuständen auswählen können, was allein mit Hilfe des Pareto-Kriteriums nicht möglich ist. Aber wie sieht diese Regel aus? Welche Vorschrift für die Aggregation individueller Präferenzen wird den fünf Axiomen gerecht? Die Antwort, die ARROW auf diese Frage gibt, ist überraschend und in gewisser Weise entmutigend:

> **Satz: (Arrow Paradoxon)**
>
> Jede SWF, die den Axiomen P, T, UD und UIA genügt, ist diktatorisch.

Dieser berühmte Satz ist unter verschiedenen Bezeichnungen in die Literatur eingegangen. Eine davon ist die als „Diktator-Theorem". Obwohl dieser Name durchaus treffend zu sein scheint, muss man betonen, dass das „Paradoxon" im Kern eher ein Unmöglichkeits-Satz ist.[106] Der entscheidende Punkt ist nämlich, dass wir dann nicht in der Lage sind, eine SWF zu bestimmen, wenn wir auf der gleichzeitigen Erfüllung aller fünf Axiome bestehen. Das aber bedeutet nicht, dass wir allein dadurch zu einer SWF kommen können, dass wir ND aufgeben und uns mit einer Diktatur anfreunden. Es gibt auch andere Wege, mit denen wir uns im Folgenden befassen werden. Zuvor sei allerdings die Bedeutung des Arrow-Paradoxons betont.

Wir waren ausgezogen, um das Problem kollektiver Entscheidungen zu lösen, nachdem wir uns klargemacht hatten, dass solche Entscheidungen getroffen werden müssen. Wir wissen, wir kommen nicht um sie herum, aber seit ARROW wissen wir auch, dass wir sie niemals in idealer Weise werden treffen können. Wir sind nicht in der Lage ein Verfahren zu finden, das zugleich unserer Vorstellung von Demokratie gerecht wird (d.h. nicht diktatorisch ist und alle Präferenzordnungen zulässt), allokative Effizienz sichert (mit Sicherheit Pareto-effiziente Lösungen erlaubt) und das in dem Sinne kollektiv rational ist, als es die Axiome UIA und T erfüllt, also bei Unabhängigkeit von irrelevanten Alternativen zu einer transitiven sozialen Präferenz führt.

Wir wissen damit, dass wir Abstriche machen müssen, wann immer wir kollektive Entscheidungen treffen. Aber wie gravierend sind diese Abstriche? Das Arrow-Paradoxon zerstört die Illusion, dass wir ein ideales Verfahren finden können, aber es sagt uns nichts darüber, wie weit wir uns von dem Ideal entfernen müssen, wenn wir kollektiv entscheiden. Vielleicht sind die notwendigen Einschränkungen durchaus akzeptabel? Seit mehr als 20 Jahren befasst sich die Public Choice Forschung unter anderem mit dieser Frage, ohne dass es bis heute möglich wäre, eine abschließende und wirklich befriedigende Antwort darauf zu geben. Wir können uns deshalb nur darauf beschränken, verschiedene Wege aufzuzeigen, auf denen sich das Arrow-Paradoxon umgehen lässt. Alle diese Wege werden sich allerdings als mehr oder weniger steinig erweisen und ein Königsweg ist nicht darunter.

---

[106] Vor diesem Hintergrund ist es nur schwer verständlich, warum das Theorem im Original als „Possibility-Theorem" bezeichnet wurde.

Sidestep 22: Ein Beweis des Arrow-Theorems

Der folgende Beweis des Arrow-Theorems stammt von SEN (1986, 1995b) und ist einfacher als der ursprügliche von ARROW 1963.

Als erstes müssen wir den Begriff „decisive" einführen. Sei G eine Gruppe von Wählern. G ist *„decisive bezüglich den Alternativen x, y"*, wenn immer dann, wenn alle Mitglieder von G x der Alternative y vorziehen, auch in der sozialen Rangordnung x vor y rangiert. Ist eine Gruppe *„bezüglich aller Alternativen decisive"*, dann ist sie *decisive*.

Der eigentliche Beweis erfolgt in drei Schritten. Der erste besteht darin, das folgende Lemma zu beweisen:

FELD-ERWEITERUNGS-LEMMA:
Wenn eine Gruppe über ein beliebiges Alternativenpaar decisive ist, dann ist sie decisive.

BEWEIS:
Wir betrachten vier Alternativen (x, y) und (a, b). Die Gruppe G sei decisive bezüglich des Alternativenpaares (x, y). Zu zeigen ist, dass daraus folgt, dass sie auch bezüglich (a, b) decisive ist. Alle Mitglieder von G haben die Präferenz a $\succ$ x $\succ$ y $\succ$ b. Alle nicht in G präferieren a vor x und y vor b. Hinsichtlich der anderen Paare sind alle möglichen Relationen zugelassen. Für die soziale Rangfolge gilt damit, dass x vor y rangiert (weil G bezüglich dieses Paares decisive ist) und a vor x sein muss, weil alle a vor x einordnen und damit gemäß P auch sozial a vor x sein muss. Mit dem gleichen Argument lässt sich begründen, dass y vor b sein muss. T sichert, dass die soziale Rangordnung a $\succ$ x $\succ$ y $\succ$ b sein muss. G ist damit tatsächlich decisive. Wäre dieses Ergebnis durch irgendeine Bewertung erreicht, die nicht das Paar (a, b) betrifft, dann wäre UIA verletzt, d.h. dass dafür, dass a sozial höher bewertet wird als b, nur die Bewertung in G verantwortlich sein kann, denn außerhalb von G ist jede Relation zwischen a und b möglich. Damit ist G decisive bezüglich (a, b) und damit decisive.

Der zweite Schritt besteht in dem Beweis eines weiteren Hilfssatzes:

GRUPPEN-KONZENTRATIONS-LEMMA:
Wenn eine Gruppe G mit mehr als einem Mitglied decisive ist, dann ist es auch eine kleinere Gruppe, die in G enthalten ist.

BEWEIS:
G_1 und G_2 sei eine Zerlegung der Gruppe G und G sei decisive. In G_1 zieht jeder x den Alternativen y und z vor; die Ordnung zwischen (y, z) sei beliebig. In G_2 gilt für alle x $\succ$ y und z $\succ$ y, die Ordnung zwischen (x, z) sei beliebig.

Wenn nun in der sozialen Rangordnung x über z steht, dann ist G_1 bezüglich dieses Paares decisive, weil nur die Mitglieder von G_1 definitiv x höher als z bewerten. Ist dies nicht der Fall, d.h. wird z sozial als mindestens so gut wie x eingeschätzt, so ist G_2 decisive, und zwar aus folgendem Grund: Wenn $z \succ x$ sozial gilt und $x \succ y$ (was gelten muss, weil G decisive ist und alle in G x gegenüber y vorziehen) dann muss die soziale Rangfolge wegen T $z \succ x \succ y$ sein und damit ist G_2 decisive bezüglich (z, y) und somit decisive (Feld-Erweiterungs-Lemma). Wenn G decisive ist, dann ist also entweder G_1 oder G_2 ebenfalls decisive.

Der dritte Schritt ist relativ einfach. Wegen P ist die gesamte Gruppe immer decisive (wenn alle x gegen y vorziehen, dann gilt dies auch sozial). Das Konzentrations-Lemma erlaubt es dann, eine kleinere Gruppe zu bilden, die ebenfalls decisive ist. Durch sukzessives Anwenden des Konzentrations-Lemmas auf die so entstehenden decisive Gruppen, erhält man schließlich eine Gruppe, die decisive ist und nur noch ein Mitglied hat – und das verstößt gegen ND! ☺

5.5.2 Der wohlwollende Diktator

Der erste Weg, den wir – allerdings nur ein kurzes Stück – beschreiben wollen um das Arrow-Paradoxon zu umgehen, ist, wenn man so will, die „fatalistische" Route. Wenn kollektive Entscheidungen, die effizient und kollektiv rational sind, nur durch einen Diktator getroffen werden können, so die Überlegung, können wir uns dann nicht wenigstens so etwas wie einen wohlwollenden Diktator vorstellen, der Entscheidungen im wohlverstandenen Interesse der Gesellschaft trifft, der die nun einmal notwendige Konfliktlösung in bestmöglicher Weise besorgt und dabei nicht an seinen eigenen Vorteil denkt? Vorstellen lässt sich natürlich ein solcher Mensch – die Gedanken sind frei. Selbstverständlich stellt sich sofort die Frage, wie denn sichergestellt werden sollte, dass der Diktator tatsächlich nur dem Allgemeinwohl dient. Man braucht nicht lange, um zu dem Ergebnis zu kommen, dass dies nahezu unmöglich sein dürfte. Aber selbst wenn es eine Möglichkeit gäbe, einen solchermaßen „netten" Diktator zu schaffen, wäre damit unser Problem gelöst?

Diese Frage ist durchaus von erheblicher Relevanz. In der ökonomischen Theorie wird staatliches Handeln vielfach unter der Voraussetzung thematisiert, dass die staatlichen Entscheidungsträger keinerlei eigene Interessen verfolgen, dass sie sich wie wohlwollende Planer verhalten, die ausschließlich in Kategorien des Gemeinwohls denken. Diese Methode ist durchaus sinnvoll, obwohl natürlich klar ist, dass Politiker, seien sie demokratisch gewählt oder seien sie Diktatoren, eigene Interessen haben, die mit dem Gemeinwohl keineswegs übereinzustimmen brauchen. Wenn diese speziellen Politikerinteressen aus der Analyse ausgeschlossen werden, so deshalb, um zu überprüfen, welche Möglichkeiten ein Planer im Idealfall hat. Sollte sich beispielsweise herausstellen, dass selbst ein wohlwollender Planer nicht in der Lage sein kann, ein besseres Ergebnis herbeizuführen, als es Märkte bei Abwesenheit staatlicher Eingriffe vermögen, dann ist damit gezeigt, dass Staatseingriffe selbst unter unrealistisch idealen Bedingungen nicht gerechtfertigt werden können.

Auf den ersten Blick verspricht das Arrow-Paradoxon, dass ein Diktator in der Lage wäre, Entscheidungen zu treffen, die die verbleibenden vier Axiome erfüllen und d.h. insbesondere, dass er fähig ist, Effizienz herzustellen. Auf eines der Kernprobleme kollektiver Entscheidungen übertragen, würde eine solche Fähigkeit implizieren, dass ein wohlwollender Diktator die effiziente Bereitstellung öffentlicher Güter sicherstellen könnte. Kann man davon wirklich ausgehen?

ARROW geht bei der Herleitung seines Satzes von der Voraussetzung aus, dass die Individuen ihre Präferenzen bezüglich der zur Wahl stehenden Alternativen wahrheitsgemäß offenbaren. Dies ist eine keineswegs unproblematische Annahme. Im Kontext des Arrow-Paradoxons ist sie gerechtfertigt, denn der Satz von ARROW zeigt ja, dass ein idealer Aggregationsmechanismus selbst dann nicht existiert, wenn wir davon ausgehen, dass die wahren individuellen Präferenzen bekannt sind. Wenn wir jedoch versuchen, die Möglichkeiten eines wohlwollenden Diktators auszuloten, dann müssen wir uns die Frage stellen, ob dem zentralen Planer die Information über die individuellen Präferenzen so ohne weiteres zugänglich ist. Diese Frage ist deshalb von Bedeutung, weil eine effiziente Bereitstellung öffentlicher Güter nur möglich ist, wenn die individuellen Präferenzen bekannt sind. Dass dies in der Tat eine unabdingbare Voraussetzung für Effizienz ist, erschließt sich bereits aus der Samuelsonschen Marginalbedingung für die Allokation öffentlicher Güter. Diese Bedingung besagt, dass eine effiziente Menge des Gutes genau dann erreicht ist, wenn die Summe der individuellen Grenzraten der Substitution gleich der Grenzrate der Transformation ist. Man kann diese Bedingung auch anders formulieren: Die Kosten der Bereitstellung müssen gerade der Summe der individuellen Zahlungsbereitschaften entsprechen. Das aber bedeutet, dass der Planer nur dann in der Lage ist, diese Menge zu ermitteln und die Kosten für ihre Erstellung auf die Individuen zu verteilen, wenn er die Zahlungsbereitschaften der Konsumenten des öffentlichen Gutes kennt.

Die Zahlungsbereitschaft der Konsumenten hängt davon ab, welchen Nutzen sie aus dem öffentlichen Gut ziehen. Nutzen ist jedoch eine nicht direkt beobachtbare Größe, d.h. der Planer ist darauf angewiesen, dass ihm die Individuen die notwendigen Informationen wahrheitsgemäß offenbaren, indem sie ihre Zahlungsbereitschaft ehrlich bekunden. Ist damit zu rechnen, dass rationale, eigennützige Individuen dies tun werden? Man denke in diesem Zusammenhang noch einmal an unser Beispiel des Vorlesungstermins. Wir hatten uns klargemacht, dass bei der Frage der Kostenverteilung nicht damit gerechnet werden konnte, dass jeder, der einen Vorteil aus der Terminverlegung hat, auch bereit sein wird, die diesem Vorteil entsprechende Zahlungsbereitschaft tatsächlich anzugeben. Der Grund ist einfach: Auch dann, wenn der Einzelne seine wahre Zahlungsbereitschaft verschweigt und schamlos eine viel geringere angibt, kann er vom Konsum des öffentlichen Gutes nicht ausgeschlossen werden. Warum also die Wahrheit sagen?

Die Tatsache, dass ein Ausschluss vom Konsum öffentlicher Güter nicht möglich ist, eröffnet rationalen Individuen die Möglichkeit, ungestraft als Freifahrer zu agieren, d.h. das Gut zu konsumieren ohne einen eigenen Beitrag zu seiner Erstellung zu leisten. Das aber hat zur Folge, dass der zentrale Planer – wie wohlwollend er auch immer sein mag – nicht damit rechnen kann, dass ihm auf die Frage nach der Zahlungsbereitschaft für den Konsum eines öffentlichen Gutes eine ehrliche Antwort gegeben werden wird. Ganz offensichtlich hat der Planer also ein Informationsproblem, wenn er wirklich versuchen sollte eine effiziente Bereitstellung öffentlicher Güter zu bewerkstelligen. Die Frage ist, ob es nicht Mittel und Wege gibt dieses Problem zu lösen.

Offensichtlich besteht die Schwierigkeit darin, dass rationale Individuen keinerlei Anreize besitzen ihre wahren Zahlungsbereitschaften für öffentliche Güter preiszugeben. Aber kann nicht der Planer entsprechende Anreize schaffen? Gibt es nicht vielleicht irgendein Verfahren, mit dem sich Individuen dazu bringen lassen, die Wahrheit zu sagen? Mit dieser Frage befasst sich die sogenannte Mechanism-Design-Forschung. Diese versucht mit Mitteln der Spieltheorie, Anreizmechanismen zu ermitteln, mit deren Hilfe das Informationsproblem gelöst werden kann.

Am Anfang dieser Forschung stand eine Arbeit, die durchaus optimistisch stimmen mochte. Der sogenannte *Vickrey-Clark-Groves-Mechanismus (VCG)*, der im Wesentlichen von VICKREY (1961), CLARK (1971) und GROVES (1973) entwickelt wurde, schien das Problem tatsächlich zu lösen. Bei diesem Mechanismus handelt es sich um eine bestimmte Form der Besteuerung, die im Zusammenhang mit der Frage nach der individuellen Zahlungsbereitschaft durchgeführt wird. Wir wollen an dieser Stelle darauf verzichten, diesen Mechanismus im Detail vorzustellen, denn er ist einigermaßen kompliziert. Interessant ist für uns nur die Tatsache, dass dann, wenn eine VCG-Steuer erhoben wird, es tatsächlich aus der Sicht jedes einzelnen Individuums dominante Strategie ist, den Nutzen, den er (sie) aus dem zu erstellenden öffentlichen Gut zieht, wahrheitsgemäß anzugeben. Dominante Strategie bedeutet: Ganz gleich, ob die anderen die Wahrheit sagen oder nicht, der Nutzen jedes Einzelnen wird immer durch Angabe der wahren Präferenzen maximiert.

Zwar ist der VCG-Mechanismus für praktische Anwendungen nicht geeignet, denn dazu ist er zu kompliziert, aber dennoch schien mit ihm der Nachweis geführt, dass es prinzipiell möglich sein müsste Anreizschemata zu schaffen, mit deren Hilfe ein wohlwollender Diktator oder ein sozialer Planer in der Lage ist, die notwendigen Präferenzinformationen zu beschaffen. Leider erwies sich schnell, dass der Mechanismus einige sehr ernstzunehmende Schwächen aufweist. Um nur die wichtigsten zu nennen: Die VCG-Steuer führt dazu, dass ein Steueraufkommen entsteht, das größer ist als der zur Erstellung des öffentlichen Gutes notwendige Betrag. Was soll mit diesem Überschuss geschehen? Er kann nicht einfach an die Individuen zurückgeschleust werden, denn das würde unter Umständen dazu führen, dass es nicht länger beste Strategie ist die Wahrheit zu sagen. Folglich müsste der Überschuss verschwendet werden und damit erzeugt der Mechanismus keine effiziente Allokation. Noch schwerwiegender erscheint die Tatsache, dass die VCG-Steuer dazu führen kann, dass die Steuerschuld, die auf den Einzelnen entfällt, höher ist als das verfügbare Einkommen, d.h. unter Umständen treibt diese Steuer den Einzelnen in den Ruin.

Angesichts dieser gravierenden Mängel hat sich die Mechanism-Design-Forschung auf die Suche nach alternativen Anreizschemata begeben. Dabei hat man sich hinsichtlich der Art der untersuchten Mechanismen keinerlei Beschränkung unterworfen, d.h. es ging nicht darum, einen praktikablen Mechanismus zu finden, der tatsächlich implementiert werden kann, es ging vielmehr um die prinzipielle Frage, ob überhaupt ein Mechanismus existiert, der das Informationsproblem zu lösen erlaubt. Es würde zu weit führen, wenn wir auf die einzelnen Arbeiten zu diesem Themenkomplex hier näher eingingen, es dürfte genügen, wenn wir das zentrale Resultat nennen.[107] Es hat sich gezeigt, dass kein Mechanismus existiert, der gleichzeitig Effizienz sichert, anreizkompatibel ist (unter dem es beste Strategie ist die Wahrheit zu sagen) und der so gestaltet werden kann, dass rationale Individuen freiwillig bereit sind, sich ihm zu unterwerfen.

Dieses Resultat ist einigermaßen ernüchternd. Es besagt nicht mehr und nicht weniger, als dass ein wohlwollender Diktator nicht in der Lage ist, das Informationsproblem zu lösen, das sich immer dann stellt, wenn es gilt, öffentliche Güter in effizientem Umfang zu produzieren. Die Flucht in den Fatalismus, die Akzeptanz eines undemokratischen Verfahrens hilft also nicht weiter. Der wohlwollende Diktator ist ebenso wenig in der Lage, die unangenehmen Konsequenzen des Arrow-Paradoxons zu heilen wie der soziale Planer. Aber vielleicht existiert ja eine bessere, demokratische Alternative?

Sidestep 23: Das Arrow-Theorem und der Ruf nach dem starken Mann

Man kann getrost unterstellen, dass sich das Arrow-Theorem noch nicht bis an die Bier- und Stammtische herumgesprochen hat. Dennoch wird an diesen nicht selten in einer Weise argumentiert, die – zumindest auf den ersten Blick – durchaus in Einklang mit ARROW zu stehen scheint. Wann immer politische oder gesellschaftliche Situationen entstehen, die a) viele Menschen in eine schwierige Lage bringen und die b) einen gewissen Grad an Komplexität überschreiten, wird der berühmte Ruf nach dem starken Mann laut. Das unrühmliche Ende der Weimarer Republik ist das vielleicht herausragendste Beispiel dafür, wie laut dieser Ruf werden kann. Gegenwärtig vernimmt man ihn immer häufiger in den Ländern des ehemaligen Ostblocks, aber auch in den Problemzonen Südamerikas oder Afrikas ist durchaus die Neigung vorhanden, die Lösung komplexer Probleme in einer Abkehr von schwierigen demokratischen Entscheidungsverfahren zu sehen.

---

[107] Der interessierte Leser sei auf den Übersichtsaufsatz von GROVES und LEDYARD (1987) verwiesen; in WEIMANN (1995) finden sich einige leicht verständliche Erläuterungen zum Anreizproblem. Vgl. auch den Überblick von RICHTER und WIEGARD (1993).

Auf den ersten Blick scheint Arrow's Theorem das Misstrauen, das offenbar viele Menschen der Demokratie entgegenbringen, zu bestätigen. Zeigt es nicht, dass dann, wenn wir versuchen, kollektive Entscheidungen demokratisch zu treffen, immanente Schwierigkeiten auftreten? Liegt da nicht der Schluss nahe, dass ein diktatorisches System einfacher, besser, schneller und effektiver funktionieren könnte? Wenn es auch keine Effizienz im first-best Sinne hervorbringen kann – das schaffen demokratische Systeme auch nicht – es würde mit Sicherheit dort Entscheidungen herbeiführen, wo sich Demokraten in endlosen Debatten verlieren und nach Kompromissen suchen. Und sind es nicht entschlossene Taten, die auch gegen Widerstände durchgesetzt werden, die in schwierigen Zeiten gefragt sind?

Selbstverständlich lässt sich eine solche Argumentation mit dem Verweis auf ARROW nicht stützen. Das Arrow-Theorem zeigt zwar deutlich die Problematik kollektiver Entscheidungen, ohne dass sich daraus jedoch eine Empfehlung für eine konkrete Alternative ableiten ließe. Jede Entscheidungsregel muss vielmehr für sich überprüft und auf ihre Mängel hin untersucht werden. Genau das lehrt uns ARROW: Weil es kein ideales Verfahren geben kann, müssen wir immer mit Schwächen rechnen und die gilt es sehr genau zu betrachten.

Der Vergleich zwischen demokratischen und nicht-demokratischen Regierungsformen lässt sich auf unterschiedliche Weise führen. Zwei empirische Argumente sollten zu denken geben. Zwischen demokratischen Ländern hat es bisher noch keinen einzigen Krieg gegeben und in einem demokratischen Land ist es bisher noch nie zu einer Hungersnot gekommen. Auf den letzten Punkt hat Sen (1995b) hingewiesen. Hungersnöte, auch solche, bei denen sehr viele Menschen sterben, betreffen selten mehr als die ärmsten 5% einer Bevölkerung. Das bedeutet, dass keine Hungersnot wirklich sein müsste oder nicht durch nationale Maßnahmen vermieden werden könnte. In demokratischen Systemen ist es offensichtlich nicht möglich 5% ihrem Schicksal zu überlassen – Diktaturen haben da weniger Probleme.

Der Grund dafür, dass die Indifferenz diktatorischer Regierungen gegenüber der Not der eigenen Bevölkerung in Demokratien nicht anzutreffen ist, könnte jenseits des Arrow-Theorems zu suchen sein. Er betrifft die Frage nach dem Zustandekommen von individuellen Präferenzen, Einstellungen und Werten. Das Arrow-Theorem kann diesen Prozess nicht erfassen, er ist exogen. In der Realität spielt er aber eine zentrale Rolle. SEN (1995b) bezeichnet Demokratie als „Government by Discussion". Die Diskussion, die den Prozeß der Präferenzbildung ganz entscheidend mitgestaltet, macht den Kern demokratischer Verfahren aus. Wenn das wahr ist, dann fehlt einer Diktatur ein zentrales Element kollektiver Entscheidungsfindung – eben die Diskussion vor der Entscheidung. Dass dies ein Nachteil sein kann, ist nicht selbstverständlich, aber der Hinweis auf die Abwesenheit von Krieg und Hunger in Demokratien gibt immerhin einen wichtigen Hinweis. Wir werden zu einem späteren Zeitpunkt noch sehen, welch ungeheuer wichtige Funktion die Diskussion oder allgemein die Kommunikation hat. Es deutet vieles darauf hin, dass Kommunikation der entscheidende Schlüssel zum Verständnis dafür ist, warum Menschen in der Lage sind, soziale Dilemmata zu überwinden. Jedenfalls sprechen eine Reihe von experimentellen Beobachtungen dafür. Wenn das der Fall ist, dann ist Demokratie dasjenige Entscheidungsverfahren, das am ehesten Raum bietet für kommunikative Prozesse, die Vorbedingung für die Lösung kollektiver Rationalitätsprobleme zu sein scheinen. Es dürfte kaum ein stärkeres Argument für demokratische Entscheidungsregeln geben. Wir werden auf diesen Punkt noch einmal zurückkommen.

Das alles ändert nichts an den Problemen, die mit demokratischen Entscheidungen nach wie vor verbunden sind. Aber, frei nach WINSTON CHURCHILL, es bleibt nur der Schluss, dass Demokratien zwar nicht funktionieren, aber ein besseres Verfahren weiterhin unbekannt ist.

5.5.3 Alternativen zur Diktatur

Wenn wir von kollektiven Entscheidungsverfahren verlangen, dass sie demokratisch sein sollen, so ist dies gleichbedeutend mit der Forderung, dass die Aggregationsvorschrift dem Axiom ND genügen muss. Wir wissen, dass wir in diesem Fall Abstriche von mindestens einem der anderen Axiome ARROWS machen müssen. Man mag zumindest die Hoffnung haben, dass wir ohne allzugroße „Kosten" auf eines der Axiome verzichten können, um so einen akzeptablen Weg um das Arrow-Paradoxon herum zu finden. Sehen wir uns die einzelnen Alternativen an:

Pareto-Effizienz

Angesichts der enormen Bedeutung, die der Forderung nach Effizienz zukommt, fällt der Verzicht auf dieses Axiom schwer. Man kann sich kaum vorstellen, dass es Sinn macht eine soziale Entscheidung zu treffen, bei der nicht wenigstens sichergestellt ist, dass wir auf der Utility Frontier bleiben.[108] Vor diesem Hintergrund ist es fast beruhigend, dass WILSON (1972) nachgewiesen hat, dass der Verzicht auf Axiom P zu Aggregationsregeln führt, die entweder völlige Indifferenz zwischen allen Alternativen produzieren (gleichgültig, wie die individuellen Präferenzordnungen aussehen) oder einen „negativen Diktator" hervorbringen, dessen umgekehrte Präferenzordnung immer identisch ist mit der sozialen Ordnung. Beide Alternativen sind nicht sonderlich verlockend und so fällt es nicht schwer, an der Forderung nach Pareto-Effizienz festzuhalten und einen anderen Weg um das Arrow-Paradoxon herum zu suchen.

---

[108] Allerdings muss dabei beachtet werden, dass die Kosten der Entscheidungsfindung bei der Ableitung der optimalen Aggregationsregel nicht berücksichtigt werden. Insbesondere fordert ARROW nicht die Minimierung dieser Kosten. Man erinnere sich daran, dass es aber gerade die hohen Kosten der Entscheidungsfindung waren, die gegen die Einstimmigkeitsregel sprachen, deren zentrale Eigenschaft darin besteht, dass sie nur Pareto-superiore Alternativen auswählt.

Unabhängigkeit von irrelevanten Alternativen

Von Anbeginn an war UIA das am heftigsten umstrittene Axiom. Und in der Tat ist nicht auf den ersten Blick erkennbar, warum es so wichtig sein soll bzw. worin sein eigentlicher normativer Gehalt besteht. MUELLER (S. 394) vermutet, dass es ARROW im Wesentlichen darauf ankam, nur solche Verfahren zu berücksichtigen, die mit einem ordinalen Nutzenkonzept auskommen. Wahlverfahren, bei denen irrelevante Alternativen einen Einfluss auf das Wahlergebnis haben können, sind typischerweise kardinaler Natur (Borda-Wahl, Punktwahl). Die Ablehnung kardinaler Verfahren resultiert aus der tief verwurzelten Abneigung, die Ökonomen gegen staatliche Willkür hegen. ARROWS Befürchtung war es wohl, dass dann, wenn die individuellen Nutzen kardinal zu messen sind, einer willkürlichen Bewertung durch den sozialen Planer Tür und Tor geöffnet würde. Allerdings: Bei der Borda-Wahl ist dies beispielsweise nicht der Fall. Der Wahlleiter oder der soziale Planer hat keinerlei Einfluss auf die Nutzenabstände, denn diese sind durch das Wahlverfahren bereits exogen festgelegt.

Wir haben bereits angedeutet, dass der tiefere Sinn von UIA darin besteht, eine sinnvolle Vorstellung davon zu vermitteln, wie sich die Aggregationsregel in dem Falle verhalten soll, dass sich die individuellen Präferenzen ändern. Das ist ein entscheidender Punkt, denn schließlich ist es diese Möglichkeit der Präferenzänderung, die den Zugang ARROWS von dem der Bergson-SWF unterscheidet. Aber ist es in diesem Zusammenhang eine zweifelsfrei sinnvolle Forderung zu verlangen, dass die Ordnung zwischen zwei Alternativen unabhängig von jeder dritten Alternative sein soll? Es gibt vielfach Beispiele dafür, dass sich Kollektive auf Verfahren einigen, die eindeutig gegen UIA verstoßen. Man denke beispielsweise an die Art und Weise, in der im Eiskunstlauf die Sportler bewertet werden. Die relative Ordnung zwischen zwei Eiskunstläufern kann sehr wohl davon abhängen, wie ein „irrelevanter" Dritter bewertet wird, weil hier letztlich die Borda-Wahl angewendet wird.[109]

Im weiteren Verlauf der Diskussion um das Axiom stand deshalb auch eine andere Frage – an die ARROW vielleicht gar nicht gedacht hatte – im Zentrum des Interesses. Wenn wir fordern, dass unsere kollektive Entscheidungsregel demokratisch sein soll, dann ist dies kaum damit vereinbar, dass das Wahlergebnis durch *strategisches Verhalten* beeinflusst werden kann. Solche Beeinflussungsmöglichkeiten könnten dazu führen, dass bestimmte Wählergruppen – vornehmlich solche, die gut informiert sind – im Hinblick auf die Wahlentscheidung größeres Gewicht haben als andere schlecht informierte Gruppen. Darüber hinaus könnte ein Wahlmechanismus, der anfällig ist für strategisches Verhalten, die Kosten der Entscheidungsfindung erheblich erhöhen. Und schließlich scheint es eine sinnvolle Forderung zu sein, dass das Aggregationsverfahren keine Anreize schaffen soll, aus strategischen Gründen „falsche" Präferenzen anzugeben. Das Beispiel des Eis-

---

[109] Die „Platzziffern", die über den Ausgang eines Eiskunstlauf-Wettbewerbes entscheiden, sind nichts anderes als die Punktwerte, die bei der Borda-Wahl vergeben werden.

kunstlaufes macht sehr deutlich, dass das vielfach beobachtbare strategische Verhalten von Kampfrichtern ein steter Quell der Ärgernis für alle Beteiligten ist. Die Forderung nach Unabhängigkeit von irrelevanten Alternativen stand lange in dem Verdacht, die Funktion zu haben, strategisches Verhalten auszuschließen. Eine genauere Untersuchung zeigt jedoch, dass dies nicht ganz richtig ist. Bevor wir uns dieser Frage zuwenden, sei jedoch noch einmal das Problem deutlich gemacht.

Bei der Behandlung der Borda-Wahl haben wir Beispiele betrachtet, an denen klar wurde, dass dieses Verfahren, bei bekannten Präferenzen der Wähler, Raum für strategisches Verhalten schafft. Nicht nur das, wir hatten weiterhin gesehen, dass durch die Streichung oder das Hinzufügen irrelevanter Alternativen die Entscheidung verändert werden kann. Man kann mit Recht in Zweifel ziehen, dass dies eine vernünftige Eigenschaft eines Wahlverfahrens ist. Und der letzte Punkt macht noch folgendes deutlich: Nicht nur den Wählern eröffnet die Borda-Wahl Raum für strategische Überlegungen, sondern auch demjenigen, der die Tagesordnung festlegt! Auch dies scheint nicht eben eine wünschenswerte Eigenschaft des Wahlverfahrens zu sein.

Vor diesem Hintergrund wird klar, dass es eine durchaus positive Eigenschaft eines Wahlverfahrens ist, wenn es a priori strategischen Überlegungen keinen Raum lässt. Diese Eigenschaft kann in Form einer bestimmten Forderung formuliert werden, die sich an das Wahlverfahren stellen lässt, nämlich die Forderung nach Strategiefestigkeit:

Strategiefestigkeit (Strategy proofness) SP

> Sei M_i die Präferenzmeldung, die der Wähler i abgibt, wenn er seinen wahren Präferenzen folgt. Sei M_i^* eine falsche Präferenzangabe von i. Es sei x die Alternative, die gewählt wird, wenn i die Wahrheit meldet (M_i) und auch alle anderen Wähler die Wahrheit sagen. Sei y das Wahlergebnis, das sich einstellt, wenn alle anderen die Wahrheit sagen, aber i M_i^* meldet. Das Wahlverfahren ist dann strategiefest, wenn für alle möglichen M_i^* kein y existiert, für das $yP_i x$.

Ein strategiefestes Wahlverfahren schafft damit keinerlei Anreize, die Unwahrheit zu sagen.[110] Wie gesagt, es wäre durchaus wünschenswert, ein strategiefestes Verfahren zu haben, aber insbesondere GIBBARD (1973) und SATTERTHWAITE (1975) haben klargemacht, dass dieser Wunsch nicht erfüllt werden kann, wenn wir zugleich fordern, dass der Mechanismus demokratisch ist und zu einer konsistenten sozialen Präferenz führen soll. Im Kern beweisen sie den

---

[110] Dem aufmerksamen Leser wird nicht entgangen sein, dass SP nichts anderes fordert, als dass die wahrheitsgemäße Präferenzoffenbarung eine Nash-gleichgewichtige Strategie sein soll, d.h. die Strategiekombination, bei der alle Wähler die Wahrheit sagen, soll ein Nash-Gleichgewicht sein. Vgl. dazu auch MUELLER (1989), S. 395.

Satz

> Es existiert kein Wahlverfahren, das die Axiome T, SP, ND und P erfüllt.

In Bezug auf das Axiom UIA ist dieser Satz insofern von Bedeutung, als UIA eine notwendige Bedingung für SP ist. BLIN und SATTERTHWAITE (1978) haben zwar gezeigt, dass sie nicht hinreichend ist, aber das ändert nichts daran, dass solche Verfahren, die gegen UIA verstoßen, strategieanfällig sind. Das bedeutet: Wenn wir durch Aufgabe von UIA versuchen, um das Arrow-Paradoxon herumzukommen, dann müssen wir dabei in Kauf nehmen, dass unsere Aggregationsregel Raum für strategisches Verhalten schafft.

Im Zusammenhang mit der Borda-Wahl haben wir bereits einige Überlegungen zu der Frage angestellt, wie schwerwiegend die Strategieanfälligkeit dieses Verfahrens ist, und wir hatten argumentiert, dass in vielen Fällen nicht mit strategischem Verhalten zu rechnen sein wird, weil dazu eine relativ genaue Kenntnis der Wählerpräferenzen erforderlich ist. Ist also SP eine zwar wünschenswerte, aber letztlich nicht so wichtige Eigenschaft? Die Beantwortung dieser Frage fällt nicht leicht, aber ein Blick zurück auf die „fatale Wahl" zwischen Bonn und Berlin (Sidestep 20) mag hier hilfreich sein. Ganz offensichtlich war das Verfahren, das zur Anwendung kam, nicht strategiefest. Hätten die Bonn-Befürworter gewusst, dass sie die letzte Abstimmung verlieren würden, so hätten sie die Möglichkeit gehabt, in der ersten Abstimmung für die Alternative A zu stimmen, und in diesem Fall hätte A gewonnen, d.h. es wäre zu einer Aufteilung zwischen Bonn und Berlin gekommen. Dass dieser Fall nicht eingetreten ist, dürfte vor allem daran liegen, dass die Entscheidung zwischen den beiden Städten so knapp ausfiel. Wäre der Sieg Berlins absehbar gewesen, so wäre es vermutlich zu einer strategischen Entscheidung der Bonn-Befürworter für Alternative A gekommen.

In der Rückschau mag sich heute (nachdem auch dem letzten klargeworden ist, wie hoch die Kosten des Umzugs nach Berlin sind) so mancher wünschen, es wäre zu einer solchen strategischen Wahl gekommen. Ist also strategisches Verhalten per se schlecht? Offenbar nicht, aber wir müssen uns daran erinnern, dass wir uns einer ex ante-Sicht verpflichtet fühlen müssen, d.h. wir suchen nach Wahlverfahren, ohne zu wissen, worüber abgestimmt werden wird und aus einer solchen ex ante-Sicht birgt die Möglichkeit strategischen Verhaltens zumindest einige Gefahren.

Transitivität

Das Axiom T fordert, dass die soziale Präferenz eine Bedingung erfüllen soll, die wir für individuelle Präferenzen als vollkommen selbstverständlich akzeptieren: Sie soll transitiv sein. Auf der Ebene der Individuen wird man sofort akzeptieren, dass Intransitivität nicht mit unserer Vorstellung von Rationalität zu vereinbaren ist. Aber ist die Übertragung dieses Rationalitätskonzepts auf das Kollektiv wirklich zwingend? Um diese Frage beantworten zu können, müssen wir uns klarmachen, was eine transitive soziale Präferenz über die zur Wahl stehenden Alternativen leistet. Im Wesentlichen sind es zwei Dinge:

[1] Wenn wir über ein Wahlverfahren verfügen, das immer Transitivität erzeugt, dann können wir sicher sein, dass wir immer eine Entscheidung treffen können, weil das Auftreten zyklischer Mehrheiten vermieden wird.

[2] ARROW ging davon aus, dass Transitivität außerdem die Pfadunabhängigkeit der Entscheidung sichert. Damit ist gemeint, dass die Frage, welche Alternative gewählt werden wird, unabhängig davon ist, in welcher Reihenfolge das Abstimmungsverfahren durchgeführt wird.

Um die Eigenschaft der Pfadunabhängigkeit zu verdeutlichen, sei folgendes Beispiel gewählt: Die Entscheidung darüber, wer Wimbledon-Sieger wird, ist wahrscheinlich nicht pfadunabhängig. Es wird vielmehr eine sehr große Rolle spielen, wie die Vorrundenpaarungen gesetzt werden. Wenn beispielsweise Steffi Graf bereits in der ersten Runde auf Monika Seles trifft, so wird Steffi vermutlich nicht Wimbledon-Siegerin.[111] Kommt es jedoch nicht zu dieser Erstrundenbegegnung und scheitert Seles im Halbfinale gegen Sabatini, dann könnte Steffi das Endspiel gewinnen. Diese Pfadabhängigkeit der Entscheidung macht deutlich, warum der beste Spieler (die beste Spielerin) der Welt nicht in einem einzigen Turnier ermittelt wird, sondern mit Hilfe einer Weltrangliste, in die eine Vielzahl von Turnierergebnissen eingehen.

Wir haben bereits ein wichtiges Beispiel für ein Verfahren kennen gelernt, bei dem die Reihenfolge der Abstimmungen über den Wahlausgang entscheidet, nämlich die paarweise Abstimmung ohne Kontrollabstimmung. Insbesondere die dadurch geschaffene Möglichkeit, das Wahlergebnis durch die Festsetzung der Tagesordnung zu manipulieren, ist in diesem Zusammenhang höchst kritikwürdig. Die Frage ist: Benötigt man um Pfadunabhängigkeit zu sichern, das Axiom T in der von ARROW benutzten Form? PLOTT (1976) hat gezeigt, dass dies nicht der Fall ist. Es reicht aus P-Transitivität zu fordern, I-Transitivität ist nicht notwendig, um Pfadunabhängigkeit zu sichern. GIBBARD (1969) hatte jedoch bereits nachgewiesen, dass wir dann, wenn wir Axiom T entsprechend ändern, also nur noch P-Transitivität fordern, mit einem unangenehmen Ergebnis rechnen müssen: Der resultierende Wahlmechanismus ist dann zwar nicht mehr diktatorisch, aber es kommt zur Herrschaft einer Oligarchie. Das bedeutet, wenn wir fordern, dass der

---

[111] Dem Tennis-informierten Leser ist natürlich bewusst, dass es sich hier um ein „historisches" Beispiel handelt.

Wahlmechanismus die Axiome P, ND, UIA, UD erfüllt und zu P-transitiven sozialen Präferenzen führt, dann erhalten wir einen Mechanismus, bei dem eine Gruppe von Wählern in der folgenden Weise die soziale Entscheidung dominiert: Immer dann, wenn die Mitglieder der Gruppe darin übereinstimmen, dass x der Alternative y vorzuziehen ist, wird x auch sozial vorgezogen, ganz gleich wie die Präferenzen der anderen Wähler aussehen. Außerdem hat jedes Mitglied der Gruppe eine Vetomöglichkeit, d.h. wenn xP_iy für ein Mitglied der Oligarchie gilt, dann kann es nicht zu der sozialen Präferenz yPx kommen.[112]

Eine Lockerung des T-Axioms verhindert zwar die Diktatur, aber sie ersetzt sie nicht durch ein demokratisches Verfahren. POLLAK (1979) lockert das T-Axiom noch ein wenig mehr, indem er lediglich fordert, dass der Wahlmechanismus keine zyklischen Mehrheiten produzieren darf. Aber auch dieser Versuch erweist sich als nicht tragfähig. Zwar kommt es nicht zur Herausbildung einer Oligarchie, aber es entsteht weitgehende Veto-Macht für einzelne Wähler.

Offensichtlich können wir die wünschenswerte Eigenschaft der Pfadunabhängigkeit nur erreichen, wenn wir an T festhalten. Eine andere Alternative könnte natürlich darin bestehen, dass wir verlangen, dass bei der Wahlentscheidung alle möglichen Pfade, die zu einem Ergebnis führen können, auch tatsächlich durchlaufen werden. Im Falle der paarweisen Abstimmung entspräche dem die Forderung, immer auch Kontrollabstimmungen durchzuführen. Wir wissen, wohin das führt, nämlich zur „Entdeckung" von zyklischen Mehrheiten und damit zur Unfähigkeit zu entscheiden. Damit kommen wir zu der ersten Eigenschaft, die mit dem T-Axiom eben verbunden wurde, zur Entscheidungsfähigkeit.

MUELLER (S.391) wirft die keineswegs triviale Frage auf, gegen welche ethische Norm eigentlich Intransitivität der sozialen Präferenz verstößt? Und die bereits angesprochene Kritik von BUCHANAN läuft letztlich auf die Frage hinaus, ob es überhaupt sinnvoll ist, von kollektiven Präferenz zu sprechen und an diese a priori Forderungen zu stellen, die dem Forderungskatalog entliehen sind, den man an individuelle Präferenzen richtet. Die Kritik Buchanans ist durchaus bedenkenswert, allerdings ist der Verzicht auf die Forderung nach Transitivität der kollektiven Präferenz kein Weg, der um das Arrow-Theorem herumführt. Um dies zu erkennen, muss man sich die folgende Frage stellen: Angenommen, wir verzichten auf die Ableitung einer kollektive Präferenz und beschränken uns darauf, aus einer gegebenen Menge von Alternativen *eine* auszuwählen. Wenn wir die Aufgabe des Kollektivs in dieser Weise reduzieren, ist es dann möglich, immer eine Wahl zu treffen und dabei die Axiome P, UD, UIA und ND zu erfüllen? SEN (1993) hat gezeigt, dass die Antwort auf diese Frage „nein" lautet. Selbst wenn man keine Ansprüche an die kollektive Präferenz stellt, kann man dem Arrow-Theorem nicht entgehen, denn selbst in diesem Fall kann die Entscheidungsmenge leer sein oder man muss gegen eines der Axiome verstoßen um eine Entscheidung herbeizuführen.

---

[112] Vgl. MUELLER (1989), S. 388 ff und SEN (1987).

Die Aufgabe der Transitivitätsforderung ist damit kein Weg um das Arrow-Theorem zu umgehen, aber es ist dennoch zulässig die Sinnhaftigkeit dieser Forderung in Frage zu stellen. Läuft die Forderung nach Transitivität nicht darauf hinaus, dass man Entscheidungen in Situationen zu erzwingen versucht, in denen die Gesellschaft eben zu einer eindeutigen Entscheidung schlicht nicht fähig ist? Wenn sich das Kollektiv nicht entscheiden kann, sollte man diese Situation nicht einfach anerkennen? Das Problem scheint darin zu liegen, dass auch in Situationen, in denen die sozialen Präferenzen intransitiv sind, Entscheidungen notwendig sind. Wenn wir sie aber treffen müssen, der Wahlmechanismus jedoch keine Gelegenheit dazu gibt, hat dann die Entscheidung nicht den Geruch der Zufälligkeit oder der Willkür?

Es stellt sich damit die Frage, wie schlimm zufällige Entscheidungen sind und ob sie gegen eine allseits akzeptierte ethische Norm verstoßen. Das Gegenteil scheint der Fall zu sein! Den Zufall entscheiden zu lassen wird vielfach als die einzige faire Lösung angesehen, wenn eine Entscheidung auf „natürliche" Weise nicht herbeigeführt werden kann. Wieder liefert der Sport ein schönes Beispiel. Wenn zwei Fußballmannschaften im Pokalendspiel auch nach der Verlängerung nicht über ein Unentschieden hinausgekommen sind (dafür gibt es Beispiele), entscheidet ein Elfmeterschießen. Jeder weiß, dass man genauso gut eine Münze werfen könnte: der Ausgang ist letztlich reine „Glückssache". Gerade das wird aber als eine zwar harte aber faire Form der Entscheidungsfindung von den meisten Menschen akzeptiert.

Letztlich läuft die Frage der Akzeptanz zyklischer Mehrheiten – oder allgemeiner Intransitivitäten – auf eine Entscheidung zwischen zwei normativen Positionen hinaus. Wollen wir, dass Entscheidungen grundsätzlich nicht zufällig getroffen werden, dass die Gesellschaft in jeder Situation entscheidungsfähig ist, oder wollen wir, dass Entscheidungen grundsätzlich fair, und das heißt manchmal eben auch durch Losentscheid, getroffen werden? Wie immer bei solchen normativen Fragen ist eine eindeutige Entscheidung nicht möglich. Aber der Verweis auf Fairness-Vorstellungen könnte doch einen Weg beschreiben, auf dem wir zwar nicht um das Arrow-Paradoxon herumkommen, der uns aber die Möglichkeit eröffnet, mit ihm zu leben, ohne unsere Entscheidungsunfähigkeit als Katastrophe empfinden zu müssen.

Unrestricted Domain

Das Axiom UD soll sicherstellen, dass die Aggregationsregel immer, ganz gleich wie die individuellen Präferenzen aussehen, zu einer Entscheidung führt. Zugleich kommt in UD aber auch so etwas wie ein Bekenntnis zum „Gleichheitssatz" zum Ausdruck. Es verlangt, dass wir jede individuelle Präferenz, um nicht zu sagen jedes Individuum, gleich ernst nehmen. Niemand, und sei seine Präferenz noch so ungewöhnlich, soll von dem Verfahren ausgeschlossen werden können. Insofern ist UD ein zutiefst demokratisches Axiom, bei dem auch die Forderung „One man one vote" mitschwingt.

Angesichts dieser Interpretation scheint ein Verzicht auf UD nicht akzeptabel zu sein. Aber wir können uns getrost fragen, ob es Situationen gibt, in denen eine gewissermaßen natürliche Beschränkung der relevanten Präferenzen vorliegt. Als wir über die Mehrheitsregel sprachen, haben wir zwei Fälle betrachtet, in denen Einschränkungen hinsichtlich der individuellen Präferenzen dazu führten, dass zyklische Mehrheiten vermieden wurden: *Extremal Restriction* und *Eingipfeligkeit der Präferenzen*. Können wir diese beiden Bedingungen als Einschränkungen interpretieren, die in bestimmten Situationen a priori gegeben sind, die also nicht den Individuen von außen auferlegt werden? Diese Frage sei für den Fall eingipfeliger Präferenzen näher untersucht.

Zunächst kann man zeigen, dass Eingipfeligkeit dann besteht, wenn die Menschen über eine Art Grundkonsens verfügen. Wenn sie sich nämlich darüber einig sind, dass eine bestimmte von drei zur Wahl stehenden Alternativen entweder niemals die beste, niemals die schlechteste oder niemals die mittlere Wahl ist, dann resultieren eingipfelige Präferenzen. Ist es so unwahrscheinlich, dass ein solcher Konsens besteht? Man kann sich leicht vorstellen, dass es viele Situationen gibt, in denen die individuellen Präferenzen durchaus hinreichend ähnlich sind, um Eingipfeligkeit zu fordern. Aber es geht darum, einen Aggregationsmechanismus ex ante zu bestimmen, ohne zu wissen, ob diejenigen, die damit eine soziale Präferenz erstellen sollen, über ausreichende Gemeinsamkeiten verfügen. So gut man sich den notwendigen Konsens vorstellen kann, so gut kann man sich auch Situationen denken, in denen die Wähler extrem unterschiedlicher Meinung sind.

Es existiert jedoch ein Fall, in dem eingipfelige Präferenzen ohne den Rückgriff auf „Konsens-Annahmen" plausibel gemacht werden können. Dieser ist dann gegeben, wenn sich der Gegenstand, über den abgestimmt wird, eindimensional abbilden lässt und Präferenzen räumlich interpretiert werden können. Dieser Fall ist von erheblicher Bedeutung, denn wenn wir von eingipfeligen Präferenzen über einen eindimensionalen Entscheidungsraum ausgehen können, dann gilt das sogenannte *Median-Theorem*, nach dem in diesem Fall die Mehrheitsentscheidung immer zu einem nicht-zyklischen Resultat führt. Die große Bedeutung des Median-Theorems rechtfertigt es, ihm ein eigenes Kapitel zu widmen.

5.6 EINGIPFELIGE PRÄFERENZEN: DAS MEDIANERGEBNIS IM EINDIMENSIONALEN FALL

Um das Medianergebnis ableiten zu können, gilt es zunächst, die räumliche Interpretation des Abstimmungsproblems zu verdeutlichen. Stellen wir uns zu diesem Zweck vor, es ginge darum eine Entscheidung darüber zu fällen, an welcher Stelle das neue öffentliche Schwimmbad errichtet werden soll. Die Bewohner der Gemeinde, die diese Entscheidung zu treffen haben, wohnen alle an einer Straße, die schnurgerade verläuft. Wir können damit die zur Wahl stehenden Alternativen als die Strecke zwischen Ortseingang A und Ortsende B auffassen.

Weiterhin wollen wir annehmen, dass jeder Bewohner der Gemeinde das Schwimmbad möglichst in unmittelbarer Nähe seiner Wohnung hätte (eine vielleicht nicht sehr realistische Annahme, aber zur Verdeutlichung des Theorems sei sie gestattet). Das bedeutet, es gibt für jeden Wähler i einen Punkt x_i im Intervall [A,B], den er am meisten bevorzugt. Je weiter das Schwimmbad von diesem Punkt entfernt ist, umso geringer seine Wertschätzung für den Standort. Wenn wir unterstellen, dass der Nutzen $U_i(x)$ monoton mit der Entfernung vom Wohnort fällt, so erhalten wir folgende graphische Darstellung der Präferenzen:

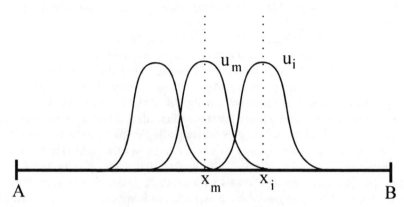

Abbildung 20: Eingipfelige Präferenzen, Medianmodell

Die individuellen Präferenzen sind damit eingipfelig über den Entscheidungsraum [A, B]. Es ist für unser Ergebnis nicht notwendig, dass sie symmetrisch um x_i, den idealen Punkt (Bliss point) sind. Um das Median-Theorem ableiten zu können, müssen wir zunächst den Medianwähler definieren. Wir wollen dabei vereinfachend annehmen, dass es eine endliche Anzahl von Wählern gibt:

Definition

> Seien $\{x_1,..., x_n\}$ die idealen Punkte der n Wähler. Sei N_R die Anzahl der $x_i \geq x_m$ und N_L die Anzahl der $x_i \leq x_m$. Dann ist x_m in der Median-Position, wenn $N_R \geq n/2$ und $N_L \geq n/2$.

Der Wähler mit dem idealen Punkt x_m ist der Medianwähler, wenn sich die Hälfte der übrigen Wähler rechts von ihm und die andere Hälfte links von ihm befindet.

Median-Theorem

> Wenn x ein eindimensionaler Entscheidungsgegenstand ist und alle Wähler eingipfelige Präferenzen über x haben, dann kann der Medianwähler bei paarweiser Abstimmung nicht verlieren.

Die Logik des Beweises dieses Theorems ist unmittelbar einsichtig. Immer dann, wenn ein Standort rechts oder links von der Position des Medianwählers zur Abstimmung kommt, wird eine Mehrheit diesen Vorschlag ablehnen. Nehmen wir einen beliebigen Punkt $z > x_m$, also einen Standort rechts von dem des Medianwählers. Wir wissen (aufgrund der Eingipfeligkeit der Präferenzen), dass alle Wähler links von x_m den Punkt x_m gegenüber z vorziehen. Dabei handelt es sich aber bereits um 50% der Wähler und da der Medianwähler natürlich seinen Bliss point x_m jedem anderen Punkt vorzieht, wird x_m gegenüber z immer eine Mehrheit erhalten. Das gleiche gilt für jeden anderen Punkt $y \neq x_m$, so dass bei paarweiser Abstimmung immer x_m als Sieger hervorgeht.

Was haben wir damit gezeigt? Wir wissen nun: Immer dann, wenn wir einen zur Abstimmung stehenden Gegenstand entlang einer eindimensionalen Skala messen können und die individuellen Präferenzen über den Entscheidungsraum eingipfelig sind, wird die paarweise Abstimmung zu einer Entscheidung führen, und zwar wird sie die Alternative wählen, die der Medianwähler präferiert.

Es sei an dieser Stelle nur am Rande erwähnt, dass dieses Ergebnis nur unter der Bedingung gilt, dass bei der Abstimmung alle Punkte zwischen A und B gewählt werden können. Die *Agenda* ist offen, d.h. es werden nicht einzelne Punkte zur Abstimmung gebracht, sondern alle Punkte stehen gleichzeitig zur Abstimmung. Die Bedeutung dieses Punktes wird deutlich, wenn wir uns vorstellen, die Wähler würden über eine *geschlossene* Agenda abstimmen und es gäbe jemanden, der diese Agenda bestimmt. Nehmen wir an, der Medianwähler in unserem Schwimmbad-Beispiel wohnt genau in der Mitte zwischen A und B. Die Bewohner der Straße führen nun eine Abstimmung durch und beauftragen einen aus ihrer Mitte, Standorte auszuwählen, die dann zur Abstimmung kommen sollen. Nehmen wir an, es handelt sich dabei nicht um den Medianwähler, sondern um jemanden, der rechts von x_m im Punkt x_w wohnt. Welche Standorte wird der Wahlleiter zur Abstimmung bringen? Er weiß, dass der Medianwähler nicht zu schlagen ist, d.h. wenn er x_m zur Abstimmung bringt, dann wird dort das Schwimmbad gebaut werden. Mit ein wenig Geschick kann der Wahlleiter aber erreichen, dass das Bad direkt vor seine Haustür kommt. Dazu stellt er eine Agenda auf, bei der x_w nur gegen Alternativen gestellt wird, die aus der Sicht des Medianwählers schlechter als x_w sind. Abbildung 21 verdeutlicht diese Strategie:

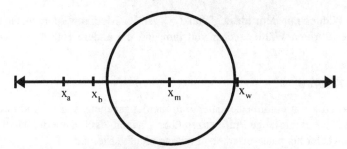

Abbildung 21: Medianmodell: Strategische Möglichkeiten des Wahlleiters

Der Wahlleiter kann sicher sein, dass x_w die Abstimmung gegen die Standorte x_a oder x_b gewinnen wird, denn diese sind weiter von x_m entfernt als x_w, und deshalb wird der Medianwähler x_w vorziehen. Man sieht an diesem einfachen Beispiel erneut, mit wie viel Einfluss die Rolle desjenigen verbunden sein kann, der die Tagesordnung festlegt.[113]

Das Beispiel, das wir gewählt haben, um das Medianergebnis zu verdeutlichen, mag zu der Einschätzung verleiten, dass es sich dabei um eine recht konstruierte Geschichte handelt, die für reale Situationen wenig Relevanz besitzt. Aber dieser Eindruck täuscht. Wir können nämlich sehr häufig die zur Wahl stehenden Alternativen räumlich interpretieren. Man denke zum Beispiel an die klassische Entscheidung über die Größe eines Budgets. Was hindert uns daran, die dabei möglichen Alternativen als eine Strecke AB aufzufassen? Und ist es nicht eine durchaus realistische Vorstellung, dass Menschen eine bestimmte Höhe, etwa des Staatsbudgets, wünschen und Abweichungen von diesem idealen Punkt zu Nutzenverlusten führen (gleich in welche Richtung die Abweichung geht)?

Die Relevanz des Medianwähler-Modells und seine Bedeutung für die Theorie kollektiver Entscheidungen ergibt sich jedoch aus einer uns allen wohlbekannten räumlichen Vorstellung über die Anordnung von Alternativen. Sind wir es nicht gewohnt, in Bezug auf politische Standpunkte in einem „Rechts-Links-Schema" zu denken?! In der Tat reduzieren wir den politischen Standort beispielsweise von Parteien vielfach auf eine bestimmte Position im sogenannten Ideologieraum. Das aber ist nichts anderes als eine eindimensionale Darstellung der Alternativen, die uns bei einer demokratischen Wahl offen stehen. Das Median-Konzept erweist sich damit als geeignet, demokratische Wahlen zur Bestimmung von Regierungen abzubilden – jedenfalls dann, wenn wir davon ausgehen, dass die Wähler eingipfelige Präferenzen über den Ideologieraum besitzen. Aber ist diese Annahme so unrealistisch? Ist es nicht so, dass ein „rechter" Wähler um so weniger Nutzen aus einer Partei zieht, je weiter links sie sich von seinem eigenen Standpunkt befindet?

Wir werden uns zu einem späteren Zeitpunkt noch ausführlich mit dem zuletzt genannten Anwendungsfall des Median-Konzepts befassen, und zwar dann, wenn wir über die repräsentative Demokratie sprechen. Im Moment sind wir aber noch bei der Behandlung direkter Demokratien, d.h. wir untersuchen Situationen, in denen Wählergruppen direkt über einzelne Alternativen entscheiden. Das Median-Theorem hat uns gezeigt, dass sich Gremien oder allgemein Gesellschaften dann der Mehrheitswahl bedienen können, wenn die Voraussetzungen des Theorems erfüllt sind. Neben der Eingipfeligkeit der Präferenzen war dies insbesondere die Eindimensionalität des Entscheidungsraums. Nun kann man sich leicht vorstellen, dass es viele Fälle gibt, in denen sich die zu treffende Entscheidung nur schwer eindimensional darstellen lässt. Beispielsweise dürfte es nicht damit getan sein, sich über den Standort des neuen Schwimmbades zu verständigen, sondern auch seine Größe muss festgelegt werden. Allein die Höhe des Budgets festzulegen, ist

---

[113] Vgl. zu diesem Punkt vor allem den Überblick bei INMAN (1987), S. 713 ff.

ebenfalls meistens nicht ausreichend, auch die Verteilung der Steuerlasten zu seiner Finanzierung stehen zur Abstimmung an. Damit stellt sich die Frage, was geschieht, wenn wir es mit mehrdimensionalen Entscheidungsräumen zu tun haben? Gilt das Median-Theorem dann immer noch?

> ### Sidestep 24: Hotellings Interpretation
>
> Das Median-Modell geht auf eine klassische Arbeit von HOTELLING (1929) zurück, in der er sich allgemein mit dem Phänomen räumlichen Wettbewerbs auseinander setzt. Dabei stand die politische Interpretation zunächst nicht im Vordergrund. HOTELLING thematisierte den Wettbewerb von zwei Oligopolisten, die eine Standortentscheidung zu treffen haben. Man stelle sich zwei Eisverkäufer an einem Strand der Länge AB vor, über den die Badegäste gleichmäßig verteilt liegen. Welche Standorte werden die beiden Eishändler wählen, wenn man davon ausgeht, dass die Badegäste immer zu dem nähergelegenen Eisverkäufer gehen werden? Das Ergebnis ist nach den Ausführungen zum Median-Modell klar: beide werden sich genau in der Mitte ansiedeln.
>
> Dieses Resultat ist ökonomisch gesehen nicht besonders erfreulich, denn die Konzentration der Anbieter in der Mitte ist nicht effizient. Die durchschnittliche Entfernung zwischen Badegast und Eisstand ist in diesem Fall nämlich ¼ (wenn man die Strecke AB auf 1 normiert). Würden sich die Verkäufer an den Stellen ¼, ¾ ansiedeln, reduzierten sich die Durchschnittskosten auf die Hälfte! Ist damit auch der politische Wettbewerb ineffizient? HOTELLING zieht eine direkte Parallele zwischen Politik und räumlichen Wettbewerb von Oligopolisten. Allerdings macht KREPS (1995) darauf aufmerksam, dass sich die beiden Fälle in einem entscheidenden Punkt unterscheiden und deshalb die Analogie nicht so weit trägt, wie HOTELLING suggerierte. Im politischen Wettbewerb gibt es nur *einen* Sieger. Nach der Wahl ist nur eine Regierung im Amt, die sich auch nur eine Position im Ideologieraum auswählen kann. Im Falle des Wettbewerbs auf einem Gütermarkt sieht dies anders aus. Hier überleben beide, d.h. es sind grundsätzlich zwei Positionen besetzbar. Würden sich in einem politischen Wettbewerb die Parteien (oder die Präsidentschaftskandidaten) auf den Positionen ¼, ¾ platzieren, würde sich die durchschnittliche Distanz zwischen Wähler und *Regierung* auf $5/16$ erhöhen! Die gemeinsame Position in der Mitte ist damit im Falle der politischen Akteure *nicht* ineffizient.
>
> Das Hotelling-Modell besitzt in beiden Interpretationen erhebliche Bedeutung. In der politischen Variante ist es bis heute ein wichtiges Instrument, um beispielsweise das angleichende Verhalten politischer Parteien abzubilden. Innerhalb der Industrieökonomik, soweit sie den Wettbewerb zwischen Oligopolisten behandelt, wird das Modell ebenfalls nach wie vor benutzt. Allerdings wird dabei vor allem die Produktdifferenzierung und weniger die Standortentscheidung thematisiert. Die Strecke AB, auf der sich Anbieter platzieren kön-

nen, lässt sich mühelos als „Produktraum" interpretieren, über den die Präferenzen der Konsumenten verteilt sind und innerhalb dessen sich die Anbieter so zu positionieren suchen, dass sie für möglichst viele Konsumenten die beste Wahl sind.

5.7 DER MEHRDIMENSIONALE FALL [114]

Um sich die starke Position des Medianwählers im eindimensionalen Fall erklären zu können, hilft die folgende Überlegung. Jeder Wähler, der sich rechts vom Medianwähler befindet, hat auf der linken Seite einen Widersacher, dessen Interessen seinen eigenen genau entgegengesetzt sind. Das hat zur Folge, dass sich die Wähler rechts und links des Medianwählers gegenseitig neutralisieren, denn jede Stimme hat das gleiche Gewicht. Der Einzige, dessen Stimme nicht neutralisiert wird, ist der Medianwähler und darum entscheidet seine Stimme über den Wahlausgang.

Diese Überlegung hilft uns bei der Analyse des mehrdimensionalen Falls. Um weiterhin eine graphische Darstellung zu ermöglichen, wollen wir davon ausgehen, dass es gilt über einen zweidimensionalen Gegenstand eine Entscheidung zu treffen, also beispielsweise über Standort und Größe des Schwimmbades oder Höhe des Budgets und die Gestalt des Steuertarifes. x_1 und x_2 bezeichne die beiden Dimensionen. Wir können die Menge der zur Wahl stehenden Alternativen dann als Ebene auffassen, die zwischen den Achsen x_1 und x_2 aufgespannt wird. Betrachten wir zunächst einen einzelnen Wähler A, der über eingipfelige Präferenzen verfügt. Der Punkt A sei sein Bliss point und je weiter er sich von diesem Punkt entfernt, umso geringer ist der Nutzen, den er aus dem Projekt zieht. Wir können dies mit Hilfe von Indifferenzkurven verdeutlichen, die (zur Vereinfachung) in Kreisform um A verlaufen (Abbildung 22).

Jeder Kreis um A bezeichnet Punkte gleichen Nutzens und je weiter entfernt von A der Kreis verläuft, umso geringer ist das realisierte Nutzenniveau. Solange wir nur ein Individuum betrachten, haben wir noch kein Problem. Natürlich würde sich unser Wähler für den Punkt A entscheiden, hätte er allein das Sagen. Nehmen wir nun einen zweiten Wähler hinzu, dessen Bliss point B sei. Wir können nicht sagen, auf welchen Punkt sich die beiden genau verständigen werden, aber wir können die Menge aller Punkte angeben, die für eine einvernehmliche Lösung in Frage kommen. Abbildung 23 zeigt jeweils eine Indifferenzkurve von A und B.

---

[114] Vgl. zu diesem Kapitel die ausführliche Darstellung bei MUELLER (1989), S. 67-77.

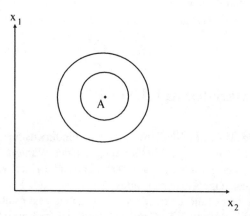

Abbildung 22: Indifferenzkurven im zweidimensionalen Entscheidungsraum

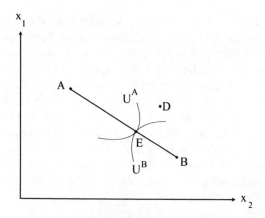

Abbildung 23: Paretomenge zweier Wähler

Nehmen wir nun an, es stehen die Punkte D und E zur Abstimmung an. Es ist klar, dass beide Wähler E vorziehen, denn gegenüber D werden sie beide bessergestellt. E ist ein Pareto-effizienter Punkt, denn von ihm aus kann einer der beiden Wähler nur noch besser gestellt werden, wenn der andere zugleich schlechter gestellt wird. Die Menge aller Pareto-effizienten Punkte ist die Menge der Punkte, in denen sich die Indifferenzkurven von A und B tangieren, und da wir angenommen haben, dass die Indifferenzkurven kreisförmig um die Bliss points verlaufen, ist dies gerade auf der direkten Verbindungslinie zwischen A und B der Fall. Die Strecke AB gibt damit die Paretomenge der beiden Wähler an. Welcher Punkt aus dieser Menge bestimmt werden wird, ist ungewiss, aber wenn wir uns auf AB befinden (beispielsweise in E), dann wird *jede Veränderung* lediglich die Zustimmung eines der beiden Wähler finden und damit keine Mehrheit. Wirklich interessant wird die Sache natürlich erst, wenn wir mindestens drei Wähler haben. In der folgenden Abbildung ist Wähler C hinzugekommen.

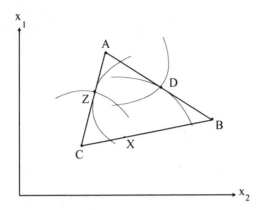

Abbildung 24: Paretomenge dreier Wähler und zyklische Mehrheiten

Die Verbindungslinien zwischen A, B und C sind die Paretomengen von jeweils zwei Wählern. Das Dreieck ABC ist die Paretomenge für alle drei. Würden wir fordern, dass die Entscheidung einstimmig zu treffen ist, so kämen alle Punkte in diesem Dreieck in Frage. Befänden wir uns innerhalb des Dreiecks, wäre eine Veränderung des Status quo nicht mehr möglich, denn jede Bewegung (gleichgültig in welche Richtung) würde mindestens einen Wähler schlechter stellen.

Nun wollen wir aber die Mehrheitsregel anwenden. In diesem Fall sind nur die Paretomengen der Koalitionen interessant, die zu einer Mehrheit führen, also die Linien AB, AC, BC. In dem vorliegenden Beispiel haben diese Mengen keinen gemeinsamen Punkt und das hat zur Folge, dass kein Gleichgewicht existiert. Es ist vielmehr möglich, zyklische Mehrheiten zu konstruieren. Vergleichen wir dazu die Punkte D und Z. D liegt zwar in der Paretomenge von A und B, dennoch würde dieser Punkt eine Abstimmung gegen Z verlieren, denn Z stellt sowohl A als auch C besser. Aber auch Z ist kein Gleichgewicht, denn eine Abstimmung gegen X würde X zum Sieger erklären, denn B und C würden X gegenüber Z vorziehen. X wird wiederum von D geschlagen usw.

Obwohl die drei Wähler eingipfelige Präferenzen über die beiden Dimensionen x_1 und x_2 besitzen, erhalten wir also in diesem Fall kein Gleichgewicht. Der Grund dafür, dass das Medianergebnis hier nicht gilt, ist sehr einfach: Es existiert kein Medianwähler! Damit ein solcher existiert, müssten sich die Stimmen der beiden anderen jeweils neutralisieren. Dies ist jedoch bei der gegebenen Konstellation der Präferenzen nicht der Fall. Die nächste Abbildung zeigt, wie die Bliss points der drei Wähler angeordnet sein müssten, damit ein Medianwähler entsteht.

220   5 Kollektive Entscheidungen

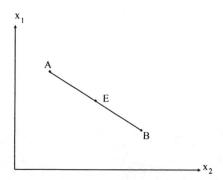

Abbildung 25: Medianwähler im zweidimensionalen Fall bei 2 Wählern

Der Punkt E ist hier der Bliss point des Medianwählers. Dass E der Punkt ist, der keine Abstimmung verlieren kann, wird anhand der folgenden Überlegung deutlich. Als Abstimmungssieger kommen ohnehin nur Punkte in Frage, die in der Paretomenge von mindestens zwei Wählern liegen. Da E auf der Gerade AB liegt, haben die drei Paretomengen einen gemeinsamen Punkt, nämlich E. Würde ein Punkt oberhalb von E (auf AB) gegen E antreten, würden B und E auf jeden Fall für E stimmen. Würde ein Punkt unterhalb von E zur Abstimmung kommen, würden E und A jeweils für E stimmen. Das Argument ist das gleiche wie im eindimensionalen Fall und in der Tat haben wir es hier mit einer Situation zu tun, in der der zweidimensionale Fall auf den eindimensionalen Fall reduziert werden kann.

Es ist allerdings nicht so, dass ein Medianwähler nur dann existiert, wenn wir den eindimensionalen Fall erzeugen können. Die folgende Abbildung zeigt eine Konstellation, in der E Medianwähler ist, obwohl wir die Situation nicht auf eine eindimensionale Entscheidung reduzieren können.

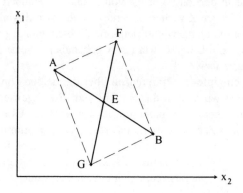

Abbildung 26: Medianwähler im zweidimensionalen Fall bei 5 Wählern

Dass es sich bei E nach wie vor um den Medianwähler handelt, liegt daran, dass die Paretomenge der Wähler vier und fünf (F und G) E enthält (die Gerade FG verläuft durch E). Das hat zur Folge, dass E Element aller Paretomengen ist, und zwar die der insgesamt sechs möglichen Dreierkoalitionen. Das aber bedeutet, dass keine Dreierkoalition existiert, in der alle drei Wähler zugleich besser gestellt sind als im Punkt E und damit ist E das einzige Gleichgewicht. Die Medianeigenschaft von E besteht darin, dass von E aus in allen Richtungen jeweils die Hälfte der restlichen Wähler links und die andere Hälfte rechts von E liegen. Die folgende Graphik macht diesen Punkt klar.

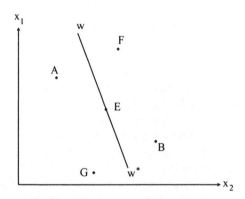

Abbildung 27: Symmetrieeigenschaft im mehrdimensionalen Fall

Ganz gleich, wie wir die Linie ww* durch E zeichnen, es liegen immer genau zwei Punkte unter (auf) ww* und zwei darüber oder zwei rechts (auf) von ww* und zwei links davon. Das bedeutet, dass E in jeder Richtung Median der fünf Punkte ist. Die entscheidende Position von E resultiert wiederum daraus, dass sich die anderen vier Wähler gegenseitig neutralisieren, und zwar gleichgültig, welcher Punkt in der x_1, x_2 Ebene gegen E zur Abstimmung antritt.

Wie ist dieses Resultat zu interpretieren? Wir wissen, dass wir bei Eingipfeligkeit der Präferenzen im eindimensionalen Fall mit Hilfe der Mehrheitsregel ein eindeutiges Resultat erhalten: Der Medianwähler entscheidet, zyklische Mehrheiten können nicht auftreten. Das gleiche kann uns auch im mehrdimensionalen Fall passieren. Es kann tatsächlich sein, dass auch hier ein Medianwähler existiert, der letztlich die Entscheidung trifft. Aber wie sieht es mit der Wahrscheinlichkeit für ein solches Ereignis aus? Sie ist vergleichsweise gering. Es bedarf schon einer höchst speziellen Anordnung der individuellen Präferenzen, um einen Medianwähler zu erzeugen. Um ihn herum müssen die anderen Wähler ihre idealen Punkte symmetrisch verteilt haben, und zwar symmetrisch in alle Richtungen. Eine solche Konstellation wird natürlich umso unwahrscheinlicher, je mehr Wähler wir betrachten und erst recht, je mehr Dimensionen der Entscheidungsgegenstand aufweist. Bei mehrdimensionalen Entscheidungen, die von einer größeren Anzahl von Wählern zu treffen sind, müssen wir realistischerweise davon ausgehen, dass die Wahrscheinlichkeit für einen Medianwähler nur vernachlässigbar von Null verschieden ist.

Dieses Ergebnis ist in gewisser Weise enttäuschend. Das Median-Theorem stellt (bei eingipfeligen Präferenzen) sicher, dass wir uns bei eindimensionalen Entscheidungen bezüglich des Auftretens zyklischer Mehrheiten keine Gedanken zu machen brauchen. Nun müssen wir feststellen, dass dieser Weg um die unangenehmen Implikationen des Arrow-Paradoxons herum dann nicht mehr gangbar ist, wenn wir es mit mehrdimensionalen Entscheidungen zu tun haben. Dies ist vor allem im Hinblick auf eine wichtige Anwendung des Medianmodells von erheblicher Bedeutung. Wir haben schon angedeutet, dass dieses Modell dazu benutzt wird, demokratische Wahlen in einer Parteiendemokratie abzubilden. Solange wir zur Charakterisierung einer Partei mit dem eindimensionalen „links-rechts-Schema" auskommen, mag dieser Versuch fruchtbar sein (zumal in diesem Fall die Annahme eingipfeliger Präferenzen nicht allzu unrealistisch sein dürfte). Wenn aber eine zweite Dimension hinzutritt, verliert das Median-Modell seinen Erklärungswert. Die Vergangenheit hat gezeigt, dass das Denken in „links-rechts-Kategorien" immer problematischer wird. Welche Partei ist „rechter", die CDU oder die FDP? Dazu kommt, dass der politische Standort einer Partei in den letzten Jahren immer stärker auch dadurch gekennzeichnet werden konnte, welche Position sie zu ökologischen Fragen bezog. Vielleicht ist die Ökologie die zweite Dimension des politischen Raumes, die das Median-Modell obsolet werden lässt?

Wir werden uns mit dieser Frage befassen müssen, wenn wir die Funktionsweise parlamentarischer Demokratien behandeln. Bevor wir dies tun, werden wir die Auseinandersetzung mit der Frage, *wie* kollektive Entscheidungen getroffen werden können, unterbrechen und uns wieder den ökonomisch relevanten Bereichen zuwenden, in denen solche Entscheidungen notwendig sind. Konkret bedeutet dies, dass wir uns in den nächsten Abschnitten noch einmal mit den Konsequenzen befassen werden, die sich aus dem ersten Hauptsatz der Wohlfahrtsökonomie ergeben. Die in diesem Paragraphen angestellten Überlegungen sollten dabei vor allem eins erzeugt haben: Problembewusstsein. Wie deutlich auch immer wir die Notwendigkeit kollektiver Entscheidungen aufzeigen können, wir müssen uns der Grenzen bewusst sein, innerhalb derer sie möglich sind. Dabei gilt es zu bedenken, dass wir diese Grenzen bisher in einem „Modell" abgeleitet haben, das in einem wichtigen Punkt von der Realität abweicht. Wir haben ausschließlich direkte Demokratien betrachtet, in denen die Wähler ihre Interessen in eigener Regie verfolgen. Man sollte darauf gefasst sein, dass die Grenzen um einiges enger werden, wenn wir berücksichtigen, dass kollektive Entscheidungen in der Regel von Politikern getroffen werden, die dazu zwar einer demokratischen Legitimation bedürfen, aber dennoch eigene Interessen verfolgen werden.

Kontrollfragen

1) Charakterisieren Sie den Zusammenhang zwischen den allokationstheoretischen Überlegungen der ersten vier Kapitel und den Inhalten des Kapitels 5.

2) Was bedeutet es für die Möglichkeit einer „rationalen Wirtschaftspolitik", wie sie in den ersten Kapiteln definiert wurde, wenn wir feststellen müssen, dass es ein ideales Verfahren zur Erzeugung kollektiver Entscheidungen nicht gibt?

3) Nennen Sie die Vor- und die Nachteile der Einstimmigkeitsregel.

4) Auf der Weltklimakonferenz in Berlin im Jahre 1995 wurde lange Zeit nicht über Klimapolitik gestritten, sondern über die Frage, mit welcher Mehrheit Beschlüsse gefasst werden sollten. Mit welcher Regel muss notwendigerweise ein Beschluss in dieser Sache herbeigeführt werden?

5) Nicht wenige Länder bestanden auf der oben genannten Konferenz darauf, dass Beschlüsse nur einstimmig gefasst werden dürfen. Welches Motiv werden diese Länder für ihre restriktive Haltung gehabt haben? Halten Sie die Einstimmigkeitsregel für gerechtfertigt in einer solchen Situation?

6) Benutzen Sie das in Abbildung 12 angegebene Beispiel um deutlich zu machen, dass das Pareto-Kriterium für kollektive Entscheidungen der Art, wie sie in diesem Kapitel besprochen sind, nicht ausreicht, um eine Lösung zu erzeugen.

7) Was zeichnet die Borda-Wahl gegenüber der paarweisen Abstimmung aus?

8) Charakterisieren Sie die axiomatische Methode. Was sind die Vorteile dieses Vorgehens, wo liegen die Erkenntnisgrenzen?

9) Interpretieren Sie die Forderung, dass ein Wahlmechanismus Anonymität sichern soll. Warum ist diese Forderung letztlich unverzichtbar?

10) Das Arrow-Paradoxon wird mitunter auch als „Possibility-Theorem" bezeichnet. Dabei ist es der Fall von zwei Alternativen, der zu dieser Namensgebung geführt hat. Was könnte damit gemeint sein?

11) Ist die Forderung, dass die soziale Präferenzordnung transitiv sein soll, wirklich selbstverständlich? Impliziert dies nicht eine Gleichsetzung von individuellem und kollektivem Entscheidungskalkül?

12) Was wäre gegen eine Gleichsetzung im Sinne der Frage 11) einzuwenden?

13) Warum ist die Vorstellung eines wohlwollenden Diktators nicht geeignet, das kollektive Entscheidungsproblem im Sinne ARROWS zu lösen?

14) Der Physiker und ehemalige Kandidat bei der Wahl des Bundespräsidenten Professor Jens Reich hat einmal in einem Zeitungsinterview für eine „ökologische Diktatur" plädiert, die seiner Meinung nach notwendig sei, weil eine Demokratie nicht in der Lage ist, die langfristig für das Überleben der Menschen notwendigen ökologischen Entscheidungen zu treffen. Diskutieren Sie diese Position vor dem Hintergrund der Problematik kollektiver Entscheidungen.

15) Ist die „Unabhängigkeit von irrelevanten Alternativen" wirklich eine wichtige Eigenschaft eines Wahlverfahrens? Diskutieren Sie den Sinn dieses Axioms.

16) Angenommen, wir lebten in einer Welt, in der die Menschen bei der Bundestagswahl ausschließlich in der Dimension „links-rechts" denken. Nehmen wir weiterhin an, Sie seien Vorsitzender einer Partei, die möglichst viele Stimmen auf sich vereinigen will. Welche politische Position würden Sie anstreben (im rechts-links Spektrum)?

17) Welche anderen Dimensionen könnten (außer rechts-links) bei der Wahl eine Rolle spielen? Glauben Sie, dass alle Wähler ihre Wahlentscheidung über den gleichen Entscheidungsraum treffen?

LITERATUR ZU KAPITEL 5

Für den gesamten Bereich kollektiver Entscheidungen dürfte

MUELLER, D.C., Public Choice II, Cambridge 1989

das international anerkannte Standardlehrbuch sein. Weitere Lehrbücher bzw. lehrbuchhafte Darstellungen, auf die im Kap. 5 zurückgegriffen wurde (abgesehen von den bereits angegebenen Arbeiten von INMAN und KREPS):

RICHTER, W. F., WIEGARD, W., Zwanzig Jahre „Neue Finanzwissenschaft", Zeitschrift für Wirtschafts- und Sozialwissenschaft, 113, 1993, 169-224.

SEN, A.K., Social Choice, in: EATWELL, J., MILGATE, M., NEWMAN, P. (Eds.), The New Palgrave, London et al. 1987, 382-393.

WEIMANN, J., Umweltökonomik, Eine theorieorientierte Einführung, 3. Auflage, Berlin et al. 1995.

BERNHOLZ, P., BREYER F., Grundlagen der Politischen Ökonomie, Band 2, dritte Auflage, Tübingen, 1994.

Zur Contingent Valuation Methode (Sidestep 16):

CARSON, R.T., Constructed Markets, in: BRADEN, J.B., KOLSTAD, C.D., (eds.), Measuring the Demand for Environmental Quality, Amsterdam et al. 1991, S. 121-161.

CARSON, R.T., A Bibliography of Contingent Valuation Studies and Papers, La Jolla, 1994.

DIAMOND, P.A., HAUSMAN, J.A., Contingent Valuation: Is Some Number Better Than No Number?, Journal of Economic Perspectives, 8, 1994, 45-64.

HAUSMAN, J.A, (ED.), Contingent Valuation: A Critical Assessment, New York 1993.

MICHELL, R.C., CARSON, R.T., Using Surveys to Value Public Goods, Washington D.C., 1989.

PORTNEY, P.R., The Contingent Valuation Debate: Why Economists should care. Journal of Economic Perspectives, 8, 1994, 3-17.

Zur Beurteilung von Wahlverfahren:

BALINSKY, M., YOUNG, H.P., Fair Representation, New Haven, 1982.

LEVIN, J., NALEBUFF, B., An Introduction to Vote Counting Schemes, Journal of Economic Perspectives, 9, 1995, 3-26.

TAAGEPERA, R., SHUGART, M., Seats and Votes, New Haven 1989.

SEN, A.K., How to judge Voting Schemes, Journal of Economic Perspectives, 9, 1995, 91-98.

Zu STV:

DUMMETT, M., Voting Procedures, Oxford, 1984.

HARE T., Treatise on the Election of Representatives, Parliamentary and Municipal, London, 1859.

TIDEMAN, N., The Single Transferable Vote, Journal of Economic Perspectives, 9, 1995, 27-38.

Zur Coombs-Wahl

COOMBS, C., A Theory of Data, New York 1964.

COX, G. W., Centripetal and Centrifugal Incentives in Electoral Systems, American Journal of Political Science, 34, 1990, 903-935.

MEYERSON, R., Incentives to Cultivate Favored Minorities under Alternative Electoral Systems, American Political Science Review, 87, 1993, 856-869.

Zum Arrow Theorem:

ARROW, K.J., Social Choice and Individual Values, New York 1951; 2. Aufl. 1963.

BUCHANAN, J., 1954, Social Choice, Democracy and Free Markets, Journal of Political Economy, 62, 114-123.

SEN, A.K., Rationality and Social Choice, American Economic Review, 85, 1995b, 1-24.

SEN, A.K., Internal Inconsistency of Choice, Econometrica, 61, 1993, 495-521.

SEN, A.K., Information and Invariance in Normative Choice, in: HELLER, W.P., STARR, R.M., STARRETT, D.A. (eds.), Social Choice and Public Decision Making, Vol 1., Essays in Honour of Kenneth J. Arrow, Cambridge 1986, 29-55.

Zum Hotelling-Modell:

HOTELLING, H., Stability in Competition, Economic Journal, 39, 1929, 41-57.

KREPS, D., Analysis of Democratic Institutions: Structure, Conduct and Performance, Journal of Economic Perspectives, 9, 1995, 77-89.

Weitere wichtige Monographien und Aufsätze:

BLACK, D., On the Rational of Group Decision Making, Journal of Political Economy, 56, 1948, 23-34.

BLIN, J.M., SATTERTHWAITE, M.A., Individual Decision and Group Decision, Journal of Public Economics, 10, 1978, 247-67.

CLARKE, E., Multipart Pricing of Public Goods, Public Choice, 8, 1971, 19-33.

GIBBARD, A., Manipulation of Voting Schemes: A General Result, Econometrica, 41, 1973, 587-602.

GROVES, T., LEDYARD, J., Optimal Allocation of Public Goods: A Solution to the Free Rider Problem, Econometrica, 45, 1977, 783-809.

GROVES, T., LEDYARD, J., Incentive Compatibility Since 1972, in: GROVES, T., RADNER, R., REITER S. (Eds.), Information, Incentives and Mechanisms. Essays in Honor of Leonid Hurwicz, Oxford 1987, 48-111.

LEININGER, W., The „Fatal" Vote, Diskussionspapier, Universität Dortmund, Fakultät für Wirtschaftswissenschaft, 1992.

LUCE, R.D., RAIFFA, H., Games and Decision, New York 1957.

MERRILL, S., A Comparison of Efficiency of Multicandidate Electoral Systems, American Journal of Political Science, 28, 1984, 23-48.

PLOTT, C.R., Axiomatic Social Choice Theory: An Overview and Interpretation, American Journal of Political Science, 20, 1976, 511-596.

POLLACK, R.A., Bergson-Samuelson Social Welfare Functions and the Theory of Social Choice, Quarterly Journal of Economics, 93, 1979, 73-90.

SATTERTHWAITE, M.A., Strategy-Proofness and Arrow's Conditions: Existence and Correspondence Theorems for Voting Procedures and Social Welfare Functions, Journal of Economic Theory, 10, 1975, 187-217.

VICKREY, W., Counterspeculation, Auctions and Competitive Sealed Tenders, Journal of Finance, 16, 1961, 1-17.

YOUNG, H.P., Condorcet's Theory of Voting, American Political Science Review, 1988, 1231-1244.

YOUNG, H.P., An Axiomatization of Borda's Rule, Journal of Economic Theory, 9, 1974, 43-52.

6   MARKT UND WETTBEWERB

Am Anfang dieses Kapitels ist es angebracht, noch einmal den Zusammenhang aufzuzeigen, in dem die folgenden Überlegungen zu sehen sind und der sich aus unseren bisherigen Überlegungen ergibt.

Rationale Wirtschaftspolitik wurde als kollektives Handeln charakterisiert, das dann notwendig wird, wenn es zu einem Widerspruch zwischen individuell rationalem Verhalten und kollektiver Rationalität kommt. Dabei wurde kollektive Rationalität mit Hilfe des Pareto-Kriteriums operationalisiert. Dieser Zugang ermöglicht es, die Fälle zu identifizieren, in denen rationales Verhalten der Individuen zu ineffizienten Ergebnissen führt. In Kapitel 3 und 4 haben wir dies in einem sehr allgemeinen Sinne bereits getan. Die dort angestellten Überlegungen haben uns geholfen, die prinzipielle Notwendigkeit staatlichen Handelns nachzuweisen. Wir wussten danach, dass wir nicht hoffen können ohne Staat zurecht zu kommen. Eine vollständig dezentral organisierte Ökonomie wird nicht in der Lage sein eine effiziente Allokation knapper Ressourcen zu bewerkstelligen. Kapitel 5 hat uns gezeigt, dass diese Einsicht durchaus bedauerlich ist, denn in ihm wurde offenbar, dass wir kaum in der Lage sein werden, dem Versagen der rein dezentralen Organisation ein perfekt funktionierendes System kollektiver Entscheidungen entgegenzusetzen – selbst dann nicht, wenn wir von idealen Voraussetzungen ausgehen.

Eine wesentliche Rolle in unseren Überlegungen hat der erste Hauptsatz der Wohlfahrtsökonomie gespielt. Er hat uns den Referenzpunkt geliefert, an dem wir Effizienzverluste und ihre Ursachen ausmachen können. In einem idealen System vollständiger Märkte, bei Abwesenheit zunehmender Skalenerträge und externer Effekte herrscht Harmonie zwischen individueller und kollektiver Rationalität. Aber diese Harmonie kann nur unter den idealtypischen Bedingungen des Modells Bestand haben. In der Realität ist sie gestört und es sind diese Störungen, die wirtschaftspolitisches Handeln notwendig und rational erscheinen lassen. In den folgenden Paragraphen werden wir uns die Voraussetzungen des ersten Hauptsatzes erneut ansehen und wir werden dabei mehr ins Detail gehen.

Mitunter lassen sich institutionelle Regelungen beobachten, die mit dem, was wir als *rationale* Politik identifizieren, nur sehr wenig gemeinsam haben. Man sollte sich allerdings davor hüten, daraus den Schluss zu ziehen, Politiker verhielten sich irrational oder seien schlicht nicht in der Lage zu erkennen, was eine rationale Politik wäre. Man wird sich vielmehr fragen müssen, warum das politische System so viel Ineffizienz erzeugt, *obwohl* Politiker sich rational verhalten. Das wird uns zu einer Fragestellung führen, die in einem engen Zusammenhang mit Kapitel 5 steht, nämlich zu der Frage, welche Möglichkeiten zu kollektiv rationalem Handeln noch verbleiben, wenn wir a) die Analyse auf repräsentative Demokratien erweitern und b) unterstellen, dass Politiker nicht nur am Gemeinwohl interessiert sind, sondern auch eigene Interessen besitzen. Dies wird – in Kurzform – Gegenstand des abschließenden Kapitels dieses Buches sein. Bevor wir uns aber mit der positiv-theoretischen Analyse des politischen Raumes befassen, gilt es zunächst, die normative Analyse, die Charakterisierung rationaler Politik, weiter auszubauen.

6.1 DIE EFFIZIENZEIGENSCHAFTEN VON WETTBEWERBSMÄRKTEN

Der erste Hauptsatz der Wohlfahrtsökonomie beschreibt einen Zustand, in dem sich alle Akteure einer Ökonomie rational und eigennützig verhalten und dabei zu einem Resultat gelangen, bei dem niemand mehr besser gestellt werden kann, ohne dass ein anderer in seiner Güterversorgung verschlechtert wird. Die zentrale Institution, die dafür sorgt, dass es zu einer solchermaßen optimalen Koordination der Pläne aller Produzenten und Konsumenten kommt, ist der Markt und das einzige Steuerungsinstrument, das dabei benötigt wird, ist der Preis. Es sind Preissignale, die Güter dorthin lenken, wo sie den größten Nutzen stiften und Ressourcen an die Stelle bringen, an denen sie ihre größte Produktivität entfalten. Damit Preise eine solche Koordinationsleistung erbringen können, müssen sie demjenigen, der ein Gut nachfragt, die bei der Bereitstellung dieses Gutes tatsächlich anfallenden Kosten signalisieren. Nur wenn Märkte solche Preissignale hervorbringen, können wir mit einer effizienten Allokation rechnen. Welche Bedingungen müssen erfüllt sein, damit ein Markt die „richtigen" Preise generiert? Die Antwort lautet: Es muss sich um einen Wettbewerbsmarkt handeln.

Was macht einen Wettbewerbsmarkt aus, wodurch ist er charakterisiert und wie schafft er es, die korrekten Preise hervorzubringen? Mitunter werden Wettbewerbsmärkte durch eine lange Liste von Eigenschaften beschrieben, die vorliegen müssen, damit von einem „vollkommenen Markt" gesprochen werden kann. Beispielsweise wird gefordert, dass ein homogenes Gut gehandelt wird (z.B. Weizen einer bestimmten Qualität), dass alle Anbieter und Nachfrager vollkommen über alle Marktparameter informiert sind, sich die Preise unendlich schnell an Nachfrageänderungen anpassen usw. Wir wollen es uns mit der Beschreibung von Wettbewerbsmärkten einfacher machen und lediglich eine einzige, zentrale Forderung stellen: Die Akteure auf beiden Marktseiten müssen sich als *Preisnehmer* verhalten. Das bedeutet, dass weder ein einzelner Anbieter noch ein einzelner Nachfrager in der Lage sein darf, den Preis des Gutes zu beeinflussen.

Die Forderung nach Preisnehmerverhalten richtet sich natürlich vor allem an die Anbieter, denn in aller Regel ist es Konsumenten ohnehin nicht möglich, durch ihre Nachfrageaktivitäten den Preis zu verändern. Man müsste schon ziemlich viel Benzin tanken um zu erreichen, dass der Benzinpreis steigt. Warum ist Preisnehmerverhalten der Anbieter so wichtig? Um diese Frage zu beantworten, muss man sich verdeutlichen, was geschieht, wenn die Anbieter keine Möglichkeit besitzen den Preis selbst zu bestimmen, wenn sie ihn vielmehr als „Datum" hinnehmen müssen und lediglich ihre Angebotsmenge variieren können. Auf einem solchen

Markt wird sich ein *Grenzkostenpreis* einstellen, d.h. die Anbieter werden ihre Angebotsmenge solange ausdehnen, bis sie eine Menge erreicht haben, bei der die Grenzkosten der Produktion gleich dem Marktpreis sind. Dass dies tatsächlich bei Preisnehmerverhalten geschehen muss, zeigt eine sehr einfache Überlegung. Wenn der Preis, der sich am Markt bildet und an den sich der einzelne Anbieter anpassen muss, über den Grenzkosten liegt, wird die Produktion ausgedehnt, denn dadurch kann der Gewinn gesteigert werden,[115] liegen die Grenzkosten über dem Preis, wird die Produktion eingeschränkt. Im Gleichgewicht wird eine Menge angeboten, bei der Preis = Grenzkosten gilt.[116]

Grenzkostenpreise sind es letztlich, die die Effizienz eines Wettbewerbsmarktes ausmachen. Die Intuition dafür liegt auf der Hand: Wenn in einer Ökonomie alle Preise den Grenzkosten entsprechen, dann signalisieren diese Preise in idealer Weise die Kosten, die mit der Bereitstellung des Gutes verbunden sind, und liefern damit genau das Signal, das für eine effiziente Allokation benötigt wird. Wenn wir uns auf eine Partialanalyse beschränken, dann können wir diese Intuition durch eine etwas formalere Betrachtung erweitern. Dazu benötigen wir ein Konzept, mit dem sich die Vorteilhaftigkeit eines Marktergebnisses messen lässt, wir brauchen ein geeignetes *Wohlfahrtsmaß*. Der Vorteil, den die Anbieter an einem Markt realisieren, lässt sich relativ einfach beziffern, es ist der Gewinn, den sie erzielen. Aber wie misst man den Vorteil der Nachfrager? Ein sehr altes Konzept, das nach wie vor noch seine Dienste tut, ist die Idee der *Konsumentenrente*.

Die dahinter stehende Idee ist sehr einfach und lässt sich anhand der folgenden Abbildung leicht verdeutlichen:

---

[115] Vorausgesetzt, die Durchschnittskosten sind geringer als die Grenzkosten. Andernfalls führt eine Produktionsausweitung nur dazu, dass der Verlust verkleinert wird.

[116] Die formale Herleitung dieses Ergebnisses ist sehr einfach: Seien p der Preis eines Gutes und x die Menge, GK(x) die Grenzkosten, K(x) die Gesamtkosten der Produktion. Dann ist $\pi = px - K(x)$ der Gewinn des Unternehmens, der bei festem Preis p maximal wird, wenn p = GK.

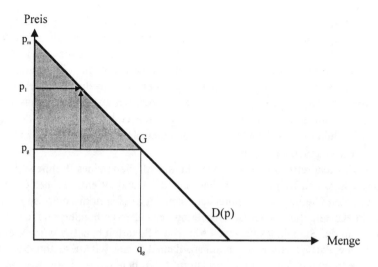

Abbildung 28: Konsumentenrente

D(p) sei die Nachfrage nach einem homogenen Gut in Abhängigkeit vom Preis p. p_g sei der Preis, der sich am Markt als Gleichgewichtspreis eingestellt hat, zu dem das Gut also getauscht wird. Man kann sich die Nachfragefunktion als eine Abbildung unterschiedlicher Dinge vorstellen. Wir wollen hier folgende Interpretation benutzen: Die Konsumenten unterscheiden sich in ihrer Wertschätzung für das Gut, d.h. sie besitzen unterschiedliche Zahlungsbereitschaften. p_m ist der maximale Preis, den ein oder mehrere Konsumenten bereit sind für den Besitz einer Einheit des Gutes auszugeben. Stellen wir uns nun vor, wir sortieren die Nachfrager nach ihrer Zahlungsbereitschaft und tragen die jeweiligen Reservationspreise (der Preis, den ein Konsument höchstens zu zahlen bereit ist) gegen die kumulierte Nachfragemenge ab. Was wir erhalten, ist die Kurve D(p). Nun muss aber ein Konsument, der beispielsweise die Zahlungsbereitschaft p_1 besitzt, nicht seinen Reservationspreis bezahlen, sondern nur den Marktpreis p_g. Der Vorteil, der sich für ihn dadurch ergibt, entspricht der Preisdifferenz ($p_1 - p_g$). Addieren wir die Vorteile aller Nachfrager, deren Zahlungsbereitschaft über p_g liegt, ergibt dies den Vorteil, den die Konsumenten insgesamt aus dem Preis p_g haben, und diesen Vorteil nennt man die Konsumentenrente (KR). In unserem Beispiel entspricht die schraffierte Fläche der KR, d.h. es gilt:

$$KR = \int_0^{q_g} D(p)dp \quad .$$

Wenn wir die Konsumentenrente als Maß für den Vorteil der Konsumenten verwenden und den Gewinn der Anbieter als *Produzentenrente* bezeichnen, dann können wir etwas über die Vorteilhaftigkeit verschiedener Preise aussagen.

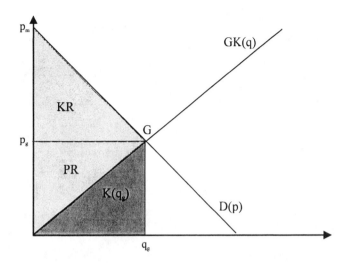

Abbildung 29: Sozialer Überschuss

Wir haben uns bereits klargemacht, dass bei Preisnehmerverhalten die Anbieter gerade die Menge wählen werden, bei der die Grenzkosten gleich dem Preis sind. Das bedeutet aber nichts anderes, als dass die Grenzkostenfunktion GK(q) zugleich die Angebotsfunktion auf einem Konkurrenzmarkt ist. Der Schnittpunkt zwischen GK(q) und D(p) definiert somit das Marktgleichgewicht und damit p_g. Die Vorteilhaftigkeit eines solchen Gleichgewichts lässt sich messen, indem die dabei realisierten Produzenten- und Konsumentenrenten zum sogenannten sozialen Überschuss addiert werden: S = PR + KR.

Wie sich die Konsumentenrente bemisst, haben wir bereits geklärt. Die Produzentenrente ist ebenfalls unmittelbar aus der Graphik ablesbar. Die Erlöse der Anbieter ergeben sich aus $p_g q_g$, das entspricht der Fläche $Op_g Gq_g$. Die Kosten der Produktion von q_g erhalten wir als Integral unter der Grenzkostenkurve $K(q_g)$. Es verbleibt als Gewinn das Dreieck PR.

Der entscheidende Punkt ist nun, dass bei dem Grenzkostenpreis p_g der soziale Überschuss *maximal wird*. Um dies einzusehen, muss man sich nur klarmachen, dass der soziale Überschuss in Abbildung 29 für $q < q_g$ der Fläche zwischen D(p) und GK(q) entspricht – und die wird bis zur Erreichung von q_g immer größer. Was geschieht, wenn ein Preis unterhalb p_g gelten würde? Zwei Möglichkeiten sind denkbar: 1. Die Anbieter verhalten sich weiterhin gewinnmaximierend, d.h. sie bieten die Menge an, bei der die Grenzkosten gleich dem Preis sind – in diesem Fall resultiert eine Angebotsmenge $q < q_g$, und wir sind wieder in der bereits besprochenen Situation. 2. Die Anbieter nehmen aus irgendeinem Grund einen Verlust in Kauf und bieten die Menge an, die zu diesem Preis nachgefragt wird. Abbildung 30 zeigt, dass der in Kauf zu nehmende Verlust der Anbieter immer größer sein muss als der Zuwachs an Konsumentenrente:

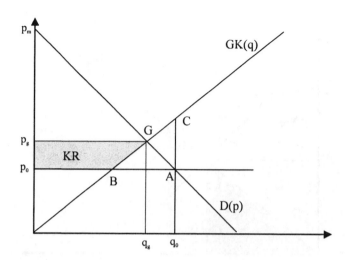

Abbildung 30: Grenzkostenpreise und sozialer Überschuss.

Wird die zum Preis p_0 nachgefragte Menge auch angeboten, erzielen die Konsumenten eine Rente in Höhe von $p_0 p_m A$. Um zu sehen, dass der soziale Überschuss in dieser Situation geringer ausfällt als beim Grenzkostenpreis p_g, muss man sich klarmachen, dass der schraffiert eingezeichnete Teil der Konsumentenrente in Abbildung 30 aus „ehemaliger Produzentenrente" besteht, d.h. im Umfang dieser Fläche wird Rente von den Anbietern zu den Konsumenten umverteilt. Damit bleibt als echter Rentenzuwachs nur das Dreieck BGA und das liegt vollständig unter der Grenzkostenkurve, d.h. dass jeder Zuwachs der Konsumentenrente bei den Anbietern als Kosten anfällt und somit keinen Wohlfahrtsgewinn darstellt. In Höhe des Dreiecks AGC übersteigen die Produktionskosten für die Erzeugung von $q_0 - q_g$ sogar den Zuwachs an Konsumentenrente. Damit ist auch in diesem Fall der soziale Überschuss geringer als beim Grenzkostenpreis p_g.

Ein maximaler sozialer Überschuss ist nichts anderes als ein Synonym für Effizienz und das bedeutet, dass Wettbewerbsmärkte zu effizienten Allokationen führen, weil sie Grenzkostenpreise erzwingen. Das Konzept der Konsumentenrente, mit dessen Hilfe wir dieses Resultat abgeleitet haben, ist brauchbar, aber es hat seine Schwächen – und die sollen nicht verschwiegen werden (vgl. Sidestep 22). Es sei allerdings darauf hingewiesen, dass die Schwächen, die das Konzept der Konsumentenrente aufweist, nichts mit den Effizienzeigenschaften von Wettbewerbsmärkten zu tun haben. Gleichgültig, wie wir den Vorteil der Konsumenten auch messen: Wettbewerbsmärkte erzeugen Effizienz.

Angesichts der Bedeutung, die einer effizienten Allokation zukommt, ist diese Eigenschaft von Wettbewerbsmärkten gar nicht hoch genug zu bewerten. Märkte, auf denen Wettbewerb herrscht, sind offensichtlich eine höchst sinnvolle Institution, wenn es um die Lösung von Allokationsproblemen geht. Welche Voraussetzungen müssen erfüllt sein, damit solche Institutionen entstehen können? Kann man damit rechnen, dass Wettbewerbsmärkte spontan zustande kommen, dass sie ohne staatliches Handeln entstehen und Bestand haben? Der flüchtige Eindruck dürfte zwiespältig sein. Auf der einen Seite betreibt der Staat „Wettbewerbspolitik" und mischt sich durchaus in das Marktgeschehen ein (man denke an das Bundeskartellamt). Auf der anderen Seite beobachtet man ständig das Entstehen spontaner Märkte, ohne dass es dazu kollektiven Handelns bedarf. Es hat keinerlei Politik gegeben, die darauf gezielt war, einen Markt für Inline Skater zu „schaffen" – und dennoch ist er entstanden.

Im Wesentlichen lassen sich drei zentrale Voraussetzungen ausmachen, die gegeben sein müssen, damit ein Wettbewerbsmarkt für eine effiziente Allokation sorgen kann.

[1] Märkte sind Orte des Tausches. Das bedeutet, dass ein Markt nur dann entstehen kann, wenn die elementaren Voraussetzungen für Tauschvorgänge erfüllt sind. Aus diesem Grund ist die Existenz eines möglichst vollständigen Systems von durchsetzbaren Eigentumsrechten eine notwendige Bedingung für die Existenz von Märkten. Solange Eigentumsrechte nicht definiert oder nicht durchsetzbar sind, kann es nicht zu freiwilligen Tauschvorgängen kommen. Beides, sowohl die Schaffung als auch die Durchsetzung der Eigentumsrechte, setzt kollektives Handeln voraus. Ein Rechtssystem, mit dessen Hilfe die rechtliche Grundlage für den Tausch von Gütern gelegt wird, hat Züge eines öffentlichen Gutes. Gleiches gilt für alle die Mechanismen, die zur Durchsetzung von Rechten eingesetzt werden. Nur wenn es zu einer kollektiven Verständigung auf ein staatliches Gewaltmonopol kommt, kann man erwarten, dass Eigentumsrechte durchgesetzt werden können. Es sei dabei ausdrücklich darauf hingewiesen, dass es nicht um die gewaltsame Durchsetzung jedes einzelnen Rechtsanspruchs geht, sondern um die Glaubwürdigkeit, mit der die Rechtsinstitution die Durchsetzung garantiert.

[2] Die zweite zentrale Voraussetzung für einen Wettbewerbsmarkt leitet sich in trivialer Weise aus seiner Definition ab: Es darf keinerlei Marktmacht existieren, d.h. weder Anbieter noch Nachfrager dürfen in der Lage sein, den Preis durch ihr individuelles Handeln zu beeinflussen. Wir werden sehen, dass die Effizienzeigenschaft des Wettbewerbsmarktes verloren geht, wenn Marktmacht ins Spiel kommt. Allerdings gilt es dabei sehr genau zu prüfen, ob die Akteure an einem Markt tatsächlich über die Möglichkeit verfügen den Preis zu beeinflussen und wenn ja, in welchem Maße sie dies können. Obwohl sich auch im Zusammenhang mit dem Phänomen der Marktmacht die Notwendigkeit kollektiven Handelns ergibt, wird sich zeigen, dass Abweichungen von der Preisnehmervoraussetzung nicht in jedem Fall negativ zu bewerten sind. Insbesondere dann nicht, wenn wir die Betrachtung auf die dynamische Entwicklung von Märkten richten und uns fragen, wie technischer Fortschritt in einer Ökonomie angeregt werden kann.

[3] Die dritte Voraussetzung unterscheidet sich in qualitativer Hinsicht von den ersten beiden. Die Schaffung von Eigentumsrechten und die Verhinderung

von Marktmacht sind ihrer Natur nach kollektive Aufgaben, weil sie die Existenz kollektiver Güter (Rechtssystem, Gerichtsbarkeit, Gewaltmonopol) voraussetzen. Da die ersten beiden Punkte die Notwendigkeit kollektiven Handelns zeigen, sind sie geeignet, wirtschaftspolitisches Handeln im weitesten Sinne zu rechtfertigen. Im Unterschied dazu impliziert die dritte Voraussetzung eine Einschränkung des wirtschaftspolitischen Handlungsrahmens. Sie besteht in der Forderung nach *Vertragsfreiheit*. Damit ist im Wesentlichen gemeint, dass Tauschvorgänge ausschließlich auf gegenseitiger Freiwilligkeit beruhen dürfen und die Austauschverhältnisse, zu denen Güter getauscht werden, ausschließlich das Ergebnis der Interaktion der Marktpartner sein sollen. Die Abwesenheit von Zwang, die Freiheit einen Vertrag zu schließen oder ihn ablehnen zu können, sind konstituierende Elemente der Vertragsfreiheit und dienen letztlich dazu sicherzustellen, dass es zu einer unbehinderten Marktpreisbildung kommen kann. Die für uns wichtigste Implikation dieser Voraussetzung ist die Tatsache, dass administrative Preisbildung unterbleiben muss. Kollektives Handeln darf nur die Voraussetzungen für Märkte schaffen. Jeder Eingriff in die Art und Weise, in der Märkte Knappheitssignale generieren, zerstört ihre Effizienzeigenschaft. Diese Einsicht ist nicht sehr neu und um sie zu gewinnen, braucht man keine sehr tiefschürfende Theorie. Dennoch haben wir es in der Realität mit einer Vielzahl administrierter Preise zu tun. Wir werden uns ansehen, welche Folgen das hat.

Die nächsten drei Abschnitte befassen sich mit den drei Voraussetzungen und unterziehen sie einer etwas eingehenderen Betrachtung.

Sidestep 25: Konsumentenrente und Variationsmaße: Ein Ausflug in die Konsumtheorie[117]

Die Konsumentenrente ist ein intuitives und offenbar auch leicht berechenbares Maß für die Vorteilhaftigkeit einer Allokation. Die Wohlfahrtswirkungen von Preis- und Mengenänderungen lassen sich mit ihrer Hilfe als Veränderung von Flächen unter der Nachfragefunktion x(p) darstellen und im Prinzip müsste es möglich sein, Angaben darüber zu machen, ob eine Maßnahme, die Preis und Menge verändert, einen Wohlfahrtsgewinn realisiert oder nicht. Leider gilt dies nur solange wir uns auf einen einzelnen Markt beschränken. Wenn nämlich eine Maßnahme mehr als ein Gut betrifft (und das ist die Regel), müsste die Gesamtveränderung der Konsumentenrenten (KR) bestimmt werden – und das ist in befriedigender Weise nicht zu leisten. Der Grund ist, dass sich die KR in diesem Falle nicht *pfadunabhängig* ermitteln lässt. Das bedeutet: Der für KR berechnete Wert ist *nicht unabhängig* von der Reihenfolge, in

---

[117] Vgl. zu den folgenden Ausführungen u.a. VARIAN (1994) und TAKAYAMA (1994).

der die verschiedenen Güter betrachtet werden – eine für ein Wohlfahrtsmaß höchst unbrauchbare Eigenschaft. Abhilfe versprechen sogenannte Variationsmaße, die die begehrte Eigenschaft der Pfadunabhängigkeit besitzen. Um sie entwickeln zu können, müssen wir allerdings zuvor einige grundlegende Konzepte der Konsumtheorie einführen.

Ausgangspunkt unserer Überlegungen ist das Kalkül eines rational handelnden Konsumenten, dessen vollständige, reflexive, transitiven und stetigen Präferenzen durch die Nutzenfunktion u(**x**): $R_+^n \to R$ repräsentiert werden. Dabei ist **x** = $(x_1,...,x_n)$ ein Güterbündel, das der Konsument zu Preisen **p** = $(p_1, ..., p_n)$ am Markt nachfragen kann. Bei einem Einkommen in Höhe von Y löst der rationale Konsument das folgende *Nutzenmaximierungsproblem* (NM) :

$$\max u(\mathbf{x})$$
$$\text{unter der Nebenbedingung:} \quad \mathbf{px} \leq Y \quad \text{(NM)}$$

Die Lösung von (NM) liefert ein System von sogenannten *unkompensierten* oder *Marshallschen* Nachfragefunktionen $\mathbf{x}^*(\mathbf{p},Y)$, die angeben, welche Menge x_i^* des i-ten Gutes der Konsument bei Preisen **p** und Einkommen Y nachfragt.

Die direkte Nutzenfunktion u ordnet jeder Kombination von Gütermengen **x** einen bestimmten Nutzen zu. Die *indirekte Nutzenfunktion* v gibt dagegen an, welcher *maximale Nutzen* bei gegebenen Preisen **p** und Einkommen Y erreicht werden kann, d.h. $v(\mathbf{p}, Y) = \max u(\mathbf{x})$ u.d.N. $\mathbf{px} = Y$ [118].
Alternativ lässt sich das Optimierungsproblem eines rationalen Konsumenten auch als *Ausgabenminimierungsproblem* (AM) formulieren. Bei (NM) wird der Nutzen unter der Budgetrestriktion maximiert. Im folgenden Problem (AM) werden die Ausgaben minimiert, die notwendig sind, um ein bestimmtes Nutzenniveau zu erreichen:

$$\min \mathbf{px}$$
$$\text{u.d.N.} \quad u(\mathbf{x}) \geq u^0. \quad \text{(AM)}$$

Man sieht sofort, dass das Einkommen in (AM) keine Rolle mehr spielt. Um die Wirkungen dieser dualen Formulierung des Konsumentenproblems zu verdeutlichen, betrachten wir die *Ausgabenfunktion* $e(\mathbf{p}, u^0) = \min \mathbf{px}$, u.d.N. $u(\mathbf{x}) \geq u^0$. $e(\mathbf{p}, u^0)$ gibt an, welches Einkommen notwendig ist, um den Nutzen u^0 zu realisieren (man beachte, dass u^0 aus der Lösung von (NM) gewonnen

---

[118] Man kann leicht zeigen, dass unter der Annahme lokaler Nichtsättigung die Budgetrestriktion bei einem nutzenmaximierenden Güterbündel $\mathbf{x}^*$ mit Gleichheit erfüllt sein muss.

wird). Die Ausgabenfunktion besitzt einige wichtige Eigenschaften. Insbesondere erlaubt sie die Anwendung von *Shepards-Lemma*, aus dem folgt:

Wenn $h(p, u^0)$ das Güterbündel ist, das notwendig ist, um das Nutzenniveau u^0 bei Preisen p zu erreichen, dann ist

$$h_i(p, u^0) = \frac{\partial e(p, u^0)}{\partial p_i} \quad \text{für alle } i = 1,\ldots, n \ .$$

Die Funktion $h(p, u^0)$ wird als *Hicksche* oder *kompensierte* Nachfrage bezeichnet. Die zentrale Eigenschaft der Hickschen Nachfragefunktion wird deutlich, wenn man sich vor Augen führt, was geschieht, wenn sich der Preis eines Gutes ändert: Erstens verändern sich die relativen Preise der Güter. Bei einem Preisanstieg ist das Gut i im Vergleich zu den Gütern, deren Preise unverändert geblieben sind, relativ teurer geworden. Die Folge ist ein *Substitutionseffekt*, bei dem das relativ teurere Gut durch andere Güter partiell ersetzt wird. Zweitens hat sich durch die Preiserhöhung das reale Einkommen des Konsumenten reduziert und auch dieser *Einkommenseffekt* hat Auswirkungen auf die Nachfrage. Die Hicksche Nachfrage neutralisiert den Einkommenseffekt und zeigt ausschließlich die Reaktion des rationalen Konsumenten auf die Veränderung der *relativen* Preise – also den *Substitutionseffekt*.

Kehren wir nun zu den angesprochenen Variationsmaßen zurück. Um sie zu entwickeln, stellen wir uns vor, es gehe um die Bewertung einer politischen Maßnahme, die zu einer Veränderung der Preise und des Einkommens führt. Sei (p^0, Y^0) die Preis/Einkommenssituation vor und (p^1, Y^1) die nach Durchführung der Maßnahme. Ein unmittelbarer Wohlfahrtsvergleich besteht darin, die jeweiligen indirekten Nutzen miteinander zu vergleichen. Wenn $v(p^1, Y^1) \geq v(p^0, Y^0)$, sollte die Maßnahme ergriffen werden, andernfalls führt sie zu einer Schlechterstellung.

Allerdings liefert ein solcher Vergleich lediglich ein rein ordinales Maß. Wir sind jedoch vielfach auf den Vergleich von mehr als zwei Alternativen angewiesen oder müssen den Nutzen verschiedener Konsumenten aggregieren. Außerdem ist die genaue Kenntnis der Opportunitätskosten einer Maßnahme mit einem ordinalen Maß nicht erreichbar – dennoch ist sie mitunter unerlässlich. An dieser Stelle hilft uns die *Ausgabenfunktion*. $e(q; p, Y) := e(q; v(p, Y))$ gibt das Einkommen (die Ausgaben) an, das notwendig ist, um beim Preis q das Nutzenniveau zu erreichen, das maximal beim Preis p und beim Einkommen Y erreicht werden kann. Drücken wir den oben angestellten Vergleich mit Hilfe der Ausgabenfunktion aus, dann sollte die Maßnahme nur dann realisiert werden, wenn

$$e(q; p^1, Y^1) - e(q; p^0, Y^0) \geq 0$$

Gehen wir im Folgenden davon aus, dass sich nur die Preise, nicht aber das Einkommen ändert, d.h. $Y = Y^0 = Y^1 = e(\mathbf{p}; \mathbf{p}, Y)$. Um zu einem geschlossenen Konzept zu gelangen, fehlt lediglich eine Entscheidung bezüglich des Basispreises **q**. Zwei Varianten bieten sich an: das Preissystem vor und nach der Politikmaßnahme. Beide Möglichkeiten ergeben sinnvoll interpretierbare Maße :

$$\text{ÄV} = e(\mathbf{p}^0; \mathbf{p}^1, Y) - e(\mathbf{p}^0; \mathbf{p}^0, Y) = e(\mathbf{p}^0; \mathbf{p}^1, Y) - e(\mathbf{p}^1; \mathbf{p}^1, Y)$$

$$\text{KV} = e(\mathbf{p}^1; \mathbf{p}^1, Y) - e(\mathbf{p}^1; \mathbf{p}^0, Y) = e(\mathbf{p}^1; \mathbf{p}^1, Y) - e(\mathbf{p}^0; \mathbf{p}^0, Y)$$

Die Äquivalente Variation fragt, welche Einkommensänderung bei gegebenen Preisen der Durchführung der Maßnahme äquivalent wäre. Die Kompensierende Variation gibt dagegen an, auf wie viel Einkommen der Konsument nach der Politikmaßnahme verzichten kann, um so gestellt zu werden, wie vor der Maßnahme (bzw. wie viel man dem Konsumenten an Einkommen geben muss, um ihn bei neuen Preisen so zu stellen, wie vor der Maßnahme). Entsprechend lassen sich die ÄV als *Zahlungsbereitschaft* für die Politikmaßnahme interpretieren (Willingness to Pay –WTP) und die KV als Betrag, durch den der Konsument für die Durchführung der Maßnahme *kompensiert* wird, d.h. für den er die Maßnahme akzeptiert (Willingness to Accept – WTA).

Der Zusammenhang zur Hickschen Nachfragefunktion wird unmittelbar deutlich, wenn man sich daran erinnert, dass die Hicksche Nachfrage nichts anderes ist als die Ableitung der Ausgabenfunktion (Shepards-Lemma). Damit ist klar, dass die ÄV der Fläche unter der Hickschen Nachfrage entspricht, die man zum Nutzenniveau $v(\mathbf{p}^1, Y)$ erhält und KV der Nachfrage zum Nutzenniveau $v(\mathbf{p}^0, Y)$. Man kann zeigen, dass die Steigung der Hicksschen Nachfrage größer sein muss als die der Marshallschen. Damit ist klar, dass KR zwischen ÄV und KV liegen muss. Abbildung (31) verdeutlicht die drei Maße graphisch:

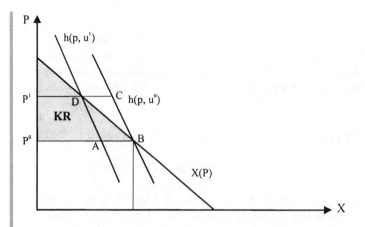

Abbildung 31: Kompensierende und Äquivalente Variation

Erläuterung:
Die Politikmaßnahme führt zu einem Preisanstieg von p^0 auf p^1. Der Verlust an KR entspricht der Fläche p^0BDp^1, die dazu Äquivalente Variation ist p^0ADp^1 und die Kompensierende Variation ist gegeben durch p^0BCp^1.

Die Differenz zwischen den drei Maßen ist abhängig von der Stärke des Einkommenseffekts. Genauer: Wenn Preisänderungen keinen Einkommenseffekt haben (oder der Einkommenseffekt vernachlässigbar klein ist), dann fallen KR und ÄV/KV zusammen. Insofern ist es bei geringen Einkommenseffekten möglich, KR als *Approximation* für ÄV und KV zu betrachten. Ist dies nicht möglich, d.h. ist der Einkommenseffekt nicht vernachlässigbar, hängt die Differenz zwischen KV und ÄV nicht nur vom Einkommenseffekt ab, sondern auch vom Substitutionseffekt. Insbesondere zeigt HANEMANN (1991), dass die Differenz zwischen den beiden Werten dann extrem groß werden kann, wenn das Gut, dessen Preis sich ändert, nur sehr schwer durch andere Güter substituiert werden kann. Im Falle „einmaliger" Umweltgüter ist beispielsweise die Differenz zwischen WTP und WTA sehr groß.

6.2 EIGENTUMSRECHTE

Was macht den Kern eines Tauschvorganges aus? Beantworten wir die Frage an einem Beispiel: anhand des Erwerbs einer Zeitung. Getauscht wird vordergründig ein bedrucktes Stück Papier gegen Geld (welches man sich als „Platzhalter" für beliebige Güter vorstellen kann, gegen die das Geld seinerseits eingetauscht werden kann). Vordergründig ist diese Betrachtung deshalb, weil der eigentliche Kern des Geschäfts darin besteht, dass mit dem Zeitungspapier auch das *Eigentums- und Verfügungsrecht* über die Zeitung den Besitzer wechselt.

6.2 Eigentumsrechte

Dass der Handel mit Eigentumsrechten der Teil des Tauschvorganges ist, auf den es ankommt, wird deutlich, wenn man ihn wegdenkt. Wäre derjenige, der eine Zeitung erwerben will, an einem solchen Handel noch interessiert, wenn er für sein Geld nicht das Recht erwerben würde, über die Zeitung nach eigenem Ermessen zu verfügen? Wohl kaum. Wenn aber der Handel mit Eigentumsrechten die Essenz des Tausches ist, dann wird klar, warum Märkte nur dann entstehen können, wenn handelbare Eigentumsrechte existieren.

Wie müssen die Eigentumsrechte beschaffen sein, was müssen sie leisten, damit Märkte entstehen können und damit Tauschvorgänge möglich werden, bei denen sich die Tauschpartner verbessern? Es muss sich um Rechte handeln, die einzelnen Personen die physische Verfügbarkeit über Güter einräumen. Weiterhin müssen diese Rechte übertragbar sein, d.h. es muss möglich sein, diese Rechte im Tausch gegen andere, gleichartige Verfügungsrechte weiterzugeben. Diese Voraussetzung erscheint erstens trivial, denn nur wenn sie erfüllt ist, können Tauschvorgänge zustande kommen, und zweitens wenig problematisch, denn warum sollten bestehende Eigentumsrechte *nicht* übertragbar sein. Ganz so unproblematisch ist die Sache allerdings nicht, denn man kann sehr wohl die Frage stellen, ob wirklich alle Verfügungsrechte Gegenstand eines Tausches sein sollen. Eine prominente Einschränkung der Übertragbarkeit von Verfügungsrechten sei beispielhaft genannt: Die physische Verfügbarkeit über die eigene Person ist ein Recht, das nur in begrenztem Umfang übertragen werden kann. Arbeitsverträge sind möglich, aber die Sklaverei – auch die freiwillig eingegangene – ist in fast allen Ländern verboten.

Eine zentrale Funktion von Eigentumsrechten besteht darin konkurrierende Verwendungsinteressen zu koordinieren. Indem der Gebrauch von Gütern und Ressourcen unter den Vorbehalt gestellt wird, dass das entsprechende Eigentumsrecht erworben wird, entsteht die Möglichkeit, Preise als Steuerungsinstrument einzusetzen. Auf diese Weise gelingt es, Konsumgüter exklusiv dorthin zu lenken, wo sie auf die höchste Zahlungsbereitschaft und damit den größten Nutzen stoßen, und Ressourcen der Verwendung zuzuführen, in der sie die größte Produktivität entfalten.

Eigentumsrechte schaffen und begrenzen gleichzeitig die Handlungsspielräume der Akteure. Die Eigentümerin einer Zeitung hat die Möglichkeit, über ihre Verwendung zu entscheiden. Sie kann sie lesen und danach wegwerfen oder sie an andere weitergeben, sie weiterveräußern oder als Packpapier verwenden. Zugleich ist jeder andere Agent in seinen Handlungen begrenzt, denn er kann die Zeitung nur dann benutzen, wenn er dazu die Genehmigung der Eigentümerin erhält. Auf diese Weise können im Prinzip alle die Dinge, für die die Zeitung verwendet werden kann, zum Gegenstand von Tauschvorgängen werden. Eigentumsrechte eröffnen damit die prinzipielle Möglichkeit, das Prinzip des freiwilligen Tausches, das sicherstellt, dass alle Möglichkeiten einer Pareto-Verbesserung ausgeschöpft[119]

---

[119] Der Leser sollte sich an dieser Stelle noch einmal klarmachen, dass ein freiwillig vereinbarter Tausch in jedem Fall eine Pareto-Verbesserung für die Tauschpartner ist. Andererseits werden solange Tauschvorgänge ablaufen, wie Möglichkeiten zur Pareto-Verbesse-

werden, durchgängig anzuwenden. Voraussetzung dafür ist allerdings, dass das Eigentumsrechtssystem vollständig ist, d.h. dass für alle die Güter, die im Prinzip Gegenstand eines Tausches werden können, auch entsprechende Eigentumsrechte definiert sind. Wir werden noch sehen, dass dies eine durchaus kritische Voraussetzung ist.

Eigentumsrechte sind nur dann wirksam, wenn sichergestellt ist, dass sie auch durchgesetzt werden können. Die Durchsetzbarkeit eines Eigentumsrechts hängt nicht nur von der Funktionsfähigkeit des Rechtssystems und der „Wehrhaftigkeit" der Justiz ab, sondern vielfach auch von den jeweiligen Eigenschaften der Güter. Beispielsweise wäre es durchaus möglich, jedem Bundesbürger das Eigentumsrecht an einer bestimmten Menge Atemluft zuzusprechen. Aber was wäre damit gewonnen? So gut wie nichts, denn es ist niemandem möglich, die exklusive Verfügung über „seine" Luft durchzusetzen. An dieser Stelle zeigen sich erste Grenzen für das Eigentumsrechtssystem, und zwar Grenzen, die klarmachen, dass das Marktsystem wahrscheinlich nicht vollständig sein kann, dass es Bereiche gibt, in denen sich konkurrierende Verwendungsansprüche nicht mit dem Instrument Markt, d.h. nicht auf der Basis freiwilliger Tauschvorgänge, regeln lassen.

Neben der Übertragbarkeit und Durchsetzbarkeit von Eigentumsrechten sind zwei weitere Eigenschaften von einiger Bedeutung: die Diversifizierbarkeit und die Separierbarkeit. Was ist darunter zu verstehen? Sehr deutlich werden diese Eigenschaften und ihre Bedeutung am Beispiel von Kapitalunternehmen. Die Eigentümer einer solchen Unternehmung sind die Aktionäre, aber der Besitz einer Aktie vermittelt nur ein sehr eingeschränktes Verfügungsrecht. Für Kapitalgesellschaften ist die Trennung von Eigentum und Steuerung des Unternehmens charakteristisch. Diese Trennung wird ermöglicht, weil Eigentumsrechte diversifiziert werden können (das Aktienkapital kann an unterschiedliche Agenten vergeben werden) und weil sie sich von den unmittelbaren Verfügungsrechten separieren lassen: Über die Verwendung der unternehmenseigenen Ressourcen entscheidet der Vorstand, in dem in der Regel nicht die Eigentümer der Unternehmung sitzen. Den Eigentümern bleibt das Recht, sich die Unternehmensgewinne (in Form von Dividenden) bzw. den Vermögenszuwachs des Unternehmens (gemessen als Steigerung des Marktwertes, die sich in Kurswertsteigerungen äußert) anzueignen. Diese Trennung unterschiedlicher Rechte hat Vor- und Nachteile.

Der Vorteil besteht ganz sicher darin, dass Kapitalgesellschaften vielfach eine Bündelung von Kapital erreichen, die sie in die Lage versetzt, sehr effiziente Produktionsweisen zu entwickeln und einzusetzen. Die Separation von Rechten führt auf diese Weise zu Effizienzgewinnen, die für ein Unternehmen, in dem alle Verfügungsrechte auf einen Eigentümer konzentriert sind, vielfach nicht erreichbar sind.[120]

---

rung bestehen. Dieser Punkt ist letztlich für die Effizienzeigenschaft von Wettbewerbsmärkten entscheidend.

[120] Diese Einschätzung bedürfte eigentlich einer genaueren Begründung, die aber an dieser Stelle aus Platzgründen nicht gegeben werden kann. Für eine überblicksartige Begründung

Der Nachteil der Separation besteht in einer „Verdünnung" der Eigentumsrechte, von der befürchtet wird, dass sie zu Effizienzeinbußen führt. Der Vorteil privater Eigentumsrechte an Unternehmen besteht ja gerade darin, dass das Gewinninteresse der Eigentümer in idealer Weise genutzt werden kann um eine effiziente Unternehmensorganisation zu erreichen. In einem Wettbewerbssystem kann nämlich der Eigentümer sein Gewinninteresse nur dann durchsetzen, wenn er die Dinge, die am dringlichsten nachgefragt werden, möglichst effizient produziert. Auf diese Weise wird das eigennützige Motiv privater Eigentümer „in den Dienst der Gesellschaft" gestellt, denn die Gesellschaft hat ein Interesse an einer möglichst effizienten Produktion.

Die Verdünnung der Eigentumsrechte, die im Falle der Kapitalgesellschaften eintritt, hat zur Folge, dass es nicht mehr nur das Gewinninteresse ist, das diejenigen, die das Unternehmen führen, leitet. Die Befürchtung, die damit verbunden wird, besteht darin, dass Manager andere Ziele verfolgen als die Eigentümer, und zwar Ziele, deren Erreichung nicht voraussetzt, dass das Unternehmen effizient geführt wird. Ein Manager ist an seinem Status, der Größe seines Büros, der Höhe des ihm zur Verfügung stehenden Budgets und ähnlichen Dingen interessiert und nicht unbedingt daran, dass die Aktionäre eine möglichst hohe Dividende erhalten. Dazu kommt, dass zwischen Eigentümer und Manager ein typisches *Principal-Agent-Problem* besteht. Der Principal (der Eigentümer) möchte, dass sich der Agent (der Manager) in einer bestimmten Weise verhält, aber er ist nicht in der Lage das Verhalten des Agenten perfekt zu kontrollieren. Ob der Unternehmensgewinn höher ausgefallen wäre, wenn der Manager sich stärker eingesetzt hätte, wird ein Aktionär kaum mit Sicherheit sagen können. Im Zweifelsfall wird der Manager immer über einen Informationsvorsprung verfügen, den er nutzen kann um jedem Zweifel zu begegnen.

Muss man befürchten, dass die Verdünnung von Eigentumsrechten in Verbindung mit dem Principal-Agent-Problem zu massiven Effizienzverlusten führt? Die Antwort darauf hängt davon ab, auf welche Bedingungen der Agent trifft. Im Falle der Kapitalgesellschaft besteht relativ wenig Anlass zur Sorge, denn Manager befinden sich nicht in der komfortablen Lage bedenkenlos die Größe ihres Büros maximieren zu können. Der Grund ist der Wettbewerb, der um die Positionen in der Unternehmensführung herrscht und der nicht nur innerhalb der Unternehmen ausgetragen wird, sondern auch zwischen den Managern unterschiedlicher Unternehmen. Nur derjenige, dessen Unternehmen am Markt Erfolg hat, wird letztlich in diesem Wettbewerb bestehen und Karriere machen. ALCHIAN formuliert diesen Punkt trefflich mit den folgenden Worten (1988, S. 1032):

> *„What individual managers seek, and what those who survive are able successfully to do in the presence of competition for control are very different things."*

---

vgl. den Beitrag von ALCHIAN (1988); eine moderne und sehr empfehlenswerte Analyse der Unternehmensorganisation haben MILGROM UND ROBERTS (1992) vorgelegt.

Aber nicht alle, denen von dem Eigentümer einer Sache Verfügungsgewalt über diese Sache eingeräumt wird, befinden sich in einer Wettbewerbssituation, von der Anreize ausgehen, sich im Sinne der Eigentümer zu verhalten. Öffentliches Eigentum ist ein gutes Beispiel. Die Benutzer öffentlicher Einrichtungen sind zwar in einem sehr vagen Sinne auch Eigentümer, aber dieses Recht ist bis zur Unkenntlichkeit verdünnt. So kann es nicht verwundern, dass viele Menschen mit solchen Einrichtungen ganz anders umgehen als mit den Dingen, deren exklusive Eigentümer sie sind. Wohl die wenigsten Studenten werden ihren privaten Schreibtisch mit Schnitzereien versehen oder die Wände ihres Arbeitszimmers mit ihrer Unterschrift verzieren. Genauso wenig haben Beamte, deren Karriere beamtenrechtlich fixiert ist und nicht durch den Wettbewerb mit anderen entschieden wird, einen Anreiz, besonders sorgfältig mit den ihnen anvertrauten Mitteln umzugehen oder für eine effiziente Mittelverwendung zu sorgen. In diesen Fällen muss man sich allerdings Sorgen darüber machen, dass die Verdünnung von Eigentumsrechten zu erheblichen Effizienzeinbußen führt. Wir werden auf diesen Punkt noch zurückkommen.

Sidestep 26: Das Recht auf einen Preis?

Damit Eigentumsrechte die Voraussetzung für Tauschvorgänge und damit für Märkte schaffen können, müssen sie mit einer wesentlichen *Einschränkung* versehen sein. Sie dürfen sich nur auf die Verfügung über die physischen Eigenschaften von Gütern beziehen und nicht auf den *Marktwert* dieser Güter. Niemand kann sicher sein, dass die Güter, deren Eigentümer er ist, ihren Wert behalten. Es dürfte klar sein, dass diese Bedingung erfüllt sein muss, damit Märkte entstehen können bzw. damit es zu Marktpreisen kommen kann, die die tatsächlichen Knappheiten widerspiegeln. Auf den ersten Blick scheint diese Einschränkung unproblematisch. Der Käufer eines Computers wird kaum davon ausgehen, dass mit dem Erwerb auch die Garantie eines Werterhaltes verbunden ist. Er wird vielmehr antizipieren, dass aufgrund des technischen Fortschritts sein Computer in kurzer Zeit einem erheblichen Wertverlust unterliegen wird. Es gibt allerdings einen sehr prominenten Fall, in dem immer wieder gefordert wird, dass eine Marktpreisgarantie rechtlich verankert werden soll. Die Rede ist von der immer wieder aufkommenden Forderung nach einem verbrieften „Recht auf Arbeit". Gemeint ist damit nämlich nicht nur das Recht zu arbeiten, sondern das Recht, gegen ein Entgelt bestimmter Höhe arbeiten zu können. Es sei an dieser Stelle nur angemerkt, dass eine „Preisgarantie", wie sie implizit mit dem „Recht auf Arbeit" gefordert wird, kein sinnvoller Weg sein dürfte Arbeitsmarktprobleme zu lösen. Die diesbezüglichen Erfahrungen in den Staaten des ehemaligen Ostblocks belegen dies eindrucksvoll.

Die Bedeutung privater Eigentumsrechte dürfte nunmehr deutlich geworden sein. Warum aber ist die Schaffung solcher Rechte eine Aufgabe für das Kollektiv, warum ist sie Gegenstand rationaler Wirtschaftspolitik? Die Frage, die es in diesem Zusammenhang zu beantworten gilt, lautet: Warum sind Individuen, auf sich allein gestellt, nicht in der Lage, sich gegenseitig auf die Beachtung individueller Eigentumsrechte zu verständigen? Anders gefragt: Ist die freiwillige Akzeptanz von Eigentumsrechten nicht individuell rational? Sollte sie es nicht sein, so wäre eine Begründung für staatliches Handeln gefunden, die sich in Übereinstimmung mit dem bisher entwickelten Verständnis rationaler Wirtschaftspolitik befindet: Individuelle Rationalität würde in diesem Fall verhindern, dass die Voraussetzungen für Effizienz erzeugende Märkte geschaffen werden, und stünde damit im Widerspruch zu kollektiver Rationalität. Durch kollektives, politisches Handeln könnte deshalb eine Verbesserung aller herbeigeführt werden.

Ist es eine rationale Strategie, Eigentumsrechte zu beachten? Wir wissen, dass dann, wenn solche Rechte existieren und beachtet werden, die Möglichkeit zu Pareto-Verbesserungen geschaffen wird, zu gegenseitig vorteilhaften Tauschvorgängen. Dennoch gehört nicht viel Phantasie dazu sich vorzustellen, dass es eine Vielzahl von Situationen gibt, in denen sich Individuen dadurch besser stellen können, dass sie Eigentumsrechte verletzen bzw. bei bilateralen „Verhandlungen" solche Rechte erst gar nicht anerkennen. In einem anarchistischen Zustand, in dem es keinen Staat gibt, der Eigentumsrechte schafft und durchsetzt, befinden sich die Individuen typischerweise in einem Gefangenen-Dilemma, wann immer sie vor der Entscheidung stehen, das Eigentum des jeweiligen Tauschpartners zu beachten oder nicht. Für den Einzelnen ist es immer besser den Gegenüber um sein Eigentum zu bringen, ganz gleich, ob sich der andere friedlich verhält (um so besser für den nicht Friedfertigen) oder ebenfalls danach trachtet, den anderen zu übervorteilen. Das Dilemma wird besonders deutlich, wenn man sich klarmacht, dass Tauschvorgänge fast nie vollkommen simultan ablaufen. In nahezu allen Fällen muss einer der beiden Partner eine Vorleistung erbringen, in der Hoffnung, dass der Tauschpartner anschließend seine Gegenleistung erbringen wird. Wenn aber keine Möglichkeit besteht, diese Gegenleistung zu erzwingen, dann ist es individuell nicht rational, nach Erhalt der Vorleistung den eigenen Part des Tauschgeschäftes zu leisten. Da rationale Individuen dies antizipieren, werden sie kaum zu einer Vorleistung bereit sein. Im Ergebnis kommt es damit nicht zu dem Tausch, obwohl sich beide durch diesen besser stellen würden. Individuell rationales Verhalten führt damit zu einem kollektiv nicht rationalen Resultat.

Sidestep 27: Der zerrissene Geldschein

Stellen Sie sich die folgende Situation vor. Sie sind begeisterter Briefmarkensammler und entdecken, dass jemand in New York die Marke besitzt, die in Ihrer Sammlung noch fehlt. Sie telefonieren mit dem Besitzer und einigen sich auf einen Preis. Um das Geschäft abzuwickeln, muss der Verkäufer an Sie die Marke schicken und Sie müssen ihm das Geld senden. Wer macht den Anfang? Ist es vernünftig für denjenigen, der als zweites zieht, seinen Teil des Geschäfts abzuwickeln? Sollten Sie das Geld senden, wenn Sie die Marke bereits haben bzw. wird der Verkäufer Ihnen noch die Marke schicken, wenn er erst einmal das Geld hat?

An der Universität Frankfurt (Oder) wurde diese Geschichte benutzt, um in einem Experiment zu prüfen, wie stark das Vertrauen bei einem Geschäft auf Gegenseitigkeit ist (vgl. KRITIKOS (1995)). Den ersten Zug musste dabei der Käufer machen, d.h. er musste entscheiden, ob er zahlt oder nicht. Wenn er zahlt, hat der Verkäufer die Wahl: Er kann ehrlich sein oder das Geld einstecken, ohne die Marke zu schicken. Die spieltheoretische Lösung ist eindeutig: Ein rationaler Spieler wird niemals den ersten Schritt gehen, denn er weiß, dass sein Gegenüber bei rationalem Verhalten die Marke nicht schicken wird. Es ist *beste* Strategie, den Handel nicht zu wagen.

Das Experiment zeigte, dass in der Tat sehr viele Geschäfte nicht zustande kamen, obwohl die Durchführung des gesamten Tauschvorgangs beide Seiten besser gestellt hätte. Allerdings: Eine ganze Reihe von Spielern verhielt sich kooperativ und vertrauensvoll, so dass der Handel abgeschlossen werden konnte. Interessante Randbeobachtung: An dem Experiment nahmen deutsche und polnische Studenten teil und die polnischen Kommilitonen zeigten eine signifikant höhere Bereitschaft zu „ehrlichem" Verhalten.

In einer zweiten Variante des Experiments wurde ein Verfahren benutzt, bei dem rationale Spieler den Tausch durchführen würden: Der Käufer schickt zunächst nur eine Hälfte eines zerrissenen Geldscheines, der Verkäufer schickt daraufhin die Marke und im letzten Zug schickt der Käufer die zweite Hälfte des Scheines. Da vorausgesetzt wird, dass der Käufer den Geldschein ohne Kosten versenden kann, ist es rational anzunehmen, dass er dies im letzten Zug auch tun wird (der halbe Schein ist für ihn ohne Wert). Unter dieser Voraussetzung ist es für den Verkäufer beste Strategie, die Marke zu schicken, nachdem er die erste Hälfte des Scheins erhalten hat, und darum ist es für den Käufer wiederum beste Strategie, die erste Scheinhälfte zu schicken.

Man sollte eigentlich erwarten, dass bei dieser Anordnung alle Spieler den Handel abwickeln (schließlich konnten beide dabei kräftig verdienen). Es zeigte sich jedoch, dass nur 87% der deutschen Studenten dies auch tatsächlich taten. Immerhin 13% waren selbst in dieser Anordnung nicht vertrauensvoll genug, um den Handel durchzuführen. Bei den polnischen Studenten waren es lediglich 2%, die das notwendige Vertrauen in die Rationalität ihres Gegenübers nicht aufbrachten.

Wir haben die Begründung dafür, warum die Schaffung durchsetzbarer Eigentumsrechte eine Aufgabe ist, die nur das Kollektiv erbringen kann, damit nur angedeutet. Die Idee, dass sich die Bewohner einer Anarchie in einer permanenten Gefangenen-Dilemma-Situation befinden und dass sich daraus eine Begründung für die Notwendigkeit staatlichen Handelns ableiten lässt, findet sich schon bei THOMAS HOBBES und wurde in neuerer Zeit beispielsweise von NOZICK aufgegriffen, um das Entstehen eines mit Hoheitsrechten ausgestatteten Staates zu erklären. [121] Wir wollen es bei diesen Andeutungen belassen, denn sie dürften ausreichen,

---

[121] In diesem Zusammenhang sei darauf hingewiesen, dass es eine sehr aktuelle wirtschaftsethische Diskussion gibt, in der das Gefangenen-Dilemma als Begründung für staat-

um zu verdeutlichen, dass allein durch individuelles Handeln Eigentumsrechte als Voraussetzung für die Schaffung von Märkten nicht entstehen werden. Dies gilt umso mehr, wenn wir den bereits angesprochenen öffentlichen-Gut-Charakter des Rechtssystems und des Gewaltmonopols einbeziehen.

Wenn Eigentumsrechte die Voraussetzung dafür sind, dass Märkte ihre effizienzstützende Wirkung entfalten können, was geschieht dann, wenn solche Rechte nicht existieren bzw. nicht hinreichend scharf formuliert sind? Und was geschieht, wenn existierende Eigentumsrechte verletzt werden? Ist in diesen Fällen ausschließlich das Kollektiv gefragt, d.h. liefern unzureichende oder verletzte Eigentumsrechte eine tragfähige Begründung für staatliches Handeln? Um darauf antworten zu können, bedarf es einer differenzierteren Betrachtung. Beginnen wir mit der Frage, was bei der Verletzung von Eigentumsrechten geschieht.

Eigentumsrechte ziehen die Grenzen der individuellen Entscheidungsfreiheit. Dort, wo die Rechte anderer tangiert werden, endet das Verfügungsrecht, das mit Eigentum verbunden ist. Auch dann, wenn alle Mitglieder einer Gesellschaft diesen Grundsatz akzeptieren, sich quasi auf die Einhaltung von Eigentumsrechten verständigen, sind Verletzungen dieser Grenzen unvermeidlich. Wir müssen dabei zwischen solchen Grenzverletzungen unterscheiden, die erfolgen, weil Eigentumsrechte zwar existieren, aber nicht durchsetzbar sind, und solchen, zu denen es kommt, obwohl Eigentumsrechte eindeutig definiert sind und im Prinzip auch durchgesetzt werden können. Im ersten Fall handelt es sich im Wesentlichen um externe Effekte, auf die wir später eingehen werden. An dieser Stelle interessiert zunächst die zweite Form von Eigentumsrechtsverletzungen. Um einem Missverständnis vorzubeugen: Damit sind nicht *Eigentumsdelikte* wie Diebstahl und Raub gemeint. Die mit diesen Phänomenen verbundenen Probleme betreffen ausschließlich die Frage der Durchsetzbarkeit von Eigentumsrechten, die durch die Schaffung einer „wehrhaften" Justiz gesichert werden muss. Gemeint ist vielmehr das Problem unbeabsichtigter Eigentumsrechtsverletzungen, zu denen es in Folge von unfallhaften Ereignissen kommt und die die Einführung eines Haftungsrechts notwendig machen.

Man muss nicht gleich an eine Nuklearkatastrophe denken, um sich klarzumachen, dass es vielerlei Aktivitäten gibt, die das Risiko einer Verletzung von Eigentumsrechten[122] in sich bergen. Jede Fahrt mit dem Auto bedroht das Eigentum anderer Verkehrsteilnehmer. Jeder Erwerb eines Gutes ist mit dem Risiko verbunden, dass das Gut von schlechter Qualität ist und seinen eigentlichen Ver-

---

liches Handeln eine wesentliche Rolle spielt. Vgl. dazu WEIMANN (1994) und die dort zitierte Literatur.

[122] Selbstverständlich nicht nur von Eigentumsrechten, sondern auch von anderen grundlegenden Rechten wie beispielsweise das Recht auf die Unversehrtheit der eigenen Person. Wenn wir uns im Folgenden auf die Betrachtung von Eigentumsrechten beschränken, so deshalb ausschließlich aus Gründen der Vereinfachung.

wendungszweck nicht erfüllt. Wir haben es täglich mit einer Vielzahl von Risiken zu tun – und viele davon betreffen Eigentumsrechte. Worin besteht das ökonomische Problem im Zusammenhang mit dem Umgang mit risikobehafteten Aktivitäten? Im Wesentlichen gibt es zwei Problemkomplexe. Der erste betrifft die Frage, wie wir ein effizientes Maß an Vorsorge sicherstellen können, und der zweite umfasst die Allokation des verbleibenden Risikos.

Was unter einer *effizienten* Vorsorge verstanden werden kann, wird anhand folgender Überlegung deutlich. Angenommen, jemand plant eine Bergwanderung. Wie man weiß, ist das Wandern im Gebirge nicht ohne Gefahren, insbesondere für ungeübte Touristen birgt es einige Risiken. Unser Wanderer sei eine *risikoaverse* Person, d.h. er genießt das Risiko nicht etwa, sondern ist bereit, für die Reduzierung des Risikos einen Preis zu zahlen. Nun lässt sich das Risiko einer Bergwanderung durch geeignete Maßnahmen, eben Vorsorgemaßnahmen, nahezu beliebig klein gestalten. Bei rationalem Verhalten wird der Wanderer solange in Vorsorgeaktivitäten investieren (festes Schuhwerk beschaffen, Regenschutz, Wanderkarten, einen Kompass kaufen usw.) bis die Kosten einer weiteren Risikominderung höher sind als ihr Nutzen. Dieses Maß an Vorsorge ist effizient, denn weder durch Ausweitung noch durch Einschränkung der Maßnahmen ist eine Besserstellung des Wanderers möglich. Wie man sieht, hängt die effiziente Vorsorge wesentlich von der *Risikopräferenz* desjenigen ab, der dem jeweiligen Risiko ausgesetzt ist. Ein Wanderer, der das Risiko liebt, wird auf die festen Schuhe verzichten und ganz bewusst mit Turnschuhen die Berge stürmen.

Solange derjenige, der das Risiko trägt, auch für die Vorsorge zuständig ist, kann man erwarten, dass in einem effizienten Umfang Vorsorge getrieben wird. Zu einem Problem wird die Sache dann, wenn A eine Aktivität ausführt, durch die B einem Risiko ausgesetzt wird. Die Frage ist dann, wie man A dazu bewegen kann, in einem effizienten Umfang Vorsorge zu betreiben. Die Antwort lautet: Man muss A für Schäden, die bei B entstehen, *haftbar* machen. Das Eigentumsrecht muss durch *Haftungsrechte* ergänzt werden. Es würde den Rahmen sprengen, wenn wir hier eine ausführliche Analyse der Bedingungen durchführen würden, die erfüllt sein müssen, damit Haftungsrechte zu effizienten Vorsorgeaktivitäten führen. Es seien an dieser Stelle deshalb nur einige wenige Bemerkungen gemacht [123]. Besonders hervorzuheben ist dabei, dass die ökonomische Analyse der Wirkung von Haftungsregeln vor allem zwei Dinge klargemacht hat:

[1] Haftungsregeln allein führen nicht zu Effizienz. Es muss darüber hinaus die Möglichkeit der Versicherung gegen Risiken gegeben sein. Versicherungen erfüllen im Hinblick auf das Niveau der Vorsorgeaktivitäten eine

---

[123] Der interessierte Leser sei an die sehr instruktive Behandlung des Haftungsrechts bei ENDRES (1992) verwiesen. FEESS (1998) behandelt Haftungsregeln im Zusammenhang mit Umweltrisiken und diskutiert die Frage, ob externe Effekte durch Haftungsregeln internalisiert werden können.

wichtige Funktion. Ohne Versicherungen würde es zu ineffizient hohen Vorsorgeleistungen kommen.

[2] So wie dem Eigentumsrecht Grenzen gesetzt sind, lassen sich auch Haftungsregeln nicht beliebig einführen und durchsetzen. Insbesondere in Fällen, in denen Schäden kollektiven Charakter haben, nicht monetär bewertet werden können oder wo kein eindeutiger Kausalzusammenhang zwischen Aktivität und Schaden festgestellt werden kann, erweisen sich Haftungsregeln als unbrauchbar.

Die besondere Bedeutung von Versicherungen wird auch im Zusammenhang mit dem Problem der *Risikoallokation* deutlich. Was ist darunter zu verstehen? Wir haben bei unserem Beispiel des Wanderers gesehen, dass die effiziente Vorsorge von der Risikoeinstellung des jeweiligen Akteurs abhängt. In der ökonomischen Theorie unterscheidet man zwischen risikoaversem, risikoneutralem und risikofreudigem Verhalten. Diese Unterscheidung lässt sich mit Hilfe des Konzepts der von Neumann-Morgenstern-Axiomatik und der daraus abgeleiteten Risikonutzenfunktion formal präzisieren, aber wir wollen uns hier auf eine rein intuitive Betrachtung beschränken. Als Beispiel benutzen wir eine einfache Lotterie, bei der mit Wahrscheinlichkeit $\frac{1}{2}$ 10,- DM gewonnen werden und mit Wahrscheinlichkeit $\frac{1}{2}$ Null DM. Angenommen, Sie sind im Besitz eines Loses, das an dieser Lotterie teilnimmt. Der Erwartungswert der Auszahlung ist $\frac{1}{2}$ x 10 DM + $\frac{1}{2}$ x 0 DM = 5 DM. Nun bietet Ihnen jemand an, Ihr Los für 5 DM zu kaufen. Ob Sie auf diesen Handel eingehen, hängt allein von ihrer Risikopräferenz ab. Ein risikoscheuer Akteur würde die sichere Auszahlung von 5,- DM der Lotterie vorziehen, ein risikoneutraler Akteur wäre zwischen beiden Alternativen indifferent und ein Risikoliebhaber würde das Angebot ablehnen, weil ihm die unsichere Auszahlung einen höheren Nutzen verschafft als die sichere Auszahlung des Erwartungswertes.

Sidestep 28: Die 100.000 Mark-Show

In wenigen und seltenen Fällen ist das deutsche Fernsehprogramm doch noch von einem gewissen Wert. Beispielsweise dann, wenn es uns Anschauungsmaterial für ökonomisches Rationalverhalten liefert. Der WDR veranstaltete eine Spielshow, bei der am Ende zwei Kandidaten (eine Frau und ein Mann) in einer Schlussrunde gegeneinander antraten. Der Sieger oder die Siegerin konnte (ex post) entscheiden, ob er (sie) ihr (ihm) etwas von dem Gewinn abgibt oder nicht. Das ist nichts anderes als das im Sidestep 4 angesprochene Diktator-Experiment (wenn auch unter verschärften Bedingungen).
Den Vogel schießen aber natürlich die privaten Fernsehsender ab. In der 100.000-Mark-Show eines bekannten Anbieters entscheidet das Kandidatenpaar der Schlussrunde über die Wahrscheinlichkeit, mit der sie in einem Losverfahren 100.000 DM gewinnen (je mehr Fragen sie beantworten, um so grö-

ßer die Wahrscheinlichkeit). Danach haben sie die Wahl: entweder nehmen sie den Gewinn aus den Vorrunden (bewegt sich meistens in der Größenordnung von 10.000 DM) oder die Lotterie wird ausgeführt. Mit anderen Worten, wir haben es hier mit einem Experiment zu tun, in dem die oben geschilderte Situation in Reinkultur gespielt wird – und mit Auszahlungen, von denen experimentelle Ökonomen nur träumen können. Es ist durchaus interessant zu beobachten, dass trotz des Drucks, der auf den Kandidaten lastet, wenn sie die Wahl zwischen Sicherheit und Risiko haben (wer will schon vor laufenden Kameras feige sein?), sich das eine oder andere Paar für die sichere Auszahlung entscheidet – selbst dann, wenn der Erwartungswert der Lotterie über 10.000 DM liegt.

Das Beispiel macht deutlich, worin das Allokationsproblem im Zusammenhang mit dem Risiko besteht. Man kann sich „Risiko" als ein ganz normales Gut vorstellen, für das die Menschen unterschiedliche Präferenzen besitzen. Eine effiziente Allokation dieses Gutes ist offenbar dann erreicht, wenn die existierenden Risiken so auf die Akteure verteilt sind, dass das Pareto-Kriterium erfüllt ist. Nehmen wir beispielsweise an, Sie seien risikoavers. Wenn Sie jemandem begegnen, der risikoneutral ist, können Sie ihm Ihr Los für 5,- DM verkaufen und realisieren damit eine Pareto-Verbesserung: Sie selbst stellen sich besser, denn Sie vermeiden das Risiko leer auszugehen. Ihr Tauschpartner ist indifferent zwischen dem (sicheren) Besitz von 5,- DM und dem Besitz eines Loses, dessen erwarteter Gewinn 5,- DM beträgt, d.h. er wird durch den Tausch nicht schlechter gestellt. Die Verlagerung des Risikos von risikoaversen zu risikoneutralen Akteuren führt damit zu einer Pareto-Verbesserung.

Welchen Beitrag können Versicherungen bei der Risikoallokation leisten? Der Grund dafür, dass sie tatsächlich eine Verbesserung der Allokation herbeiführen können, ist letztlich das Gesetz der großen Zahl. Dank dieses Gesetzes verwandelt sich nämlich für eine Versicherung die Unsicherheit, mit der der Einzelne im Risikofall konfrontiert ist, annähernd in Sicherheit. Dadurch, dass Risiken „gepoolt" werden, kann die Versicherung ziemlich sicher sein, dass sie insgesamt den statistischen Erwartungswert des Schadens auch tatsächlich abdecken muss. Angenommen, eine Versicherung würde 10.000 Lose der oben beschriebenen Lotterie kaufen, dann kann sie davon ausgehen, dass sie im Mittel 5,- DM pro Los erzielt, also etwa 50.000 DM. Das bedeutet, dass eine Versicherung zu risikoneutralem Verhalten in der Lage ist und damit kann sie durch die Übernahme von Risiken eine Nutzensteigerung bei risikoscheuen Akteuren herbeiführen. Eine Versicherung kann jedem risikoaversen Losbesitzer sein Lotterieticket zum Preis von 5,- DM abkaufen (wenn wir davon ausgehen, dass sie nur ihre Kosten decken will) und auf diesem Wege eine Pareto-Verbesserung herbeiführen.

Die durchaus segensreiche Wirkung von Versicherungen kann nur eintreten, wenn die Risiken „versicherbar" sind. Welche Risiken versichert werden können und welche nicht, wird in der Literatur nicht einheitlich beurteilt. Wir wollen auf die diesbezügliche Diskussion an dieser Stelle nicht eingehen.[124] Wichtiger als die Frage der prinzipiellen Versicherbarkeit von Risiken dürfte die Frage sein, ob man damit rechnen kann, dass Versicherungsmärkte in dem Sinne „funktionieren" werden, dass sie alle möglichen Effizienzgewinne auch tatsächlich realisieren. Wir haben im Zusammenhang mit der Problematik asymmetrischer Information bereits darauf hingewiesen, dass *adverse Selektion* und *Moral hazard* auf Versicherungsmärkten zu erheblichen Schwierigkeiten führen können. Allerdings sind diese Probleme im Zusammenhang mit dem Haftungsrecht nicht von so zentraler Bedeutung. Bedeutsamer sind die oben angesprochenen Probleme, die bei der Implementierung von Haftungsregeln auftreten können und die uns zu dem Problemkomplex führen, was eigentlich geschieht, wenn Eigentumsrechte nicht oder nicht scharf genug definiert sind.

Eigentumsrechte bilden die Voraussetzung für die Entstehung von Märkten. Der Umkehrschluss ist trivialerweise, dass immer dann, wenn Eigentumsrechte nicht existieren oder nicht durchsetzbar sind, Märkte nicht entstehen können. Die Folgen haben wir an anderer Stelle bereits angesprochen. Beispielsweise als wir uns mit externen Effekten befasst haben. Anhand der Beispiele, die wir gebrauchten, um die Problematik externer Effekte deutlich zu machen, wird klar, dass solche Effekte vor allem dann zustande kommen, wenn Eigentumsrechte nicht existieren oder nicht durchsetzbar sind. Dieser wichtige Punkt findet in einem berühmten Theorem Ausdruck, dem sogenannten *Coase-Theorem*. Knapp formuliert besagt es folgendes: Externe Effekte werden dann effizient internalisiert, wenn das Eigentumsrechtesystem vollständig ist und diejenigen, die an einem externen Effekt beteiligt sind, kostenlos miteinander verhandeln können. Wir werden uns mit dieser Aussage noch näher befassen, wenn wir uns ansehen, welche Politikempfehlung im Falle externer Effekte gegeben werden kann, und wir werden dabei sehen, dass das Coase-Theorem durchaus mit Vorsicht zu genießen ist. An dieser Stelle gilt es jedoch allein, die Bedeutung von Eigentumsrechten, auf die dieses Theorem hinweist, zu würdigen. Vereinfacht ausgedrückt sind externe Effekte ein Problem fehlender Märkte und diese Unvollständigkeit des Marktsystems wird durch fehlende Eigentumsrechte verursacht. Der Emittent eines Luftschadstoffes kann nur deshalb das Umweltmedium kostenlos in Anspruch nehmen (und dadurch einen externen Effekt auslösen), weil kein Marktpreis für dieses Medium existiert – und ein solcher entsteht nicht, weil Eigentumsrechte an Luft nicht durchsetzbar sind.

Eine weitere höchst effizienzschädigende Folge fehlender Eigentumsrechte ist die Tatsache, dass Konsumausschluss nicht geübt werden kann. Es macht ja gerade das Wesen von Eigentumsrechten aus, dass durch ihren Besitz die *exklusive* Verfügungsgewalt über Güter erworben wird. Fehlen solche Rechte, kann niemand mit

---

[124] Es spricht allerdings vieles dafür, dass die Einschätzung von ENDRES zutrifft, nach der die Grenzen der Versicherbarkeit ökonomischer Natur sind und nicht technischer. D.h. dass im Prinzip alle Risiken versichert werden können, vorausgesetzt, die Zahlungsbereitschaft der Versicherungsnehmer ist hinreichend groß.

dem Hinweis auf Exklusivrechte von der Nutzung des Gutes ausgeschlossen werden. Die Problematik fehlender Ausschlussmöglichkeiten haben wir im Zusammenhang mit dem Problem öffentlicher Güter bereits kennen gelernt. Bei Club- und Allmendegütern führt fehlender Konsumausschluss zu einer ineffizienten Übernutzung, bei rein öffentlichen Gütern kann es wegen der Unmöglichkeit des Konsumausschlusses nicht zu einer privaten Bereitstellung über Märkte kommen.

Externe Effekte und öffentliche Güter sind gewissermaßen die extremen Folgen fehlender Eigentumsrechte. Wie wichtig diese Rechte für das Funktionieren von Märkten sind, wird deutlich, wenn man die Probleme betrachtet, die bereits dann auftreten, wenn Eigentumsrechte unvollständig definiert sind. Ein prominentes Beispiel für die dann entstehenden Schwierigkeiten liefert die jüngste Deutsche Geschichte – wie der folgende Sidestep zeigt.

Sidestep 29: Eigentumsrechte in den neuen Bundesländern [125]

Mit dem Zusammenbruch der DDR und der Wiedervereinigung Deutschlands ist eine Situation entstanden, die in vielfacher Hinsicht als einmalig gelten kann. Eine dieser Einmaligkeiten besteht bzw. bestand in der ungeheuren Veränderung der Eigentumsverhältnisse, die in kurzer Zeit zu bewältigen war. Die Privatisierung staatlicher Vermögensteile und Unternehmen musste in einem Zeitraum durchgeführt werden, der erheblich kürzer war als die Spanne, in der diese Vermögensteile und Unternehmen verstaatlicht wurden. Angesichts der Tatsache, dass das gesamte Produktivvermögen und der größte Teil des Grundvermögens den Besitzer wechseln musste, kann es nicht verwundern, dass Schwierigkeiten auftraten. Ein großer Teil der Probleme, die entstanden sind, hatte jedoch Ursachen, die man als „hausgemacht" bezeichnen kann.

Im Einigungsvertrag, der die rechtliche Grundlage des Beitritts der neuen Länder bildete, war die Frage, wie mit dem verstaatlichtem Eigentum zu verfahren ist, eindeutig zugunsten des Grundsatzes „Rückgabe vor Entschädigung" entschieden worden. Die ethische und juristische Position, die in diesem Grundsatz zum Ausdruck kommt, ist nachvollziehbar und respektabel. Sie besteht in der Auffassung, dass die seit 1933 durchgeführten Enteignungen ein wieder gutzumachendes Unrecht waren, und die logische Form der Wiedergutmachung ist die Rückgabe der Vermögensgegenstände an die Alteigentümer. So ehrenhaft diese Gesinnung auch sein mag, so verheerend sind die Folgen, die der Grundsatz der *Naturalrestitution* für die wirtschaftliche Entwicklung der neuen Bundesländer hatte. Da die Enteignungen, die nach 1945, aber vor Gründung der DDR, durch die sowjetische Besatzungsmacht durchgeführt

---

[125] Die folgenden Ausführungen stützen sich im Wesentlichen auf die Arbeit von SINN, G. UND SINN, H-W. (1992), die sicherlich als die profundeste Analyse der ökonomischen Aspekte der Wiedervereinigung gelten kann.

wurden, von der Restitution ausgenommen sind [126], musste man „nur" mit der Rückgabe von 30% der Unternehmen rechnen, während die restlichen 70% von der Treuhand verkauft werden konnten. Dennoch war die Größenordnung der Vermögensumschichtungen gewaltig. So sind etwa 2 Millionen Anträge auf Rückerstattung von Vermögensgegenständen (in der Regel Immobilien) und 11.200 Anträge auf die Rückgabe von Unternehmen gestellt worden. Im Einzelnen konnten sich Rückgabeansprüche auf die folgenden Fälle beziehen:[127]

- 31.000 Grundstücke und 3.000 Unternehmen, die von Flüchtlingen zwischen 1945 und 1953 zurückgelassen wurden.

- 80.000 Grundstücke, die von Flüchtlingen nach 1953 zurückgelassen wurden.

- 100.000 Grundstücke und 2.000 Betriebe, die sich vor 1953 in westdeutschem Besitz befanden.

- 70.000 Grundstücke, die nach 1953 vor allem durch Erbschaft an Westdeutsche gelangt sind.

- 12.000 kleingewerbliche Unternehmen, die 1972 im Zuge einer groß angelegten Verstaatlichungsaktion zwangsverkauft werden mussten.

Zwar sind die Enteignungen der sowjetischen Besatzungsmacht zwischen 1945 und 1949 von der Rückgabe ausgeschlossen, aber dafür hat der Bundestag in dem Gesetz zur Regelung offener Vermögensfragen auch die Enteignungen, die zwischen 1933 und 1945 von den Nationalsozialisten durchgeführt wurden, in den Restitutionsanspruch einbezogen.

Welche Wirkung hatten diese Regelungen? Zunächst räumte die Naturalrestitution den Alteigentümern „eine dominierende Rechtsposition im Streit um das Erbe des kommunistischen Staates" ein (SINN/SINN, S. 92). Sobald ein Alteigentümer oder jemand, der sich dafür hielt, einen Rückgabeanspruch geltend machte, standen quasi alle Räder still. Erst recht, wenn der Klageweg beschritten wurde, denn eine Klage führte dazu, dass mit sofortiger Wirkung jede Form der Verfügung über das umstrittene Objekt eingefroren wurde. Für die dringend erforderlichen Investitionen in den neuen Bundesländern war diese Situation reines Gift. Niemand wird bereit sein, in ein Objekt zu inves-

---

[126] Eine Tatsache, die mit dem eben skizzierten moralischen Verständnis nur schwer in Einklang gebracht werden kann. So ist der Grund für diese Ausnahme vor allem in dem Einfluss zu suchen, der von sowjetischer Seite auf den Einigungsvertrag ausgeübt wurde.

[127] Vgl. SINN/SINN (1992), S.93.

tieren, wenn er nicht sicher sein kann, dass er sich die Erträge seiner Investition später auch aneignen kann. Selbst risikofreudige Investoren, die bereit sind, trotz der Unsicherheit über die zukünftigen Eigentumsverhältnisse zu investieren, werden nicht zum Zuge kommen, denn die Banken akzeptieren Objekte, deren Eigentumsrechte ungeklärt sind, nicht als Sicherheiten.

Die Klärung der offenen Eigentumsfragen hat einen sehr langen Zeitraum in Anspruch genommen, und ist auch 10 Jahre nach der Wiedervereinigung noch nicht restlos abgeschlossen. Eine Ursache dafür ist, dass die Rechtslage in vielen Fällen fast undurchschaubar ist. So kann von einer Rückgabe dann abgesehen werden, wenn das Objekt nach der Verstaatlichung „redlich" verkauft wurde. Um deutlich zu machen, welche Wirkung dies haben kann, nennen SINN/SINN (S. 97) das Beispiel des kleinen Handelsbetriebes, „der zunächst einer jüdischen Familie gehörte, dann vor der Flucht aus Deutschland an ein Mitglied der NSDAP verkauft wurde, von dieser Person nach dem Krieg bei ihrer Flucht nach Westdeutschland zurückgelassen wurde, dann vom kommunistischen Staat an einen DDR-Bürger weiterverkauft wurde, im Zuge der Zwangsverkäufe von 1972 wieder an den DDR-Staat fiel und aufgrund der Privatisierungsgesetze der Modrow-Regierung kurz vor der Vereinigung erneut an einen DDR-Bürger verkauft wurde." Man braucht nicht viel Phantasie um sich vorzustellen, wie lange es dauert, bis die Eigentumsverhältnisse an dem Handelsbetrieb soweit geklärt sind, dass mit Investitionen in diesen Betrieb gerechnet werden kann.

Entscheidend für das Funktionieren einer Marktwirtschaft, d.h. für die effizienzsteigernde Wirkung von Märkten, ist, *dass* Eigentumsrechte definiert sind. *Wie* sie definiert werden, *wem* das Eigentum zufällt, ist für die Effizienz des Marktergebnisses nicht wichtig. Dies ist eine der tieferen Einsichten, die das bereits erwähnte Coase-Theorem vermittelt hat. Das bedeutet, dass die Eigentumsfrage auch hätte anders gelöst werden können als im Einigungsvertrag vereinbart. Beispielsweise wäre es möglich gewesen, Entschädigung und Naturalrestitution als gleichrangige Möglichkeiten der Privatisierung anzusehen. In diesem Fall hätte die Treuhand die Möglichkeit gehabt, dort, wo die Eigentumsfrage verworren und die Rückgabe an den rechtmäßigen Besitzer schwierig ist, die Entschädigungslösung zu wählen, um eine schnelle Klärung der Eigentumsverhältnisse zu erreichen. Wem die Entschädigung zufließt, hätte dann in aller Ruhe und unabhängig von der Eigentumsfrage geklärt werden können. Wäre eine solche Regelung moralisch verwerflich gewesen? Sie steht tatsächlich im Widerspruch zu der eingangs geschilderten Position, die die Wiedergutmachung an den Alteigentümern betont. Aber müssen diejenigen, die während der SED-Herrschaft im Westen gelebt haben und in dieser Zeit auf ihr Eigentum in der DDR verzichten mussten, wirklich vorrangig bedacht werden? Kann man sich nicht auch eine Regelung vorstellen, die diejenigen bevorzugt, die 40 Jahre in einem System gelebt haben, das ihnen weder die Möglichkeit zur freien Entfaltung noch zum Erwerb von Eigentum gegeben hat?

Diese Frage lässt sich natürlich aus wissenschaftlicher Sicht nicht beantworten, denn letztlich geht es hier um Werturteile. Aber die Konsequenzen, die sich aus dem gewählten Weg der Naturalrestitution ergeben, können deutlich aufgezeigt werden. SINN/SINN (S. 97) formulieren es mit den Worten „Nicht eine Marktwirtschaft, sondern eine Rent-Seeking-Ökonomie mit Nullsummen-Spielen hat der Einigungsvertrag hervorgebracht."

6.3 MARKTMACHT

Bei der Charakterisierung von Wettbewerbsmärkten haben wir bereits eine Definition von *Marktmacht* eingeführt. Das entscheidende Kriterium war dabei die Fähigkeit des einzelnen Akteurs den Marktpreis zu beeinflussen. Existiert diese Möglichkeit nicht, d.h. müssen sich Anbieter und Nachfrager an den Preis, der sich am Markt bildet, anpassen, ohne die Möglichkeit einer direkten Einflussnahme zu besitzen, liegt mit anderen Worten *Preisnehmerverhalten* vor, so kommt es zu Grenzkostenpreisen und damit zu einer effizienten Allokation. Wann, unter welchen Bedingungen entsteht Marktmacht? Wie kann es geschehen, dass ein Anbieter in die Lage kommt, den Marktpreis zu verändern? Selbstverständlich hängt die Frage der Marktmacht mit der Anzahl der Anbieter (oder auch Nachfrager) zusammen. Je geringer die Zahl der Konkurrenten ist, umso größer ist der Einfluss, den der Einzelne auf die Gesamtangebotsmengen (Gesamtnachfragemengen) nehmen kann, und es ist das Zusammenspiel von Gesamtnachfrage und Gesamtangebot auf einem Markt, das über den Preis entscheidet. Im Zustand „atomistischer Konkurrenz" auf einem Wettbewerbsmarkt bleiben Mengenvariationen der einzelnen Akteure ohne spürbare Folgen für die Gesamtmengen am Markt. Wenn ein Tankstellenpächter die Zahl seiner Zapfsäulen verdoppelt, wird dies keinen merklichen Einfluss auf die insgesamt am Markt angebotene Benzinmenge haben und erst recht nicht zu einer Reaktion des Benzinpreises führen.

Wenn wir allein auf die Zahl der Anbieter abstellen, dann ist das *Monopol* der extreme Fall. Es dürfte klar sein, dass dann, wenn nur ein Anbieter existiert, dessen Verhalten geeignet ist, den Preis zu beeinflussen. Wenn wir uns im Folgenden den Monopolfall vornehmen, um an ihm die Wirkung von Marktmacht exemplarisch darzustellen, dann sollte dies in dem Bewusstsein geschehen, dass das Monopol genauso ein Idealtypus ist wie der vollkommene Wettbewerb. In der Realität wird man nur mit Mühe Märkte finden können, auf denen die Anbieter überhaupt keinen Preissetzungsspielraum besitzen und sich als reine Mengenanpasser verhalten müssen. Selbst der Tankstellenpächter kann in engen Grenzen den Preis variieren. Genauso wenig wird man in der Lage sein, ein reines Monopol zu finden. Wir werden gleich sehen, dass die Monopolstellung (wie nicht anders zu vermuten) für denjenigen, der sie inne hat, erhebliche Vorteile bringt. Solche Vorteile locken andere Anbieter an und deshalb lassen sich Monopolstellungen selten über längere

Zeit aufrechterhalten. Aber selbst wenn es möglich ist dauerhaft die Position des Monopolisten in Bezug auf ein bestimmtes Gut einzunehmen, so steht der Monopolist zumindest mit Substituten für dieses Gut im Wettbewerb. Fälle, in denen weder potentielle Wettbewerber existieren, noch mehr oder weniger enge Substitute für das Monopolgut verfügbar sind, dürften äußerst selten sein. Ein Beispiel lieferte für eine gewisse Zeit der Naturkautschuk. Solange es noch nicht möglich war Gummi synthetisch herzustellen, waren die Länder, in denen die Kautschukpflanzen angebaut wurden, im Besitz eines Monopols (das durch ein Kartell zustande kam). Mit der Erfindung der Gummisynthese brach dieses quasi über Nacht zusammen.

Monopol und vollkommener Wettbewerb kennzeichnen gewissermaßen die beiden Enden einer Skala möglicher Marktformen. Die Realität ist eher durch Märkte gekennzeichnet, die zwischen diesen Extremen einzuordnen sind. Warum widmen wir uns dann den kaum beobachtbaren Idealtypen und nicht einem „realistischen" Marktmodell? Der Vorteil einer Beschäftigung mit den extremen Zuständen besteht darin, dass an ihnen sehr einfach die effizienzsteigernde Wirkung von Wettbewerb und die effizienzmindernde Wirkung von Marktmacht demonstriert werden kann. Das, was wir am Beispiel des Monopols mit einfachen Mitteln zeigen können, lässt sich auch auf die realistischen Situationen übertragen, in denen Marktmacht auf oligopolistischen Märkten mit wenigen Anbietern entsteht. Würden wir solche *Oligopole* betrachten, so würde die Analyse um ein Vielfaches komplizierter, denn dann müssten die strategischen Aspekte des Verhaltens von Oligopolisten mit berücksichtigt werden. Dies geschieht im Rahmen der Theorie, die sich mit Marktmachtphänomenen auseinandersetzt und die mit dem Begriff „Industrial Organisation" oder einfach IO bezeichnet wird. Wir werden uns in Kapitel 7 ein wenig näher mit diesem Feld befassen. Zunächst reicht es jedoch für unsere Zwecke, den einfachen Monopolfall zu benutzen um die Wirkung von Marktmacht zu verdeutlichen.

6.3.1 Monopolpreisbildung

Um den Unterschied zwischen Monopolpreis und Wettbewerbspreis aufzeigen zu können, ist die Unterscheidung zwischen der *geplanten Gesamtnachfrage* und der *konjekturalen Nachfrage* ein hilfreicher Einstieg. Bei der Gesamtnachfrage handelt es sich um die insgesamt am Markt wirksame Nachfrage aller Konsumenten. Die konjekturale Nachfrage ist dagegen diejenige Nachfrage, mit der sich der *einzelne Anbieter* konfrontiert sieht. Wie sieht die konjekturale Nachfrage eines Anbieters auf einem Wettbewerbsmarkt aus? Da es sich um einen Preisnehmer handelt, verläuft sie waagerecht, d.h. zum Marktpreis ist jede beliebige Menge absetzbar. Im Unterschied dazu ist die Gesamtnachfrage $D(p)$ in aller Regel eine fallende Funktion des Preises.[128] Der Gleichgewichtspreis p_g auf einem

---

[128] Natürlich ist es nicht selbstverständlich, dass die Gesamtnachfrage mit dem Preis fällt. Aber wir wollen uns an dieser Stelle nicht mit der theoretisch sehr anspruchsvollen Frage

Markt wird determiniert durch den Schnittpunkt von geplanter Gesamtnachfrage und geplantem Gesamtangebot. Zum Preis p_g planen die Konsumenten insgesamt gerade soviel nachzufragen, wie die Anbieter planen anzubieten. Der entscheidende Punkt im Falle des Monopols besteht nun darin, dass für den Monopolisten die konjekturale und die geplante Gesamtnachfrage identisch sind. Während der Anbieter auf einem Wettbewerbsmarkt bei der Berechnung seiner gewinnmaximalen Angebotsmenge die horizontal verlaufende konjekturale Nachfrage (und damit einen nicht veränderbaren Preis) zugrunde legen muss, kann der Monopolist mit der fallenden Gesamtnachfrage rechnen. Führen wir sein Kalkül einmal durch um zu sehen, welcher Unterschied zum Wettbewerb sich daraus ergibt.

Der Erlös des Monopolisten ist p D(p). Sein Gewinn ergibt sich damit als $\pi(p)$ = p D(p) – K(D(p)). Man beachte, dass hier der Preis nicht fest ist, sondern variiert werden kann. Die notwendige Bedingung für ein Gewinnmaximum lautet:

$$\frac{d\pi}{dp} = p_m D'(p_m) + D(p_m) - K'(D(p_m))D'(p_m) = 0$$

bzw.

$$p_m - K' = -\frac{D(p_m)}{D'(p_m)}$$

oder

$$\frac{p_m - K'}{p_m} = -\frac{D(p_m)}{D'(p_m)p_m} = \frac{1}{\varepsilon} \quad . \qquad (*)$$

Dabei ist ε die Preiselastizität der Nachfrage. Auf der linken Seite von (*) steht die relative Abweichung des Monopolpreises vom Wettbewerbspreis $p_w = K'$. Diese ist offensichtlich umso größer, je kleiner die Preiselastizität der Nachfrage ist. Man kann es auch folgendermaßen ausdrücken: Der Monopolist kann es sich aufgrund seiner starken Stellung als alleiniger Anbieter leisten, von Grenzkostenpreisen abzuweichen, d.h. einen Aufschlag auf die Grenzkosten zu verlangen. Dieser Aufschlag ist um so höher, je schwächer die Nachfrager auf Preiserhöhungen reagieren, d.h. je dringlicher sie das Gut benötigen.

Die mit (*) beschriebene Art der monopolistischen Preisbildung sagt uns noch nichts über die Effizienzminderung oder den Wohlfahrtsverlust, der damit verbunden ist. Dass es zu einem solchen kommen muss, dürfte allerdings klar sein, denn wir haben ja gesehen, dass der soziale Überschuss bei *Grenzkostenpreisen* maxi-

---

auseinander setzen, unter welchen Bedingungen ein fallender Verlauf der Nachfragefunktion gesichert ist (vgl. dazu HILDENBRAND (1983)). Wir können darauf verzichten, indem wir uns auf die Position zurückziehen, dass in der Regel fallende Nachfragefunktionen zu beobachten sind.

mal wird und von denen weicht der Monopolist ab. Um etwas über die Wohlfahrtsverluste sagen zu können, formen wir (*) noch einmal um:

$$p_m D'(p_m) + D(p_m) = K'(D(p_m))D'(p_m) \qquad (**)$$

Auf der linken Seite von (**) steht die Ableitung der Erlösfunktion $E(D(p)) = p\,D(p)$, also die Grenzerlöse. Die notwendige Bedingung für ein Gewinnmaximum besteht darin, dass die Angebotsmenge so gewählt werden muss, dass gilt: Grenzerlös = Grenzkosten. Für den Fall einer linearen Nachfragefunktion können wir diese Information ausnutzen und das Kalkül des Monopolisten graphisch veranschaulichen (Abbildung 32).

GE bezeichnet den Grenzerlös, GK die Grenzkosten, die der Einfachheit halber als konstant und identisch mit den Durchschnittskosten DK angenommen sind. Die Angebotsmenge des Monopolisten ergibt sich aus der Bedingung GK = GE. Die Menge q_m, bei der dies der Fall ist, wird zum Monopolpreis p_m nachgefragt. Der Punkt C, der das monopolistische (Punkt-) Angebot kennzeichnet, ist der sogenannte *Cournotsche Punkt*.

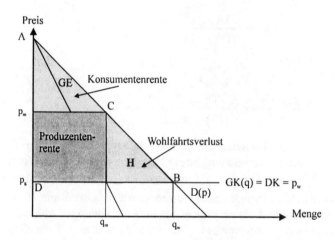

Abbildung 32: Wohlfahrtsverlust bei monopolistischer Preisbildung

Vergleichen wir nun den sozialen Überschuss, der sich beim Monopolpreis ergibt, mit dem, der sich beim Grenzkostenpreis p_w (dem Wettbewerbspreis) einstellen würde. Die Konsumentenrente erhalten wir wiederum als Fläche unter der Nachfragekurve. Der Gewinn des Monopolisten und damit die Produzentenrente ergibt sich, wenn wir von dem Erlös $p_m q_m$ die Kosten $K(q_m)$ abziehen, die der Fläche unter der Grenzkostenkurve entsprechen. Beide Flächen zusammen ergeben den sozialen Überschuss. Bei Grenzkostenpreisen entspräche dieser Überschuss der Konsumentenrente, die durch die Fläche unter der Nachfragekurve bis zum Grenzkostenpreis gegeben ist (dem Dreieck ABD). Die schraffierte und als „Wohlfahrtsverlust" gekennzeichnete Fläche H in Abbildung 32 ist damit nichts anderes als die Differenz zwischen dem sozialen Überschuss, der erreichbar wäre, wenn ein Wettbewerbsmarkt vorläge und dem sozialen Überschuss im Monopolfall.

Der Vergleich zwischen Monopol und Wettbewerb zeigt damit sehr deutlich, welche Wirkung Marktmacht hat. Durch die Fähigkeit, Einfluss auf die Preise auszuüben, gelingt es dem Monopolisten, eine Produzenten- bzw. Monopolrente zu erzielen. Dabei gilt es zu beachten, dass nicht die Umverteilung zugunsten des Monopolisten die Effizienzminderung verursacht – solange es zu einer reinen Umverteilung kommt, wirkt sich diese nicht negativ auf den sozialen Überschuss aus. Effizienzschädigend ist vielmehr die Tatsache, dass die Konsumentenrente über die Umverteilung hinaus reduziert wird. Diese zusätzliche Reduktion des sozialen Überschusses bezeichnet man als *Dead-weight loss*. Er wird gemessen durch das sogenannte *Harberger-Dreieck* **H**.

Wenn wir die Ergebnisse unserer Untersuchung zusammenfassen, führt der Übergang von einem Wettbewerbsmarkt mit Grenzkostenpreisen zu einem Monopolmarkt dazu, dass der Marktpreis steigt, die am Markt gehandelte Menge zurückgeht, die Konsumentenrente schrumpft und eine Monopolrente entsteht, die um den Dead-weight loss geringer ist als der Rückgang an Konsumentenrente. Außer dem Monopolisten kann niemand mit diesen Ergebnissen zufrieden sein. Offensichtlich ist die Wirkung von Marktmacht überaus schädlich. Dieser Eindruck wird noch verstärkt, wenn man bedenkt, dass damit die Geschichte noch nicht zu Ende ist. Wir werden gleich sehen, dass es mindestens zwei weitere Aspekte gibt, die den Schaden, der durch Marktmacht angerichtet wird, noch vergrößern. Allerdings wird sich daran eine Überlegung anschließen, die zeigt, dass Marktmacht zumindest vorübergehend auch positiv zu bewertende Wirkungen entfalten kann. Bevor wir allerdings dazu kommen, sei noch eine Bemerkung angefügt, die die Frage des Wettbewerbs, oder besser gesagt der Marktform, in einen Zusammenhang mit der Art und Weise bringt, in der wir rationale Wirtschaftspolitik definiert haben.

Der Monopolist kann einen Extraprofit (die Monopolrente) realisieren, weil er in der Lage ist, den Preis *und* die Angebotsmenge zu variieren. Er kann sich gewissermaßen den Punkt auf der Preis-Absatzkurve aussuchen, in dem sein Gewinn maximal wird. Der *einzelne* Anbieter in einem Wettbewerbsmarkt kann dies nicht. Aber warum tun sich die Anbieter nicht zusammen und beschließen gemeinsam, die Angebotsmenge so weit zu senken, dass sie den insgesamt gewinnmaximalen Punkt erreichen? Im Prinzip könnten sich die Wettbewerber als Kollektiv genauso verhalten wie ein Monopolist. Wir können allerdings ziemlich sicher sein, dass dies tatsächlich nur im Prinzip möglich ist. Es wäre nämlich für den einzelnen nicht rational, sich an eine solche Abmachung zu halten. Wenn aufgrund allgemeiner Einschränkungen der Angebotsmengen der Marktpreis steigt, dann liegt er plötzlich über den Grenzkosten. Das aber bedeutet, dass durch Ausdehnung des Angebots ein zusätzlicher Gewinn realisiert werden kann. Auf den zu verzichten wäre nicht rational, zumal der Erfolg der kollektiven Aktion nicht vom Verhalten eines Einzelnen abhängt (annahmegemäß ist die Zahl der Anbieter so groß, dass das Verhalten eines Einzelnen zu keiner Preisreaktion führt). Da diese Überlegung für alle gilt, werden alle zu dem Schluss kommen, dass es sinnvoll ist das Angebot auszuweiten. Die Folge: Der Marktpreis wird sinken, und zwar solange, bis wieder Preis und Grenzkosten übereinstimmen. Die Anbieter auf einem Wettbewerbsmarkt befinden sich in einem *Gefangenen-Dilemma*, das verhindert, dass es zu abgestimmtem Verhalten kommen kann. Für Wettbewerbsmärkte gilt, dass rationales Verhalten der einzelnen Akteure ausgerechnet deshalb zu einem kollektiv rationalen, weil effizienten Resultat führt, weil sich ein Teil der Akteure in einer GD-Situation befindet.

Bisher haben wir das Gefangenen-Dilemma als Ursache für Ineffizienzen ausgemacht und aus dem Widerspruch zwischen individuell rationalem Verhalten und kollektiver Rationalität die Notwendigkeit staatlichen Handelns abgeleitet. Die Analyse des Wettbewerbsmarktes lehrt uns nun, dass es auch „gute" GD-Situationen geben kann. Es gibt sie dann, wenn das Dilemma verhindert, dass partikulare Interessen sich zum Nachteil des gesamten Kollektivs formieren können, indem sie den Wettbewerb untereinander ausschalten. Sollte dies jedoch gelingen, sollte der Wettbewerb zum Erliegen kommen, entsteht sofort der altbekannte Widerspruch zwischen individueller Ratio und kollektiver Vernunft. Dies ist eine gute Gelegenheit sich klarzumachen, dass es letztlich der Wettbewerb ist, der zu dem erstaunlichen Ergebnis führt, das sich im ersten Hauptsatz der Wohlfahrtsökonomie verbirgt. Es besagt, dass gerade dann, wenn alle Akteure in einer Ökonomie ausschließlich ihren eigenen Vorteil suchen, ein kollektiv rationales Ergebnis herauskommt. Diese Harmonie zwischen egoistischem Eigennutzstreben und gesellschaftlicher Wohlfahrt wird durch Wettbewerbsbeziehungen hergestellt, und das heißt nicht zuletzt durch das GD, in dem sich die Wettbewerber befinden.

Im Monopolfall existiert kein GD, der Monopolist ist in der Lage, seinen Vorteil *zum Nachteil anderer* zu suchen. Darin liegt die tiefere Ursache für die Ineffizienz des Monopols und darin liegt die Begründung für staatliches Handeln. Um die schädlichen Wirkungen von Marktmacht zu verhindern, stehen eine Reihe möglicher Politiken zur Verfügung, die allesamt darauf gerichtet sind, die Voraussetzungen für Wettbewerb zu schaffen und bestehenden Wettbewerb zu erhalten. Welche konkreten Maßnahmen die deutsche Wirtschaftspolitik in diesem Sinne ergreifen kann, werden wir uns im Anschluss an die bereits angesprochenen weiteren Überlegungen zur Wirkung von Marktmacht ansehen.

6.3.2 Kostenineffizienz und Rent-seeking [129]

Die bisher aufgezeigte Ineffizienz des Monopols spielt sich auf der Nachfrageseite ab. Der Monopolist kann seine Marktmacht ausnutzen, um bei den Konsumenten einen Extraprofit herauszuschlagen. Die komfortable Position, in der er sich dabei befindet, hat unter Umständen jedoch auch Auswirkungen auf die Art und Weise, in der das *Angebot* erstellt wird. Es spricht einiges dafür, dass Monopolisten dazu neigen, ihr Angebot zu höheren Kosten zu erbringen, als

---

[129] Vgl. zu diesem Abschnitt TIROLE (1988), Kap. 1.2 und 1.3.

dies im Wettbewerb der Fall wäre. Mit anderen Worten: Der Monopolist produziert nicht kostenminimal.

Diese Behauptung muss auf den ersten Blick verwundern. Warum sollte der Monopolist vermeidbare Kosten tragen und auf ein gewinnmaximierendes Verhalten verzichten? Schließlich unterstellen wir auch dem Inhaber einer monopolistischen Unternehmung, dass er rational und eigennützig handelt. Der entscheidende Punkt ist, dass die Eigentümer eines Unternehmens selten identisch mit den Managern sind, die das Unternehmen führen. Wir haben auf diese Tatsache und die sich daraus ergebenden Probleme an anderer Stelle bereits hingewiesen. Grundsätzlich, also auch bei Firmen, die sich im Wettbewerb befinden, kann man unterstellen, dass die Ziele von Managern und Eigentümern nicht übereinstimmen. Solange es einen hinreichend scharfen Wettbewerb unter den Managern gibt und solange das Betriebsergebnis ein brauchbares Maß für die Leistungsfähigkeit der Manager ist, erwachsen daraus nicht unbedingt gravierende Probleme. Die Eigentümer des Unternehmens haben ja immer die Möglichkeit, das Abschneiden des eigenen Hauses mit dem der Wettbewerber zu vergleichen. Auf diese Weise wird es den Managern schwer gemacht, „eine ruhige Kugel zu schieben" und die daraus resultierenden mageren Gewinne mit den schlechten Zeiten zu begründen.

Bei einer Monopolstellung des Unternehmens fehlt dagegen ein geeigneter Vergleichsmaßstab, um die Leistung des Managements beurteilen zu können. Vor diesem Hintergrund ist die Einschätzung MACHLUPS [130] verständlich: „the best of all monopoly profits is a quite life". Der Schlendrian der Manager sorgt dafür, dass ineffizient und damit „zu teuer" produziert wird. Diese Schlussfolgerung ist durchaus nicht unplausibel, allerdings muss sie mit einer Einschränkung versehen werden. Die Eigentümer einer monopolistischen Unternehmung werden die mangelhafte Kontrollmöglichkeit, die sie gegenüber ihrem Management haben, antizipieren, und das kann bedeuten, dass die Manager ihr ruhiges Leben damit bezahlen müssen, dass sie ein geringeres Gehalt beziehen als ihre gestressten Kollegen in Unternehmen, die sich gegen Wettbewerber durchsetzen müssen. Sollte auch diese Schlussfolgerung richtig sein, so liefern beide zusammen vielleicht eine recht gute Erklärung für eine Beobachtung, die man bei öffentlichen Unternehmen macht, die ja fast immer eine Monopolstellung besitzen.[131] Die Beobachtung nämlich, dass die Mitarbeiter in diesen Unternehmen weniger verdienen und langsamer arbeiten als ihre Kollegen in der sogenannten freien Wirtschaft.

Neben dem Dead-weight loss, den das Monopol erzeugt, und der Kostenineffizienz, zu der es tendiert, existiert noch eine dritte Ursache für Verschwendung durch Monopolisten. Wir sind bisher davon ausgegangen, dass bereits eine Monopolstellung existiert und dass ihr Bestand gesichert ist. Aber Monopolstellungen fallen nicht vom Himmel, sondern werden erzeugt. Es gibt verschiedene Möglich-

---

[130] Zitiert nach TIROLE, S. 74.

[131] Man denke beispielsweise an Versorgungsunternehmen, die Post usw.

keiten, Monopolist zu werden. Beispielsweise kann man in Forschung und Technologie investieren, ein Patent erwerben und selbiges dann ausnutzen. Man kann auch allerlei Strategien entwickeln, die potentielle Konkurrenten davon abhalten können, in den Markt einzutreten. Solche Marktzugangsbeschränkungen haben die IO-Theoretiker lange beschäftigt.[132] Und schließlich kann man sich um Monopolstellungen bemühen, die durch Politiker vergeben werden. Es gibt eine Vielzahl von Beispielen für staatlich geschaffene und geschützte Monopole. Der Betrieb eines privaten Funktelefonnetzes ist dafür genauso ein Beispiel wie die Energieversorgung. In allen diesen Fällen lohnt sich der Versuch, die Monopolstellung zu erlangen, weil als Belohnung eine *Monopolrente* winkt. Nun kann man sich vorstellen, dass es mehr als einen Anwärter auf diese Rente gibt und dass es vermutlich zu einem Wettbewerb um die Stellung des Monopolisten kommt. Im Verlaufe dieses Wettbewerbs werden Ressourcen dafür eingesetzt die Monopolrente zu bekommen, und das bedeutet, dass die tatsächlich erzielte Rente kleiner ist als das, was wir in Abbildung 32 als den Gewinn des Monopolisten ausgewiesen haben. Wenn wir aber von dem sozialen Überschuss, der im Monopolfall resultiert, auch noch die Aufwendungen abziehen müssen, die im Zuge des Wettbewerbs um das Monopol anfallen, dann ist der Wohlfahrtsverlust noch um einiges größer, als er durch das Harberger-Dreieck ausgewiesen wird. Es stellt sich die Frage, wie groß (gemessen an der zu vergebenen Rente) der Aufwand ausfallen wird, den die Bewerber um die Monopolstellung treiben.

Der Versuch, diese Frage zu beantworten, hat inzwischen zu einer Literatur von erheblichem Umfang geführt, die unter dem Begriff „Rent-seeking" zusammengefasst werden kann. Ausgelöst wurde die Diskussion vor allem durch Beiträge von POSNER (1975) und TULLOCK (1967, 1980). Beide Autoren kommen zu dem Schluss, dass in vielen Fällen damit zu rechnen ist, dass die gesamte Monopolrente im Rahmen des Rent-seeking aufgewendet wird. Das dabei verwendete Argument ist etwa das folgende: Nehmen wir an, fünf Konkurrenten bewerben sich um ein Monopol, das eine Rente von 100 DM erwarten lässt. Nehmen wir weiterhin an, dass die Wahrscheinlichkeit den Zuschlag zu bekommen, gleichverteilt ist, wenn alle Bewerber den gleichen Aufwand betreiben. In dieser Situation kann es rational sein, Investitionen in Höhe der erwarteten Rente zu tätigen, also in Höhe von je 20 DM. Insgesamt wird dann die gesamte Rente von 100 DM im Rentseeking-Prozess eingesetzt, es kommt zur „full rent dissipation".

Dieses Ergebnis und einige andere Merkwürdigkeiten, insbesondere im Zusammenhang mit dem von TULLOCK entwickelten Modell,[133] haben zu einer nachhaltigen Diskussion geführt, die vor einiger Zeit eine neue Wendung erhalten hat. LEININGER (1993) und YANG (1994) haben Modelle vorgestellt, die zeigen, dass es keineswegs zur „full rent dissipation" kommen muss. Es ist durchaus denkbar, dass die Teilnehmer an dem Wettbewerb um die Monopolrente nur einen vergleichs-

---

[132] Vgl. dazu TIROLE Kap. 8.

[133] Vgl. dazu Sidestep 29

weise geringen Aufwand betreiben. Es kommt ganz offensichtlich sehr darauf an, wie der Rent-seeking-Prozess gestaltet ist.[134] Das ist ein Punkt, auf den auch TIROLE (1988) bereits hinweist. Er macht darauf aufmerksam, dass Monopole nicht immer durch einen Wettbewerb vergeben werden, sondern mitunter ganz zufällig entstehen können. Man denke etwa an die berühmte Zufallsentdeckung, die ohne großen Forschungsaufwand zustande kommt und ein Patent hervorbringt, mit dem sich ein Monopol aufbauen lässt. Aber auch in anderen Fällen muss es keineswegs zur vollständigen Verschwendung der Rente kommen. Beispielsweise ist es durchaus plausibel, dass einzelne Akteure im Wettbewerb um die Rente a priori einen Vorsprung haben. Können sie diesen glaubwürdig signalisieren, wird es gar nicht erst zu einem ernsthaften Wettbewerb kommen.[135] Schließlich weist TIROLE darauf hin, dass auch die implizit getroffene Annahme, dass die Ausgaben, die zur Erlangung der Rente getätigt werden, unproduktiv sind, nicht zwangsläufig erfüllt sein muss. Wird ein staatliches Monopol durch Lobbyarbeit erreichbar, ist die Verschwendungsthese plausibel, aber versteigert der Staat die Monopolrechte, so kommt es keineswegs zu einer Verschwendung.

Zusammenfassend bleibt festzustellen, dass Rent-seeking zwar zu einem weiteren Effizienzverlust führt und die dabei eingesetzten Mittel zu dem ohnehin mit Marktmacht einhergehenden Wohlfahrtsverlust addiert werden müssen. Wie hoch diese Mittel jedoch sein werden, ist a priori nicht klar und es ist nicht auszuschließen, dass ihre Höhe von Fall zu Fall sehr unterschiedlich ist.

Sidestep 30: Tullocks Sumpf

Im Tullock-Modell wird das Rent-seeking als eine Lotterie abgebildet, bei der die Spieler ihre Gewinnwahrscheinlichkeit endogen bestimmen und dabei voneinander abhängig sind. Gehen wir davon aus, dass nur zwei Wettbewerber um die Monopolrente streiten. Man stelle sich eine Urne vor, in die beide Rent-Seeker Lose werfen können. Anschließend wird aus der Urne ein Los gezogen, das über die Vergabe der Rente entscheidet. Jedes Los steigert die eigene Gewinnwahrscheinlichkeit und reduziert die des Mitbewerbers, aber da dies für beide Seiten gilt, stellt sich folgendes Kooperationsproblem: Wenn beide Spieler jeweils nur ein Los in die Urne werfen, gewinnen sie mit Wahrscheinlichkeit ½ die Rente. Wenn beide je 100 Lose kaufen, haben sie zwar ihre Rent-Seeking Investition verhundertfacht, aber immer noch die gleiche Gewinnchance von ½.

---

[134] Das ist im übrigen auch das zentrale Resultat der experimentellen Arbeiten zum Rent-seeking von WEIMANN, YANG UND VOGT (1999, 2000).

[135] Das ist ein entscheidender Punkt in dem von LEININGER und YANG entwickelten Modell. Der Wettbewerb um die Rente wird als ein mehrstufig ablaufendes Spiel modelliert, in dem Spieler glaubwürdig damit drohen können, die anderen Bewerber in eine für sie schlechte Position zu bringen, wenn sie sich auf den Wettbewerb um die Rente einlassen.

Das Tullock-Modell hat eine einfache formale Struktur. Sei V die Rente, um die es geht, und seien x und y die Rent-Seeking-Investitionen der beiden Wettbewerber. Dann ist die erwartete Auszahlung der Spieler gegeben durch:

$$F(x,y) = \frac{x^r}{x^r + y^r} V - x, \qquad G(x,y) = \frac{y^r}{x^r + y^r} V - y$$

Der Bruch gibt die Gewinnwahrscheinlichkeit an, die multipliziert mit der Rente V den erwarteten Bruttogewinn ergibt, von dem dann die Investition x bzw. y abgezogen werden muss. Der Parameter r sagt etwas über die Produktivität der Rent-Seeking Ausgaben. Je höher r ist, umso stärker wirkt sich ein weiteres Los in der Urne aus. Das Nash-Gleichgewicht des durch diese Auszahlungsfunktion charakterisierten Spiels ist symmetrisch und sieht Ausgaben in Höhe von rV/4 vor. Das aber bedeutet, dass bereits für r = 2 die gesamte Rente im Rent-Seeking-Prozess eingesetzt wird.

Für das Modell ist noch ein anderes Resultat von Bedeutung. Wenn r > 2 ist, müssten im Gleichgewicht Einsätze gezahlt werden, bei der der erwartete Payoff *negativ* wird. Wenn dies der Fall ist, dann macht es für einen rationalen Spieler keinen Sinn mehr an dem Spiel teilzunehmen. Wenn aber niemand teilnimmt, kann man die Rente leicht bekommen, denn es reicht ein einziges Los zu kaufen. Das kann aber kein Gleichgewicht sein, denn wenn einer ein Los kauft, lohnt es sich für den anderen zwei zu erwerben usw. bis zum „Gleichgewicht", in dem es sich nicht mehr lohnt teilzunehmen. Man dreht sich im Kreis oder – wie es sich in der Literatur eingebürgert hat – man versinkt in TULLOCKS Sumpf, wenn man zulässt, dass r größer als zwei wird. Technisch gesprochen entsteht die Konfusion, weil für r > 2 kein Nash-Gleichgewicht *in reinen Strategien* mehr existiert.

Es gibt in der Literatur eine ganze Reihe von Vorschlägen, wie man aus dem Sumpf herauskommen kann. Der von LEININGER UND YANG eingeschlagene Weg besteht darin die simultane Modellierung TULLOCKS durch eine sequentielle zu ersetzen. Bei TULLOCK müssen nämlich beide Spieler gleichzeitig entscheiden, wie viele Lose sie kaufen wollen. Die Begründung für diese simultane Modellierung ist, dass bei einer sequentiellen Anordnung sofort ein Wettbewerb um die Position des Erstziehenden entstehen würde, weil dieser einen klaren „first mover advantage" habe, so dass im Ergebnis doch wieder ein simultanes Spiel herauskäme. LEININGER (1993) kann jedoch zeigen, dass diese Begründung nicht unbedingt stichhaltig ist. Es zeigt sich nämlich, dass die Spieler dann, wenn sie endogen über die Spielweise entscheiden können, in jedem Fall die sequentielle vorziehen. Das sequentielle Spiel Paretodominiert das simultane. Damit ist der Weg frei für eine sequentielle Modellierung, die den Tullockschen Sumpf austrocknen kann.

Am Rande sei bemerkt, dass bei den Experimenten von WEIMANN, YANG UND VOGT (1999) beobachtet werden konnte, dass es den „First mover advantage", den die Spieltheorie behauptet, im Experiment nicht gab. Im Gegenteil: Es zeigte sich immer wieder, dass diejenigen Spieler im Vorteil waren, die *als letzte* ziehen konnten.

Wir haben bereits erwähnt, dass eine Methode, mit der man Monopolist werden kann, darin besteht, ein Patent zu erwerben. Das Patentrecht eröffnet also die Möglichkeit Marktmacht zu erlangen. Patentrechte werden vom Staat vergeben und geschützt. Warum gewährt der Staat diesen Schutz, wenn damit letztlich Wohlfahrtsverluste ausgelöst werden? Die Antwort liegt auf der Hand: Ohne einen Patentschutz hätte niemand ein Interesse daran neue Produkte zu entwickeln, Forschung und Entwicklung zu betreiben und den technischen Fortschritt voranzubringen. Jede Entdeckung würde augenblicklich von der Konkurrenz kopiert und Zusatzgewinne in Form von Monopolrenten wären nicht zu verdienen. Angesichts der ungeheuren Bedeutung, die der technische Fortschritt für die Wohlfahrt eines Landes hat, erscheint es gerechtfertigt diesen Punkt etwas genauer zu untersuchen, bevor wir uns mit den praktischen Seiten der Wettbewerbspolitik befassen.

6.3.3 Technischer Fortschritt und Patentwettlauf

Der Wohlstand der Bewohner eines Landes hängt im Wesentlichen davon ab, wie viele Güter dieses Land produzieren kann.[136] Wenn man fragt, wie man die Produktion und damit den Wohlstand erhöhen kann, so ist die Antwort darauf eigentlich sehr einfach. Es gibt nur drei Möglichkeiten: Man kann mehr Kapital einsetzen, man kann mehr arbeiten oder man kann die Produktivität des Faktoreinsatzes erhöhen.

Eine Steigerung des Kapitaleinsatzes setzt voraus, dass gespart wird, d.h. dass die Menschen bereit sind, heute auf Konsum zu verzichten um morgen mehr konsumieren zu können. Die Zeitangabe „morgen" sollte man dabei allerdings nicht zu wörtlich nehmen. In der Regel kann es ziemlich lange dauern bis sich Konsumverzicht auszahlt. Der Arbeitseinsatz lässt sich auf verschiedene Art und Weise erhöhen. Die einfachste Art besteht in der Verlängerung der individuellen Arbeitszeit. Dabei ist es im Prinzip gleichgültig, ob man die Lebensarbeitszeit oder die Arbeitszeit pro Tag erhöht, der Effekt ist immer der gleiche.

Die jedoch wahrscheinlich wichtigste Wachstumsquelle ist die Produktivität. Dabei sollte man den Begriff „Produktivität" sehr weit fassen.[137] Gerade in der letzten Zeit ist klar geworden, wie wichtig beispielsweise die Akkumulation von Humankapital für die Wachstumschancen eines Landes ist. Je besser die Menschen ausgebildet sind, desto produktiver können sie arbeiten. Was nützt eine moderne

---

[136] Natürlich kann auch die Ausbeutung einheimischer Bodenschätze den Wohlstand beeinflussen. In diesem Fall werden Renten realisiert, die dem Land durch den (zufälligen) Besitz dieser Schätze erwachsen. Für die Industrienationen hat dieser Aspekt allerdings vergleichsweise geringe Bedeutung – im Unterschied etwa zu den Erdölexportländern.

[137] Insbesondere ist dabei die Produktivität *aller* Faktoren gemeint.

Produktionsanlage, die die kostengünstige Herstellung von Gütern erlaubt, wenn es niemanden gibt, der sie bedienen und warten kann. Was nützen Computer, wenn niemand da ist der sie intelligent einzusetzen versteht? Mindestens ebenso wichtig wie die Ausbildung der Arbeitskräfte ist der technische Fortschritt selbst. Allein durch die Entwicklung neuer, verbesserter Produkte und Produktionsprozesse lässt sich die Produktivität erheblich steigern. Empirische Untersuchungen zu der Frage, welchen Anteil die verschiedenen Wachstumsquellen an dem beobachtbaren Wirtschaftswachstum haben, zeigen, dass der weitaus größte Teil dem Produktivitätsfortschritt zuzurechnen ist.

Um die Bedeutung der Produktivität und damit vor allem des technischen Fortschritts zu betonen, sei auf ein Phänomen hingewiesen, das insbesondere amerikanische Ökonomen seit Jahren beschäftigt. In den USA ist seit Beginn der 70er Jahre ein ebenso drastischer wie anhaltender Abfall des Produktivitätswachstums festzustellen. Lag der durchschnittliche Zuwachs pro Jahr in den 50er und 60er Jahren noch bei ca. 1,6%, so hat er sich seitdem auf nicht mehr als 0,6% reduziert. Da die Bevölkerung in den USA durch Zuwanderung und Baby-boom relativ stark gewachsen ist, hat dies zur Folge, dass es dem Durchschnittsamerikaner heute nicht besser geht als seinem Landsmann vor 20 Jahren: Pro Kopf gerechnet ist das reale Einkommen nahezu unverändert geblieben. Dieser Umstand verursacht bei vielen US-Ökonomen einiges Kopfzerbrechen, denn es ist klar, dass der „Productivity slow down" keine Naturgesetzlichkeit ist, sondern Ursachen haben muss. Dies ist deshalb klar, weil es in anderen Ländern (zum Beispiel in Deutschland und Japan) keineswegs zu einer vergleichbaren Entwicklung gekommen ist, obwohl die gesellschaftlichen und ökonomischen Rahmenbedingungen ansonsten denen in den USA sehr ähnlich sind. Das eigentliche Problem in diesem Zusammenhang ist, dass man bis heute nicht genau weiß, warum sich die Produktivität der US-Wirtschaft so langsam entwickelt.[138] In den letzten Jahren (etwa von 1996 bis 2000) scheint sich allerdings das Produktivitätswachstum in den USA wieder zu beschleunigen. Die empirische Evidenz ist zur Zeit noch nicht eindeutig, aber einiges spricht dafür, dass sich die technologischen Veränderungen in der Kommunikationsindustrie nunmehr auszuwirken scheinen. Technologische Entwicklungen ha-

---

[138] Es gibt eine ganze Reihe von Thesen, aber keine ist in der Lage, eine überzeugende Erklärung zu liefern. So ist beispielsweise der Hinweis, dass sich die Arbeitnehmerschaft in ihrer Struktur verändert hat, richtig (durch das Hinzukommen der Baby-boom Generation hat sich das Durchschnittsalter der Arbeitnehmer verringert), aber dieser Umstand vermag ebensowenig den Productivity slow down zu erklären wie die These, dass den Menschen eben nichts mehr einfiele, was die Produktivität steigern könnte. Die Diskussion um den rätselhaften Rückgang des Produktivitätswachstums ist ausgesprochen interessant und lehrreich. Aus diesem Grund sei dem Leser die Lektüre der Beiträge von OLSON, BOSKIN und anderen im Journal of Economic Perspectives, 2, 1988 sehr empfohlen. In diesen Beiträgen werden verschiedene Erklärungsversuche vorgestellt. Darüber hinaus setzt sich PAUL KRUGMAN 1991 in seinem sehr lesenswerten Buch „The Age of Diminishing Expectations" ausführlich mit dem Produktivitätsproblem auseinander. Dieses sehr verständlich geschriebene Buch ist im übrigen für jeden, der an ökonomischen Fragen interessiert ist, ein Gewinn, es sei deshalb hier ausdrücklich empfohlen.

ben auch in der Vergangenheit immer erst mit einer gewissen Verzögerung zu einem Wachstum der Produktivität geführt.

Für uns ist die Auseinandersetzung mit dem Produktivitätswachstum deshalb von Bedeutung, weil sie zu einer Frage führt, die unmittelbar mit der Struktur von Märkten und der Intensität von Wettbewerb zusammenhängt. Der Frage nämlich, wie technischer Fortschritt, der letztlich die notwendige Bedingung für Produktivitätswachstum ist, in einer Ökonomie entstehen kann, wie Märkte beschaffen sein müssen, damit Anreize für Investitionen in Forschung und Entwicklung (F&E) entstehen, die die Voraussetzung für Produkt- und Prozessinnovationen sind. Dass es sich dabei um eine Frage handelt, die in einem engen Zusammenhang mit der Marktform zu sehen ist, dürfte unmittelbar einleuchten. Wenn nämlich Innovationen, die durch aufwendige F&E-Aktivitäten hervorgebracht werden, nicht durch ein Patent zumindest zeitweilig geschützt werden können, dann ist kaum damit zu rechnen, dass ein Unternehmen bereit sein wird solche kostspieligen Aktivitäten zu entfalten. Wird jedoch ein Patentschutz eingeräumt, so schafft der Staat damit ein Monopol. Derjenige, der in den Besitz des Patentes gelangt, wird zum Monopolisten.

Ein gutes Beispiel für diesen Effekt des Patentrechtes ist der Arzneimittelmarkt, denn an ihm kann man sehr gut beobachten, dass Patente zu hohen Preisen und zu Monopolrenten führen. Der Preis für Viagra dürfte beispielsweise erheblich über den Grenzkosten liegen.

Der Wirtschaftspolitiker, der Innovationen stimulieren möchte, der die technologische Entwicklung fördern will, ist damit in einer Zwickmühle: Das klassische Dilemma der Wettbewerbs- und Forschungspolitik besteht darin, dass jeder Versuch, etwas für den technischen Fortschritt zu tun, nahezu zwangsläufig bedeutet, dass Wettbewerb eingeschränkt werden muss. Zumindest gilt dies für die Forschungsaktivitäten, die zu am Markt verwertbaren Patenten führen. Grundlagenforschung kann dagegen staatlich gefördert werden, ohne dass es deshalb zu Wettbewerbseinschränkungen kommt.[139]

Natürlich kann man auch darüber nachdenken, ob es nicht andere Methoden gibt, Anreize für Forschungen zu setzen, als ausgerechnet die Einräumung eines Monopols. Ein mögliches Modell wäre die Auslobung eines Preises für bestimmte Entdeckungen. Der Vorteil einer solchen Regelung wäre, dass dann, wenn die Entdeckung gemacht ist, kein Patentschutz mehr nötig ist. Der Entdecker wird belohnt und die Entdeckung steht allen zur Verfügung. Auf diese Art und Weise könnte man einerseits Anreize für F&E-Investitionen schaffen (man muss nur den Preis hoch genug ansetzen) und andererseits der Tatsache Rechnung tragen, dass Wissen – wenn es erst einmal vorhanden ist – ein nicht-rivales Gut ist. Bei nicht

---

[139] Wie wir an anderer Stelle gesehen haben, besteht sogar ein erheblicher Bedarf an staatlicher Förderung für die Grundlagenforschung, weil es sich bei ihr in weiten Teilen um die Produktion eines öffentlichen Gutes handelt.

rivalen Gütern ist Konsumausschluss (in diesem Fall eher Nutzungsausschluss), wie er durch ein Patent geschaffen würde, nicht effizient.[140]

Leider ist ein solches „Belohnungs-Modell" nur schwer zu implementieren. Entscheidend ist dabei insbesondere das Informationsproblem. Um einen Preis aussetzen zu können, muss man wissen, *was* eigentlich belohnt werden soll. Aber bevor beispielsweise Herr Röntgen die nach ihm benannten Strahlen entdeckte, wusste niemand, dass es so etwas gab. Typischerweise werden die meisten Entdeckungen mehr oder weniger durch Zufall gemacht. Dazu kommt, dass einem staatlichen Planer kaum zuzutrauen ist, dass er permanent darüber informiert ist, welche Neuentwicklungen möglich, nötig und sinnvoll sind. Insbesondere über letzteres entscheidet am besten der Markt – und das kann nur geschehen, wenn die Entdeckung von Neuheiten geschützt wird.

Sidestep 31: Eine Belohnung für den Beweis der Fermatschen Vermutung

Die „Preislösung" kann aber auch aus anderen Gründen daneben gehen, wie das folgende Beispiel zeigt.

Der Darmstädter Industrielle PAUL WOLFSKEHL hatte im Jahre 1908 einen Preis von immerhin 100.000 Goldmark für denjenigen ausgesetzt, der es schafft, die berühmte Fermatsche Vermutung aus dem Jahre 1637 (die besagt, dass die Gleichung $x^n + y^n = z^n$ für ganzzahlige x, y, z und für n > 2 keine Lösung hat) zu beweisen. Er tat dies aus Dankbarkeit, denn das Rätsel um die Vermutung hatte ihm das Leben gerettet. Wegen einer unglücklichen Liebe hatte er nämlich beschlossen, sich das Leben zu nehmen. Zuvor ordnete er noch seine Sachen und legte einen genauen Zeitpunkt für seinen Freitod fest. Da er ein pünktlicher Mensch war, beschloss er, in der Nacht, in der es geschehen sollte, bis zur festgesetzten Uhrzeit sich die Zeit mit Lesen zu vertreiben. Er geriet dabei an ein Buch des Mathematikers KUMMER, in dem ein Beweis geführt wurde, der zeigte, dass der Vorschlag, den CAUCHY zum Beweis der Fermatschen Vermutung gemacht hatte, falsch war. In diesem Beweis von KUMMER entdeckte der Hobbymathematiker WOLFSKEHL eine Unstimmigkeit. Er nahm sich der Sache an und rechnete bis in den frühen Morgen. Am Ende hatte er die Unstimmigkeit beseitigt und den Termin für seinen Freitod verpasst. Anstatt einen neuen anzusetzen, beschloss er weiter zu leben und sein Testament zu ändern. Er verfügte darin die Auslobung des oben genannten Preises. Seit 1908 wurde dieser Preis von der Göttinger königlichen Gesellschaft verwaltet.

---

[140] Der Leser sollte sich an dieser Stelle selbst klarmachen, warum Konsumausschluss bei fehlender Rivalität nicht effizient sein kann.

Fast 90 Jahre später war es dann soweit: 1993 gelang dem Engländer WILES endlich der langgesuchte Beweis. Allerdings: Der Preis hat nach zwei Währungsreformen leider nur noch einen Wert von etwa 7.500 DM.

Das Beispiel zeigt zweierlei: Einerseits ist es gar nicht so einfach, Preise über längere Zeiträume aufrecht zu erhalten und andererseits bedurfte es offensichtlich nicht eines monetären Anreizes, denn schließlich wurde die Vermutung *trotz* der Geldentwertung bewiesen!

Es sieht danach aus, als gäbe es zum Patentrecht keine wirklich überzeugende Alternative. Wenn aber zwischen Forschungsförderung und Wettbewerb ein Trade-off besteht, ist es dann nicht Aufgabe der Ökonomen, den optimalen Grad anzugeben, bis zu dem Wettbewerbseinschränkungen betrieben werden sollen? Die Aufgabe klingt einfach: Es gilt, den Punkt zu finden, ab dem weitere Wettbewerbsbeschränkungen zu höheren Wohlfahrtsverlusten führen, als sie Vorteile im Hinblick auf die Förderung des technischen Fortschritts zeitigen. So einfach diese Aufgabe klingt, so schwierig ist sie zu lösen. Man kommt nicht umhin zuzugestehen, dass eine befriedigende Lösung bis heute nicht existiert. Wie in vielen anderen Bereichen gibt es auch hier eine Reihe von Modellen und Ideen, aber noch keine geschlossene Theorie, die die Frage nach der optimalen Wettbewerbspolitik beantworten könnte. Vor diesem Hintergrund sind die folgenden Ausführungen zu sehen. Sie deuten einige theoretisch gewonnene Einsichten an, die aber nichts daran ändern, dass die praktische Politik nicht auf eine umfassende theoretische Fundierung zurückgreifen kann, sondern vielfach auf Plausibilitätsüberlegungen angewiesen ist.

Eine naheliegende Frage ist die nach dem Zusammenhang zwischen der jeweiligen Marktform und der Intensität, mit der Forschung und Entwicklung betrieben wird. Diese Frage lässt sich innerhalb eines Modells beantworten, in dem davon ausgegangen wird, dass ein Patentschutz ohne zeitliche Begrenzung existiert.[141] Wir wollen uns hier auf eine rein graphische Betrachtung beschränken.

Wir betrachten eine Prozessinnovation, die dazu führt, dass die Produktion eines Gutes zu geringeren Kosten möglich wird. Genauer gesagt führt die Innovation dazu, dass die (konstanten) Grenzkosten der Produktion von C auf Z < C gesenkt werden können. Es stellt sich die Frage, welcher Vorteil aus der Innovation erwächst. Betrachten wir zunächst den sozialen Planer, den interessiert, wie sich der soziale Überschuss auf einem kompetitiven Markt verändert, wenn wir den neuen Produktionsprozess einführen.

---

[141] Die wichtigsten Quellen zu dieser Frage sind ARROW 1962 und DASGUPTA/STIGLITZ (1980). TIROLE (1988) präsentiert eine einfache formale Darstellung der zentralen Ergebnisse.

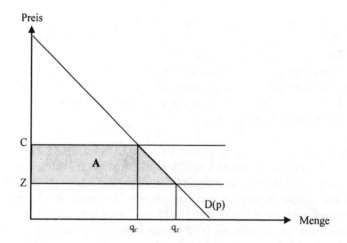

Abbildung 33: Prozessinnovation

Die Fläche A in Abbildung 33 gibt den Zuwachs an sozialem Überschuss an, der durch die Prozessinnovation erreicht wird. A ist damit zugleich ein Maß für den gesellschaftlich optimalen Umfang, in dem F&E-Investitionen zur Realisierung der Innovation getätigt werden sollten.[142]

Wie groß ist nun der Vorteil, den ein Monopolist aus der gleichen Prozessverbesserung ziehen würde? Abbildung 34 gibt Aufschluss:

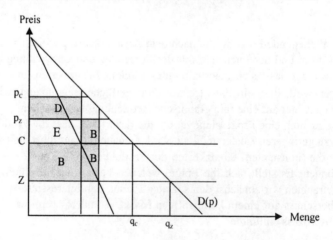

Abbildung 34: Prozessinnovation durch ein Monopol

---

[142] Man muss dabei natürlich beachten, dass wir hier eine statische Betrachtung anstellen, die ausschließlich aus Gründen der Vereinfachung gewählt wird. Genauer wäre es, wenn wir den Gegenwartswert der Innovation berechnen würden, um ein Maß für ihre Vorteilhaftigkeit zu erhalten. Vgl. TIROLE, S. 390 ff.

p_C und p_Z sind die Monopolpreise, die sich vor und nach der Innovation ergeben. Die Monopolrente, die vor der Innovation D + E entsprach, reduziert sich um D und erhöht sich um B, d.h. der Vorteil des Monopolisten beträgt B − D. Der Eindruck, der sich aus der Graphik ergibt, lässt sich analytisch bestätigen: Es gilt (B − D) < A, d.h. der Vorteil des Monopolisten (und damit sein Anreiz zur F&E-Investition) ist geringer als der maximal durch die Innovation erzielbare soziale Überschuss. Eine Ursache dafür ist, dass der Monopolist einen Teil seiner ehemaligen Monopolrente durch die neue Technik einbüßt, weil er sich gewissermaßen selbst ersetzt, wenn er eine neue Technik einführt. Gänzlich anders verhält es sich bei einem Wettbewerbsmarkt.

Gelingt es einem Anbieter, auf einem Wettbewerbsmarkt eine Prozessinnovation zu erreichen, die ihm einen kostenmäßigen Vorsprung vor den Mitbewerbern sichert, dann hat er die Chance Monopolist zu werden (vorausgesetzt, die Innovation ist durch ein Patent geschützt). Um den Vorteil abzuschätzen, den ein Wettbewerber dadurch erhält, muss man etwas über das Ausmaß des Kostenvorteils sagen. Notwendig ist die Unterscheidung von zwei Fällen: Eine *drastische* Innovation liegt vor, wenn der Monopolpreis, den der Innovator erzielen kann, geringer ist als der Wettbewerbspreis in Höhe der Grenzkosten C. Wenn also $p_{mZ} < C$ ist, dann kann der Patentbesitzer ein Monopol schaffen und den Monopolpreis verlangen. Ist dagegen die Innovation nicht in diesem Sinne drastisch, d.h. liegt der Monopolpreis über dem Wettbewerbspreis, so muss der Patentbesitzer auf die Existenz der Wettbewerber Rücksicht nehmen und kann maximal einen Preis von C verlangen. Sein Vorteil wird in diesem Fall natürlich geringer ausfallen als bei einer drastischen Innovation.

In Abbildung 35 gehen wir allerdings von einer Innovation aus, die dem Patentbesitzer einen drastischen Vorteil verschafft:

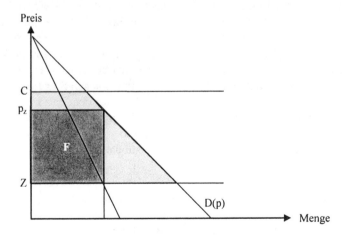

Abbildung 35: Drastische Innovation

Die Fläche F misst den Vorteil des ehemaligen Wettbewerbers, der durch Forschung und Entwicklung zum Monopolisten wird. Interessant sein dürfte in diesem Fall der Vergleich zwischen dem Innovationsanreiz F und dem maximalen sozialen Überschuss, der durch die Innovation erzielbar wäre. Die Abbildung zeigt deutlich, dass letztgenannter größer ist als F (er entspricht der gesamten schraffierten Fläche). Das bedeutet, dass selbst ein Wettbewerber, dem sich die Möglichkeit eröffnet Monopolist zu werden, den Vorteil, den die Innovation bietet, systematisch „unterschätzt". Anders formuliert: Der technische Fortschritt ist für die Gesellschaft wertvoller als für den, der ihn realisiert – gleichgültig, ob es sich dabei um einen Monopolisten handelt oder jemanden, der erst Monopolist werden will.

Das F&E-Grundmodell, das wir damit in groben Zügen skizziert haben, abstrahiert natürlich in ganz erheblichem Maße von wichtigen Aspekten der Erzeugung technischen Fortschritts. Insbesondere wird der Wettbewerb *um* das Patent nicht thematisiert. Diese Lücke versuchen Modelle zu schließen, in denen die Konkurrenz der Entwicklungsabteilungen als ein Wettlauf modelliert wird. Leider sind die verwertbaren Ergebnisse dieser Forschung nur fragmentarisch. Eine wesentliche Einsicht besteht darin, dass Informationsdefizite den Wettbewerb fördern können. Diese Aussage mag zunächst etwas merkwürdig klingen, aber sie lässt sich anhand eines Beispiels, das TIROLE benutzt, anschaulich verdeutlichen. Man stelle sich einen Wettlauf zwischen zwei Läufern vor, für die gilt, dass sie gleich schnell laufen können, aber beide eigentlich keine Lust haben schnell zu laufen. Läufer A habe einen Vorsprung von einigen Metern und außerdem die Fähigkeit, seinen Konkurrenten B ständig zu beobachten. Was werden die beiden Läufer tun? B weiß, dass er keine Chance hat A einzuholen, denn sobald B sein Tempo steigert, wird A ebenfalls schneller laufen um den Vorsprung zu bewahren. Da B das weiß, wird er erst gar nicht den Versuch unternehmen schneller zu laufen (denn er hat ja eigentlich keine Lust zu laufen). Da auch A um dieses Kalkül weiß, wird er gemächlich dem Ziel entgegentraben, in der Gewissheit, dass er gewinnen wird.

Die Analogie zum Patentwettlauf ist die folgende: Angenommen, zwei Unternehmen suchen das gleiche Verfahren. Beide haben den gleichen Zugriff auf die Forschungstechnologie und sind über den Stand, den der Konkurrent erreicht hat, jederzeit informiert. Besitzt einer der beiden in einer solchen Situation einen auch nur geringen Vorsprung (etwa weil er bereits früher auf dem entsprechenden Gebiet gearbeitet hat), so hat das den gleichen Effekt wie in dem oben beschriebenen Wettrennen. Wenn jedoch nicht klar ist, wie weit der Konkurrent mit seinen Forschungen ist, dann sieht die Sache anders aus, denn dann haben beide einen Anreiz so schnell wie möglich das Ziel zu erreichen.

Die Kehrseite dieses Wettbewerbs besteht darin, dass Forschung vielfach doppelt betrieben wird. Die Entwicklungsabteilungen wenden jeweils große Mühe auf, das Rad neu zu erfinden. Eine solche Überinvestition in F&E ist ineffizient. Und wieder haben wir es mit einem Trade-off zu tun: Je mehr Wettbewerb wir um die Innovationen wollen, umso größer wird die Verschwendung, die durch Doppelforschungen verursacht wird. Selbstverständlich gibt es auch in diesem Fall theoretisch ein Optimum, gewissermaßen eine optimale Wettbewerbsintensität. Nur ist niemand in der Lage, dieses Optimum in einer Weise zu charakterisieren, die eine brauchbare Richtschnur für die politische Gestaltung abgibt.

Der Wettbewerbspolitiker ist somit vielfach auf Plausibilität angewiesen, gewissermaßen auf den gesunden akademischen Menschenverstand. Dabei tut er gut daran, bei der Einschätzung von Monopolstellungen, die durch Patente entstanden sind, folgenden Punkt zu beachten, den bereits SCHUMPETER gemacht hat. Auch durch Patente geschützte Monopole sind vergänglich. Der technische Fortschritt wird voranschreiten und Produkte und Verfahren hervorbringen, die sich als Substitute für das Patent des Monopolisten herausstellen. Die Monopolstellung ist damit nicht mehr als ein temporärer Vorsprung, der in einem Prozess „schöpferischer Zerstörung" durch den potentiellen Wettbewerber zunichte gemacht werden wird. Diese Vorstellung nimmt dem Patent-Monopol seinen Schrecken. Marktmacht ist das notwendige Übel, das wir akzeptieren müssen, wenn wir wollen, dass das Gewinnmotiv auch für die Entwicklung neuer Techniken und für die Steigerung der Produktivität mobilisiert wird. Aber vielleicht ist dieses Übel gar nicht so groß.

6.4 WETTBEWERBSPOLITIK

Bei der nun folgenden Auseinandersetzung mit wettbewerbspolitischen Fragestellungen werden wir davon ausgehen, dass die prinzipiellen Voraussetzungen für das Entstehen von Märkten – insbesondere die Existenz eines Eigentumsrechtesystems – erfüllt sind. Das heißt, unter Wettbewerbspolitik werden wir im Folgenden allein die Maßnahmen verstehen, die darauf gerichtet sind bestehenden Wettbewerb zu schützen und Marktmacht einzuschränken.

6.4.1 Leitlinien

Aus all dem, was wir bisher zur Funktion von Wettbewerb und zu den Folgen von Marktmacht gehört haben, lässt sich die Notwendigkeit und damit die wissenschaftliche Begründung für eine staatliche Wettbewerbspolitik letztlich aus der folgenden Überlegung ableiten. Wettbewerb ist der zentrale Mechanismus, der innerhalb einer dezentralen, über Märkte organisierten Ökonomie die Harmonie zwischen individuellem Eigennutzstreben und kollektiver Rationalität herstellt. Aus der Sicht des einzelnen Anbieters ist es jedoch eine rationale Strategie, den Versuch zu unternehmen, in den Besitz von Marktmacht zu gelangen. Gelingt dieser Versuch, kommt es zur Einschränkung oder Beseitigung von Wettbewerb, ist damit die Harmonie zwischen individuell rationalem Verhalten und kollektiver Rationalität aufgehoben. Da Märkte nicht per se gegen die Entstehung von Marktmacht geschützt sind und da die einzelnen Akteure an einem Markt entweder kein Interesse an oder keine Möglichkeit zur Beseitigung von Wettbewerbseinschränkungen haben, wird die Sicherung von Wettbewerb zu einer Aufgabe des Kollektivs. Aus dieser Begründung lassen sich unmittelbar Leitlinien für eine rationale Wettbewerbspolitik ableiten.

Marktmacht ist definiert durch die Fähigkeit, Einfluss auf den Marktpreis ausüben zu können. Grundsätzlich kann eine solche Einflussmöglichkeit dann gegeben sein, wenn entweder die Anzahl der Anbieter am Markt sehr gering ist (im Extremfall nur noch einen Monopolisten umfasst) oder wenn es zwischen den Anbietern zu abgestimmtem Verhalten kommt. Für die Wettbewerbspolitik ergibt sich daraus die Notwendigkeit, alle die Entwicklungen zu beobachten und gegebenenfalls zu korrigieren, die auf eine massive Beeinflussung der Preise hinauslaufen können. Im Einzelnen sind die folgenden Aspekte von besonderer Bedeutung.

Sicherung freien Marktzugangs

In Wettbewerbsmärkten kommt es unter anderem deshalb zu einer effizienten Allokation, weil Abweichungen von Grenzkostenpreisen zur Folge haben, dass für den einzelnen Anbieter Anreize zur Ausweitung der Kapazität bestehen. Kapazitätsausweitungen führen tendenziell zu fallenden Preisen und damit zu einer erneuten Annäherung an den Grenzkostenpreis. Mindestens ebenso wichtig wie die Kapazitätserweiterung bereits im Markt befindlicher Anbieter ist bei diesem Prozess der Eintritt neuer Unternehmen in den Markt. Der Marktzugang hat einen unmittelbaren Kapazitätseffekt und sorgt damit für die notwendigen Ausweitung der Gesamtangebotsmenge (bei Preisen, die über den Grenzkosten liegen).

Gleichzeitig verhindert der freie Marktzugang, dass es unter den Anbietern zu wirksamen Absprachen kommen kann. Newcomer sind zunächst an solche Absprachen nicht gebunden und solange Produzentenrenten erzielt werden, wird sich immer ein dynamischer Unternehmer finden, der bereit ist, in den betreffenden Markt zu gehen um diese Rente abzuschöpfen, indem er die alteingesessenen Anbieter unterbietet.

Schließlich kommt dem Markteintritt auch in Situationen, in denen a priori keine Wettbewerbssituation vorliegt, eine zentrale Bedeutung zu. Dabei muss es nicht in jedem Fall tatsächlich zu Markteintritten kommen, vielfach reicht die Drohung, dass Newcomer in den Markt gehen. Um diesen Punkt zu verdeutlichen, stelle man sich einen Monopolisten vor, dessen Monopolstellung bedroht ist, weil eine einmal bestandene Marktzugangsbarriere nicht mehr existiert (beispielsweise, weil ein Patentschutz abgelaufen ist). Was würde geschehen, wenn der Monopolist den Preis unverändert lässt und weiterhin versucht die Monopolrente abzuschöpfen? Es würde mit Sicherheit zu Markteintritten kommen, denn die Rente, die es in diesem Markt zu verdienen gibt, wird andere Anbieter magisch anziehen. Im Ergebnis wird es solange zu Markteintritten kommen, bis der Preis bei den Grenzkosten angelangt und die Monopolrente vollständig aufgezehrt ist. Der Monopolist tut also gut daran nicht den Monopolpreis zu setzen, sondern einen niedrigeren Preis, um so zu verhindern, dass sich potentielle Wettbewerber angelockt fühlen. Die bloße Drohung des Markteintritts sorgt damit dafür, dass die Monopolrente zumindest erheblich geringer ausfällt und sich der Monopolist fast wie ein Wettbewerber verhalten muss. Wir werden noch sehen, dass der potentielle Markteintritt, die glaubwürdige Drohung des Marktzugangs, in einem wichtigen Fall eine besondere Rolle spielt. Gemeint ist der Fall, in dem Wettbewerbsmärkte aus bestimmten Gründen nicht entstehen können und es deshalb zu einem *natürlichen Monopol* kommt. Doch dazu später.

Der freie Marktzugang ist damit ein ganz wesentliches Element funktionierenden Wettbewerbs. Markteintrittsschranken verschiedenster Formen können allerdings dazu führen, dass der Marktzugang erheblich erschwert oder sogar unmöglich gemacht wird. Die – wie wir gesehen haben – unvermeidliche Existenz von Patentrechten ist ein gravierendes Beispiel dafür, aber es gibt auch andere, nicht so offensichtliche Strategien, mit deren Hilfe Newcomer erfolgreich davon abgehalten werden können, den Versuch zu machen in einen Markt einzudringen. Der enorme Werbeaufwand, den etwa die Zigarettenindustrie betreibt, führt im Ergebnis dazu, dass die Markteinführung eines neuen Produkts mit fast prohibitiv hohen Kapital- (Werbe-) kosten verbunden ist. Produktdifferenzierung kann ebenfalls als Mittel zur Abwehr genutzt werden: Indem sämtliche „Marktnischen" besetzt werden, bleibt für einen Newcomer kein Platz mehr.[143]

Verhinderung von Kartellen

Insbesondere in Märkten, die bereits nur eine geringe Zahl von Anbietern aufweisen (Oligopole), besteht die Gefahr der Verhaltensabstimmung. Je kleiner eine Gruppe, umso eher ist es möglich kollektive Verhaltensweisen herbeizuführen, die von dem Einzelnen einen Verzicht auf Freifahrermöglichkeiten verlangen. Die stärkste Form solcher Verhaltensabstimmungen sind Kartelle. Die Formen, in denen Kartelle auftreten können, sind ebenso vielfältig wie die Möglichkeiten, Kartellabsprachen offen oder verdeckt herbeizuführen. In jedem Fall dürfte klar sein, dass Verhaltensabstimmungen der Anbieter zu Wettbewerbseinschränkungen führen können und daher durch wettbewerbspolitische Maßnahmen gegebenenfalls unterbunden werden sollten.

Unternehmenszusammenschlüsse

Unternehmenszusammenschlüsse können zur Konzentrationen auf der Anbieterseite führen, die geeignet sind Marktmacht zu erzeugen. Unternehmenszusammenschlüsse sind noch weit wirksamer als ein Kartell. Ob allerdings ein durch einen Zusammenschluss entstandenes Unternehmen Marktmacht besitzt, ist eine oft nur schwer zu entscheidende Frage. Wann ist der Marktanteil groß genug, um davon ausgehen zu können, dass das Unternehmen Preise beeinflussen kann? Darüber hinaus ist zu beachten, dass das Maß der Unternehmenskonzentration auf

---

[143] Als Beispiel für eine solche Strategie wird mitunter ein großer amerikanischer Hersteller von Frühstücksflocken genannt (dessen Name nichts zur Sache tut), der durch immer neue Geschmacks- und Konsistenzvarianten sein Angebot permanent extrem differenziert.

einem Markt natürlich davon abhängt, wie der Markt abgegrenzt wird. Es kann durchaus der Fall eintreten, dass ein Unternehmen auf einem nationalen Markt zum alleinigen Anbieter wird, dennoch aber nur einen geringen Anteil am Weltmarkt hat. Bestehen keinerlei Handelshemmnisse für ausländische Anbieter, so gehen von einer solchen Konstellation keinerlei wettbewerbseinschränkende Tendenzen aus.

An dieser Stelle gilt es einen Punkt zu erwähnen, der bisher unberücksichtigt geblieben ist. Bisher haben wir implizit immer unter zwei Prämissen argumentiert, die auf den ersten Blick nicht viel miteinander zu tun haben. Wir sind von einer *geschlossenen Volkswirtschaft* ausgegangen (d.h. von einer Volkswirtschaft, die keinerlei Handel mit dem Ausland betreibt) und wir haben unterstellt, dass wir uns in einer Welt konstanter Skalenerträge bewegen. Beide Annahmen sind bis zu einem gewissen Punkt sehr hilfreich, weil sie die Analyse sinnvoll vereinfachen, aber wenn es um die Beurteilung von Unternehmenskonzentrationen geht, dann müssen wir uns mit folgendem Argument auseinandersetzen:

Eine hohe Unternehmenskonzentration im Inland kann erwünscht sein, weil nur so eine Betriebsgröße erreichbar ist, bei der die internationale Wettbewerbsfähigkeit gesichert wird.

Es ist klar, dass dieses Argument nur dann relevant wird, wenn wir von einer offenen Volkswirtschaft ausgehen, also Außenhandelsaspekte mit in die Betrachtung einbeziehen. Aber was hat dieses Argument mit der Annahme konstanter Skalenerträge zu tun? Der Punkt ist: In einer Welt konstanter Skalenerträge ist das Argument falsch, denn dann ist die Betriebsgröße für die Wettbewerbsfähigkeit unerheblich. Bedeutsam wird die Größe des Unternehmens erst dann, wenn wir es mit *zunehmenden Skalenerträgen* zu tun haben. In diesem Fall lassen sich durch entsprechend hohe Kapazitäten niedrige Durchschnittskosten erreichen. Wenn über ein genügend großes Intervall die Grenzkosten unter den Durchschnittskosten liegen, dann werden langfristig nur die Unternehmen am Markt bleiben können, die groß genug sind, um die dadurch möglichen Kostenvorteile auszuschöpfen.

Es ist der zentrale Ansatzpunkt der sogenannten „neuen Handelstheorie", die in den letzten Jahren entwickelt wurde, dass in vielen Bereichen die eben beschriebene Situation vorliegt. Das hat sehr konkrete handelspolitische Konsequenzen. Insbesondere wird damit die Möglichkeit zu einer sogenannten „strategischen Handelspolitik" geschaffen. Wenn es nämlich einem Land gelingt einheimische Unternehmen auf eine Größe zu bringen, die es erlaubt alle möglichen Kostenvorteile zu realisieren, dann können dadurch Vormachtstellungen auf dem Weltmarkt erzeugt werden, die von Bestand sind. Allerdings sei an dieser Stelle gewarnt: Die neue Handelstheorie zeigt sehr deutlich die recht engen Grenzen, die einer strategischen Handelspolitik gesetzt sind.

6.4.2 Das Gesetz gegen Wettbewerbsbeschränkungen (GWB)

Wir haben bisher einige Aspekte einer rationalen Wettbewerbspolitik angeführt, die sich unmittelbar aus der vorangegangenen Analyse ableiten lassen. Natürlich haben wir dabei nur die Oberfläche der relevanten Theorie „angekratzt" und die wirtschaftspolitischen Implikationen sind ebenfalls keineswegs erschöpfend dargestellt. Dennoch reichen sie bereits aus, um die wesentlichen Elemente der gesetzlichen Grundlage der deutschen Wettbewerbspolitik zu charakterisieren. Ein Blick in das Gesetz gegen Wettbewerbsbeschränkungen (GWB), das sogenannte Kartellgesetz, wird dies bestätigen.

Im Wesentlichen enthält das 1957 erstmals erlassene GWB drei zentrale Elemente der Wettbewerbssicherung: das Kartellverbot, die Missbrauchsaufsicht und die Zusammenschlusskontrolle. Wir werden uns hier darauf beschränken, die wichtigsten Aspekte dieser drei Säulen des Wettbewerbsrechtes zu nennen.[144]

Kartellverbot

Bis 1999 sah § 1 GWB vor, dass Verträge, die geeignet sind, den Wettbewerb einzuschränken, unwirksam sind. Unwirksam war aber vor allem der § 1, jedenfalls in der Form, in der er lange Zeit angewendet wurde. Dies geschah nämlich nach der sogenannten Gegenstandstheorie, nach der ein Vertrag nur dann unwirksam war, wenn er die Wettbewerbseinschränkung zum Gegenstand hatte. Nun ist es natürlich kein Problem Verträge so zu gestalten, dass sie zwar Wettbewerbseinschränkungen zur Folge haben, aber nicht zum Gegenstand. Wenn sich etwa zwei Unternehmen vertraglich verpflichten, Beschaffungen gemeinsam auszuführen, so hat dies nur dann eine Wettbewerbsbeschränkung zum Gegenstand, wenn zugleich ausgeschlossen wird, dass jedes Unternehmen einzeln am Beschaffungsmarkt tätig werden kann. Fehlte ein entsprechender Passus im Vertrag, lag keine Kartellabsprache im Sinne des GWB vor, und zwar auch dann nicht, wenn faktisch die Unternehmen immer zusammen am Beschaffungsmarkt auftraten (und dadurch u.U. auf diesem Markt eine erhebliche Nachfragemacht entfalten).

Seit der 6. Gesetzesnovelle 1999 ist der § 1 neu gefasst worden. Nunmehr enthält er das explizite Verbot von Vereinbarungen, die geeignet sind den Wettbewerb einzuschränken, zu verhindern oder zu verfälschen. Die Anwendung dieser Vorschrift scheitert aber oftmals an der Notwendigkeit die Wettbewerbseinschränkung nachzuweisen.

Insgesamt existiert eine Vielzahl von Ausnahmen für das Kartellverbot. Beispielsweise sind Rabattkartelle durchaus zulässig. § 8 des GWB räumt darüber hinaus dem Bundeswirtschaftsminister die Möglichkeit ein, jedes Kartell zu genehmigen, wenn dies im Interesse der Gesamtwirtschaft liegt.

---

[144] Der an einer ausführlichen Darstellung interessierte Leser sei auf BERG (1992) verwiesen.

Missbrauchsaufsicht

Mit der Missbrauchsaufsicht (§§ 19 – 23 GWB) wird der Versuch unternommen, die missbräuchliche Ausnutzung einer *marktbeherrschenden* Stellung zu verhindern. Wahrgenommen wird diese Aufsicht im Wesentlichen vom *Bundeskartellamt*(BkartA), einer für die Wettbewerbsaufsicht eingerichteten Bundesbehörde mit Sitz in Berlin. Daneben existiert noch eine zweite Institution, die die Marktentwicklung auf solche Missbräuche hin untersucht, die *Monopolkommission (§§ 44 – 47 GWB)*, eine unabhängige Kommission von Wissenschaftlern, die in Köln angesiedelt ist. Von entscheidender Bedeutung ist in diesem Zusammenhang die Frage, *wann* ein Unternehmen eine marktbeherrschende Stellung einnimmt. Die Monopolkommission legt regelmäßig Berichte vor, in denen sie über die Konzentration auf einzelnen Märkten Auskunft erteilt. Diese Information spielt bei der Frage der Marktbeherrschung eine wesentliche Rolle. Beispielsweise geht das Bundeskartellamt dann von einer Marktbeherrschung aus, wenn der Marktanteil eines Unternehmens über 33% liegt. Darüber hinaus werden jedoch auch andere Faktoren wie Finanzkraft oder Verflechtungen mit anderen Unternehmen herangezogen. Allerdings existiert keine ausformulierte theoretische Basis, auf die sich das Amt stützen kann. Insofern enthalten die Stellungnahmen des Bundeskartellamtes durchaus auch immer subjektive Einschätzungen, die sich einer zweifelsfreien intersubjektiven Überprüfung entziehen.

Zusammenschlusskontrolle

§ 35 GWB betrifft die Frage der Unternehmenszusammenschlüsse. Unter bestimmten Bedingungen muss ein solcher vom BKartA genehmigt werden. Dies ist dann der Fall, wenn beide Unternehmen zusammen einen Umsatz von mehr als 2 Milliarden erzielen. Wird der Zusammenschluss nicht genehmigt, beispielsweise weil eine marktbeherrschende Stellung entsteht oder verstärkt wird, so bleibt die Möglichkeit beim Bundesminister für Wirtschaft die Erlaubnis zum Zusammenschluss zu beantragen. Dieses Ministerverfahren (§ 42 GWB) kann dazu führen, dass dem Zusammenschluss stattgegeben wird, wenn der Minister der Auffassung ist, dass die gesamtwirtschaftlichen Vorteile, die aus dem Zusammenschluss erwachsen, größer sind als die wettbewerbspolitischen Nachteile. Der im folgenden Sidestep behandelte Zusammenschluss von Daimler-Benz und MBB ist ein prominentes Beispiel, bei dem sich der Wirtschaftsminister über das Votum des BKartA hinweggesetzt hat und die Ministergenehmigung (nach „altem Recht") erteilte.

Sidestep 32: Daimler-Benz und MBB

„Oh lord, wouldn´t you buy me a Merzedes-Benz"
Janis Joplin

Kurz vor dem Weihnachtsfest 1988 bescherte eine Nachricht der Daimler-Benz AG (im Folgenden DB) dem Bundeskartellamt eine Menge Arbeit. In dieser Nachricht teilte die Konzernleitung mit, dass sie beabsichtigt, eine Mehrheitsbeteiligung von 50,01% an der Messerschmitt-Bölkow-Blohm GmbH (MBB) zu erwerben. Das Bundeskartellamt hat seine Hausaufgaben umgehend erledigt und am 17.4.1989 den Zusammenschluss der beiden Unternehmen *untersagt*, weil nach Auffassung des Amtes durch ihn in erheblichem Umfang *marktbeherrschende Stellungen* entstünden oder verstärkt würden.

Diese Entscheidung hatte zur Folge, dass sich die beiden Unternehmen an den Bundesminister für Wirtschaft wandten, um eine Genehmigung der Fusion nach § 24 Abs. 3 GWB zu beantragen. Gemäß dieser Vorschrift kann sich der Minister über die Entscheidung des Bundeskartellamtes hinwegsetzen und die Ministererlaubnis gewähren, wenn der Zusammenschluss der Unternehmen von „überragendem Interesse" für die Allgemeinheit ist oder durch die Fusion gesamtwirtschaftliche Vorteile entstehen, die die Wettbewerbsnachteile übersteigen.

Vor die Erteilung der Ministergenehmigung hat das Gesetz allerdings die Anrufung der Monopolkommission (MK) gesetzt, d.h. bevor eine Entscheidung fallen kann, muss der Minister eine gutachterliche Stellungnahme der MK einholen. Das Votum der Monopolkommission fiel anders aus als das des Bundeskartellamtes. Die Sachverständigen befürworteten die Fusion, wenn auch mit der Empfehlung an den Minister, die Genehmigung durch einige Auflagen zu ergänzen. So sollten Teile (beispielsweise der Wehrtechnik) aus dem DB-MBB-Verbund herausgelöst und veräußert werden.

Am 6.9.1989 erging die Entscheidung des Wirtschaftsministers Hausmann. Er genehmigte den Zusammenschluss mit erheblich geringeren Auflagen als dies von der Monopolkommission empfohlen worden war, weil er ein „gewichtiges Interesse der Allgemeinheit" erkannte und von dem Zusammenschluss „erhebliche gesamtwirtschaftliche Vorteile" erwartete.

Soweit der Fall im Zeitraffer. Für die Analyse der Wettbewerbspolitik ist er u.a. deshalb von Interesse, weil die beiden Unternehmen alle Instanzen, die im Falle eines Zusammenschlusses beteiligt sein können, auch tatsächlich durchlaufen haben. Darüber hinaus handelt es sich um einen Fall, der sehr intensiv und sehr kontrovers in der Öffentlichkeit diskutiert worden ist, und schließlich liegen mit den Empfehlungen des Bundeskartellamtes und der Monopolkommission zwei unterschiedliche Einschätzungen der wettbewerbspolitischen Implikationen vor. Man kann daher erwarten, anhand dieses Falles einiges über Wettbewerbspolitik lernen zu können. Aus diesem Grund werden wir uns die wichtigsten Argumente der beteiligten Institutionen ansehen.

Die Entscheidung des Bundeskartellamtes

Das Bundeskartellamt hat in seiner Entscheidung vom 17.4.1989 den Zusammenschluss von DB und MBB untersagt. Die entscheidenden Argumente für diese Entscheidung bestanden in der Einschätzung, dass insbesondere im wehrtechnischen Bereich durch den Zusammenschluss marktbeherrschende Stellungen entstehen oder verstärkt werden würden. Von besonderer Bedeutung ist dabei die räumliche Marktabgrenzung im Rüstungsgütermarkt. Das zentrale Argument für den Zusammenschluss war der Hinweis darauf, dass eine bestimmte Unternehmensgröße notwendig ist, um im internationalen Wettbewerb bestehen zu können. Damit sich daraus ein überzeugendes Argument für eine Fusion zwischen DB und MBB ergibt, muss nachgewiesen werden, dass sich die Unternehmen in den relevanten Bereichen tatsächlich in einem internationalen Markt bewegen, sich also der Konkurrenz der restlichen Weltmarktanbieter erwehren müssen. Genau dies bezweifelt das BKartA in Bezug auf den Rüstungsmarkt.

Der inländische Markt für Rüstungsgüter ist durch die besonderen Verhältnisse auf der Nachfrageseite gekennzeichnet. Es existiert nur ein einziger Nachfrager – und das ist der Staat bzw. die Bundeswehr. Für die Wettbewerbsbedingungen auf diesem Markt ist damit das spezifische Verhalten dieses Nachfragers von entscheidender Bedeutung. Das Bundeskartellamt unterstellt ganz offensichtlich, dass die Bundesregierung nicht an einer internationalen Ausschreibung von Rüstungsprojekten interessiert ist. Die Begründung für diese Einschätzung basiert auf der Beobachtung des Beschaffungsverhaltens. Solange keine internationale Kooperation vorliegt (wie beispielsweise bei der Beschaffung des Tornados), wird die Systemführerschaft regelmäßig an inländische Unternehmen vergeben.

Bei seiner Entscheidungsfindung ist das BKartA gemäß § 24 Abs. 1 GWB verpflichtet, die für den Wettbewerb entstehenden Nachteile gegen eventuell bestehende Vorteile abzuwägen. Solche Vorteile werden von DB und MBB vor allem im Zusammenhang mit der 100%igen MBB Tochter „Deutsche Airbus GmbH" gesehen. DB hatte nämlich in Aussicht gestellt, diese Unternehmung mit einer erheblichen Zufuhr von Eigenkapital zu unterstützen, um die Wettbewerbsfähigkeit des Airbus-Programms insgesamt zu verbessern.

Das BKartA stellt zwar fest, dass es sich tatsächlich um eine Wettbewerbsverbesserung handelt, die im Rahmen der Abwägungsklausel berücksichtigt werden muss, kommt bei dieser Abwägung allerdings zu dem Schluss, dass die Wettbewerbsvorteile für das Airbus-Programm nicht geeignet sind, die Wettbewerbseinschränkungen auszugleichen, die an anderen Stellen von dem Zusammenschluss ausgehen. Im Einzelnen argumentiert das Amt wie folgt:

Die geplante Kapitalzufuhr in Höhe von 1 Mrd. DM allein kann die Wettbewerbsfähigkeit der Airbus GmbH nicht herstellen. Die Wettbewerbsnachteile resultieren aus Marktgegebenheiten, die nicht durch eine Kapitalerhöhung abgestellt werden können. Insbesondere weist das Amt auf die ineffiziente Organisationsstruktur des europäischen Airbus-Programms hin und die ebenfalls ineffiziente Arbeitsteilung zwischen den Partnerländern. An beiden Punkten könnte DB nichts ändern, weder durch die Zufuhr von Kapital noch durch die ebenfalls geplante Änderung der Organisationsstruktur der Deutschen Airbus GmbH. Vielmehr, so das BKartA, ließen sich alle möglichen Effizienzsteigerungen bei der Airbus-Produktion auch ohne den Zusammenschluss mit DB erreichen.

Angesichts dieser Einschätzung ist die Entscheidung des Amtes, den Zusammenschluss von DB und MBB zu untersagen, nur folgerichtig. Den festgestellten Wettbewerbsbeschränkungen stehen aus Sicht des Amtes keine gravierenden Wettbewerbsvorteile gegenüber.

Die Empfehlung der Monopolkommission

Das Ergebnis, zu dem die Monopolkommission gelangt, besteht in einem Kompromiss, der sich aus der Abwägung der Vor- und Nachteile des Zusammenschlusses ergibt. Als vorteilhaft schätzt die Monopolkommission insbesondere die folgenden Punkte ein:

Die Luft- und Raumfahrtindustrie als eine technologische Schlüsselindustrie wird nach Einschätzung der Kommission zu einer entscheidenden Komponente für die internationale Wettbewerbsfähigkeit einer Volkswirtschaft [226] 145. Die technologischen spill overs, die von diesem Sektor ausgehen, werden von der Kommission als bedeutsam angesehen. Der Zusammenschluss von DB und MBB trägt dazu bei, dass die langfristige Systemführungskompetenz wenigstens eines deutschen Anbieters im Luft- und Raumfahrtssektor gesichert werden kann. Dadurch wird die Existenz einer nationalen Luft- und Raumfahrtindustrie langfristig sichergestellt.

Auf dem Markt für zivile Verkehrsflugzeuge sieht die Kommission die Gefahr einer Monopolstellung der amerikanischen Anbieter. Dieser Gefahr kann durch das Airbus-Programm entgegengewirkt werden. Der Zusammenschluss fördert dieses Projekt in erheblichem Maße. Insbesondere werden die Voraussetzungen für eine Reorganisation geschaffen, die erhebliche Effizienzgewinne ermöglicht, und der industrielle Träger des deutschen Airbus-Anteils wird mit erheblichem Eigenkapital ausgestattet. Darüber hinaus wird die Privatisierung von MBB eingeleitet. Insgesamt erlaubt der Zusammenschluss damit die deutsche Beteiligung am Airbus-Programm effizienter zu gestalten und sichert so auch die langfristige Wettbewerbsfähigkeit des Airbus gegenüber Boeing und McDonnell Douglas [228].

Der Zusammenschluss verbessert die Aussichten darauf, dass Deutschland bei zukünftigen internationalen Kooperationen interessante und lukrative Arbeitspakete zugesprochen bekommt. Auf diese Weise wird der deutschen Volkswirtschaft eine bessere Zugangsmöglichkeit zur Systemtechnik verschafft.

---

145 Die in eckigen Klammern angegebenen Ziffern beziehen sich auf die entsprechenden Absätze in dem Gutachten der Monopolkommission.

Dieser Aspekt wird von der Monopolkommission deshalb besonders hervorgehoben, weil sie die Systemtechnik als eine der entscheidenden Komponenten zukünftiger Wettbewerbsfähigkeit ansieht [229].

Neben diesen durchaus beachtlichen Vorteilen sieht die Kommission allerdings auch gravierende Gemeinwohlnachteile und Wettbewerbseinschränkungen durch die geplante Fusion. Im Einzelnen werden folgende Punkte genannt:

Der gravierendste Einwand richtet sich nicht direkt gegen den Zusammenschluss, sondern gegen die Rolle, die die Deutsche Bank dabei spielt. Die enge Verbindung, in der die größte deutsche Bank mit dem größten deutschen Industrieunternehmen steht, wird von der Kommission als höchst problematisch angesehen. „Der Zusammenschluss könnte deutlich positiver bewertet werden, wenn die Deutsche Bank nicht an Daimler-Benz beteiligt wäre" [230].

Ebenfalls uneingeschränkt negativ wird die (gegenseitige) Abhängigkeit gesehen, in die DB/MBB als (fast) alleiniger Anbieter auf dem Rüstungsmarkt und der Staat als alleiniger Nachfrager geraten.

Bei der Einzelmarktbetrachtung moniert die Kommission die Wettbewerbseinschränkungen auf den Märkten für Lenkwaffen, Drohnen und Triebwerke. Für die anderen Teilmärkte, die von der Fusion betroffen sind, werden zwar ebenfalls Wettbewerbseinschränkungen festgestellt, diese fallen aber nach Einschätzung der Monopolkommission nicht sehr stark ins Gewicht.

Die zentrale Schlussfolgerung, die die Kommission aus dieser Bilanz zieht, besteht darin, dass sie „... eine Genehmigung des Zusammenschlusses in der beantragten Form nicht empfehlen" kann [236]. Die Betonung liegt dabei aber auf der Einschränkung „in der beantragten Form". Dies ergibt sich daraus, dass die Kommission dem Zusammenschluss unter dem Vorbehalt zustimmt, dass gewisse Auflagen erfüllt werden. Diese Auflagen können sich nur auf die Wettbewerbseinschränkungen auf den Märkten für Lenkwaffen, Drohnen und Triebwerke beziehen. Diese Einschränkung resultiert aus dem Umstand, dass die Deutsche Bank, deren Rolle ja der zentrale Anlass zur Kritik war, nicht Adressat einer Auflage sein kann, da an dem Verfahren zur Erlangung der Ministererlaubnis nur DB und MBB direkt beteiligt sind. Aus diesem Grund reduziert sich die Empfehlung der Monopolkommission im Wesentlichen auf die folgende Formulierung [241]:

„Die Mehrheit der Monopolkommission empfiehlt dem Bundesminister für Wirtschaft, die beantragte Erlaubnis zu dem Zusammenschluss unter der Auflage zu erteilen, dass der Bereich militärischer Triebwerke oder wesentliche Teile der Wehrtechnik, z. B. Lenkwaffen, Drohnen, Wehrelektronik von den Antragstellern ausgegliedert und veräußert werden."

Die Entscheidung des Wirtschaftsministers

Entscheidend für die Bewilligung oder Ablehnung des Antrags von DB und MBB war die Abwägung der Vor- und Nachteile. Bei dieser Abwägung war es der Airbus, der letztlich den Ausschlag gab, denn der Minister betonte, dass „der mit der Fusion verbundenen Weichenstellung zur Sanierung und Privatisierung der DA sowie dem Abbau der Airbus-Subventionen ausschlaggebendes Gewicht (...) " zukommt (S. 960).

Die Entscheidung im Einzelnen:

Die Ministererlaubnis wird mit der Bedingung verbunden, dass die 20%ige Beteiligung der KfW an der Deutschen Airbus nicht erst am 31.12.1999 von den Antragstellern übernommen wird, sondern bereits am 31.12.1996.

Mit dieser Bedingung folgt der Minister einer Empfehlung der Monopolkommission. Der Grund ist der Versuch, die Privatisierung des Airbus-Projektes zu beschleunigen. Alle weiteren Auflagen dienen der Entflechtung der Unternehmensstruktur und sollen damit die Wettbewerbseinschränkungen reduzieren. Allerdings wird dieser Versuch nur im Rüstungsbereich unternommen, und auch dort eher zurückhaltend. Im Einzelnen werden folgende Auflagen gemacht:

DB hat die folgenden Unternehmensteile zu veräußern:
– Bereich Marinetechnik aus der Telefunken Systemtechnik GmbH
– SGE Marinetechnik und Drohnen bei MBB

MBB soll ihre Anteile (12,475%) an Krauss-Maffei veräußern

Darüber hinaus sollen einige weitere kleinere Beteiligungen – wie beispielweise an der Gesellschaft für Flugtechnik mbH, Hamburg – aufgegeben werden.

Alle die durch diese Auflagen nicht verhinderten Wettbewerbseinschränkungen werden vom Ministerium deshalb akzeptiert, weil sie nach seiner Einschätzung durch den gesamtgesellschaftlichen Vorteil des Zusammenschlusses aufgehoben sind.

6.5 ADMINISTRIERTE MÄRKTE

6.5.1 Verteilung und Meritorik

Bei der Beantwortung der Frage, unter welchen Bedingungen Wettbewerbsmärkte entstehen, die die Gewähr für einen maximalen sozialen Überschuss bieten, wurden insgesamt drei Bedingungen genannt. Die ersten beiden (Existenz von Eigentumsrechten und die Abwesenheit von Marktmacht) setzen staatliches, kollektives Handeln voraus, weil allein durch individuell rationale, dezentrale Wahlakte weder ein System durchsetzbarer Eigentumsrechte erwartet werden kann, noch die Abwesenheit von Marktmacht gesichert wäre. Die dritte Voraussetzung ist dagegen von gänzlich anderer Qualität. Sie legt dem Staat keine Verpflichtung zum Handeln auf, sondern verlangt, dass kollektives Handeln in bestimmten Situationen zu unterlassen ist, wenn effiziente Allokationen angestrebt werden.

Ganz gleich, welche speziellen Bedingungen auf einem Markt herrschen, eine notwendige Bedingung dafür, dass der soziale Überschuss auf diesem Markt maximiert wird, besteht darin, dass es zu einer von staatlichem Einfluss freien Marktpreisbildung kommt.[146] Um diesen Punkt deutlich zu machen, gehen wir von einer Situation aus, in der von jeglichem Marktversagen abstrahiert wird. Wir haben es also mit einem Markt zu tun, der zu keinerlei Zweifel hinsichtlich seiner Effizienzeigenschaften Anlass gibt. Weder externe Effekte noch asymmetrische Information noch Marktmacht verhindern eine effiziente Allokation. Warum, so müssen wir zunächst fragen, sollte ein solcher Markt überhaupt Gegenstand staatlichen Handelns sein? Welchen Ansatzpunkt findet die Wirtschaftspolitik in einem solchen Fall? Solange man kollektives Handeln als Handeln begreift, das auf die Erlangung von Effizienz, auf die Realisierung kollektiv rationaler Ergebnisse gerichtet ist, wird man vergebens nach einem solchen Ansatzpunkt suchen. Die Politik, von der im Folgenden die Rede sein wird, ist keine *rationale* Politik in dem bisher definierten Sinne. Genau genommen ist es eine Politik, die nur dann gerechtfertigt werden kann, wenn man bereit ist, Effizienzeinbußen, und das heißt die *Verschwendung* knapper Ressourcen, in Kauf zu nehmen. Aus der bisher eingenommenen Perspektive, aus dem Verständnis rationaler Wirtschaftspolitik heraus, das wir bisher entwickelt haben, lassen sich keine Gründe finden, die es gerechtfertigt erscheinen lassen, solche Verschwendung hinzunehmen.

Eingriffe in funktionsfähige Märkte sind Gegenstand *realer* Politik, nicht *rationaler*, am Effizienzziel orientierter Politik. Sie erfolgen in aller Regel durch die staatliche Manipulation von Preisen, die in den meisten Fällen durch eine Vielzahl weiterer Maßnahmen ergänzt werden muss, die im Einzelnen von der Art der Re-

---

[146] Diese Bedingung ist deshalb notwendig aber nicht *hinreichend*, weil natürlich auch bei freier Marktpreisbildung Gründe für ein Marktversagen vorliegen können oder Marktmacht eine effiziente Allokation vermeidet.

gulierung und den spezifischen Marktbedingungen abhängen. Bevor wir uns mit Preisregulierung als Instrument der Wirtschaftspolitik auseinander setzen, sollten wir uns mit der Frage befassen, welche Gründe für den Einsatz solcher Instrumente angeführt werden. Wir werden uns weiterhin darüber Klarheit verschaffen müssen, dass es aus der Sicht des politischen Planers sehr wohl rational sein kann, Preismanipulationen vorzunehmen – auch dann, wenn diese zu ineffizienten und damit gesellschaftlich unerwünschten Resultaten führen. Nur wenn dies gelingt, können wir verstehen, warum solche Politiken so nachhaltig betrieben werden.

Der erste und sicherlich wichtigste Grund für staatliche Marktmanipulationen ist in der Verteilungswirkung solcher Eingriffe zu sehen. Vielfach wird die Marktpreisbildung deshalb außer Kraft gesetzt und der Marktpreis durch einen politischen Preis ersetzt, weil dies zu einem als erwünscht angesehenen Umverteilungseffekt zugunsten bestimmter Gruppen führt. Auf den ersten Blick ist dies ein durchaus legitimes und keineswegs irrationales Motiv. Wir haben uns bereits an anderer Stelle klargemacht, dass neben dem Effizienzziel, das sich auf den rationalen Umgang mit knappen Ressourcen richtet, auch ein Verteilungsziel existiert. Wir haben allerdings auch darauf hingewiesen, dass einiges dafür spricht, diese beiden Problembereiche zu trennen. Dabei bedeutet Trennung nicht (wie manchmal behauptet), dass Umverteilungseffekte keinerlei allokative Wirkungen haben. Es bedeutet vielmehr, dass man Umverteilungen erreichen kann, ohne das Effizienzziel aufgeben zu müssen. Genau in diesem Sinne lässt sich der zweite Hauptsatz der Wohlfahrtsökonomie interpretieren. Im Kern läuft die Empfehlung, die sich aus diesem Satz ableiten lässt, darauf hinaus, dass Verteilungsziele dann „effizienzschonend" erreicht werden können, wenn *Anfangsausstattungen* umverteilt werden und die Preisbildung dem Markt überlassen bleibt.

Dieses Ziel lässt sich leider nicht in idealer Form verwirklichen, denn mehr oder weniger laufen alle praktikablen oder praktizierten Methoden, Einkommenstransfers herbeizuführen, letztlich darauf hinaus, dass es zu Effizienzeinbußen kommt. Beispielsweise führt die Besteuerung von Arbeitseinkommen (mit der in Deutschland ein großer Teil der Umverteilung vorgenommen wird) zu einer Veränderung relativer Preise: Freizeit wird durch Besteuerung der Arbeit billiger. Die individuell optimale Aufteilung des Zeitbudgets wird sich u.U. durch Besteuerung verändern, und zwar in Richtung auf solche Aktivitäten, durch die der Besteuerung ausgewichen werden kann. Wir wollen es hier bei dem Hinweis belassen, dass solche Ausweichhandlungen in aller Regel zu sogenannten „Zusatzlasten der Besteuerung" führen. Hinter diesem Begriff verbirgt sich nichts anderes als ein Effizienzverlust, ein Dead-weight loss, der durch Besteuerung ausgelöst wird. Wir können also nicht hoffen, eine vollkommen effizienzneutrale Umverteilungspolitik betreiben zu können. Aber die Effizienzeinbußen, die durch die Veränderung von Anfangsausstattungen ausgelöst werden, stehen quantitativ in keinem Verhältnis zu den Verlusten, mit denen gerechnet werden muss, wenn Verteilungspolitik durch Preismanipulation betrieben wird.

Es wird sich zeigen, dass immer dann, wenn Verteilungspolitik durch Eingriffe in die Marktpreisbildung betrieben wird, der Verteilungseffekt zu teuer erkauft wird, dass der gleiche Effekt bei geringeren Effizienzverlusten erreichbar wäre.

Wie ist diese Einschätzung damit zu vereinbaren, dass es aus Sicht des politischen Akteurs dennoch rational sein kann, eine solche Politik zu betreiben? Notwendig ist dazu offensichtlich, dass wir von der Vorstellung Abstand nehmen, der Politiker habe das Ziel kollektive Rationalität herzustellen. Die *individuelle* Rationalität des Politikers und damit die Erklärung dafür, warum wir kollektiv nicht rationale Politiken so oft beobachten, wird nur dann verstehbar, wenn wir die *Träger* der Wirtschaftspolitik einer genaueren Analyse unterziehen, bei der von der idealisierten Vorstellung eines nur auf das Gemeinwohl bedachten Planers abgerückt wird. Diese Analyse werden wir noch durchführen, aber zur Zeit geht es ausschließlich darum, die Folgen einer Politik zu analysieren, die verteilungspolitisch motiviert ist. Die Beantwortung der Frage, warum eine solche Politik betrieben wird, sei aufgeschoben.

Neben dem Verteilungsmotiv existiert – vor allem in Teilen der finanzwissenschaftlichen Literatur – noch eine zweite Begründung für die staatliche Manipulation von Preisen, die mit dem Begriff „Meritorik" gekennzeichnet wird, der auf MUSGRAVE (1959) zurückgeht. Es ist nicht ganz leicht eindeutig zu sagen, was meritorische Güter oder was „meritorisches Handeln" des Staates eigentlich ist, denn seit der ersten Erwähnung dieses Begriffs ist die Diskussion um seinen Inhalt und dessen Sinnhaftigkeit nicht abgebrochen.[147] Klar ist eigentlich nur, was meritorisches Handeln *nicht* ist. Mit Meritorik bezeichnet man Staatshandeln, das erfolgt, obwohl *kein* Marktversagen vorliegt, der Markt also eine Pareto-effiziente Allokation erzeugt, und obwohl der Planer *kein* Verteilungsmotiv besitzt. Was bleibt dann noch übrig? Konsens besteht weitgehend darin, dass meritorisch begründete Politik voraussetzt, dass der Planer davon ausgeht, dass die individuellen Präferenzen der Konsumenten *verzerrt* sind. Das Marktgleichgewicht, das sich bei gegebenen Präferenzen und gegebener Einkommensverteilung auf einem funktionierenden Wettbewerbsmarkt einstellt, kann nur dann korrekturbedürftig sein, wenn die Präferenzen, aus denen sich die Marktnachfrage ergibt, in irgendeinem Sinne „falsch" sind, nicht den „wahren" Nutzen der Konsumenten widerspiegeln. Man kann es auch anders formulieren: Meritorisches Handeln setzt voraus, dass der Planer davon ausgeht, besser zu wissen, was den Konsumenten nützt, als die Konsumenten selbst.

Es bedarf sicherlich keiner besonderen Betonung, dass das Meritorik-Argument mit den methodischen Grundsätzen, die wir bisher zugrunde gelegt haben, nicht zu vereinbaren ist. Meritorisches Handeln kann sowohl in der staatlichen *Förderung* von Konsum bestehen, beispielsweise in Form einer Subventionierung bestimmter Produkte, als auch in der Verhinderung oder *Verringerung* von Konsum, etwa durch die Besteuerung spezieller Güter. In beiden Fällen liegt der Verdacht nahe, dass in gravierender Weise gegen den Grundsatz der Konsumentensouveränität verstoßen wird. Nicht mehr der Einzelne, das Individuum entscheidet über die subjektive Kategorie „Nutzen", sondern der Staat bestimmt, was nützlich und was schädlich für den Einzelnen ist. Aus wissenschaftlicher Sicht ist eine

---

[147] Vgl. zu dieser Diskussion RICHTER UND WEIMANN (1991).

solche Position nur in Ausnahmebereichen zu rechtfertigen, etwa dann, wenn tatsächlich davon ausgegangen werden kann, dass Menschen nicht mehr in der Lage sind, souverän über die Verwendung ihrer Ressourcen zu entscheiden. Im Falle von Drogen, die zu Suchterkrankungen führen, ist beispielsweise eine solche Ausnahme gerechtfertigt.

Meritorisches Handeln begegnet uns aber nicht nur im Zusammenhang mit Drogen, sondern ist eine weit verbreitete Erscheinung realer Politik. Die Subventionierung von Theatern ist dafür ebenso ein Beispiel wie die staatliche Bereitstellung von Schwimmbädern, die selektiv höhere Besteuerung von Genussmitteln oder die staatliche Förderung der Produktion von Kinofilmen. In allen diesen Fällen ist „der Staat" offensichtlich mit dem Allokationsergebnis nicht einverstanden, das sich ohne seine meritorische Intervention einstellt, erachtet der Planer die Nachfrage als „zu gering" oder „zu hoch". Mitunter findet man in der öffentlichen Diskussion auch noch eine weitere Begründung. Insbesondere in Bezug auf bestimmte Güter des Grundbedarfs (sehr ausgeprägt beispielsweise bei dem Gut „Wohnung") wird manchmal argumentiert, dass dieses Gut „zu wichtig" sei um seine Bereitstellung dem Markt zu überlassen. Der Leser sollte nunmehr in der Lage sein erkennen zu können, dass dieses Argument eine völlige Verkehrung der Realität voraussetzt. Wenn Märkte Effizienz erzeugen können, dann dürften Güter des Grundbedarfs zu wichtig sein, um sie der Bereitstellung *durch den Planer* zu überlassen.

Administrierte Preise spielen auf wichtigen Märkten eine erhebliche Rolle. Es sei hier exemplarisch nur der Agrarmarkt und der Bereich Energie (vom Bergbau bis zur Stromerzeugung) genannt. Unterstrichen wird die Bedeutung staatlicher Preismanipulationen durch die Tatsache, dass ca. 40% der Güter, die den Warenkorb bilden, den das statistische Bundesamt bei der Berechnung der privaten Lebenshaltungskosten zugrunde legt, administrierte Preise aufweisen. Nicht zuletzt dieser Umstand lässt es sinnvoll erscheinen, sich die Wirkung staatlich verordneter „Ungleichgewichtspreise" einmal näher anzusehen.

6.5.2 Mindest- und Höchstpreise

Im Wesentlichen müssen wir zwischen zwei Formen der staatlichen Preisbeeinflussung unterscheiden, nämlich der Festlegung von Höchst- und der Fixierung von Mindestpreisen. Welches dieser beiden Instrumente zum Einsatz kommt, hängt von dem konkreten Ziel ab, das gerade verfolgt wird. Höchstpreise werden dann angebracht sein, wenn sich das politische Ziel auf die Nachfrager richtet, wenn die Versorgung zu einem maximal „zumutbaren" Preis sichergestellt werden soll. Mindestpreise dagegen dienen eher der Stärkung der Position der Anbieter, denen ein als „angemessen" empfundener Preis garantiert werden soll.

Höchstpreise
Die Wirkung eines Höchstpreises lässt sich sehr leicht anhand einer einfachen Graphik veranschaulichen:

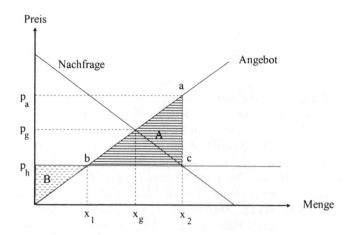

Abbildung 36: Höchstpreis

Mit p_h ist der staatlich fixierte Höchstpreis bezeichnet, zu dem das Gut gehandelt wird. Zu diesem Preis wird die Menge x_2 nachgefragt und die Menge x_1 angeboten. Ganz offensichtlich führt der Höchstpreis zunächst zu einem erheblichen Nachfrageüberhang. In dieser Situation gibt es grundsätzlich zwei Möglichkeiten: Es kommt entweder zu einer Mengenrationierung der Nachfrager oder die Anbieter müssen durch Subventionen dazu veranlasst werden eine größere Menge anzubieten. Betrachten wir zunächst den ersten Fall.

Auf einem funktionierenden Markt hat der Preis die Funktion, die Güter in einer Weise auf die Nachfrager zu verteilen, bei der diejenigen mit einer Zahlungsbereitschaft, die mindestens den wahren Kosten der Erstellung des Gutes entspricht, auch in den Besitz dieses Gutes gelangen. Ein Höchstpreis kann diese Funktion nicht erfüllen. Also müssen andere Mechanismen eingesetzt werden, mit deren Hilfe die Zuteilung der Güter auf die Konsumenten erfolgen kann. Dabei sind sehr verschiedene Methoden denkbar. Beispielsweise könnte man nach dem berühmten Windhundverfahren vorgehen, getreu dem Motto „wer zuerst kommt, mahlt zuerst". Eine andere Form der Rationierung besteht in der Zuteilung von Höchstmengen an die Konsumenten. Die Lebensmittelkarten, die es in Deutschland beispielsweise nach dem Krieg gab, sind nichts anderes als eine solche Mengenzuteilung. In der DDR wurde ein anderes Zuteilungsverfahren bevorzugt: das „Schlangestehen".

Man kann sich leicht vorstellen, dass es bei allen diesen Verfahren kaum möglich sein dürfte, denen das Gut zukommen zu lassen, die die höchste Zahlungsbereitschaft dafür besitzen. Aber nicht nur aus diesem Grund wird es bei einer Mengenrationierung dazu kommen, dass Nachfrage zunächst unbefriedigt bleibt, die bei gegebener Technologie und gegebenen Faktorkosten (beides zusammen legt ja die Angebotsbedingungen fest) befriedigt werden könnte. Man kann auch ziemlich sicher sein, dass diese Nachfrage langfristig befriedigt werden wird! Allerdings wird dies im Verborgenen geschehen, auf dem berühmten „schwarzen Markt". Aus ökonomischer Sicht ist an einem Schwarzmarkt nichts Verwerfliches – im Gegenteil. Auch auf einem solchen Markt werden freiwillige Tauschakte vorgenommen, mithin also Pareto-Verbesserungen realisiert. Allerdings dürfte der Preis auf dem Schwarzmarkt nicht allein von den technologisch bedingten Grenzkosten der Produktion bzw. den Faktorpreisen abhängen. Er wird vielmehr einen Risiko-Aufschlag enthalten, dessen Höhe von der Intensität abhängt, mit der der Planer versucht den Höchstpreis zu erzwingen bzw. den Schwarzmarkt zu unterbinden.

Es dürfte schwer fallen, einen Fall anzugeben, in dem die alleinige Festlegung von Höchstpreisen eine sinnvolle Politik darstellt. Bestenfalls kann man sich vorstellen, dass Planer in akuten Mangelsituationen auf die Idee kommen, dass die Zuteilungen nach einem anderen Kriterium als der Zahlungsbereitschaft (bzw. der Zahlungsfähigkeit) geschehen soll. Beispielsweise dürfte die Sicherung einer Grundversorgung mit Lebensmitteln in Krisenzeiten ein Ziel sein, das Politiker mit Hilfe von nicht-preislichen Rationierungsmechanismen zu erreichen versuchen könnten. Relevanter dürfte allerdings der Fall sein, in dem die Festsetzung von Höchstpreisen mit einer Subventionierung der Anbieter verbunden wird, die diese dazu veranlassen soll, die zum niedrigen Höchstpreis p_h nachgefragte Menge auch anzubieten.

Wie müsste eine solche Subvention gestaltet sein? Die Anbieter werden nur dann bereit sein, die Menge x_2 anzubieten, wenn sie dabei keine Verluste erleiden. Die Subvention müsste also mindestens die Produktionskosten decken. Wir gehen von einem Wettbewerbsmarkt aus, d.h. die Angebotskurve entspricht der Grenzkostenkurve. Die Gesamtkosten der Produktion entsprechen der Fläche unter dieser Kurve $0x_2a$. An Erlösen realisieren die Anbieter p_2x_2. Um die Anbieter so zu stellen, dass sie keine Verluste erleiden, muss ihnen der Planer dafür, dass sie x_2 anbieten, eine Subvention in Höhe der Differenz zwischen den beiden Flächen A und B zukommen lassen. Es sei hier nur am Rande erwähnt, dass es kaum möglich sein dürfte, exakt diese Subvention zu ermitteln und auf die einzelnen Anbieter in einer Weise zu verteilen, bei der jeweils gerade die wahren Kosten erstattet werden. Wahrscheinlicher dürfte sein, dass sich der Planer eines anderen Instrumentes bedient, das in der direkten Subventionierung der Preise besteht. Jedes am Markt gehandelte Stück wird in Höhe der Differenz zwischen Höchstpreis und Grenzkosten (bei x_2) subventioniert. Die Wirkung einer solchen Subvention sind erheblich:

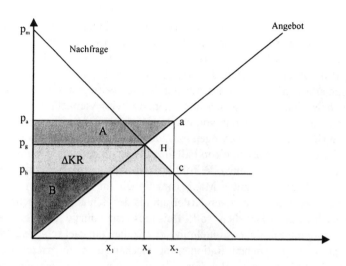

Abbildung 37: Subventionen bei Höchstpreispolitik

Die insgesamt zu zahlende Subvention beträgt $(p_a - p_h) x_2$. In Höhe der Fläche A + ΔKR speist diese Subvention die nunmehr entstehende Produzentenrente, die insgesamt A + B + ΔKR umfasst. Allerdings ist dies keine eigentliche Rente, wie wir sie bisher betrachtet haben. Im Wesentlichen handelt es sich um eine Transferzahlung an die Anbieter, die aus Steuermitteln finanziert wird. Es wird damit zugunsten der Anbieter *umverteilt*. Wir wissen (vgl. 6.1), dass der soziale Überschuss beim Gleichgewichtspreis p_g maximal würde, so dass wir per se von einem Wohlfahrtsverlust ausgehen müssen, wenn wir von diesem Gleichgewichtspreis abweichen. Aber die Situation, die wir bisher betrachten, ist darüber hinaus in einer bestimmten Hinsicht idealisiert. Um nämlich genau die Subvention zu ermitteln, die notwendig ist um die gewünschte Menge x_2 zu erhalten, müsste der Planer die Angebots- bzw. Kostenfunktion kennen. A priori wird er aber kaum im Besitz der notwendigen Information sein. Ihm bleibt nichts anderes übrig, als sich auf Informationen zu stützen, die ihm die Anbieter geben. Da Kostendeckung das primäre Ziel ist, wird diese Information in der Angabe der Kosten bestehen, die bei der Produktion von x_2 angefallen sind. Welchen Anreiz sollten die Anbieter haben, erstens ihre wahren Kosten zu nennen und zweitens bei der Produktion auf Kosteneffizienz zu achten? Es dürfte für einen Planer unmöglich sein, die Kostenangaben verlässlich zu prüfen – also lassen sich durch die Angabe zu hoher Kosten Subventionen ergattern. Da alle nachgewiesenen Kosten „erstattet" werden, fehlt jeglicher Anreiz zur Kosten sparenden Produktionsweise. Im Ergebnis dürften diese beiden Effekte dazu führen, dass das Angebot x_2 zu nicht minimalen Kosten erstellt wird. Diese Ineffizienz auf der Angebotsseite muss zu dem Verlust an sozialer Wohlfahrt, der durch die Abweichung vom Gleichgewichtspreis p_g entsteht, noch hinzugerechnet werden.

Höchstpreise sollen den Nachfragern nützen, indem sie ihnen Güter zu Preisen verschaffen, die unter dem Gleichgewichtspreis liegen. In der Tat leisten Höchstpreise dies auch, denn schließlich werden die Konsumenten zum Preis p_h mit dem Gut versorgt und alle, die eine Zahlungsbereitschaft besitzen, die über p_h hinausgeht, können ihre Nachfrage auch tatsächlich befriedigen. Insgesamt realisieren die Konsumenten einen Zuwachs an Konsumentenrente in Höhe von ΔKR. Auch dieser Zuwachs wird aus Steuermitteln finanziert. Beide Marktseiten werden durch die Steuerzahlung begünstigt. Deshalb hängt die insgesamt resultierende Umverteilung von der Steuerinzidenz ab, d.h. davon, wer die ökonomische *Last der Besteuerung* zu tragen hat.

Dieser Vorteil für die Konsumenten wird teuer erkauft, denn er ist nur möglich, wenn wir insgesamt einen erheblichen Verlust an sozialem Überschuss (im Vergleich zur Marktlösung) hinzunehmen bereit sind.[148] Langfristig kann es darüber hinaus auch zu weiteren Anpassungsreaktionen der Anbieter kommen. Preisänderungen können in zweierlei Hinsicht zu langfristigen Marktveränderungen führen. Sie können Marktein- oder -austritte provozieren und sie können technologische Veränderungen im Sinne von Kapazitätsanpassungen hervorrufen. Von solchen Veränderungen ausgehende Wohlfahrtseffekte haben wir bisher noch nicht untersucht, denn wir sind implizit von einer kurzfristigen Angebotsfunktion ausgegangen. Es ist nicht einfach, allgemeine Aussagen über die langfristigen Wirkungen zu machen, denn diese hängen von den jeweiligen Marktspezifika (Technologie, Marktzutrittsmöglichkeiten etc.) ab. Tendenziell kann man jedoch davon ausgehen, dass die langfristigen Reaktionen der Anbieter die Wohlfahrtsverluste eher erhöhen als senken werden.

Sidestep 33: Der Wohnungsmarkt

Die Wohnungsmarktpolitik verfolgt ein hehres Ziel, nämlich:

„..den Bürgern ein quantitativ und qualitativ angenehmes Wohnen entsprechend ihrer eigenen Wünsche und Zahlungsbereitschaft zu ermöglichen und einen Mindestwohnstandard für die Personengruppen zu sichern, die dies aus eigener Kraft nicht schaffen." (Eekhoff (1993), S. 3)

Um dieses Ziel zu erreichen, wird ein ganzes Bündel von gesetzlichen Regelungen benutzt, insbesondere bemüht man sich, Mietpreiserhöhungen, die von Zeit zu Zeit durchaus beträchtliche Größen annehmen könnten, zu erschweren. Die Instrumente unterscheiden sich je nach Finanzierung des zu vermietenden Wohnraums. Prinzipiell wird zwischen frei finanziertem und öffentlich gefördertem Wohnungsbau unterschieden. Öffentlich gefördert heißt hier, der Bau-

---

[148] Der Verlust an sozialem Überschuss kann in Abbildung 37 unmittelbar abgelesen werden. Er entspricht der Fläche H, denn die insgesamt vom Staat geleisteten Transferzahlungen sind acp_hp_a. Der Anteil H an dieser Zahlung führt aber weder zu einem Zuwachs an Konsumenten- noch an Produzentenrente! Wenn man also die Umverteilungswirkung durch einen optimalen Transfer erreichen wollte, könnte dieser um H geringer ausfallen.

herr erhält Zuschüsse aus staatlichen Budgets und wird im Gegenzug dazu verpflichtet, eine enge, zeitlich befristete Mietpreisbindung einzugehen und seine Mieter nicht mehr frei zu wählen.

Relativ frei vereinbart werden kann in der BRD nur die Miete bei *Erstbezug*. Bei allen weiteren Mietverträgen müssen Preiserhöhungen den engen gesetzlichen Vorschriften genügen. Wichtig ist zunächst einmal, dass Mieterhöhungen nicht völlig ausgeschlossen sind. Ziel ist es, die Erhöhungen zu „dämpfen". Um dieses Ziel zu erreichen, werden verschiedene Instrumente eingesetzt, die sich in den folgenden Prinzipien zusammenfassen lassen:

[1] Bei *Mietneuabschlüssen* ist die Miethöhe frei, jedenfalls solange die verlangte Miete nicht als Wucher einzustufen ist.

[2] Es ist klar, dass eine Mietpreisregulierung allein keinerlei Wirkung haben würde, wenn sie nicht durch flankierende Kündigungsschutzbestimmungen unterstützt würde. Um eine Mieterhöhung durchzusetzen, darf das Mietverhältnis deshalb nicht gekündigt werden. Änderungskündigungen zur Mieterhöhung sind unzulässig!

[3] Bestimmte Formen der Wohnraumvermietung erachtet der Gesetzgeber offenbar als nicht schutzwürdig, denn sie sind aus der Mietregulierung ausdrücklich ausgenommen. Dies gilt beispielsweise für möblierte Zimmer oder Mietverträge, die nur für eine bestimmte vertraglich fixierte Zeitspanne gelten. Interessant ist in diesem Zusammenhang, dass diese Vertragstypen nachträglich aus dem „Gesetz zur Regelung der Miethöhe (MHG)" ausgeklammert wurden, und zwar mit der Begründung, Investitionsanreize für Vermieter zu schaffen: „Die vorgesehenen Änderungen werden dazu beitragen, die bei Investitionen im Mietwohnungsbau bestehende Hemmschwelle herabzusetzen!" (Begründung des Entwurfs zur Änderung des MHG, Bundestagsdrucksache 9/2079, S. 7).

[4] Die Bestimmungen des MHG sind nicht abdingbar, d.h. sie können nicht durch private Verträge außer Kraft gesetzt werden. Sämtliche Mietverträge müssen damit den Bedingungen des MHG genügen; Ausnahmen sind nur möglich, soweit sie das Gesetz einräumt.

[5] Ein konkretes Mieterhöhungsverlangen des Vermieters gilt bei Zustimmung des Mieters.

[6] Der Vermieter darf die Miete von Zeit zu Zeit der Marktmiete anpassen. Konkret bedeutet dies, dass er sie an die *ortsübliche Vergleichsmiete* anpassen darf. Die Überlegung ist dabei folgende: Durch Neuvermietungen kommt es (in der Regel) zu einem mehr oder weniger starken Anstieg der Nominalmieten (abhängig von der Nachfrageentwicklung und der Entwicklung des Preisniveaus). An diesen allgemeinen Preistrend soll sich der Vermieter ex post anpassen dürfen.

[7] Aufwendungen, die dem Vermieter bei der Erhaltung, Sanierung und Modernisierung des Wohnraums entstehen, können auf die Mieter umgelegt werden.

Die Bedeutung dieser Prinzipien unterstreicht das folgende Zitat, das aus einem Urteil des Bundesverfassungsgerichtes stammt:

„Alle Mietverhältnisse über Wohnraum unterliegen diesem Mietpreissystem. ....Es gibt keinen mietpreisleeren Raum (Ausnahmen nachf. §141), innerhalb dessen der Vermieter während bestehender Mietverhältnisse aus seinem Eigentum, grundgesetzlich garantiert, den größtmöglichen Nutzen ziehen dürfte (§139 Fn. 1). Frei ist nur gewerblicher Mietraum."
(vgl. BVerfG ZMR 1987, 133) nach: KÖHLER (1988), S. 452)

Die Folgen der Mietpreisregulierung

Insgesamt lässt sich festhalten, dass sich – wie zu erwarten war – die Mietdämpfungspolitik nicht positiv auf das Wohnungsangebot ausgewirkt hat. Oft nur für kurze Zeit geplante/angekündigte Mietpreisstops wurden verlängert,[149] die Investoren verloren das Vertrauen, investierten in andere Projekte. Auch die Bundesregierung sah diese Entwicklung: „Durch den Rückgang der Bereitschaft, Mietwohnungen anzubieten, hat sich dies letztlich zum Nachteil der Wohnungssuchenden ausgewirkt. In zunehmendem Maße haben die Vermieter die Wirtschaftlichkeit der Wohnraumvermietung in Frage gestellt gesehen und sich vermehrt vom Markt zurückgezogen." Begründung MHG, a.a.O.
Die Konsequenz aus dieser Einsicht war aber keineswegs die Aufgabe der Mietpreisregulierung – allenfalls ihre moderate Einschränkung. So wurden bestimmte Wohnformen aus der Mietpreisregulierung herausgenommen und es wurde die Möglichkeit eröffnet, sogenannte Staffelmieten zu vereinbaren. Die gegenwärtige Lage auf dem Wohnungsmarkt in den Ballungsgebieten (z.B. Berlin, München, Frankfurt) zeigt, wie wirkungslos diese Maßnahmen waren: In den letzten Jahren hat die Nachfrage nach Wohnraum immer mehr zugenommen. Die Einkommen sind gestiegen und mit wachsendem Einkommen nahm auch die Nachfrage nach Wohnraum (gemessen in qm pro Kopf) zu. Durch die Wiedervereinigung und die Ereignisse im Osten Europas ist es zu einem kräftigen Zustrom von Aus-, Über- und Umsiedlern gekommen und schließlich erleben wir einen nachhaltigen Wandel der dominierenden Lebensform: Es entstehen immer mehr Haushalte mit immer weniger Mitgliedern. Alle diese Effekte haben zu dem Anstieg der Nachfrage geführt. Dass sich dieser Nachfrageschub als langanhaltendes Problem äußert, liegt daran, dass der Markt nicht in der notwendigen Weise reagieren kann. Da der Preiseffekt ausbleibt bzw. zu schwach ist, kommt es zu keiner oder einer zu geringen mengenmäßigen Reaktion des Angebots.

---

[149] Es sei an das erste und zweite Wohnraumkündigungsschutzgesetz erinnert.

Dennoch reagieren die Marktakteure auf die Situation. Da Preise nicht zur Verfügung stehen, wenn es gilt, die vorhandenen Wohnungen auf die Nachfrager zu verteilen (es gibt in aller Regel sehr viele, die bereit sind, den für eine freie Wohnung geforderten Preis zu zahlen), kommen andere Kriterien zum Zuge, bilden sich andere Regulative als der Marktpreis: Die Pflege des/r VermietersIn oder die Hilfe im Haushalt/Garten tritt an die Stelle der eigentlich notwendigen Preiserhöhung. Nicht-monetäre Verteilungskriterien finden zunehmend Berücksichtigung und insbesondere kommt es zu einer gezielten Mietersuche, d.h. Vermieter neigen dazu, zwischen den einzelnen Mietergruppen sehr deutlich zu differenzieren.

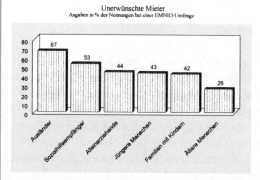

Abbildung 38: Unerwünschte Mieter

Offensichtlich treffen die Rationierungsmechanismen, die angewendet werden, weil Preise nicht geändert werden können, gerade die sozialen Gruppen, die durch die Regulierung des Wohnungsmarktes geschützt werden sollen. Die Mietpreisfestschreibung hat zur Folge, dass es zu einem zu geringen Angebot an Wohnraum kommt und bestehende Nachfrageüberhänge nicht zu den Preisreaktionen führen, die notwendig wären. Anstatt die Versorgung der Einkommensschwachen mit Wohnraum zu sichern, verschlechtert die Preisregulierung die Versorgungssituation gerade dieser Gruppe.

Wohnen lässt sich tatsächlich als ein so elementares Bedürfnis begreifen, dass eine solidarische Gesellschaft zu dem Schluss kommen kann, dass jedes Gesellschaftsmitglied eine Wohnung besitzen soll. Gehen wir davon aus, dass der soziale Planer dieses – durchaus nachvollziehbare – Verteilungsziel tatsächlich verfolgt. Muss er dann die aufgezeigten Effizienzeinbußen einer Höchstpreisregel in Kauf nehmen? Er muss es nicht, denn direkte Einkommenstransfers sind möglich und sie sind die bessere, weil effizienzschonendere Lösung. Im Prinzip ist es sehr einfach: Die Begründung für den staatlichen Eingriff in den Wohnungsmarkt besteht darin, dass bei einer freien Marktpreisbildung zwar Effizienz erreicht wird, aber diejenigen nicht geschützt werden, die zum Marktpreis keine Wohnung erhalten, weil sie ein zu geringes Einkommen haben. Dieses Argument fällt in dem Augenblick weg, in dem dieser Schutz durch direkte Einkommenstransfers (beispielsweise in Form von Wohngeld) gewährt wird.

Eine Umverteilungspolitik, die tatsächlich denen hilft, deren Einkommenssituation die Beschaffung angemessenen Wohnraums nicht erlaubt, müsste sich direkter Transfers bedienen. Das Instrumentarium dafür steht mit dem „Wohngeld" zur Verfügung – nur leider wird diese effizienzschonende Alternative zur Preisregulierung nur unzureichend genutzt.

Staatliche Wohnungsmarktpolitik, die sich auf die Objektförderung bezieht, anstatt konsequent die Einkommen der Mieter zu subventionieren (Subjektförderung), kann aber auch zu völlig entgegengesetzten Ergebnissen führen, als sie bisher beschrieben wurden. In den neuen Bundesländern hat diese Politik dazu geführt, dass heute (im Jahre 2000) zu viele Wohnungen am Markt angeboten werden. Gegenwärtig stehen etwa 1 Mio. Wohnungen leer und ein beträchtlicher Teil davon wird auf absehbare Zeit nicht vermietbar sein. Man könnte leicht vermuten, dass dies auf die massive Ost-West Wanderung nach 1990 zurückzuführen ist. Dies ist jedoch nicht der Fall, denn der Bevölkerungsverlust durch Wanderung wurde durch die gleichzeitig einsetzende Tendenz zur Haushaltsverkleinerung vollständig kompensiert. Wohnungen werden von Haushalten nachgefragt und davon gibt es heute genauso viele wie vor der Wende – trotz geringerer Bevölkerungszahl. Die Gründe für den Leerstand in den neuen Ländern liegen vor allem auf der Angebotsseite. Dort kam es zu einer Kumulation verschiedener Maßnahmen und Strukturveränderungen:

Die Plattenbauten wurden in Kommunales Eigentum überführt und die kommunalen Wohnungsbaugesellschaften haben massiv in die Sanierung dieses Wohnungsbestandes investiert.

Durch steuerliche Anreize (Stichwort „Sonderabschreibung Ost") wurde ein Boom bei der Errichtung von neuen Geschossbauten und der Sanierung von Altbaubeständen in den Innenstädten entfacht.

Der Eigenheimbau wurde ebenfalls staatliche gefördert. Dadurch wurde die ohnehin sehr starke Nachfrage nach Eigenheimen (Stichwort „Nachholeffekt") weiter angeheizt. Der Wegzug aus den Städten in die Grüngürtel der Städte ist seither ungebrochen. Jedes neu bezogene Eigenheim zieht aber eine Wohnung in den Städten leer.

Alle diese Maßnahmen führten dazu, dass das Angebot sowohl qualitativ als auch quantitativ stark wuchs – leider ohne Rücksicht auf die Nachfrage. Im Ergebnis stehen nun Abrissmaßnahmen größeren Umfangs bevor.

Höchstpreis: Fallbeispiel Agrarmarkt

Die staatliche Gewährung von Mindestpreisen hat ähnlich negative Effekte. Das klassische Beispiel für solche Preise liefert der Agrarmarkt. Europäische Bauern erhalten für die meisten ihrer Produkte nicht den Marktpreis, sondern einen politisch fixierten Mindestpreis, der über dem Marktpreis liegt (nur dann macht ein *Mindest*preis Sinn).

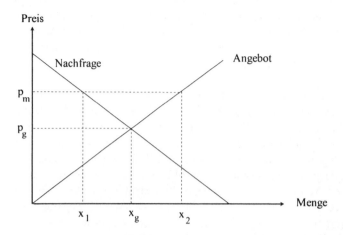

Abbildung 39: Mindestpreise

Der Mindestpreis p_m wird den Anbietern garantiert, d.h. der Tausch zum geringeren Gleichgewichtspreis p_g wird durch staatliche Maßnahmen unterbunden. Würde es dabei bleiben, käme es kurzfristig zu einem erheblichen Angebotsüberschuss. Zum Preis p_m würde die Menge x_1 nachgefragt, aber x_2 angeboten. Das wäre mit Sicherheit keine stabile Situation, denn die Anbieter (denen durch den Mindestpreis ja geholfen werden soll) könnten durch Preissenkung ihren Gewinn erhöhen – befänden sich also in einer für sie nachteiligen Situation. Aus diesem Grund muss der Staat die Garantie eines Mindestpreises mit der Zusicherung verbinden, dass die Menge, die zu diesem Preis angeboten wird, auch tatsächlich zum Mindestpreis verkauft werden kann. Da die Konsumenten nur x_1 abnehmen, muss der Angebotsüberschuss ($x_2 - x_1$) vom Staat *aufgekauft* werden. Bei handelbaren Gütern kommt noch eine weitere Maßnahme hinzu. Wenn der Mindestpreis über dem Weltmarktpreis liegt (und dies dürfte der Fall sein, denn ansonsten läge der inländische Gleichgewichtspreis weit unter dem Weltmarktpreis und die inländischen Anbieter könnten ihre Güter im Ausland verkaufen), muss verhindert werden, dass ausländische Anbieter im Inland unter dem Mindestpreis anbieten können. Importbeschränkungen aller Art sind damit notwendige flankierende Maßnahmen einer Mindestpreispolitik.

Die unmittelbaren Wohlfahrtseffekte einer Mindestpreispolitik lassen sich aus der Abbildung 39 ablesen. Der soziale Überschuss würde wiederum beim Gleichgewichtspreis p_g maximal. Die Abweichung davon führt dazu, dass über x_g hinaus produziert wird und dabei Kosten anfallen, die den Zuwachs an Konsumentenrente übersteigen. Aber neben diesen unmittelbar ablesbaren Effekten muss nun auch noch die staatliche Abnahme der Überschussmengen finanziert werden (Lagerhaltung, Verwaltung usw.) und es müssen die Wohlfahrtsverluste in Kauf genommen werden, die durch die Importbeschränkungen ausgelöst werden.[150]

Damit aber nicht genug: Bei der Behandlung der Höchstpreise haben wir uns im Wesentlichen auf eine kurzfristige Betrachtung beschränkt und langfristige Effekte nur angedeutet. Im Falle der Mindestpreise kann man mit einer bestimmten Anbieterreaktion ziemlich sicher rechnen. Die Kombination von Preis- und Abnahmegarantien macht es höchst lukrativ, die Angebotsmengen durch Einführung neuer Technologien und Ausweitung der Kapazitäten zu erhöhen. In einem Wettbewerbsmarkt mit normal verlaufender Nachfragekurve würde eine solche Kapazitätserweiterung zu einem Preisrückgang führen. Nicht so bei Preis- und Abnahmegarantie! Die davon ausgehende Wirkung dürfte klar sein. In einem solchermaßen regulierten Markt ist die Kapazitätsausweitung sehr viel attraktiver als in unregulierten Märkten. Langfristig dürfte sich diese Anreizwirkung in einer Rechtsverlagerung der Angebotsfunktion niederschlagen. Zum Mindestpreis (und zu allen anderen Preisen) wird mehr angeboten als zuvor, weil die gesteigerte Kapazität oder die gestiegene Produktivität dies zulässt. Die Folge ist, dass die Lücke zwischen Angebot und Nachfrage größer wird und der Staat immer größere Mengen aufkaufen muss (vgl. Abb. 40). Diese Entwicklung wird erst dann zu einem Ende kommen, wenn Kapazitätsausweitungen nur noch zu Grenzkosten möglich sind, die über dem Mindestpreis liegen.

Eine solche Beruhigung wird allerdings nicht von Dauer sein, denn jeder technische Fortschritt, der eine Produktivitätssteigerung ermöglicht, wird wiederum zu Angebotsausweitungen führen. Ein nachhaltiger Stop dieser Entwicklung ist nur durch eine weitere staatliche Intervention möglich, etwa durch eine Quotierung der Abnahmemengen (so geschehen in der Landwirtschaft) oder durch Investitionsverbote. Die dynamische Anreizwirkung, die von einem Mindestpreis ausgeht, sollte nicht unterschätzt werden. Die europäische Landwirtschaft liefert dafür ein eindrucksvolles Beispiel.

---

[150] Wir wollen diesen Punkt an dieser Stelle nicht vertiefen, aber es sei zumindest erwähnt, dass internationaler Handel – Freihandel – wohlfahrtssteigernd wirken kann, und zwar für alle daran beteiligten Länder. Einschränkungen des freien Handels haben in der Regel Wohlfahrtsverluste zur Folge und dienen bestenfalls den Interessen partikularer Gruppen – beispielsweise den Anbietern, denen Mindestpreise garantiert werden sollen.

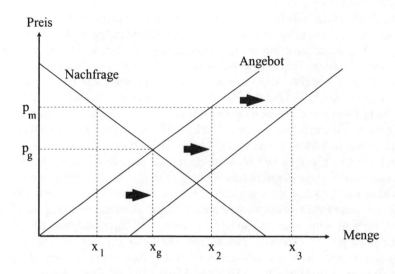

Abbildung 40: Anpassungsreaktionen bei Mindestpreisen

Sidestep 34: Der Agrarmarkt

Der landwirtschaftliche Sektor hat in den entwickelten Ländern in den letzten Jahrzehnten einen fundamentalen Wandel durchlebt. Dieser Wandel ist deshalb so deutlich spürbar, weil es sich bei der Landwirtschaft um den mit Sicherheit ältesten Sektor und die älteste Form wirtschaftlicher Betätigung handelt, die es gibt. Jahrhundertelang hatte der Bauer eine zentrale Funktion in allen Ökonomien, denn es oblag ihm, die elementare Existenzgrundlage zu schaffen und zu sichern. Natürlich hat die Landwirtschaft auch heute noch die Funktion Nahrung bereitzustellen, aber die Sicherung der Lebensmittelversorgung ist vielfach nicht mehr eine exklusive Aufgabe der nationalen Landwirtschaft. Um es an einem extremen Beispiel deutlich zu machen: Wenn morgen alle deutschen Bauern beschließen würden, ihre Produktion augenblicklich einzustellen, so hätte dies zwar kurzfristige Versorgungsprobleme zur Folge, aber eine Hungersnot würde sicherlich nicht ausbrechen. Vermutlich würden die deutschen Konsumenten schon nach kurzer Zeit mit allen gewünschten Nahrungsmitteln versorgt sein (wenn man von Schwarzwälder Schinken einmal absieht).

Der Bedeutungswandel, den die Landwirtschaft erfahren hat, lässt sich auch zahlenmäßig angeben. Insgesamt (einschließlich der Familienmitglieder) arbeiteten im Jahr 2001 nur rund 2,5% der Erwerbstätigen in der Landwirtschaft. Sie erwirtschaften dabei rund 1,2% der Bruttowertschöpfung. Der eher bescheidenen wirtschaftlichen Bedeutung steht eine hohe politische Aufmerksamkeit entgegen: zumindest bis zum Jahr 2000 wurde der Sektor von einem eigenen Bundeslandwirtschaftsministerium betreut. Die hohe politische Aufmerksamkeit zahlt sich aus. Einer Bruttowertschöpfung von 23,5 Mrd. € steht ein Subventionsvolumen von 13 Mrd. € gegenüber (Bund-, Länder und Gemeinden: ca. 6,4 Mrd. €; EU: 6,6 Mrd). Beträge dieser Größenordnung legen die Frage nahe, wie sich ein solch gewaltiger Subventionsbedarf rechtfertigen lässt.

Die Angebotsseite erweist sich als nicht sehr ergiebig, wenn man versucht, Marktbesonderheiten auszumachen, mit denen sich massive staatliche Eingriffe rechtfertigen lassen, denn Nahrungsmittel sind private Güter, die sich auch ohne staatliche Subvention über Märkte allozieren ließen. Aber vielleicht gibt es ja außer dem reinen Verteilungsargument, das darin besteht, dass Subventionen für die Landwirtschaft allein die Aufgabe erfüllen, den Landwirten Einkommen zukommen zu lassen, noch Marktversagenstatbestände, die sich nicht auf den Lebensmittelmarkt beziehen. Ein Hinweis auf ein mögliches Marktversagen jenseits der Nahrungsmittelversorgung sei gemacht: Vielfach wird darauf verwiesen, dass Landwirte nicht nur Nahrung produzieren, sondern auch öffentliche Güter: Sie produzieren eine „gegliederte Landschaft" und „Autarkie", d.h. „Versorgungssicherheit". Wir wollen an dieser Stelle nicht untersuchen, wie überzeugend diese Begründungsversuche sind, sondern uns lediglich ansehen, wie die Subventionierung der Landwirtschaft eigentlich funktioniert.

Die Agrarpolitik der EG (EU)

Von Anfang an, d.h. seit Bestehen der EG, ist die Agrarpolitik eine Angelegenheit der Europäischen Gemeinschaft gewesen. Man könnte fast sagen, dass es lange Zeit *die* Angelegenheit der EG war. Jedenfalls drängt sich dieser Eindruck auf, wenn man den Anteil betrachtet, den die Agrarausgaben am Haushalt der EG haben. Für das Jahr 2003 sind Nettoausgaben für die Agrarpolitik von knapp 45 Mrd. EURO geplant. Das sind zwar nur rund 0,5% des BIP der Gemeinschaft, aber immerhin 46% des Gesamthaushaltes der EU. Unmittelbar nach dem Krieg mag in Deutschland noch die Sorge um die Nahrungsmittelversorgung im Vordergrund gestanden haben, als man den landwirtschaftlichen Bereich staatlichen Regulierungen aussetzte. Aber bereits im Landwirtschaftsgesetz von 1955 ist es explizit die Einkommenssicherung der Bauern, die als Ziel der Agrarpolitik genannt wird. Für die EG stand dieses Ziel nie außer Frage.

Kernstück der EG-Politik war und ist die *Agrarmarktordnung*. Diese besteht im wesentlichen Zügen aus einem Bündel von Regelungen, die die freie Marktpreisbildung weitestgehend außer Kraft setzen und an ihre Stelle eine „regulierte" Preisbildung implementierte. Dieser Ordnung unterliegen unter anderem: Fischprodukte, Getreide und Reis, Fleisch und Geflügel, Milchprodukte, Öle, Leinen, Wein und Tabak, Zucker, Obst und Gemüse. Frei eingeführt werden dürfen nur unbearbeitete Produkte, die aufgrund klimatischer Besonderheiten nur in anderen Weltgegenden wachsen – z.B. Kaffee und Kakao. Zum Verständnis dieser Ordnung ist es hilfreich, sich der Anfänge der EG-Agrarordnung zu erinnern. Ursprünglich ging es darum, den Bauern, die nur einen Teil der europäischen Nachfrage decken konnten, ein „angemessenes" Einkommen zu sichern, indem ihnen Preise zugestanden wurden, die über dem Weltmarktniveau lagen. Dazu war es allerdings notwendig, die Importe, die man zur Deckung der Nachfrage benötigte, entsprechend zu verteuern. Dies geschah durch die sogenannte Abschöpfung, d.h. durch einen „Gleitzoll" mit dessen Hilfe die billigeren Importe jeweils auf das Preisniveau der EG angehoben werden konnten. Das Erfreuliche an dieser Politik war die Tatsache, dass sie sich lange Zeit selbst finanzierte. Es entstanden nur in Ausnahmefällen Ausgaben, dann nämlich, wenn das Angebot zu dem garantierten Mindestpreis die Nachfrage überstieg, denn dann mussten die Überschussmengen vom Staat aufgekauft werden. Diese Ausgaben ließen sich mühelos durch die Zolleinnahmen finanzieren, die der gemeinsame Außenschutz einbrachte.

Leider trat in der Folgezeit das ein, womit bei einer Mindestpreispolitik in Verbindung mit Abnahmegarantien nun einmal zu rechnen ist. Die Bauern weiteten ihre Kapazitäten und ihre Produktion aus, um rund 20% bei Milch und um knapp 50% bei Getreide (1970-1984). Ein solches Verhalten ist nur zu gut zu verstehen, denn die Anreize, die durch eine Preis- und Abnahmegarantie geschaffen werden, gehen exakt in Richtung einer Kapazitätserweiterung (vgl. die Überlegungen, die im Zusammenhang mit Abbildung 40 angestellt wurden). Die Folgen dieser absehbaren Verhaltensänderung der Bauern waren erhebliche Überschüsse bei der Produktion fast aller landwirtschaftlichen Produkte.

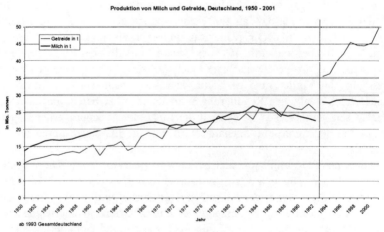

Abbildung 41: Milch und Getreideproduktion

Reformen der Gemeinsamen Agrarpolitik

Der hohen Überschussproduktion begegnete die EG / EU mit diversen Maßnahmen zur Beschränkung der vorher ausgebauten Produktionskapazitäten. Beispiel Milch: Nachdem die Ausgaben der EG für die Lagerung von Milcherzeugnissen in 1984 bis auf 28,5% der Gesamtausgaben der gemeinsamen Agrarpolitik gestiegen waren und „selbst die künftige Entwicklung der Gemeinsamen Agrarpolitik gefährdeten"[151] wurde 1984 die Kapazitätswirkung der Preisstützungspolitik durch die sogenannten Milchquoten abgeschwächt. Jeder Milchbauer bekam ein Milchquotenkontingent zugeteilt, eine Produktion über dieses Kontingent hinaus wurde mit einer abschreckenden Zusatzabgabe, der „Milchgarantiemengenabgabe", belegt. Neben dem Preis wird seither zusätzlich die Produktionsmenge administrativ bestimmt. Tatsächlich gelang es auch, die Milchproduktion zu drosseln und die Ausgaben für den Milchsektor zu senken. Allerdings wurden geradezu skurrile Nebenwirkungen dabei in Kauf genommen. Ein Beispiel: Die Zuteilung der Milchquoten erfolgte an die Milchbauern des Jahres 1984. Aus Sicht dieser Bauern stellen die ihnen zugeteilten Milchquoten mündelsichere Wertpapiere mit einer jährlichen Dividende in Höhe der Milchgarantiemengenabgabe dar. Wie alle Wertpapiere ist auch dieses zumindest de facto handelbar und Milchbauern können ihre Milchquoten verkaufen oder verleasen – wenn sie z.B. in Rente gehen oder die Produktion auf ein anderes Gut umstellen. Die Milchquotenregelung erzeugt so „Sofamelker" wie diese Ex-Bauern auch genannt werden, die Einkommenssicherung der aktiven Landwirte wird so teuer erkauft. Für die anderen Märkte – von Getreide bis zu Rindfleisch– wurden andere, aber ähnlich wirkende Maßnahmen ersonnen und mit unterschiedlichem Erfolg umgesetzt. Die Getreideproduktion stieg trotz Flächenstillegungsprogrammen weiter an, siehe Graphik.

Die Einkommenssicherung der Landwirte im Rahmen der EG-Agrarordnung wird bis heute aus einem System der Mindestpreise und Kapazitätsbeschränkungen bewerkstelligt. Die Folgen einer solchen „Einkommenspolitik" gehen weit über die direkten fiskalischen Kosten hinaus und beschränken sich auch nicht auf Butterberge oder Sofamelker – auch wenn dies im Bewusstsein der Öffentlichkeit die schlimmsten Folgen der Agrarpolitik sind. Der Verlust an sozialer Wohlfahrt, der durch die Preis- und Mengenmanipulation entsteht, ist unabhängig von der Überschussproduktion. Er fiel auch zu der Zeit an, zu der sich die Agrarpolitik „selbstfinanzierte". Die Einkommenspolitik wird auf diese Weise sehr teuer erkauft.

Die OECD hat in einer Studie die Effizienz verschiedener einkommenspolitischer Maßnahmen für Landwirte untersucht. Die Transfereffizient – das Ver-

---

[151] Punkt 3 der Verordnung (EWG) Nr. 856/84 des Rates.

hältnis des Einkommenszuwachses für den Landwirt zu den Kosten der Maßnahme für den Steuerzahler oder den Konsumenten – ist aus zwei Gründen gering. Zum ersten, da Wohlfahrtsverluste durch die Fehlallokation knapper Ressourcen entstehen (z.B. Milch, die keiner braucht, wird produziert), zum zweiten durch Streuverluste, da auch andere Personenkreise als die Landwirte profitieren (z.B. Grundeigentümer, die eine höhere Pacht für Agrarland mit Milchquoten einfordern). Der Volkswirt spricht hier von der Inzidenz der Förderung. Die Ergebnisse sind in der folgenden Graphik dargestellt und beziehen sich die Gesamtheit der OECD Länder.

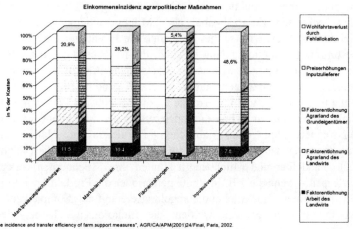

Marktpreisausgleichzahlungen: Differenz zwischen erzieltem Marktpreis und garantiertem Mindestpreis
Marktintervention: Marktbereinigung durch Stützungskäufe
Flächenzahlungen: Pauschalzahlung je Agrarflächeneinheit
Inputsubventionen: Subvention der Inputfaktoren, z.B. Agrardiesel

Abbildung 42: Inzidenz agrarpolitischer Maßnahmen

Die aufgeführten agrarpolitischen Maßnahmen sind idealtypische Maßnahmen. In der Realität werden diese parallel angewendet. Wie die Graphik zeigt, sind die Ergebnisse – gemessen an dem Politikziel der Einkommenserhöhung für die Tätigkeit der Landwirte – spärlich. Keine Maßnahme weißt einen Wirkungsgrad größer 12% auf.

Wie schon im Fall des Wohnungsmarktes gibt es auch hier eine „effizienzschonende" Alternative zur Preis- und Mengenpolitik. Wenn man das Einkommen der Bauern stützen will, wenn man Umverteilungspolitik zugunsten der Bauern betreiben will, dann kann man direkte Einkommenstransfers durchführen, ohne Preise und Mengen manipulieren zu müssen. Nur so ist ein Wirkungsgrad von 100% erreichbar.

Mindestpreise: Anwendungsfall Arbeitsmarkt

Der Arbeitsmarkt ist zweifellos einer der wichtigsten Märkte überhaupt. Arbeitslosigkeit ist nichts anderes als ein Ungleichgewicht auf diesem Markt: Wenn das Arbeitsangebot die Arbeitsnachfrage übersteigt, bedeutet das nichts anderes, als dass Menschen arbeitslos sind. Wie die Abbildung 45 zeigt, leben wir in Deutschland seit nunmehr über 30 Jahren mit dem Phänomen einer mehr oder weniger ständig steigenden Arbeitslosigkeit:

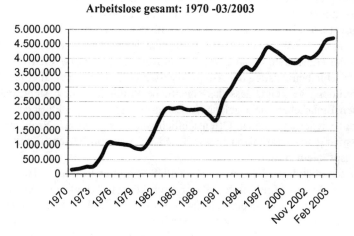

Abbildung 43: Arbeitslose in Deutschland

Das Diagramm zeigt eindrucksvoll, dass wir es mit einer Wachstumsgeschichte zu tun haben. Von wenigen Phasen der Erholung abgesehen zeigt der langfristige Trend bei den Arbeitslosenzahlen eindeutig nach oben. Arbeitslosigkeit ist ein gravierendes und bedrückendes Problem. Das gilt vor allem natürlich für diejenigen, die unmittelbar von ihr betroffen sind. Arbeitslosigkeit bedeutet weit mehr als eine materielle Einbuße, ein Verlust an Einkommen. In einer Gesellschaft, in der Arbeit für den Einzelnen ein zentrales Element seiner persönlichen Identität bedeutet, ist der Verlust des Arbeitsplatzes mit hohen psychischen und sozialen Kosten verbunden. Aber nicht nur die Arbeitslosen selbst sind betroffen, sondern auch die Erwerbstätigen tragen an der Last der Arbeitslosigkeit – jedenfalls dann, wenn es sich wie im Falle Deutschlands um ein lang anhaltendes Massenphänomen handelt.

Die sozialen Sicherungssysteme – insbesondere die Arbeitslosenversicherung und die Sozialhilfe – sind ursprünglich konstruiert worden, um Schwankungen in der Beschäftigung aufzufangen, bzw. denen, die „vorrübergehend" arbeitslos werden eine soziale Absicherung zu verschaffen. Sie waren nie gedacht als Instrumente, mit denen Millionen Menschen *dauerhaft* alimentiert werden sollen. Genau das aber ist eingetreten und so kommt es, dass die anhaltende Massenarbeitslosigkeit zu einer ganz erheblichen Belastung der sozialen Sicherungssysteme geführt hat. Dabei gilt es zu beachten, dass jede Hilfeleistung, die arbeitslose Menschen erhalten, aus der Wertschöpfung finanziert werden muss, die diejenigen erbringen, die erwerbstätig sind. Hohe Sozialabgaben und eine erhebliche Steuerlast sind die notwendige Folge hoher Arbeitslosigkeit. Beides führt dazu, dass der Preis für Arbeit steigt und mit ihm die Arbeitslosigkeit.

Vor diesem Hintergrund stellt sich natürlich die Frage nach den Ursachen für die hohe Arbeitslosigkeit in Deutschland und danach, was das Ganze mit Mindestpreisen zu tun hat. Als erstes sollte festgehalten werden, dass die Arbeitsmarktmisere in Deutschland nur am Rande etwas mit Konjunkturen oder einer Wachstumsschwäche zu tun hat. Von 1970 bis 2000 ist das Pro-Kopf-Einkommen in Deutschland real um stolze 121% gestiegen und zumindest bis zum Anfang der neunziger Jahre konnten es die Wachstumsraten Deutschlands durchaus mit denen anderer Industrieländer aufnehmen. Zwar gab es konjunkturelle Einbrüche, die regelmäßig mit einem erheblichen Anstieg der Arbeitslosenzahlen einhergingen, aber ein Blick auf die Abbildung 45 zeigt, dass das eigentliche Problem darin besteht, dass es nach solchen Einbrüchen nicht gelang, in Zeiten besserer Konjunkturlage die Arbeitslosigkeit wieder abzubauen. Offensichtlich sind es *strukturelle* Probleme, die den Arbeitsmarkt in Deutschland belasten und eines davon hat etwas mit einem Mindestpreisproblem zu tun.

Anders als in anderen Ländern (z.B. den USA) gibt es in Deutschland keinen gesetzlich verankerten Mindestlohn. Theoretisch können Arbeitsanbieter und Arbeitsnachfrager den Preis, zu dem sie ihr Tauschgeschäft abwickeln wollen, frei aushandeln. Praktisch sieht die Sache allerdings gänzlich anders aus. Lohnverhandlungen sind in Deutschland Sache der Tarifpartner, d.h. die Lohnhöhe wird *kollektiv* verhandelt und nicht zwischen dem einzelnen Arbeitsanbieter und einem Unternehmen. Aber die Tatsache, dass wir einen *faktischen* Mindestpreis für Arbeit haben, ist nicht nur darauf zurückzuführen, dass die Tarifverträge Lohnuntergrenzen festsetzen. Auch ohne das System kollektiver Lohnverhandlungen gäbe es in Deutschland einen Mindestlohn. Dafür sorgt das soziale Sicherungssystem, besser gesagt die Art und Weise, wie es ausgestaltet ist. Arbeitslosenhilfe und Sozialhilfe sind Elemente eines Versicherungssystems, das konstruiert wurde, um den Einzelnen im Falle der Erwerbslosigkeit davor zu schützen, ein Leben unterhalb des sozialen Existenzminimums führen zu müssen. Wie bei einer Versicherung üblich, zahlt das soziale Grundsicherungssystem dann, wenn der Versicherungsfall eingetreten ist, d.h. jemand erwerbslos wird, und stellt seine Leistung ein, wenn der Versicherte wieder eine Arbeit aufnimmt. Das hat eine fatale Folge. Im Ergebnis führt es dazu, dass die Untätigkeit subventioniert und die Arbeit bestraft wird. Jemand, der Leistungen aus der sozialen Grundsicherung erhält, wird, wenn er selbst Arbeitseinkommen erzielt, faktisch einer massiven Besteuerung unterzogen, denn jeder Euro, den er selbst erwirtschaftet, führt zu einem Entzug von Transferleistungen von bis zu 100%. Die Bezieher von Hilfeleistungen geraten dadurch in die sogenannte Armutsfalle. Erhalten sie erst einmal Leistungen, nimmt ihnen das System jeden Anreiz, durch eigene Arbeit aus der Sozialhilfe wieder herauszukommen. Abbildung 46 verdeutlicht die Situation. Auf der Abszisse ist der Tariflohn abgetragen und auf der Ordinate der Betrag, der als Nettolohn einschließlich Sozial- oder Arbeitslosenhilfe zum Leben zur Verfügung steht:

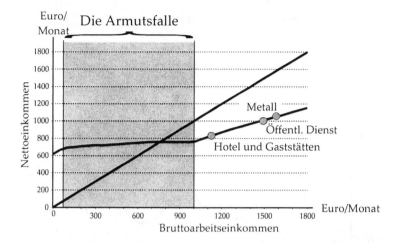

Abbildung 44: Die Armutsfalle

Wird kein eigenes Einkommen erworben, zahlt die Sozialhilfe einem Alleinstehenden einen Betrag von etwas über 600 € (einschließlich Wohngeld und Sonderzulagen). Wird Arbeitseinkommen erzielt, kann das Haushaltseinkommen dadurch aber nur geringfügig wachsen. Alles was über die Zuverdienstgrenze von 77 € hinausgeht, führt zu Transferentzügen zwischen 85 und 100%. Im Ergebnis lohnt sich die Arbeitsaufnahme erst dann, wenn dadurch ein Einkommen erzielt werden kann, das deutlich über 1.200 € liegt. Unter dieser Grenze ist der Abstand zwischen Arbeitseinkommen und dem Einkommen, das sich ohne Arbeit erzielen lässt einfach zu gering um den notwendigen Arbeitsanreiz zu schaffen. Damit aber produziert das Sicherungssystem faktisch eine Lohnuntergrenze unterhalb derer nicht mit einem Arbeitsangebot zu rechnen ist.

Wie wirkt sich dieser Mindestlohn aus? Die Antwort hängt davon ab, wie leicht es ist, ein Einkommen zu erzielen, das weit genug über dem Mindestlohn liegt. Welches Einkommen ein Arbeitsanbieter erreichen kann, hängt im Wesentlichen von der Grenzproduktivität der Arbeit ab, denn die bestimmt letztlich die Markteinkommen. Wie produktiv jemand im Produktionsprozess eingesetzt werden kann, ist wiederum abhängig von seinen persönlichen Fähigkeiten und Fertigkeiten, kurz gesagt von seinem Humankapital. Mit diesem Kapital kann der Einzelne zur Wertschöpfung beitragen und er wird nur dann eine Beschäftigung finden, wenn seine Wertschöpfung ausreicht, die gesamten Arbeitskosten zu decken, d.h. seinen eigenen Nettolohn, die zu entrichtende Einkommensteuer und die insgesamt zu zahlenden Sozialversicherungsbeiträge. Letztere betragen allein gegenwärtig (Mai 2003) etwa 42% des Bruttoarbeitsentgeltes. Um ein Arbeitsangebot unterbreiten zu können, das verspricht eine Wertschöpfung zu erzielen, mit der ein hinreichend hoher Nettolohn plus alle anfallenden Abgaben abgedeckt werden kann, bedarf es einer relativ guten Humankapitalausstattung bzw. einer relativ hohen Arbeitsproduktivität. Die Folge: Die Armutsfalle schnappt für alle die zu, die nicht über die entsprechende Produktivität verfügen, d.h. vor allem für die gering qualifizierten Menschen in unserem Land.

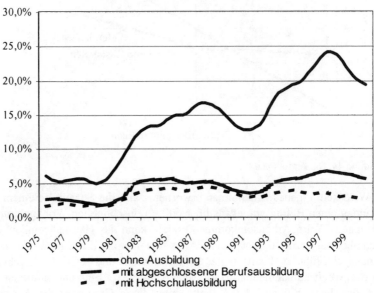

Abbildung 45: Qualifikationsspezifische Arbeitslosigkeit

Abbildung 47 zeigt, dass dies tatsächlich der Fall ist: Während sich die Arbeitslosenquote der Hochschulabsolventen in den letzten 30 Jahren immer deutlich unter der 5% Marke bewegt hat und auch die derjenigen, die über eine abgeschlossene Berufsausbildung verfügen, kaum über diese Marke gestiegen ist, bewegt sich die Arbeitslosigkeit der Geringqualifizierten inzwischen in atemberaubenden Höhen. Die Mindestpreispolitik, die faktisch durch das soziale Sicherungssystem betrieben wird, hat ähnliche Auswirkungen wie auf dem Agrarmarkt: Sie erzeugt einen erheblichen Angebotsüberschuss. Allerdings unterscheidet sich der Arbeitsmarkt vom Agrarmarkt dadurch, dass der Mindestpreis nicht mit einer Abnahmegarantie verbunden ist. Diejenigen, die zum Mindestlohn Arbeit anbieten und keine Nachfrage finden, bleiben ohne Arbeitsplatz.

Die Auswirkungen von Mindest- und Höchstpreisen auf die allokative Effizienz dürfte damit hinreichend deutlich geworden sein. Die Effizienzeinbußen, die mit einer solchen Politik einhergehen, sind durchaus beachtlich und sie haben die

Tendenz, sich im Zeitablauf eher zu vergrößern als kleiner zu werden. Vor diesem Hintergrund stellt sich erneut die Frage nach dem Ziel, das mit solchen Politiken verbunden ist, bzw. es stellt sich die Frage, ob die möglichen Ziele solche Effizienzverluste rechtfertigen können. Bei dieser Diskussion muss beachtet werden, dass wir bisher immer davon ausgegangen sind, dass es sich bei den betrachteten Märkten um funktionierende Wettbewerbsmärkte handelt, auf denen keinerlei Marktversagen erwartet werden kann. Bei der Untersuchung konkreter staatlicher Interventionen (etwa im Agrar- oder Wohnungsmarkt) ist daher zunächst zu prüfen, ob diese Voraussetzung erfüllt ist oder ob Marktversagenstatbestände vorliegen, die einen staatlichen Eingriff gerechtfertigt erscheinen lassen. Sollte dies der Fall sein, bliebe nur noch zu prüfen, ob Preismanipulationen ein geeignetes Mittel zur Korrektur des Marktversagens sind.

Lassen sich jedoch keine Marktversagenstatbestände feststellen, dann ist es gerechtfertigt, davon auszugehen, dass entweder ein meritorisches oder ein verteilungspolitisches Motiv hinter der staatlichen Intervention steht. Zur meritorischen Begründung wurde bereits eindeutig Stellung bezogen, so dass eigentlich nur noch das Verteilungsziel zu diskutieren bleibt. Wir haben bereits darauf hingewiesen, dass Verteilungsziele durch die Veränderung von Anfangsausstattungen erreicht werden können und dass die dabei auftretenden Effizienzverluste geringer ausfallen werden als die durch Preismanipulationen verschuldeten. Sidestep 32 und 33 zeigen die jeweiligen Alternativen deutlich auf: Preispolitiken sind effizienzschädigend und in ihrer Verteilungswirkung eher ungenau. Einkommenstransfers verringern die allokative Effizienz allenfalls durch die verzerrenden Wirkungen der zur Finanzierung notwendigen Besteuerung und sind wesentlich eher geeignet, das angestrebte Verteilungsziel auch tatsächlich umzusetzen.

Der Arbeitsmarkt, auf dem, wie wir gesehen haben, auch ein Mindestpreis herrscht, nimmt in diesem Zusammenhang nur auf den ersten Blick eine Sonderrolle ein. Das soziale Sicherungssystem ist zwar als Transfersystem ausgestaltet, aber leider in einer Weise, die dazu führt, dass der Preis für Arbeit verzerrt wird. Die Alternative zu diesem System, dass letztlich Massenarbeitslosigkeit produziert, wäre ein Transfersystem, dass diese Wirkung auf den Preis für Arbeit ausschließt. Das ist nur dann zu erreichen, wenn die Gewährung eines Transfers nicht länger an die Bedingung geknüpft wird, dass der Transferempfänger *nicht* arbeitet, denn es ist diese Verknüpfung, die den Reservationspreis nach oben treibt. In der letzten Zeit sind verschiedene Modelle diskutiert worden, denen gemeinsam ist, dass sie die Zahlung von Einkommenstransfers nicht mehr an die Arbeitslosigkeit knüpfen, und damit die Untätigkeit subventionieren, sondern an die Aufnahme einer Arbeit.

Kontrollfragen

1) Charakterisieren Sie das langfristige Konkurrenzgleichgewicht. Bedeuten GK-Preise notwendig Nullgewinn?

2) Benutzen Sie das Pareto-Kriterium um zu begründen, dass die Maximierung des sozialen Überschusses zu einer effizienten Allokation führt.

3) Woran könnte die Durchsetzbarkeit von Eigentumsrechten scheitern? Nennen Sie Beispiele dafür, dass sich Eigentumsrechte zwar definieren, aber nicht durchsetzen lassen.

4) Diskutieren Sie die folgende These: Im System der DDR waren die Eigentumsrechte an den Produktionsmitteln extrem verdünnt. Dies führte zu einem nicht lösbaren Principal-Agent-Problem.

5) Charakterisieren Sie das Gefangenen-Dilemma, in dem sich die Bewohner einer Hobbesschen Anarchie befinden. Können Sie sich vorstellen, warum HOBBES zu dem Schluss kam, in der Anarchie sei das Leben „einsam, arm, hässlich, brutal und kurz"?

6) Welcher Zusammenhang besteht zwischen dem Problem einer effizienten Risikoallokation und adverser Selektion?

7) Welcher Zusammenhang besteht zwischen effizienter Vorsorge und moral hazard?

8) Charakterisieren Sie das Umweltproblem als ein Problem fehlender Eigentumsrechte.

9) Fehlende Eigentumsrechte haben nach der Wiedervereinigung viele Probleme produziert. Inwiefern waren fehlende Eigentumsrechte für die DDR ein Problem?

10) Suchen Sie nach Beispielen für reine Monopole und für Monopole, die sich einem scharfen Substitutionswettbewerb ausgesetzt sehen.

11) Suchen Sie nach Beispielen für reine Wettbewerbsmärkte bzw. nach Märkten, die dem Idealtypus möglichst nahe kommen.

12) Warum ist es ineffizient, vorhandenes Wissen *nicht* allen zugänglich zu machen?

13) Beschreiben Sie den Rent-Seeking-Prozess mit Hilfe einer Lotterie. (*Hinweis: Die Rent-Seeking-Aufwendungen entsprechen der Anzahl der Lose.*)

14) Kennen Sie Beispiele für Rent-Seeking Aktivitäten?

15) Warum ist ein abgestimmtes Verhalten von oligopolistischen Anbietern effizienzschädigend?

16) Im Zusammenhang mit der Einführung des Gemeinsamen Marktes und dem Ausbau der EU wird vielfach argumentiert, diese Entwicklung mache es notwen-

dig, dass sich im Inland große Firmen zusammenschließen um wettbewerbsfähig zu bleiben. Diskutieren Sie diese These.

17) Lässt sich die Anschnallpflicht, die es seit einigen Jahren in Deutschland gibt, nur meritorisch begründen oder fallen Ihnen auch andere Begründungen ein? Wie steht es um das Verbot Alkohol zu trinken, wenn man Auto fährt?

18) Suchen Sie nach Beispielen für Mindest- und Höchstpreise.

19) Die in Deutschland geförderte Steinkohle ist etwa doppelt so teuer wie die am Weltmarkt angebotenen Kohle – dafür ist sie aber auch von schlechterer Qualität! Der Einsatz der Inlandskohle kann nur dadurch erreicht werden, dass die Strom- und die Stahlindustrie dazu verpflichtet wird (Jahrhundertvertrag und Hüttenvertrag). Die Preisdifferenzen werden dabei durch direkte Zuwendungen an die Stromerzeuger bzw. die Stahlwerke ausgeglichen. Charakterisieren Sie diese Politik als Mindestpreispolitik und diskutieren Sie ihre Sinnhaftigkeit.

20) Versagt der Markt für Schauspiel- und Opernhäuser? Wenn nicht, wie lässt sich deren Subventionierung in Deutschland rechtfertigen? Welche Verteilungswirkung hat es, wenn jede Theaterkarte mit Beträgen von bis zu 100,- DM aus Steuermitteln subventioniert wird?

21) Der Kostendeckungsgrad kommunaler Bibliotheken liegt bei ca. 12%. Diskutieren Sie diese kommunale Leistung. Werden Bibliotheken staatlich angeboten, weil ein Marktversagen vorliegt?

22) In Ihrer Gemeinde wird der Bau eines Fun-Bades diskutiert. Plädieren Sie für eine private oder eine öffentliche Trägerschaft?

LITERATUR ZU KAPITEL 6

Eine sehr gute Übersicht über individuelle Wohlfahrtsmaße (KV, ÄV) bieten

AHLHEIM, M., ROSE, M., 1992, Messung individueller Wohlfahrt, 2. Aufl. Berlin et al.

Sidestep 20 stützt sich auf:

TAKAYAMA, A., 1994, Analytical Methods in Economics, New York et al.

VARIAN, H., 1994, Mikroökonomie, 3. Aufl., München.

HANEMANN, W. M., 1991, Willingness to Pay and Willingness to Accept: How Much Can They Differ? American Economic Review, 81, 635-47.

Die klassischen Paper zum Zusammenhang zwischen Innovation und Marktform:

ARROW, K.J., 1962, Economic Welfare and the Allocation of Resources for Invention, in: NBER conference no. 13, The Rate and Direction of Inventive Activity: Economic and Social Factors, Princeton.

DASGUPTA, P., STIGLITZ, J., 1980, Industrial Structure and the Nature of Innovative Activity, Economic Journal, 90, 266-293.

Einen Überblick über die Wettbewerbspolitik liefert:

BERG, H., 1992, Wettbewerbspolitik, in: Vahlens Kopendium der Volkswirtschaftstheorie und Wirtschaftspolitik, Bd.2, 5. Aufl. München.

Zur ökonomischen Theorie des Haftungsrechts:

ENDRES, A., 1992, Ökonomische Grundlagen des Haftungsrechts, Darmstadt.

FEESS, E., 1998, Umweltökonomie und Umweltpolitik, 2. Aufl. München.

Wichtige Arbeiten zum Rent-Seeking:

LEININGER, W., 1993, More Efficient Rent-Seeking: A Münchhausen Solution, Public Choice, 75, 43-62.

LEININGER, W., YANG, C.-L., 1994, Dynamic Rent-Seeking Games, Games and Economic Behaviour, 7, 406-427.

POSNER, R. A., 1975, The Social Costs of Monopoly and Regulation, Journal of Law and Economics, 83, 807-827.

TULLOCK, G., 1967, The Welfare Costs of Tarifs, Monopolys and Theft, Western Economic Journal, 5, 224-232.

TULLOCK, G., 1980, Effizient Rent-Seeking, in: BUCHANAN, J. M., TOLLISON, R.D., TULLOCK G., (eds.), Toward a Theory of the Rent-Seeking Society, Texas, 92-112.

YANG, C-L., 1994, Essays on the Theory of Rent-Seeking, Diss. Universität Dortmund.

Die dazugehörige experimentelle Literatur:

MILLNER, E. L., PRATT M. D., 1991, Risk Aversion and Rent-Seeking: An extension and some experimental evidence, Public Choice, 69, 81-92.

MILLNER, E. L., PRATT, M. D., 1981, An Experimental Investigation of Efficient Rent-Seeking, Public Choice, 62, 139-151.

WEIMANN, J., YANG, C-L., VOGT, C., 2000, An Experiment on sequential Rent-Seeking, Journal of Economic Behavior and Organization, 41, 405-426.

WEIMANN, J., YANG, C-L., VOGT, C., 2000, Efficient Rent Seeking in Experiment, Diskussionspapier, Otto-von-Guericke-Universität Magdeburg.

Zur Meritorik vergleiche

RICHTER, W. F., WEIMANN, J., 1991, Meritorik, Verteilung und sozialer Grenznutzen vom Einkommen, Jahrbuch für Sozialwissenschaft, 42, 118 – 130.

sowie die dort angegebene Literatur.

SINN, G., SINN, H.W., 1992, Kaltstart, Volkswirtschaftliche Aspekte der deutschen Vereinigung, 2. Aufl., Tübingen.

liefern eine lesenswerte Analyse und

TIROLE, J., 1988, The Theory of Industrial Organization, Cambridge MA.

ist das Standardwerk der IO. In

WEIMANN, J., 1994, Wirtschaftsethik und staatliches Handeln, in: Herder-Dorneich P., Schenk K.-E, Schmidtchen D., (Hrsg.), Jahrbuch für Neue Politische Ökonomie, Bd. 12, Tübingen 121-136.

finden sich u.a. einige Überlegungen zur Staatsphilosophie von Thomas Hobbes.

Die Literatur zu Sidestep 32:

BERG, H., 1990, Der Zusammenschluss „Daimler-Benz/MBB", WiSt, Jg. 19, Hft. 12, 643 ff.

MONOPOLKOMMISSION, 1989, Sondergutachten 18: Zusammenschlussvorhaben der Daimler-Benz AG mit Messerschmitt-Bölkow-Blohm GmbH, Baden-Baden.

WIRTSCHAFT UND WETTBEWERB (WUW), 1989, Entscheidungssammlung, BkartA, 2335, 39. Jg,, S. 633 ff.

WIRTSCHAFT UND WETTBEWERB, 1989, Entscheidungssammlung BMW 191, 39. Jg., S. 947 ff.

Die Literatur zu Sidestep 33:

EEKHOFF, J., 1993, Wohnungspolitik, Tübingen.

KÖHLER, W., 1988, Handbuch der Wohnraummiete, 3. Aufl., München.

Die Literatur zu Sidestep 34:

BARTLING, H. 1984, Landwirtschaft, in: OBERENDER, P., (HRSG.), Marktstruktur und Wettbewerb in der Bundesrepublik Deutschland, München 1984.

BUNDESREGIERUNG 1993: Agrarbericht 1993. Agrar- und ernährungspolitischer Bericht der Bundesregierung, Bundestagsdrucksache 12/4257, Bonn.

DIESS. 1993: Materialband (einsch. Buchführungsergebnisse) zum Agrarbericht 1993 der Bundesregierung, Bundestagsdrucksache 12/4258, Bonn.

MAIER, GERHART 1989: Agrarpolitik, Bundeszentrale für politische Bildung, Bonn. (mit kommentiertem Literaturverzeichnis).

Darüber hinaus zitierte Literatur:

ALCHIAN, A.A, 1988, Property Rights, in: EATWELL, J., MILGATE, M., NEWMAN, P., (eds.), The New Palgrave, Vol 3, 1031 – 1034. Macmillan.

HILDENBRAND, W., 1996, On the ‚Law of demand', in: DEBREU, G. (ed.), General Equilibrium Theory, Volume 2, Elgar Reference Collection, International Library of Critical Writings in Economics, no. 67, Brookfield, 261 – 283. (Im Original erschienen 1983).

MILGROM, P., ROBERTS, J., 1992, Economics, Organization and Management, Englewoog Cliffs.

7 DIE REGULIERUNG NATÜRLICHER MONOPOLE

Bei der Behandlung der verschiedenen Marktformen (Kapitel 6) haben wir das Monopol als die Marktverfassung kennen gelernt, die am Wenigsten geeignet erscheint, effiziente Allokationen hervorzubringen. In diesem Zusammenhang war die Frage, wann und unter welchen Bedingungen es zu einem Monopol kommt, eher zurückhaltend beantwortet worden. Das reine Monopol wurde als Idealisierung gekennzeichnet, das ohne staatliche Eingriffe (beispielsweise durch die Erteilung eines Patentes) kaum entstehen kann. Andererseits haben wir aber auch den Wettbewerbsmarkt als einen Idealtypus bezeichnet, der in der Realität nur höchst selten anzutreffen ist. Offensichtlich sind reale Märkte zwischen den beiden polaren Fällen einzuordnen. Allerdings: Es gibt Ausnahmebereiche, in denen auch ohne staatliches Zutun und ohne dass es zuvor eines Konzentrationsprozesses bedarf, Monopole entstehen können. Paradoxerweise kann es in diesen Fällen unter Effizienzgesichtspunkten ratsam sein, das Monopol zu erhalten. Dies bedeutet jedoch nicht, dass keinerlei kollektiver Handlungsbedarf besteht. Erhaltenswert sind nur Monopole, die „gezähmt" sind, die durch staatliche Regulierung gezwungen werden sich möglichst effizienzstützend zu verhalten.

Um verstehen zu können, wann ein solcher Regulierungsbedarf entsteht, müssen wir uns zunächst klarmachen, in welchen Situationen es zu „natürlichen" Monopolen kommt, und dazu werden wir uns etwas näher mit Märkten befassen müssen, die weder Monopol- noch Wettbewerbsmarkt sind, d.h. wir werden uns mit dem Verhalten von Akteuren auf oligopolistischen Märkten beschäftigen. Um dafür die Grundlage zu schaffen, werden im folgenden Kapitel einige elementare Ergebnisse der Industrieökonomik referiert.

7.1 DAS 1X1 DER INDUSTRIEÖKONOMIK [151]

Die Industrieökonomik befasst sich mit den Auswirkungen von Marktmacht, und zwar in einem sehr umfassenden Sinne. Wir haben Marktmacht bisher lediglich als die Macht des Monopolisten kennen gelernt, die darin bestand, Preis und Menge bestimmen zu können, anstatt sich an einen Wettbewerbspreis anpassen zu müssen. Aber Marktmacht entsteht natürlich nicht erst dann, wenn nur ein einziger Anbieter am Markt auftritt. Abweichungen von der Preisnehmerrolle sind

---

[151] Der folgende Überblick orientiert sich überwiegend an TIROLE (1988) und MARTIN (1993).

auch dann zu erwarten, wenn die Zahl der Anbieter hinreichend klein ist, d.h. in oligopolistischen Strukturen. Situationen mit wenigen Anbietern unterscheiden sich von den beiden Idealtypen, die wir bisher betrachtet haben (Wettbewerb und Monopol), nicht nur im Hinblick auf die Marktmacht. Bei Oligopolen kommt ein strategisches Element ins Spiel, das bei Monopolisten oder Wettbewerbsanbietern nicht beachtet wurde. Im vollständigen Wettbewerb agieren die Anbieter unabhängig voneinander, weil die Handlungen des Einzelnen für alle anderen ohne Konsequenz bleiben, und der Monopolist kann ohnehin Entscheidungen treffen, ohne sich um die Reaktion anderer Anbieter Gedanken machen zu müssen. Im Oligopol sieht das anders aus. Jeder Anbieter muss damit rechnen, dass sein Verhalten von den Konkurrenten beobachtet wird und dass eigene Aktionen Reaktionen bei anderen provozieren werden. Ein rationaler Anbieter wird diese Interdependenz bei seinen Entscheidungen beachten, d.h. er wird sich *strategisch* verhalten.

Die angemessene Methode zur Analyse strategischen Verhaltens ist die nichtkooperative Spieltheorie. Wir werden uns auf die drei elementarsten Modelle zur Beschreibung oligopolistischen Verhaltens beschränken müssen. Die folgende Darstellung gibt deshalb tatsächlich nur das kleine 1x1 der Industrieökonomik wider – die Forschung auf diesem Gebiet ist längst im Bereich der höheren Mathematik (um im Bild zu bleiben) angekommen. Beginnen wir mit einem Modell, das auf den ersten Blick geeignet ist, die Notwendigkeit einer Analyse oligopolistischer Märkte in Zweifel zu ziehen.

7.1.1 Bertrand-Modell

Die Industrieökonomik befasst sich mit den Fällen, in denen nicht mit Preisnehmerverhalten gerechnet werden kann, und damit nicht mehr von den Bedingungen eines Wettbewerbsmarktes auszugehen ist. Aber wann ist das der Fall oder anders gefragt: Wie viele Unternehmen braucht man, um einen *Wettbewerbsmarkt* zu erhalten? Wir haben bisher auf diese Frage eine nur sehr unpräzise Antwort gegeben, die darin bestand, dass die Anzahl der Wettbewerber hinreichend groß sein muss um zu verhindern, dass der einzelne Anbieter Einfluss auf den Marktpreis nehmen kann. Wann aber ist das der Fall, wie klein muss der Marktanteil der Wettbewerber sein, damit es zur Bildung von Grenzkostenpreisen kommt? Es gibt auf diese Frage keine eindeutige Antwort, denn sie ist von den näheren Umständen abhängig, unter denen das Angebot erstellt wird. Eine der möglichen Antworten ist jedoch ausgesprochen überraschend. Sie besagt nämlich, dass unter bestimmten Bedingungen bereits in einem Duopol, also bei nur zwei Unternehmen, mit Grenzkostenpreisen zu rechnen ist.

Dieses Resultat lässt sich in folgendem, sehr einfachem Duopol-Modell ableiten.[152] Angenommen, beide Unternehmen verfügen über die gleiche Technologie. Sie sind beide in der Lage, den gesamten Markt zu versorgen (immer die Menge anzubieten, die gerade nachgefragt wird) und produzieren zu konstanten Grenz-

---

[152] Vgl. dazu TIROLE (1988) Kap. 5.1.

kosten c. Die einzige strategische Variable, über die die beiden Konkurrenten verfügen, ist der eigene Preis p_i (i = 1,2). Die Nachfrage nach dem homogenen Gut, das beide herstellen, hängt von den Preisen p_1 und p_2 ab: $D = D(p_1, p_2)$. Wählen beide Konkurrenten den gleichen Preis $p_1 = p_2$, so teilen sie sich den Markt, d.h. jeder erhält gerade $0,5\, D(p_1, p_2)$. In jedem anderen Fall kaufen die Nachfrager ausschließlich bei dem Unternehmen mit dem niedrigeren Preis. Die konjekturale Nachfrage (die Nachfrage mit der sich das einzelne Unternehmen konfrontiert sieht) ist deshalb:

$$D_i(p_i, p_j) = \begin{cases} D(p_i), & \text{wenn } p_i < p_j \\ \frac{1}{2} D(p_i), & \text{wenn } p_i = p_j \\ 0, & \text{wenn } p_i > p_j \end{cases}$$

Die Gewinne der Konkurrenten sind $\pi_i = D(p_i, p_j)(p_i - c)$, da keinerlei Fixkosten anfallen.

Um das Modell schließen zu können, benötigen wir eine Annahme darüber, wie die Entscheidung über den zu wählenden Preis getroffen wird, und wir brauchen ein Gleichgewichtskonzept, das uns sagt, wann sich auf dem Markt eine gleichgewichtige Situation eingestellt hat. Die Preisbildung erfolgt simultan, d.h. wir gehen davon aus, dass beide ihren Preis bestimmen, ohne den des Konkurrenten zu kennen. Allerdings: Selbstverständlich beziehen sie das Kalkül des anderen Anbieters in ihre eigene Kalkulation mit ein. Das naheliegendste Gleichgewichtskonzept ist das Nash-Gleichgewicht, d.h. eine gleichgewichtige Situation ist dann erreicht, wenn für *beide* Konkurrenten gilt, dass sie ihren Gewinn nicht mehr durch Variation des Preises steigern können, gegeben der Preis des Konkurrenten bleibt unverändert.

Es existiert nur ein einziges Nash-Gleichgewicht für dieses Spiel, und das ist durch die Preise $p_1 = p_2 = c$ gegeben. Dieses – vielfach auch als *Bertrand-Gleichgewicht* bezeichnete – Resultat besagt also tatsächlich, dass bereits zwei Konkurrenten ausreichen, um einen Wettbewerb zu entfachen, bei dem beide nicht in der Lage sind, über Grenzkostenpreise hinauszugehen. Dass dies tatsächlich gilt, zeigt die folgende einfache Überlegung: Angenommen, es gelte $p_1 > p_2 = c$. In diesem Fall würde Unternehmen 1 keine Nachfrage erhalten und Unternehmen 2 würde gerade seine Kosten decken. In dieser Situation könnte Unternehmen 2 den Preis etwas anheben: Ein neuer Preis $p_{2n} = p_2 + \varepsilon < p_1$ würde sichern, dass nach wie vor die gesamte Nachfrage auf Unternehmen 2 entfällt, aber es entstünde nunmehr ein Gewinn. Folglich kann eine Situation, in der nur ein Unternehmen den Grenzkostenpreis wählt, kein Gleichgewicht sein. Eine analoge Überlegung zeigt, dass auch eine Situation, in der beide einen Preis wählen, der größer als c ist, nicht gleichgewichtig sein kann, denn derjenige mit dem höheren Preis kann durch leichtes Unterbieten des Konkurrenten immer einen Gewinn realisieren. Auch wenn beide den gleichen Preis wählen $p_1 = p_2 > c$, ist dies kein Gleichgewicht, denn für ein hinreichend kleines ε ist $0{,}5(p_i - c)\, D(p_i) < (p_i - c - \varepsilon)\, D(p_i - \varepsilon)$, d.h. dass eine geringfügige Unterschreitung des Preises des Konkurrenten zu einem höheren Gewinn führt.

Es bleibt tatsächlich nur die Konstellation übrig, in der beide den Grenzkostenpreis wählen. Gegeben das andere Unternehmen setzt $p = c$ ist es nicht möglich, den Gewinn durch einen anderen Preis als c zu erhöhen: $p_1 = p_2 = c$ ist ein Nash-Gleichgewicht.

Dieses Resultat wird aus gutem Grund auch als *Bertrand-Paradoxon* bezeichnet, denn es fällt sehr schwer sich vorzustellen, dass es den Anbietern auf einem duopolistischen Markt nicht möglich sein soll, den Preis zu beeinflussen. Wäre dies der Fall, so braucht man die gesamte Industrieökonomik nicht, bzw. selbige ließe sich auf die Analyse des reinen Monopols beschränken. In der Tat existieren eine ganze Reihe von Aspekten, die gegen das Bertrand-Gleichgewicht sprechen. Beispielsweise erscheint es sinnvoll, den Strategieraum der Unternehmen zu erweitern und ihre Angebotsmengen, d.h. ihre Kapazitäten mit ins Spiel zu bringen. Dies geschieht im sogenannten Cournot-Modell, das zeigt, dass Marktmacht nicht nur im Monopolfall, sondern auch bei Duopolen oder Oligopolen entstehen kann, und das wir als nächstes vorstellen.

7.1.2 Cournot-Modell

Im Bertrand-Modell spielt sich der Wettbewerb zwischen den beiden Anbietern ausschließlich über den Preis ab. Was liegt näher, als diesem Modell einen Entwurf entgegenzustellen, bei dem die Oligopolisten einen Mengenwettbewerb betreiben! Dies geschieht mit dem Cournot-Modell, das lange Zeit als der klassische Gegenentwurf zum Bertrand-Modell gelten konnte. Im Wettbewerb mit seinem „Konkurrenten" war das Cournot-Modell durchaus erfolgreich, denn zweifellos ist es das am häufigsten verwendete Grundmodell in der Industrieökonomik – was ihm den Titel eines „Arbeitspferdes der Industrieökonomik" eingebracht hat.

Wir gehen von der inversen Nachfrage $p\,(q_1, q_2)$ aus, wobei q_i die Angebotsmengen der beiden Wettbewerber sind. Man beachte, dass wir nun nicht mehr zwischen den Preisen, die die Anbieter setzen, differenzieren müssen. Der Marktpreis p bestimmt sich als der bei gegebenen Mengen (q_1, q_2) *markträumende* Preis. Er wird außerhalb des Modells festgelegt.[153] $C_i\,(q_i)$ seien die Kosten für die Produktion von q_i. Der Gewinn der Anbieter ist dann

$$\pi^i\,(q_1, q_2) = q_i\, p\,(q_1, q_2) - C_i\,(q_i)\ ;\quad i = 1, 2.$$

Für die weitere Analyse ist die sogenannte *Reaktionsfunktion* wichtig. Diese Funktion ordnet jeder Aktion q_j des Anbieters j eine *Re*aktion q_i des Anbieters i zu,

---

[153] Man stelle sich beispielsweise einen walrassianischen Auktionator vor.

und zwar diejenige Reaktion, bei der der Gewinn maximal wird. Die Reaktionsfunktion des Anbieters i: $R_i(q_j)$ bestimmt sich damit implizit aus der notwendigen Bedingung für ein Gewinnmaximum des Anbieters i, gegeben die Mengenentscheidung des Anbieters j:

$$\pi_i^i\bigl(R_i(q_j),q_j\bigr) = 0.^{154} \tag{*}$$

Im Cournot-Nash-Gleichgewicht (q_i^*, q_j^*) müssen die Reaktionen der beiden Spieler jeweils die beste Antwort auf die Aktion des anderen Spielers sein, d.h. es muss gelten:

$$R_i(q_j^*) = q_i^*$$
$$R_j(q_i^*) = q_j^*.$$

Diese besten Antworten ergeben sich aus den *notwendigen Bedingungen* für ein Gewinnmaximum:

$$\pi_i^i = p(q_i, q_j) - C_i'(q_i) + \underbrace{q_i p'(q_i, q_j)}_{< 0} = 0 \tag{**}$$

inframarginal

Die ersten beiden Terme von (**) geben den Nettogewinn an, der durch eine zusätzliche Produktionseinheit bei gegebenen Absatzpreisen erreicht werden kann. Der dritte Term gibt die Auswirkungen der aus der Mengenausweitung resultierenden Preisveränderung auf die gesamte Absatzmenge an. Beide Effekte sind im Optimum gleich groß.

Die Reaktionsfunktionen bestimmen sich *implizit* aus (*). Das bedeutet, dass wir etwas über die Steigung von $R_i(q_j)$ erfahren können, wenn wir das implizite Funktionentheorem anwenden. Dann ist nämlich

$$\frac{dR_i}{dq_j} = \frac{\pi_{ij}^i\bigl(R_i(q_j),q_j\bigr)}{-\pi_{ii}^i\bigl(R_i(q_j),q_j\bigr)} \tag{***}$$

Wenn wir annehmen, dass $\pi_{ii}^i < 0$, d.h. dass die Gewinnfunktion strikt konkav ist (was üblicherweise unterstellt werden kann), dann hängt die Steigung der Reaktionsfunktion ausschließlich vom Vorzeichen des Zählers von (***) ab, d.h.:

$$\operatorname{sign} R_i' = \operatorname{sign} \pi_{ij}^i.$$

---

[154] Mit π_i^i ist die Ableitung der Gewinnfunktion des Spielers i nach der Produktionsmenge q_i bezeichnet.

Wenn die Reaktionsfunktionen positive Steigungen besitzen, bezeichnet man die Aktionen der Spieler als *strategische Komplemente* und im Falle negativer Steigungen als *strategische Substitute*. Letzteres dürfte in der Regel im Cournot-Modell der Fall sein: Je geringer die Menge ist, die Spieler 1 wählt, umso größer wird die Menge ausfallen, die Spieler 2 als Reaktion darauf wählt. Wenn beispielsweise Spieler 1 die Menge anbietet, die im Wettbewerbsmarkt resultieren würde (also die Menge, die bei langfristigen Grenzkostenpreisen nachgefragt wird), dann ist die beste Antwort, die Spieler 2 darauf geben kann, nichts anzubieten, denn jedes weitere Angebot würde zu einem Verlust führen (da dann der markträumende Preis unter die Grenzkosten fällt). Bietet dagegen der Spieler 1 nichts an ($q_1 = 0$), wäre es beste Antwort für 2, die Monopolmenge anzubieten, denn dann kann er sich wie ein Monopolist verhalten. Diese Überlegungen legen folgenden Verlauf der Reaktionsfunktionen nahe:

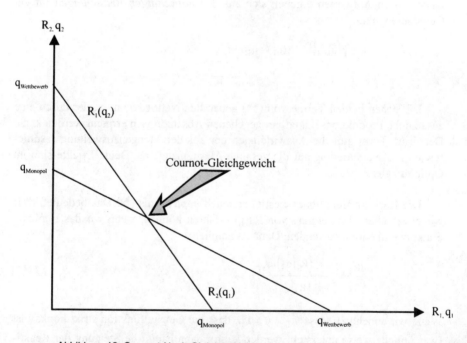

Abbildung 46: Cournot-Nash Gleichgewicht

Das Cournot-Nash Gleichgewicht lässt sich noch etwas näher charakterisieren. Zunächst folgt aus (**) unmittelbar ein Maß, das wir bereits aus dem Kapitel 6.3.1 kennen. Der sogenannte Lerner-Index sagt etwas über das Ausmaß an Marktmacht, die ein Anbieter entfalten kann:

$$\underbrace{\frac{p - C_i'}{p}}_{\text{Lerner Index}} = \frac{\alpha}{\varepsilon}$$

Dabei ist $\alpha = q_i/Q$ der Marktanteil des Unternehmens i und $\varepsilon = p/_{p'Q}$ ist die Preiselastizität der Nachfrage. Im Monopolfall ist der Marktanteil = 1, d.h. in diesem Fall erhalten wir als Lerner-Index den gleichen Ausdruck wie auf Seite 255. Im Cournot-Nash Gleichgewicht gilt, dass die Marktmacht des einzelnen Anbieters umso größer ist, je größer sein Marktanteil und je geringer die Preiselastizität der Nachfrage.

Wir haben das Cournot-Modell in der einfachsten Form betrachtet, nämlich für zwei Anbieter bei identischen Kosten und linearer Nachfrage. Für diesen einfachen Fall können wir die im Gleichgewicht resultierenden Mengen noch etwas genauer charakterisieren. Zusammen werden die beiden Duopolisten nämlich genau 2/3 der Menge anbieten, die im Wettbewerbsfall resultiert. Allerdings: Zu dieser Zweidrittellösung kommt es ausschließlich bei identischen Kostenfunktionen!

Auch für n > 2 identische Anbieter können wir relativ leicht eine Aussage über die im Gleichgewicht resultierenden Mengen machen. Die Gesamtmenge (nq) ist dann

$$Q = \left(1 - \frac{1}{n+1}\right) S$$

wobei S die Menge ist, die im Wettbewerbsfall insgesamt angeboten wird. Je größer die Zahl der Anbieter im Cournot-Modell, umso geringer wird die Abweichung vom Wettbewerbsfall, oder anders formuliert: Mit wachsender Zahl der Anbieter konvergiert das Cournot-Nash Gleichgewicht gegen das Wettbewerbsgleichgewicht.

Angesichts von zwei miteinander konkurrierenden Modellen zur Analyse oligopolistischen Verhaltens stellt sich natürlich die Frage, welches denn nun das angemessene Modell ist. Stehen Oligopolisten im Preis- oder im Mengenwettbewerb? In der industrieökonomischen Literatur hat man sich zu einem „weder noch" durchgerungen. Die moderne Sicht der Dinge läuft darauf hinaus, dass man das Bertrand- und das Cournot-Modell als gleichberechtigte Instrumente zur Analyse eines höchst komplizierten Wettbewerbsgeschehens ansieht. Preis- und Mengenwettbewerb schließen sich nicht gegenseitig aus, d.h. die eigentlich relevante Frage ist nicht, welche Wettbewerbsformen existieren, sondern in welchem Zusammenhang sie stehen, wie sie zusammenwirken (vgl. dazu den nächsten Sidestep). Bei der Beantwortung dieser Frage gilt es vor allem, die statische Struktur der Grundmodelle zu überwinden, denn es dürfte klar sein, dass Wettbewerbsprozesse nicht simultan ablaufen, sondern eine zeitliche Struktur besitzen. Berücksichtigt man diese explizit, so kommt man im allgemeinen Fall zu sehr komplizierten Modellen, die darzustellen hier nicht der Ort ist. Wir werden es uns einfach machen und ein simples Modell anhand eines numerischen Beispiels betrachten.

> **Sidestep 35: Cournot oder Bertrand?**
>
> Das Cournot-Modell wird in der industrieökonomischen Praxis weitaus häufiger eingesetzt als das Bertrand-Modell. Diese Bevorzugung scheint durch eine Arbeit von KREPS UND SCHEINKMAN (1983) eine – wenn auch relativ späte – Rechtfertigung zu erhalten. In dieser Arbeit wird folgendes zweistufige Spiel analysiert: Auf der ersten Stufe wählen zwei Anbieter simultan ihre Kapazitäten, d.h. sie spielen ein Cournot-Spiel. Auf der zweiten Stufe wählen sie dann – ebenfalls simultan – ihre Preise, d.h. sie spielen ein Bertrand-Spiel. Das Ergebnis des gesamten Spiels entspricht dem Cournot-Gleichgewicht im einstufigen Fall.
>
> Zumindest auf den ersten Blick ist damit eine überzeugende Rechtfertigung für das Cournot-Modell gelungen. Es erscheint durchaus plausibel, die Kapazitäts- und die Preisentscheidung zu trennen. Erstere ist langfristiger Natur und eine einmal errichtete Kapazität ist nicht ohne Zeitverzug veränderbar. Der Preis lässt sich dagegen kurzfristig variieren.
>
> Allerdings benötigt das KREPS-SCHEINKMAN Modell einige recht einschränkende Annahmen. So dürfen beide Anbieter zusammen nicht in der Lage sein, den gesamten Markt zu bedienen, d.h. es muss zu einer Rationierung kommen. Rationierungen können nach unterschiedlichen Regeln ablaufen. Damit das Resultat von KREPS UND SCHEINKMAN gilt, muss aber eine ganz bestimmte Regel angewendet werden, nämlich die, bei der es zu einer *effizienten* Aufteilung der Produktionsmenge auf die Nachfrager kommt.
>
> Trotz dieser Einschränkung ist das Modell von einigem Wert. Insbesondere macht es klar, warum es nicht zu dem erbitterten Preiswettbewerb kommt, der im Bertrand-Modell dazu führt, dass alle Gewinne verschwinden. Die Unternehmen benutzen im Vorfeld des Preiswettbewerbs Entscheidungen, die nicht mehr ohne weiteres revidiert werden können, um sich in einer Weise zu binden, die den Preiskampf abmildert. Anhand der Kapazitätsentscheidung wird dies deutlich: Wenn die Anbieter insgesamt nicht in der Lage sind, die Wettbewerbsmenge zu realisieren, dann kann der Preiswettbewerb auch nicht bis zu den Grenzkosten führen. Aber nicht nur Kapazitätsentscheidungen können diesen Effekt haben. Auch Produktdifferenzierung oder Standortentscheidungen können ähnliche Funktionen erfüllen.

7.1.3 Stackelberg

Der Ausgangspunkt für unser einfaches Modell sei ein Monopolist, der sich mit der inversen Nachfrage $p = 13 - x$ konfrontiert sieht, wobei x seine Angebotsmenge ist. Die Kostenfunktion sei $C(x) = x + 6{,}25$, d.h. es entstehen fixe Kosten in Höhe von 6,25. Für diese Parameter resultiert eine Monopolmenge x = 6 und ein Gewinn in Höhe von 29,75. Dieser Gewinn lockt nun einen zweiten Anbieter an, der sich mit der Residualnachfrage von p = 13 − 6 − y auseinander setzen kann (wobei y die Angebotsmenge des Newcomers sei). Maximiert der zweite seinen Gewinn unter der Voraussetzung, dass der (Ex-) Monopolist x = 6 wählt, so resultiert y = 3 und ein Gewinn von 2,75 für den Newcomer. Der Gewinn des ehemaligen Monopolisten würde sich allerdings auf 11,75 verringern.

Aber warum sollte der Monopolist seine ehemalige Strategie beibehalten und nicht versuchen, den Markteintritt des Newcomers zu verhindern? Um diese Frage zu beantworten, betrachten wir folgendes zweistufige Spiel: Auf der ersten Stufe entscheidet der Monopolist über seine Angebotsmenge (bzw. über seine Kapazität) und auf der zweiten Stufe entscheidet der Newcomer (im Folgenden Entrant), *ob* er in den Markt eintritt und mit welcher Kapazität (Menge). Der zu maximierende Gewinn des Entrant ist dann:

$$\pi^y(y) = (13 - x - y)\, y - y - 6{,}25$$

$$\Rightarrow y^* = \frac{12 - x}{2}$$

Der Entrant realisiert bei y^*, den Gewinn

$$\pi^y(y^*) = \left(\frac{12 - x}{2}\right)^2 - 6{,}25.$$

$\pi^y(y^*)$ ist positiv, solange x < 7 gilt. Für den Monopolisten resultiert daraus die folgende Gewinnfunktion:

$$\pi^M = \begin{cases} \left(13 - x - \dfrac{12 - x}{2}\right)x - x - 6{,}25 & \text{für } x < 7 \\ (13 - x)x - x - 6{,}25 & \text{für } x \geq 7 \end{cases}$$

Welche Strategie der Monopolist wählt, dürfte spätestens dann deutlich werden, wenn man seine Gewinnfunktion graphisch veranschaulicht:

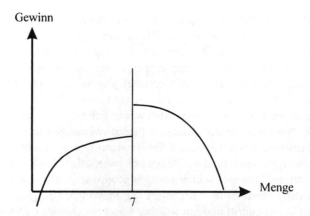

Abbildung 47: Gewinnfunktion des Monopolisten im Stackelberg-Modell

Der Monopolist wird sich als *Stackelberg-Führer* verhalten, d.h. er wird $x = 7$ wählen und auf diese Weise den Entrant vom Markteintritt abhalten. Er kann dies tun, weil er über einen strategischen Vorteil verfügt: Er kann *als erster* ziehen. Könnte er dies nicht, d.h. müssten die Mengenentscheidungen simultan getroffen werden, ginge die Sache anders aus. In diesem Fall würde ein symmetrisches Cournot-Nash Gleichgewicht resultieren mit $x^* = y^* = 4$.[155] Offensichtlich spielt die zeitliche Struktur eine ganz erhebliche Rolle. Warum dies der Fall ist, wird deutlich, wenn wir uns das Stackelberg- und das Cournot-Resultat einmal im Strategieraum ansehen:

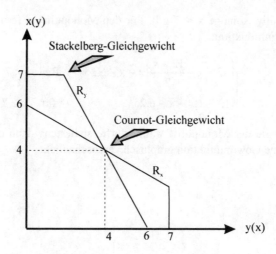

Abbildung 48: Stackelberg-Gleichgewicht bei positiven Eintrittskosten

---

[155] Es sei dem Leser überlassen, dieses Resultat nachzurechnen.

Bei sequentiellem Spiel wählt der Monopolist auf der Reaktionsfunktion des Entrants den Punkt aus, der für ihn der günstigste ist. Im vorliegenden Fall ist dies der Punkt (7, 0). Man beachte, dass dieser Punkt nicht auf der Reaktionsfunktion des Monopolisten liegt! Das ist deshalb bedeutsam, weil damit klar wird, warum das Stackelberg-Geichgewicht nur bei sequentiellem Spiel resultieren kann. Wenn nämlich der Entrant tatsächlich Null spielen würde, dann wäre 7 nicht die beste Antwort darauf, sondern 6 (die Monopolmenge). Das heißt, dass die Drohung des Monopolisten 7 zu spielen, bei simultanem Spiel nicht glaubwürdig wäre. Er kann sie nur dadurch glaubwürdig machen, dass er im sequentiellen Spiel als erster zieht und sich selbst damit an eine bestimmte Strategie bindet. Der Vorteil, den ersten Zug zu haben, versetzt den Monopolisten damit in die Lage, eine Strategie zu wählen, die den Entrant vom Markteintritt abhält.

Aber es ist nicht allein der Vorteil des Erstziehenden, der dazu führt, dass Markteintritt nicht erfolgt. Eine wesentliche Rolle spielen die fixen Kosten in Höhe von 6,25. Genau genommen handelt es sich dabei nicht einfach um fixe Kosten, sondern um Markteintrittskosten, die den Charakter von sunk costs haben. Versunkene Kosten lassen sich nicht rückgängig machen, wenn sie einmal getätigt wurden. Im Unterschied dazu sind Fixkosten oftmals reversibel.[156] Ohne näher auf diesen Punkt einzugehen, sei betont, dass es dem Monopolisten nur dann gelingen kann, den Markteintritt durch eine strategische Kapazitätsentscheidung abzuwehren, wenn die Markteintrittskosten hinreichend hoch sind. Das Stackelberg-Gleichgewicht unseres Beispiels sähe ganz anders aus, wenn wir annehmen, dass Markteintritt kostenlos möglich ist. In diesem Fall hätte der Monopolist zwar immer noch einen „First mover advantage", aber er könnte den Markteintritt nicht verhindern. Die Gleichgewichtsmengen sind in diesem Fall x = 6 und y = 3,[157] d.h. der Monopolist muss sich mit einem deutlich niedrigeren Gewinn zufrieden geben als in dem Fall, in dem er den Markteintritt abwehren konnte.

---

[156] Man denke an den Fuhrpark oder die Immobilien, die sich beim Austritt aus dem Markt veräußern lassen.

[157] Wie der Leser leicht nachrechnen kann.

7.2 DAS NATÜRLICHE MONOPOL [158]

7.2.1 Die „klassische" Sicht: fallende Durchschnittskosten

Als eine erste Annäherung an den Begriff des natürlichen Monopols kann man sich überlegen, dass ein Monopol dann entstehen wird, wenn es dem Monopolisten möglich ist, zu geringeren Preisen anzubieten als einem im Wettbewerb stehenden Anbieter. Genau dies ist in einem sehr prominenten Fall gegeben, nämlich dann, wenn die Produktion im relevanten Bereich *zunehmende Skalenerträge* aufweist und infolgedessen die Durchschnittskosten der Produktion monoton fallen[159]. Fallende Durchschnittskosten ergeben sich beispielsweise dann, wenn zur Aufnahme der Produktion Fixkosten zu tragen sind und danach mit konstanten Grenzkosten produziert werden kann. Seien DK(x) die Durchschnittskosten (Stückkosten) der Produktion von x Einheiten eines Gutes und GK(x) die Grenzkosten, dann muss bei fallenden Durchschnittskosten gelten, dass DK(x) > GK(x) für alle x. Die Abbildung 49 zeigt einen solchen Kostenverlauf. Um die Konsequenzen, die sich aus fallenden Durchschnittskosten ergeben, analysieren zu können, muss man sich zunächst klarmachen, dass ein Unternehmen, das am Markt tätig ist, mindestens einen Preis erzielen muss, der seine Stückkosten deckt. Andernfalls erleidet es einen Verlust und wird aus dem Markt ausscheiden. Bei monoton fallender DK-Kurve führt dies dazu, dass nur ein einziges Unternehmen am Markt „überleben" kann.

---

[158] Die folgenden Ausführungen stützen sich im wesentlichen auf BRAEUTIGAM (1989), TIROLE (1988) und MARTIN (1993).

[159] Es sollte an dieser Stelle hervorgehoben werden, dass mit fallenden Durchschnittskosten prinzipiell ein *lokales* Phänomen gemeint ist. Man kann sich kaum eine Produktion vorstellen, bei der nicht *irgendwann* die Durchschnittskosten steigen. Allerdings kann dies bei einer Produktionsmenge der Fall sein, die die Nachfrage um ein Vielfaches übersteigt.

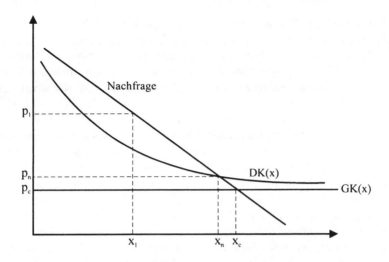

Abbildung 49: Natürliches Monopol bei fallenden Durchschnittskosten

Unterstellen wir zunächst, dass Marktein- und Marktaustritt kostenlos und ohne zeitliche Verzögerung möglich sind. Stellen wir uns weiterhin vor, Unternehmen 1 bietet die Menge x_1 zum Preis p_1 an. Eine solche Preisstrategie dürfte kaum erfolgreich sein, denn sie eröffnet einem neu eintretenden Unternehmen die Möglichkeit, eine Menge $x > x_1$ zu einem Preis $p < p_1$ anzubieten und Unternehmen 1 aus dem Markt zu werfen. Dies wird solange möglich sein, bis ein Unternehmen ein Angebot unterbreitet, bei dem der gesamte Markt gerade zu einem Preis, der den Durchschnittskosten entspricht, versorgt wird. Nur die Preis-Mengenkombination (p_n, x_n) kann sich auf einem Markt mit monoton fallenden Durchschnittskosten behaupten und das bedeutet, dass auf einem solchen Markt nur ein Anbieter, der natürliche Monopolist, überleben kann.

Wie relevant ist die in Abbildung 49 dargestellte Konstellation von Kostenstruktur und Nachfrage? Handelt es sich um eine realistische Situation oder um einen pathologischen Fall, der allenfalls von akademischen Interesse ist? Um monoton fallende Durchschnittskosten zu erhalten, sind zwei „Zutaten" notwendig: hohe Fixkosten und relativ geringe variable Kosten. Beides lässt sich in einigen wichtigen industriellen Bereichen beobachten: Beispielsweise lassen sich sogenannte *leitungsgebundene Angebote* wie die Stromversorgung, Telefon, Kabel-TV etc. häufig zu geringen Stückkosten erbringen, setzen aber erhebliche Investitionen in das Netz voraus. Ähnlich verhält es sich bei Schienenverkehr oder bei der Stromerzeugung mit Hilfe von Atomkraftwerken. Fallende Durchschnittskosten sind also keineswegs eine seltene Erscheinung. Wir werden gleich sehen, dass natürliche Monopole noch häufiger sind als monoton fallende Durchschnittskosten, aber bevor wir zu der dazu notwendigen Erweiterung kommen, sei zunächst die Frage gestellt, wie die Existenz eines natürlichen Monopolisten unter Wohlfahrtsaspekten zu beurteilen ist.

Zunächst dürfte klar sein, dass es nicht wünschenswert sein kann, dass mehr als ein Unternehmen in einem Markt tätig wird, der aufgrund hoher Fixkosten die Eigenschaften eines natürlichen Monopols aufweist. Ein zweites Unternehmen müsste ja die gleichen Vorleistungen erbringen, wie das bereits im Markt befindliche, d.h. die Fixkosten fielen zweimal an, obwohl die gesamte Nachfrage bereits durch einmalige Deckung der fixen Kosten befriedigt werden kann. Die Vorleistungen, die ein zweites Unternehmen erbrächte, wären daher reine Verschwendung und somit ineffizient. Markteintritt ist also nicht erwünscht und insofern ist die Position des natürlichen Monopolisten, der den Preis p_n verlangt, begrüßenswert, denn dieser Monopolist wehrt jeden Markteintritt ab. Aber wie steht es um das Verhalten des Monopolisten? Wie ist sein Angebot unter Wohlfahrtsaspekten zu beurteilen? Um diese Frage zu beantworten, ist die Unterscheidung in „first-best" und „second-best" hilfreich. Wie sähe eine Pareto-effiziente (first-best) Allokation aus? Wir können die Überlegungen, die wir im Zusammenhang mit den Effizienzeigenschaften von Wettbewerbsmärkten angestellt haben, unmittelbar anwenden: Effizient wäre ein Angebot zum Grenzkostenpreis p_c. In Abbildung 49 wird dieser Punkt verdeutlicht.

Bei Grenzkostenpreis p_c ist die Konsumentenrente gleich der Fläche unter der Nachfragekurve (p_cBD). Zum Preis p_c ist der Anbieter allerdings nicht in der Lage, seine fixen Kosten zu decken, denn p_c entspricht ja gerade den variablen Kosten. Der Anbieter erleidet daher in Höhe der Fixkosten einen Verlust. Die Fixkosten lassen sich in Abbildung 50 leicht graphisch veranschaulichen. Für jede beliebige Menge x gilt, dass die fixen Kosten der Differenz zwischen den variablen Kosten (der Fläche unter der Grenzkostenkurve) und den Gesamtkosten (DK(x)x) entsprechen. Für x_n gibt die Fläche p_nACp_c die Fixkosten an. Zur Berechnung des sozialen Überschusses muss der Verlust des Anbieters von der Konsumentenrente abgezogen werden, so dass sich beim Grenzkostenpreis p_c der soziale Überschuss aus den beiden Dreiecken ABC und DAp_n zusammensetzt.

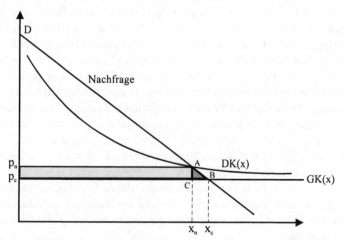

Abbildung 50: Wohlfahrtsverluste beim natürlichen Monopol

Ohne staatliche Intervention (und von einer solchen wollen wir im Moment noch absehen) wird es allerdings kaum möglich sein, den Monopolisten dazu zu bringen, freiwillig einen Verlust in Kauf zu nehmen. Er wird vielmehr darauf bedacht sein, zumindest seine Kosten zu decken (einschließlich eines „normalen" Gewinns in Form einer Verzinsung des eingesetzten Kapitals und eines Unternehmerlohnes, der den Opportunitätskosten entspricht). Folglich wird der Monopolist x_n zum Preis p_n anbieten. Der soziale Überschuss reduziert sich auf die Konsumentenrente beim Preis p_n. Im Vergleich zur first best-Allokation entsteht in diesem second-best Fall ein Verlust (Dead-weight loss) in Höhe der Fläche ABC.

Rechtfertigt dieser Effizienzverlust die staatliche Regulierung des Angebots? Und wenn ja, wie könnte eine solche Regulierung aussehen? Beide Fragen sind nicht leicht zu beantworten. Die Höhe des Effizienzverlustes ist natürlich von dem konkreten Verlauf der Kosten- und Nachfragekurven abhängig und kann deshalb auch nur im Einzelfall abgeschätzt werden. Ein weiterer, sehr wichtiger Punkt kommt hinzu. Wir sind bisher von einer Situation ausgegangen, in der der Monopolist keinen Preis setzen kann, der über den Durchschnittskosten liegt, weil er in diesem Fall von einem neu in den Markt eintretenden Unternehmen unterboten werden könnte. Was aber geschieht, wenn der Markteintritt nicht ohne weiteres möglich ist? Dann wird sich der Monopolist kaum mit der Deckung seiner Kosten zufrieden geben, sondern im Extremfall den Monopolpreis verlangen. Er könnte auf die Idee kommen, zunächst in den Markt zu gehen, um durch Setzung eines Preises $p > p_n$ einen Extraprofit zu erzielen, den er dann benutzt, um potentielle Marktzutritte mit der Drohung abzuwehren, gegebenenfalls unter Selbstkosten anzubieten, falls jemand den Versuch unternimmt, in den Markt einzudringen. Man sieht sofort, dass die Angelegenheit um einiges komplizierter wird, wenn wir dem Wettbewerb *um den Markt* mehr Aufmerksamkeit schenken und Marktein- und Marktaustritt explizit thematisieren. Wie kompliziert die Dinge liegen, wird allerdings erst deutlich, wenn wir über das klassische Verständnis des natürlichen Monopols hinausgehen und eine modernere Interpretation betrachten.

7.2.2 Subadditive Kostenstruktur

Ausgangspunkt für die Neuformulierung der Bedingungen, unter denen von der Existenz eines natürlichen Monopols gesprochen werden kann, war die Tatsache, dass es sich bei vielen Unternehmen, die staatlicher Regulierung ausgesetzt sind, um Mehrproduktunternehmen handelt. Bei dem Versuch, ein geeignetes Konzept für diesen Fall zu finden, wurde deutlich, dass fallende Durchschnittskosten zwar eine *hinreichende* Bedingung dafür waren, dass ein Unternehmen reicht, um eine effiziente Versorgung herbeizuführen, aber keine *notwendige* Bedingung. Vielmehr sind auch Fälle denkbar, in denen die Durchschnittskosten einen U-förmigen Verlauf haben, und dennoch von einem natürlichen Monopol gesprochen werden muss. Dies ist dann der Fall, wenn die Kostenstruktur *subadditiv* ist. Betrachten wir zunächst den Einproduktfall. Es seien $K_i(x_i)$ die Gesamtkosten der Produktion von x_i Einheiten des Gutes durch Unternehmen i. Die Kostenstruktur ist subadditiv, wenn für jedes n-Tupel $\{x_1,...,x_n\}$ gilt:

$$\sum_{i=1}^{n} K(x_i) > K\left(\sum_{i=1}^{n} x_i\right)$$

Im Einproduktfall ist Subadditivität der Kosten dann gegeben, wenn ein Unternehmen in der Lage ist, eine gegebene Menge zu geringeren Gesamtkosten herzustellen als dies n > 1 Firmen könnten. Die Verallgemeinerung auf den Mehrproduktfall ist recht einfach: $\mathbf{x} = (x_1,...,x_m)$ sei nunmehr der Vektor der Produktionsmengen der m Güter, die ein Unternehmen herstellt. Angenommen, es gibt n Unternehmen, dann fordert Subadditivität, dass:

$$\sum_{i=1}^{n} K(\mathbf{x}_i) > K\left(\sum_{i=1}^{n} \mathbf{x}_i\right)$$

Bei Subadditivität hat auch im Mehrproduktfall derjenige, der alle Produkte *allein* produziert, einen Gesamtkostenvorteil gegenüber Anbietern, die die Gesamtproduktion untereinander aufteilen. Allerdings besteht der Grund nicht mehr ausschließlich in reinen Mengenvorteilen (economies of scale), es können nunmehr auch sogenannte *Verbundvorteile* zum Tragen kommen (economies of scope). Für zwei Güter bedeuten economies of scope, dass gilt:

$$K(x_1, 0) + K(0, x_2) > K(x_1, x_2)$$

Beispielsweise ist ein Unternehmen, das ein Telefonnetz betreibt, vermutlich in der Lage gleichzeitig die Übertragung von Gesprächen und Daten zu geringeren Kosten zu bewerkstelligen als zwei Unternehmen, die auf jeweils eine der beiden Dienstleistungen spezialisiert sind. Es dürfte klar sein, dass aus der Sicht eines sozialen Planers immer dann, wenn subadditive Kosten vorliegen, ein monopolistisches Angebot vorzuziehen ist. Genau wie bei fallenden Durchschnittskosten ist Markteintritt unter Effizienzaspekten nicht erwünscht. Worin unterscheidet sich dann das Subadditivitätskriterium von dem Fall fallender Durchschnittskosten? Zunächst zeigt die folgende Abbildung 51, dass fallende Durchschnittskosten zwar hinreichend, aber nicht notwendig für Subadditivität sind:

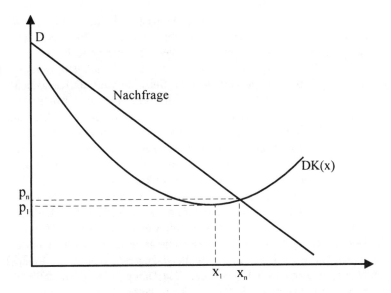

Abbildung 51: Subadditive Kostenstruktur

Die DK-Kurve weist den üblichen U-förmigen Verlauf auf, der dadurch zustande kommt, dass zunächst die Fixkosten zu fallenden Durchschnittskosten führen, ab der Menge x_1 jedoch abnehmende Skalenerträge (und damit steigende Grenzkosten) dafür sorgen, dass die Stückkosten wieder ansteigen. Obwohl die Nachfragekurve die DK-Kurve in dem aufsteigenden Teil schneidet, ist der Kostenverlauf dennoch subadditiv, denn es ist nicht möglich, die Menge x_n dadurch zu geringeren Gesamtkosten herzustellen, dass die Produktion auf mehr als ein Unternehmen verteilt wird. Worin unterscheidet sich die in Abbildung 50 dargestellte Situation von der eines Wettbewerbsmarktes, in dem ja auch Unternehmen tätig sind, die U-förmige DK-Kurven aufweisen? Die nächste Abbildung stellt beide Situationen nebeneinander:

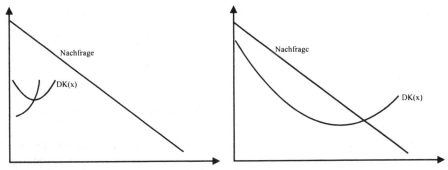

Abbildung 52: Wettbewerb vs. natürliches Monopol

Der Unterschied zum Wettbewerbsmarkt besteht in der Relation zwischen Durchschnittskosten und *Nachfrage*. Im Wettbewerbsmarkt sind die Produktionsbedingungen dergestalt, dass ein einzelnes Unternehmen eben nicht in der Lage ist, den ganzen Markt zu geringeren Kosten zu versorgen als anfallen, wenn die Produktion auf viele Unternehmen verteilt wird. Subadditivität als Kennzeichen des natürlichen Monopols entsteht erst dann, wenn Nachfrage und Kosten in einem bestimmten Verhältnis zueinander stehen. Das hat zur Folge, dass das natürliche Monopol entweder durch steigende Nachfrage oder durch Veränderungen der Produktionstechnologie im Zeitablauf erodieren kann. Gelingt es, Produktionsverfahren zu finden, die mit geringeren Stückkosten auskommen, so verschwindet dadurch u.U. eine ehemals subadditive Kostenstruktur.

Ein gutes Beispiel dafür ist der Strommarkt. Versorgt ein Stromproduzent lediglich eine relativ kleine Region, dann befindet er sich angesichts der beschränkten Nachfrage unter Umständen in der Position eines natürlichen Monopolisten. Vor der Deregulierung des europäischen Strommarktes Ende der 90er Jahre waren die regionalen Stromversorger in Deutschland zugleich regionale Monopolisten und ihr Monopol war staatlich geschützt. Die Deregulierung hat dafür gesorgt, dass jeder Stromerzeuger in jede Region Strom liefern kann, weil die regionalen Netzbetreiber Durchleitungsrechte einräumen müssen. Die Folge ist, dass die Stromerzeuger nunmehr mit der gesamten europäischen Stromnachfrage konfrontiert sind – und in Bezug darauf ist ihre Kostenstruktur *nicht subadditiv*. Die fallenden Strompreise, die wir seit 1999 beobachten, sind Folge des Wettbewerbs, der dadurch ermöglicht wurde.

Kehren wir zu der Frage zurück, was den in Abbildung 51 gezeigten Fall subadditiver Kosten von dem klassischen Fall abnehmender Durchschnittskosten (Abbildung 49) unterscheidet. Bei der Interpretation von Abbildung 49 waren wir davon ausgegangen, dass Markteintritt jederzeit und kostenlos möglich ist. Unter dieser Voraussetzung ist der Monopolist gezwungen, den DK-Preis p_n zu wählen, also die Second-best-Lösung zu realisieren. Was geschieht in dem Fall der Abbildung 51 bei freiem Marktzutritt? Ein Monopolist, der die Second-best Kombination (p_n, x_n) anbietet, wird kaum damit rechnen können, den dabei anfallenden „Normalgewinn" tatsächlich realisieren zu können. Für einen Newcomer ist es nämlich möglich, einen großen Teil des Marktes (nicht den gesamten) zu einem geringeren Preis zu versorgen, indem er die Preis/Mengenkombination (p_1, x_1) anbietet. Er würde den Monopolisten damit aus dem Markt werfen, aber er wäre nicht in der Lage, den gesamten Markt zu bedienen. Die beiden Situationen in Abbildung 49 und 51 unterscheiden sich damit in einem sehr wichtigen Punkt: In 49 haben wir es mit einer stabilen Situation zu tun, in der es ohne staatlichen Eingriff bereits zu einer Second-best-Lösung kommt. In 51 ist dagegen ein solches stabiles Resultat nicht zu erwarten und die Second-best-Lösung dürfte ebenfalls nicht realisiert werden.

Ein wichtiger Unterschied wird deutlich, wenn wir davon ausgehen, dass das natürliche Monopol staatlich reguliert wird. In diesem Fall ist nämlich bei Subadditivität und steigenden Durchschnittskosten eine Grenzkostenpreisregel nicht nur effizient, sondern auch mit der Forderung vereinbar, dass das zu regulierende

Unternehmen keinen Verlust machen soll. In dem in Abbildung 49 gezeigten Fall stimmt dies offensichtlich nicht, d.h. hier würde eine staatliche Preisaufsicht, die Grenzkostenpreise vorschreibt, das Unternehmen dazu zwingen, Verluste einzugehen.

Die Charakterisierung natürlicher Monopole mittels der Subadditivität der Kostenstruktur ist die heute gebräuchliche Variante. Wie gesehen, schließt sie den Fall ein, dass die Nachfragekurve die DK-Kurve in deren steigendem „Ast" schneidet. Allerdings muss man einschränkend darauf hinweisen, dass dieser Fall empirisch nur geringe Bedeutung haben dürfte. Wir werden deshalb im Folgenden weitgehend von dem Fall schwach monoton fallender Durchschnittskosten ausgehen. Ökonomisch entspricht dem eine Situation, in der bis zur Erreichung einer Mindestkapazität Skaleneffekte ausgenutzt werden können, die zu fallenden Durchschnittskosten führen. Ab dieser Mindestkapazität werden die langfristigen Durchschnittskosten (LDK) als konstant angenommen, d.h. die Produktion erfolgt ab diesem Punkt mit konstanten Skalenerträgen. Ein natürliches Monopol liegt natürlich nur dann vor, wenn die Nachfragekurve die LDK-Kurve in der Nähe der Mindestkapazität schneidet (davor oder dahinter):

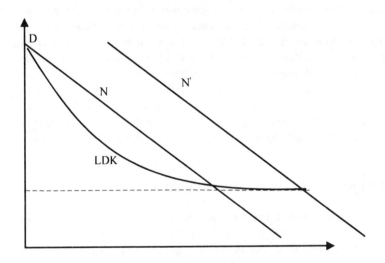

Abbildung 53: Natürliches Monopol bei Mindestkapazität

Handelt es sich bei natürlichen Monopolen nun um ein empirisch bedeutsames Phänomen oder ist die oben skizzierte Kombination von Kostenstruktur und Nachfrage eher ein Fall von ausschließlich akademischem Interesse? Wir haben bereits darauf hingewiesen, dass insbesondere bei leitungsgebundenen Angeboten Situationen entstehen, in denen die Kombination sehr hoher Fixkosten und geringer variabler Kosten zu Subadditivität führt. Solche Leistungen wiederum sind vielfach Versorgungsleistungen im weitesten Sinne. Man denke beispielsweise an die Versorgung mit Gas, Telefonanschlüssen, Strom etc. Entscheidend für die Subadditivität ist hier vor allem die *Dichte* der Nachfrager. Eine Buslinie in einer dünn besiedelten Gegend wird fallende Durchschnittskosten aufweisen, d.h. jeder weitere Fahrgast wird die Durchschnittskosten senken. Der gleiche Bus wird in einer Großstadt ganz sicher nicht die Bedingung eines natürlichen Monopols erfüllen. Die Frage, ob es sich bei einem Markt um ein natürliches Monopol handelt, ist in jedem Einzelfall zu prüfen und es ist dabei immer im Auge zu behalten, dass es sich dabei um eine Eigenschaft handelt, die nur durch das Zusammenwirken von speziellen Kosten- und Nachfragebedingungen zustande kommt. Weiterhin ist zu beachten, dass insbesondere bei Versorgungsleistungen verschiedene Produktionsbereiche unterschiedliche Kostenstrukturen aufweisen können. Beispielsweise erfüllt die Vermittlung von Telefongesprächen ganz sicher nicht die Bedingung der Subadditivität, die Bereitstellung eines Telefonnetzes dagegen sehr wohl. Die Frage, ob es sich im konkreten Einzelfall um ein natürliches Monopol handelt oder nicht, ist von einiger Bedeutung, denn wenn diese Frage mit „ja" beantwortet wird, dann ist damit zumindest eine notwendige Bedingung dafür erfüllt, dass sich ein staatlicher Regulierungsbedarf ergibt. Dass diese Bedingung nicht hinreichend ist, werden die folgenden Überlegungen zeigen. In diesem Zusammenhang ist ein Punkt von besonderer Bedeutung, den wir implizit bereits angesprochen haben. Mit der Voraussetzung freien und kostenlosen Marktzutritts haben wir nämlich gleichzeitig vorausgesetzt, dass auch dann, wenn Wettbewerb *im* Markt nicht möglich ist, ein Wettbewerb *um* den Markt sehr wohl bestehen kann. Genau dieser Wettbewerb ist es, der den Monopolisten bei fallenden Durchschnittskosten zu einer Second-best-Lösung zwingt. Der Wettbewerb um den Markt hat offensichtlich eine erhebliche Bedeutung für die Allokationsfunktion der resultierenden Marktstruktur und es erscheint deshalb gerechtfertigt, ihm verstärkte Aufmerksamkeit zuzuwenden. Beginnen wir mit einem Fall, in dem der *Planer* in der Lage ist, sich die positiven Wirkungen des Wettbewerbs um den Markt zunutze zu machen.

Sidestep 35: Das Louis-Schmeling-Paradox

Natürliche Monopole können an Stellen auftauchen, an denen man sie kaum vermutet. Das Fernsehen bietet dafür ein geeignetes Beispiel. Eine Dienstleistung des Fernsehens besteht in der Übertragung von „artistischen Darbietungen" im weitesten Sinne. Man sollte sich darunter besser nicht den klassischen Zirkus vorstellen, sondern eher eine musikalische oder sportliche Darbietung. Die ökonomischen Aspekte der Produktion und medialen Verbreitung solcher „Events" sind ausgesprochen vielschichtig und schwer zu analysieren. RICHTER UND SCHNEIDER (1995) machen allerdings auf einige bemerkenswerte Aspekte aufmerksam, die sich mit einer relativ einfachen Modellanalyse zeigen lassen. Einer davon ist, dass man bei einem unregulierten Angebot über (Fernseh-) Märkten kaum mit Effizienz rechnen kann. Eine Ursache dafür ist, dass das Fernsehen die technischen Bedingung für die Präsentation artistischer Leistungen in einer Weise verändert hat, die zu fallenden Durchschnittskosten der Zuschauerbeteiligung geführt hat. Betrachten wir beispielhaft einen Boxkampf. Ohne elektronisches Medium dürften die Grenzkosten der weiteren Zuschauerbeteiligung stark ansteigen – der Ausbau einer Arena dürfte um so teurer werden, je größer sie bereits ist. Anders im Falle des Fernsehens: Der zweite Kampf zwischen Henry Maske und Graciano Rocchigiani war 1995 die Fernsehsendung mit den drittmeisten Zuschauern (fast 19 Millionen). Sie wurde nur noch von dem Auftritt Michael Jacksons in „Wetten, dass..." und von einem weiteren Boxkampf (Schulz gegen Botha) übertroffen. Die Beispiele zeigen: Die Anzahl der Zuschauer ist fast beliebig steigerbar, ohne dass dabei nennenswerte Grenzkosten anfallen.

Um zu verdeutlichen, wie es unter diesen Bedingungen zu einem natürlichen Monopol kommen kann, bedienen wir uns eines Beispiels aus dem sogenannten Teamsportbereich. Man stelle sich vor, in Deutschland würde der Profifußball nicht reguliert (in der Realität tut dies der DFB). Der nationale Meister ist berechtigt, am internationalen Wettbewerb teilzunehmen. Dieser ist ausgesprochen lukrativ, denn da die Zuschauerbeteiligung zu Grenzkosten von Null gesteigert werden kann, sind die Verdienstmöglichkeiten bei Teilnahme an der internationalen Meisterschaft ungemein gut. Das hat zur Folge, dass derjenige Verein, der natonaler Meister wird, genug Geld verdient, um die besten Spieler aufzukaufen. Die Folge: der Meister wird auf *nationaler* Ebene zum Monopolisten, denn kein anderer Verein kann beim Spielereinkauf mithalten. Der internationale Erfolg der heimischen Mannschaft wird mit Langeweile bei der nationalen Meisterschaft bezahlt. Dieser Vorgang wird in der Literatur als das *Louis-Schmeling-Paradox* bezeichnet (vgl. RICHTER UND SCHNEIDER (1995); FRANCK (1995); NEALE (1964)). Allerdings suggeriert dieser Begriff, dass es zu einer Monopolbildung auf Seiten der Stars kommt, dass sich das Zuschauerinteresse auf einen einzigen Akteur konzentriert. Diese Vorstellung ist in der Tat paradox, denn gegen wen sollte der Starboxer noch antreten, wenn für alle anderen Akteure auf dem Boxermarkt kein Platz mehr ist? Das Beispiel aus dem Teamsport macht den Punkt deutlich. Es geht nicht um den einzelnen Sportler, sondern um den *Veranstalter* von Sportereignissen (also im Fußballbeispiel um den Verein). Im Zeitalter des Fernsehens als dominierendem Kommunikationsinstrument ist es Veranstaltern möglich, sportliche Wettkämpfe zu Weltereignissen zu machen, deren enorme Fixkosten auf eine sehr große Zahl von Zuschauern umgelegt werden können. Vielleicht sollte man deshalb bei dieser Form des natürlichen Monopols nicht vom *Louis-Schmeling-Paradox* sprechen, sondern eher vom *Don-King-Phänomen*.

Vor diesem Hintergrund erscheint die Regulierung des Profifußballs durch den DFB nicht mehr ganz so wettbewerbsfeindlich, wie es auf den ersten Blick scheinen mag. Vielleicht lässt sich durch das nationale Transfersystem die Herausbildung eines natürlichen Monopols vermeiden. Man muss nicht Fan von Borussia Dortmund sein, um sich zu wünschen, dass es nicht dazu kommt, dass Bayern München zum natürlichen Monopolisten wird.

7.2.3 Wettbewerb um den Markt 1: Demsetz-Wettbewerb [160]

Im klassischen Fall abnehmender Durchschnittskosten hatte sich gezeigt, dass freier Markteintritt und der dadurch induzierte Wettbewerb den Monopolisten davon abhält, effizienzschädigende Monopolpreise zu setzen. Genauer gesagt ist es die *glaubwürdige Drohung* des Markteintritts für den Fall, in dem der Monopolist zu hohe Preise verlangt, d.h. der Versuchung erliegt, über Durchschnittskostenpreise hinauszugehen. Angesichts dieses Ergebnisses liegt es nahe, dass sich der Planer die Wirkung eines Wettbewerbs um den Markt dadurch zunutze macht, dass er einen solchen Wettbewerb selbst initiiert. Die Idee ist einfach: Der Planer schützt das natürliche Monopol, indem er das exklusive Recht vergibt, in dem relevanten Markt tätig zu werden. Dieses Recht wird versteigert: Die Gebote sind dabei Preise, für die die Bieter bereit sind, das Gut, um das es geht, zu produzieren. Den Zuschlag (das Monopol) erhält derjenige, der den geringsten Preis verlangt. Vorausgesetzt, dass eine hinreichend große Zahl von Teilnehmern an dieser Versteigerung teilnimmt und sichergestellt ist, dass die Bieter nicht in der Lage sind sich abzusprechen und dass sie alle über die gleiche Technologie verfügen, wird das Ergebnis darin bestehen, dass sich die Bieter auf den Durchschnittskostenpreis herunterkonkurrieren. Bietet ein Bieter einen höheren Preis, muss er damit rechnen, dass es ihm ergeht wie dem Monopolisten bei freiem Marktzutritt: Er gibt den Konkurrenten die Möglichkeit, ihn zu unterbieten. Nur der, der mit dem Normalgewinn zufrieden ist und deshalb lediglich die Durchschnittskosten verlangt, kann sicher sein, nicht unterboten zu werden.

Um eine Idee von der Funktionsweise einer solchen Versteigerung zu bekommen, kann man sich beispielsweise vorstellen, eine Gemeinde versteigere das Recht die Müllabfuhr zu betreiben. Ein ähnlicher, allerdings komplizierterer Fall wäre die Versteigerung des Rechtes, ein staatlich bereitgestelltes Netz zu betreiben bzw. zu nutzen. So könnte man sich beispielsweise vorstellen, dass das Schienennetz der Bahn AG im Besitz des Staates verbleibt, der Staat die Betreibung des Personenverkehrs aber privaten Anbietern überlässt, denen er die Schienen gegen eine Gebühr zur Verfügung stellt.

So plausibel und einfach die Idee der Demsetz-Versteigerung auch ist, so offensichtlich sind auch ihre Schwächen. Zunächst: Second-best-Lösungen können erheblich von First-best-Lösungen abweichen, d.h. der Effizienzverlust, der dadurch entsteht, dass keine Grenzkostenpreise gesetzt werden, kann durchaus erheblich sein. Eine Form der Regulierung, die a priori nur darauf aus ist, Second-best zu erreichen, ist deshalb nur in solchen Fällen geraten, in denen die Durchschnittskostenpreise nicht allzu stark von den Grenzkostenpreisen abweichen. Aber selbst wenn dies der Fall ist, bleiben Probleme.

Nehmen wir an, dass eine Versteigerung stattgefunden hat und ein Sieger ermittelt wurde. Der Planer wird nun mit dem erfolgreichen Bieter einen Vertrag schließen müssen. In diesem Vertrag müssen Rechte und Pflichten des Monopolis-

---

[160] Vgl. zu diesem Abschnitt BRAEUTIGAM (1989), S. 1301 ff und DEMSETZ (1968).

ten festgelegt werden, d.h. es gilt genau zu spezifizieren, welche Leistungen in welcher Qualität zu welchem Preis zu erbringen sind. Ist ein solcher Vertrag geschlossen, hat der Monopolist keinerlei Möglichkeit mehr, den Preis, zu dem er seine Leistung erbringt, zu beeinflussen. Aber heißt das, dass er in seinen Entscheidungen keinerlei Freiheitsgrade mehr hat? Wohl kaum. Um seinen Gewinn zu vergrößern, kann er beispielsweise versuchen, die Kosten der Leistungserstellung zu senken, indem er die Qualität der Leistung reduziert. Er wird damit Erfolg haben, wenn der Planer nicht in der Lage ist ihn perfekt zu überwachen, wenn er insbesondere nicht in der Lage ist zu beurteilen, ob eine Qualitätsverschlechterung auf mangelnde Anstrengung des Monopolisten zurückzuführen ist oder auf Umwelteinflüsse in einem sehr weiten Sinne, d.h. auf alle die Dinge, die außerhalb des Einfluss- und Verantwortungsbereichs des Anbieters liegen. Mit anderen Worten: Zwischen Planer und Monopolist entsteht ein typisches Principal-Agent-Problem.

Der Planer kann sich also die segensreiche Wirkung eines Wettbewerbs um den Markt nicht immer zunutze machen bzw. muss damit rechnen, dass sein Versuch, einen solchen Wettbewerb zu initiieren, nicht immer zu befriedigenden Resultaten führt. Aber vielleicht braucht man einen solchen künstlich geschaffenen Wettbewerb gar nicht, weil sich auch ohne staatliches Handeln ein Wettbewerb um den Markt entfaltet? Der Fall abnehmender Durchschnittskosten und freien Marktzugangs hatte ja gezeigt, dass dies prinzipiell möglich ist. Allerdings müssen dazu bestimmte Voraussetzungen erfüllt sein. Das Verdienst, diese Voraussetzungen transparent gemacht zu haben, kommt der Theorie *bestreitbare Märkte*, besser bekannt unter *„contestable markets"* zu, mit der wir uns daher als Nächstes befassen müssen.

7.2.4 Wettbewerb um den Markt 2: Die Theorie bestreitbarer Märkte

Die grundlegende Idee der Theorie bestreitbarer Märkte ist die folgende: Wir haben gesehen, dass bei strikt fallenden Durchschnittskosten nur eine einzige Preis/Mengenkombination stabil war, nämlich die beim Durchschnittskostenpreis p_n. Der Grund für die Stabilität bestand darin, dass es bei diesem Preis keinen Anlass mehr für weitere Markteintritte gab und außerdem für die bereits im Markt befindlichen Unternehmen keine Möglichkeit bestand, den Preis über p_n anzuheben, da sie in diesem Fall mit Markteintritt rechnen mussten. Diese Überlegung lässt sich in der folgenden Weise auf beliebige Märkte (ohne subadditive Kostenstruktur) verallgemeinern:[161]

Wir betrachten einen Markt, in dem bereits m Unternehmen tätig sind. Außer diesen existieren noch (n – m) potentielle Wettbewerber, die vor der Entscheidung

---

[161] Die folgende Darstellung ist an TIROLE (1988), Kap. 8 angelehnt. Entwickelt wird die Theorie contestabler Märkte vor allen bei BAUMOL, PANZAR UND WILLIG (1982).

stehen, in den Markt einzutreten oder es zu lassen. Die formale Struktur der Theorie bestreitbarer Märkte ist durch folgende Definitionen gegeben:[162]

[1] Ein bestimmter Zustand der Industrie lässt sich durch einen Outputvektor $\mathbf{x}$ = $(x_1,...,x_m)$ und einen Preis p charakterisieren, den die im Markt tätigen Firmen verlangen. Der Vektor (m, $\mathbf{x}$, p) wird als Industrie-Konfiguration bezeichnet.

[2] Eine Konfiguration ist „erreichbar" (feasible), wenn keiner der Anbieter einen Verlust erleidet und wenn die Summe der Angebotsmengen der Nachfrage beim Preis p entspricht, d.h. wenn der Markt geräumt wird.

[3] Die Industrie-Konfiguration (m, $\mathbf{x}$, p) ist *sustainable,* wenn es keinen Preis $p_0 < p$ gibt, für den gilt, dass $p_0 x_0 \geq K(x_0)$ und $x_0 \leq D(p_0)$. Existiert ein solcher Preis nicht, ist Eintritt in den Markt ohne die Inkaufnahme von Verlusten nicht möglich und unterbleibt aus diesem Grund.

[4] Ein Markt ist *perfekt bestreitbar (contestable),* wenn jedes erreichbare Gleichgewicht auf diesem Markt sustainable ist.[163]

Definitionen wie die eben angegebenen leisten für sich genommen natürlich noch keinerlei Erklärung. Was also ist mit der Theorie bestreitbarer Märkte gewonnen? Als Demonstrationsobjekt eignet sich der klassische Fall sinkender Durchschnittskosten. Er eignet sich deshalb sogar besonders gut, weil lange Zeit in diesem Fall die Notwendigkeit staatlicher Regulierung außer Frage zu stehen schien. Da Wettbewerb im Markt unmöglich ist, kann auch kein effizientes Wettbewerbsangebot erwartet werden und folglich haben wir es mit einem Marktversagen zu tun, das staatlichen Eingriff legitimiert. Die Theorie bestreitbarer Märkte hat diese Sicht gründlich verändert. Wenn man nämlich die eben formulierten Axiome auf einen solchen Markt anwendet, so stellt sich heraus, dass es nur einen einzigen Zustand gibt, der sustainable im oben definierten Sinne ist, nämlich die Preis/Mengenkombination (p_n, x_n). Das aber bedeutet, dass bei freiem Marktzugang die bloße Drohung des Markteintritts dazu führt, dass der Monopolist ein Second-best-Angebot unterbreiten muss – ohne dass ein staatlicher Eingriff notwendig wäre. Der Wettbewerb um den Markt ist in diesem Fall in der Lage ein Resultat hervorzubringen, das so nahe an die First-best-Lösung heranführt, wie unter der Nebenbedingung lebensfähiger Unternehmen (keine Verluste) überhaupt möglich ist. Dies ist in gewisser Weise eine Verallgemeinerung des Bertrand-Gleichgewichts, denn auf Märkten, bei denen die Drohung des Marktzutritts

---

[162] Vgl. dazu auch MARTIN (1993), Kap. 11.

[163] Es wird bewusst darauf verzichtet, den Versuch zu unternehmen, den Begriff „sustainable" zu übersetzen, weil ein solcher Versuch eher zu Verwirrungen als zu Klärungen führen würde.

glaubwürdig ist, erfüllt der *potentielle* Wettbewerb die gleiche Funktion wie der Preiswettbewerb im Bertrand-Gleichgewicht: Er treibt die Konkurrenten in Richtung auf die First-best-Lösung.

Der Bezug zum Bertrand-Gleichgewicht wird noch deutlicher, wenn wir uns einige zentrale Resultate der Theorie bestreitbarer Märkte ansehen.[164] Insbesondere die Charakterisierung eines „sustainable" Zustands wird bei diesen Resultaten ausgenutzt:

[1] Wenn eine Industrie-Konfiguration sustainable ist, dann (i) macht keines der im Markt befindlichen Unternehmen einen Gewinn und (ii) der Preis ist nicht unter den Grenzkosten.

(i) folgt unmittelbar aus der Definition [3]: Würde eines der im Markt tätigen Unternehmen einen Gewinn erzielen, so könnte ein potentieller Wettbewerber die Produktion dieses Unternehmens duplizieren, einen geringfügig niedrigeren Preis verlangen und durch Markteintritt einen Gewinn erzielen. Dies widerspricht jedoch der Definition von Sustainability. (ii) folgt unmittelbar aus der Forderung, dass die Unternehmen keinen Verlust erleiden dürfen.

[2] Wenn mehr als ein Unternehmen im Markt tätig sind und wenn die Industrie-Konfiguration sustainable ist, dann ist der Preis gleich den Grenzkosten.

Auch dieses Resultat lässt sich leicht durch einen Widerspruch beweisen: Angenommen, zwei Unternehmen würden in einem Markt zu einem Preis anbieten, der über den Grenzkosten liegt. In diesem Fall könnte ein neu in den Markt eintretendes Unternehmen eine etwas größere Menge als die „alten" Firmen anbieten und zu geringfügig geringerem Preis (> Grenzkosten) verkaufen. Dieser Neuling würde einen Gewinn erzielen, der höher ist als der der im Markt befindlichen Unternehmen. Da dieser jedoch Null sein muss, wäre der Gewinn des Neulings positiv und das widerspricht der Definition von Sustainability.

Dieses zweite Resultat macht endgültig deutlich, dass wir es mit einer Verallgemeinerung des Bertrand-Gleichgewichts zu tun haben, denn es zeigt, dass bestreitbare Märkte gerade die Eigenschaft aufweisen, die das Bertrand-Gleichgewicht charakterisiert: Grenzkostenpreise.

[3] Ist eine Industrie-Konfiguration mit m > 1 sustainable, dann produzieren die im Markt befindlichen Unternehmen im Bereich konstanter Skalenerträge.

Dieses Resultat ist unmittelbar einzusehen: Wenn die Unternehmen einerseits keine Verluste machen, andererseits aber zu Grenzkostenpreisen anbieten, dann

---

[164] Vgl. BAUMOL ET AL. (1982) sowie MARTIN (1993), Kap. 11.

müssen die Grenzkosten gleich den Durchschnittskosten sein und das ist nur im Bereich konstanter Skalenerträge der Fall.

Im Bertrand-Modell wird die Frage, wie viele Anbieter notwendig sind, um Grenzkostenpreise zu erzwingen, deshalb auf so überraschende Weise beantwortet, weil in diesem Modell von einem ungehinderten, gewissermaßen zügellosen Preiswettbewerb zwischen den Duopolisten ausgegangen wird. Innerhalb der Theorie bestreitbarer Märkte ist es die ungezügelte Konkurrenz *um den Markt* die zu den Optimalitätseigenschaften bestreitbarer Märkte führt. Die entscheidende Voraussetzung, die erfüllt sein muss, damit es zu einem solchen Wettbewerb kommen kann, besteht darin, dass der Markteintritt ungehindert, jederzeit und kostenlos erfolgen kann und dass der Marktaustritt ebenso unproblematisch möglich ist. Sind beide Voraussetzungen erfüllt, so muss jedes Unternehmen, das sich im Markt befindet, mit sogenannter „hit and run" Konkurrenz rechnen. Angenommen, im Markt wird ein Preis verlangt, der über den Durchschnittskosten liegt und deshalb „Extraprofite" ermöglicht. Die „hit and run" Strategie eines potentiellen Wettbewerbers besteht darin, gewissermaßen überfallartig mit einem niedrigeren Preis (der immer noch über den Durchschnittskosten liegt) in den Markt einzutreten, den Gewinn einzustreichen und, bevor die alteingesessenen Anbieter noch reagieren können, wieder aus dem Markt auszutreten. Der entscheidende Punkt ist, dass die im Markt befindlichen Unternehmen nur dann die Möglichkeit eines „hit and run" Wettbewerbs antizipieren werden, wenn die Drohung, eine solche Strategie anzuwenden, *glaubhaft* ist. Mit der Glaubwürdigkeit der Drohung schnellen Marktein- und Marktaustrittes steht und fällt die Theorie bestreitbarer Märkte.

Damit sind wir an dem kritischen Punkt der gesamten Argumentation angelangt, denn es stellt sich die Frage, ob die Voraussetzung verzögerungsfreien und kostenlosen Marktzugangs und Marktaustrittes überhaupt erfüllt werden kann. Bevor wir uns mit dieser Frage befassen, sei eine Anmerkung zur Bedeutung der Theorie bestreitbarer Märkte eingefügt bzw. zu der Frage, wie relevant diese Theorie ist.

Der zentrale Referenzpunkt der neoklassischen Theorie ist das allgemeine Gleichgewichtsmodell und die für dieses Modell gültigen Hauptsätze der Wohlfahrtstheorie. Die in allgemeinen Gleichgewichtsmodellen vornehmlich unterstellte Marktform ist die der vollkommenen Konkurrenz, also eine Marktverfassung, die wir an anderer Stelle als eine Idealisierung charakterisiert haben, die in „reiner Form" in der Realität kaum anzutreffen ist. Die entscheidende Voraussetzung für die Existenz eines Wettbewerbsmarktes ist die einer großen Anzahl von Anbietern, weil durch diese Annahme die Abwesenheit von Marktmacht impliziert wird. Das Problem dabei ist, dass diese Voraussetzung in der Realität nur auf vergleichsweise wenigen Märkten erfüllt ist. Bedeutet dies, dass die Optimalitätseigenschaften, die wir Wettbewerbsmärkten zugesprochen haben, nur für diesen kleinen Teil der Ökonomie gelten? Die Theorie bestreitbarer Märkte scheint in der Lage zu sein, die Resultate der Theorie vollkommener Märkte auf den Bereich oligopolistischer Marktstrukturen zu erweitern – und damit wäre viel gewonnen.

Sollte sich die Theorie bestreitbarer Märkte insofern als relevant herausstellen als ihre Voraussetzungen in der Realität erfüllbar sind, würde dies den Ökonomen das Leben um einiges leichter machen. Sie wären nicht länger auf die Annahme vollkommenen Wettbewerbs angewiesen, wenn sie argumentieren, dass Märkte zu effizienten Allokationen führen und das würde die Durchschlagskraft ihrer Argumentation natürlich nicht unerheblich erhöhen. Weil die Bedeutung der Theorie bestreitbarer Märkte deshalb über den relativ engen Bereich der Regulierung natürlicher Monopole hinausgeht, ist die folgende Untersuchung ihrer Voraussetzungen von einiger Wichtigkeit.

7.2.5 Die Annahmen der Theorie bestreitbarer Märkte [165]

Wie bereits erwähnt wurde, steht und fällt die Theorie bestreitbarer Märkte mit der Annahme freien Marktzugangs und Marktaustrittes. Im Zusammenhang mit der „hit and run" Strategie kommt allerdings noch eine weitere Annahme hinzu. Damit „hit and run" funktionieren kann, müssen die potentiellen Wettbewerber, die mit dieser Strategie drohen, davon ausgehen, dass sich der Preis, den die bereits im Markt befindlichen Firmen verlangen, nicht ändern wird. Die im Markt tätigen Firmen müssen sich gewissermaßen als Preisnehmer verhalten. Nur in diesem Fall kann „hit and run" zum Erfolg führen.

Eine solches Preisnehmerverhalten ist natürlich unplausibel, denn es handelt sich ja um einen Markt mit wenigen Anbietern, die Preise verlangen, die über den Durchschnittskosten liegen,[166] die also über Preissetzungsspielräume verfügen. Erheblich plausibler ist dagegen die Annahme, dass Preisanpassungen Zeit erfordern: Preislisten müssen neu gedruckt werden, Preisabsprachen mit Kunden müssen eingehalten werden etc. Wenn die Zeit, die die im Markt tätigen Firmen (im folgenden „alte Firmen") benötigen, um auf den Eintritt potentieller Wettbewerber („neue Firmen") zu reagieren, hinreichend lang ist, um den neuen Firmen Gelegenheit zu geben „ihr Geschäft zu machen" und wieder zu verschwinden, dann ist die Drohung des „hit and run" glaubwürdig. Man kann diese Aussage allerdings auch herumdrehen: Wenn T die Reaktionszeit der alten Firmen ist, dann gilt, dass es immer ein T gibt, das hinreichend klein ist, um Markteintritt abzuwehren.[167] Ob „hit and run" bei freiem Marktzugang möglich ist, hängt deshalb in kritischer Weise von T ab. Wenn man berücksichtigt, dass T nicht ausschließlich technologisch determiniert sein dürfte, sondern von den alten Firmen beeinflusst werden kann, dann liegt es nahe, davon auszugehen, dass angesichts eines drohenden „hit and

---

[165] Eine sehr kritische Würdigung der Voraussetzungen der Theorie bestreitbarer Märkte findet sich bei MARTIN (1993), Kap. 11. Eher optimistische oder wohlwollende Betrachtungen halten BAUMOL ET AL. sowie BAILEY (1981) und BAILEY UND BAUMOL (1984) bereit. Auch TIROLE (1988) kommt zu einer wohlwollenderen Beurteilung als MARTIN (1993).

[166] Ansonsten macht „hit and run" keinen Sinn.

[167] Vgl. dazu SCHWARTZ (1986), MARTIN (1993) S. 302 ff.

run" Wettbewerbs die alten Firmen Strategien entwickeln werden, mit deren Hilfe sie T hinreichend klein machen können.[168]

Es existiert allerdings eine Strategie, mit der potentielle Wettbewerber den möglichen Vergeltungsmaßnahmen der alten Firmen entgehen können. Diese Strategie besteht darin, vor Markteintritt mit den Nachfragern langfristige Lieferverträge abzuschließen, in denen sich die neuen Firmen verpflichten, zu einem niedrigeren Preis zu liefern als die alten. Lassen sich die Nachfrager auf eine solche Bindung ein, haben die alten Firmen tatsächlich kaum eine Möglichkeit, adäquat auf den Markteintritt zu reagieren. Man muss allerdings fragen, warum die Nachfrager einen solchen langfristigen Liefervertrag unterschreiben sollten? Wenn die Anzahl der Nachfrager sehr groß ist, dürfte niemand ein Interesse an einem solchen Vertrag haben. Zwar wird durch langfristige Lieferverträge ein geringerer Preis erreichbar, weil sie den Markteintritt der neuen Firmen möglich machen, aber aus Sicht eines einzelnen Nachfragers ist es rational, darauf zu vertrauen, dass der Marktzutritt unabhängig von seinem individuellen Verhalten ist. Wir haben es mit einem Gefangenen-Dilemma auf Seiten der Nachfrager zu tun. Markteintritt würde alle besser stellen, aber für den Einzelnen ist es beste Strategie, sich nicht zu binden, um gegebenenfalls die „Kampfpreise" der alten Firmen nutzen zu können.

Eine ausgesprochen kritische Annahme der Theorie bestreitbarer Märkte ist die *vollkommene Abwesenheit von sunk costs*. Nur wenn der Markteintritt keinerlei sunk costs verursacht, kann damit gerechnet werden, dass ein bestreitbarer Markt entsteht. Der Grund dafür ist relativ leicht einzusehen. Sunk costs lassen sich auch dann nicht vermeiden oder wiedergewinnen, wenn die Geschäftstätigkeit eingestellt wird, das Unternehmen also aus dem Markt ausscheidet. Sunk costs sind bei Markteintritt angefallen und ihre Höhe ist ab diesem Zeitpunkt unabhängig von dem Verhalten der Firma. Das aber bedeutet, dass diese Kosten nicht mehr Bestandteil der *Opportunitätskosten* für das im Markt befindliche Unternehmen sind. Nehmen wir an, dass der Eintritt in einen Markt sunk costs in Höhe von 10 Mio. DM verursacht. Eine Firma, die diese Kosten bereits erbracht hat, kann dann im Laufe der Zeit einen Gewinn (eine Rente) erzielen, deren Barwert 10 Mio. DM beträgt, ohne dass dadurch der Eintritt neuer Firmen provoziert wird. Effizient ist ein bestreitbarer Markt aber nur bei Grenzkostenpreissetzung – und die ist mit einem solchen Gewinn nicht vereinbar. Folglich schließen sich sunk costs und perfekt bestreitbare Märkte aus.

Darüber hinaus wirken sunk costs als Marktzugangsbarriere. Dies gilt deshalb, weil sie in einem gewissen Sinne eine Markt*austrittsbarriere* für den bereits im

---

[168] Dabei ist es nicht unbedingt notwendig, tatsächlich die Voraussetzungen für eine rasche Preisanpassung zu schaffen. Es reicht, nach außen zu signalisieren, dass man in der Lage ist, schnell zu reagieren. Diese Drohung ist glaubwürdig, denn schnelle Preisreaktion ist eine rationale Strategie für alte Firmen. Insofern sind die Voraussetzungen für einen „Bluff" nicht schlecht.

Markt befindlichen Monopolisten darstellen. Folgende Überlegung macht diesen Punkt klar:

Die Fixkosten, die bei einem Markteintritt anfallen, dürften in aller Regel sowohl reversible als auch irreversible (versunkene) Bestandteile aufweisen. Beispielsweise sind die für einen Fuhrpark aufgewendeten Kosten nur zu einem Teil versunken, denn Autos lassen sich relativ problemlos auf einem Zweitmarkt weiterveräußern. Dafür sind die Marketingaufwendungen für die Einführung eines Produktes zu 100% versunkene, irreversible Kosten. Bezeichnen wir mit RDK die reversiblen Durchschnittskosten und mit TDK die langfristigen Totaldurchschnittskosten. Gehen wir weiterhin von fallenden Durchschnittskosten aus:

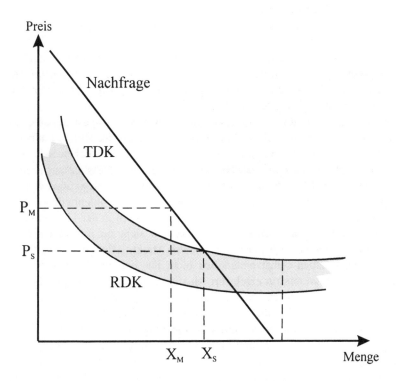

Abbildung 54: Die Wirkung von sunk costs bei fallenden Durchschnittskosten

Nehmen wir an, dass die im Markt befindliche Firma den Preis P_M wählt und die Menge X_M anbietet. In diesem Fall realisiert sie eine Monopolrente in Höhe von $X_M (P_M - TDK(X_M))$. Eine solche Rente lockt natürlich Wettbewerber an. Auf den ersten Blick ist es ein Leichtes, den Monopolisten zu verdrängen, denn wenn ein Newcomer die optimale Kapazität wählt, dann kann er zu den gleichen Durchschnittskosten produzieren wie der Monopolist und beispielsweise die Preis-Mengen-Kombination (P_S, X_S) wählen, mit der er den Monopolisten unterbieten würde. Wie wird dieser auf eine solche Herausforderung reagieren? Wird er aus dem Markt ausscheiden, weil er nur noch dann mit einem Absatz seiner Produkte rechnen kann, wenn er einen Preis < TDK wählt? Sicherlich nicht, denn wenn er einen Preis wählt, der zwischen TDK und RDK liegt, dann realisiert er zwar einen Verlust, aber er kann zumindest einen Teil der Kosten erwirtschaften, die er auch dadurch nicht vermeiden kann, dass er aus dem Markt ausscheidet. Die Existenz irreversibler Kosten hält ihn vom Marktaustritt ab, weil es bei Existenz solcher Kosten rational ist, auch dann noch im Markt zu bleiben, wenn Verluste entstehen. Das aber bedeutet, dass ein Newcomer nicht damit rechnen kann, durch den Markteintritt einen Gewinn zu machen. Der Monopolist wird sich wehren, und zwar in einer Weise, bei der der Newcomer notwendig Verluste erleidet. Rationalität des Newcomers vorausgesetzt, wird dieser den Verlust antizipieren und gar nicht erst in den Markt eintreten.

Die Ursache dafür, dass der Markteintritt abgewehrt werden kann, besteht in der Asymmetrie zwischen dem Monopolisten und dem Newcomer, die durch die sunk costs entsteht: Eine alte Firma, die die sunk costs bereits erbracht hat, braucht diese Kosten nicht mehr zu berücksichtigen, denn es sind keine Opportunitätskosten. Anders verhält es sich bei potentiellen Newcomern. Sie stehen vor der Entscheidung, ob sie die Kosten, die bei Markteintritt fällig werden, „versenken" sollen oder nicht, d.h. für sie ist die TDK-Kurve relevant. Angesichts eines Monopolisten, der auch dann noch im Markt bleibt, wenn er einen Preis realisiert, der unter TDK liegt, dürfte dem Newcomer die Lust zu einem solchen Schritt vergehen. Der entscheidende Punkt ist: Die Existenz von sunk costs hat zur Folge, dass die alte Firma *glaubhaft* damit drohen kann, dass sie jeden Newcomer unterbieten und ihm Verluste beibringen wird. Die Folge ist, dass der potentielle Wettbewerb nicht stattfindet, der Wettbewerb um den Markt ist nicht in der Lage, den fehlenden Wettbewerb im Markt zu ersetzen, es kommt nicht zur Entstehung eines bestreitbaren Marktes, sondern zur Entfaltung von Marktmacht durch die alte Firma.

Sunk costs haben selbstverständlich nicht nur bei subadditiven Kosten zur Folge, dass der Markteintritt erschwert wird, aber im Falle des natürlichen Monopols macht sich die durch Irreversibilitäten geschaffene Marktzugangsbarriere besonders bemerkbar. Für die Theorie bestreitbarer Märkte ist die Existenz von sunk costs fatal. Aus diesem Grund wird die Frage wichtig, ob sunk costs eine häufig anzutreffende Erscheinung sind oder eher ein „pathologischer Fall". Um diese Frage beantworten zu können, muss man zunächst etwas genauer angeben, wann man von sunk costs sprechen kann. Die diesbezüglichen Einschätzungen sind leider nicht einheitlich. Insbesondere fällt die Abgrenzung zwischen fixen Kosten und sunk costs unterschiedlich aus. Fixe Kosten (das ist unstrittig) sind solche Kosten, die unabhängig von der Produktionsmenge sind. Im Allgemeinen wird allerdings davon ausgegangen, dass fixe Kosten dann nicht mehr anfallen, wenn die Produktion eingestellt wird, weil sich die fixen Kosten zurückgewinnen lassen. Insofern handelt es sich *nicht* um sunk costs! Aber: TIROLE weist darauf hin, dass für eine gewisse Frist alle fixen Kosten auch versunken sind. Dies ist insofern richtig, als es kaum möglich sein dürfte, bei Produktionseinstellung alle fixen Kosten sofort zu vermeiden bzw. zurückzugewinnen: Gebäude müssen erst umgebaut und dann verkauft werden, Arbeitsverträge laufen noch gewisse Zeit weiter etc. In diesem Sinne ist TIROLE zuzustimmen, wenn er behauptet „*The distinction between 'fixed costs' and 'sunk costs' is one of degree, not of nature.*" (S. 308).

Man muss sich allerdings fragen, wie sinnvoll eine solche „unscharfe" Abgrenzung der beiden Kostenbegriffe ist. Im Hinblick auf die Wirkung von sunk costs ist es wohl einfacher, sich auf den polaren Fall zurückzuziehen, in dem die Kosten für immer versunken sind und nicht nur für eine bestimmte Zeit.

Wie häufig sind solche definitiv versunkenen Kosten? BAUMOL ET AL. (1983), (S. 494) machen auf einen Punkt aufmerksam, der sunk costs zu einer allgegenwärtigen Erscheinung werden lässt: Jede Produktion ist mit dem Einsatz von Kapitalgütern verbunden und fast jede Produktion benötigt physisches Kapital, das der Abnutzung unterliegt. Betrachtet man den Teil der Kosten als versunken, der durch Einstellung der Produktion auf Dauer nicht zurückgewonnen werden kann, dann zählt auch der Wertverlust solcher Kapitalgüter dazu, der sich berechnet als Differenz zwischen Neupreis und dem Preis, der sich auf einem Gebrauchtgütermarkt realisieren lässt. Da letzterer immer kleiner ist als ersterer, ist jeder Einsatz physischen Kapitals mit sunk costs verbunden.

Aber auch andere Kosten, die durch Marktaustritt nicht zurückgewinnbar sind, lassen sich so gut wie nicht vermeiden: Bevor ein Unternehmen in einen Markt eintritt, muss es Informationen über diesen Markt beschaffen, und das verursacht Kosten, die zweifellos als versunken gelten müssen. Ganz ähnlich verhält es sich mit Aufwendungen für Werbung. Ein Markteintritt setzt voraus, dass die Nachfrager darüber informiert werden, dass nunmehr ein neuer Anbieter am Markt tätig ist. Auch diese Informationsleistung ist alles andere als kostenlos und auch diese Kosten müssen als sunk costs begriffen werden. Die Höhe solcher sunk costs ist nicht unabhängig vom Verhalten der bereits im Markt befindlichen Firmen. Informationsdefizite der Kunden können dazu führen, dass es zu habitualisiertem Kaufverhalten kommt, das durch intensive Werbung verstärkt werden kann. Wird massiv Werbung betrieben, so sind Newcomer gezwungen zumindest mitzuhalten, um überhaupt von den Kunden wahrgenommen zu werden. Selbst wenn ihnen dies gelingt, müssen sie versuchen Nachfrage von den etablierten Firmen dadurch abzuziehen, dass sie zumindest teilweise unter Kosten verkaufen (Einführungsangebote!). Auch die damit einhergehenden Verluste sind natürlich irreversibel. Weitere Beispiele für kaum zu vermeidende sunk costs sind Forschungs- und Entwicklungskosten für Innovationen, die nur auf einem speziellen Markt von Wert sind, oder spezifische Managementfähigkeiten, die nur auf einem einzigen Markt angewendet werden können.

Fassen wir unsere Überlegungen zusammen, so können wir uns getrost STEPHEN MARTIN anschließen, der zu dem Ergebnis kommt: „*In short, sunk costs are ubiquitous for real world firms.*" (S. 307).

Die Theorie bestreitbarer Märkte ist angetreten um zu zeigen, dass fehlender Wettbewerb – sei es im Falle oligopolistischer Märkte, sei es im Falle natürlicher Monopole – ersetzt werden kann durch den potentiellen Wettbewerb, den Wettbewerb *um* den Markt. Wäre sie damit erfolgreich gewesen, hätte dies erhebliche Folgen gehabt. Die Reichweite der Effizienzbehauptung, die für Wettbewerbsmärkte erhoben werden kann, wäre erheblich erweitert worden und die Notwendigkeit staatlichen Handelns im Falle subadditiver Kostenstruktur wäre deutlich reduziert. Aber man muss letztlich zu dem Schluss kommen, dass die Theorie bestreitbarer Märkte ihrem Anspruch nicht gerecht werden kann, weil die Voraussetzungen, die zumindest für perfekt bestreitbare Märkte erfüllt sein müssen, in der Realität kaum anzutreffen sind. Welchen Wert hat die Theorie angesichts dieses Resultates? Sollte sie als fehlgeschlagener Versuch ad acta gelegt werden? Damit würde man das Kind mit dem Bade ausschütten, denn trotz der notwendigen Einschränkungen hinsichtlich der Anwendbarkeit der Theorie leistet sie dennoch einen wertvollen Beitrag.

Zunächst muss man sich klarmachen, dass die Tatsache, dass es kaum perfekt bestreitbare Märkte geben dürfte, nicht bedeutet, dass potentieller Wettbewerb nicht existiert oder keinerlei Wirkung hat. Auch wenn sunk costs allgegenwärtig sind, muss das nicht heißen, dass sie in jedem Fall hinreichend hoch sind, um die geschilderten Marktzugangsbarrieren zu schaffen. Auch wenn „hit and run" Wettbewerb nicht perfekt durchführbar ist – beispielsweise weil die alten Firmen schnell reagieren oder Markteintritt zu sunk costs führt, bedeutet dies ebenfalls nicht, dass die Drohung eines solchen Wettbewerbs nicht dennoch glaubwürdig sein kann und bei den alten Firmen Wirkung zeigt. Relativiert man die Aussagen der Theorie bestreitbarer Märkte in dieser Weise, erscheint sie durchaus nicht „irrelevant". Außerdem kann man die Erkenntnis, dass Markteintrittsbarrieren eine Rolle spielen, auch umkehren: Damit wird klar, dass Regulierungsbedarf nur dann besteht, *wenn* nachgewiesen werden kann, dass solche Barrieren existieren. Kollektiver Handlungsbedarf entsteht dann, wenn Monopole resistent sein können, weil sie a) subadditive Kostenstrukturen aufweisen und b) hohe Irreversibilitäten Markteintrittsbarrieren schaffen, die eine Bestreitbarkeit des Marktes verhindern.

Darüber hinaus besteht der Wert der Theorie bestreitbarer Märkte darin, dass sie sich dazu benutzen lässt, Hinweise für eine möglichst sinnvolle Regulierungspolitik abzuleiten. So macht die Theorie beispielsweise deutlich, dass staatliche Intervention im Falle natürlicher Monopole darin bestehen kann, den betreffenden Markt so „bestreitbar" wie möglich zu machen. Die Instrumente, die dazu notwendig sind, liefert die Theorie gleich mit: Es gilt, Marktzugangs- und Marktaustrittsbarrieren zu beseitigen, um so den potentiellen Wettbewerb zur Entfaltung kommen zu lassen. Eine andere, sehr wichtige Implikation ergibt sich für Güter, deren Produktion mit hohen sunk costs verbunden ist. Die Empfehlung an den politisch Handelnden lautet: Führe die Investitionen, die zu sunk costs werden, selbst durch und überlasse den bestreitbaren Restmarkt privaten Unternehmen. Ein gutes Beispiel für solche Strategien sind leitungsgebundene Angebote: Die Theorie bestreitbarer Märkte macht klar, dass beispielsweise beim Kabelfernsehen kaum mit einem potentiellen Wettbewerb gerechnet werden kann, wenn die Betreibung des Netzes nicht von der Installation des Netzes getrennt wird. In der Erde verlegte Kabel sind im wahrsten Sinne des Wortes versunken und wenn ein Anbieter ein Kabelnetz selbst erstellen muss, erzeugt dies sunk costs, die mit Sicherheit geeignet sind, jeden Markteintritt abzuwehren. Übernimmt jedoch der Staat die Bereitstellung des Netzes und überlässt die Betreibung dieses Netzes privaten Firmen, kann zumindest mit potentiellem Wettbewerb gerechnet werden und folglich mit effizientem Anbieterverhalten.

Die Theorie bestreitbarer Märkte löst damit nicht das Problem natürlicher Monopole. Jedenfalls nicht in dem Sinne, dass sie zeigt, dass solche Monopole viel seltener sind, als man ursprünglich dachte. Aber sie liefert Hinweise darauf, was zu tun ist, wenn ein natürliches Monopol existiert. Nur in vergleichsweise seltenen Fällen dürfte die Bestreitbarkeit eines Marktes die Regulierung bzw. die Intervention des Staates gänzlich überflüssig machen. Nur in diesen seltenen Fällen übernimmt der potentielle Wettbewerb die Funktion des Wettbewerbs im Markt. Heißt das, dass in jedem anderen Fall, also immer dann, wenn (i) economies of scale oder scope bzw. subadditive Kosten vorliegen, (ii) keine Demsetz-Versteigerung durchgeführt wird bzw. durchgeführt werden kann und (iii) die Voraussetzungen für einen bestreitbaren Markt nicht erfüllt sind, staatliche Regulierung unumgänglich ist? Es gibt noch einen dritten Weg, auf dem die Notwendigkeit zur Regulierung umgangen werden kann, weil es auch ohne staatliche Intervention zu einem Second-best Resultat kommt: die sogenannte *monopolistische Konkurrenz*.

7.2.6 Monopolistische Konkurrenz

Auf den ersten Blick ist der Begriff „monopolistische Konkurrenz" ein Widerspruch in sich. Ist nicht ein Monopol gerade durch die Abwesenheit von Konkurrenz charakterisiert? Nicht ganz! Bei der Behandlung des Monopols haben wir bereits darauf hingewiesen, dass sich auch ein Monopolist fast immer einer Substitutionskonkurrenz ausgesetzt sieht. Auch wenn ein Unternehmen als einziges in der Lage ist, ein bestimmtes Gut anzubieten (z. B. Aspirin), so existieren dennoch ähnliche Güter, die in einer substitutionalen Beziehung zu diesem monopolistischen Gut stehen (z. B. andere Schmerzmittel).

In einem Markt, in dem monopolistische Konkurrenz herrscht, bieten die Firmen Güter an, die in einer durchaus engen substitutionalen Beziehung stehen können, die aber dennoch voneinander unterscheidbar bleiben. Dafür sorgen die Anbieter, indem sie Produktdifferenzierung betreiben. Die Differenzierung von Produkten kann durch die verschiedensten Maßnahmen erreicht werden. Eine besonders verbreitete ist die Schaffung einer „Marke". Das Waschmittel einer bestimmten Marke kann von einer anderen Firma nicht kopiert werden. Selbst wenn die chemische Zusammensetzung des Pulvers der Firma x identisch ist mit der Zusammensetzung von „Persil", kann Firma x dennoch nicht „Persil" anbieten. Diese Exklusivität verschafft den Markenanbietern so etwas wie eine Monopolstellung – allerdings eine, die nur wenig Aussicht auf eine Monopolrente bietet, denn bei freiem Marktzutritt werden sich genug andere Markenanbieter finden, die den Preissetzungsspielraum des „Monopolisten" begrenzen.

Das Einzige, was ein solcher Monopolist mit einem „reinen Monopolisten", der keinerlei Substitutionskonkurrenz fürchten muss, gemeinsam hat, ist eine fallende konjekturale Nachfragekurve. Die in Abbildung 55 angegebene Nachfrage ist die, mit der sich ein Monopolist bei gegebenen Preisen seiner (Substitutions-) Wettbewerber konfrontiert sieht.

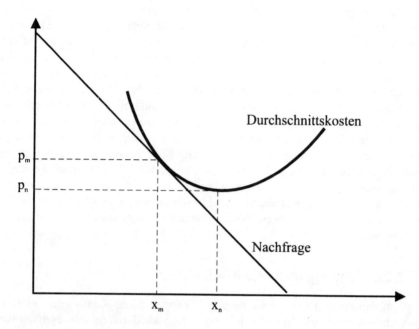

Abbildung 55: Monopolistische Konkurrenz

Die Abbildung 55 beschreibt eine Industrie-Konfiguration, die auf CHAMBERLIN (1933) zurückgeht und die üblicherweise zur Charakterisierung monopolistischer Konkurrenz verwendet wird. Ihre drei wesentlichen Elemente sind:

> Alle Firmen sind mit einer fallenden konjekturalen Nachfrage konfrontiert.

> Keine Firma realisiert einen (Extra-) Gewinn, d.h. alle decken lediglich ihre Kosten.

> Der Preis, den eine Firma verlangt, hat auf die Nachfrage nach den Produkten der anderen Firmen nur einen vernachlässigbaren Einfluss.

Die Null-Gewinn-Bedingung folgt unmittelbar aus der Voraussetzung, dass Marktzugang uneingeschränkt möglich ist. Solange einzelne Firmen noch einen Monopolgewinn realisieren, werden andere in den Markt eintreten und Produkte anbieten, die enge Substitute der gewinnbringenden „Marken" sind. Das verringert natürlich die Nachfrage nach den ehemals gewinnträchtigen Marken. Dieser Prozess dauert so lange an, bis die Null-Gewinn-Bedingung erfüllt ist. Die daraus resultierende Preis/Mengenkombination der einzelnen Anbieter kann aus Abbildung 55 abgelesen werden. Es ist vorausgesetzt, dass die Durchschnittskosten den üblichen U-förmigen Verlauf aufweisen. Die einzelne Firma wird den Angebotspunkt realisieren, in dem die DK-Kurve gerade Tangente an der Nachfragekurve ist, denn das ist der einzige Punkt, in dem sie keinen Verlust erleidet. Bei jeder anderen Preis/Mengenkombination übersteigen die Durchschnittskosten den Preis.

Die Abbildung zeigt außerdem, dass sich das monopolistische Angebot tatsächlich von dem First-best Angebot in einem „echten" Konkurrenzmarkt unterscheidet. In einem solchen Wettbewerbsmarkt wäre die konjekturale Nachfrage horizontal, und das bedeutet, dass die DK-Kurve die Nachfragekurve im Punkt (x_n, p_n) berührt – also in dem Punkt, in dem die Durchschnittskosten ihr Minimum erreichen.[169]

Wir wollen die Marktform der monopolistischen Konkurrenz an dieser Stelle nicht weiter allgemein diskutieren, sondern uns auf ihre Bedeutung im Hinblick auf die Regulierung natürlicher Monopole beschränken.[170] Kann man sich vorstellen, dass „natürliche Monopolisten" in eine monopolistische Konkurrenz geraten, die sie zu einem Second-best Verhalten (Preis = Durchschnittskosten) zwingt und deshalb kollektives Handeln überflüssig macht? Eine solche Vorstellung ist in manchen Fällen keineswegs unrealistisch. Beispielsweise haben wir es im Verkehrsbereich mit Industrien zu tun, die durchaus als natürliche Monopole gelten können. Eisenbahnen lassen sich nur betreiben, wenn erhebliche Vorleistungen erbracht werden, die darüber hinaus den Charakter von sunk costs haben. Ähnlich verhält es sich mit dem Bau von Flughäfen als Vorleistung für den Flugbetrieb und mit dem Bau von Straßen und Kanälen für LKW- und Schiffsverkehr. Die Notwendigkeit einer Regulierung dieser Bereiche ist vielfach betont worden. In Deutschland wurde beispielsweise die Eisenbahn lange Zeit durch ein öffentliches Unternehmen betrieben. Ob im Verkehrssektor Regulierungsbedarf besteht oder Potential für Deregulierungen steckt, kann unter verschiedenen Aspekten untersucht werden. Einer dieser Aspekte besteht in der ausgeprägten Substitutionskonkurrenz zwischen den verschiedenen Verkehrsträgern. Angenommen, die Eisenbahn würde durch einen privaten Monopolisten betrieben. Welchen Preissetzungsspielraum hätte ein solcher Anbieter? Angesichts der starken Konkurrenz durch Auto und Flugzeug dürfte dieser Spielraum nicht sehr groß sein. Ob der Druck der Substitutionskonkurrenz ausreicht, um Durchschnittskostenpreise zu erzwingen, ist dabei allerdings eine offene Frage.

---

[169] Der Leser sollte sich an dieser Stelle klarmachen, dass in diesem Punkt die Durchschnittskosten gleich den Grenzkosten sind, es also zu Grenzkostenpreisen kommt.

[170] Für eine allgemeine Diskussion vgl. TIROLE (1988), Kap. 7.2 sowie die dort angegebene Literatur.

7.2.7 Schlussfolgerungen für den Regulierungsbedarf

Die traditionelle Sichtweise des natürlichen Monopols hat auf die Frage, wann staatliche Regulierung notwendig ist, eine recht einfache Antwort geliefert: Wann immer ein natürliches Monopol vorliegt, und das hieße, wann immer economies of scale existieren, erschien kollektives Handeln notwendig zu sein. Die Überlegungen bezüglich der moderneren Sichtweisen, die wir bisher angestellt haben, liefern ein sehr viel differenzierteres Bild, das an dieser Stelle noch einmal zusammenfassend skizziert sei.

Notwendige Voraussetzung dafür, dass Regulierungsbedarf diagnostiziert werden kann, ist, dass die Kostenstruktur subadditiv ist, d.h. die langfristig optimale (weil kostenminimierende) Kapazität muss im Vergleich zur Marktnachfrage relativ groß sein. Ist dies der Fall, d.h. kann ein einzelner Anbieter den Markt immer zu geringeren Kosten versorgen als mehrere Anbieter, ist damit allerdings noch nicht automatisch die Notwendigkeit zur Regulierung verbunden. Regulierung ist dann notwendig, wenn die Second-best-Allokation, d.h. ein Angebot zu Durchschnittskosten, mit erheblichen Wohlfahrtsverlusten einhergeht. Ist dies nicht der Fall, muss geprüft werden, ob die Möglichkeit besteht, die Second-best-Lösung ohne staatlichen Eingriff zu realisieren. Dies kann durch eine Demsetz-Versteigerung geschehen, dadurch, dass der Markt bestreitbar ist, oder dadurch, dass es zu einer monopolistischen Konkurrenz kommt. Sind alle diese Möglichkeiten nicht gegeben, d.h. ist nicht damit zu rechnen, dass es zu einer Second-best-Lösung kommt, die in der Nähe der First-best-Lösung liegt, entsteht dadurch wiederum Regulierungsbedarf. Die Abbildung 55, die weitgehend der Abbildung 23.6 bei BRAEUTIGAM entspricht, fasst diese Überlegung noch einmal zusammen.

Wir haben uns bisher mit der Frage befasst, *wann* ein natürliches Monopol vorliegt und wann der dabei auftretende *Wohlfahrtsverlust* hinreichend groß ist, um staatliche Eingriffe zu rechtfertigen. Wir haben bisher noch nichts darüber gesagt, *wie* eine solche Regulierung aussehen könnte. Dieses Versäumnis wird im folgenden Abschnitt nachgeholt.

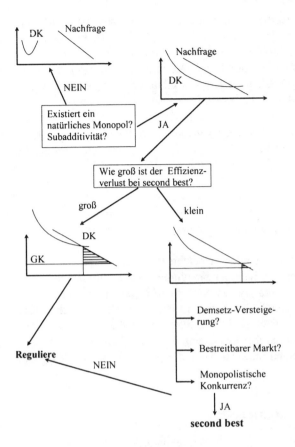

Abbildung 56: Regulierung natürlicher Monopole

7.3 REGULIERUNGSSTRATEGIEN

Die Charakterisierung rationaler Wirtschaftspolitik erschöpft sich im Idealfall nicht darin, die Fälle zu charakterisieren, in denen kollektives Handeln erforderlich ist, also anzugeben, *wann* Wirtschaftspolitik notwendig ist, sondern schließt auch eine Antwort auf die Frage ein, *wie* solches Handeln aussehen sollte. Im vorliegenden Fall bedeutet das, dass wir uns über die Art und Weise Gedanken machen müssen, in der ein Planer regulierend in die Preisbildung eines natürlichen Monopolisten eingreifen soll. Dass ein solcher Eingriff kollektiv rational ist, wenn ein nicht bestreitbares Monopol vorliegt, dürfte unsere Betrachtung gezeigt haben, denn in einem solchen Fall würde unregulierte Preisbildung notwendig zu Effizienzverlusten führen.

Auf den ersten Blick ist die Frage, wie ein Planer mit natürlichen Monopolen verfahren soll, leicht zu beantworten. Schließlich ist das Ziel der Politik klar (Pareto-Effizienz) und das dazu probate Mittel bekannt (Grenzkostenpreise). Bei näherem Hinsehen zeigen sich allerdings Probleme, und zwar in zweierlei Hinsicht. Einerseits ist in den meisten Fällen die Kostenstruktur erheblich komplexer, als wir es in unserem einfachen Modell dargestellt haben, so dass nicht immer klar ist, wie die optimale Preissetzung aussieht. Andererseits sind wir in unserer bisherigen Betrachtung immer von einer Welt ausgegangen, in der alle notwendigen Informationen bekannt waren. In der Realität ist aber kaum anzunehmen, dass der Planer beispielsweise die Grenz- und Durchschnittskostenverläufe des zu regulierenden Unternehmens genau kennt. Es ist weiterhin kaum anzunehmen, dass er von den Managern des zu regulierenden Unternehmens ohne weiteres die benötigte Information erhält, denn für die „Insider" in einer regulierten Firma bestehen massive Anreize, die Monopolstellung ihres Unternehmens zum eigenen Vorteil auszunutzen.

Wir werden im Folgenden beiden Aspekten Rechnung tragen. Zunächst, indem wir von eigennützigen Motiven der beteiligten Regulierungsstellen und Manager vollkommen abstrahieren. Im zweiten Schritt werden wir uns dann mit „praktischen" Regulierungsmethoden befassen, bei denen die Tatsache, dass die Regulierungsbehörde eben nicht im Besitz aller notwendiger Informationen ist, berücksichtigt wird und wir darüber hinaus von der Vorstellung Abschied nehmen, Politiker und Manager hätten ausschließlich die gesellschaftliche Wohlfahrt im Sinn.

7.3.1 Preisdiskriminierung

Wir wollen unsere Betrachtung mit dem einfachsten Fall beginnen, nämlich mit einem „klassischen" natürlichen Einprodukt-Monopol, wie es in der Abbildung 48 dargestellt wurde. Um es zu wiederholen: In diesem Fall ist der Grenzkostenpreis derjenige, der eine First-best-Lösung erlaubt und der Durchschnittskostenpreis erzeugt eine Second-best-Lösung, d.h. er maximiert den sozialen Überschuss unter der Nebenbedingung, dass das im Markt agierende Unternehmen keinen Verlust macht. Nehmen wir nun einmal an, dass der Effizienzverlust, der mit einem Durchschnittskostenpreis einhergeht, sehr groß ist. Besteht in einem solchen Fall die Möglichkeit, einen Preis zu wählen, der First-best erzeugt, ohne dass der Monopolist einen Verlust erleidet? Die Frage muss zunächst unverständlich erscheinen, denn dass ein solcher Preis *nicht* existiert, sagt ja gerade das Second-best Resultat. Aber die Frage macht dann Sinn, wenn wir zulassen, dass es mehr als einen Preis für das Gut geben darf, d.h. wenn wir dem Monopolisten erlauben, *Preisdiskriminierung* zu betreiben.

Preisdiskriminierung liegt dann vor, wenn unterschiedliche Konsumenten des Gutes unterschiedliche Preise entrichten müssen. Im Normalfall ist eine solche Diskriminierung zwischen den Konsumenten nicht möglich, denn sie ist an verschiedene, kaum erfüllbare Bedingungen geknüpft. So kann sie nur dann erfolgen, wenn die Zahlungsbereitschaften der Konsumenten bekannt sind, und sie setzt voraus, dass es den Konsumenten des Gutes nicht möglich ist untereinander Tauschgeschäfte abzuschließen. Ist die zweite Bedingung nicht erfüllt, würde es zu Arbitrage kommen: Die Konsumenten, die das Gut zu einem niedrigeren Preis gekauft haben, würden es denjenigen zum Kauf anbieten, die eine höhere Zahlungsbereitschaft als sie selbst haben. Auf diese Weise entstünde ein Handel, bei dem sich letztlich wieder ein einziger Preis herausbildet. Damit Preisdiskriminierung möglich ist, muss darum der Wiederverkauf des Gutes ausgeschlossen sein.

Warum sind differenzierte Preise ein Mittel, mit dem First-best erzeugt werden kann? Die folgende Abbildung zeigt, wie Preisdiskriminierung wirkt:

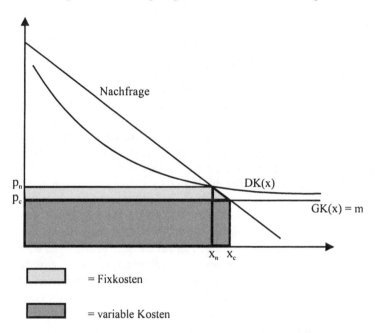

Abbildung 57: Preisdiskriminierung

Wir gehen davon aus, dass der Wiederverkauf des Gutes ausgeschlossen werden kann und dass der Planer in der Lage ist zu unterscheiden, ob ein Konsument eine Zahlungsbereitschaft besitzt, die größer ist als p_n oder nicht. Alle diejenigen, die bereit sind, mehr als p_n zu zahlen, müssen den Preis p_n entrichten, zu dem die Menge x_n abgesetzt wird. Die Erlöse aus diesen Verkäufen decken die gesamten Kosten, die bei der Produktion von x_n anfallen, also *auch die Fixkosten*! Alle Konsumenten, die eine Zahlungsbereitschaft besitzen, die zwar kleiner als p_n ist, aber größer als p_c, müssen den Grenzkostenpreis $p_c = m$ entrichten. Zu diesem Preis wird die Menge $(x_c - x_n)$ abgesetzt. Die Erlöse aus diesen Verkäufen $p_c (x_c - x_n)$ decken gerade die variablen Kosten, die bei der Produktion dieser Menge anfallen. Damit werden aber bei dem gespaltenen Preis (p_n, p_c) die gesamten Produktionskosten $K(x_c)$ gedeckt, d.h. es entsteht kein Verlust, und die resultierende Allokation ist First-best. Der soziale Überschuss entspricht demjenigen, der bei Grenzkostenpreis p_c entstehen würde, und er fällt ausschließlich in Form von Konsumentenrente an.

Die Anforderungen an die Informiertheit des Planers halten sich bei der vorgestellten Preisdifferenzierung in Grenzen: Er muss „nur" unterscheiden können, ob jemand bereit ist, p_n zu entrichten oder nicht. Allerdings ist dies nicht die einzige Möglichkeit, Preisdiskriminierung zu benutzen, um First-best Resultate zu erzielen. Genau genommen ist es sogar ein extremer Fall, denn es fällt ausschließlich Konsumentenrente an. Das andere Extrem besteht darin, dass der Monopolist jedem Konsumenten gerade den Preis abverlangt, der seiner Zahlungsbereitschaft entspricht. Auf diese Weise ist er in der Lage, die gesamte Konsumentenrente abzuschöpfen. Selbstverständlich würde er dabei keinen Verlust erleiden, sondern eine erhebliche Produzentenrente erzielen. Er würde insgesamt die Menge x_c anbieten, denn solange die Zahlungsbereitschaft des „marginalen" Konsumenten noch über den Grenzkosten liegt, lohnt sich die Ausdehnung des Angebots. Im Ergebnis würde wiederum eine First-best-Lösung resultieren, allerdings mit einem anderen Verteilungsergebnis als in dem oben skizzierten Fall: Diesmal streicht der Anbieter die gesamte Rente ein.

Um mittels Preisdiskriminierung die Konsumentenrente vereinnahmen zu können, müsste der Monopolist in der Lage sein, die Zahlungsbereitschaften der Konsumenten direkt zu beobachten. Dies ist eine weitaus höhere Anforderung an die Informiertheit desjenigen, der die Preissetzung betreibt, als im ersten Fall, in dem nur zwischen solchen Konsumenten unterschieden werden musste, die mehr oder weniger als die Durchschnittskosten zu zahlen bereit gewesen wären. Aber selbst diese geringe Anforderung ist kaum zu erfüllen, denn die Zahlungsbereitschaft steht den Menschen nun einmal nicht auf der Stirn geschrieben und rationale Konsumenten werden natürlich nicht ohne weiteres bereit sein, eine hohe Zahlungsbereitschaft anzugeben, wenn sie wissen, dass dann der Preis, den sie entrichten müssen, steigt. Man kann sich deshalb zu Recht fragen, wann Preisdiskriminierung in der Praxis überhaupt eingesetzt werden kann. Handelt es sich bei diesem Instrument nicht um eine rein theoretische Lösung, die keinerlei Relevanz für die Regulierungspraxis besitzt?

Wenn das Kriterium, anhand dessen zwischen den Konsumenten diskriminiert werden soll, tatsächlich nur ihre (unbekannte) Zahlungsbereitschaft ist, dann fällt es in der Tat schwer sich vorzustellen, dass eine solche Diskriminierung funktionieren könnte. Anders sieht es allerdings aus, wenn es objektive Unterscheidungsmerkmale gibt, die eine differenzierte Preissetzung erlauben. Beispiele dafür finden sich vielfach in Bereichen, in denen sogenannte Spitzenlastprobleme auftreten. Man denke dabei an die Stromversorgung oder das Telefonnetz. Die Versorgungskapazitäten müssen an den Spitzenlasten orientiert sein und im Idealfall werden den Spitzenlastnachfragern die Kosten für die Vorhaltung der entsprechenden Kapazitäten angelastet. Wenn die Spitzenlast eindeutig zugeordnet werden kann (beispielsweise wenn sie zu bestimmten Zeiten anfällt), dann ist eine Preisdiskriminierung anhand objektiver Kriterien möglich und durchaus effizient.[171] Nachtstromtarife und Telefon-Billigtarife am Wochenende sind Beispiele für diese Form der Preisdiskriminierung.

7.4 REGULIERUNGSPRAXIS BEI UNVOLLSTÄNDIGER INFORMATION [172]

Wie sieht die konkrete Regulierungspraxis aus? Wer wird de facto reguliert? Eine Antwort auf diese Fragen muss berücksichtigen, dass die Regulierungspraktiken in unterschiedlichen Ländern variieren und dass sich die Regulierungspolitik in den letzten Jahren verändert hat, weil es in einigen Ländern erhebliche *Deregulierungsbemühungen* gegeben hat. Im Prinzip lassen sich zwei Politikvarianten unterscheiden. Die erste wird vor allem in den USA praktiziert und besteht in der Kombination aus *privaten Firmen* und *öffentlichen* Kontroll- bzw. Regulierungsbehörden. Dabei darf man diese Behörden (beispielsweise die FEDERAL POWER COMMISSION, die den Energiesektor kontrolliert) nicht mit den entsprechenden Einrichtungen in Deutschland gleichsetzen. Die Regulierungsbehörden sind eher wie Gerichte organisiert, die grundsätzlich öffentlich tagen, vielfach Verhandlungen in Form von Hearings durchführen und die insgesamt eine erhebliche Transparenz herzustellen in der Lage sind. Diese Transparenz der Entscheidungsfindung hat zur Folge, dass ökonomische Aspekte ein vergleichsweise großes Gewicht bei der Regulierungspraxis bekommen, weil der Einflussnahme durch „interessierte Gruppen" (man denke an Politiker, Gewerkschaften etc.) relativ wenig Raum bleibt. Dabei darf man allerdings den Einfluss nicht unterschätzen, den die zu regulierenden Unternehmen auf die Entscheidung der Kommission nehmen können. Der Grund ist einfach: Die Entscheidungsgrundlage besteht notwendigerweise aus Informationen, die das Unternehmen liefert.

Im Unterschied dazu werden in Europa die zu regulierenden Unternehmen gar nicht erst privaten Eigentümern überlassen, sondern a priori als *öffentliche Unternehmen* organisiert. Die konkrete Form, in der das geschieht, ist dabei durchaus offen. Beispielsweise werden viele Versorgungsunternehmen als Aktiengesellschaften betrieben, bei denen die öffentliche Hand die Aktienmehrheit hält. Andere Bereiche werden in Form sogenannter Regiebetriebe organisiert, d.h. hier ist das Versorgungsunternehmen praktisch eine Behörde. Das europäische System hat

---

[171] Die Theorie zur Preisbildung bei Spitzenlastproblemen ist durchaus umfangreich. Wir werden uns diesem Problem hier nicht näher widmen und verweisen auf TRESCH 1981 und BRAEUTIGAM (1989).

[172] Vgl. zu den folgenden Ausführungen: KRUSE (1985), (1987), (1988) sowie NEU/KRUSE (1993).

gegenüber dem amerikanischen den Nachteil, dass es sehr viel stärker in den bürokratischen Kontext der öffentlichen Verwaltung eingebunden ist. Dementsprechend sind auch die Möglichkeiten der Einflussnahme durch die öffentliche Bürokratie entsprechend groß, die Entscheidungen weniger transparent und vorwiegend von verwaltungsjuristischen Grundsätzen determiniert und nicht von ökonomischen. Letztendlich ist für die Regulierung der gewählte Politiker verantwortlich, der seinerseits die Bürokratie mit der Wahrnehmung der praktischen Kontrollfunktion beauftragt. Die Verbindung zwischen Politik und Bürokratie ist aber nicht nur durch die Regulierungsaufgabe bestimmt, sondern umfasst darüber hinaus viele weitere Bereiche. Es ist deshalb nicht verwunderlich, dass die Beziehung zwischen Politik und Behörde relativ eng ist und der Einfluss, den politische Interessengruppen – vor allem die Parteien, die Verbände und die Gewerkschaften – ausüben, sehr groß sein kann. Dass eine solche Konstellation nicht unbedingt zur Effizienzsteigerung beiträgt, liegt daran, dass alle genannten Gruppen eigene Interessen verfolgen. Insbesondere gilt dies für die sogenannten Insider, die Politiker und die Bürokraten, die die entsprechenden Unternehmen führen. Das alles hat allerdings nicht verhindern können, dass in den 90er Jahren erhebliche Fortschritte bei der Deregulierung einzelner Bereiche erzielt wurden. Nahezu alle großen öffentlichen Unternehmen sind von dieser Tendenz erfasst worden. Sowohl die Post, als auch die Bahn, die Stromwirtschaft und die Telekommunikation gehören heute zu mehr oder weniger deregulierten Bereichen. Allerdings ist die Konsequenz, mit der diese Deregulierungspolitik betrieben wurde durchaus unterschiedlich. Währen beispielsweise im Telefonmarkt seit längerer Zeit ein äußerst scharfer Wettbewerb herrscht, fährt die Bahn immer noch mehr oder weniger konkurrenzlos durch die Gegend.

Wir haben bisher bei der Charakterisierung rationaler Politik von den Eigeninteressen der Politiker vollständig abstrahiert. Die geschah in der Absicht, in einem normativen Sinne die prinzipiellen Möglichkeiten rationaler kollektiver Entscheidungen aufzuzeigen. Es ging darum zu zeigen, wie rationale Politik aussehen könnte, und nicht darum zu erklären, wie Politik tatsächlich funktioniert. Bei der folgenden Analyse unterschiedlicher Regulierungsstrategien müssen wir diese Taktik ändern, denn die Interessen der Insider sind für die Wahl der rationalen Regulierungsstrategie von erheblicher Bedeutung. Dies gilt vor allem deshalb, weil (wie das folgende Kapitel zeigen wird) die ideale Regulierung in Form einer einfachen Preiskontrolle an nicht zu lösenden Informationsproblemen scheitert und man deshalb auf zweitbeste Lösungen zurückgreifen muss, bei denen die Insider eine aktive Rolle spielen – und deshalb kann man ihre Interessen in diesem Fall nicht vernachlässigen.

7.4.1 Preisregulierung

Das erste Ziel einer rationalen Regulierungspolitik muss darin bestehen zu verhindern, dass es zu unerwünschten Markteintritten kommt, weil diese zu ineffizient hohen Kapazitäten führen würden. Unsere Überlegungen zum natürlichen Monopol sollten deutlich gemacht haben, dass dazu *im Prinzip* eine reine Preisaufsicht, eine Regulierung über Preiskontrollen ausreichen müsste, und zwar aus folgendem Grund: Wenn die Bedingungen eines natürlichen Monopols erfüllt sind, gibt es zwei Möglichkeiten. Entweder der Markt ist bestreitbar – dann wird es auch ohne Regulierung zu einer Second-best-Lösung (Durchschnittskostenpreise und kein weiterer Markteintritt) kommen – oder der Markt ist wegen hoher Markteintrittskosten (oder anderer Markteintrittsbarrieren) *nicht* bestreitbar. In diesem Fall reicht aber eine Preiskontrolle aus, denn wenn ausschließlich Durchschnittskostenpreise zugelassen werden, dann kann es bei Subadditivität nur zu einem Monopol kommen, d.h. der Eintritt weiterer Anbieter wird mit der Preiskontrolle verhindert.

Im Prinzip müsste sich der Planer aus diesem Grund ausschließlich um den Preis Gedanken machen. Wählt er ihn richtig, ist das Problem des unerwünschten Markteintritts ebenfalls gelöst. Bei der praktischen Umsetzung einer Preiskontrolle stellt sich jedoch unmittelbar das bereits angesprochene Informationsproblem. Woher sollte die Regulierungskommission wissen, wie die tatsächlichen Stückkosten verlaufen, welches die betriebsoptimale Kapazität ist und wie hoch die Grenzkosten sind. Genau diese Informationen benötigte die Kommission jedoch, wollte sie unabhängig von den Informationen, die das zu regulierende Unternehmen liefert, eine Preisvorschrift erstellen. Da dies offensichtlich unmöglich ist, kann sich die Kommission ausschließlich an den Kostendaten orientieren, die sie von den Insidern erhält, bzw. die sie aus der Buchführung entnehmen kann. Das aber bedeutet, dass sich die Preisregulierung an historischen Preisen und Kosten hält, die unter der alleinigen Kontrolle des zu kontrollierenden Unternehmens stehen. Spätestens an dieser Stelle wird deutlich, dass Regulierungsstrategien die Interessen der Insider berücksichtigen müssen, denn diese determinieren letztlich ihre Informationsgrundlage. Welche Folgen dies hat, wird deutlich, wenn man die Anreize betrachtet, die bei einer auf historischen Kostendaten basierenden Preisregulierung für die Insider bestehen.

[1] Da die Kosten, die heute entstehen, den Preissetzungsspielraum für die nächste Periode festlegen, besteht für die Insider *keinerlei Anreiz zur Kosteneffizienz*. Gleichgültig welche Kosten verursacht werden, die Kommission wird sie im Nachhinein zur Grundlage der Preiskalkulation machen. Die Folge ist *technische Ineffizienz* in Form ineffizienter Produktionsverfahren, zu teuer eingekaufter Vorprodukte, etc.

[2] Der Zusammenhang zwischen Kosteninformation und der Preisfestsetzung eröffnet den Insidern einen nicht unerheblichen Spielraum, den sie zur Verfolgung eigener Interessen nutzen können. Solche Interessen können vielfältig sein: Überhöhte Gehälter, ein geruhsamer Arbeitstag, repräsentative Immobilien mit adäquatem Interieur usw.

[3]   Bei Mehrproduktunternehmen kann es zu versteckter Quersubventionierung kommen. Beispielsweise dadurch, dass Gemeinkosten nicht angemessen angelastet werden.

Die Orientierung einer Preiskontrolle an den Kosteninformationen des regulierten Unternehmens eröffnet den Insidern deshalb die genannten Spielräume, weil für die Regulierungsinstanz oftmals nicht zu erkennen ist, ob die ausgewiesenen Kosten angemessen sind oder nicht. Ob es beispielsweise möglich ist, Personal zu niedrigeren Gehältern einzustellen, ist „von außen", d.h. ohne die genauen Qualifikationsanforderungen zu kennen, praktisch unmöglich. Es kann aus diesem Grunde auch nicht verwundern, dass es für die Insider in öffentlichen Unternehmen vielfach lohnender ist, Anstrengungen darauf zu verwenden, die Regulierungsbehörde von der Angemessenheit der Kosten zu überzeugen, als darauf diese Kosten zu senken.

Dieses Informationsproblem verhindert letztlich eine effektive, d.h. wirksame Preiskontrolle. Anders formuliert: Die Daten, auf deren Grundlage eine Regulierung der Preise erfolgen kann, sind systematisch verfälscht. Rationale Regulierungsstrategien müssen dies antizipieren, d.h. sie müssen von strategischem Verhalten der Insider und eingeschränkter Information auf Seiten der Regulierungsbehörde ausgehen. Das ist aber noch nicht alles.

Dazu kommt, dass auch auf Seiten der Regulierungsbehörde bzw. der Politiker, die für die Regulierung zuständig sind, kaum Anreize bestehen, Insider-Renten ernsthaft zu beschneiden, oder gar einen monopolisierten Markt für den Wettbewerb zu öffnen. Man muss sich klarmachen, dass im Zusammenhang mit der Regulierung öffentlicher Unternehmen vielfach gut dotierte Positionen zu vergeben sind, für die nicht zuletzt altgediente Politiker in Frage kommen. Da die Zusammenarbeit zwischen Regulierungsbehörde und Unternehmen notwendigerweise sehr eng sein dürfte und der Regulator auf die Information der Insider angewiesen ist, kann man sich vorstellen, dass die Bereitschaft zur Konfrontation auf Seiten der Regulierungsbehörde nicht sehr stark ausgeprägt ist. Diesen Aspekt gilt es auch bei der folgenden Behandlung alternativer Regulierungsmechanismen im Hinterkopf zu behalten.

7.4.2   Alternative Regulierungsverfahren

Rate-of-Return-Regulierung (RoR):

Die RoR-Regulierung ist eine Methode, die lange Zeit für die Tätigkeit der Kontrollkommissionen in den USA kennzeichnend war. Das Verfahren besteht darin, dass den Unternehmen (die, wie bereits gesagt, in privater Hand sind) eine bestimmte Verzinsung s auf das eingesetzte Eigen- und Fremdkapital zugestanden wird. Der Return s soll dabei möglichst dem Ertrag entsprechen, den ein Einsatz des Kapitals in einer alternativen Verwendung erbringen würde. Sei K das eingesetzte Kapital, C die Produktionskosten (außer Kapitalkosten), x die Produktionsmenge und p der Preis, den die Behörde genehmigt, dann soll gelten:

$$\frac{px - C}{K} \leq s$$

Man muss sich an dieser Stelle klarmachen, dass die Tätigkeit der Behörde nicht nur in der Festlegung von s besteht, sondern auch in der Genehmigung der Preise. Allerdings: Wenn s vorgegeben ist und die Kosten C von dem Unternehmen selbst angegeben werden, dann bleibt der Regulierungsbehörde kein großer Spielraum, d.h. sie muss die Preise genehmigen, die gerade bei gegebenem K, C und x den Return s ergeben. Damit ist klar, dass eine RoR-Regulierung in dreierlei Hinsicht fatale Anreize für das Unternehmen setzt:

[1] Bezüglich der Kosten ist das Unternehmen in genau der gleichen Lage wie ein Unternehmen, das sich einer Preisregulierung gegenüber sieht. Es lohnt sich, die Regulierungskommission davon zu überzeugen, dass alle Kosten angemessen sind – auch die, die wir oben als Insider-Renten charakterisiert haben. Die Preise folgen quasi den Kosten und deshalb besteht kein Anreiz zur Kosteneffizienz.

[2] Die Garantie einer bestimmten Rendite auf das eingesetzte Kapital ist u.a. deshalb problematisch, weil die Höhe dieser Rendite keineswegs objektivierbar ist. Selbst für mündelsichere Anlagen lassen sich am Kapitalmarkt in einem bestimmten Zeitpunkt verschiedene Zinssätze beobachten. Außerdem ändert sich die Zinsstruktur laufend, d.h. die Zinssätze für kurz- und langfristige Anlagen variieren über die Zeit. Es ist deshalb eine durchaus offene Frage, wie hoch s anzusetzen ist und man kann sich leicht vorstellen, dass die Eigentümer der entsprechenden Unternehmen es verstehen werden, die Regulierungskommission davon zu überzeugen, dass ein hohes s angemessen ist. Aus diesem Grund ist davon auszugehen (und kann empirisch bestätigt werden), dass die genehmigte Rendite s regelmäßig über dem Kapitalmarktzins liegt.

[3] Infolge der zu hohen Rendite lohnt es sich, in dem öffentlichen Unternehmen mehr Kapital einzusetzen als effizient wäre. Arbeit wird durch Kapital substituiert, um die hohe Rendite zu nutzen, und dadurch kommt ein ineffizientes Faktoreinsatzverhältnis zustande. Dieses Phänomen der Überkapitalisierung infolge einer zu hohen Renditengarantie bezeichnet man auch als *Averch-Johnson-Effekt*.

Sidestep 36: Takayamas Beweis des Averch-Johnson-Effekts

Auf den ersten Blick ist die Aussage des Averch-Johnson-Effekts intuitiv und leicht nachvollziehbar. Dieser Sidestep soll zeigen, dass auch hinter solch scheinbar offenkundigen und nicht weiter problematischen Sätzen ein formaler Beweis steht. Dass solche Beweise nicht vollkommen trivial sind, zeigt sich daran, dass der von AVERCH und JOHNSON geführte Beweis nicht ganz korrekt war, wie TAKAYAMA bereits 1969 gezeigt hat. Der folgende Beweis ist eine leicht abgekürzte Version der Variante aus TAKAYAMA (1994).

Der AJ-Effekt besagt, dass ein RoR-reguliertes Unternehmen einen höheren Kapitalstock aufweist als ein unreguliertes und dass die Regulierung zu einer Kostenineffizienz führt, d.h. das regulierte Unternehmen produziert nicht kostenminimal.

Es sei F(L, K) die Produktionsfunktion eines gewinnmaximierenden Monopolisten und Y = F(L, K) sei die Produktionsmenge. Der Monopolist maximiert (unter üblichen Annahmen bzgl. der inversen Nachfragefunktion p(Y) und der Form von F(L, K)) den Gewinn

$$\pi = R(Y) - wL - rK \qquad (36\text{-}1)$$

wobei R(Y) die Erlöse und w, r die Faktorpreise angibt. Es sei $G := R(F(L,K))$ und (Y^0, L^0, K^0) die Lösung für das Optimierungsproblem des unregulierten Unternehmens.

Nehmen wir nunmehr an, das Unternehmen wird reguliert, d.h. es wird eine Höchstgrenze s für die „Rate of return" auf das eingesetzte Kapital festgelegt, eine Art „fairer Verzinsung", die den Kapitaleignern eingeräumt wird:

$$\frac{R - wL}{K} \leq s \quad \Rightarrow \quad wL - R + sK \geq 0 \qquad (36\text{-}2)$$

Das Problem des Unternehmens besteht darin, (36-1) unter Beachtung der Regulierungsbeschränkung (36-2) und der Forderung dass Y, L, K > 0 gilt, zu maximieren. Nehmen wir an, dass eine innere Lösung für dieses Problem existiert und nennen diese (Y^*, L^*, K^*). Die Regulierungsrestriktion können wir dann als

$$\pi + rK^* \leq sK^* \quad \text{bzw.} \quad \pi \leq (s-r)K^* \qquad (36\text{-}3)$$

schreiben. Vorausgesetzt, dass der Gewinn im Optimum positiv ist, folgt aus $\pi > 0$, dass

$$s > r \qquad (36\text{-}4)$$

gelten muss. Mit anderen Worten, wenn der Regulator dem Unternehmen einen positiven Gewinn zubilligt (und darum wird er nicht herumkommen), dann muss die „faire" Verzinsung *über* dem Marktzins liegen. Um den AJ-Effekt zu zeigen, müssen wir das Optimierungskalkül explizit betrachten. Die Lagrangefunktion ist:

$$\Phi = [R(Y) - wL - rK] + \lambda[sK - R(Y) + wL] + \mu[F(L,K) - Y]. \qquad (36\text{-}5)$$

Die Kuhn-Tucker Bedingungen:[173]

$$(1-\lambda^*)R'^* = \mu^* \tag{36-6a}$$

$$\mu^* F_L^* = (1-\lambda^*)w \tag{36-6b}$$

$$\mu^* F_K^* = r - \lambda^* s \tag{36-6c}$$

$$sK^* - R^* + wL^* \geq 0 \quad ; \quad \lambda^*(sK^* - R^* + wL^*) = 0 \tag{36-6d}$$

$$F(L^*, K^*) - Y^* \geq 0 \quad ; \quad \mu^*(F(L^*, K^*) - Y^*) = 0 \tag{36-6e}$$

$$\lambda^* \geq 0 \quad ; \quad \mu^* \geq 0 \tag{36-6f}$$

Es ist nicht allzu schwierig zu zeigen, dass dann, wenn $K^* \neq K^0$ gilt, wenn also die Regulierung tatsächlich dazu führt, dass sich der Faktoreinsatz des Unternehmens ändert (sollte dies nicht der Fall sein, kann man sich die Regulierung sparen), aus (36-6a) bis (36-6f) folgt, dass

$$\mu^* > 0 \quad ; \quad 0 < \lambda^* < 1.\text{[174]} \tag{36-7}$$

Diese Beziehung erlaubt es uns, die Bedingungen (32-6a-f) unter Verwendung der Funktion $G = R(F(L, K))$ zu vereinfachen:

$$G_L^* = w \tag{36-8a}$$

$$(1-\lambda^*)G_K^* = r - \lambda^* s \tag{36-8b}$$

$$sK^* - G^* + wL^* = 0 \tag{36-8c}$$

Aus (36-8b) folgt:

$$G_K^* - r = \lambda(G_K^* - s) \tag{36-9}$$

Da $1 > \lambda > 0$, müssen die beiden Seiten von (36-9) das gleiche Vorzeichen haben, und zwar sind beide Seiten < 0. Andernfalls wäre nämlich $r > s$, was durch (36-4) ausgeschlossen ist. Der letzte Schritt besteht darin, (36-8c) nach s zu differenzieren, wobei zu beachten ist, dass Y^*, L^* und K^* jeweils Funktionen von s sind:

---

[173] Die tiefgestellten Indizes bezeichnen partielle Ableitungen, z.B. $F_L^* = \dfrac{\partial F(L, K)}{\partial L}$ ausgewertet an der Stelle (L^*, K^*).

[174] Eine der Abkürzungen, die wir in diesem Sidestep nehmen, besteht darin, dass wir die Begründung für (34-7) TAKAYAMA überlassen. Sie ist auf S. 215 in TAKAYAMA (1994) zu finden.

$$K^* = (G_L^* - w)\frac{dL^*}{ds} + (G_K^* - s)\frac{dK^*}{ds} \qquad (36\text{-}10)$$

Was wegen (36-8a) zu

$$K^* = (G_K^* - s)\frac{dK^*}{ds} \qquad (36\text{-}11)$$

vereinfacht werden kann. Damit folgt:

$$\frac{dK^*}{ds} = \frac{K^*}{(G_K^* - s)} < 0 \qquad (36\text{-}12)$$

Diese letzte Beziehung impliziert den AJ-Effekt. Sie besagt, dass dann, wenn der Planer (ausgehend von s > r) die faire Verzinsung s erhöht, das Unternehmen darauf reagiert, indem es den Kapitaleinsatz erhöht! Dass damit eine ineffiziente, d.h. nicht kostenminimale Faktoreinsatzkombination einhergeht, zeigt ein Blick auf (36-8a) und (36-8b). Da $G_L = R'F_L$ und $G_K = R'F_K$ folgt:

$$\frac{F_L^*}{F_K^*} = \frac{w(1-\lambda^*)}{r - \lambda^* s} \neq \frac{w}{r} \qquad (36\text{-}13)$$

Die Grenzrate der Faktorsubstitution ist *nicht* gleich dem Faktorpreisverhältnis, d.h. die notwendige Bedingung für Kostenminimalität ist verletzt.

Man kann den Averch-Johnson-Effekt sicherlich auch verstehen, ohne diesen Beweis nachvollzogen zu haben. Aber dem interessierten Leser zeigt er sehr klar, was es bedeutet, eine Aussage formal zu fundieren.

Die von einer RoR-Regulierung ausgehenden Anreize gehen allesamt nicht in die richtige Richtung. Sie führen vielmehr systematisch zu technischer Ineffizienz und zur Herausbildung von Insider-Renten. Vor diesem Hintergrund ist es verständlich, dass nicht zuletzt in den USA verstärkt über Alternativen nachgedacht worden ist. Besondere Beachtung hat dabei der folgende Ansatz gefunden.

Price-Cap-Regulierung (PCR):

Bei der PCR handelt es sich um eine spezielle Form der Preisregulierung. Es werden allerdings nicht die absoluten Preise festgelegt, sondern lediglich die Preis*veränderungen*. Dazu ist es zunächst notwendig, ein Ausgangspreisniveau zu bestimmen, von dem aus die Preisentwicklung im Zeitablauf vonstatten gehen kann. Das konkrete Verfahren sieht etwa folgendermaßen aus:[175]

---

[175] Vgl. dazu NEU UND KRUSE (1993).

- Die Regulierungsbehörde legt einen Satz fest, um den die Preise *aller angebotenen Produkte* insgesamt steigen dürfen. Dieser Satz orientiert sich an einer gesamtwirtschaftlichen Größe, meistens der Inflationsrate. Das hat den Vorteil, dass die Größenordnung, um die sich die Preise verändern können, vom Verhalten des Unternehmens unabhängig ist.

- Die Preissteigerungsrate wird durch einen unternehmensspezifischen Indikator korrigiert, der die Produktivitätsentwicklung der betreffenden Unternehmung reflektiert.

Für Mehrproduktunternehmen ist bei diesem Verfahren entscheidend, dass sich die Preisvorgabe auf die Veränderung des gewichteten Mittels der Preise aller Produkte bezieht. Das bedeutet, dass einzelne Preise durchaus stärker steigen können, als es die „Price Cap" eigentlich vorsieht, solange die mittlere Preissteigerung unter der „Kappe" bleibt. Formal muss gelten:

$$\sum_{i=1}^{n} w_t^i \left[\frac{p_t^i - p_{t-1}^i}{p_{t-1}^i} \right] \leq I_t - X. \tag{PC}$$

w_t^i bezeichnet den Umsatzanteil des i-ten Produkts zum Zeitpunkt t, I ist die Inflationsrate und X ist der unternehmensspezifische Produktivitätsindikator. Die Vorteile der Regulierungsvorschrift PC liegen vor allem in der Kombination aus Begrenzung des Preiszuwachses – und damit der Vermeidung einer übermäßigen Monopolrente – bei gleichzeitiger Flexibilität der Entscheidungen des Unternehmens. So kann die Preisgestaltung am Markt orientiert bleiben, da sie keinen starren Regeln zu folgen hat. Der vielleicht wichtigste Punkt ist allerdings, dass die PCR den Unternehmen die Erwirtschaftung von Gewinnen durchaus zugesteht. Wenn die Preissteigerungsgrenzen eingehalten werden, das Unternehmen aber durch marktgerechtes Verhalten und vor allem durch *effiziente* Produktionsweise einen Gewinn erwirtschaftet, dann kann dieser im Unternehmen verbleiben. Auf diese Weise entsteht der Anreiz, genau dies zu tun – effizient zu arbeiten. Es könnte allerdings auch noch ein anderer Anreiz entstehen, nämlich der, die Qualität zu senken, um dadurch Gewinn zu erzielen bzw. Insider-Vorteile einzufahren. Dem kann nur durch eine restriktive Kontrolle der abgelieferten Qualität entgegengewirkt werden. Die Grenzen der PCR liegen offensichtlich dort, wo eine solche Kontrolle nicht mehr ohne weiteres möglich ist.

Anreizkompatible Verträge

Als letztes sei eine Variante der Preisregulierung kurz vorgestellt, die bisher noch nicht über das Stadium sehr abstrakter Modelle hinausgekommen ist. Es handelt sich um den Vorschlag, den Vertrag, den die Regulierungsbehörde und das

Unternehmen miteinander abschließen und der die Rechte und Pflichten des regulierten Unternehmens festlegt, *anreizkompatibel* zu machen. Darunter ist zu verstehen, dass der Vertrag so gestaltet sein soll, dass er dazu führt, dass es für das regulierte Unternehmen beste Strategie ist, genau das zu tun, was die Regulierungsbehörde will – also ein effizientes Angebot zu unterbreiten.

Wie könnte ein anreizkompatibler Vertrag aussehen? Ein sehr einfaches Beispiel soll das Prinzip der Anreizkompatibilität verdeutlichen. Angenommen, die Regulierungsbehörde kann zwar die Kosten der Leistungserstellung nicht beobachten, dafür aber die Nachfrage nach dem Gut. Dann ist sie in der Lage, für jede Preis-Mengen-Kombination, die das Unternehmen realisiert, die dabei anfallende Konsumentenrente zu berechnen. Wenn nun der Vertrag, den die Behörde mit dem Unternehmen schließt, eine Subvention genau in Höhe der anfallenden Konsumentenrente vorsieht, dann liegt es offensichtlich im Interesse des Unternehmens, die Preis-Mengen-Kombination zu realisieren, bei der diese Rente maximal wird – und das ist bei der First-best-Lösung der Fall.

Selbstverständlich wäre ein solcher Vertrag keine befriedigende Lösung für die Regulierungsaufgabe, aber das Prinzip dürfte durch dieses Beispiel deutlich geworden sein. Leider muss konstatiert werden, dass bisher noch keine praktikablen Vorschläge für die Vertragsgestaltung vorliegen, die First-best-Allokationen sicherstellen könnten. Über sehr allgemeine Ratschläge, wie den, den Preisregulationsmechanismus möglichst unabhängig von den Kostenangaben des Unternehmens zu machen, ist die Vertragstheorie bisher noch nicht hinausgekommen – und das trotz eines erheblichen formalen Aufwandes.

7.4.3 Regulierung durch Monopolgarantie

Staatliche Regulierung ist vielfach damit verbunden, dass Monopolstellungen verbrieft werden. Es lassen sich zahlreiche Beispiele dafür finden, dass Monopole zustande kommen, weil der Staat entsprechende Institutionen *schafft*. In Deutschland bestand noch bis 1997 das Postmonopol beim Betrieb des Telefonnetzes; bis 1992 existierte im gesamten Telekommunikationsbereich die Monopolstellung der Bundespost; allein die Deutsche Bahn AG ist zur Zeit berechtigt, das Schienennetz in Deutschland zu benutzen usw.[176] Eine naheliegende Frage in diesem Zusammenhang ist, ob es einer solchen staatlichen Monopolgarantie eigentlich bedarf bzw. warum es ihrer bedarf. Wir haben bereits gezeigt, dass dann, wenn die Bedingungen eines natürlichen Monopols vorliegen, eigentlich eine Preiskontrolle ausreichen müsste, um ineffiziente Anbieterstrukturen abzuwehren. Bei Subadditivität und entsprechender Preisgestaltung ist für einen zweiten Anbieter einfach kein Platz und daher erübrigt sich jede weitergehende Regulierung.

Das zentrale Argument, mit dem diese Regulierungspraxis in der Regel gerechtfertigt wird, besteht in dem Verweis darauf, dass sich potentielle Newcomer,

---

[176] Wenn auch konzediert werden muss, das in naher Zukunft auf ausgesuchten Strecken auch andere Unternehmen tätig werden können.

wenn man sie in den geschützten Raum vordringen ließe, darauf konzentrieren würden, die lukrativen Geschäftsteile zu bedienen, sich quasi die *Rosinen herauszupicken*, dagegen die weniger gewinnbringenden Leistungen, die das staatliche Monopol erbringt, zu vernachlässigen. Beispielsweise versorgen Bundespost und Deutsche Bahn AG eben auch ländliche, dünn besiedelte Gebiete, obwohl die Durchschnittskosten wegen der geringen Anzahl von Nachfragern in diesen Bereichen sehr hoch, teilweise sogar über dem Preis liegen. M.a.W., das regulierte Monopolunternehmen erbringt nicht nur eine reine Versorgungsleistung, sondern erfüllt darüber hinaus auch sozial- und regionalpolitische Funktionen. Als geschütztes Monopol ist es dazu in der Lage, denn es kann die weniger ertragreichen Geschäftsteile mit Hilfe der an anderer Stelle erwirtschafteten Monopolrente quersubventionieren.

Die Bundespost lieferte für lange Jahre das Musterbeispiel für diese Praxis. Die sogenannte Gelbe Post, die Briefe und Pakete befördert, erfüllt die gleichen Dienstleistungen zu gleichen Preisen in allen Regionen der Bundesrepublik. Ob ein Brief in einem Ballungszentrum zusammen mit 1000 anderen zur gleichen Zeit ausgeliefert wird oder ob ein einzelner Brief auf eine entlegene Nordseeinsel transportiert wird – der Preis ist immer der gleiche. Selbstverständlich ist dieser Preis im letztgenannten Fall aber nicht kostendeckend. Die Quersubvention erfolgte lange Zeit nicht nur zwischen unterschiedlichen Regionen mit differierender Einwohnerdichte, sondern auch zwischen der Gelben Post und der Telekommunikation. Während erstere notorisch defizitär betrieben wurde, warf letztere eine satte Monopolrente ab und half so bei der Finanzierung des Brief- und Paketdienstes.

Wie ist das Auftreten eines Rosinen pickenden Newcomers in einer solchen Situation zu bewerten? Selbstverständlich würde sich ein privates Unternehmen darauf konzentrieren, die Transportleistungen anzubieten, die mit Gewinn zu bewerkstelligen sind, weil sich Kostendegressionen ausnutzen lassen. Beispielsweise wäre es für Großkunden (man denke an Versandhäuser etc.) sicherlich einfach, ein privates Angebot im Hinblick auf die Versorgung von Ballungsräumen aufzubauen, das zu den Preisen der Post nicht nur die Kosten deckt, sondern auch einen Gewinn abwirft. Sollte der soziale Planer ein solches privates Angebot unterdrücken, nur weil nicht gleichzeitig auch die Nordseeinseln mitversorgt werden?

Zunächst muss man sich klarmachen, dass dann, wenn sich ein privater Anbieter gegen das staatlich geschützte Monopol bei den „Rosinen" durchsetzen kann, dies nichts anderes ist als der Beweis dafür, dass das Staatsmonopol in diesen Geschäftsfeldern insofern ineffizient arbeitet, als es dort eine Monopolrente realisiert. Tut es das nicht und liegt Subadditivität vor, kann sich ein Newcomer niemals durchsetzen. Nun könnte man argumentieren, dass dies nun einmal in Kauf zu nehmen sei, weil nur so die Versorgung des flachen Landes zu gewährleisten ist. Es stellt sich allerdings die Frage, ob die sozial- und regionalpolitischen Ziele, die mit dieser Praxis erreicht werden sollen, wirklich wünschenswert sind, und ob sie – so sie sinnvoll sind – nicht besser mit anderen Instrumenten erreicht werden könnten.

Es kann hier nicht für jeden Einzelfall untersucht werden, ob die „Sekundärziele", die geschützte Monopole verfolgen sollen, sinnvoll sind oder nicht. Aber es können zwei allgemeine Bemerkungen gemacht werden.

Erstens:
Soweit es sich um regionalpolitische Ziele handelt, geht es grundsätzlich um Versorgungsleistungen (Telekommunikation, Nahverkehr, Strom, Wasser, Kabelfernsehen) für dünn besiedelte Regionen. Nun ist klar, dass solche Versorgungsleistungen bei dünner Besiedelung nur zu höheren Durchschnittskosten erbracht werden können als in Ballungsgebieten. Wenn nun durch Quersubventionen einheitliche Preise für alle Regionen entstehen, so hat dies zwei Effekte. Einerseits kommt es zu einer Umverteilung von der Stadt- zur Landbevölkerung. Diese ist unter Effizienzaspekten unproblematisch. Problematisch ist dagegen, dass durch den Verzicht darauf, den Bewohnern ländlicher Räume die wahren Kosten ihrer Versorgung anzulasten, *Standortentscheidungen* verzerrt werden. Die Verteilung der Haushalte im Raum ist nicht zufällig. Sie wird selbstverständlich von ökonomischen Kalkülen mitbestimmt. Solche Kalküle müssen zu ineffizienten Resultaten führen, wenn die tatsächlichen Kosten, die mit einer Entscheidung für einen konkreten Standort verbunden sind, nicht angelastet werden. Die vielfach beklagte Zersiedelung der Landschaft dürfte nicht nur auf das weitverbreitete Bedürfnis zurückzuführen sein, „im Grünen" wohnen zu wollen, sondern auch darauf, dass externe Effekte der Besiedelung nicht angelastet werden und eine Preissetzung bei zentralen Versorgungsleistungen erfolgt, die vielfach die wahren Kosten der Leistungserstellung nicht widerspiegelt.

Zweitens:
Wenn wir von gegebenen Standorten ausgehen, dann bleibt als Begründung für die Monopollösung und die Quersubvention noch das Verteilungsargument. Eine Differenzierung der Preise wird mit dem Hinweis abgelehnt, dass dadurch sozial schwache in ländlichen Gebieten besonders getroffen würden und u. U. die Versorgungsleistungen nicht mehr nachfragen könnten. Dieses Argument ist insofern nicht stichhaltig, als es dem Planer selbstverständlich unbenommen ist, verteilungspolitischen Ziele zu verfolgen – allerdings ohne dazu das Preissystem benutzen zu müssen. Es ist durchaus möglich, Verteilungsziele beispielsweise durch direkte Transfers zu verwirklichen. Nicht nur das. Ein solches Verfahren ist wesentlich vorteilhafter als die Manipulation von Preisen, denn es ist sehr viel zielgenauer (nicht *alle* kommen in den Genuss zu niedriger Preise, sondern die einkommensschwachen Haushalte werden gezielt subventioniert) und es vermeidet die oben geschilderten Effizienzeinbußen bei der Standortentscheidung.

Es gibt allerdings auch einen Fall, in dem ein Angebot zu nicht kostendeckenden Preisen durchaus sinnvoll sein kann. Dann nämlich, wenn durch dieses Angebot positive externe Effekte ausgelöst werden, d.h. Erträge anfallen, die sich der Anbieter nicht aneignen kann. Ein konkretes Beispiel mag dies verdeutlichen. Die Deutsche Bahn AG ist dazu übergegangen, das Fernstreckennetz einer genauen

Kostenkontrolle zu unterziehen und konsequent die Strecken stillzulegen, deren Fahrgastaufkommen nicht zur Kostendeckung ausreicht. Für bestimmte Regionen – insbesondere in den neuen Bundesländern – hat dies durchaus unangenehme Folgen. Beispielsweise droht der Landeshauptstadt Sachsen-Anhalts der Verlust der letzten verbliebenen Fernverbindung nach Berlin. Für eine Stadt wie Magdeburg, die sich mitten im wirtschaftlichen Wiederaufbau befindet, hätte dies fatale Folgen. Anders formuliert, die Existenz der Fernverbindung stärkt die Stadt im Standortortwettbewerb und erzeugt auf diese Weise einen externen Effekt. Die Bundesbahn denkt allerdings nicht daran, deshalb die Strecke aufrecht zu erhalten. Vielmehr macht sie klar, dass dies nur dann geschehen kann, wenn diejenigen, die in den Genuss der externen Erträge kommen, auch bereit sind, das Defizit der Bahn zu decken. Mit anderen Worten: Wenn Magdeburg weiterhin an das Fernnetz angeschlossen bleiben will, dann muss es dafür bezahlen. Diese Argumentation ist ökonomisch durchaus stichhaltig und es bleibt abzuwarten, ob sich die betroffenen Städte und Regionen (nicht nur in den neuen Ländern) ihr werden anschließen können, oder ob sie weiterhin auf den „Gemeinwohlauftrag" der Bahn pochen und damit nichts anderes fordern, als dass die Deutsche Bahn die strukturschwachen Städte aus eigenen Mitteln subventionieren soll.

7.4.4 Deregulierung

Staatliche Regulierung ist wohlbegründbar, wenn wir es mit subadditiven Kostenstrukturen, nicht Bestreitbarkeit der Märkte und der damit einhergehenden Gefahr „resistenter" Monopole zu tun haben. Aber Regulierung sollte eben nur dann erfolgen, wenn sie unumgänglich ist, und sie sollte sich auch in den unumgänglichen Fällen auf das Mindestmaß beschränken – d.h. im Regelfall auf eine reine Preiskontrolle. Die Regulierungspraxis sieht vielfach anders aus. Das aber bedeutet, dass in vielen staatlich regulierten Bereichen massive Deregulierungspotentiale bestehen, die in den letzten Jahren zumindest teilweise auch ausgeschöpft worden sind.

Im Prinzip bedeutet Deregulierung, dass der Staat sich aus dem Geschäft zurückzieht und Monopolgarantien aufgibt. Das bedeutet allerdings nicht, dass der Staat sich in jedem Fall vollständig zurückziehen muss. Ihm stehen eine ganze Reihe von Optionen offen, die die Nutzung von Deregulierungspotentialen auch in solchen Bereichen möglich macht, in denen eine komplette Marktlösung nicht erreicht werden kann. Folgende Maßnahmen bieten sich für eine partielle oder schrittweise Deregulierungspolitik an:

1. Verringerung der Integrationstiefe

Wenn man die Regulierungspraxis in Deutschland betrachtet, dann stellt man fest, dass die öffentlichen Unternehmen, die in den regulierten Bereichen tätig sind, eine beträchtliche Größe aufweisen. Dies ist nicht zuletzt auf eine sehr umfangreiche Integration verschiedener Tätigkeitsfelder zurückzuführen. Vielfach haben insbesondere Versorgungsunternehmen ihren Monopolbereich über das Maß räumlich ausgedehnt, das sich noch mit Kostendegressionsargumenten rechtfertigen lässt. Beispiele dafür liefern die kommunalen Verkehrsbetriebe oder die Müllabfuhr, die eben nicht nur in dünn besiedelten Landstrichen öffentlich betrieben wird, sondern auch in Ballungsgebieten. Man spricht in diesem Zusammenhang von *horizontaler Integration*.

Aber auch *vertikal* wird integriert. Die kommunalen Regiebetriebe sind ein Beispiel für die Zusammenfassung sehr unterschiedlicher Leistungen in einem öffentlichen Betrieb. Von der Müllbeseitigung über die Straßenreinigung bis hin zum öffentlichen Personen-Nahverkehr und der Versorgung mit Wasser, Gas, Abwasser reicht die Angebotspalette kommunaler Versorgungsbetriebe.

Bei allen Integrationsformen bleiben Deregulierungspotentiale ungenutzt. Die Bedingungen, die für eine Regulierung erfüllt sein müssen, liegen nämlich vielfach nur in Teilbereichen der öffentlichen Betriebe vor. Beispielsweise ist zu fragen, warum der Nahverkehr in Ballungsgebieten nicht wettbewerblich organisiert werden sollte. Gleiches gilt für andere schienengebundene Angebote. Die Bahn muss nicht zwangsläufig sowohl den Personen- wie den Güterverkehr durchführen, sie muss ebenfalls nicht unbedingt sämtliche Service-Leistungen (vom Speisewagen bis zur Gepäckbeförderung) in ausschließlich eigener Regie anbieten. Desintegration eröffnet vielfach die Möglichkeit, einzelne Bereiche aus dem regulierten Unternehmen herauszulösen, die einer wettbewerblichen Organisation durchaus zugänglich sind. Die bisher eingeleiteten bzw. geplanten Deregulierungsmaßnahmen sind bestenfalls halbherzig zu nennen. So sollen bestimmte Strecken für andere Wettbewerber geöffnet werden. Dabei handelt es sich aber um wenig lukrative Nebenstrecken, die dann wiederum an *ein* Unternehmen vergeben werden sollen. Wettbewerb auf ein und derselben Strecke ist nach wie vor nicht vorgesehen, obwohl er durchaus möglich wäre.

2. Bestreitbare Teilmärkte

In einem engen Zusammenhang mit der Desintegration steht die Möglichkeit, Teilmärkte bestreitbar zu machen. Wir haben aus der Theorie bestreitbarer Märkte den Schluss gezogen, dass es in vielen Fällen hilfreich sein kann, Märkte so bestreitbar wie möglich zu machen. Man kann sich dieses Verfahren am Beispiel der Reform der Telekommunikation leicht veranschaulichen. Ursprünglich verfügte die Bundespost über ein umfassendes Monopol im Bereich der Telekommunikation. Sie stellte nicht nur das Telefonnetz, sondern besorgte auch dessen Betrieb im Alleingang und kontrollierte darüber hinaus den Markt für Endgeräte. Durch Desintegration ist der Endgerätemarkt aus der Verantwortung der Bundespost herausgelöst worden und wird heute (mit großem Erfolg) vollständig wettbewerblich organisiert. Mit dem Funktelefon ist ein nicht leitungsgebundenes Parallelnetz entstanden, das zumindest insoweit dereguliert wurde, als mehrere – teilweise private – Anbieter diesen Markt bedienen. Im letzten Schritt fiel 1996 auch das Postmonopol bei der leitungsgebundenen Kommunikation, d.h., ab diesem Zeitpunkt konnten private Anbieter Vermittlungs- und Serviceleistungen im Telefonnetz anbieten. Die Wirkung dieser sehr weitgehenden Deregulierung war durchgreifend. Die Preise für Telefongespräche sind rapide gesunken und gleichzeitig ist die Qualität der Angebote stark gestiegen. Wenn es noch eines Beweises für die Ineffizienz staatlicher Monopole bedürft hätte, der Telekommunikationsmarkt der späten 90er Jahre hat ihn erbacht.

Es ist offensichtlich nicht effizient, mehrere Telefonnetze parallel zu betreiben. Aus diesem Grund bleibt es auch bei dem einen, öffentlichen Netz. Aber ein Netz aufzubauen bzw. zu verlegen ist die eine Sache, es zu betreiben eine andere. Der Teilmarkt des Netzbetriebs kann durchaus bestreitbar sein, weil die Marktzugangskosten vergleichsweise gering sind und der Anteil der irreversiblen Kosten hinreichend klein ist. Die Deregulierungsstrategie besteht deshalb darin, das Netz als solches weiter in der Hand eines Monopolisten (der Deutschen Telekom) zu belassen, aber gleichzeitig seinen Betrieb wettbewerblich zu organisieren.[177] Ähnliche Strategien lassen sich auch bei anderen leitungsgebundenen Angeboten vorstellen. Die Bahnreform zielt beispielsweise in eine ähnliche Richtung. In naher Zukunft werden außer der Deutschen Bahn AG auch andere Unternehmen in der Lage sein, ein Beförderungsangebot auf dem öffentlichen Schienennetz zu unterbreiten.

3. Aufgabe sozial- und regionalpolitischer Ziele

Das Hauptargument, das *gegen* eine Deregulierung ins Feld geführt wird, ist der Verweis auf das zu erwartende „Rosinenpicken" privater Anbieter. Selbstverständlich werden private Unternehmen nur solche Leistungen erbringen, bei denen zumindest die Kosten gedeckt werden, möglichst jedoch ein Gewinn zu machen ist. Ganz sicher werden sie die sozial- und regionalpolitischen Ziele, die öffentliche Betriebe vielfach erbringen müssen, nicht verfolgen. Insofern haben die Kritiker der Deregulierung recht. Es stellt sich allerdings die Frage, ob der in diesem Zusammenhang oft geäußerte Vorwurf, durch Deregulierung würden „Verluste sozialisiert und Gewinne privatisiert", nicht einen falschen Punkt macht. Verluste, die beispielsweise bei der Versorgung dünn besiedelter Regionen entstehen, werden in jedem Fall von der Gesellschaft zu tragen sein, denn ein privater Anbieter wird selbstverständlich niemals bereit sein, freiwillig ein defizitäres Geschäft zu betreiben. Wenn man also auf eine Preisdifferenzierung verzichten will, die einen kostendeckende Versorgung aller Regionen ermöglichen würde, dann existiert zur „Sozialisation der Verluste" keine Alternative.

Bleiben die Gewinne. Ist es eine vernünftige Forderung, dass der Staat die Gewinne aus der Versorgung der Ballungszentren einstreichen soll? Tatsächlich bedeutet dies doch, dass es eine Umverteilung zwischen den Regionen geben wird. Die dichter besiedelten Regionen zahlen Preise, die über den Durchschnittskosten

---

[177] Die Telekom kann bei der Vergabe von Netzlizenzen keineswegs schalten und walten wie sie will. Sie steht unter der Aufsicht einer Regulierungsbehörde, die sowohl die Preise als auch den Netzzugang überwacht und reguliert.

liegen und subventionieren – via Quersubvention – damit die Versorgung dünner besiedelter Regionen. Würde der Staat sich darauf beschränken, ausschließlich die defizitären Regionen zu bedienen, so müssten die dabei entstehenden Verluste (bei Preisen die nach wie vor unter den Durchschnittskosten liegen) aus allgemeinen Steuermitteln gedeckt werden. Primär bedeutet der Verzicht auf die Gewinne damit, dass die Umverteilung zugunsten der Bewohner dünn besiedelter Regionen anders organisiert wird. Ob es „gerechter" ist, wenn sich alle Steuerzahler an dieser Umverteilung beteiligen, oder nur die, die in Ballungszentren die gleiche Versorgungsleistung nachfragen, ist eine durchaus offene Frage.

Die Veränderung der Umverteilungsmodalitäten ist aber nur ein Aspekt der Deregulierung. Der zweite – und wichtigere – ist der Effizienzverlust, der dadurch entsteht, dass der Staat um quersubventionieren zu können, Gewinne in den „lukrativen" Regionen erzielen muss. Dazu muss er nämlich Preise setzen, die über den Durchschnittskosten liegen. Bei subadditiver Kostenstruktur bedeutet das aber in der Regel auch, dass Grenzkostenpreise nicht möglich sind. Die Folge ist bekannt: Je nach Nachfrageelastizität kommt es zu einem mehr oder weniger großen Verlust an Konsumentenrente, sprich sozialem Überschuss. Diesen Verlust muss man als Kosten der Subventionierung der strukturschwachen Region interpretieren. Wenn man die Vor- und Nachteile der Deregulierung diskutiert, dann sind diese Kosten zu berücksichtigen, d.h. es ist zu fragen, ob das angestrebte sozial- oder regionalpolitische Ziel nicht zu geringeren Kosten erreicht werden kann. Wenn man sich klarmacht, dass es sich bei diesen Zielen letztlich fast immer um Umverteilungsziele handelt, dann wird deutlich, dass es eine effizienzschonende Alternative zur Quersubvention gibt, nämlich direkte Einkommenstransfers. Wenn umverteilt werden soll, dann muss dies dadurch geschehen, dass die Anfangsausstattungen verändert werden und nicht dadurch, dass Preise manipuliert werden. Diese Regel gilt nicht nur für Deregulierungspolitiken, sondern für alle Politikbereiche.

Gemessen an den Deregulierungspotentialen, die nach wie vor bestehen, ist das Ausmaß, in dem diese Potentiale genutzt werden, relativ gering und der Zeitpunkt, zu dem dies geschieht, relativ spät. Die Frage stellt sich, warum dies so ist. Eine Antwort darauf ist nur dann zu erwarten, wenn man die Instrumente der *„Neuen politischen Ökonomie"* benutzt, d.h. wenn man die Ziele und Motive derjenigen einbezieht, die über Regulierung und Deregulierung zu entscheiden haben. Im Wesentlichen sind dies zwei Gruppen: Einmal die Betreiber der öffentlichen Unternehmen, die Insider, und zum anderen die Politiker, die in den Aufsichtsgremien sitzen. Deregulierung ist eine Strategie, die nicht zum Vorteil aller sein muss. Insbesondere die Insider können dabei verlieren und auch aus der Sicht der Politiker kann eine solche Politik mit gravierenden Nachteilen verbunden sein. Es ist deshalb zu fragen, wie gut die einzelnen Gruppen in der Lage sind, ihre jeweiligen Interessen zu organisieren und durchzusetzen.

Von der Deregulierung profitieren in erster Linie diejenigen, die bei regulierten Unternehmen überhöhte Preise zahlen, um Quersubventionen zu ermöglichen. Die Interessen dieser Gruppen sind in aller Regel nur schwer zu organisieren, weil es bei ihnen typischerweise zu Freifahrerverhalten kommt. Aus der Sicht des einzelnen Stromkunden ist der Stromtarif vollkommen unabhängig von seinem eigenen Verhalten. Ob er sich organisiert oder nicht, ändert an seiner Stromrechnung nichts. Warum also sollte er Kosten auf sich nehmen, um eine Kundenvertretung zu unterstützen? Im Unterschied dazu sind die Insider in aller Regel blendend organisiert. Sowohl die Manager als auch die Arbeitnehmer haben sehr starke Anreize, ihre Interessen durchzusetzen, und aufgrund der relativ kleinen Anzahl der „Köpfe" stellt sich bei ihnen das Freifahrerproblem nicht in der Schärfe wie bei den Kunden. Die Massiven Proteste der Beschäftigten der kommunalen Stromerzeuger gegen die Deregulierung des Strommarktes sind ein deutliches Beispiel dafür.

Dazu kommt, dass die Insider vielfach in den Politikern starke Verbündete finden. Einerseits profitieren Politiker von der Regulierung direkt, weil sie in aller Regel mit der Besetzung lukrativer Positionen einhergeht. Der Sitz in Aufsichtsgremien verschafft Einkommen, Macht und Prestige. Andererseits ist die Deregulierung mit einigen Risiken verbunden. Diejenigen, die bei einer solchen Politik verlieren – beispielsweise die Gewerkschaften in den betroffenen Bereichen – werden natürlich versuchen, die Deregulierung zu diskreditieren. Die Wahrung sozialer Besitzstände ist das vorrangige Ziel gewerkschaftlichen Handelns und dieses gerät in Gefahr, wenn ehemals öffentliche Unternehmen mit Wettbewerb konfrontiert werden. In der Öffentlichkeit erscheinen Deregulierungen deshalb vielfach als „unsozial" oder „ungerecht". Kunden oder gewöhnliche Steuerzahler haben keinen Anreiz, sich über die tatsächlichen Vor- und Nachteile einer Deregulierung umfassend zu informieren. Darum hat einseitige Information interessierter Gruppen durchaus eine reelle Chance, bei den Medien Gehör zu finden. Die Gefahren, die davon für den Politiker ausgehen, der sich für die Deregulierung einsetzt, sind offensichtlich.

Kontrollfragen

1) Warum handelt es sich bei einem natürlichen Monopol um einen Fall von Marktversagen?

2) Charakterisieren Sie für diesen Fall den Widerspruch zwischen individueller und kollektiver Rationalität, den wir als kennzeichnend für Marktversagensphänomene bezeichnet haben.

3) Nennen Sie Industrien, bei denen Ihrer Meinung nach ein natürliches Monopol vorliegen könnte.

4) Inwiefern ist das Konzept der Subadditivität der Kosten *allgemeiner* als das der fallenden Durchschnittskosten?

5) Sehen Sie ein Problem darin, im Mehrproduktfall eine Demsetz-Versteigerung durchzuführen?

6) Das Bertrand-Modell ist sicherlich kein realistisches Modell in dem Sinne, dass es den Wettbewerb zwischen realen Oligopolisten abbildet. Wo sehen Sie die wichtigsten Abweichungen zwischen Modell und Realität?

7) Rekapitulieren Sie noch einmal die Annahmen der Theorie bestreitbarer Märkte und prüfen Sie sie daraufhin, ob sie kritische Abweichungen zur Realität enthalten könnten.

8) Stellen Sie sich vor, Sie haben im Vorverkauf eine Karte für ein Theaterstück erstanden. Am Theater angekommen stellen Sie fest, dass Sie die Karte verloren haben. Unter welchen Umständen kaufen Sie sich eine neue Karte, wann ist es nicht rational, dies zu tun?

9) Können Sie sich vorstellen, dass man sunk costs *strategisch* einsetzt, um dadurch Markteintritt zu verhindern?

10) Nennen Sie Märkte, auf denen Ihrer Meinung nach monopolistische Konkurrenz herrscht.

11) Was besagt der Begriff „konjekturale Nachfrage"?

12) Handelt es sich bei der Müllabfuhr um ein natürliches Monopol?

13) Warum ist eine reine Preisregulierung im Prinzip vollkommen ausreichend? Warum bedarf es – im Prinzip – keines institutionalisierten Monopols?

14) Nennen und diskutieren Sie regional- und sozialpolitische Ziele, die öffentliche Unternehmen in Deutschland erfüllen sollen.

15) Diskutieren Sie die Umverteilungseffekte, die durch das Prinzip eines einheitlichen Preises bei den Versorgungsunternehmen ausgelöst werden.

16) Angenommen, Sie bereiten sich auf eine Klausur vor und stellen fest, dass Ihnen die Arbeit nicht von der Hand geht, weil Ihnen der Stoff nicht liegt. Ist es rational, dennoch an dem Vorhaben (die Klausur zu schreiben) festzuhalten, weil Sie ja bereits eine Menge an Vorleistungen (Besuch der Vorlesung etc.) erbracht haben?

LITERATUR ZU KAPITEL 7

Zu den Klassikern der contestable markets Literatur gehören:

BAILEY, E. E., 1981, Contestability and the Design of Regulatory and Antitrust Policy, American Economic Review, 71, 179-183.

BAILEY, E. E., BAUMOL, W. J., 1984, Deregulation and the Theory of Contestable Markets, Yale Journal of Regulation, 1, 111-137.

BAUMOL, W. J., PANZAR, J. C., WILLIG, R. D., 1982, Contestable Markets and the Theory of Industrial Structure, New York.

Auf folgende lehrbuchhafte Darstellungen wurde teilweise zurückgegriffen:

BRAEUTIGAM, R. R., 1989, Optimal Policies for Natural Monopolies, in: SCHMALENSEE, R., WILLIG R. D., (eds.), Handbook of Industrial Organization, Amsterdam et al., Vol II, Kap. 23.

MARTIN, S., 1993, Advanced Industrial Economics, Cambridge.

TIROLE, J., 1988, The Theory of Industrial Organization, Cambridge.

TRESCH, R. W., 1981, Public Finance: A Normative Theory, San Diego.

Die Literatur zu Sidestep 31:

FRANCK, E., 1995, Die ökonomischen Institutionen der Teamsportindustrie, Wiesbaden.

NEALE, W. C., 1964, The Peculiar Economics of Professional Sports, Quarterly Journal of Economics, 78, 1-14.

RICHTER, W.F., Schneider K., 1995, Competition for Stars and Audiences, Diskussionspapier, Universität Dortmund.

Die Literatur zu Sidestep 32:

AVERCH, H. A., JOHNSON, L. O., 1962, Behavior of the Firm under Regulatory Constraint. American Economic Review, 52, , 1053-69.

TAKAYAMA, A., 1969, Behavior of the Firm under Regulatory Constraint. American Economic Review, 59, , 255-60.

TAKAYAMA, A., 1994, Analytical Methods in Economics, New York.

Drei weitere Klassiker der IO-Literatur:

CHAMBERLIN, E., 1933, The Theory of Monopolistic Competition, Cambridge.

DEMSETZ, H., 1968, Why Regulate Utilities? Journal of Law and Economics, 11, 55-65.

DREZE, J., 1964, Some Post-War Contributions of French Economists to Theory and Public Policy, American Economic Review.

Im deutschsprachigen Gebiet ist insbesondere KRUSE mit einer Reihe von Veröffentlichungen zur Regulierungsproblematik in Erscheinung getreten:

KRUSE, J., 1985, Ökonomie der Monopolregulierung, Göttingen.

KRUSE, J., 1987, Vertragsökonomische Interpretation der Regulierung, Jahrbuch für neue Politische Ökonomie, 6, 93-107.

KRUSE, J., 1988, Irreversibilitäten und natürliche Markteintrittsbarrieren, Jahrbuch für Nationalökonomie und Statistik, 204, 508-517.

NEU, W., KRUSE, J., 1993, Monopolpreiskontrollen in der Telekommunikation, in: MESTMÄCKER, E.J., (Hrsg.), Ordnungsprinzipien im Recht der Telekommunikation, Baden-Baden.

8 EXTERNE EFFEKTE, CLUBGÜTER UND DAS ALLMENDE-PROBLEM

Im Abschnitt 4.2 haben wir uns bereits ausführlich mit dem Phänomen externer Effekte und öffentlicher Güter auseinander gesetzt. Wenn wir nun zu diesem Thema zurückkehren, so vor allem wegen der sehr großen Bedeutung, die die Probleme besitzen, die durch externe Effekte verursacht werden, und weil wir bisher noch nichts darüber gesagt haben, wie diese Probleme gelöst werden können. Bevor wir uns dieser Thematik widmen, dürfte es hilfreich sein, noch einmal den Zusammenhang zu betrachten, der zwischen „externen Effekten" einerseits und öffentlichen, Club- und Allmendegütern andererseits besteht.

Für alle drei genannten Güterarten gilt, dass ihre Allokation insofern nicht unproblematisch ist, als bei dezentralen, über Märkte gesteuerten Angebots- und Nachfrageentscheidungen mit effizienten Allokationsergebnissen nicht gerechnet werden kann. Was es an dieser Stelle zu verstehen gilt, ist die Tatsache, dass in allen drei Fällen letztlich die Existenz externer Effekte die tiefere Ursache für das Versagen dezentraler Allokationsmechanismen ist. Im Abschnitt 4.2 haben wir bereits dargelegt, dass öffentliche Güter notwendigerweise mit externen Effekten verbunden sind. Das gleiche gilt auch für Clubgüter, wenn es zu Überfüllungstendenzen kommt. Man stelle sich ein typisches Clubgut vor, beispielsweise ein Schwimmbad. Solange die Anzahl der Clubmitglieder klein ist, besteht keine Rivalität im Konsum und aus diesem Grund auch kein Allokationsproblem.[177] Kommt es jedoch zur Überfüllung, so heißt das nichts anderes, als dass jeder weitere Schwimmbadbesucher den Nutzen einschränkt, den die bereits im Bad befindlichen Besucher realisieren. Das ist aber nichts anderes als ein externer Effekt, der deshalb ein Problem darstellen kann, weil ein Teil der tatsächlich anfallenden Kosten des Schwimmbadbesuches (nämlich die, die in Form des externen Effekts anfallen) unberücksichtigt bleiben.

Der externe Effekt bei Allmendegütern ist nicht so offensichtlich. Betrachten wir wiederum beispielhaft ein typisches Allmendegut, den Bestand an einer bestimmten Fischart. Der einzelne Fischer auf hoher See berücksichtigt bei seinen Produktions- und Angebotsentscheidungen die Kosten, die ihm zugerechnet werden können, also beispielsweise die Betriebs- und Kapitalkosten für seinen Fischkutter. Wenn er aber Fische fängt, dann reduziert er damit den Bestand und unter Umständen nicht nur den gegenwärtigen, sondern auch den zukünftigen. Ein geringerer Bestand reduziert aber die Fangmöglichkeiten der anderen Fischer (oder der nachfolgenden Fischergeneration). Die in diesem Sinne entstehenden „Nutzungskosten" einer erneuerbaren Ressource wird der einzelne Fischer allerdings kaum beachten und es ist genau der dadurch entstehende externe Effekt, der die Gefahr ineffizienter Übernutzung heraufbeschwört.

---

[177] Wenn man von der Frage nach der optimalen Schwimmbadgröße einmal absieht.

Es sei an dieser Stelle noch an eine weitere Gemeinsamkeit der genannten Fälle erinnert. Wann immer wir es mit externen Effekten zu tun haben, lässt sich das Gefangenen-Dilemma unmittelbar zur Erklärung des Widerspruchs zwischen individueller und kollektiver Rationalität verwenden. Für den Schwimmbadbenutzer ist es individuell rational, die Kosten der „anderen" nicht zu beachten. Es ist vielmehr dominante Strategie, das Schwimmbad zu besuchen, solange der individuelle Nutzen daraus größer ist als der Eintrittspreis, der an der Kasse entrichtet werden muss und der die Nutzungskosten, die bei den anderen Besuchern anfallen, natürlich nicht enthält. Genauso ist es für den einzelnen Fischer immer die beste Strategie, die Netze zu füllen, solange es keine kollektive Vorkehrung gibt, die ihn wirksam daran hindert und so sicherstellt, dass der Fischbestand zum Vorteil aller erhalten wird.

Angesichts der enormen Bedeutung, die externe Effekte haben, erscheint es angebracht, sich noch näher mit diesem Phänomen zu befassen. Das wollen wir im Folgenden tun, indem wir zunächst etwas genauer klären, warum solche Effekte eigentlich so effizienzschädigende Wirkungen entfalten. Danach werden wir uns der Frage widmen, welche Optionen einer rationalen Politik bei Existenz externer Effekte bestehen. Den Abschluss dieses Kapitels bildet eine Betrachtung der Club- und der Allmendegüter. An zwei Beispielen werden exemplarisch die Probleme betrachtet, die sich bei dezentraler Bereitstellung solcher Güter ergeben.

8.1 EXTERNE EFFEKTE

8.1.1 Effizienzschädigende Eigenschaften externer Effekte [178]

Das Problem externer Effekte sei an einem einfachen Beispiel einer Produktionsexternalität verdeutlicht. Eine Papierfabrik produziere stromaufwärts einer Fischzucht. Vereinfachend wollen wir unterstellen, dass bei der Papierherstellung nur Arbeit eingesetzt wird, und zwar entsprechend der Produktionsfunktion

$$X_P = X_P(l_1). \tag{8-1}$$

Allerdings entstehen bei der Papierherstellung Abfälle, die das Unternehmen in den Fluss einleitet. Werden unter Verwendung von l_1 Arbeitseinheiten X_P Einheiten Papier produziert, so entstehen dabei $a(X_P)$ Einheiten Abwasser. Sei X_F die Menge Fisch, die in der Fischzucht produziert wird und die von der Arbeitsmenge l_2 und der Abwasserbelastung der Flusses $a(X_P)$ abhängt, dann ist

---

[178] Dieser Abschnitt ist weitgehend identisch mit dem Kapitel 1.2.3 in WEIMANN (1995 a).

$$X_F = X_F(l_2, a(X_p)) \qquad (8-2)$$

die Produktionsfunktion der Fischzucht. Bereits hier wird deutlich, was gemeint war, als wir davon sprachen, dass externe Effekte am Preissystem vorbei ihre Wirkung entfalten. Die Verschmutzung des Flusses hängt ursächlich mit der Papierproduktion zusammen, d.h. bei der Papierherstellung wird die Ressource „sauberes Wasser" als Produktionsfaktor eingesetzt. Dieser Ressourcenverbrauch wirkt sich jedoch nicht auf die Faktorkosten des Unternehmens aus, denn es existiert kein Preis für diese Ressource. Folglich existiert auch kein Preismechanismus, der eine effiziente Verwendung des knappen Gutes „sauberes Flusswasser" herbeiführen könnte. Dass es unter den geschilderten Umständen tatsächlich zu einer ineffizienten Allokation kommt, wird die folgende Untersuchung zeigen.

Wie werden sich die beiden Unternehmen unter den durch (8-1) und (8-2) charakterisierten Bedingungen verhalten? Der Papierproduzent entscheidet über sein Produktionsvolumen indirekt, indem er die für ihn gewinnmaximale Arbeitsmenge l_1 bestimmt. Sei w der Preis für eine Arbeitseinheit, p_1 der Papier- und p_2 der Fischpreis. Der Papierproduzent löst dann:

$$p_1 X_P(l_1) - wl_1 =: \pi_P \to \max_{l_1}. \qquad (8-3)$$

Die notwendige Bedingung für eine Lösung von (3) ist

$$p_1 X'_P(\bar{l}_1) = w.^{179} \qquad (8-4)$$

Da implizit unterstellt ist, dass sich beide Unternehmen im vollständigen Wettbewerb befinden, birgt (8-4) keine besondere Überraschung: Entsprechend der Aussage der Grenzproduktivitätstheorie wird das Papierunternehmen solange Arbeit einsetzen, bis das Grenzprodukt der Arbeit gleich dem Reallohn ist. Der Fischzüchter löst eine sehr ähnliche Aufgabe:

$$p_2 X_F(l_2, a(\overline{X}_P)) - wl_2 =: \pi_F \to \max_{l_2}. \qquad (8-5)$$

Notwendige Bedingung ist hier

$$p_2 \frac{\partial X_F(\bar{l}_2, a(\overline{X}_P))}{\partial l_2} = w. \qquad (8-6)$$

---

[179] X' steht für die Ableitung $\frac{dX_P(\bar{l}_1)}{dl_1}$, der Querstrich deutet an, dass es sich um einen optimalen Wert handelt.

Wie man sieht, unterscheiden sich die Bedingungen (8-4) und (8-6) in struktureller Hinsicht nicht voneinander. Der einzige Unterschied besteht darin, dass in (8-6) die Schadstoffemission, die bei der gewinnmaximalen Papierproduktion $\overline{X}_p$ anfällt, als Argument in der Produktionsfunktion auftaucht. Das ändert allerdings nichts daran, dass auch in der Fischzucht solange Arbeit eingesetzt wird, bis ihr Grenzprodukt dem Reallohn entspricht. Um zu zeigen, dass der durch (8-4) und (8-6) charakterisierte Produktionsplan nicht effizient ist, nutzen wir die Tatsache aus, dass Gewinnmaximierung dann zu effizienten Ergebnissen führt, wenn Externalitäten nicht vorliegen. In unserem Beispiel wird der externe Effekt dadurch verursacht, dass der Papierproduzent zwar die Fischproduktion beeinträchtigt, dies bei seiner Produktionsplanung jedoch nicht berücksichtigt. Das ändert sich natürlich, wenn sowohl die Papierfabrik als auch die Fischzucht ein und demselben Unternehmen gehören. Ein solches Unternehmen maximiert den Gesamtgewinn aus beiden Produktionsstätten und berücksichtigt dabei selbstverständlich die Auswirkungen der Papierherstellung auf die Fischzucht. Das Optimierungsproblem hat dann die Gestalt:

$$p_1 X_P(l_1) + p_2 X_F(l_2, a(X_P(l_1))) - wl_1 - wl_2 = \pi \to \max_{l_1, l_2}. \quad (8\text{-}7)$$

Als notwendige Bedingungen erhalten wir in diesem Fall:

$$p_1 X'_P(\overline{l}_1) + p_2 \frac{\partial X_F(\overline{l}_2, \overline{a})}{\partial a} a'(\overline{X}_P) X'_P(\overline{l}_1) - w = 0 \quad (8\text{-}8)$$

und

$$p_2 \frac{\partial X_F(\overline{l}_2, \overline{a})}{\partial l_2} - w = 0. \quad (8\text{-}9)$$

Der Unterschied zu dem Fall zweier unabhängig agierender Unternehmen wird deutlich, wenn wir (8-8) geeignet umformen:

$$\left[p_1 + p_2 \frac{\partial X_F(\overline{l}_2, \overline{a})}{\partial a} a'(\overline{X}_P) \right] X'_P(\overline{l}_1) = w. \quad (8\text{-}8')$$

(8-8') ist nun leicht zu interpretieren. Da die Verschmutzung des Flusses die Fischzucht beeinträchtigt, ist $\partial X / \partial a$ negativ, und damit auch der zweite Summand in der eckigen Klammer. Im Vergleich zu Bedingung (8-4) muss damit gemäß (8-8') der Faktor Arbeit in der Papierproduktion so eingesetzt werden, dass er im Optimum ein höheres Grenzprodukt realisiert als im Fall ohne Berücksichtigung der Fischproduktion. Bei Gültigkeit des Ertragsgesetzes, gemäß dem der Grenzertrag eines Faktors mit steigendem Faktoreinsatz sinkt, bedeutet dies, dass eine effiziente Produktionsplanung einen geringeren Arbeitseinsatz (und ein entsprechend geringeres Produktionsvolumen) in der Papierfabrik verlangt als bei unkoordiniertem Verhalten. Offensichtlich führt die Vernachlässigung der Flussverschmutzung in (8-3) bzw. (8-4) dazu, dass zu viel Papier und entsprechend zu wenig Fisch produziert wird, solange die Externalität besteht.

Durch einfaches Umstellen der Bedingungen (8-4) und (8-8') gelangt man zu einer anderen Interpretationsmöglichkeit, bei der die Auswirkungen externer Effekte deutlich werden:

$$X'_P\left(\bar{l}_1\right) = \frac{w}{p_1} \qquad (8\text{-}4')$$

$$X'_P\left(\bar{l}_1\right) = \frac{w}{p_1 + p_2 \dfrac{\partial X_F\left(\bar{l}_2, \bar{a}\right)}{\partial a} a'\left(\overline{X}_P\right)}. \qquad (8\text{-}8'')$$

Auf der linken Seite von (8-4') und (8-8") steht jeweils das Grenzprodukt der Arbeit in der Papierindustrie. Gemäß der Grenzproduktivitätstheorie muss dieses im Gewinnmaximum gleich den realen Faktorkosten sein[180]. Man erkennt sofort, dass die Berücksichtigung der Auswirkungen der Verschmutzung $a(\overline{X}_p)$ auf die Fischproduktion dazu führt, dass die Faktorkosten entsprechend höher ausfallen als bei Vernachlässigung dieses Effektes (die rechte Seite von (8-8") ist größer als die rechte Seite von (8-4')). Diese Interpretation leuchtet unmittelbar ein: Um zu einem effizienten Produktionsplan zu gelangen, müssen alle Kosten, die mit der Papierproduktion verbunden sind, berücksichtigt werden, und dazu zählen eben auch die, die in Form eines reduzierten Ertrages in der Fischindustrie auftreten.

Bisher haben wir die von der Papierfabrik verursachte Verschmutzung nur unter dem Aspekt gesehen, dass es sich dabei um Kosten der Papierherstellung handelt, die nicht richtig, d.h. nicht verursachungsgemäß zugeordnet werden. Man kann die Externalität (bzw. deren Vermeidung) jedoch auch als ein Gut begreifen. Das Papierunternehmen produziert eben nicht nur Papier, sondern auch Umweltverschmutzung. Diese Sichtweise erlaubt u.a. ein tieferes Verständnis dafür, warum der erste Hauptsatz der Wohlfahrtsökonomie nicht gilt, wenn externe Effekte auftreten. Bei der Herleitung dieses Satzes wird nämlich vorausgesetzt, dass für jedes Gut ein Markt existiert.[181] Diese Voraussetzung ist im Falle externer Effekte offensichtlich verletzt. Für das Gut „Schadstoffvermeidung" existiert kein Markt, das

---

[180] Die durch den Arbeitseinsatz in dem Papierunternehmen verursachte Produktionseinschränkung in der Fischzucht wird hier als „Kosten" des Faktors Arbeit begriffen.

[181] Vgl. zu diesem Punkt auch die Ausführungen in Kapitel 3!

Marktsystem ist unvollständig und kann darum die effiziente Allokation aller Ressourcen nicht leisten.

Wenn das Papierunternehmen mit seiner Abwasservermeidung Handel treiben könnte und dadurch ein Markt für dieses „Gut" entstünde, dann wäre eine effiziente Allokation gesichert. Die Frage ist nur: Kann man damit rechnen, dass solche Märkte für Externalitäten entstehen? Zunächst einmal dürfte klar sein, dass dazu die notwendige Voraussetzung für das Entstehen von Märkten erfüllt sein muss: Es müssen durchsetzbare Eigentumsrechte definiert sein. Ist diese Bedingung auch hinreichend? Kommt immer dann, wenn Eigentumsrechte definiert sind und ein für beide Seiten vorteilhafter Tausch möglich ist, ein Tauschgeschäft zustande? Das berühmte *Coase-Theorem* behauptet, dass die Existenz durchsetzbarer Eigentumsrechte in der Tat hinreichend ist, *wenn* der Tauschvorgang keinerlei Transaktionskosten verursacht. Dieser Punkt ist bedeutsam genug, um ihm größere Aufmerksamkeit zu schenken.

8.1.2 Das Coase-Theorem

Verkürzt formuliert besagt das Coase-Theorem, dass dann, wenn ein System durchsetzbarer Eigentumsrechte existiert und keine Transaktionskosten vorliegen, private Verhandlungen stattfinden können, in deren Verlauf eine effiziente Ressourcenallokation trotz Existenz externer Effekte vereinbart wird.[182] Der Grund dafür ist einfach: Wenn durch einen externen Effekt eine ineffiziente Allokation resultiert, dann können private Akteure dadurch, dass sie den externen Effekt internalisieren, einen Effizienzgewinn realisieren. Dieser Gewinn lässt sich nutzen, um beide Tauschpartner besser zu stellen. Warum sollte der Fischzüchter in unserem Beispiel nicht zum Papierfabrikanten gehen und ihm einen effizienten Produktionsplan vorschlagen und warum sollte der Papierfabrikant darauf nicht eingehen, wenn es möglich ist, aus dem resultierenden Effizienzgewinn *beide* zu bedienen?

Die Idee, dass im Falle externer Effekte die Möglichkeit besteht, durch private Verhandlungen eine effiziente Ressourcenzuteilung zu erreichen, scheint einen Weg zu weisen, auf dem man die unangenehme Schlussfolgerung vermeiden könnte, dass mit der Existenz externer Effekte notwendig ineffiziente Allokationen verbunden sind. Sollte diese Idee richtig sein, so hätten wir eine einfache Lösung für das Problem externer Effekte. Der soziale Planer müsste lediglich ein möglichst vollständiges System von Eigentumsrechten schaffen und dafür sorgen, dass die Kosten für die Vereinbarung eines Tausches und seiner Realisierung möglichst niedrig sind – alles andere würden die privaten Akteure schon richten.

Bevor wir prüfen, ob es wirklich so einfach ist, müssen wir eine andere Frage beantworten, die sich im Zusammenhang mit dem Coase-Theorem aufdrängt: Wie sollen die Eigentumsrechte verteilt werden? Wer soll Eigentümer werden? Die Antwort, die COASE in seinem berühmten Aufsatz „The Problem of Social Cost"

---

[182] Vgl. für eine ausführliche Behandlung des Coase-Theorems WEIMANN (1995 a).

(1960) gibt, ist auf den ersten Blick durchaus überraschend: Für das Allokationsergebnis ist es gleichgültig, *wie* die Eigentumsrechte verteilt werden, es kommt nur darauf an, *dass* Eigentumsrechte existieren. Machen wir uns diesen Punkt an einem Beispiel deutlich.

Die Bahn AG hat bei jeder Reise ein ganz spezielles Allokationsproblem zu lösen. Sie muss die Fahrgäste auf die vorhandenen Abteile und Sitzplätze alloziieren. Eine effiziente Allokation der Fahrgäste wäre dann erreicht, wenn es nicht mehr möglich ist, den Nutzen eines Reisenden durch „Umsetzung" zu steigern, ohne gleichzeitig den Nutzen mindestens eines anderen zu reduzieren. Zu einem Problem wird dies, weil es unter den Fahrgästen durchaus zu externen Effekten kommen kann, denn in der Regel fahren Raucher und Nichtraucher in einem Zug.

Die erste Lehre, die COASE uns vermittelt, besteht darin, dass es unzulässig ist, dabei die Raucher eindeutig als die Verursacher und die Nichtraucher als die Geschädigten zu bezeichnen. Man stelle sich einen Raucher vor, der in einem Nichtraucherabteil sitzt und nicht rauchen darf. Dieses Verbot geht selbstverständlich von den Nichtrauchern aus und der Raucher erleidet dadurch eine Nutzeneinbuße, denn er muss Verzicht üben oder auf den ungemütlichen und zugigen Gang ausweichen, wenn er eine Zigarette rauchen will. Es ist nicht einzusehen, dass dieser Nutzenverlust anders zu bewerten ist als die Einschränkung, die der Nichtraucher erfährt, wenn er passiv rauchen muss, weil er in einem Raucherabteil sitzt. Vielleicht ist die Nutzeneinschränkung des Nichtrauchers *größer* als die des Rauchers, aber dennoch sind beide Seiten zu berücksichtigen. Externe Effekte sind – so die erste Botschaft – *reziproker* Natur.

Die Bahn AG löst ihr Allokationsproblem auf recht einfache Weise und durchaus im Sinne des Coase-Theorems: Sie schafft Eigentumsrechte, indem sie einen Teil der Abteile zu Raucher- und den Rest zu Nichtraucherabteilen macht. Diese Einteilung ist nichts anderes als die Vergabe von Eigentumsrechten: In den Raucherabteilen haben die Raucher das Recht, die Luft für ihre Zwecke zu gebrauchen, in den Nichtraucherabteilen hat die andere Fraktion die „Lufthoheit". Das Coase-Theorem besagt nun, dass es in jedem Fall – d.h. gleichgültig wie die Verteilung der Raucher- und Nichtraucherabteile gewählt ist – dann zu einer effizienten Allokation der Fahrgäste kommt, wenn selbige kostenlos miteinander verhandeln können. Stellen wir uns einen Raucher vor, der mit drei Nichtrauchern in einem Abteil sitzt. Angenommen, es handelt sich um ein Raucherabteil. In diesem Fall haben die Nichtraucher die Möglichkeit, mit dem Raucher darüber zu verhandeln, ob er gegen Zahlung einer Kompensation bereit ist, im Abteil nicht zu rauchen. Ist die Zahlungsbereitschaft der Nichtraucher höher als der Nutzenverlust des Rauchers bei Nikotinverzicht, wird es zu einer Verhandlungslösung kommen, und diese wird beide Seiten besser stellen: Die Nichtraucher müssen weniger bezahlen, als ihnen die reine Luft wert ist und die Kompensation des Rauchers übersteigt seine Kosten. Nehmen wir an, dass drei Raucher mit einem Nichtraucher in einem Raucherabteil sitzen. Auch hier sind Verhandlungen möglich und *wenn* es effizient ist, das Rauchen zu erlauben, weil der Nutzen daraus den Schaden beim Nichtraucher übersteigt, wird auch hier eine Verhandlungslösung dazu führen, dass der mögliche Effizienzgewinn auch tatsächlich genutzt wird.

Das Allokationsergebnis ist in beiden Fällen effizient. Das aber bedeutet, dass es unter Effizienzaspekten gleichgültig ist, wie die Anfangsverteilung der Eigentumsrechte aussieht. Für die *Verteilungswirkung* der privaten Verhandlungen sind sie allerdings entscheidend. Im Raucherabteil können die Raucher damit rechnen, kompensiert zu werden, wenn sie Verzicht üben – im Nichtraucherabteil können sie bestenfalls *zahlen*, um rauchen zu dürfen.

Lange Zeit schien das Coase-Theorem einen Weg zu weisen, auf dem die unangenehmen Konsequenzen aus der Existenz externer Effekte vermieden werden konnten. Die politische Schlussfolgerung der Coaseschen Analyse war nämlich, dass die Existenz externer Effekte nicht bedeutet, dass die Allokation tatsächlich *ineffizient* ist. Vielmehr signalisierte sie, dass die mit einer Internalisierung einhergehenden Transaktionskosten zu hoch waren, dass sie insbesondere den möglichen Effizienzgewinn überstiegen. Man kann es auch etwas anders formulieren: So wie die Dinge sind, müssen sie effizient sein (jedenfalls dann, wenn das Eigentumsrechtssystem vollständig ist), denn wären sie es nicht, fänden sich private Akteure, die den möglichen Effizienzgewinn realisierten und sich aneigneten.

Diese Schlussfolgerung ist allerdings nur dann möglich, wenn das Coase-Theorem tatsächlich gilt, wenn effiziente Lösungen bei Abwesenheit von Transaktionskosten tatsächlich erreichbar sind. Erst relativ spät hat die wissenschaftliche Gemeinschaft die Frage der Gültigkeit des Theorems einer rigorosen Analyse unterzogen, und zwar mit den Mitteln der Spieltheorie. Das Resultat war durchaus ambivalent. Zwar lässt sich die von COASE (1960) geäußerte Vermutung [183] tatsächlich als ein Theorem beweisen, aber dabei wird deutlich, dass für seine Gültigkeit eine äußerst restriktive Voraussetzung erfüllt sein muss. Damit private Verhandlungen tatsächlich zum Erfolg führen, d.h. eine effiziente Lösung erzeugen, müssen alle Verhandlungsteilnehmer *vollständig informiert* sein. Das bedeutet, dass auch die Nutzenfunktionen (oder allgemeiner die Auszahlungsfunktionen) der Verhandlungsteilnehmer common knowledge sein müssen. Raucher und Nichtraucher werden sich nur dann *mit Sicherheit* auf eine effiziente Lösung einigen, wenn der Raucher weiß, welchen Schaden der Nichtraucher subjektiv erfährt, und der Nutzen des Rauchers umgekehrt dem Nichtraucher bekannt ist. Das Problem dabei: Bei den relevanten Informationen handelt es sich ihrer Natur nach um *private Informationen,* d.h. um Informationen, die a priori im Besitz des einzelnen Individuums sind und an die der Verhandlungsgegner nur kommen kann, wenn der Gegenüber seine Präferenzen wahrheitsgemäß offenbart. Genau dazu hat er aber vielfach keinerlei Veranlassung, weil er seinen Informationsvorsprung *strategisch* nutzen kann.

Im Ergebnis führt dieses Informationsproblem dazu, dass auch dann, wenn die Voraussetzungen erfüllt sind, die COASE an sein Theorem knüpfte, *nicht* davon

---

[183] Obwohl schon immer von dem Coase-*Theorem* gesprochen wurde, war es genaugenommen wirklich nur eine Vermutung, die COASE formuliert hatte und die er mit einigen Beispielen illustrierte.

ausgegangen werden kann, dass Verhandlungen Effizienz erzeugen. Die Hoffnung, die das Coase-Theorem weckt, ist leider trügerisch. Wir können nicht hoffen, dass externe Effekte durch private Verhandlungen internalisiert werden. Es bleibt dabei, dass kollektive Entscheidungen notwendig sind, um angesichts externer Effekte Marktversagen zu heilen.

Sidestep 38: Ein Bärenbeispiel

COASE argumentiert in seiner berühmten Arbeit zum Problem der sozialen Kosten ausschließlich anhand von Beispielen. Eines davon erzählt von Farmern und Viehzüchtern, deren Gebiete aneinander grenzen und zwischen denen ein externer Effekt entsteht, weil streunendes Vieh die Ernte der Farmer reduziert. Dass dieses Beispiel gar nicht so weit hergeholt ist, sondern auch in unseren Tagen noch Aktualität besitzt, zeigt der folgende Artikel aus der FRANKFURTER RUNDSCHAU vom 13.7.1995. Und nicht nur das, das Beispiel belegt außerdem, dass externe Effekte in der Tat reziproker Natur sind und dass es ein Informationsproblem gibt, das unmittelbar mit jeder Lösung des Externalitätenproblems verbunden ist:

„*Norweger fürchten einen Bärendienst – Schafzüchter über schwedische Pläne beunruhigt, Bestand zu vergrößern.*

Schwedische Pläne, den stark geschrumpften Bestand an Braunbären wieder aufzuforsten, beunruhigen die Schafzüchter im benachbarten Norwegen. Der nur noch 700 Tiere zählende Stamm soll durch drastische Jagdbeschränkungen und genaue Überwachung im Laufe der Jahre auf 2000 Bären aufgestockt werden. Doch die Raubtiere halten sich nicht an Landesgrenzen, und jenseits der Grenzen fürchten die norwegischen Bauern: „Dann sieht es für unsere Schafe ganz düster aus".
„Wenn die Schweden ernst machen, müssen wir reagieren" meint (...) Öystein Hedström. Er fordert, daß dann die Jagd auf die Bären weitgehend freigegeben werden müsse. (...) Auch „tierethische" Gründe sprächen gegen die Bärenvermehrung, meint Svein Ludviksen: „Man kann doch nicht schutzlose Schaf den Übergriffen dieser reißenden Raubtiere überlassen." Oder, ergänzt er wählerwirksam, man müsse deren Eigentümer entschädigen.
Bisher nämlich gab es stets Streit zwischen den Bauern und den Behörden. Denn der Staat ist zwar ersatzpflichtig, wenn Raubtiere Haustiere reißen. Die Verluste aber, die die Züchter anmelden, erscheinen den Behörden oft unrealistisch hoch. Sie mutmaßen, dass so manch aus anderen Gründen verendetes Tier als Opfer eines Adlers, Wolfs oder Bären gemeldet wird. Im norwegischen Naturschutzamt empfiehlt Direktor Stein Hansen den raubtiergeplagten Bauern, sie mögen ihre Produktion auf weniger anfällige Formen der Landwirtschaft umstellen."

Eine prominente Alternative zur dezentralen Lösung des Allokationsproblems bei externen Effekten (wie sie COASE anstrebte) ist die Position, die mit dem Namen PIGOU verbunden wird. Wir wollen uns an dieser Stelle darauf beschränken, die grundlegende Idee zu skizzieren.[184] Schon 1923 entwarf PIGOU eine Strategie, mit der sich das Problem der sozialen Kosten angehen lässt. Im Falle eines negativen externen Effektes empfahl PIGOU, demjenigen, der Kosten auf andere überwälzt, eine *Steuer* aufzuerlegen, die so bemessen sein sollte, dass sie den marginalen Kosten des Geschädigten im Optimum entspricht. Auf diese Weise werden die externalisierten Kosten demjenigen angelastet, der sie verursacht, d.h. der Planer korrigiert die Entscheidungsgrundlage des Verursachers eines externen Effekts um den Schaden, den dieser extern anrichtet.

Auf den ersten Blick ist diese Strategie bestechend einfach. Man laste dem Verursacher die Kosten in Form einer Steuer an und er wird sich so verhalten, als gäbe es keinen externen Effekt und damit Effizienz erzeugen. Bei näherem Hinsehen zeigt sich allerdings, dass die Sache so einfach nicht ist, denn um in der Lage zu sein, den optimalen Steuersatz festzulegen, müsste der Planer im Besitz von Informationen sein, die ihm vermutlich kaum zugänglich gemacht werden, weil die Inhaber dieser Information wiederum ein strategisches Motiv besitzen, ihre private Information für sich zu behalten.[185]

Was also ist zu tun? Als erstes muss man das Anspruchsniveau reduzieren. Eine Politik, die angesichts externer Effekte zu einer First-best-Allokation führt, ist zur Zeit nicht verfügbar. Erreichbar sind bestenfalls Second-best Lösungen. Beispielsweise könnte man bei Umweltproblemen (die im Wesentlichen Probleme externer Effekte sind) fordern, dass die angestrebte Allokation (die von der First-best Allokation abweicht!) mit dem geringst möglichen Aufwand erreicht werden soll. Das bedeutet, dass man in zweifacher Hinsicht kollektive Entscheidungen braucht. Erstens muss man sich auf ein Second-best Ziel verständigen und zweitens muss entschieden werden, wie man den zweitbesten Umweltzustand anstreben will. Das Umweltproblem eignet sich zwar hervorragend, um die Problematik zu verdeutlichen, aber wenn es beispielsweise darum geht, das Budget für die Landesverteidigung oder die Grundlagenforschung festzulegen, hat man es mit sehr ähnlichen Problemen zu tun. Externe Effekte bedingen kollektive Entscheidungen – soviel steht fest, aber es ist ganz und gar nicht einfach zu sagen, wie diese Entscheidungen im Idealfall aussehen sollen – und das gilt auch für die folgenden beiden Fälle.

---

[184] In WEIMANN (1995 a) findet sich eine ausführliche Auseinandersetzung mit der Pigou-Coase Kontroverse und eine ebenso ausführliche Darstellung der Politikalternativen, die sich bei externen Effekten stellen.

[185] Ausführlich dazu: WEIMANN (1995 a), S. 126 ff.

8.2 Clubgüter und Allmendegüter

8.2.1 Die Autobahn als Beispiel für ein Clubgut [186]

Der Straßenverkehr verursacht in vielfältiger Weise Externalitäten. Die Emission von Luftschadstoffen, die Versiegelung des Bodens durch Straßenbaumaßnahmen, die Zerstörung von Landschaften und Lärmemissionen zählen zu den wichtigsten Beispielen. Im Zuge der Diskussion über Internalisierungsstrategien im Zusammenhang mit Umweltproblemen ist deshalb auch der Straßenverkehr zunehmend Gegenstand ordnungspolitischer Überlegungen geworden.
Die Einführung von Straßennutzungsgebühren – Road-Pricing – ist dabei ein oft genanntes Politikinstrument, das mitunter irrtümlich auch in einen Zusammenhang mit den oben genannten umweltrelevanten externen Effekten gebracht wird. Irrtümlich deshalb, weil Road-Pricing ganz sicher *kein* geeignetes Instrument ist, um beispielsweise externe Effekte, die durch Schadstoffemissionen entstehen, zu internalisieren. Road-Pricing zielt auf eine andere, weitaus weniger intensiv diskutierte Externalität: Staukosten.

Das Allokationsproblem, das mit Hilfe von Road-Pricing gelöst werden soll, besteht in der effizienten Nutzung knapper Straßenverkehrskapazitäten. Es gilt, die Inanspruchnahme dieser Kapazitäten so zu steuern, dass die Opportunitätskosten der Straßennutzung minimiert werden. Die spontane Ordnung des Straßenverkehrs führt vielfach geradewegs in einen Stau und es stellt sich die Frage, ob durch eine geschickte, über Preissetzung herbeigeführte Verkehrslenkung die durch Staus verursachten Opportunitätskosten verringert werden können.

Hinter dieser verkehrsplanerischen Absicht verbirgt sich letztlich ein ökonomisches Problem externer Effekte. Charakterisiert man Straßen als Clubgüter, so wird deutlich, dass der Verzicht auf Konsumausschluss in ein *soziales Dilemma* führt: Der einzelne Konsument wird die Staukosten, die er bei anderen verursacht, unberücksichtigt lassen und die Straße auch dann nutzen, wenn die sozialen Kosten seinen privaten Ertrag weit übersteigen. Jeder, der in einem Stau steht, verlängert die Wartezeit der hinter ihm plazierten und verursacht in der Summe dabei erhebliche Kosten. Ein rationaler Autofahrer wird diese nicht berücksichtigen und das Ergebnis ist ein Widerspruch zwischen individueller und kollektiver Rationalität.

Es existiert mittlerweile eine durchaus umfangreiche ökonomische Literatur, die sich mit der Analyse des Stauproblems befasst. Wir betrachten hier ein Modell, das von ARNOTT, DE PALMA UND LINDSEY (1993) vorgestellt worden ist. In diesem Modell werden neben Staukosten noch zwei weitere Kostenarten berücksichtigt, nämlich die Opportunitätskosten, die entstehen, wenn ein Ziel zu früh oder zu spät

---

[186] Ein Teil dieses Kapitels ist SCHNEIDER, WEIMANN UND WELLISCH (1995) entnommen.

erreicht wird (Schedule delay costs[187]). ARNOTT ET AL. zeigen, dass Road-Pricing (in Form einer richtig gewählten Mautgebühr) geeignet ist, erhebliche Effizienzgewinne zu realisieren. Anders formuliert: Ihr Modell liefert eine konsistente effizienztheoretische Begründung für den Einsatz von Road-Pricing.

Sidestep 39: Das Modell von ARNOTT, DE PALMA UND LINDSEY

Ziel dieses Sidesteps ist es, dem Leser zu demonstrieren, wie ein Clubgut-Problem formal abgebildet werden kann. Wenn man so will, begeben wir uns damit an die aktuelle Forschungsfront, denn in dem folgenden Modell werden Konzepte und Herangehensweisen verwendet, die typisch sind für die moderne wirtschaftstheoretische Forschung. Die Interpretation des Modellergebnisses wird im Normaltext geliefert, und zwar mittels einer einfachen graphischen Veranschaulichung. Das macht das Modell unter didaktischen Gesichtspunkten attraktiv: Es behandelt ein aktuelles Thema, liefert eine klare formale Struktur, ein intuitiv interpretierbares Resultat, das darüber hinaus auch noch geeignet erscheint, unmittelbar für die Politikberatung verwendbar zu sein.
Ein zentrales Problem bei der Modellierung von Überfüllungsproblemen im Straßenverkehr ist die Wahl der Stautechnologie. ARNOTT ET AL. lösen dieses Problem, indem sie auf eine Flaschenhals-Modellierung zurückgreifen, die erstmals von VICKREY (1969)[188] vorgeschlagen wurde.[189] Abgebildet wird die typische Pendler-Problematik: Sei N eine feste Anzahl von Pendlern, die von A nach B gelangen müssen und die möglichst zu einem bestimmten Zeitpunkt t^* dort ankommen wollen. B ist nur über eine einzige Straße zu erreichen und diese Straße besitzt einen Engpass mit der Kapazität s < N. Wann immer mehr als s Fahrzeuge den Flaschenhals erreichen, bildet sich ein Stau. Die Kosten der Pendler (pro Zeiteinheit) werden abgebildet durch den Schattenpreis für die Reisezeit α, die Opportunitätskosten β für das zu früh erreichen von B und durch die Verspätungskosten γ. Empirische Untersuchungen (SMALL (1982)) legen nahe, dass $\gamma > \alpha > \beta$ gilt.
Aus Vereinfachungsgründen wird angenommen, dass die Reisezeit ohne Stau Null beträgt, d.h. wenn ein Pendler nicht in einen Stau gerät, dann ist der Abfahrtszeitpunkt t identisch mit dem Ankunftszeitpunkt. Sei T(t) die Zeit, die bei Anfahrt in t im Stau verbracht wird, dann sind die privaten totalen Reisekosten:

$$p = \alpha T(t) + \beta\left(t^* - t - T(t)\right) + \gamma\left(t - t^* + T(t)\right). \tag{38-1}$$

---

[187] Wir werden den Begriff „Schedule delay costs" im Folgenden mit „Zeitkoordinationskosten" übersetzen – wohlwissend, dass diese Übersetzung unvollkommen ist.

[188] Vgl. auch die nachfolgende Arbeit von BRAID (1989).

[189] Vgl. auch ARNOTT, DE PALMA UND LINDSEY (1990).

D(t) bezeichnet die Staulänge im Zeitpunkt t und r sei die Abfahrtsrate der Pendler. Dann ist

$$D(t) = \int_{\hat{t}}^{t} r(u)du - s(t - \hat{t})$$

und (38-2)

$$T(t) = \frac{D(t)}{s},$$

wobei $\hat{t}$ der letzte Zeitpunkt ist, in dem kein Stau bestand.

Die Pendler können ihre Reisekosten durch Wahl ihres Abfahrtszeitpunktes t beeinflussen. Ein Nash-Gleichgewicht ist erreicht, wenn keiner der Pendler mehr Anlass hat, seinen Abfahrtszeitpunkt zu verändern. Notwendige Bedingung für ein solches Gleichgewicht ist, dass die Reisekosten für alle Pendler gleich sein müssen:

$$\begin{aligned}\bar{p} &= \alpha T(t) + \beta \left(t^* - t - T(t)\right) \\ &= \alpha T(t) + \gamma \left(t - t^* + T(t)\right)\end{aligned}$$

(38-3)

Die Abfahrtsraten im Gleichgewicht lassen sich berechnen, indem man (38-2) nach t differenziert und das Resultat in die Ableitung von (38-3) nach t einsetzt. Sei $\tilde{t}$ der Abfahrtszeitpunkt desjenigen, der im Optimalzeitpunkt t^* ankommt. Pendler, die zu früh in B ankommen, verlassen A mit der Rate r_1 im Zeitintervall t_0 bis $\tilde{t}$, Pendler, die zu spät kommen, fahren zwischen $\tilde{t}$ und t_{max} ab und ihre Abfahrtsrate sei r_2:

$$r_1 = \frac{\alpha s}{\alpha - \beta} = s + \frac{\beta s}{\alpha - \beta}$$ (38-4)

und

$$r_2 = \frac{\alpha s}{\alpha + \gamma} = s - \frac{\gamma s}{\alpha + \gamma}.$$ (38-5)

Vollständig beschrieben ist das Gleichgewicht, wenn auch noch die endogenen Anfangs- und Endzeitpunkte der „Rush-hour" angegeben werden. Unter Verwertung von (35-4) und (35-5) und der Tatsache, dass die Gesamtzahl der Pendler N ist erhalten wir

$$\left(\tilde{t} - t_0\right) \frac{\alpha s}{\alpha - \beta} + \left(t_{max} - \tilde{t}\right) \frac{\alpha s}{\alpha + \gamma} = N.$$ (38-6)

Da der Stau, der sich zwischen t_0 und $\tilde{t}$ aufgebaut hat, sich bis t_{max} wieder abbauen muss, folgt:

$$\left(\tilde{t} - t_0\right)(r_1 - s) = \left(t_{max} - \tilde{t}\right)(s - r_2).$$ (38-7)

Da schließlich die Ankunftszeit des Pendlers, der in $\tilde{t}$ abfährt, t^* ist, gilt

$$\tilde{t} + \frac{r_1 - s}{s}(\tilde{t} - t_0) = t^* \qquad (38\text{-}8)$$

Aus (38-6) bis (38-8) folgt:

$$t_0 = t^* - \frac{\gamma}{\beta + \gamma}\frac{N}{s} \qquad (38\text{-}9)$$

$$t_{max} = t^* + \frac{\beta}{\beta + \gamma}\frac{N}{s} \qquad (38\text{-}10)$$

$$\tilde{t} = t^* - \frac{\beta}{\alpha}\frac{\gamma}{\beta + \gamma}\frac{N}{s} \qquad (38\text{-}11)$$

Der Pendler, der in t_0 abfährt, hat lediglich Zeitkoordinationskosten zu tragen, aber keine Staukosten. Seine Reisekosten sind daher

$$C(t_0) = \beta(t^* - t_0). \qquad (38\text{-}12)$$

Die totalen Reisekosten TC – die im Gleichgewicht für alle Pendler gleich sein müssen – erhält man durch Einsetzen von (35-9) in (35-12):

$$TC = \frac{\beta\gamma}{\beta + \gamma}\frac{N^2}{s}. \qquad (35\text{-}13)$$

TC lässt sich in Zeitkoordinationskosten SDC[190] und Reisekosten TTC[191] zerlegen. Da im Gleichgewicht zu jedem Zeitpunkt zwischen t_0 und t_{max} ein Stau besteht, ist die Ankunftsrate identisch mit der Kapazität des Flaschenhalses s. Wenn die Pendler eine konstante Abfahrtsrate r = s wählen würden, entstünde kein Stau, die Zeitkoordinationskosten fielen jedoch im gleichen Umfang an wie im Nash-Gleichgewicht (da sich an der Ankunftsrate nichts ändern würde). Bei einer Abfahrtsrate von s fallen die Zeitkoordinationskosten von t_0 bis t^* linear von $\beta(t^* - t_0)$ auf Null und steigen dann bis t_{max} linear auf $\gamma(t_{max} - t^*)$. Unter Verwendung von (38-9) und (38-10) berechnen sich die gesamten Zeitkoordinationskosten als:

$$SDC = \frac{\beta\gamma}{\beta + \gamma}\frac{N^2}{s}. \qquad (38\text{-}14)$$

TTC ist die Differenz zwischen TC und SDC:

$$SDC = TTC = \frac{\beta\gamma}{2(\beta + \gamma)}\frac{N^2}{s} \qquad (38\text{-}15)$$

---

[190] Schedule delay costs.

[191] Total travel costs.

Die im Sidestep 38 abgeleiteten Bedingungen für ein Nash-Gleichgewicht lassen sich graphisch darstellen. Abbildung 57 zeigt die im Gleichgewicht resultierende Abfahrtsstruktur:

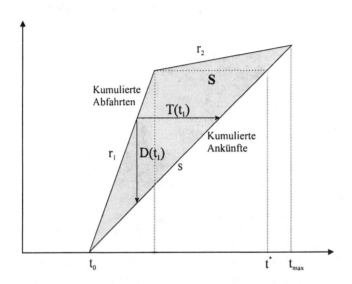

Abbildung 58: Nash-gleichgewichtige Abfahrtsstruktur im Modell von ARNOTT ET AL.

Die vertikale Distanz zwischen den kumulierten Abfahrten und Ankünften misst die Anzahl der in t im Stau befindlichen Pendler, die horizontale Distanz die Zeit, die im Stau verbracht werden muss. Die insgesamt anfallenden Staukosten entsprechen der Fläche S multipliziert mit α. αS kennzeichnet zugleich den maximalen Effizienzgewinn, der mit Road-Pricing erreicht werden kann. Solange s < N ist, lassen sich Zeitkoordinationskosten nicht vermeiden. Staukosten sind jedoch reiner Effizienzverlust, der vermeidbar ist, wenn es gelingt, eine der Engpasskapazität entsprechende Abfahrtsrate r = s herbeizuführen. Dies ist durch entsprechende Wahl von Straßenbenutzungspreisen möglich, d.h. es existiert ein Preissystem, bei dem das resultierende Nash-Gleichgewicht eine konstante Abfahrtsrate r = s aufweist und somit die Staukosten auf Null reduziert sind.

Was ist damit gezeigt? Das Modell von ARNOTT ET AL. liefert geradezu ein Musterbeispiel dafür, wie abstrakte Theorie genutzt werden kann, um eine wissenschaftliche Fundierung für rationale Wirtschaftspolitik zu schaffen. Das Modell zeigt: Individuell rationales Verhalten führt zu einer Situation, die insofern kollektiv nicht rational ist, als eine Alternative existiert, die geeignet ist, *alle* besser zustellen. Darüber hinaus zeigt das Modell auch noch den Weg, auf dem die Pareto-Verbesserung erreicht werden kann: Es gilt lediglich, die *richtige* Mautgebühr festzulegen. Das dabei gewonnene Aufkommen kann Lump-sum an die Pendler zurückgeschleust werden. Auf diese Weise partizipieren alle am Effizienzgewinn und es kommt tatsächlich zu der Pareto-Verbesserung.

Sollte man also sofort mit der Installation von elektronischen Road-Pricing-Systemen beginnen? Vor einer solchen Empfehlung sei gewarnt. So exemplarisch, wie das Modell die Möglichkeiten wissenschaftlicher Politikberatung aufzeigen kann, so beispielhaft kann es auch deren Grenzen verdeutlichen. Bevor nämlich eine solche Empfehlung ausgesprochen werden kann, muss folgender Einwand ausgeräumt werden. Um ein effizienzsteigerndes Road-Pricing einführen zu können, muss man in der Lage sein, die *richtigen* Preise auch tatsächlich zu setzen. Der Preis, der im Modell bestimmt werden kann, ist abhängig von der Abfahrtsstruktur, die sich im Nash-Gleichgewicht ohne Straßenbenutzungsgebühr einstellen würde. Die Gebühr soll dazu dienen, den Übergang von dem ineffizienten zu einem effizienten Gleichgewicht zu schaffen. Das aber kann nur dann gelingen, wenn sich reale Pendler tatsächlich so verhalten, dass ein Nash-Gleichgewicht entsteht. Selbst wenn wir unterstellen, dass sich die Pendler rational verhalten, ist dies nicht ohne weiteres gesichert. Das Gleichgewicht ist nämlich nur hinsichtlich der Abfahrtsstruktur eindeutig, nicht jedoch bezüglich der Verteilung der Pendler über den gesamten Abfahrtszeitraum. Nehmen wir an, Pendler 1 fährt im Gleichgewicht in t_1 ab und Pendler 2 in t_2. Würden die beiden die Abfahrtszeitpunkte tauschen, würde dies an dem Gleichgewicht nichts ändern, denn wie sich die Individuen entlang der Zeitachse verteilen, ist nicht festgelegt. Aber selbst wenn man dieses Mehrdeutigkeitsproblem vernachlässigt, bleibt zu prüfen, ob sich Menschen tatsächlich in der angenommenen Weise verhalten. M.a.W. es ist zu prüfen, ob wir uns wirklich in einem Nash-Gleichgewicht befinden, wenn wir morgens auf dem Weg zur Arbeit immer im gleichen Stau stehen.

Die Überprüfung dieser Frage ist nicht ganz einfach und wahrscheinlich gelingt sie nur mit Hilfe experimenteller Untersuchungen.[192] Nur im Experiment werden sich die Bedingungen isolieren lassen, unter denen das Modell von ARNOTT ET AL. Gültigkeit beansprucht. Und damit ist das Modell auch ein Beispiel für das letzte wichtige Element der wissenschaftlichen Politikberatung, wie sie in diesem Buch beschrieben wurde. Nach der modellhaften Analyse muss die empirische Prüfung und der Test im Labor folgen. Auf diese Weise entstehen Politikempfehlungen, die – im Sinne der hier vertretenen Auffassung – das Prädikat „wissenschaftlich" zu Recht tragen.

---

[192] SCHNEIDER UND WEIMANN (1998) haben eine solche Untersuchung durchgeführt. Die Resultate deuten darauf hin, dass das Modell von ARNOTT ET AL. bestätigt werden kann. Die Versuchsteilnehmer waren tatsächlich in der Lage, sich entsprechend der prognose des Nash-Gleichgewichts zu koordinieren.

8.2.2 Das Allmendeproblem

In gewisser Weise lässt sich auch eine Straße als eine Allmende charakterisieren. Jedenfalls solange man voraussetzt, dass Konsumausschluss praktisch nicht möglich ist. Dass – wie wir gesehen haben – auch die Clubgutinterpretation passt, zeigt, dass die Übergänge zwischen öffentlichen Gütern, Club- und Allmendegütern mehr oder weniger fließend sind. Wenn wir dennoch eine getrennte Untersuchung von Club- und Allmendegütern vornehmen, so deshalb, weil bei ersteren in aller Regel sogenannte Überfüllungsprobleme im Vordergrund stehen und letztere häufig mit Problemen der Ressourcenökonomik identifiziert werden.

Bei Allmendegütern ist der Konsumausschluss – besser gesagt die fehlende Möglichkeit zum Konsumausschluss – eindeutig die Ursache für Allokationsprobleme. Das Standardbeispiel, mit dem das Allmendeproblem am deutlichsten illustriert werden kann, ist der Fischfang auf offener See. Bezüglich frei im Meer herumschwimmender Fische ist die Schaffung *durchsetzbarer* Eigentumsrechte nicht möglich. Als Folge klappt auch der Konsumausschluss nicht. Ohne eine kollektive Vereinbarung kommt es deshalb zu einer Inanspruchnahme der Ressource, bei der die Nutzungskosten, die dadurch entstehen, dass der Ressourcenbestand *für alle* reduziert wird, bei der Fangentscheidung unberücksichtigt bleiben. Die dramatische Konsequenz einer solchen ineffizienten Ressourcennutzung: Es kommt zu Überfischung, die Reproduktionsfähigkeit der Art kommt zum Erliegen und sie stirbt aus.

Sidestep 40: Die Spieltheorie zum Allmendeproblem

Wir wollen uns auf den einfachsten Fall konzentrieren, um die Analyse nicht unnötig kompliziert zu machen. Dabei geht es um den Fall einer einperiodigen symmetrischen Nutzung einer Allmende. Wir gehen davon aus, dass diese Allmende von $i = 1,...,N$ Nutzern gebraucht wird, die jeweils über eine Anfangsausstattung mit Ressourcen von e_i verfügen. Die Nutzung der Allmende erfolgt im Umfang x_i, d.h. Nutzer i setzt $x_i \leq e_i$ Ressourcen ein, um Erträge aus der Allmende zu erzielen. Wie hoch diese ausfallen, hängt allerdings davon ab, wie viel insgesamt von allen Nutzern investiert wird, d.h. von $X = \sum_{i=1}^{N} x_i$.

Alternativ hat jeder Nutzer die Möglichkeit, Ressourcen in eine „private" Investition zu stecken, die einen festen Grenzertrag von w abwirft. Die Allmende wird beschrieben durch die Produktionsfunktion $F(X)$, für die angenommen wird, dass sie a) strikt konkav ist und b) $F'(0) > w$ gilt. Die Auszahlungsfunktion des i-ten Nutzers $h_i(X)$ hat damit folgende Gestalt:

$$h_i(X) = w \cdot e_i \qquad \text{wenn } x_i = 0$$

$$h_i(X) = w \cdot (e_i - x_i) + \frac{x_i}{X} \cdot F(X) \qquad \text{wenn } x_i > 0.$$

Zu Beginn ist eine Investition in die Allmende lohnender als die Investition in die sichere Alternative. Wenn aber alle Nutzer ihre verfügbaren Ressourcen investieren, dann ist der Grenzertrag aus der Allmende negativ. Der Ertrag der Allmende erreicht sein Maximum, wenn die Individuen einen Teil, aber nicht die gesamte Ausstattung in die CPR investieren. Im Unterschied zum Fall rein öffentlicher Güter hat das individuelle Optimierungskalkül also ein innere Lösung und keine Randlösung.

Die effiziente Nutzung der Allmende (X^*) lässt sich leicht bestimmen. Offenbar ist sie dann erreicht, wenn der Grenzertrag aus der Allmende gerade so groß ist wie der aus der sicheren Anlage:

$$F'(X^*) = w$$

Die spieltheoretische Lösung des Allmende Problems besteht darin, eine für alle identische (wir betrachten den symmetrischen Fall!) Nutzung x^* zu finden, für die gilt, dass es sich für keinen Nutzer lohn eine andere Nutzung zu wählen, gegeben alle anderen wählen x^*. Diese gewinnt man durch Maximierung der oben angegebenen Auszahlungsfunktion:

$$\frac{N-1}{N} \cdot \left[\frac{F(\tilde{X})}{\tilde{X}} - F'(\tilde{X}) \right] = w - F'(\tilde{X}) \qquad (*)$$

Für große N geht der Bruch vor der eckigen Klammer gegen 1 und wir erhalten

$$\frac{F(\tilde{X})}{\tilde{X}} = w \qquad (**)$$

Im Fall unbeschränkten Zugangs zur Allmende gilt damit, dass im Gleichgewicht die Nutzung in an einer Stelle erfolgt, an der der durchschnittliche Ertrag aus der Allmende dem Grenzertrag der sicheren Anlage entspricht. Da wir vorausgesetzt hatten, dass $F(X)$ eine konkave Funktion ist, gilt aber dass

$$\frac{F(X)}{X} > F'(X),$$

und damit folgt, dass im Gleichgewicht die Allmende stärker genutzt wird als im effizienten Fall. Die folgende Graphik verdeutlicht diesen Punkt:

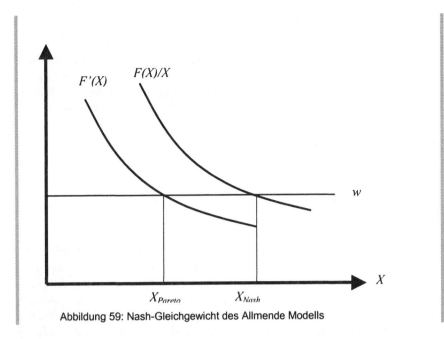

Abbildung 59: Nash-Gleichgewicht des Allmende Modells

Allmendeprobleme stellen sich bei vielen regenerierbaren Ressourcen. Freilebende Tierarten sind häufig deshalb vom Aussterben bedroht, weil sie eine Art Allmende bilden: Ein Gut, dessen Nutzung nicht durch Konsumausschluss reguliert werden kann. Ob das Spitzmaulnashorn Afrikas, der Sibirische Tiger oder der nordamerikanische Seeadler, sie alle würden nicht in ihrem Bestand gefährdet, wenn es gelänge, ihre Nutzung wirksam zu kontrollieren. Aber nicht nur Tierarten sind von der Allmendeproblematik betroffen. Der tropische Regenwald ist ein weiteres sehr eindringliches Beispiel für eine Allmende. Sein Verschwinden von unserem Erdball ist nur zu erklären, weil er aus der Sicht derer, die ihn roden, eine Allmende ist. Für die Wanderbauern Südamerikas gilt, dass es für jeden Einzelnen von ihnen beste Strategie ist, alle zwei Jahre ein Stück Regenwald zu roden, um den Boden landwirtschaftlich zu nutzen. Dies ist deshalb alle zwei Jahre notwendig, weil danach der Boden ausgelaugt und unfruchtbar geworden ist.

Sidestep 41: Leere Meere

Fehlende Eigentumsrechte können sich nicht nur dann verheerend auswirken, wenn es um Ressourcen geht, die an Märkten veräußert werden können. Aus Sicht eines Fischers schwimmen solche Ressourcen im Meer herum – aber eben nicht nur solche. Viele Fischarten sind aus der Sicht des Fischers nutzlos bis schädlich, will sie sich entweder nicht als Speisefisch verkaufen lassen oder sogar als Räuber die Bestände dezimieren. Gleichzeitig gibt es für diese Fische ebenso wenig durchsetzbare Eigentumsrechte wie für den Speisefisch. Die Konsequenzen sind dramatisch, wie eine kürzlich vorgelegte Untersuchung von R. MEYERS und B. WORM (Nature, Vol 423, 2003, 280-283) gezeigt hat. Die beiden Meeresbiologen haben die Bestände von Raubfischen untersucht und sind dabei zu dem Ergebnis gekommen, dass seit Beginn der industriellen Fischerei Rückgänge um bis zu 90% festzustellen sind – und zwar weltweit. Ursache dafür ist der sogenannte Beifang. Internationale Fischereiabkommen regulieren lediglich die angelandeten Fischmengen, aber nicht die tatsächlich in den Netzen landenden Fische. Für die Fischer ist es in vielen Fällen eine gute Strategie mit riesigen Schleppnetzen alles zu fangen, was sich nicht schnell genug aus dem Staub macht, um dann an Bord die Fische auszusortieren, auf die man eigentlich aus ist. Der Rest geht über Bord und verendet. Auf diese Weise lassen jedes Jahr etwa 7.500 Schweinswale und immerhin 10 bis 12 Millionen Haie ihr Leben. Die Folgen für ganze Ökosysteme sind erheblich.

Aber fehlende oder nicht durchsetzbare Eigentumsrechte führen nicht nur dazu, dass erneuerbare Ressourcen in zerstörerischer Art und Weise genutzt werden. Sie können auch erhebliche Konflikte zwischen den Konsumenten der Allmende zur Folge haben. Die Geschichte ist reich an kriegerischen Auseinandersetzungen, die sich ausschließlich um den Besitz von ertragreichen Jagdgründen drehten. Der Streit um Fischereirechte in bestimmten, sehr ertragreichen Fischgründen wird bis in die heutige Zeit mit erheblicher Schärfe geführt (vgl. Sidestep 41).

Die Allmendeproblematik spannt sich über einen weiten Bereich unterschiedlicher Problemausprägungen, aber im Grunde ist es das alte, uns wohlbekannte Muster, das allen diesen Ausprägungen zugrunde liegt. Individuell rationales Verhalten gebietet die unbeschränkte Nutzung der Ressource, kollektive Rationalität verlangt den kontrollierten, eingeschränkten Zugriff. Ohne kollektiven Beschluss ist dieser Konflikt nicht zu lösen.

Sidestep 42: Ein Fischereikrieg

Ein Beispiel dafür, dass auch zwischen zivilisierten und befreundeten Staaten die Freundschaft bei der Auseinandersetzung um Fischereirechte aufhören kann, lieferten 1995 Kanada und Spanien. Es ging um den schwarzen Heilbutt – immerhin bis zu 1,2 m lang und 45 kg schwer – der vor Neufundland besonders gut gefischt werden kann. Die NAFO (Nordwest-Atlantik Fischereiorganisation) hatte eine Gesamtfangmenge von 27.000 t festgelegt, von denen 16.300 t den kanadischen Fischern zustehen, 3.400 t den Fischern der EU und 7.300 t allen anderen. Die EU ist allerdings mit dieser Quotierung nicht einverstanden und beansprucht stolze 18.630 t.
Genau diese Menge steuerten die spanischen Trawler an, die ihre Grundschleppnetze außerhalb der 200 Meilenzone vor Kanadas Küste auswarfen. Anstatt Heilbutt handelten sie sich dabei aber zunächst eine Auseinandersetzung mit der kanadischen Marine ein, die kurzerhand die Trossen eines spanischen Trawlers kappte und so dem Fischzug ein abruptes Ende bereitete. Die EU und vor allem die Spanier wollten es damit aber nicht bewenden lassen

und schickten zwei Patrouillenboote vor die Küste Kanadas, um die eigenen Fischer zu schützen. Außerdem führte Spanien nach dem Zwischenfall die Visumpflicht für Kanadier wieder ein.

Es bedurfte erheblicher diplomatischer Anstrengungen und eines regelrechten Konferenzmarathons, um die Auseinandersetzung zu beenden und einen Kompromiss herbeizuführen.

Ist das Allmendeproblem wirklich relevant? Kommt es bei fehlenden Eigentumsrechten tatsächlich zur Übernutzung von Ressourcen oder finden sich dezentrale Lösungen für das soziale Dilemma? ELINOR OSTROM ist dieser Frage in einem groß angelegten Forschungsprojekt nachgegangen. Im Zentrum ihres Interesses standen sogenannte Common-Pool-Resources (CPR), die weitgehend die Eigenschaften von Allmende- oder Clubgütern aufweisen. Sie hat sich dabei verschiedener Methoden bedient. Neben zahlreichen Fallstudien stehen Feldversuche und Laborexperimente. Die zentralen Fragen, die sie dabei untersuchte, lassen sich wie folgt zusammenfassen:

[1] Die Spieltheorie liefert für Allmendeprobleme die gleiche eindeutige Prognose wie im Falle der privaten Bereitstellung öffentlicher Güter: Rationale Individuen sind nicht in der Lage, das Dilemma zu lösen. Die Allmende kann bei ausschließlich dezentraler Entscheidung nicht effizient genutzt werden. Die Frage ist, ob sich diese Prognose im Experiment bestätigen lässt oder ob Menschen nicht doch in der Lage sind, soziale Dilemmata zu überwinden.

[2] Welche Regelmäßigkeiten lassen sich im Verhalten der Menschen ausmachen, die man mit einem sozialen Dilemma konfrontiert?

[3] Welche institutionellen Bedingungen müssen erfüllt sein, um CPR-Probleme lösen zu können? Welchen Regeln muss das gesellschaftliche Zusammenspiel genügen, damit beispielsweise die Zerstörung erneuerbarer Ressourcen vermieden werden kann?

Es ist nicht möglich, hier das Forschungsprogramm, das sich diesen Fragen widmet, umfassend darzustellen. Wir wollen uns deshalb auf einen einzigen Punkt beschränken, nämlich darauf, einige wichtige experimentelle Resultate zu referieren.[193]

Das Basisexperiment, dessen sich die Autoren bedienen, wird in Gruppen zu 8 Personen gespielt. Die Versuchsteilnehmer haben die Möglichkeit, mehrmals hintereinander eine bestimmte Anzahl von Spielmarken (meistens 10) in zwei „Märkten" zu investieren. Wird eine Marke in Markt 1 investiert, erhält der Spieler eine

---

[193] Das Forschungsprogramm wird umfassend in OSTROM (1990) dargestellt. Die Resultate, die hier vorgestellt werden, finden sich in OSTROM, GARDNER UND WALKER (1994).

festen Return von 1 Cent/Marke. Die aus Markt 2 resultierende Auszahlung ist abhängig davon, wie viele Marken insgesamt von allen Spielern investiert wurden. Dabei ist die Auszahlungsfunktion des zweiten Marktes so gewählt, dass es zunächst für alle lohnend ist, in den Markt zu investieren, weil der Ertrag höher ist als in Markt 1. Aber es handelt sich um eine CPR, d.h. dass der Ertrag sinkt, wenn investiert wird. Man stellt sich den zweiten Markt am besten als einen Fischbestand vor: Je mehr geerntet wird, umso geringer fallen die Erträge der nächsten Periode aus. Die Parameter des Experiments waren so gewählt, dass es für die Gruppe optimal war, insgesamt 36 Marken in Markt 2 zu investieren. In diesem Fall wäre der Gesamtertrag maximal. Das Nash-Gleichgewicht des Spiels sieht jedoch ein Investitionsvolumen von insgesamt 64 Marken vor, d.h. wir haben es mit dem bekannten Dilemma zu tun: Individuell rationales Verhalten führt dazu, dass die Gesamtauszahlung wesentlich geringer ausfällt, als bei abgestimmten, kollektiv rationalem Verhalten möglich gewesen wäre.

Die Beobachtungen, die in dem Basisexperiment gemacht wurden, lassen sich wie folgt zusammenfassen:[194]

- Die Versuchsteilnehmer konnten maximal 50% des Ertrages realisieren, der bei kollektiv rationalem Verhalten erreichbar gewesen wäre. Im Durchschnitt lag die Rate sogar deutlich niedriger (ca. 21%).

- Auf der aggregierten Ebene, d.h. in Bezug auf die Gesamtzahl der in Markt 2 investierten Marken, wurde die Nash-Prognose bestätigt, d.h. es kommt tatsächlich zu dem befürchteten Widerspruch zwischen individueller und kollektiver Rationalität.

- Auf der individuellen Ebene lässt sich die Nash-Prognose *nicht* bestätigen. Im Nash-Gleichgewicht müssten die 8 Spieler je 8 Marken in Markt 2 investieren. Dies geschieht jedoch nicht. Vielmehr sind die Investitionen der Spieler asymmetrisch. OSTROM ET AL. berichten, dass sie in über 100 Experimenten nicht ein einziges Mal auf der individuellen Ebene eine Bestätigung der Nash-Prognose gefunden haben (S. 117).

Insbesondere der letzte Befund ist durchaus überraschend. Schließlich besagt er, dass die Versuchspersonen die Möglichkeit, ihren Payoff durch Änderung der eigenen Strategie zu steigern, systematisch nicht genutzt haben. Warum dies mit solcher Hartnäckigkeit beobachtet werden konnte, können auch OSTROM ET AL. nicht erklären.

Bereits die Ergebnisse des Basisversuchs stimmen nicht gerade optimistisch. Offensichtlich sind Menschen nicht besonders gut geeignet, um CPR-Probleme zu lösen. Die folgende Erweiterung des Experiments (Design 1) verstärkt den Pessimismus. Um eine Ressource abzubilden, deren Bestand nur dann gesichert ist,

---

[194] Vgl. OSTROM ET AL. S. 116 ff.

wenn sie nicht übernutzt wird, wird die Basisanordnung durch folgende Regeländerung erweitert: Den Versuchspersonen wird mitgeteilt, dass das Spiel maximal 20 Runden dauert. Nach jeder Runde wird durch einen Zufallsmechanismus ermittelt, ob es noch eine weitere Runde gibt. Die Wahrscheinlichkeit für eine weitere Runde ist abhängig von der Anzahl der in Markt zwei investierten Marken. Die optimale Lösung für das 20 Periodenproblem besteht darin, erst in den letzten 5 Runden in die risikoreiche Anlage zu investieren. Bis dahin sieht eine optimale (kollektiv rationale) Strategie ausschließlich Investitionen in Markt 1 vor. Das Nash-Gleichgewicht unterscheidet sich von dieser optimalen Strategie erheblich. Im Gleichgewicht wird von der ersten Runde an in die riskante Anlage investiert. Die Wahrscheinlichkeit, dass die Ressource dabei die 10te Spielrunde überlebt, ist kleiner als 0,05 Prozent.

In einer zweiten Anordnung (Design 2) wird ein Sicherheitskorridor eingeführt, d.h. nicht jede Investition in Markt 2 kann zum „Aussterben" der Ressource führen. Unterhalb einer bestimmten Investitionsmenge bleibt die Ressource mit Sicherheit erhalten. Das hat zur Folge, dass sich das Nash-Gleichgewicht der effizienten Lösung nähert. Im Gleichgewicht wird nunmehr am Rand der Sicherheitszone investiert, was zur Folge hat, dass das Überleben der Ressource bei individuell rationalem Verhalten gesichert würde (wenn auch nicht mit einer effizienten Ressourcennutzung gerechnet werden kann).

Die Resultate dieser Experimente sind eindeutig. Im Design 1 wird (wiederum bezogen auf die aggregierten Daten) das Nash-Gleichgewicht bestätigt. Spätestens nach der sechsten Runde mussten die Experimente jeweils abgebrochen werden. Die Sicherheitszone im zweiten Versuch erweist sich als nicht geeignet, den Bestand der Ressource zu sicher. Im Design 2 kann auch auf aggregierter Ebene das Nash-Gleichgewicht nicht beobachtet werden. Auf individueller Ebene wurde es in beiden Anordnungen nicht beobachtet.

Diese Beobachtungen sprechen eine deutliche Sprache: Sobald eine nicht vernachlässigbare Wahrscheinlichkeit dafür besteht, dass die Ressource „ausgerottet" werden kann, *wird* sie ausgerottet. Dies gilt jedenfalls, solange keine Möglichkeit zu einer kollektiven Vereinbarung besteht, die die Individuen zu kooperativem Verhalten verpflichtet und in der Lage ist, dieses Verhalten auch zu erzwingen.

Bei den Versuchen von OSTROM, GARDNER UND WALKER ging es nicht um Heilbutt, Nashörner oder Regenwald, sondern um eine abstrakte, nur auf dem Papier existente Ressource. Kann man nicht argumentieren, dass die Versuche deshalb zwar geeignet sind, die spieltheoretische Prognose (das Nash-Gleichgewicht) zu überprüfen – die natürlich auch für eine abstrakte Ressource gelten muss – aber nicht dazu dienen kann, Aussagen über reale Ressourcenprobleme zu machen? Es steht zu befürchten, dass dies insofern richtig ist, als vieles dafür spricht, dass reale Ressourcen noch weitaus *größere* Probleme aufwerfen dürften. Im Experiment sind alle relevanten Parameter deterministisch. Die Reproduktion der Ressource folgt einer allgemein bekannten Produktionsfunktion, die Auszahlungsfunktionen der Versuchspersonen stehen ebenfalls von Anfang an fest und unterliegen keinerlei Zufallsschwankungen. Die Spieler werden ausführlich instruiert und kennen die

Regeln des Spiels genau. In der Realität ist die biologische Reproduktion ein komplexer Vorgang, der vielen, zumeist zufälligen Einflüssen unterliegt. Das Aussterben einer Art kann plötzlich erfolgen, weil kritische Werte überschritten wurden. Das ökologische System ist voll von Nichtlinearitäten und chaotischem Verhalten. Die Auszahlungen der Beteiligten sind abhängig von sich ändernden Input- und Outputpreisen, die unter Umständen mit erheblichen Unsicherheiten versehen sind. In der Realität muss alles das von den Spielern gelernt werden, wenn sie eine erneuerbare Ressource effizient nutzen wollen und genau darin besteht das Problem: „In the time it takes to learn in natural settings (...) the resource may already be destroyed." (OSTROM ET AL., S. 142).

Müssen wir damit die Hoffnung aufgeben, soziale Dilemmata in den Griff zu bekommen? Solange Menschen isoliert voneinander, dezentral über die Beanspruchung von CPR´s entscheiden, besteht in der Tat wenig Hoffnung darauf, dass sich Allmenderessourcen effizient nutzen lassen. Aber OSTROM ET AL. weisen in einer Reihe weiterer Experimente nach, dass es Mechanismen gibt, die geeignet sind Kooperation zu erzeugen. Die relevanten Stichwörter sind „Kommunikation" und „Sanktion". Beginnen wir damit, dass wir den Einfluss von Kommunikationsmöglichkeiten betrachten.

Bei den bisher betrachteten Experimenten hatten die Versuchsteilnehmer keinerlei Gelegenheit miteinander zu sprechen. Aus theoretischer Perspektive ist die Einführung einer Kommunikationsmöglichkeit völlig belanglos, denn an der theoretischen Prognose ändert sich durch Kommunikation überhaupt nichts. Welche Absprachen auch immer getroffen werden, für einen rationalen Spieler ist es immer beste Strategie, sich an kein Versprechen zu halten. OSTROM ET AL. überprüfen diese These, indem sie Kommunikation in abgestufter Weise einführen. Als erstes wird den Spielern nach 10 Runden des Basisspiels erlaubt, einmal kostenlos miteinander zu sprechen, d.h. es wird eine Kommunikationsphase von ca. 10 Minuten eingeführt, in der die Versuchsteilnehmer absprechen können, wie sie sich weiter verhalten wollen. Auf der zweiten Stufe wird mehrmals die Möglichkeit zur Absprache eingeräumt und auf der letzten Stufe wird die Möglichkeit geschaffen, Kommunikationsgelegenheiten zu *erwerben*.

Bei nur einmaliger Kommunikation zeigte sich bereits ein sehr deutlicher Effekt. Nachdem sie miteinander gesprochen hatten, waren die Versuchsteilnehmer in der Lage, bis zu 80% des effizienten Payoffniveaus zu erreichen (verglichen mit 21% ohne Kommunikation). Allerdings erwies sich die Kooperation, die durch einmalige Kommunikation angestoßen wurde, als ein durchaus fragiles Wesen. In vielen Fällen konnte die Kooperation nur wenige Runden durchgehalten werden und brach dann wieder zusammen. Kommunikation kann Kooperation anstoßen, aber um kooperatives Verhalten am Leben zu erhalten, bedarf es mehr als einer einmaligen Gelegenheit miteinander zu sprechen.

Bei mehrfacher „face to face" Kommunikation steigen die Kooperationsraten gegenüber der „einfachen Kommunikation" deutlich an. Effizienzraten von 80-90% werden über längere Zeiträume erreichbar. Wird die Kommunikationsmöglichkeit verkauft, d.h. müssen die Versuchsteilnehmer dafür bezahlen, wird dieses Instrument relativ sparsam eingesetzt. In allen Experimenten wurde bei nicht kostenloser Kommunikation nur einmal von der Gesprächsgelegenheit Gebrauch gemacht. Aber wenn weitere Kommunikation möglich ist (und nur deshalb nicht wahrgenommen wird, weil sie etwas kostet) reicht dies bereits, um Kooperation zu erzeugen und über einen längeren Zeitraum hinweg aufrecht zu erhalten.

Obwohl sich damit zeigen lässt, dass Kommunikation entgegen der theoretischen Prognose sehr wohl einen deutlichen Effekt hat, gehen OSTROM ET AL. davon aus, dass damit allein Kooperation nicht erklärt werden kann. Allen Beobachtungen im Zusammenhang mit Kommunikationseffekten ist nämlich gemein, dass die Kooperationsbereitschaft immer wieder erlahmt und durch neue Absprachen wieder zum Leben erweckt werden muss. Wie dies geschieht, ist weitgehend unklar. Ganz sicher werden durch Kommunikation bei den Versuchspersonen Einstellungen verändert. Aber welche und wie geschieht dies? Werden Normen aktiviert, die durch Erziehung angeeignet sind? „Du sollst nicht auf Kosten anderer deinen Vorteil suchen!" könnte eine solche verinnerlichte Norm sein. Es könnte aber auch sein, dass es sich um die Vorschrift „Du sollst deine Versprechen einhalten" handelt, die im Verlauf des Gesprächs mit den anderen Versuchspersonen in den Vordergrund tritt.

Welche Norm auch immer durch das Gespräch aktiviert wird, allein die innere Sanktion scheint nicht auszureichen, um dauerhaft Kooperation zu erzeugen. Wie verändert sich das Bild, wenn Sanktionsmöglichkeiten extern eingeführt werden, wenn den Versuchsteilnehmern die Möglichkeit eingeräumt wird, sich gegenseitig für nicht-kooperatives Verhalten zu bestrafen? Diese Frage wird wiederum mit einer abgestuften Anordnung untersucht. Die Sanktionsmöglichkeit wird entweder vom Experimentator ab einer bestimmten Runde exogen eingeräumt oder sie kann von den Spielern endogen eingeführt werden, indem sie *beschließen,* ab einer bestimmten Runde Sanktionen zuzulassen. Eine Sanktion kann von jedem Spieler nach jeder Runde gegen jeden anderen Spieler dadurch ausgesprochen werden, dass er ihm eine Strafe auferlegt. Allerdings entstehen dem bestrafenden Spieler dabei Kosten (die jedoch geringer sind als die Strafe). Solche Sanktionsmöglichkeiten werden entweder isoliert eingeräumt oder mit der Möglichkeit zur Kommunikation kombiniert. Aus theoretischer Sicht müsste beides ohne Einfluss auf das Kooperationsverhalten bleiben, denn im teilspielperfekten Gleichgewicht des Spiels kommt es zu keiner Bestrafung. Die experimentellen Resultate zeigen allerdings ein anderes Bild:[195]

Wird den Spielern die Möglichkeit zur Sanktion eingeräumt, so wird von dieser auch Gebrauch gemacht. Allerdings mit mäßigem Erfolg. Die Effizienzrate steigt lediglich auf 37% und wenn man die Bestrafungskosten berücksichtigt, fällt die Nettorate sogar auf 9% (Das Basisexperiment erreichte 21%). Wird allerdings die Sanktionsmöglichkeit mit einer einmaligen Kommunikationsmöglichkeit verbunden, steigt die Effizienzrate sofort auf 85% brutto und 67% netto. Wird Sanktion endogen eingeführt (also von der Gruppe nach Kommunikation beschlossen), steigt die Effizienzrate auf über 90%. Kommt es bei dem Gespräch allerdings nicht

---

[195] Vgl. OSTROM ET AL., S. 192 ff.

dazu, dass Bestrafungsmöglichkeiten beschlossen werden, erreicht die Rate lediglich 56%.

Diese Beobachtungen legen den Schluss nahe, dass es tatsächlich die *Kombination* von Kommunikation und Sanktion ist, die hohe Kooperationsleistungen über längere Zeiträume ermöglicht. Wenn Menschen miteinander sprechen können und wenn sie sich dabei auf einen wirksamen Sanktionsmechanismus einigen können, dann sind die Chancen, zu kollektiv rationalem Verhalten zu kommen, relativ groß. Ist damit ein Weg gewiesen, der für die Wirtschaftspolitik Bedeutung gewinnen kann? Diese Frage ist nicht einfach zu beantworten. Sicher scheint zu sein, dass wir um kollektive Beschlüsse nicht herumkommen. Unsere Überlegungen in Kapitel 5 verlieren keineswegs an Bedeutung, denn im Falle großer Gruppen sind informelle Verhandlungen kaum eine relevante Alternative für die Lösung von Kooperationsproblemen. Dennoch lässt sich aus den Experimenten vieles lernen. Insbesondere zeigen sie ein weiteres Mal, dass die Rationalitätsfallen, die in Form sozialer Dilemmata überall aufgestellt sind, für kleine Gruppen längst nicht so gefährlich zu sein scheinen, wie es die neoklassische Entscheidungstheorie bzw. die Spieltheorie in ihrer traditionellen Ausprägung prognostiziert. Die Betonung liegt dabei auf *kleine* Gruppen. Wirtschaftspolitische Probleme, die durch Kooperation prinzipiell gelöst werden können, spielen sich aber fast immer in *großen* Gruppen ab! Welche Konsequenzen hat dies z.B. für die Möglichkeit, Kommunikation als Instrument zur Erzeugung von Kooperation einzusetzen? Die Antwort auf diese Frage kann nur spekulativen Charakter haben, denn eine Theorie, auf die bei ihrer Beantwortung zurückgegriffen werden könnte, existiert bisher nicht. Aus diesem Grund sei der folgende Antwortversuch in einen Sidestep verlegt.

Sidestep 43: Kommunikation, Kooperation und große Gruppen

Der Widerspruch zwischen individueller und kollektiver Rationalität, wie er exemplarisch im Gefangenendilemma zum Ausdruck kommt, stand immer wieder im Mittelpunkt der Überlegungen, die in diesem Buch angestellt worden sind. Aus ihm leitet sich die Notwendigkeit kollektiven Handelns und kollektiver Entscheidungen ab, er begründet die Notwendigkeit, die Möglichkeiten und die Grenzen rationaler Politik.

Angesichts der Bedeutung, die dem sozialen Dilemma zukommt, wird es zu einer zentralen Frage, ob und unter welchen Bedingungen Menschen in der Lage sind, Dilemmasituationen zu meistern und Rationalitätsfallen auszuweichen. Die erheblichen Schwierigkeiten, die bei der kollektiven Entscheidungsfindung auftreten (vgl. Kapitel 5), verstärken diese Bedeutung noch.

Nicht nur die Befunde von ELINOR OSTROM und ihrer Forschungsgruppe deuten darauf hin, dass es vor allem die Fähigkeit des Menschen zur Kommunikation ist, die ihn in die Lage versetzen kann, Dilemmata zu vermeiden oder zu lösen. Es spricht weiterhin vieles dafür, dass es nicht nur verbale Kommunikation ist, die dabei eine Rolle spielt, sondern Kommunikation in einem sehr weiten Sinne. Der interessierte Leser sei in diesem Zusammenhang auf die diesbezüglichen Ausführungen bei FRANK (1988) hingewiesen. Und schließlich kann man vermuten, dass die Fähigkeit zur Kooperation eine Eigenschaft ist, die sich der Mensch im Laufe der Evolution erworben hat. Diese Vermutung liegt deshalb nahe, weil Kooperation gerade nicht ein Produkt der Ratio sein kann, sondern im Gegenteil das rationale Kalkül geradezu überwunden werden muss, um den Widerspruch zwischen individueller und kollektiver Rationalität aufheben zu können. Dies kann aber nur durch verhaltenssteuernde Mechanismen geschehen, die im *emotionalen System* des Menschen lokalisiert sind – und selbiges ist ganz sicher zu einem erheblichen Teil Produkt evolutionärer Selektionsprozesse.

Der Punkt, der an dieser Stelle gemacht werden soll, besteht darin, dass damit ziemlich sicher sein dürfte, dass die Fähigkeit zur Kooperation in *kleinen* Gruppen erworben worden ist. Das bedeutet, dass auch die Kommunikation, die Kooperation möglich macht, Kommunikation in *kleinen* Gruppen ist. Auch in den Gesellschaften des 20sten Jahrhunderts existieren noch Kleingruppendilemmata, die denen vergangener Zeiten ähnlich sein dürften. Die Besonderheit der modernen Zeiten besteht darin, dass neue Dilemmata hinzugekommen sind, und zwar Dilemmata *großer*, um nicht zu sagen *sehr großer* Gruppen.

Wenn Kommunikation die Voraussetzung für Kooperation ist, dann stellt sich unmittelbar die Frage, ob es möglich ist, die Kommunikationsleistungen kleiner Gruppen auch in großen Gruppen zu realisieren. Um diese Frage beantworten zu können, muss zunächst geklärt werden, was eigentlich geschieht, wenn Menschen über Kooperation verhandeln oder auch nur darüber sprechen. Eine solche Klärung steht noch aus und deshalb ist es zum gegenwärtigen Zeitpunkt auch nicht möglich, fundiert etwas über die grundsätzlichen Möglichkeiten einer Großgruppenkommunikation zu sagen, die Kooperation erzeugen kann. Aber es lassen sich Spekulationen darüber anstellen, ob die Massenkommunikation unserer Tage grundsätzlich geeignet sein kann, die Kommunikation zu erzeugen, die notwendig ist, um Dilemmata großer Gruppen zu lösen. Einer solchen Spekulation sind BROSIG, OCKENFELS UND WEIMANN (2003) in einer experimentellen Arbeit nachgegangen, deren Ergebnisse kurz skizziert seien.

Gespielt wurde ein Standard-Freifahrer-Experiment, wie wir es aus Kapitel 3 bereits kennen. Variiert wurden dabei die Kommunikationsmöglichkeiten der Spieler. Im Referenzversuch gab es keine Kommunikationsmöglichkeit, aber in sechs weiteren Anordnungen wurden verschiedene Medien eingesetzt, um unterschiedliche Kommunikationsformen zu erzeugen. Es seien hier drei der sechs herausgegriffen. In der ersten hatten die Spieler vor dem eigentlichen Versuch die Gelegenheit über eine Videokonferenz miteinander zu verhandeln und sich über ihr Verhalten im Experiment zu verständigen. In der zweiten Anordnung wurde den Spielern eine solche Videokonferenz einer *anderen* Gruppe gezeigt und in der dritten sahen die Spieler ein Video, in dem einer der Experimentatoren das Spiel erklärte, deutlich machte, wo das Dilemma liegt, und darauf hinwies, dass Kommunikation in Experimenten zu effizienten Resultaten geführt hat.

Die letzten beiden Kommunikationsformen sind unidirektional, d.h. die Spieler konnten lediglich Informationen empfangen, aber keine an ihre Mitspieler (die außerdem anonym blieben) senden. Das ist die typische Kommunikationsform, wie sie in großen Gruppen vorherrscht. Der Fernsehzuschauer sieht andere über Kooperationsprobleme diskutieren und bleibt selbst passiv dabei. Er erfährt alles das, was auch die Teilnehmer der Videokonferenz an Information erhalten, aber er nimmt nicht selbst an der Kommunikation teil. Die Frage ist, ob diese Form der Kommunikation die gleiche Wirkung haben kann wie die bidirektionale Kommunikation in der Videokonferenz.

Die Antwort auf diese Frage ist eindeutig ‚Nein'. Während bei der Videokonferenz fast vollständige Kooperation und damit ein hoher Effizienzgewinn erreicht wurde, war dies bei den unidirektionalen Kommunikationsformen (deren Resultate sich im Übrigen nicht voneinander unterschieden) nicht der Fall. Zwar waren die Kooperationsraten in den ersten Runden dort höher als im Referenzversuch ohne Kommunikation, aber nach wenigen Wiederholungen brach die Kooperation zusammen bzw. fiel auf das Niveau des Referenzversuchs ab.

Selbstverständlich ist damit nichts über tatsächliches Großgruppenverhalten gesagt, denn die Gruppengröße war in allen Experimenten gleich (4 Spieler), aber es zeigte sich, dass die Kommunikationstechnik, die großen Gruppen verfügbar ist, selbst in einer kleinen Gruppe nicht in der Lage ist, Kooperation zu erzeugen. Das macht wenig Hoffnung darauf, dass dies in einer tatsächlich großen Gruppe gelingen kann. Massenmedien sind wahrscheinlich kein Ersatz für die Diskussion in der kleinen Gruppe. Dennoch erfüllen sie eine zentrale Funktion. Jede Kleingruppendiskussion über soziale Dilemmata (welcher Art auch immer) bedarf der Information über die Existenz und Beschaffenheit dieser Dilemmata. Für große Gruppen kann dieser Informationsinput sicher nur von Massenmedien geleistet werden. Die Frage ist, ob privatwirtschaftlich organisierte Medien dazu in der Lage sind. Wir werden darauf im nächsten Kapitel (9.1) zurückkommen.

Kontrollfragen

1) Man unterscheidet im Allgemeinen Produktions- und Konsumexternalitäten. Bei ersterer wird durch die Produktion an der Stelle A die Produktion bei B beeinflusst. Nennen Sie Beispiele für solche Produktionsexternalitäten. Wie müsste eine Konsumexternalität definiert sein? Lassen sich Mischformen vorstellen? Nennen Sie Beispiele.

2) Mitunter wird in Bezug auf externe Effekte folgende Argumentation vorgetragen: „Externe Effekte sind ein omnipräsentes Phänomen. Aus diesem Grund macht es keinen Sinn darüber zu diskutieren, wie solche Effekte zu internalisieren sind, denn offensichtlich funktionieren Marktwirtschaften auch trotz ihrer Anwesenheit." Was halten Sie von diesem Argument?

3) Würden Sie sagen, dass die Akkumulation von Humankapital externe Effekte verursacht? Unterscheiden Sie dabei zwischen Kindergarten- und Hochschulbildung.

4) Die vom Staat durchgeführte Umverteilung wird manchmal mit dem Verweis auf ein öffentliches-Gut-Problem begründet. Haben Sie eine Idee, wo in diesem Zusammenhang das öffentliche Gut steckt?

5) Lässt sich das Externalitätenproblem dadurch lösen, dass man die Verursacher solcher Effekte vollständig für den angerichteten Schaden *haftbar* macht?

6) Kann man sich ein umfassendes Haftungsrecht vorstellen, das auch an den Stellen Wirkung zeigt, an denen Eigentumsrechte nicht definiert bzw. nicht durchsetzbar sind?

7) Glauben Sie, dass die Lösung des Externalitätenproblems zwischen Rauchern und Nichtrauchern, das die Bahn AG praktiziert (Raucher- und Nichtraucherabteile) zu Effizienz führt?

8) Halten Sie Verhandlungen zwischen Rauchern und Nichtrauchern in Eisenbahnabteilen für ein praktikables Instrument zur Herstellung von Effizienz?

9) Kennen Sie Beispiele für Clubgüter, bei denen offensichtlich *kein* Allokationsproblem besteht?

10) Glauben Sie, dass man das vielfach staatliche Angebot von Schwimmbädern damit begründen kann, dass es sich dabei um ein Clubgut handelt?

11) Diskutieren Sie das Allmendeproblem am Beispiel des Walfangs.

LITERATUR ZU KAPITEL 8

Zu externen Effekten:

COASE, R. H., 1960, The Problem of Social Cost. Journal of Law and Economics, 3, 1-44.

PIGOU, A. C., 1923, The Economics of Welfare, London.

Zum Coase-Theorem speziell:

FARREL, J., 1987, Information and the Coase Theorem, Journal of Economic Perspectives, 1, 113-129.

SCHWEIZER, U., 1988, Externalities and the Coase Theorem: Hypothesis or Result?, Journal of Institutional and Theoretical Economics, 144, 245-266.

Zur Road-Pricing Problematik:

SCHNEIDER, K., WEIMANN, J. 2003, Against all odds: Nash Equilibria in a Road Pricing Experiment, erscheint in: M. Schreckenberg und R. Selten (Hrsg.), Human Behavior and Traffic Networks, Springer Verlag.

ARNOTT, R., DE PALMA, A., LINDESEY, R., 1993, A Structural Model of Peak-Period Congestion: A Traffic Bottleneck with Elastic Demand, American Economic Review, 83, 161-179.

BRAID, R. M., 1990, Uniform versus Peak-Load Pricing of a Bottleneck with Elastic Demand, Journal of Urban Economics, 26, 320-327.

SMALL, K. A., 1982, The Scheduling of Consumer Activities: Work Trips, American Economic Review 72, 467-479.

VICKREY, W., 1969, Congestion Theory and Transport Investment, American Economic Review, 59 (Papers and Proceedings), 251-261.

Zu CPR-Problemen:

OSTROM, E., 1990, Governing the Commons, New York.

OSTROM, E., GARDNER R., WALKER J., 1994, Rules Games and Common-Pool Resources, Ann Arbor,.

Zum Sidestep 40:

MEYERS, R. und WORM, B., Rapid worldwide depletion of predatory fish communities, Nature, Vol 423, 2003, 280-283

Das Kommunikationsexperiment aus Sidestep 42:

BROSIG, J., OCKENFELS, A., WEIMANN, J., 2003, The Effect of Communication Media on Cooperation, in: German Economic Review, 4, 217-241.

9   DELEGATIONSPROBLEME IN REPRÄSENTATIVEN DEMOKRATIEN

In Kapitel 5 haben wir uns mit kollektiven Entscheidungen auseinander gesetzt, weil wir erkannt haben, dass rationale Wirtschaftspolitik solche Entscheidungen erfordert. Wenn wir wissen, dass kollektiv entschieden werden *muss*, dann macht es Sinn zu prüfen, wie kollektiv entschieden werden *kann*. Allerdings haben wir diese Prüfung in einem institutionellen Umfeld vorgenommen, das der gesellschaftlichen Realität der meisten Demokratien nicht entspricht. Es ließ sich gut begründen, die *direkte* Demokratie als Versuchsfeld zu benutzen, weil dort die prinzipiellen Probleme, die sich bei kollektiven Entscheidungen stellen, sehr gut deutlich gemacht werden können und darüber hinaus diese prinzipiellen Probleme auch in repräsentativen Demokratien auftreten.

Der Unterschied zwischen direkten und repräsentativen Demokratien besteht im Wesentlichen darin, dass in letzteren die eigentlichen kollektiven Entscheidungen von gewählten Politikern (Repräsentanten) getroffen werden und nicht von den Bürgern selbst. Der entscheidende Punkt ist dabei, dass diejenigen, die sich einer kollektiven Entscheidung unterwerfen, die Entscheidungsbefugnis an andere *delegieren*. Dieser Delegationsprozess wirft zusätzliche Fragen und Probleme auf, die wir bei der bisherigen Behandlung kollektiver Entscheidungen noch nicht behandelt haben, die aber für das Verständnis dessen, was wirtschaftspolitisch tatsächlich geschieht, essentiell sind.

Die Delegation kollektiver Entscheidungen ist ein komplexer Vorgang, der sich keineswegs auf die regelmäßig veranstalteten Wahlen auf den verschiedenen institutionellen Ebenen beschränkt. Es lassen sich mindestens vier Gruppen ausmachen, die an diesem Prozess beteiligt sind. Jede dieser Gruppen bedarf einer gesonderten Betrachtung, bei der allerdings die wechselseitigen Abhängigkeiten und Interdependenzen zwischen den Gruppen immer berücksichtigt werden müssen. Die erste Gruppe bilden die *Wähler*. Ihre Bedeutung ist offensichtlich. Vom Wählerverhalten hängt ab, welcher Politiker Regierungsmacht erlangt und welche Parteien im Parlament die Repräsentation der Bürger wahrnehmen. Die zweite Gruppe sind die *Politiker* bzw. die *politischen Parteien*. Auch deren Rolle ist offensichtlich. Sie bemühen sich um die Wählergunst und die dabei erfolgreichen treffen einen großen Teil der kollektiven Entscheidungen. Ebenfalls offensichtlich dürfte sein, dass zwischen den ersten beiden Gruppen ein enger Zusammenhang besteht. Ein rationaler Politiker wird sein Verhalten am Verhalten der Wähler orientieren, denn von ihrer Gunst ist er existenziell abhängig.

Die dritte Gruppe bilden die *Interessenverbände*. Darunter versteht man alle Institutionen, die ein partikulares Interesse vertreten und versuchen dieses Interesse im politischen Tagesgeschäft zur Geltung zu bringen. Gewerkschaften und Arbeitgeberverbände gehören ebenso dazu wie Umweltverbände und andere NGO's (**N**on **G**overnmental **O**rganizations). Die besondere Bedeutung der Interessengruppen resultiert aus der Tatsache, dass sie starke Anreize haben, ihre jeweiligen Ziele im politischen Verhandlungsprozess durchzusetzen und – wie wir noch sehen werden – sich in diesem Punkt deutlich von den Wählern unterscheiden. Die letzte Gruppe, die es zu beachten gilt, bildet die Exekutive, die im Folgenden mit dem Begriff *„Bürokratie"* beschrieben wird. Der Politiker ist darauf angewiesen, einen Teil seiner Entscheidungsmacht an Bürokraten abzutreten. Zwar besitzt er dabei ein Weisungsrecht, aber es gehört nicht viel Phantasie dazu sich vorzustellen, dass Bürokratien eigenen Gesetzen gehorchen und die Delegation von Entscheidungen an die Exekutive keineswegs unproblematisch ist.

Wir werden uns mit diesen vier Gruppen jeweils einzeln befassen und dabei den Versuch unternehmen, die jeweils wichtigsten Aspekte herauszuarbeiten. Die Behandlung wird dabei notwendigerweise etwas oberflächlich und überblicksartig ausfallen, denn eine umfassende Darstellung der Delegationsprobleme würde ein eigenes Lehrbuch erfordern. Aus diesem Grund dient dieses abschließende Kapitel vor allem dem Zweck, Problembewusstsein zu wecken und den interessierten Leser in die Lage zu versetzen, weiterführende Literatur leichter in den Gesamtkontext des Delegationsproblems einordnen zu können.

9.1 DAS WAHLPARADOXON

> The rationality of voting is the Achilles' heel of rational choice theory in political science.[196]

In den meisten repräsentativen Demokratien wird eine erhebliche Wahlbeteiligung erreicht. An Bundestagswahlen beteiligen sich in der Regel über 70% der Wahlberechtigten und gut die Hälfte aller US-Bürger nimmt an den Präsidentschaftswahlen teil. Die freie und geheime Wahl ist die Grundlage jeder Demokratie und insofern ist diese rege Beteiligung äußerst erfreulich. Leider stürzt sie die ökonomische Theorie, die versucht menschliche Entscheidungen abzubilden, in ein ziemliches Dilemma.

Letztlich betrachtet die Entscheidungstheorie jegliches Verhalten als instrumentell, d.h. Entscheidungen werden getroffen um bestimmte Ziele zu erreichen. Rationale Entscheidungen zeichnen sich dadurch aus, dass sie konsistent sind im Hinblick auf die angestrebten Ziele. Lässt sich mit diesem Ansatz die Wahlbeteiligung eines „rationalen Demokraten" erklären? Die Frage lässt sich leicht beantworten, wenn wir ein sehr einfaches Kalkül anstellen.[197] Nehmen wir an, es ste-

---

[196] ALDRICH (1997), S. 373

[197] Dieses Kalkül ist unter dem Namen „The calculus of voting" in der Literatur bekannt. Eingeführt wurde es bereits von DOWNS (1957) in seinem bahnbrechenden Buch „An Economic Theory of Democracy", in dem die Grundlagen für die gesamte Public Choice Theorie gelegt wurden. Vgl. Zum „calculus of voting" auch RIKER UND ORDESHOOK (1968), ALDRICH (1997) und FIORINA (1997).

hen zwei Kandidaten zur Wahl des Regierungschefs und wir betrachten einen Wähler (nennen wir ihn *WALTER*), der Kandidat 1 vorziehen würde und nun entscheiden muss, ob er sich an der Wahl beteiligt oder nicht. Um das Kalkül eines rationalen Wählers abbilden zu können, müssen zwei Fragen vorab beantwortet werden. Erstens ist zu klären, welchem *Zweck* aus der Sicht *WALTERS* die Wahl dient und zweitens muss überlegt werden, welche *Kosten und Erträge* bei der Entscheidung über die Wahlbeteiligung relevant sind.

Der offensichtliche Zweck der Wahl ist die Auswahl eines der beiden Kandidaten. So gesehen, dient aus *WALTERS* Sicht seine eigene Wahlbeteiligung dem Zweck, dem Kandidaten zum Erfolg zu verhelfen, der ihm den größeren Nutzen bringt. Der Ertrag aus der Stimmabgabe ist damit nichts anderes als der Nettovorteil, den die Wahl von Kandidat 1 bringt (bezeichnet mit B), gewichtet mit der Wahrscheinlichkeit, dass dieser Kandidat dann und nur dann die Wahl für sich entscheidet, wenn *WALTER* seine Stimme für ihn abgibt. Üblicherweise wird darüber hinaus unterstellt, dass der Wahlvorgang selbst einen direkten Nutzen stiftet, der unabhängig vom Wahlausgang ist. *WALTER* fühlt sich einfach besser, wenn er seiner staatsbürgerlichen Pflicht nachkommt und brav zum Wahllokal marschiert. Diesen direkten Nutzen bezeichnen wir mit d. Auf der anderen Seite verursacht die Wahlbeteiligung Kosten. *WALTER* muss sich über die Kandidaten informieren, es entstehen Opportunitätskosten, weil man nicht gleichzeitig zur Wahl gehen und mit der Familie einen Sonntagsausflug machen kann usw. Bezeichnen wir diese Kosten mit c.

Mit n_1 und n_2 sei die Anzahl der Stimmen (außer der *WALTERS*) bezeichnet, die auf die beiden Kandidaten entfallen. Aus *WALTERS* Sicht sind nun die folgenden möglichen Wahlausgänge interessant:

1) $n_1 - n_2 > 1$ ⇨ Kandidat 1 gewinnt, der Abstand zwischen den beiden Kandidaten ist größer als eine Stimme und damit hat die Stimme *WALTERS* keinen Einfluss auf den Wahlausgang.

2) $n_1 = n_2$ ⇨ Beide Kandidaten erreichen die gleiche Stimmenzahl und damit entscheidet *WALTERS* Stimme über den Ausgang der Wahl.

3) $n_2 - n_1 = 1$ ⇨ Durch seine Stimme kann *WALTER* einen Gleichstand zwischen beiden Kandidaten erreichen.

4) $n_2 - n_1 > 1$ ⇨ Kandidat 2 gewinnt, der Abstand zu Kandidat 1 ist größer als eine Stimme und *WALTERS* Stimme beeinflusst damit den Wahlausgang nicht.

Sofern sich *WALTER* rational im Sinne der ökonomischen Entscheidungstheorie verhalten möchte, müsste er nun den erwarteten Nutzen, der sich aus der Wahlbeteiligung für ihn ergibt, berechnen. Sei q_1 die Wahrscheinlichkeit für den Ausgang 1), q_2 die für den Ausgang 4) und p jeweils die Wahrscheinlichkeit für die Ausgänge 2) und 3).[198] Dann ist der erwartete Nutzen aus der Wahlbeteiligung:

$$E[U(W)] = q_1 B + pB + p B/2 + d - c \qquad (*)$$

Dabei wird unterstellt, dass im Falle eines Gleichstandes das Los entscheidet und deshalb Kandidat B mit Wahrscheinlichkeit ½ gewählt wird. Der entsprechende Erwartungsnutzen, den WALTER realisiert, falls er sich nicht an der Wahl beteiligt (sich also enthält), ist dann:

$$E[U(E)] = q_1 B + p B/2 \qquad (**)$$

Die Differenz zwischen (*) und (**) gibt den zusätzlichen Erwartungsnutzen an, den WALTER durch die Wahlbeteiligung erreichen kann. Will er sich rational verhalten, sollte er sich nur dann an der Wahl beteiligen, wenn dieser positiv ist, wenn also

$$pB + d - c > 0$$

ist. Der entscheidende Punkt ist nun, dass die Wahrscheinlichkeit p, mit der WALTERS Stimmabgabe Kandidat 1 zum Sieg verhilft, vernachlässigbar klein ist. Um es an einem Beispiel zu verdeutlichen: 1960 gab es das knappste Wahlergebnis bei einer Präsidentschaftswahl in den USA aller Zeiten. J. F. KENNEDY erhielt damals 49,72% der abgegebenen Stimmen und R. NIXON 49,55%. Zwischen den beiden Kandidaten lagen also gerade einmal 0,17 Prozentpunkte! Aber diese 0,17 Punkte entsprachen nicht weniger als 114.673 Stimmen! Nach Kenntnis des Autors hat es in der gesamten Geschichte der Demokratie noch keinen Fall gegeben, in dem bei allgemeinen Wahlen eine einzige Stimme den Ausschlag gegeben hätte. Jeder rationale Wähler tut deshalb gut daran davon auszugehen, dass seine Stimme auf den Ausgang der Wahl keinen Einfluss hat. Das aber bedeutet, dass wählen als ein instrumenteller Akt, der dem Ziel dient, den Kandidaten ins Amt zu bringen, der den eigenen Präferenzen entspricht, keinen Sinn macht. Oder anders ausgedrückt: An demokratischen Wahlen nehmen nur die teil, für die d > c ist, d.h. die einen direkten Nutzen aus der Wahlbeteiligung ziehen, der höher ist als die Kosten der Stimmabgabe.

Die faktische Bedeutungslosigkeit der einzelnen Stimme zerstört letztlich alle Versuche, die Beteiligung an demokratischen Wahlen als eine rationale Wahlhandlung auszuweisen, die darauf gerichtet ist ein bestimmtes Wahlergebnis herbeizuführen. Die Spieltheorie beispielsweise hat versucht, die Wählerentscheidung als ein strategisches Problem abzubilden, indem sie darauf aufmerksam gemacht hat, dass die Entscheidungen aller Wähler strategisch interagieren. Das Argument

---

[198] Dass die beiden Fälle 2) und 3) mit gleicher Wahrscheinlichkeit eintreten, dürfte eine plausible Vereinfachung sein.

ist das folgende. Wenn alle Wähler den „calculus of voting" anstellen und zu dem Schluss kommen, dass eine Wahlbeteiligung nicht vernünftig ist, wird niemand zur Wahl gehen. In diesem Fall wäre aber eine einzelne Stimme plötzlich entscheidend für den Wahlausgang, d.h. gegeben dass alle anderen nicht wählen, ist es für WALTER beste Antwort seine Stimme abzugeben, denn dann kann er bestimmen, wer gewinnt. Eine 100%ige Wahlenthaltung ist deshalb kein Nash-Gleichgewicht und es stellt sich die Frage, welche Wahlbeteiligung gleichgewichtig ist. LEDYARD (1981) und PALFREY UND ROSENTHAL (1985) haben diese Frage untersucht. Das Ergebnis ist letztlich das gleiche wie es der einfache „calculus of voting" hervorbringt. Stabile Gleichgewichte ergeben sich nur bei sehr geringen Beteiligungsraten.

Es bleibt trotz aller Versuche, eine entscheidungstheoretische Begründung für die Wahlbeteiligung zu finden,[199] bei dem Ergebnis, dass es keinen Zusammenhang zwischen der Stimmabgabe des Wählers und dem Wahlergebnis gibt. Das unterscheidet die Entscheidung bei einer Wahl grundlegend von Entscheidungen über den Kauf von privaten Gütern oder privaten Investitionsentscheidungen. Man kann die Situation unseres fiktiven Wählers mit der eines Restaurantbesuchers vergleichen, dem der Kellner eine Speisekarte vorlegt. WALTER kann sich die Mühe machen, aus den angebotenen Menüs eines auszuwählen, aber ganz gleich, für welches er sich entscheidet, er bekommt – wie alle anderen Restaurantbesucher auch – auf jeden Fall Erbsensuppe serviert. Wenn das bekannt ist, warum dann vorher eine Wahl treffen?

Dem aufmerksamen Leser dürfte inzwischen aufgefallen sein, dass sich die Wähler in einer uns sehr vertrauten Situation befinden. Aus der Sicht des Einzelnen ist es nicht rational zu wählen, aber wenn niemand wählt, wird weder die eigentlich gewünschte Partei oder der von der Mehrheit präferierte Kandidat gewählt, noch kann Demokratie als gesellschaftliches System überleben. Beides dürfte aus der Sicht der Wähler aber wünschenswert sein, d.h. ein kollektiver Beschluss würde vermutlich zum Ergebnis haben, Demokratie zu erhalten und die von der Mehrheit bevorzugte Regierung zu wählen. Mit anderen Worten: Es ergibt sich der klassische Gegensatz zwischen individueller und kollektiver Rationalität. Dass dies so ist, kann nicht verwundern, denn sowohl die Demokratie als Gesellschaftsform als auch das Wahlergebnis sind *rein öffentliche Güter*! Man kann ALDRICH nur zustimmen, wenn er bemerkt: *„An election is perhaps the closest real-world example of a pure public good." (1997, S. 376)*.

Die gewählte Regierung wird zur Regierung *aller* Wähler, jeder ist ihren Entscheidungen unterworfen, ganz gleich, ob er gewählt hat und wen er gewählt hat. Nimmt man hinzu, dass der einzelne Wähler auf die Entscheidung, wer die Regierung stellt, de facto keinen Einfluss besitzt, dann wird deutlich, dass sich die Wähler in einem N-Personen-Gefangenen-Dilemma befinden. Wir haben uns mit der Problematik solcher Dilemmata ausführlich befasst und wir wissen, dass individuelle Rationalität in einer solchen Situation gebietet, keinen kooperativen Beitrag

---

[199] Für einen Überblick vgl. ALDRICH (1997).

zur Erstellung des öffentlichen Gutes zu leisten. Wir wissen aber auch, dass sowohl in der Realität als auch im Experiment entgegen der theoretischen Voraussage Kooperation in einem signifikanten Umfang beobachtet werden kann. Insofern darf es nicht verwundern, dass auch im Falle der demokratischen Wahl die entscheidungstheoretische Prognose extrem geringer Teilnahme nicht zutreffend ist. Allerdings dürfte der Hinweis auf solchermaßen freiwillige Kooperation kaum ausreichen, um die teilweise sehr hohen Wahlbeteiligungen zu erklären.

Wenn die „gewöhnliche" Kooperation, wie wir sie beispielsweise im Experiment beobachten, nicht als Erklärung der Wählerbeteiligung ausreicht, dann deutet dies darauf hin, dass die Interpretation der Wahl als klassisches Gefangenen-Dilemma nicht die ganze Geschichte erzählt. Wir haben bereits darauf hingewiesen, dass es neben dem instrumentellen Zweck einer Wahl (die Auswahl einer Regierung) auch noch intrinsische Motive für die Stimmabgabe geben kann, vielleicht sogar geben muss. Diese sind in dem bisher recht ominösen d-Term enthalten, der bei dem „calculus of voting" eingeführt wurde und den Nutzen abbildet, die der Wähler aus der Stimmabgabe an sich zieht (unabhängig vom Wahlausgang).

Für dieses d existieren eine ganze Reihe von möglichen Interpretationen und Spekulationen, die sich nicht gegenseitig ausschließen und deshalb alle mehr oder weniger zutreffen mögen. Beispielsweise kann man sich durchaus vorstellen, dass Wahlenthaltung sanktioniert werden kann. Es „gehört sich einfach nicht" der Wahl fernzubleiben, Wahlenthaltung ist eine Art „schlechtes Benehmen", das im Kreise der Freunde, Bekannten und Nachbarn nicht gut ankommt. Es könnte auch sein, dass Wähler ganz einfach Freude daran haben, ihre „staatsbürgerliche Pflicht" zu erfüllen, dass die Teilnahme an der Wahl ihnen zugleich das Gefühl gibt, an einem wichtigen gesellschaftlichen Vorgang aktiv teilzuhaben. Wenn am Wahlabend das Ergebnis bekannt gegeben wird, kann sich jeder Wähler daran freuen, dass er ein Akteur in diesem Spiel war, dessen Resultat er da präsentiert bekommt. Vielleicht nehmen Wähler die Wahl tatsächlich auch als eine Art Spiel oder besser sportlichen Wettkampf wahr, an dem sie aktiv teilhaben, indem sie auf ihre Lieblingsmannschaft setzen und nun hoffen, dass diese möglichst gut abgeschnitten hat.

Eine häufig genannte Interpretation, die in gewisser Weise die bisher genannten einschließt, kommt in folgendem Zitat von FIORINA (1997, S. 402) zum Ausdruck:

> "*Voting is not an investment decision but a consumption decision; it is a way for voters to express a preference.*"

Die Idee ist, dass Menschen einfach den Wunsch haben, ihrer Präferenz für eine bestimmte Person oder Partei Ausdruck zu verleihen – auch wenn dies im Hinblick auf den Wahlausgang folgenlos bleibt. Dass Menschen in der Tat dann, *wenn* sie wählen, ihren Präferenzen folgen, indem sie für die Partei stimmen, die ihren Präferenzen am meisten entspricht, ist sehr wahrscheinlich. Erst in der Wahlkabine angekommen, ist es in jedem Fall vorteilhaft, seinen wahren Präferenzen zu folgen. Für eine Partei zu stimmen, die man nicht will, kann niemals für den Wähler nützlich sein, aber mit einer positiven (wenn auch extrem kleinen) Wahrscheinlichkeit schadet es den Interessen des Wählers.

Wenn es wahr ist, dass Menschen bei Wahlen im Wesentlichen ihre Präferenz kundtun möchten, dann macht es Sinn, den Wahlvorgang gedanklich in zwei getrennte Entscheidungen zu zerlegen. Die erste Entscheidung ist die für eine bestimmte Partei oder einen bestimmten Kandidaten – also gewissermaßen das Zustandekommen der Präferenz. Erst danach muss entschieden werden, ob man an der Wahl teilnehmen möchte, also der Präferenz auch tatsächlich Ausdruck verliehen werden soll. Bei dem „calculus of voting" spielen die Kosten der Wahlbeteiligung c eine wichtige Rolle. Zerlegen wir die Wahlentscheidung in die genannten beiden Schritte, müssen für beide Teilentscheidungen die Kosten und Erträge gesondert betrachtet werden. Für die reine Teilnahme am Abstimmungsvorgang dürften die Kosten relativ gering sein. Sie bestehen eigentlich nur in den Opportunitätskosten der Zeit, die man für den Gang zum Wahllokal aufwenden muss. Das bedeutet, dass es sich bei der Entscheidung über die Wahlbeteiligung um eine sogenannte „low cost decision"[200] handelt. Es ist relativ billig, seiner staatsbürgerlichen Pflicht nachzukommen, an dem Spiel teilzunehmen oder sich den Wunsch zu erfüllen, seiner Präferenz für eine bestimmte Partei Ausdruck zu geben. Anders formuliert: Damit ein rationaler Wähler zur Wahl geht, müssen die intrinsischen Erträge der Stimmabgabe (d) nur gering sein. Existieren solche Erträge, ist es in vielen Fällen eine vollkommen rationale Entscheidung, den Gang zum Wahllokal anzutreten.

Vollkommen anders verhält es sich dagegen mit der Präferenzbildung. Wollte ein Wähler sich tatsächlich umfassend darüber Klarheit verschaffen, welche der konkurrierenden Parteien die für ihn beste ist, kann das leicht zu einem „Fulltime-job" werden. Um nämlich diese Entscheidung treffen zu können, benötigt er eine sehr große Menge von Informationen. Als erstes müsste er herausfinden, welche Politik seinen persönlichen Zielen, Wertvorstellungen und Überzeugungen tatsächlich am dienlichsten ist. Sind höhere Löhne tatsächlich im Interesse der Arbeitsanbieter? Dient die europäische Agrarpolitik wirklich den Interessen der Landwirte? Wie sollte die Alterssicherung organisiert sein, welche Form der Besteuerung ist die beste? Alles Fragen, die alles andere als einfach zu beantworten sind. Um aber entscheiden zu können, welche Politik die für ihn beste ist, müsste der Wähler genau dazu in der Lage sein. Damit aber nicht genug. Weiß er endlich, welche Politik für ihn optimal wäre, müsste im nächsten Schritt geprüft werden, welche Partei diese Politik anbietet und wie glaubwürdig dieses Angebot ist. Dazu ist es notwendig, das Verhalten der Parteien in der Vergangenheit zu bewerten und ihre Ankündigungen für die Zukunft zu prüfen. Erst nach dieser Prüfung kann eine Präferenz über die verschiedenen Parteien entstehen, die tatsächlich den Zielen und Wünschen des Wählers entspricht.

---

[200] Dieser Begriff wurde nach Wissen des Autors von GEBHARD KIRCHGÄSSNER geprägt. Vgl. KIRCHGÄSSNER (1991).

Es dürfte klar sein, dass diese Form der Präferenzbildung mit horrenden Kosten verbunden wäre. Hat ein rationaler Wähler einen Anreiz, diese Kosten zu tragen? Er hätte ihn nur dann, wenn die Erträge, die aus der Informationsbeschaffung fließen, höher sind als die Kosten. Ein Ertrag entsteht dadurch, dass der Wähler sicher sein kann, die richtige Entscheidung zu treffen, also tatsächlich die Partei zu wählen, die seinen Zielen am besten nützlich ist. Wie hoch ist dieser Ertrag? Wenn man davon absieht, das es ein gutes Gefühl sein mag, sicher in seiner Entscheidung zu sein, ist der Ertrag Null. Weil die einzelne Stimme praktisch keine Bedeutung für den Wahlausgang hat, bleibt ein Irrtum des Wählers für ihn folgenlos. Auch wenn er eine Partei wählt, die die für ihn falsche Politik anbietet, ändert das nichts an der Politik, die nach der Wahl tatsächlich gemacht wird. Wenn ein Irrtum ohne Konsequenzen bleibt, warum dann die enormen Kosten auf sich nehmen, die notwendig sind diesen Irrtum zu vermeiden?! Die Schlussfolgerung daraus ist einfach: Ein rationaler Wähler ist schlecht informiert.[201]

Diese Tatsache hat erhebliche Konsequenzen, deren Tragweite deutlich wird, wenn wir uns vor Augen halten, welche Funktion die Wahl in einem demokratischen System hat. Konstituierend für diese Funktion ist die Konkurrenz der Politiker bzw. Parteien[202] um die Wählerstimmen. Im Vorfeld einer Wahl treten die Parteien in einen Wettbewerb, d.h. sie werden zu konkurrierenden Anbietern auf dem sogenannten Wählerstimmenmarkt. Ihr Angebot besteht in Programmen, in denen die zukünftig betriebene Politik beschrieben ist. Die Konkurrenzsituation führt dazu, dass nur die Partei erfolgreich sein kann, die ein Programm vorlegt, das von einer Mehrheit der Wähler präferiert wird. Auf diese Weise sorgt der Wählerstimmenmarkt dafür, das sich Parteiprogramme – und damit die tatsächlich betriebene Politik – an den Wünschen und Bedürfnissen der Wähler orientieren. So wie auf einem Gütermarkt nur der Anbieter Erfolg hat, der ein Produkt anbietet, das tatsächlich bestehende Bedürfnissen decken kann, muss auch der politische Unternehmer sein Produkt an den Präferenzen der Nachfrager, d.h. der Wähler, ausrichten.

Die Analogie zwischen Gütermarkt und Wählerstimmenmarkt trägt allerdings nur, wenn man die oben beschriebene Informationsproblematik unberücksichtigt lässt. Bezieht man sie ein, zeigt sich ein erheblicher Unterschied zwischen den beiden Märkten. Der Nachfrager auf einem Gütermarkt hat allen Grund sich vor dem Kauf eines Gutes über die Beschaffenheit, Qualität und Haltbarkeit der konkurrierenden Angebote zu informieren. Tut er dies nämlich nicht, hat er selbst die

---

[201] Wie auf viele andere Dinge, die in diesem Kapitel angesprochen werden, hat bereits DOWNS (1957) auf diesen Punkt aufmerksam gemacht.

[202] Im Folgenden werden die Begriffe „Politiker" und „Partei" weitgehend synonym gebraucht, obwohl natürlich erhebliche Unterschiede im Verhalten des einzelnen Politikers und dem von Parteien bestehen. Im Prinzip müsste deshalb differenziert werden. Da dies aber nur dann Sinn macht, wenn man das Verhältnis zwischen Politikern und ihrer Partei explizit untersucht und dabei die Beziehung zwischen beiden deutlich macht, wird hier darauf verzichtet, denn diese Betrachtung wird hier nicht angestellt.

Konsequenzen einer falschen Kaufentscheidung zu tragen. Dem Nachfrager auf dem Wählerstimmenmarkt fehlt ein solcher Anreiz, und das hat Rückwirkungen auf das Verhalten der Anbieter. Der Anbieter eines privaten Gutes – beispielsweise ein Automobilhersteller – ist gezwungen, die Qualität seiner Produkte ständig zu verbessern und sich an ändernde Kundenwünsche anzupassen. Er ist dazu gezwungen, weil er davon ausgehen kann, dass die Nachfrager sehr genau beobachten, welche Qualität und welche Eigenschaften seine Autos im Vergleich zur Konkurrenz haben. Der Politiker kann dagegen davon ausgehen, dass sich Wähler bestenfalls oberflächlich mit der Qualität seiner Arbeit befassen werden. Warum also sollte er in die Qualitätssteigerung viel Aufwand investieren? Eine notwendige Voraussetzung dafür, dass der Wählerstimmenmarkt die Politik hervorbringt, die am besten den Wählerpräferenzen entspricht, ist, dass die Wähler über das Verhalten der Parteien gut informiert sind. Genau damit ist aber nicht zu rechnen.

Welche Konsequenzen ergeben sich aus dem Informationsproblem, mit dem sich jeder Wähler konfrontiert sieht? Kurz gesagt bestehen die Konsequenzen darin, dass sich die Politiker als Anbieter von Programmen und die Anbieterseite auf dem Informationsmarkt an die spezifischen Bedingungen der Nachfrage durch die Wähler anpassen. Drei Stichworte sind in diesem Zusammenhang von Bedeutung, die wir uns nacheinander näher ansehen werden: *Ideologie, Parteienstandort* und *Massenmedien*.

Die Funktion von Ideologien

Unter einer Ideologie wird hier ein Bündel von Überzeugungen, Einschätzungen und Behauptungen verstanden, die die Anhänger dieser Ideologie als richtig einschätzen und nicht weiter hinterfragen. Es handelt sich gewissermaßen um die Kurzform einer Weltanschauung, die mehr oder weniger ungeprüft übernommen und akzeptiert wird. Einer Ideologie anzuhängen hat erhebliche Vorteile. Nehmen wir zum Beispiel an, ein Freiberufler ist zu der Überzeugung gelangt, dass eine liberale Wirtschaftspolitik für ihn vorteilhaft ist, also in seinem wohlverstandenen Selbstinteresse liegt. Eine liberale Ideologie, die sich auf undifferenzierte und nicht weiter hinterfragte Glaubenssätze der Art „mehr Markt – weniger Staat" reduziert, verspricht im Interesse unseres Freiberuflers zu liegen. Die Entscheidung, welche Politik in seinem Interesse liegt, kann auf diese Weise leicht getroffen werden. Das Etikett „liberal" genügt, um die „richtige" Politik zu identifizieren. In den Worten von FIORINA (1997, S. 405):

> „Voters do not ‚consume' ideology in the same sense as they consume the income from lower taxes, but ideology can be an effective shortcut to self-interest."

Aus der Sicht eines Politikers ist es aus diesem Grund eine rationale Strategie, Ideologien anzubieten. Er löst damit gewissermaßen das Informationsproblem des Wählers, indem er ihm abnimmt sich um die Details kümmern zu müssen. Die Tatsache, das politische Diskussionen häufig ideologisch geführt werden, d.h. keine differenzierten Sachargumente ausgetauscht werden, sondern Überzeugungen und Vorurteile, ist deshalb kein Zeichen mangelnder Differenziertheit der politischen Akteure, sondern eine rationale Reaktion auf die schwierige Informationslage der Adressaten dieser Debatten, der Wähler.

Die Bedeutung des Parteienstandorts

Der politische Standort einer Partei erfüllt eine sehr ähnliche Funktion wie die Ideologie. Mit ihm signalisiert die Partei letztlich nichts anderes als eine ideologische Orientierung. Allerdings ist dieses Signal stärker, informationsreicher als die Ideologie selbst. Der Parteienstandort definiert sich in Relation zu den konkurrierenden Parteien, d.h. mit ihm wird so etwas wie die ideologische Distanz zwischen den Parteien beschrieben. Auf diese Weise erleichtert eine Festlegung auf einen Standort im Links-rechts-Schema dem Wähler die Orientierung. In gewisser Weise ist der politische Stand*ort*, den eine Partei wählt, vergleichbar mit dem Stand*punkt*, den die Wähler zu politischen Fragen einnehmen. Dadurch, dass beides auf der gleichen Skala gemessen wird, können die Distanzen zwischen dem Wählerstandpunkt und der Position der Parteien leichter gemessen werden. Auf diese Weise erleichtert die Positionierung im Links-rechts-Schema die Wahl der richtigen Partei.

Es bleibt natürlich eine offene Frage, ob sich der politische Raum tatsächlich eindimensional abbilden lässt. Wir haben diese Frage bereits im Zusammenhang mit dem Medianwähler-Modell diskutiert und wir werden darauf noch einmal zurückkommen, wenn wir uns mit dem Verhalten von Parteien befassen. An dieser Stelle bleibt nur festzuhalten, dass die gängige Einordnung der Parteien in dem altbekannten Links-rechts-Schema als ein Instrument gesehen werden kann, das ähnlich wie die Ideologie als eine Vereinfachung des Informationsproblems der Wähler gesehen werden kann.

Sidestep 44: Parteiinterne Vielfalt?

Politische Parteien sind Organisationen, die ihren Standort endogen klären müssen. Die Bestimmung eines politischen Standpunktes, die Aufstellung eines politischen Programms ist ein Vorgang, der demokratischen Regeln folgen soll. Die Parteien tragen, wie es im Grundgesetz so schön heißt, zur politischen Willensbildung bei. Im Idealfall sind sie die Institution, innerhalb derer die Auseinandersetzung der verschiedenen Meinungen und Wertungen geführt wird, die in der Bevölkerung vertreten sind. Dabei kann jeder Bürger an dieser Willensbildung teilhaben, indem er einer Partei beitritt. So weit, so gut, aber ist wirklich damit zu rechnen, dass Parteien diese Aufgabe wahrnehmen können? Die politische Realität in Deutschland zeigt, dass der Parteienstandort vor allem als Orientierungshilfe und Signal an die Wähler zu verstehen ist. Innerparteiliche Vielfalt, die Existenz unterschiedlicher Lager oder Flügel verringert den Informationsgehalt dieses Signals. Die Folge ist, dass Parteien, die ihre interne Willensbildung nach außen tragen und in der Öffentlichkeit kein geschlossenes Bild abgeben, aus der Sicht der Wähler keinen erkennbaren Standort im politischen Raum besitzen. Das führt dazu, dass die Information über die Geeignetheit einer Partei erschwert wird. Kaum jemand macht sich die Mühe die internen Auseinandersetzungen zwischen „Realos" und „Fundies" bei den Grünen, zwischen „Kohlianern" und „Merkelanhängern" bei der CDU oder zwischen den „Erneuerern" und dem „Gewerkschaftsflügel" in der SPD nachzuvollziehen. Werden die internen Auseinandersetzungen zu heftig, hat dies in der Regel zur Folge, dass die betreffende Partei Wähler verliert. Es kann deshalb nicht verwundern, dass erfolgreiche Parteiführer mit großen Nachdruck fordern, die Partei müsse „geschlossen" auftreten. Das Informationsproblem der Wähler muss gelöst werden – und das lässt wenig Raum für innerparteiliche Vielfalt.

Medienwirkung

Um über die zur Wahl stehenden Parteien eine Präferenz bilden zu können, müssen die Wähler über die politischen Standorte der Parteien Informationen besitzen. Es dürfte klar sein, dass diese Information vor allem über Massenmedien verbreitet wird. Im Sidestep 40 wurden bereits einige Überlegungen dazu angestellt. An dieser Stelle soll nun der Frage nachgegangen werden, ob der einzelne Wähler Anreize besitzt, Informationen über öffentliche Güter nachzufragen. Die Beteiligung an Wahlen und die aktive Beobachtung der Parteien ist ja nichts anderes als ein Beitrag zur Erstellung eines öffentlichen Gutes. Wir wissen bereits, dass dabei Kommunikation, und zwar Kommunikation in kleinen Gruppen, eine entscheidende Rolle spielt. Kommunikation ist notwendig mit dem Austausch von Informationen verbunden. Der vielleicht entscheidende Punkt in diesem Zusammenhang ist, dass für Menschen, die in einem „Großgruppendilemma" stecken, auch bezüglich der Informationsnachfrage Dilemmata entstehen können. Ein einfaches Beispiel mag dies verdeutlichen. Das vermutlich bedeutendste soziale Dilemma unserer Zeit besteht im Hinblick auf die globalen Common Pool Ressources (CPRs). Folgt daraus, dass es für den einzelnen Bürger rational ist, sich etwa über den Treibhauseffekt zu informieren? Er hat dazu ebenso wenig Anlass, wie er einen Grund hat, sein Auto weniger zu benutzen, um CO_2–Emissionen zu reduzieren. Um Informationsnachfrage zu erzeugen, müsste Information über globale CPRs für den Einzelnen *wertvoll* werden. Die Aussichten darauf sind nicht besonders gut, denn es bleibt dabei, dass der Zustand jeder globalen Ressource vom Verhalten des Einzelnen vollständig unabhängig ist – warum also Informationen beschaffen?

Informationen könnten für den Einzelnen dann wichtig werden, wenn globale CPRs bereits Gegenstand der Kommunikation in kleinen Gruppen sind – und vielleicht sogar Gegenstand von Sanktionsmechanismen, die in kleinen Gruppen zur Anwendung kommen. Voraussetzung dafür ist allerdings, dass eine hinreichend große Zahl von Menschen bereits informiert *ist*, denn nur dann kann das Thema auf die Agenda der Kleingruppen gelangen und nur dann ist die für die Diskussion notwendige Information vorhanden. Damit schließt sich der Kreis: Informationsnachfrage entsteht nur dann, wenn bereits ein kritisches Maß an Information vorhanden ist. Kann man damit rechnen, dass es dazu kommt?

Die Spekulation, die an dieser Stelle angestellt werden soll, sagt: Unter den Bedingungen eines privaten, über Wettbewerbsmärkte gesteuerten Medienangebotes ist damit nicht zu rechnen. Der Grund ist relativ einfach: Ein privater Medienanbieter muss sich an der Informationsnachfrage orientieren – und die richtet sich nicht primär auf Informationen, die für den Einzelnen zunächst einmal wertlos sind. Dazu kommt, dass private Medien – allen voran das Fernsehen – nicht nur informieren, sondern vor allem Konsumangebote unterbreiten. Jede Ausweitung des diesbezüglichen Angebots steigert die Opportunitätskosten der Informationsaufnahme. Um es sehr einfach zu formulieren: Wenn jederzeit ein breites Angebot an Unterhaltung jedweder Art unterbreitet wird, dann ist es „kostspieliger", die letzten Nachrichten über den Zustand globaler Umweltgüter zu verfolgen. Der Mensch ist nur zu einer sehr selektiven Informationsverarbeitung fähig. Im Kampf um die knappe Zuschaueraufmerksamkeit gibt es offensichtlich weitaus bessere Mittel als Informationen über soziale Dilemmata großer Gruppen anzubieten – jedenfalls ist das der Eindruck, der sich dem Betrachter der Medienlandschaft aufdrängen muss.

Mit dem gleichen Argument lässt sich begründen, dass Wähler keine Anreize haben, differenzierte Nachrichten aus dem politischen Raum nachzufragen. Um es wiederum an einem einfachen Beispiel deutlich zu machen: Aus der Sicht eine Bürgers ist die Frage, wie in Zukunft die Rentenversicherung organisiert sein wird, von erheblicher Bedeutung, denn unter Umständen muss er seine eigene Zukunftsvorsorge entsprechend anpassen. Wichtig ist dabei aber nur das *Ergebnis* der politischen Willensbildung, nicht die Diskussion um die Alternativen. Die Information darüber, wer welchen Reformvorschlag wie begründet hat, ist für den Wähler vollkommen wertlos. Es ist aus seiner Sicht auch völlig uninteressant zu erfahren *warum* letztlich eine bestimmte Reform beschlossen wurde. Informationen zu diesen Themen sind deshalb für einen privaten Medienanbieter nur schwer zu verkaufen.

Die Informationsnachfrage bestimmt das Verhalten der Medien. Das Medienverhalten hat seinerseits massive Rückwirkungen auf das Verhalten der Politiker, denn deren Interesse besteht darin, in den Medien präsent zu sein. Kurz gesagt: Politiker werden die Information anbieten, die die Medien verkaufen können. In diesem Zusammenspiel besteht die eigentliche Bedeutung des Mediensystems für repräsentative Demokratien. Welche Wirkungen es hat, wird Thema sein, wenn wir im nächsten Abschnitt das rationale Politikerverhalten behandeln, denn die entscheidende Medienwirkung besteht in dem Anpassungsverhalten der Informationsproduzenten (Politiker) an die Bedingungen des Mediensystems.

Diese Sicht der Dinge entspricht nicht der vorherrschenden Sicht in der Literatur. Das Mediensystem wird dort vorwiegend auf seine direkten Wirkungen untersucht, d.h. es wird die Frage gestellt, welchen Einfluss Medien auf den Wahlausgang nehmen können. Kann die Berichterstattung im Fernsehen und in Zeitungen dazu führen, dass die Präferenzen der Wähler in der einen oder anderen

Richtung manipuliert werden? Diese Frage ist in zahlreichen Studien untersucht worden.[203] Das Ergebnis ist in gewisser Weise zwiespältig. Einerseits ist inzwischen klar, dass die Macht der Medien nicht darin besteht Meinungen verändern zu können. Der Einfluss auf die Wählerpräferenzen ist eher gering. Andererseits bestimmen die Medien die Themen, über die diskutiert wird. Sie betätigen sich als „Agenda Setter" und bereiten so das Feld für die gesellschaftliche Diskussion. Zu welchen Fragen sich die Politik äußert, welche Diskussionen in kleinen Gruppen stattfinden, wird letztlich von den Medien bestimmt. Darin wird ihre wahre Macht gesehen. Als beispielsweise im Sommer 2000 ein kleines Kind von einem Kampfhund getötet wurde, berichteten alle Medien ausführlich darüber. Zwar war dies bei weitem nicht der erste schwere Unfall mit diesen Tieren, aber dieser wurde massiv aufgegriffen. Die Folge war, dass kaum ein Politiker darum herumkam, sich zu diesem Thema zu äußern, und schließlich auch politisch gehandelt wurde. Das Thema „Kampfhund" stand plötzlich ganz oben auf der Agenda, und das war ausschließlich den Medien zu verdanken.

Die Medienwirkung auf die Funktion als Agenda Setter zu reduzieren hieße allerdings – nach Meinung des Autors – die indirekten Wirkungen des Mediensystems zu übersehen. Ein rationaler Politiker weiß nicht nur, dass er sich zu den Themen äußern muss, die die Medien aufgreifen. Er beachtet auch, welche Art von Informationen von den Medien transportiert werden und vor allem, welche nicht.

Fassen wir zusammen. Die Entscheidung, zum Wahllokal zu gehen und seine Stimme abzugeben, lässt sich relativ leicht rationalisieren und als den Versuch interpretieren, die Präferenz für eine Partei auszudrücken. Diesem Vorgang geht aber die *Präferenzbildung* voraus, und die ist notwendig mit der Beschaffung von Informationen verbunden. Diese Informationsbeschaffung führt in ein soziales Dilemma, weil es aus der Sicht des einzelnen Wählers nicht rational ist hohe Kosten für die Informationssuche aufzuwenden. Der rationale Wähler ist schlecht informiert. Parteien reagieren darauf, indem sie Ideologien und Standorte im politischen Raum anbieten, die es dem Wähler erleichtern, die Parteien gegeneinander abzugrenzen und eine Präferenz zu bilden. An der grundsätzlich schlechten Informiertheit ändert dies aber ebenso wenig etwas wie die Informationsübermittlung durch Medien, denn solange Medien privatwirtschaftlich organisiert sind, werden sie die Inhalte anbieten, die die Wähler nachfragen. Sie werden vor allem über Ergebnisse des politischen Prozesses berichten und sie werden unterhalten, d.h. private Güter anbieten. Summa summarum bleibt es dabei, dass an demokratischen Wahlen zwar viele, aber schlecht informierte Menschen teilnehmen. Es bleibt zu prüfen, wie sich dies auf das Verhalten der anderen Gruppen auswirkt, die am politischen Geschäft beteiligt sind.

---

[203] Für einen Überblick vgl. FIORINA (1997).

9.2 Parteienverhalten

Die theoretische Literatur zum Parteienverhalten ist ausgesprochen komplex und vielgestaltig. Der Grund dafür ist die große Zahl möglicher institutioneller Bedingungen, unter denen Parteien agieren können, und die Vielzahl möglicher Ziele, die Parteien unterstellt werden können. Wenn man das Parteienverhalten mit Hilfe eines Spiels – im Sinne der Spieltheorie – abbilden möchte, dann bestimmen die institutionellen Bedingungen die Strategieräume der Akteure und die Ziele, die die Parteien verfolgen, legen die Payoff-Funktionen fest. Es dürfte klar sein, dass eine Partei, die sich in einem Zwei-Parteien-System befindet, andere strategische Möglichkeiten hat als eine Partei in einem Mehr-Parteien-System mit einem Verhältniswahlrecht, mit dem eine repräsentative Vertretung der Parteien erreicht werden kann. Im letzten Fall kommt es in aller Regel zu einer Koalitionsbildung, weil keine der Parteien die absolute Mehrheit der Stimmen erreichen wird. Das Verhalten der Parteien *nach der Wahl* ist deshalb für die Regierungsbildung mindestens ebenso wichtig wie die Wahl der politischen Standorte vor der Wahl.

Was die Payoffs angeht, so lassen sich unterschiedliche Ziele vorstellen, die Parteien verfolgen mögen. In einer Zwei-Parteien-Situation dürfte es nahe liegen, dass die Konkurrenten versuchen, die Mehrheit der Stimmen zu erreichen um so die Regierung stellen zu können. In einem Mehr-Parteien-System ist das Motiv dagegen nicht so klar. Stimmenmaximierung oder Maximierung der Parlamentssitze ist ein nahe liegendes Ziel, aber es kann auch sein, dass Parteien bestimmten politischen Zielen fest verpflichtet sind und ihren Standort nicht frei wählen können. Beispielsweise dürfte es für eine orthodoxe religiöse Partei in Israel unmöglich sein, bestimmte Standpunkte aufzugeben, die durch den Glauben fest vorgegeben sind. Andererseits könnte eine Partei auch darauf bedacht sein, unbedingt der Regierungskoalition anzugehören, was keineswegs mit Stimmenmaximierung verbunden sein muss. In Deutschland hat sich beispielsweise die FDP sehr erfolgreich so positionieren können, dass sie sowohl für Koalitionen mit der SPD als auch mit der CDU zur Verfügung stand. Möglich wurde dies durch einen politischen Standort zwischen den beiden großen Parteien. Das Gegenbeispiel der österreichischen Liberalen zeigt, dass durch eine andere Position (eine deutlich rechts von der Mitte) erheblich mehr Stimmen zu holen sind, aber die Regierungsbeteiligung schwerer zu erreichen ist.

Das Problem ist, dass die Analyse um so schwieriger wird, je differenzierter die institutionellen Bedingungen sind.[204] Aus diesem Grund existiert bis heute keine geschlossene Theorie, die das Verhalten von Parteien in jeder denkbaren Situation abbilden kann. Dennoch gibt es ein Modell oder besser eine Klasse von

---

[204] Für einen Überblick über den gegenwärtigen Stand der Modellbildung vgl. ORDESHOOK (1997).

Modellen, das man gewissermaßen als das ‚Arbeitspferd' der Public Choice Theorie bezeichnen kann – jedenfalls wenn es um die Beschreibung von Parteienverhalten geht. Es handelt sich um die sogenannte räumliche Analyse des Parteienverhaltens. Die Grundidee ist uns bereits vertraut und das Basismodell dieser Modellklasse ebenfalls. In Kapitel 5 haben wir das Medianwähler-Modell eingeführt und dabei bereits darauf aufmerksam gemacht, dass die zentrale Annahme dieses Modells darin besteht, dass der Entscheidungsraum und die Präferenzen der Wähler *räumlich* dargestellt werden können. Wir sollten uns an dieser Stelle noch einmal klarmachen, was diese Annahme genau bedeutet.

Mit dem Median-Modell ist zunächst die Vorstellung verbunden, dass sich die Alternativen, die zur Wahl stehen, räumlich – genauer gesagt durch einen n-dimensionalen Euklidischen Raum – abbilden lassen. Dass dies möglich ist, setzt voraus, dass alle Wähler darin übereinstimmen, welches die Alternativen sind, über die abgestimmt wird. Wenn man das räumliche Modell benutzt um demokratische Wahlen zu beschreiben, wird deutlich, dass dies keineswegs der Fall sein muss. Bei einer Bundestagswahl zum Beispiel können bestimmte Wähler der Meinung sein, dass es um die Entscheidung geht eine Partei aus dem Links-rechts-Schema zu wählen, also darum eine politische Grundsatzentscheidung zu treffen. Andere könnten der Meinung sein, dass es um die Entscheidung über die Höhe des zukünftigen Staatsbudgets geht, und wieder andere könnten in der Wahl die Entscheidung darüber sehen, ob ökologische Probleme größere Bedeutung erhalten oder nicht. Aber nicht nur die Wähler müssen sich einig sein, um welche Alternativen es geht. Auch die Parteien müssen den Entscheidungsraum, den die Wähler betrachten, als den Raum sehen, in dem sie sich positionieren müssen. Nur wenn alle Akteure den gleichen Euklidischen Raum als den für die Wahl relevanten ansehen, kann die Wahlentscheidung innerhalb dieses Raumes abgebildet werden.

Wir haben in Kapitel 5 bereits eine weitere wichtige Voraussetzung für das räumliche Modell kennen gelernt. Die Präferenzen der Wähler über die Alternativen müssen eingipflig sein und Wähler und Parteien müssen vollkommen informiert sein. Insbesondere diese Informationsvoraussetzung ist hart. Sie schließt ein, dass die Wähler über alle Alternativen informiert sind, dass sie die Standorte der Parteien bestens kennen und dass die Parteien ihrerseits über die Präferenzen der Wähler und die Alternativen, über die sie abstimmen, vollständig informiert sind. Zwar lassen sich diese Informationsvoraussetzungen lockern, aber dazu sind wiederum Modelle erforderlich, die rationale Erwartungen der Wähler unterstellen, und die Anforderungen, die an die Rationalität und Informiertheit von Akteuren in solchen Modellen gestellt werden, sind ebenfalls erheblich.[205]

Die räumliche Analyse ist nicht nur durch die teilweise sehr restriktiven Voraussetzung eingeschränkt, die gemacht werden müssen um überhaupt die grundsätzliche Methode anwenden zu können. Auch hinsichtlich der institutionellen Bedingungen, die mit ihr abgebildet werden können, existieren erhebliche Ein-

---

[205] Rationale Erwartungsmodelle werden beispielsweise von MCKELVEY AND ORDESHOOK (1985) und LUPIA (1992) benutzt.

schränkungen. Das zentrale Ergebnis der räumlichen Analyse (das Medianwähler-Theorem) lässt sich letztlich nur in einem Modell ableiten, in dem lediglich zwei Parteien gegeneinander antreten und um die Regierungsmacht streiten. Kompliziertere Wahlprozeduren – beispielsweise ein Mehr-Parteien-System mit Verhältniswahlrecht – lässt sich nur sehr unvollkommen mit dem Modell abbilden.

Auf den ersten Blick scheint damit die räumliche Analyse wenig geeignet, das beobachtbare Parteienverhalten zu erklären. Dennoch lohnt es sich dieses Modell noch etwas genauer zu betrachten, denn wir werden sehen, dass die zentrale Implikation, die es für das Parteienverhalten im einfachen Fall der Mehrheitswahl zwischen zwei Parteien ausweist, in vielen realen Situationen wiederzufinden ist, die weitaus komplizierter sind als das einfache räumliche Modell. Dieses Modell kennen wir im Prinzip schon. Es ist das in Kapitel 5.6 beschriebene Medianmodell im eindimensionalen Fall. Der Entscheidungsraum wird abgebildet als ein Links-rechts-Schema oder als der ‚Ideologieraum'. Die Wähler besitzen eingipfelige Präferenzen, d.h. haben jeweils einen bliss-point, der den von ihnen bevorzugten politischen Standort beschreibt. Jede Entfernung von diesem Punkt führt zu einem Nutzenverlust, der monoton ist, d.h. je weiter entfernt eine Partei vom bliss-point eines Wählers angesiedelt ist, umso geringer der Nutzen aus der Wahl dieser Partei. In diesem Modell hat der Medianwähler die entscheidende Position. Bei einer Abstimmung zwischen zwei Alternativen kann er nicht verlieren, die von ihm gewählte Partei gewinnt die Wahl.

Welche Implikation ergibt sich daraus für das Parteienverhalten? Betrachten wir dazu den einfachen Fall, in dem nur zwei Parteien antreten. Der Ideologieraum sei durch das Intervall $[0, 1]$ abgebildet und der Medianwähler habe die Position $\frac{1}{2}$. Beide Parteien wissen, dass sie nur dann die Wahl gewinnen können, wenn sie die Stimme des Medianwählers erhalten. Aus diesem Grund werden sich beide in der Nähe des Standortes des Medianwählers ansiedeln und falls die Wahl des Standortes nicht eingeschränkt ist, werden beide exakt die Position des Medianwählers einnehmen.

Man kann sich leicht überlegen, dass die Strategiekombination ($\frac{1}{2}$, $\frac{1}{2}$) in der Tat die einzige Nash-gleichgewichtige Standortverteilung im Zwei-Parteien-Modell ist. Gegeben Partei 1 nimmt die Medianposition ein, bedeutet dies für Partei 2, dass sie dann, wenn sie eine andere Position wählt, auf jeden Fall die Wahl verliert. Nimmt auch sie die Medianposition ein, gewinnt sie die Wahl mit Wahrscheinlichkeit $\frac{1}{2}$. Wählt dagegen Partei 1 nicht die Medianposition, so ist es beste Antwort von Partei 2 den Median zu besetzen. Damit ist die Medianposition für Partei 2 eine *dominante* Strategie und da das Spiel vollkommen symmetrisch ist, gilt gleiches auch für Partei 1. ($\frac{1}{2}$, $\frac{1}{2}$) ist damit ein Nash-Gleichgewicht in dominanten Strategien.

Man kann sich nun überlegen, dass es in diesem Modell auch gleichgewichtige Standortverteilungen für mehr als zwei Parteien geben müsste. Unter den Annahmen des Medianmodells (wie sie in Kapitel 5.6 präzisiert sind) existieren tatsächlich solche Gleichgewichte für mehr als zwei Parteien. Allerdings mit einer Ausnahme: Für drei Parteien existiert *kein* Gleichgewicht in reinen Strategien! Auf den ersten Blick erscheint dies merkwürdig, denn schließlich hatten wir gerade in Deutschland über lange Zeit ein sehr stabiles Drei-Parteien-System. Man muss dabei allerdings bedenken, dass das Median-Modell eine Situation abbildet, in der paarweise über die Alternativen abgestimmt wird. Das Wahlrecht in Deutschland ist aber ein Verhältniswahlrecht, bei dem es zu einer Repräsentanz der Parteien entsprechend ihrer Anteile an den Stimmen kommt. Diese Situation ist durch das Modell nicht abgebildet. Die institutionelle Regelung in Deutschland nimmt den Wählern die Festlegung der Regierung aus der Hand, denn in aller Regel gewinnt keine der Parteien die absolute Mehrheit, so dass die eigentliche Regierungsbildung erst nach der Wahl zwischen den Parteien ausgehandelt wird.

Ist damit das zentrale Resultat der räumlichen Analyse, das darin besteht, dass Parteien eine starke Tendenz zur politischen Mitte haben, wertlos? Zunächst bleibt festzustellen, dass diese Tendenz in vielen Varianten des Median-Modells bestehen bleibt, d.h. auch dann, wenn die teilweise restriktiven Modellannahmen aufgeweicht werden, kommt sehr häufig heraus, dass Parteien zur Mitte tendieren.[206] Es scheint so, als sei dieses Resultat relativ robust und eine Betrachtung der praktischen Politik verstärkt diesen Eindruck. In Zwei-Parteien-Systemen, wie beispielsweise dem der USA, lassen sich kaum fundamentale Unterschiede zwischen den Parteien ausmachen und der Übergang von einem republikanischen Präsidenten zu einem demokratischen hat in der Regel keinen gravierenden Politikwechsel zur Folge. Offensichtlich orientieren sich Demokraten und Republikaner an dem gleichen politischen Standpunkt.[207] Aber auch unter den Bedingungen eines Mehr-Parteien-Systems mit Verhältniswahl ist das Bestreben der Parteien, die politische Mitte zu besetzen, unverkennbar. Mitunter führt dies zu recht merkwürdigen Strategien. So hat die SPD seit einiger Zeit die sogenannte „neue Mitte" entdeckt und deren politischen Standort so bestimmt, dass er identisch mit dem der SPD ist. Gleichzeitig reklamieren aber auch (fast) alle anderen Parteien die politische Mitte für sich.

Die vielleicht wichtigste Botschaft des räumlichen Modells besteht darin, dass demokratische Wahlen dazu führen, dass sich die Kräfte in der Mitte des politischen Spektrums konzentrieren und dass es nicht zu einer Polarisierung an den extremen Standorten kommt. Extreme Standpunkte dürften nur dann an Bedeutung gewinnen, wenn sich die Präferenzen der Wähler entsprechend verändern. Extreme Ereignisse, wie beispielsweise die Massenarbeitslosigkeit Anfang der 30iger Jahre, können der Auslöser dafür sein.

Die Tendenz zur Mitte, die aus dem räumlichen Modell gefolgert werden kann, beschreibt das Verhalten von Parteien, die bei gegebenen Präferenzen der

---

[206] Vgl. dazu den bereits erwähnten Übersichtsaufsatz von ORDESHOOK (1997).

[207] Beispielsweise betreibt Präsident CLINTON gegenwärtig (im Jahre 2000) massiv den Aufbau eines Raketenabwehrsystems im Weltraum. Den gleichen Plan hatten auch seine republikanischen Vorgänger im Amt REAGAN und FORD – damals aber zum Missfallen der Demokraten.

Wähler und unter der Voraussetzung vollständiger Information versuchen die Anzahl der Stimmen, die für sie abgegeben werden, zu maximieren. Da wir uns hier auf das Wesentliche konzentrieren müssen, sei an dieser Stelle darauf verzichtet Überlegungen darüber anzustellen, was geschieht, wenn Parteien andere Ziele verfolgen oder die institutionellen Bedingungen die Anwendung des räumlichen Modells verhindern. Vielmehr sei der Aspekt aufgegriffen, der im vorangegangenen Kapitel bereits angesprochen wurde: Welche Implikationen ergeben sich für die Parteien bzw. die Politiker aus der Tatsache, dass Wähler keine Anreize besitzen differenzierte Informationen über politisch relevante Themen nachzufragen?

Um dieser Frage nachgehen zu können, müssen wir das Zusammenspiel zwischen Politikern, den Massenmedien und den Informationsnachfragern (den Wählern) erneut beleuchten. Eine Möglichkeit dies zu tun besteht darin, dass man sich vorstellt, dass Massenmedien (z.B. überregionale Zeitungen) genau wie Politiker einen politischen Standort einnehmen. Eine solche Strategie ist dann rational, wenn Leser dazu tendieren, eher solche Publikationsorgane nachzufragen, die einen politischen Standort vertreten, der ihrem eigenen möglichst nahe ist. Konservative Wähler lesen eher die WELT oder die FAZ, liberale die SÜDDEUTSCHE und sozialdemokratische die FRANKFURTER RUNDSCHAU. Trifft dies zu, so betreiben die Zeitungen Produktdifferenzierung, die sich an der Nachfrage orientiert. Setzt man weiterhin voraus, dass die Zeitungen über solche Politiker öfter berichten, die ihrem Standort nahe sind, ergibt sich darüber hinaus auch ein Zusammenhang zwischen den Standorten der Parteien und denen der Zeitungen. In einem einfachen räumlichen Modell haben SCHULZ UND WEIMANN (1989) gezeigt, dass dies dazu führen kann, dass die Parteienstandorte und die Medienstandorte sich gegenseitig beeinflussen, und zwar in einer Weise, die die Gleichgewichte, die im einfachen räumlichen Modell resultieren, verändert. So existiert in ihrem Modell ein Nash-Gleichgewicht mit drei Parteien, das ohne die Existenz von Medien nicht vorhanden wäre.

Aber man kann die Medienwirkung auf das Politikerverhalten auch ohne Zuhilfenahme eines formalen Modells betrachten, indem man sich die Frage stellt, welche Anreize für die Medienanbieter (Journalisten) und für die Politiker bestehen. Betrachten wir diese Frage anhand des wichtigsten Mediums unserer Tage, des Fernsehens. Wie verhält sich ein rationaler Fernsehjournalist? Hat er einen Anreiz, möglichst kompetent zu berichten? Wohl kaum, denn der Wähler hat seinerseits keine Veranlassung, sich mit kompetenter, komplizierter und umfassender Berichterstattung auseinander zu setzen. Sein Interesse besteht darin (wie wir gesehen haben) zu möglichst geringen Kosten über die Politikerstandorte informiert zu werden bzw. die Ergebnisse der Regierungspolitik zu erfahren. An tiefschürfender Information über die verschiedenen politischen Alternativen ist er nicht interessiert. Lohnt es sich für den Berichterstatter unter diesen Bedingungen, tief in die Materie einzusteigen, sich Kompetenz anzueignen, um beispielsweise über ökonomische Fragestellungen sachverständig berichten zu können? Er müsste dazu erhebliche Kosten aufwenden, denn die notwendige Recherche ist zeitaufwendig und setzt erhebliche Investitionen in das Humankapital des Journalisten voraus. Die Erträge wären vergleichsweise gering, denn die Aufmerksamkeit des

Publikums wird er durch eine solche Berichterstattung nicht erlangen. Die ‚News-Show' wird allemal mehr Zuschauer anlocken als der ausführliche Hintergrundbericht, in dem über komplizierte wirtschaftliche Zusammenhänge berichtet wird. Die Schlussfolgerung daraus ist, dass ein rationaler Journalist nicht kompetent sein wird.

Was folgt daraus für den Politiker? Lohnt sich wenigstens für ihn die Investition in Sachkompetenz? Sie würde sich nur dann auszahlen, wenn er sie in einen Stimmenzuwachs ummünzen könnte. Dazu müssten allerdings die Wähler in der Lage sein zu beurteilen, wie kompetent die einzelnen Politiker wirklich sind. Da sie aber weder einen Anreiz besitzen, selbst die dazu notwendige Information zu beschaffen, noch ein Medienangebot vorfinden, das ihnen die wahre Kompetenz der Politiker berichtet, ist damit nicht zu rechnen. Investitionen in Sachkompetenz zahlen sich damit für den Politiker nicht aus. Im Gegenteil, sie nehmen seine knappe Zeit in Anspruch, die er besser dafür verwenden kann, die Signale zu erzeugen, die erstens durch die Medien transportabel sind und zweitens von rationalen Wählern aufgenommen werden. Um es überspitzt zu formulieren: Der rationale Politiker hat massive Anreize, Kompetenz zu *signalisieren,* aber keine, tatsächlich Kompetenz zu erlangen.

Die indirekte Medienwirkung besteht darin, dass das Mediensystem die politische Debatte insofern mitbestimmt, als es Anreize setzt, nur bestimmte Inhalte in die Debatte einzubringen. Solche Inhalte nämlich, die leicht kommunizierbar sind, also Informationen, die ohne hohen Kostenaufwand wahrgenommen werden können und einen bestimmten politischen Standort signalisieren. Wissenschaftliche Politikberater wissen ein Lied davon zu singen, dass Gutachten in der Regel benutzt werden um Kompetenz zu signalisieren, aber nicht um tatsächlich der Willensbildung eine bestimmte Richtung zu verleihen.

9.3 INTERESSENGRUPPEN UND BÜROKRATIEN

Kollektive Entscheidungen haben sehr oft zur Folge, dass bestimmte Gruppen innerhalb einer Gesellschaft auf Kosten anderer Gruppen einen Vorteil erhalten. Die einen werden besteuert und die anderen erhalten das Steueraufkommen als Subvention. Ein schönes Beispiel ist die Agrarpolitik in der EU. Wie in Sidestep 33 beschrieben, profitieren die Landwirte seit langem davon, dass die Preise, die die Konsumenten für landwirtschaftliche Produkte bezahlen, deutlich über dem Weltmarktpreis liegen. Auf diese Weise wird von der großen Gruppe der Konsumenten zugunsten der relativ kleinen Gruppe der Landwirte umverteilt. Offensichtlich war die Gruppe der Landwirte über eine sehr lange Zeit hinweg bei dem Versuch, kollektive Entscheidungen einer bestimmten Art herbeizuführen, sehr erfolgreich. Das Beispiel zeigt, dass Gruppen, die ein bestimmtes, partikulares Interesse vertreten, sehr wohl Einfluss auf kollektive Entscheidungen nehmen können. Andere Beispiele ließen sich sehr leicht finden. Es stellt sich die Frage, ob es möglich ist, etwas allgemeines darüber zu sagen, warum welche Gruppen Einfluss gewinnen können und wie sie dabei vorgehen. Mit dieser Frage befasst sich seit langem ein spezieller Teil der Public Choice Literatur, der seine Wurzeln nicht zuletzt in dem grundlegenden Buch von OLSON (1965), *The Logic of collective Action: Public Goods and the Theory of Groups'* hat.

Eine grundlegende Einsicht, die OLSON in diesem Buch vermittelt, ist, dass Interessengruppen ein öffentliches-Gut-Problem lösen müssen. Wenn es der Lobby der Landwirte gelingt, dafür zu sorgen, dass landwirtschaftliche Produkte subventioniert werden, dann profitieren alle Landwirte davon, gleichgültig, ob sie einen Beitrag zu der Lobbyarbeit geleistet haben oder nicht. Kein Gruppenmitglied kann von den Erfolgen der Interessenvertretung ausgeschlossen werden und insofern produzieren die Interessenvertreter öffentliche Güter. OLSON schlussfolgert aus diesem Umstand, dass Interessengruppen umso erfolgreicher sind, je besser sie das Freifahrerproblem, das mit der Produktion öffentlicher Güter verbunden ist, lösen können. Eine Implikation daraus ist die Hypothese, dass relativ kleine Gruppen erfolgreicher sind als relativ große.

Gestützt wird diese Hypothese durch ein formales Modell zur Beschreibung des Einflusses von Interessengruppen, das BECKER (1983) vorgelegt hat. In diesem Modell wird eine aggregierte Produktionsfunktion verwendet, die den Aufwendungen der Gruppe (gemessen in Pro-Kopf-Aufwand) den politischen Erfolg, den sie damit erreicht, zuordnet. Mit Hilfe dieser Funktion wird die Konkurrenz zweier Interessengruppen abgebildet, die konträre Ziele verfolgen. Gruppe 1 will, dass Gruppe 2 besteuert wird und das Aufkommen ihr als Subvention zufließt. Der Pro-Kopf-Aufwand, den die Gruppen betreiben, ist ihre strategische Variable. Im Nash-Gleichgewicht des Modells zeigt sich, dass dann, wenn die Gruppengröße zunimmt, die relative Position der Gruppe geschwächt wird. Das ist exakt OLSONS Hypothese.

Ist es wirklich so, dass sich kleine Gruppen besser durchzusetzen wissen als große? Die empirische Evidenz ist nicht eindeutig. Wie wir gesehen haben, zeigte sich im Experiment (vgl. Kapitel 4.2), dass der Zusammenhang zwischen Gruppengröße und kooperativem Verhalten nicht in der von OLSON behaupteten Weise bestand. Auf der anderen Seite zeigt ein Blick in die Realität, das relativ kleine Gruppen in der Tat sehr erfolgreich sind. Die Gruppe der Landwirte ist deutlich kleiner als die der Konsumenten und die Gruppe der Atomkraftgegner ist selbst dann, wenn man alle Wähler der GRÜNEN dazurechnet, immer noch deutlich kleiner als die Gruppe der Stromverbraucher.

Die Gruppengröße allein kann auf der anderen Seite auch nicht allein ausschlaggebend für den Erfolg einer Interessenvertretung sein. Es gibt eine große Zahl kleiner Interessengruppen, deren Erfolg bei der Durchsetzung ihrer Ziele sehr bescheiden ist. Es muss also noch andere Determinanten für den Erfolg geben. Das aggregierte Modell BECKERS erlaubt es allerdings nicht, solche Determinanten ausfindig zu machen, denn dort hängt der Erfolg – ähnlich wie im Rent-Seeking Modell – ausschließlich von dem relativen Aufwand ab, den die Gruppe betreibt. Angesichts der Tatsache, dass so unterschiedliche Gruppen erfolgreich sind wie Greenpeace, die Landwirte, die Steinkohleindustrie und die Anti-Atombewegung, spricht nicht viel dafür, dass es ausschließlich die finanzielle Ausstattung ist, die über den Erfolg entscheidet.

Für die Analyse des Einflusses von Interessengruppen gilt in gewisser Weise etwas ähnliches wie für die Theorie zum Parteienverhalten. Auch hier ist es so, dass die institutionellen Bedingungen, unter denen die Gruppen agieren, maßgeblich für die Modellstruktur und die Modellergebnisse sind. Beispielsweise konzentriert sich ein großer Teil der Literatur auf die Frage, wie sich die Finanzierung von Wahlkampagnen durch einzelne Personen oder Gruppen auf das Verhalten der Politiker auswirkt.[208] Der institutionelle Hintergrund dieser Modelle sind die Wahlen in den USA. Man kennt das aus den Präsidentschaftswahlen, aber auch bei den Wahlen zum Senat verhält es sich ähnlich: Die Kandidaten müssen ihre Kampagne selbst finanzieren und sie tun dies, indem sie Spenden sammeln. Es ist ein offenes Geheimnis, dass die Spender eine Gegenleistung erwarten – für den Fall, dass der Kandidat gewählt wird. Die Gegenleistung besteht darin, das Interesse der betreffenden Gruppe ‚wohlwollend' zu berücksichtigen. Solche Tauschgeschäfte lassen sich formal abbilden und genau dies geschieht beispielsweise bei SNYDER (1993).

Modelle dieser Art eignen sich aber offensichtlich nicht, um das Verhalten von Interessengruppen in Deutschland abzubilden, denn dort ist die Finanzierung der Wahlkampagnen der Parteien anders geregelt. Das bedeutet zwar nicht, dass keine Spenden an Parteien fließen und auch nicht, dass dafür keine Gegenleistungen erwartet werden. Dennoch sind die Verhältnisse mit denen in den USA sicher nicht vergleichbar. Abgesehen davon ist selbst für die USA nachweisbar, dass der Umfang, in dem politische Gegenleistungen gegen Geld erworben werden, vergleichsweise gering ist (vgl. AUSTEN-SMITH (1997)). Es muss deshalb noch andere Mittel und Wege geben, die zum Ziel führen. Zwei solche Mittel seien hier diskutiert: Drohpotential und Information.

Interessengruppen sind in aller Regel über ihr spezielles Gebiet deutlich besser informiert als Politiker. Beispielsweise dürften die Verbände der Atomenergie über technische Fragen der Kernenergie und die dabei auftretenden Gefahren deutlich besser informiert sein als Politiker und Greenpeace besitzt in Bezug auf Umweltfragen ebenfalls einen Informationsvorsprung. Es liegt daher nahe, dass Politiker von Interessengruppen informiert werden. Ein rationaler Politiker antizipiert dabei aber, dass die Information, die er von einer Gruppe erhält, Ausdruck des speziellen Interesses ist, das diese Gruppe besitzt. Das relativiert den Wert solcher Informationen und auch die Möglichkeit der Einflussnahme durch gezielte Information. Dennoch ist die Informationsübermittlung durch Interessengruppen aus der Sicht des Politikers nicht ganz wertlos, denn da er die Interessen der Gruppen kennt, kann er versuchen, aus den Signalen, die er von den Gruppen erhält, die richtigen Schlüsse zu ziehen. Entsprechende Signaling-Modelle[209]

---

[208] Als Beispiel sei SNYDER (1990, 1993) genannt. Für einen Überblick vgl. AUSTEN-SMITH (1997).

[209] Vgl. POTTERS AND VAN WINDEN (1992).

zeigen, dass Politiker in der Tat durchaus wertvolle Information von Interessengruppen bekommen können, dass aber auf der anderen Seite die Informationsübermittlung entscheidend davon abhängt, wie ähnlich die Präferenzen der Politiker und der Lobbyisten sind. Der Grund ist einfach. Wenn der Lobbyist weiß, dass der Politiker ähnliche Ziele verfolgt, dann hat er keinen Grund, falsche oder unvollständige Informationen zu übermitteln und der Politiker kann von einem hohen Wahrheitsgehalt der Informationen ausgehen. Sind die Ziele der Gruppe dagegen gänzlich andere als die des Politikers, haben die Gruppen starke Anreize falsche und unvollständige Informationen zu übermitteln. Das aber verringert ihre Glaubwürdigkeit erheblich oder wie AUSTEN-SMITH (1997, S. 321) es formuliert: „When it is easiest to lie, the extend of incfuence is most limited."

Die Literatur zur ‚Beeinflussung durch Information' konzentriert sich bisher weitgehend auf die unmittelbar von der Interessengruppe an den Politiker gerichteten Botschaften. Ein vielleicht wesentlich wichtigerer Aspekt ist aber der indirekte Einsatz von Information über die sogenannte „öffentliche Meinung". Wenn es einer Interessengruppe gelingt, ihr Anliegen zu einem Thema der öffentlichen Diskussion zu machen, erzeugt sie damit unter Umständen einen erheblichen Druck auf die politischen Entscheidungsträger. Die Beispiele für solchermaßen erfolgreiche Lobbyarbeit sind zahlreich und folgen letztlich alle einem einheitlichen Muster. Wieder sind es die Medien, die eine bedeutsame Rolle spielen. Sie haben die Funktion des ‚gatekeepers' für die öffentliche Meinung, d.h. sie entscheiden darüber, welches Anliegen diskutiert wird und welches nicht. Die Entscheidung darüber fällt unter anderem in Abhängigkeit davon, welchen Wert eine entsprechende Nachricht für die Medien besitzt, d.h. wie gut sie zu veräußern ist. Umweltorganisationen veranstalten deshalb gerne spektakuläre Aktionen, die ganze Heerscharen von Polizisten zu aktivieren in der Lage sind und wochenlang für Gesprächsstoff sorgen. Die Universitäten Sachsen-Anhalts veranstalteten 1999 eine öffentliche Vorlesung vor dem Landtag, um ihrer Forderung nach besserer finanzieller Ausstattung Nachdruck zu verleihen. Neben diesen, sehr direkten Methoden, spielt die ‚Öffentlichkeitsarbeit' in Verbänden und Organisationen eine herausragende Rolle und diese besteht zu einem erheblichen Teil in dem Versuch, den Medienvertretern die ‚richtigen' Informationen zukommen zu lassen und sie für das jeweilige Anliegen empfänglich zu machen.

Die indirekte Nutzbarmachung von Information über die Mobilisierung von Medien steht in einem direkten Zusammenhang mit dem oben bereits erwähnten zweiten Ansatzpunkt für erfolgreiche Lobbyarbeit: dem Drohpotential. Die Aufmerksamkeit, die Politiker dem speziellen Interesse einer Gruppe schenken, dürfte nicht zuletzt davon abhängen, welche Konsequenzen die Missachtung dieses Interesses für sie haben kann. Diese Konsequenzen sind aus der Sicht der jeweiligen Interessengruppe nicht exogen, sondern lassen sich endogen gestalten. Ein schönes Beispiel dafür liefert der Steinkohlebergbau. Der Abbau von Steinkohle ist in Deutschland nur möglich, weil er massiv subventioniert wird. Diese Subventionen sind nur sehr schwer begründbar, weil es eigentlich keinen vernünftigen Grund gibt, die heimische Kohle vorzuhalten. Die Gewinnungskosten der qualitativ schlechten deutschen Kohle sind etwa doppelt so hoch wie der Weltmarktpreis für

Kohle. Selbst wenn es zu einer neuen Ölkrise kommen würde, könnte der Energiebedarf leicht und deutlich günstiger durch Importkohle gedeckt werden – zumal die Versorgung mit dieser Kohle als sicher angesehen werden kann. Dennoch ist es den Kumpeln bis heute gelungen, jährlich Subventionen in Milliardenhöhe zu akquirieren. Dass die deutsche Steinkohle nicht wettbewerbsfähig ist, weiß man seit mehr als 30 Jahren und deshalb dürfte klar sein, dass es sich langfristig um eine sterbende Industrie handelt. Vor diesem Hintergrund ist folgende Beobachtung interessant: Das Durchschnittsalter der im Bergbau Beschäftigten ist in den letzten 20 Jahren monoton *gesunken*. Offensichtlich hat der Bergbau massiv in den Nachwuchs investiert. Genau das verschafft aber ein erhebliches Drohpotential. Wenn wieder einmal über die Kürzung der Kohlesubvention gesprochen wird, dann ist die Drohung, für den Erhalt des Arbeitsplatzes auf die Straße zu gehen und die Öffentlichkeit massiv zu mobilisieren, eben sehr viel glaubwürdiger, wenn sie von Menschen ausgeht, die gerade eine Familie gegründet haben. Vorruhestandsregelungen kommen für sie nicht in Frage. Das weiß auch der Politiker und folglich tut er gut daran, mit erheblichem Widerstand zu rechnen, wenn er beschließt, die Kohlesubventionen zu reduzieren.

Es gibt viele Möglichkeiten, Drohpotential aufzubauen und die föderative Struktur der Bundesrepublik erleichtert dies. In kleinen Regionen sind die lokalen Politiker sehr viel stärker von dem Wohlwollen bestimmter Branchen abhängig als es die Zentralregierung je sein könnte. Die Stahlindustrie im Saarland oder die Werften an der norddeutschen Küste sind Beispiele für Fälle, in denen von dem Bestand einzelner Unternehmen das Wohl und Wehe ganzer Landesregierungen abhängt.

Weder der indirekte Gebrauch von Informationen, noch die systematische Schaffung von Drohpotentialen sind bisher in der Theorie zu Interessengruppen abgebildet. Der Grund ist, dass solche Zusammenhänge sehr schwierig zu modellieren sind und die jeweiligen institutionellen Bedingungen sich so stark unterscheiden, dass man mit allgemeinen Modellen kaum sehr weit kommen kann. Insofern ist AUSTEN-SMITH zuzustimmen, wenn er feststellt: (...) *we cannot say much, on the basis of the current formal literature, about the extend to which interests groups influence policy."* (1997, S. 321).

Selbst dann, wenn man in der Lage wäre, ganz genau anzugeben, welchen Einfluss Interessengruppen auf kollektive Entscheidungen nehmen, wäre damit noch nicht klar, wie stark sie die tatsächlich exekutierte Politik beeinflussen. Zwischen dem, was Politiker beschließen, und dem, was als praktische Politik für den Bürger spürbar wird, kann durchaus eine beträchtliche Differenz bestehen. Wie groß sie ist, hängt davon ab, welchen Einfluss die *Bürokratie* auf den politischen Output und dessen Umsetzung hat. Dies ist die zentrale Frage, mit der sich die ökonomische Bürokratietheorie auseinander setzt, die versucht, das Verhalten von Bürokraten als Ergebnis rationaler Kalküle abzuleiten.[210] Grundsätzlich geht es

---

[210] Vgl. WINTROBE (1997), S. 430.

dabei um das Zusammenspiel von Politikern, die sagen, was zu tun ist, und Bürokraten, die ihren Anweisungen folgen müssen. Wo liegt das Problem? Bürokraten sind weisungsgebunden und müssen tun, was man ihnen sagt!

Ein grundlegendes Problem entsteht aus zwei Gründen: Erstens ist nicht gesagt, dass Bürokraten die gleichen Ziele besitzen (oder ähnliche Präferenzen haben) wie Politiker und zweitens kann der Politiker nicht perfekt kontrollieren, was der Bürokrat tut. Die Ursache dafür ist *asymmetrische Information*. Bürokraten sind insbesondere über die Kosten einer Maßnahme besser informiert als die Politiker und sie sind in der Lage, wichtige Informationen zu manipulieren. Mit anderen Worten, zwischen Politiker und Bürokrat besteht ein klassisches Prinzipal-Agent-Problem, wie wir es auch schon in anderen Zusammenhängen kennen gelernt haben.

Um dieses grundsätzliche Problem etwas näher zu charakterisieren, ist es hilfreich, es in Teilfragen zu zerlegen. Die erste Frage ist: Was *will* der Bürokrat, was sind seine Ziele? Danach wäre zu fragen, wie er diese Ziele anstreben kann, d.h. welche Instrumente ihm zur Verfügung stehen. Die letzte Frage ist dann, was der Politiker tun kann, um seinen Agenten zu kontrollieren und dazu zu veranlassen, genau das zu tun, was der Politiker will. Beginnen wir mit der ersten Frage.

Innerhalb der Literatur zum Bürokratie-Problem wurde lange Zeit davon ausgegangen, dass es so etwas wie einen repräsentativen Bürokraten gibt, über dessen Ziele man sich Gedanken machen kann. Erst relativ spät hat sich die Erkenntnis durchgesetzt, dass Bürokratien hierarchische Systeme sind und sich Prinzipal-Agent-Probleme auf allen Ebenen dieser Hierarchie stellen. Es ist keineswegs klar, dass der Leiter eines Ministeriums (nicht der Minister, sondern sein höchster Beamter) das gleiche Ziel verfolgt wie der ihm untergeordnete Ministerialdirigent und dessen Ziel können sich wiederum grundlegend von denen des Amtmannes auf der untersten Hierarchiestufe unterscheiden. Die Bürokratietheorie hat sich bisher im Wesentlichen auf die Motive der Amtsleiter konzentriert und die Standardannahme besteht darin, dass Bürokraten das Budget, über dass sie verfügen können, maximieren möchten. Diese Annahme wird mitunter weiter differenziert, indem zum Beispiel angenommen wird, dass der frei verfügbare Teil des Budgets maximiert wird oder der Einfluss auf politische Entscheidungen im Vordergrund steht. Letztlich aber läuft es darauf hinaus, dass Bürokraten danach streben, ihren Informationsvorsprung dazu auszunutzen, um mehr Einfluss, Macht und Prestige zu erlangen.

Angesichts der Anreizstrukturen in vielen bürokratischen Systemen (vor allem im dem Deutschlands) dürfte es keine allzu gewagte Unterstellung sein, dass diese Verhaltensannahme um so weniger zutrifft, je tiefer man in der Hierarchie kommt. Auf den unteren Ebenen ist der direkte Einfluss auf die Größe des Budgets gering und je größer das Budget umso mehr Arbeit bedeutet das. Da kaum Leistungsanreize bestehen, dürfte es plausibel sein anzunehmen, dass die Ziele auf den unteren Ebenen denen der Amtsleitung entgegengesetzt sind: ein ruhiges Leben, wenig Arbeitsleid bei gesichertem Einkommen. Vielleicht erklärt dieser interne Konflikt, warum die Implikationen der Standardtheorie zum Verhalten von Bürokratien empirisch nicht überzeugend nachgewiesen werden konnten.[211]

Welche Möglichkeiten hat nun der Bürokrat, seine Ziele zu verfolgen? Das Standardmodell dazu stammt von NISKANEN (1968) und es ist bis heute so etwas wie das Arbeitspferd der Theorie geblieben – auch wenn es inzwischen vielfach weiterentwickelt und modifiziert wurde. NISKANEN unterstellt, dass der Bürokrat versucht, das Budget, das ihm der Politiker zuweist, zu maximieren. Dieses Ziel kann er dadurch verfolgen, dass er die Leistungen, die er zu erbringen hat, nicht zu minimalen Kosten anbietet, sondern Produktionsprozesse benutzt, die teuer sind, aber fallende Grenzkosten aufweisen. Wenn man sich die Nachfrage nach der von ihm zu erbringenden Leistung als fallende Funktion vorstellt, dann hat der Bürokrat sein Ziel erreicht, wenn er eine Kostenfunktion vorgeben kann, die identisch ist mit der Nachfragefunktion. In diesem Fall wird der Wert der Leistung gerade so hoch sein, wie das gesamte Budget, das zu seiner Erstellung aufgewendet wird. Anders formuliert: Die gesamte Konsumentenrente wird von den Bürokraten vereinnahmt. Die Größe des Budgets ist dann allein durch die Nachfrage limitiert. Wenn keine exogene Budgetrestriktion existiert, dann wird die Bürokratie so lange Leistungen anbieten, bis die Grenzzahlungsbereitschaft der Nachfrager (Wähler oder Politiker) Null ist. Besteht eine Budgetbeschränkung, wird dieses Budget in jedem Fall auch voll ausgeschöpft.

Das Bild, das das NISKANEN-Modell von der Bürokratie zeichnet, ist eher düster. Bürokraten beuten darin Politiker und Wähler aus und missbrauchen schamlos den diskretionären Spielraum, den sie dank ihres Informationsvorsprunges haben. Ist dieses Bild zutreffend? Hinsichtlich der Motive der Bürokraten bleiben wir letztlich auf Spekulationen angewiesen, aber man kann versuchen, einerseits empirisch die Frage zu klären, ob es tatsächlich zu einer Budgetmaximierung kommt, und andererseits untersuchen, ob Politiker nicht erfolgreiche Kontrollmöglichkeiten besitzen, die die Budgetmaximierung verhindern. Es wurde bereits darauf hingewiesen, dass der empirische Nachweis einer auf das Verhalten der Bürokraten zurückzuführenden Ausweitung der Budgets nicht zu führen ist. Tatsache bleibt allerdings, dass der öffentliche Sektor in nahezu allen entwickelten Marktwirtschaften über lange Zeit hinweg gewachsen ist. Das muss aber nicht bedeuten, dass das NISKANEN-Modell zutrifft, denn es kann durchaus sein, dass das Wachstum des Staatsanteils auf Präferenzen der Politiker oder der Wähler zurückzuführen ist. Es ist in diesem Zusammenhang vielleicht hilfreich darauf hinzuweisen, dass die politische Praxis immer wieder zeigt, dass es zwar relativ leicht möglich ist Subventionen und staatliche Leistungen (die immer auch eine Umverteilung zugunsten der Subventionsempfänger bedeuten) einzurichten, dass es aber fast unmöglich ist einmal gewährte Privilegien wieder abzuschaffen, weil dies auf den erbitterten Widerstand der Begünstigten trifft. Die mehrfach benutzten Beispiele der Kohle-, Landwirtschafts- oder Werftenpolitik zeigen dies überdeutlich. Wenn diese Beobachtung richtig ist und wenn sie eine gewisse Allgemeinheit besitzt,

---

[211] Vgl. CARROLL (1990).

dann ist klar, dass sich das Staatsbudget nur in einer Richtung entwickeln kann – nach oben, und zwar ganz ohne Zutun der Bürokraten.

Welche Möglichkeiten hat der Politiker, seinen Beamtenapparat unter Kontrolle zu bekommen? Die einfachste Lösung ist die am häufigsten gebrauchte: *Command and control*. Direkte, möglichst gut überprüfbare Anweisungen verringern den diskretionären Spielraum. Allerdings sind die Möglichkeiten zu solchen Anweisungen begrenzt, denn der Bürokrat kann seinen Informationsvorteil dazu nutzen, den Politiker davon zu überzeugen, dass die Erfüllung der Aufgabe „unmöglich" ist. Deutlich besser sind Instrumente, die die Bürokraten zu grundsätzlich loyalem Verhalten veranlassen. Eine probate Möglichkeit besteht darin, den Beamtenstatus mit Vorteilen zu verbinden, die nur dann realisiert werden können, wenn entsprechende Loyalität gezeigt wird. Die Arbeitsplatzsicherheit, die beispielsweise deutsche Beamte genießen, ist ein solcher Vorteil und die Ministerialzulage, die die Beschäftigten in den Ministerien erhalten, fällt in die gleiche Kategorie. Die Beispiele aus anderen Ländern zeigen, dass Beamte, die solche „Privilegien" nicht genießen, für Illoyalitäten sehr anfällig sind. Der Abbau von solchen Vergünstigungen, wie er in Deutschland immer wieder gefordert wird, kann deshalb durchaus einen hohen Preis haben. Es gibt nicht wenige, die in dieser Diskussion vor einer „Südamerikanisierung" des öffentlichen Sektors warnen.

Weniger entwickelt sind bisher die letzten beiden Mittel, die zur Disziplinierung der Bürokraten zur Verfügung stehen: *Wettbewerb* und selektive *Anreize*. Im Zuge der Deregulierung öffentlicher Unternehmen ist es in der jüngsten Vergangenheit zwar zu mehr Wettbewerb unter Bürokraten gekommen aber innerhalb der engeren Ministerialbürokratie ist dieses Instrument bisher ebenso wenig zum Einsatz gekommen, wie der Gebrauch von leistungsbezogenen Anreizen.

Zusammenfassend kann man feststellen, dass es durchaus Mittel und Wege gibt, Bürokraten zu ‚fesseln' und sie an der ungehinderten Verfolgung ihrer eigenen Ziele zu hindern. Wahrscheinlich ist deshalb die reale Welt der Bürokraten nicht so schrecklich ineffizient wie sie in NISKANENS Modell erscheint. Dennoch dürfte unzweifelhaft sein, dass der bürokratische Sektor Macht besitzt und Ineffizienzen erzeugt. Aber diese sind nicht exogen, sondern hängen von der Organisation des öffentlichen Sektors ab. Rationale Wirtschaftspolitik kann auch hier intelligente Anreizsysteme benutzen um die bürokratisch erzeugte Ineffizienz zu reduzieren.

LITERATUR ZU KAPITEL 9

Zum Wahlparadoxon:
ALDRICH, J.H., 1997, When is it Rational to Vote?, in: MUELLER, D.C., (ED.) Perspectives on Public Choice, a Handbook, Cambridge, 373-390.

DOWNS, A., 1957, An Economic Theory of Democracy, New York.

FIORINA, M.P., 1997. Voting Behavior, in: MUELLER, D.C., (ED.) Perspectives on Public Choice, a Handbook, Cambridge, 391-414.

KIRCHGÄSSNER, G., 1991, Homo oeconomicus: Das ökonomische Modell individuellen Verhaltens und seine Anwendung in den Wirtschafts- und Sozialwissenschaften, Tübingen.

LEDYARD, J.O., 1981, The Paradox of Voting and Candidate Competition: A General Equilibrium Analysis, in: HORWICH, G., QUIRK, J. (EDS.), Essays in Contemporary Fields of Economics, West Lafayette.

PALFREY, T.R., ROSENTHAL, H., 1985, Voter Participation and Strategic Uncertainty, American Political Science Review, 79, 62.78.

RIKER, W.H., ORDESHOOK, P.C., 1968, A Theory of the Calculus of Voting, American Political Science Review, 76, 753-766.

Zum Parteienverhalten

LUPIA, A., 1992, Busy Voters, Agenda Control, and the Power of Information, American Political Science Review, 86, 390-403.

MCKELVEY, R.D., ORDESHOOK, P.C., 1985, Sequential Elections with Limited Information, American Journal of Political Science, 29, 480-512.

ORDESHOOK, P.C., The Spatial Analysis of Elections and Committees: Four Decades of Research, in: MUELLER, D.C., (ED.) Perspectives on Public Choice, a Handbook, Cambridge, 247-270.

SCHULZ, N., WEIMANN, J., 1989, Competition of Newspapers and the Location of Political Parties, Public Choice, 63,125 - 147.

Zum Verhalten von Interessengruppen:

AUSTEN-SMITH, D., 1997, Interest Groups: Money, Information and Influence, in: MUELLER, D.C., (ED.) Perspectives on Public Choice, a Handbook, Cambridge, 296-321.

BECKER, G.S., 1983, A Theory of Competition among Pressure Groups for Political Influence, Quarterly Journal of Economics, 371-400.

OLSON, M., 1965, The Logic of Collective Action: Public Goods and the Theory of Groups, Cambridge, Mass.

POTTERS, J., VAN WINDEN, F., 1992, Lobbying and Asymmetric Information, Public Choice, 74, 269-292.

SNYDER, J.M., 1990, Campaign Contributions as Investments: The US House of Representatives 1980-1986, Journal of Political Economy, 98, 1195-1227.

SNYDER, J.M., 1993, The Market for Campaign Contributions: Evidence for the US Senate 1980-1986, Economics and Politics 5, 219-240.

Zum Bürokratie-Problem:

CARROLL, K.A., 1990, Bureaucratic Competition and Inefficiency: A Review of the Evidence, Journal of Economic Behavior and Organization, 13, 21-40.

NISKANEN, W.A., 1968, The Peculiar Economics of Bureaucracy, American Economic Review, Papers and Proceedings, 58, 293-305.

WINTROBE, R., 1997, Modern Bureaucratic Theory, in: MUELLER, D.C., (ED.) Perspectives on Public Choice, a Handbook, Cambridge, 429-45

LITERATURVERZEICHNIS

AHLHEIM, M., ROSE, M., 1992, Messung individueller Wohlfahrt, 2. Aufl., Heidelberg et al.

ALDRICH, J.H., 1997, When is it rational to vote?, in: MUELLER, D.C., (ED.) Perspectives on Public Choice, a Handbook, Cambridge, 373-390.

AKERLOF, G.A., 1970, The Market for „Lemons": Quality, Uncertainty and the Market Mechanism. Quarterly Journal of Economics, 84, 488-500.

ALBERT, H., 1972, Wertfreiheit als methodisches Prinzip, Zur Frage der Notwendigkeit einer normativen Sozialwissenschaft, in: TOPITSCH, E. (HRSG.), Logik der Sozialwissenschaften, 8. Aufl., Köln, Berlin, 181-210.

ALCHIAN, A.A, 1988, Property Rights, in: EATWELL, J., MILGATE, M., NEWMAN, P., (eds.), The New Palgrave, Vol 3, 1031 – 1034. Macmillan.

ALIPRANTIS, C., BROWN D., BURKINSHAW, O., 1989, Existence and Optimality of Competitive Equilibria, Berlin et al.

ALLAIS, M., 1953, Le Comportement de L'homme Rationel Devant le Risque. Critique des Postulates et Axiomes de Lècole Americaine, Econometrrica 21, 503-546.

ANDERSON, S. P., J. K. GOEREE, C. A. HOLT, 1998, A theoretical analysis of altruism and decision errors in public good games; Journal of Public Economics, Vol. 70: 297-323.

ANDREONI, J., 1988, Why Free Ride? Strategie and Learning in Public Good Experiments, Journal of Public Economics, 37, 291-304.

ARNOTT, R., DE PALMA, A., LINDSEY, R. 1993, A Structural Model of Peak-Period Congestion: A Traffic Bottleneck with Elastic Demand, American Economic Review, 83, 161-179.

ARROW, K.J., 1962, Economic Welfare and the Allocation of Resources for Invention, in: NBER conference no. 13, The Rate and Direction of Inventive Activity: Economic and Social Factors, Princeton.

ARROW, K.J., 1963, Social Choice and Individual Values, New York 1951; 2. Aufl.

ARROW, K., AND HAHN F., 1971, General Competitive Theory, San Francisco.

AUSTEN-SMITH, D., 1997, Interest Groups: Money, Information and influence, in: MUELLER, D.C., (ED.) Perspectives on Public Choice, a Handbook, Cambridge, 296-321.

AVERCH, H.A., JOHNSON, L.O., 1962, Behavior of the Firm under Regulatory Constraint, American Economic Review, 52, 1053-69.

BAILEY, E.E., 1981, Contestability and the Design of Regulatory and Antitrust Policy, American Economic Review, 71, 179-183.

BAILEY, E. E., BAUMOL, W. J., 1984, Deregulation and the Theory of Contestable Markets, Yale Journal of Regulation, 1, 111-137.

BALINSKY, M., YOUNG, H.P., 1982, Fair Representation, New Haven.

BARTLING, H. 1984, Landwirtschaft, in: OBERENDER, P., (HRSG.), Marktstruktur und Wettbewerb in der Bundesrepublik Deutschland, München.

BAUMOL, W. J., PANZAR, J. C., WILLIG, R. D., 1982, Contestable Markets and the Theory of Industrial Structure, New York.

BECKER, G.S., 1983, A Theory of Competition among Pressure Groups for Political Influence, Quarterly Journal of Economics, 371-400.

BERG, H., 1990, Der Zusammenschluß "Daimler-Benz/MBB", WiSt, Jg. 19, Hft. 12, 643-655.

BERG, H., 1992, Wettbewerbspolitik, in: Vahlens Kompendium der Volkswirtschaftstheorie und Wirtschaftspolitik, Bd. 2, 5. Aufl. München.

BERNHOLZ, P., BREYER, F., 1994, Grundlagen der Politischen Ökonomie, Bd. 2, 3. Auflage, Tübingen.

BLACK, D., 1948, On the Rational of Group Decision Making, Journal of Political Economy, 56, 23-34.

BLAUG, M., 1980, The Methodology of Economics, Cambridge.

BLIN, J.M., SATTERTHWAITE, M.A., 1978, Individual Decision and Group Decision, Journal of Public Economics, 10, 247-67.

BOADWAY, R.W., 1974, The Welfare Foundations of Cost-Benefit-Analysis, Economic Journal, 84, 541-556.

BOLTON, G. E., A. OCKENFELS, 2000, ERC: A Theory of Equity, Reciprocity and Competition, American Economic Review, 90, 166-93.

BOLTON, G.E., J. BRANDTS, A. OCKENFELS, 1998, Measuring motivations for the reciprocal responses observed in a simple dilemma game, *Experimental Economics* 1, pp. 207-219.

BRAEUTIGAM, R. R., 1989, Optimal Policies for Natural Monopolies, in: SCHMALENSEE, R., WILLIG, R. D., (eds.), Handbook of Industrial Organization, Amsterdam et al. Vol. II, Kap. 23.

BRAID, R. M., 1990, Uniform versus Peak-Load Pricing of a Bottleneck with Elastic Demand, Journal of Urban Economics, 26, 320-327.

BROSIG, J., OCKENFELS, A., WEIMANN, J., 2003, The Effect of Communication Media on Cooperation, in: German Economic Review, 4, 217-241.

BUCHANAN, J., 1954, Social Choice, Democracy and Free Markets, Journal of Political Economy, 62, 114-123.

BUNDESREGIERUNG 1993: Agrarbericht 1993. Agrar- und ernährungspolitischer Bericht der Bundesregierung, Bundestagsdrucksache 12/4257, Bonn.

CARROLL, K.A., 1990, Bureaucratic Competition and Inefficiency: A Review of the Evidence, Journal of Economic Behavior and Organization, 13, 21-40.

CARSON, R.T., 1994, A Bibliography of Contingent Valuation Studies and Papers, La Jolla.

CARSON, R.T., Constructed Markets, in: BRADEN, J.B., KOLSTAD, C.D., (eds.), Measuring the Demand for Environmental Quality, Amsterdam et al. 1991, S. 121-161.

CHAMBERLIN, E., 1933, The Theory of Monopolistic Competition, Cambridge.

CLARKE, E., 1971, Multipart Pricing of Public Goods, Public Choice, 8, 19-33.

COASE, R. H., 1960, The Problem of Social Cost, Journal of Law and Economics, 3, 1-44.

COLES, M., MALCOMSON, J. M., 1989, Contract Theory and Incentive Compatibility, in: HEY, J.D., (ed.), Current Issues in Microeconomics, Macmillan, 127-151.

COOMBS, C., 1964, Theory of Data, New York.

COX, G.W., 1990, Centripetal and Centrifugal Incentives in Electoral Systems, American Journal of Political Science, 34, 903-935.

DASGUPTA, P., STIGLITZ, J., 1980, Industrial Structure and the Nature of Innovative Activity, Economic Journal, 90, 266-293.

DEBREU, G, 1959, Theory of Value, New Haven.

DEMSETZ, H., 1968, Why Regulate Utilities? Journal of Law and Economics, 11, 55-65.

DIAMOND, P.A., HAUSMAN, J.A., 1994, Contingent Valuation: Is Some Number Better Than No Number?, Journal of Economic Perspectives, 8, 45-64.

DOWNS, A., 1957, An Economic Theory of Democracy, New York.

DREZE J., 1964, Some Post-War Contributions of French Economists to Theory and Public Policy, American Economic Review.

DUESENBERRY, J.S., 1949, Income, Savings and the Theory of Consumer Behavior, Cambridge Mass.

DUMMETT, M., 1984, Voting Procedures, Oxford.

EATWELL, J., MILGATE, M., NEWMAN, P., 1989, (eds.), The New Palgrave: Allocation, Information and Markets, Macmillan.

EEKHOFF, J., 1993, Wohnungspolitik, Tübingen,.

ELLSBERG, D., 1961, Risk, Ambiguity, and the Savage Axioms, Quarterly Journal of Economics, 75, 643-669.

ENDRES, A., 1992, Ökonomische Grundlagen des Haftungsrechts, Darmstadt.

FARREL, J., 1987, Information and the Coase Theorem, Journal of Economic Perspectives, 1, 113-129.

FEESS, E., 1998, Umweltökonomie und Umweltpolitik, 2. Aufl. München.

FEHR, E., K. SCHMIDT, 1999, A Theory of Fairness, Competition, and Cooperation, Quarterly-Journal-of-Economics; 114, 817-68..

FEHR, E., ZYCH, P.K., 1995, Die Macht der Versuchung: Irrationaler Überkonsum in einem Suchtexperiment, Universität Wien, Mimeo.

FIORINA, M.P., Voting behavior, in: MUELLER, D.C., (ED.) Perspectives on Public Choice, a Handbook, Cambridge, 391-414.

FORSYTHE, R., KENNAN, J., SOPHER, B., 1991, An Experimental Analysis of Strikes in Bargaining Games with One-Sided Private Information, American Economic Review, 81, 253-278.

FORSYTHE, R., PALFREY, T.R., PLOTT, C.R., 1982, Asset Valuation in an Experimental Market, Econometrica, 50, 537-67.

FRANCK, E., 1995, Die ökonomischen Institutionen der Teamsportindustrie, Wiesbaden.

FRANK, R., 1988, Passions Within Reasons. The Strategic Role of the Emotions, New York, London.

GIBBARD, A., 1973, Manipulation of Voting Schemes: A General Result, Econometrica, 41, 587-602.

GROVES, T., LEDYARD, J., 1977, Optimal Allocation of Public Goods: A Solution to the Free Rider Problem, Econometrica, 45, 783-809.

GROVES, T., LEDYARD, J., 1987, Incentive Compatibility Since 1972, in: GROVES, T., RADNER, R., REITER S. (eds.), Information, Incentives and Mechanisms. Essays in Honor of Leonid Hurwicz, Oxford, 48-111.

GÜTH, W., SCHMITTBERGER, R., SCHWARZE, B., 1982, An Experimental Analysis of Ultimate Bargaining, Journal of Economic Behavior and Organization, 3, 367-388.

GÜTH, W., 1992, Spieltheorie und ökonomische Beispiele, Berlin et al.

HANEMANN, W. M., 1991, Willingness to Pay and Willingness to Accept: How Much Can They Differ? American Economic Review, 81, 635-47.

HARE T., 1859, Treatise on the Election of Representatives, Parliamentary and Municipal, London.

HAUSMAN, J.A, (ED.), 1993, Contingent Valuation: A Critical Assessment, New York.

HEY, J.D., 1991, Experiments in Economics, Cambridge.

HICKS, J.R., 1939, Capital and Value, London.

HILDENBRAND, W., 1996, On the ‚Law of demand', in: DEBREU, G. (ed.), General Equilibrium Theory, Volume 2, Elgar Reference Collection no. 67, Brookfield, 261 – 283. (Im Original erschienen 1983).

HOFFMAN, E., MCCABE, K., SHACHAT, K., SMITH, V., 1994, Preferences, Property Rights, and Anonymity in Bargaining Games, Games and Economic Behavior, 7, 346-370.

HOMANN, K., Die Rolle ökonomischer Überlegungen in der Grundlegung der Ethik, in: Hesse, H. (Hrsg.): Wirtschaftswissenschaft und Ethik, Berlin 1988, S. 215-240.

HOTELLING, H., 1929, Stability in Competition, Economic Journal, 39, 41-57.

INMAN, R., 1987, Markets, Government and the „New" Political Economy, in: AUERBACH, A.J., FELDSTEIN, M., (eds.), Handbook of Public Economics, Vol II, Elsevier 647-778.

ISAAC R.M., WALKER J.M., 1988, Group Size Effects in Public Goods Provision: The Voluntary Contributions Mechanism, Quarterly Journal of Economics, 179-199.

ISAAC, R. M., WALKER J. M., WILLIAMS A. W., 1994, Group Size and the Voluntary Provision of Public Goods, Journal of Public Economics, 54, 1-36.

KAGEL, J., KIM, CH., MOSER, D., 1995, Fairness in Ultimatum Games with Asymmetric Information and Asymmetric Payoffs, erscheint in: Games and Economic Behavior.

KAHNEMAN, D., SLOVIC, P., TVERSKY, A., 1982, Judgement under Uncertainty: Heuristics and Biases, Cambridge.

KALDOR, N., 1939, Welfare Propositions and Interpersonal Comparison of Utility, Economic Journal, XLIX, 549-552.

KIRCHGÄSSNER, G., 1991, Homo oeconomicus: Das ökonomische Modell individuellen Verhaltens und seine Anwendung in den Wirtschafts- und Sozialwissenschaften, Tübingen.

KÖHLER, W., 1988, Handbuch der Wohnraummiete, 3. Aufl., München.

KOSOBUD, R.S., 1991, Relative Income Hypotheses, in: EATWELL, J., MILGATE, M., NEWMAN, P. (eds.) The New Palgrave, Vol. 4, London et al., 134-136.

KREPS, D., 1992, A Course in Microeconomic Theory, New York.

KREPS, D., 1995, Analysis of Democratic Institutions: Structure, Conduct and Performance, Journal of Economic Perspectives, 9, 77-89.

KREPS, D. J., MILGROM, J., ROBERT, J., WILSON, R., 1974, Rational Cooperation in the Finitely Repeated Prisoners` Dilemma, Journal of Economic Theory, 27, 245-252.

KRUSE, J., 1985, Ökonomie der Monopolregulierung, Göttingen.

KRUSE, J., 1987, Vertragsökonomische Interpretation der Regulierung, Jahrbuch für neue Politische Ökonomie, 6, 93-107.

KRUSE, J., 1988, Irreversibilitäten und natürliche Markteintrittsbarrieren, Jahrbuch für Nationalökonomie und Statistik, 204, 508-517.

KUHN, T.S., 1967, Die Struktur wissenschaftlicher Revolutionen, Frankfurt.

LAKATOS, I., 1974, Falsifikation und die Methodologie wissenschaftlicher Forschungsprogramme, in: LAKATOS, I., MUSGRAVE, A. (Hrsg.), Kritik und Erkenntnisfortschritt, Braunschweig.

LEININGER, W., 1992, The „Fatal" Vote, Diskussionspapier, Universität Dortmund, Fakultät für Wirtschaftswissenschaft.

LEININGER, W., 1993, More Efficient Rent-Seeking: A Münchhausen Solution, Public Choice, 75, 43-62.

LEININGER, W., YANG, C.-L., 1994, Dynamic Rent-Seeking Games, Games and Economic Behaviour, 7, 406-427.

LEVIN, J., NALEBUFF B., 1995, An Introduction to Vote Counting Schemes, Journal of Economic Perspectives, 9, 3-29.

LEDYARD, J.O., 1981, The Paradox of Voting and Candidate Competition: A General Equilibrium Analysis, in: HORWICH, G., QUIRK, J. (EDS.), Essays in Contemporary fields of Economics, West Lafayette.

LOOMES, G., SUGDEN, R., 1982, Regret Theory: An Alternative Theory of Rational Choice under Uncertainty. Economic Journal, 92, 805-824.

LUCE, R.D., RAIFFA, H., 1957, Games and Decision, New York.

LUPIA, A., 1992, Busy Voters, Agenda Control, and the Power of Information, American Political Science Review, 86, 390-403.

MACHINA, M.J., 1989, Choice and Uncertainty: Problems Solved and Unsolved, in: HEY, J.D., (ED.), Current Issues in Microeconomics, Cambridge.

MAIER, GERHART 1989, Agrarpolitik, Bundeszentrale für politische Bildung, Bonn. (mit kommentiertem Literaturverzeichnis).

MARTIN, S., 1993, Advanced Industrial Economics, Cambridge.

MCKELVEY, R.D., ORDESHOOK, P.C., 1985, Sequential Elections with Limited Information, American Journal of Political Science, 29, 480-512.

MERRILL, S., 1984, A Comparison of Efficiency of Multicandidate Electoral Systems, American Journal of Political Science, 28, 23-48.

MEYERS, R. und WORM, B., Rapid worldwide depletion of predatory fish communities, Nature, Vol 423, 2003, 280-283

MEYERSON, R., 1993, Incentives to Cultivate Favored Minorities under Alternative Electoral Systems, American Political Science Review, 87, 856-869.

MICHELL, R.C., CARSON R.T., 1989, Using Surveys to Value Public Goods, Washington D.C..

MILGROM, P., ROBERTS, J., 1992, Economics, Organization and Management, Englewoog Cliffs.

MILLNER, E. L., PRATT, M. D., 1981, An Experimental Investigation of Efficient Rent-Seeking, Public Choice, 62, 139-151.

MILLNER, E. L., PRATT M. D., 1991, Risk Aversion and Rent-Seeking: An extension and some experimental evidence, Public Choice, 69, 81-92.

MONOPOLKOMMISSION, 1989, Sondergutachten 18: Zusammenschlußvorhaben der Daimler-Benz AG mit Messerschmitt-Bölkow-Blohm GmbH, Baden-Baden.

MUELLER, D.C., 1989, Public Choice II, Cambridge.

MUSGRAVE, R.A., MUSGRAVE, P.B., KULLMER, L., 1988, die öffentlichen Finanzen in Theorie und Praxis, Bd. 1-3, 4. Auflage, Tübingen.

MYERSON, R. B., 1991, Game Theory: Analysis of Conflict, Cambridge.

NEALE, W.C., 1964, The Peculiar Economics of Professional Sports, Quarterly Journal of Economics, 78, 1-14.

NEU, W., KRUSE J., 1993, Monopolpreiskontrollen in der Telekommunikation, in: MESTMÄCKER, E.J., (Hrsg.), Ordnungsprinzipien im Recht der Telekommunikation, Baden-Baden.

NG, Y.-K., 1981, Welfarism: A Defense against Sen's Attack, The Economic Journal, 91, 527-530.

NISKANEN, W.A., 1968, The Peculiar Economicsof Bureaucracy, American Economic Review, Papers and Proceedings, 58, 293-305.

OCHS, J., ROTH A.E., 1989, An Experimental Study of Sequential Bargaining, American Economic Review, 79, 355-384.

OCKENFELS, A., 1999, Fairness, Reziprozität und Eigennutz - Ökonomische Theorie und experimentelle Evidenz. Tübingen: Mohr Siebeck, 1999.

OCKENFELS, A., WEIMANN, J., Types and Patterns: An Experimental East-West Comparison of Cooperation and Solidarity, Journal of Public Economics, 71, 1999, 275-287.

OLSON, M., 1965, The Logic of collective Action: Public Goods and the Theory of Groups, Cambridge, Mass.

ORDESHOOK, P.C., The Spatial Analysis of Elections and committees: Four Decades of Research, in: MUELLER, D.C., (ED.) Perspectives on Public Choice, a Handbook, Cambridge, 247-270.

OSTROM, E., 1990, Governing the Commons, New York.

OSTROM, E., GARDNER R., WALKER J., 1994, Rules Games and Common-Pool Resources, Ann Arbor.

PALFREY, T.R., ROSENTHAL, H., 1985, Voter Participation and Strategic Uncertainty, American Political Science Review, 79, 62.78.

PAQUÈ, K.-H., 1986, Philanthropie und Steuerpolitik, Tübingen.

PATERSON, I., DIEKMANN, A., 1988, A Paradox in Decision Theory and some Experimental Results: The Relative Nature of Decision, Theory and Decision, 25, 107-116.

PIGOU, A. C., 1923, The Economics of Welfare, London.

PLOTT, C.R., 1976, Axiomatic Social Choice Theory: An Overview and Interpretation, American Journal of Political Science, 20, 511-596.

PLOTT, C.R., 1989, An Update Review of Industrial Organizations of Experimental Methods, in: SCHMALENSEE, R., WILLIG, R.D. (eds.), Handbook of Industrial Organization, Elsevier, Vol. II, 1111-1176.

POLLACK, R.A., 1979, Bergson-Samuelson Social Welfare Functions and the Theory of Social Choice, Quarterly Journal of Economics, 93, 73-90.

POPPER, R.K., 1976, Die Logik der Forschung, 6. Aufl., Tübingen.

PORTNEY, P.R., 1994, The Contingent Valuation Debate: Why Economists Should Care. Journal of Economic Perspectives, 8, 3-17.

POSNER, R.A., 1975, The Social Costs of Monopoly and Regulation, Journal of Law and Economics, 83, 807-827.

POTTERS, J., VAN WINDEN, F., 1992, Lobbying ans Asymmetric Information, Public Choice, 74, 269-292.

RABIN, M., 1993, Incorporating Fairness into Game Theory and Economics, *American Economic Review*, 83, 1281-1302.

RASMUSEN, E., 1991, Games and Information, Oxford, Reprinted 1991

RICHTER, W.F., Schneider K., 1995, Competition for Stars and Audiences, Diskussionspapier, Universität Dortmund.

RICHTER, W.F., WEIMANN, J., 1991, Meritorik, Verteilung und sozialer Grenznutzen vom Einkommen, Jahrbuch für Sozialwissenschaft, 42, 118-130

RICHTER, W.F., WIEGARD, W., 1993, Zwanzig Jahre „Neue Finanzwissenschaft", Zeitschrift für Wirtschafts- und Sozialwissenschaft, 113, 169-224.

RIKER, W.H., ORDESHOOK, P.C., 1968, A Theory of the Calculus of Voting, American Political Science Review, 76, 753-766.

ROTH, A.E., Bargaining Experiments, in: Handbook of Experimental Economics, KAGEL, J. H., ROTH, A. E., (eds.), Princeton, 1995, 253-348.

SATTERTHWAITE, M.A., 1975, Strategy-Proofness and Arrow's Conditions: Existence and Correspondence Theorems for Voting Procedures and Social Welfare Functions, Journal of Economic Theory, 10, 187-217.

SCHNEIDER, K., WEIMANN, J., WELLISCH, 1995, Road-Pricing: Some experimental Results, Diskussionspapier, Otto-von-Guericke-Universität Magdeburg.

SCHNEIDER, K., WEIMANN, J. 1998, Against all odds: Nash Equilibria in a Road Pricing Experiment, Fakultät für Wirtschaftswissenschaft, Otto-von-Guericke-Universität Magdeburg.

SCHULZ, N., WEIMANN, J., 1989, Competition of Newspapers and the Location of Political Parties, Public Choice, 63,125 - 147.

SCHWEIZER, U., 1988, Externalities and the Coase Theorem: Hypothesis or Result?, Journal of Institutional and Theoretical Economics, 144, 245-266.

SCITOVSKY, T., 1941, A Note an Welfare Propositions in Economics, Review of Economic Studies, 9, 77-88.

SELTEN, R., 1990, Bounded Rationality, Journal of Institutional and Theoretical Economics, 146, 649-658.

SELTEN, R., OCKENFELS, A., 1996, An Experimental Solidarity Game", Diskussionspapier, Universität Magdeburg 1/1996

SEN, A.K., 1979, Personal Utilities and Public Judgements: or What's Wrong with Welfare Economics?, The Economic Journal, 89, 537-558.

SEN, A.K., 1981, A Reply to „Welfarism, a Defense against Sen's Attack", The Economic Journal, 91, 531-535.

SEN, A.K., 1986, Information and Invariance in Normative Choice, in: HELLER, W.P., STARR, R.M., STARRETT, D.A. (eds.), Social Choice and Public Decision Making, Vol 1. Essays in Honour of Kenneth J. Arrow, Cambridge S. 29-55.

SEN, A.K., 1987, Social Choice, in: EATWELL, J., MILGATE, M., NEWMAN, P. (eds.), The New Palgrave, London et al., 382-393.

SEN, A.K., 1993, Internal Inconsistency of Choice, Econometrica, 61, 495-521.

SEN, A.K., 1995a, How to Judge Voting Schemes, Journal of Economic Perspectives, 9, 91-98.

SEN, A.K., 1995b, Rationality and Social Choice, American Economic Review, 85, 1-24.

SIMON, H. A., 1955, A Behavioral Model of Rational Choice, Quarterly Journal of Economics, 69, 99-118.

SINGH, S., Fermats letzter Satz, München, 2000.

SINN, G., SINN, H.W., 1992, Kaltstart, Volkswirtschaftliche Aspekte der deutschen Vereinigung, 2. Aufl., Tübingen.

SMALL, K. A., 1982, The Scheduling of Consumer Activities: Work Trips, American Economic Review 72, 467-479.

SMITH, V. L., 1962, An Experimental Study of Competitive Market Behavior, Journal of Political Economy, 70, 111-137.

SMITH, V.L., 1989, Theory, Experiments and Economics, Journal of Economic Perspectives, 3, 151-169.

SNYDER, J.M., 1990, Campain Contributions as Investments: The US House of Representatives 1980-1986, Journal of Political Economy, 98, 1195-1227.

SNYDER, J.M., 1993, The Market for Campain Contributions: Evidence for the US Senate 1980-1986, Economics and Politics 5, 219-240.

TAAGEPERA, R., SHUGART, M., 1989, Seats and Votes, New Haven.

TAKAYAMA, A., 1969, Behavior of the Firm under Regulatory Constraint. American Economic Review, 59, 255-60.

TAKAYAMA, A., 1994, Analytical Methods in Economics, New York et al.

THALER, R., 1987, The Psychology of Choice and the Assumptions of Economics, in: ROTH, A. (ed.): Laboratory Experimentation in Economics, Cambridge: University Press, 42-98.

TIDEMAN, N., 1995, The Single Transferable Vote, Journal of Economic Perspectives, 9, 27-38.

TIETZ, R., ALBERS, W., SELTEN, R., (Hrsg.), 1988, Bounded Rational Behaviour in Experimental Games and Markets, Berlin et al.

TIROLE, J., 1988, The Theory of Industrial Organization, Cambridge MA.

TRESCH, R. W., 1981, Public Finance: A Normative Theory, San Diego.

TULLOCK, G., 1967, The Welfare Costs of Tarifs, Monopoly and Theft, Western Economic Journal, 5, 224-232.

TULLOCK, G., 1980, Effizient Rent-Seeking, in: BUCHANAN, J. M., TOLLISON, R.D., TULLOCK G., (eds.), Toward a Theory of the Rent-Seeking Society, Texas, 92-112.

VAN DAMME, E., 1987, Stability and Perfection of Nash Equilibria, Berlin et al.

VARIAN, H., 1994, Mikroökonomie, 3. Aufl., München.

VICKREY, W., 1969, Congestion Theory and Transport Investment, American Economic Review, 59 (Papers and Proceedings), 251-261.

VICKREY, W., 1961, Counterspeculation, Auctions and Competitive Sealed Tenders, Journal of Finance, 16, 1-17.

WEIMANN, J., 1987, Normgesteuerte ökonomische Theorien, Frankfurt.

WEIMANN, J., 1993, Wirtschaftsethik und staatliches Handeln, in: Herder-Dorneich P., Schenk K.-E, Schmidtchen D., (Hrsg.), Jahrbuch für Neue Politische Ökonomie, Bd. 12, Tübingen, 121-136.

WEIMANN, J., 1994, Individual Behaviour in a Free Riding Experiment, Journal of Public Economics, 54, 185-200.

WEIMANN, J., 1995a, Umweltökonomik, Eine theorieorientierte Einführung, 3. Auflage, Berlin et al.

WEIMANN, J., 1995 b, Freifahrer im Test: Ein Überblick über 20 Jahre Freifahrerexperimente, in: Ökonomie und Gesellschaft, Jahrbuch 12: Soziale Kooperation, 168-241.

WEIMANN, J., YANG, C-L., VOGT, C., 2000, An Experiment on sequential Rent-Seeking, Journal of Economic Behavior and Organization, 41, 405-426.

WEIMANN, J., YANG, C-L., VOGT, C., 2000, Efficient Rent Seeking in Experiment, Diskussionspapier, Otto-von-Guericke-Universität Magdeburg.

WINTROBE, R., 1997, Modern Bureaucratic Theory, in: MUELLER, D.C., (ED.) Perspectives on Public Choice, a Handbook, Cambridge, 429-454.

WIRTSCHAFT UND WETTBEWERB, 1989, Entscheidungssammlung BMW 191, 39.

YANG, C-L., 1994, Essays on the Theory of Rent-Seeking, Diss. Universität Dortmund.

YOUNG, H.P., 1974, An Axiomatization of Borda's Rule, Journal of Economic Theory, 9, 43-52.

YOUNG, H.P., 1988, Condorcet's Theory of Voting, American Political Science Review, 1231-1244.

STICHWORTVERZEICHNIS

A

Abstimmung 112, 152, 167, 168, 173, 175, 178, 180, 181, 183, 184, 185, 186, 187, 189, 192, 193, 200, 202, 203, 204, 219, 220, 221, 225, 226, 227, 230, 231, 233, 235, 448

Abstraktion 55, 56, 71

adverse Selektion 153, 154, 261

Agenda 225, 442, 444, 459, 467

allgemeine Gleichgewichtstheorie 57, 106, 108, 118, 158

allgemeines Gleichgewicht 106

Allmende 139, 159, 390, 407, 408, 409, 410, 411

Anerkennungswahl 197

Anfangsausstattung 81, 82, 83, 84, 104, 106, 114, 144, 407

Angebotsüberschuss 309, 319

angewandte Theorie 6, 29, 56, 58

Anomalie 33, 45, 48

Anonymität 93, 94, 129, 144, 199, 235

Anreizkompatibilität 378

anreizkompatibles Verfahren 172

Antezedens 38, 39, 40

Anthropozentrik 29, 93

Äquivalente Variation 21, 249, 250

Arbitrage 367

Auktion 108

Axiom 86, 92, 93, 187, 199, 202, 206, 207, 216, 217, 219, 220, 221, 222

Axiomatik 31, 64, 259

B

Begründungszusammenhang 31, 70

Bessermengen 83

bestreitbarer Markt 355

bindende Verträge 125

Bliss point 224, 225, 229, 230, 231

Bubbles 62, 63

Budgetgerade 105, 106

C

Cincinnati Regel 194

Clubgut 138, 390, 400, 401, 420

common knowledge 398

contestable markets 350388,

D

deduktiv 38

Deregulierung 344, 370, 382, 384, 385, 386, 458

Deregulierungsbemühungen 369

Deregulierungspolitik 370, 382

Desintegration 383

Dilemma 15, 66, 67, 90, 120, 122, 124, 125, 126, 127, 128, 129, 133, 134, 141, 152, 156, 159, 161, 170, 173, 255, 257, 271, 279, 321, 355, 391, 401, 411, 412, 417, 418, 426, 433, 436, 437, 442, 444, 467

direkte Demokratie 163, 164, 234, 432

dominante Strategie 124, 126, 129, 130, 133, 139, 141, 143, 145, 170, 213, 391, 448

Duopol 327, 328

Durchschnittskosten 157, 160, 227, 241, 269, 288, 338, 339, 341, 342, 343, 344, 345, 346, 347, 348, 350, 351, 353, 354, 356, 357, 363, 364, 368, 380, 381, 385, 387

E

economies of scale 342, 361, 364

economies of scope 342

Edgeworthbox 82, 83, 96, 100, 105, 106, 113

Egoismus 26, 42

Eigentumsrechte 9, 245, 251, 252, 253, 254, 255, 257, 258, 261, 262, 263, 264, 265, 296, 321, 395, 396, 397, 407, 409, 410, 419

eingipfelige Präferenzen 185, 223, 225, 226, 228, 231, 448

Einkommensgrenznutzen 95

Einstimmigkeit 20, 24, 165, 166, 167, 169, 174, 175, 176, 190

Einstimmigkeitsregel 165, 166, 168, 169, 170, 173, 174, 216, 234

Empirismus 31

Entdeckungszusammenhang 31, 65

Entrant 334, 335, 336

Entscheidungsproblem 181, 184, 192, 235

Entscheidungstheorie 13, 16, 45, 48, 65, 416, 433, 434

Ethik 25, 26, 71, 91, 466

Experiment 43, 44, 45, 47, 48, 61, 62, 63, 67, 68, 71, 74, 128, 129, 131, 132, 133, 142, 144, 150, 161, 256, 260, 276, 324, 406, 411, 414, 418, 420, 428, 430, 437, 452, 470, 472

experimentelle Methodik 73

Explanandum 38

externer Effekt 134, 135, 136, 145, 230, 252, 375, 376, 379, 380, 382, 383, 384, 385

Extremal Restriction 188, 223

F

Falsifikation 31, 32, 33, 72, 426, 467

Feldversuch 60, 150

First mover advantage 276, 337

Forschungsprogramm 32, 412

Freifahrer 131, 142, 148, 161, 212, 418, 430, 472

Freifahrerexperimente 143, 145, 160, 161, 430, 472

Freifahrerproblem 142, 150, 386, 452

Freifahrerverhalten 145, 150, 170, 386

G

Gegenstandstheorie 289

geschütztes Monopol 380

Gewinnmaximierung 49, 393

Gewinnmaximum 268, 330, 394

Gleichgewicht 52, 53, 66, 70, 106, 107, 121, 122, 124, 126, 130, 146, 159, 182, 183, 202, 218, 231, 232, 241, 275, 328, 329, 330, 332, 333, 334, 336, 337, 351, 352, 402, 403, 404, 405, 406, 408, 409, 412, 413, 414, 416, 436, 448, 449, 450, 452

Gleichgewichtstheorie 16, 37, 57, 107, 108, 118, 158

Grenzkosten 99, 133, 156, 157, 241, 243, 268, 269, 270, 278, 281, 283, 286, 288, 301, 302, 310, 328, 331, 334, 338, 343, 347, 352, 353, 363, 368, 371, 457

Grenzkostenpreise 156, 157, 158, 241, 244, 328, 345, 349, 352, 353, 366, 385

Grenzrate der Substitution 99, 100, 101, 104

Grenzrate der Transformation 99, 101, 212

Grundlagenforschung 136, 279, 400

Güterraum 78

H

Haushaltsoptimum 105

hit and run 353, 354, 355, 360

Höchstpreis 300, 301, 302, 308

homo oeconomicus 42, 48, 49, 50, 68

Humankapital 277, 318, 419, 451

I

Indifferenzkurven 81, 83, 84, 85, 96, 100, 229, 230

individuelle Präferenzen 15, 16, 87, 188, 207, 219, 221

individuelle Rationalität 16, 298, 437

Informationsproblem 173, 175, 212, 213, 214, 279, 371, 372, 398, 440, 442

Innovation 281, 282, 283, 323

Institution 21, 41, 48, 50, 51, 70, 125, 153, 240, 245, 290, 441

Internalisierung 397

intersubjektive Überprüfbarkeit 4, 35

irrelevante Alternativen 203, 217

Isoquante 105

K

Kapazitätsausweitung 310

Kapitaldeckungsverfahren 22, 23

kardinal 93, 217

Kartell 266, 287, 290

Knappheitsproblem 14, 17, 29, 96, 110

kollektive Entscheidungen 8, 9, 10, 24, 26, 27, 28, 76, 117, 128, 133, 139, 158, 163, 165, 173, 179, 186, 190, 209, 211, 214, 233, 234, 398, 400, 451, 455

kollektive Rationalität 19, 21, 25, 27, 163, 207, 239, 298, 410

kollektives Handeln 24, 46, 142, 158, 239, 245, 296, 297, 363, 364, 365

Kommunikation 215, 384, 414, 415, 416, 417, 418, 442

Kompensationskriterium 20, 71

konjekturale Nachfrage 267, 328, 361, 363, 387

Konsumausschluss 96, 97, 101, 133, 134, 135, 136, 138, 139, 262, 279, 401, 407, 409

Konsument 14, 15, 42, 52, 80, 99, 100, 104, 111, 135, 242, 247, 249, 367, 401

Konsumentenrente 241, 242, 243, 244, 247, 269, 270, 303, 309, 340, 341, 368, 379, 385, 457

Konsumentensouveränität 15, 17, 24, 207, 299

Kontraktkurve 84, 85, 92, 114, 166

Kontrakttheorie 155

Kooperation 127, 128, 130, 131, 132, 142, 146, 151, 161, 292, 414, 415, 416, 417, 418, 419, 430, 437, 472

Kosten der Entscheidungsfindung 169, 176, 177, 178, 216, 217

L

Laborversuch 63

Landesverteidigung 97, 110, 111, 112, 134, 135, 136, 141, 400

Liberalismus 11, 25

M

Marginalbedingungen 104, 107

Markenanbieter 361

Marktaustrittsbarriere 356

marktbeherrschende Stellung 290, 291, 292

Markteintrittskosten 337, 371

Markteintrittsschranken 287

Marktmacht 158, 245, 246, 265, 266, 267, 270, 271, 274, 276, 285, 287, 296, 326, 329, 332, 354, 358

Markträumung 106, 108

Marktversagen 110, 113, 117, 120, 122, 124, 135, 140, 142, 153, 158, 296, 299, 312, 320, 322, 351, 387, 398

Mehrheitsentscheidung 164, 166, 176, 177, 178, 180, 223

Mehrheitsregel 175, 176, 179, 180, 181, 182, 183, 204, 223, 230, 233

Mehrheitswahl 181, 186, 187, 190, 227, 448

Mehrproduktunternehmen 342, 372, 378

Mengenrationierung 301

Menschenrechte 9

Meritorik 118, 296, 298, 299, 324, 428, 470

meritorische Güter 298

meritorisches Handeln 298

methodologischer Individualismus 6

Mindestpreis 308, 309, 310, 313, 315, 317, 319, 320

Minimalstaat 9, 85

Missbrauchsaufsicht 289, 290

Monopol 22, 158, 266, 267, 270, 272, 273, 274, 278, 282, 283, 285, 287, 326, 327, 338, 339, 341, 342, 344, 345, 346, 347, 348, 361, 364, 365, 366, 371, 380, 383, 387

Monopolgarantie 379

monopolistische Konkurrenz 361, 363, 387

Monopolpreis 267, 269, 283, 286, 341

Monopolrente 22, 270, 273, 274, 275, 282, 286, 357, 361, 378, 380

N

Nachfrageüberhang 301

natürliches Monopol 344, 345, 346, 364, 387

neue Handelstheorie 288

Neue Politische Ökonomie 42, 324, 430, 472

normale Wissenschaft 45

Nullsummenspiel 182

Nutzenfunktion 14, 15, 16, 78, 81, 82, 247, 248

Nutzenhierarchie 102

Nutzenmaximierung 17, 41, 64

Nutzenmöglichkeitsgrenze 92, 166

Nutzenraum 78, 79, 84, 117

O

öffentliches Gut 97, 110, 115, 129, 133, 135, 136, 138, 141, 159, 165, 166, 170

ökonomische Experimente 60, 61, 68

oligopolistischer Markt 354

Opportunitätskosten 249, 341, 356, 358, 401, 402, 434, 438, 443

ordinal 79

P

paarweise Abstimmung 181, 186, 187, 189, 220, 225

Paradigma 33, 34, 45, 70

Paretomenge 230, 231, 232

parlamentarische Demokratie 8

Patent 273, 274, 276, 278, 279, 282, 284

Patentwettlauf 276, 284

Phlogistontheorie 34

Pluralitätswahl 181, 190, 191, 192, 193, 197, 198, 200, 204

Politikberatung 10, 19, 21, 76, 85, 92, 96, 113, 402, 406

positive Theorie 13

Präferenzen der Wähler 177, 186, 192, 218, 444, 447, 449, 450

Präferenzordnung 16, 78, 86, 185, 186, 187, 188, 189, 190, 193, 198, 201, 202, 205, 206, 207, 216, 235

Preisbildung 63, 73, 108, 157, 246, 268, 269, 297, 312, 328, 365, 369

Preisdiskriminierung 366, 367, 368, 369

Preiselastizität der Nachfrage 268, 332

Preiskontrolle 371, 372, 379, 382

Preisnehmer 240, 267, 354

Preisregulierung 297, 307, 371, 373, 377, 378, 387

Prinzip der abnehmenden Abstraktion 55, 56

private Güter 96, 97, 104, 172, 312, 444

private Information 398, 399

Produktionsfunktion 111, 133, 157, 374, 391, 392, 393, 407, 414, 452

Produktivität 18, 240, 252, 275, 276, 277, 278, 285, 310, 319

Produktivitätswachstum 278

Produzentenrente 243, 244, 269, 302, 303, 368

Q

Quersubvention 380, 381, 385

R

rationale Wirtschaftspolitik 3, 10, 24, 25, 29, 110, 270, 405, 432

Reaktionsfunktion 330, 331, 336

Rechtssystem 9, 245, 246

Regiebetriebe 370, 383

Regrettheorie 48, 74

Regulierung 297, 307, 326, 341, 342, 348, 349, 351, 354, 361, 363, 364, 365, 370, 371, 372, 373, 374, 376, 377, 379, 382, 383, 386, 389, 426, 467

Regulierungsstrategien 365, 371, 372

reine Theorie 38, 40, 58

reines Monopol 266

relative Einkommenshypothese 102, 103

repräsentative Demokratie 227, 240, 443

repräsentatives Individuum 112

Residualnachfrage 334

Risiko 48, 62, 154, 258, 259, 260, 301

Rosinenpicken 384

S

Schlussrundeneffekt 145

Simulation 71, 193

Skalenerträge 157, 239, 288, 338, 343, 353

soziale Wohlfahrtsfunktion 76, 87, 89, 91, 92, 93, 94, 98, 117, 206

sozialer Überschuss 244

Spieltheorie 6, 11, 13, 46, 51, 53, 109, 120, 130, 131, 146, 162, 183, 213, 276, 327, 397, 407, 411, 416, 425, 435, 446, 465

Spitzenlastprobleme 369

Stackelberg 334, 335, 336, 337

Standortentscheidung 227, 228, 381

Steuerinzidenz 303

Stichwahl 193, 194

strategische Substitute 331

strategisches Verhalten 173, 202, 217, 218, 219

subadditive Kostenstruktur 344, 350, 360

Subadditivität der Kosten 342, 345, 387

Subvention 302, 312, 315, 379, 451, 452

sunk costs 337, 355, 356, 357, 358, 359, 360, 363, 387

sustainable 351, 352, 353

T

Tautologie 14

technische Ineffizienz 372

technischer Fortschritt 246, 278

Totaldurchschnittskosten 356

Transaktionskosten 10, 395, 397

Transferzahlung 302

Transformation 98, 99, 101, 133, 212

Transitivität 187, 188, 189, 206, 207, 219, 220, 221, 222

U

Umlageverfahren 22, 23

Umverteilung 23, 116, 203, 270, 298, 303, 381, 385, 419, 458

Unrestricted Domain 207, 222

Unternehmenszusammenschlüsse 287, 290

utilitaristische Wohlfahrtsfunktion 94, 117

Utility Frontier 206, 216

V

Verhaltensabstimmung 129, 287, 290

Verhaltenstheorie 65

Versicherungsmärkte 154, 261

Verteilungsfragen 24, 114, 115, 116, 165, 181

Verteilungsziele 115, 116, 297, 320, 381

Vetorecht 167, 169, 170

Vulgärdarwinismus 90

W

Wachstumsquellen 277

Wahlmanipulation 202

Wahlverfahren 179, 181, 189, 190, 191, 192, 193, 194, 196, 197, 198, 199, 200, 202, 204, 205, 217, 218, 219, 220, 236

Wahrheit 16, 30, 32, 71, 152, 212, 213, 214, 218

Welfarism 72, 92, 427, 429, 468, 470

Wertfreiheit 5, 24, 35, 36, 70, 72, 422, 461

Werturteil 5, 7, 11, 15, 30, 37

Werturteilsproblematik 58, 72

Wettbewerbsbeschränkungen 280, 289, 293

Wettbewerbsmarkt 21, 22, 156, 158, 240, 245, 266, 267, 269, 270, 282, 299, 302, 310, 326, 327, 331, 344, 363

Wettbewerbspolitik 245, 276, 280, 285, 286, 289, 291, 323, 423, 462

Wohlfahrtsfunktion 76, 85, 87, 88, 89, 91, 92, 93, 94, 95, 98, 116, 117, 206

Wohlfahrtsmaß 20, 241, 247

Wohlfahrtsökonomie 5, 6, 19, 76, 77, 92, 107, 109, 113, 114, 118, 158, 234, 239, 240, 271, 297, 395

Wohlfahrtstheorie 72, 76, 77, 81, 94, 353

Z

Zahlungsbereitschaft 157, 169, 170, 212, 213, 242, 249, 252, 261, 301, 303, 304, 367, 368, 369, 397

zulässige Allokation 82

Zusammenschlusskontrolle 289, 290

Zyklen 184, 188

zyklische Mehrheit 183, 184, 185, 186, 187, 189, 198, 223, 230, 231, 233

fit im Studium

S. Bühler, F. Jaeger

Einführung in die Industrieökonomik

Dieses Lehrbuch vermittelt eine umfassende Einführung in die theoretischen und empirischen Grundlagen der Industrieökonomik. Auf dieser Basis werden alternative Formen der Kooperation analysiert. Es wurde darauf geachtet, dass die verwendete Mathematik möglichst einfach und leicht nachvollziehbar bleibt. Zur besseren Lesbarkeit werden anspruchsvollere Argumente in Anhängen diskutiert.

2002. X, 259 S. (Springer-Lehrbuch) Brosch. € **22,95**; sFr 35,50
ISBN 3-540-42758-9

A. Heertje, H.-D. Wenzel

Grundlagen der Volkswirtschaftslehre

Dieses einführende Lehrbuch bietet eine systematische Darstellung der relevanten Gebiete der Volkswirtschaftslehre. Besonderes Gewicht legen die Autoren auf die Rolle des Staates in der Marktwirtschaft und die zunehmende Bedeutung der internationalen Wirtschaft. Ein ausführliches Sachregister und ein Verzeichnis nützlicher Internetadressen erleichtern die Arbeit mit dem Text.

6., überarb. Aufl. 2002. XIII, 648 S. 123 Abb., 37 Tab. (Springer-Lehrbuch) Brosch. € **29,95**; sFr 46,50
ISBN 3-540-42436-9

H.-P. Nissen

Das Europäische System Volkswirtschaftlicher Gesamtrechnungen

Die Europäische Union hat die Mitgliedsländer auf ein einheitliches volkswirtschaftliches Rechnungswesen festgelegt. Das Buch informiert über die neuen Begrifflichkeiten und definitorischen Abgrenzungen. Ferner wird die Zahlungsbilanz in der neuen EU-gültigen Fassung strukturiert, die Input-Output-Tabelle nach EU-Standard entwickelt und die Weiterentwicklung der VGR zu einer Ökobilanz nach den Vorgaben des deutschen Statistischen Bundesamtes vorgestellt.

4., vollst. überarb. Aufl. 2002. XVII, 360 S. 51 Abb., 7 Tab. (Physica-Lehrbuch) Brosch. € **24,95**; sFr 39,-
ISBN 3-7908-1444-X

Springer · Kundenservice
Haberstr. 7 · 69126 Heidelberg
Tel.: (0 62 21) 345 - 0
Fax: (0 62 21) 345 - 4229
e-mail: orders@springer.de

www.springer.de/economics

Die €-Preise für Bücher sind gültig in Deutschland und enthalten 7% MwSt.
Preisänderungen und Irrtümer vorbehalten. d&p · BA 00862-4

Springer